책장을 넘기며 느껴지는 몰입의 기쁨
노력한 만큼 빛이 나는 내일의 반짝임

새로운 배움, 더 큰 즐거움
미래엔이 응원합니다!

1등급 만들기

사회·문화 715제

WRITERS

나혜영 예일여고 교사 | 이화여대 대학원 일반사회교육과
박서현 한성여고 교사 | 서울대 사회교육과
박홍인 강서고 교사 | 연세대 대학원 교육학과
서정민 보인고 교사 | 서울대 사회교육과
조성빈 한민고 교사 | 서울대 사회교육과
강윤식 영동일고 교사 | 서울대 사회교육과

COPYRIGHT

인쇄일 2023년 11월 1일(2판7쇄)
발행일 2021년 9월 30일

펴낸이 신광수
펴낸곳 (주)미래엔
등록번호 제16-67호

교육개발2실장 김용균
개발책임 김문희 **개발** 이환희

디자인실장 손현지
디자인책임 김병석 **디자인** 진선영, 송혜란

CS본부장 강윤구
제작책임 강승훈

ISBN 979-11-6413-879-1

머리말
Introduction

인생의 목표를 정하고

그 목표를 향해

담담하게 걸어가는 것은

정말 어려운 일입니다

다른 사람들이 뭐라고 하든

자신이 옳다고 믿는 길이 최선의 길이지요

자신감을 가지고

1등급 만들기와 함께 시작해 보세요

1등급 달성!
할 수 있습니다!

구성과 특징
Structure&Features

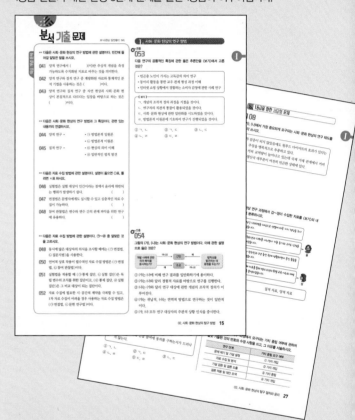

Step 2 1등급 문제로 실력 향상시키기

적중 1등급 문제

학교 시험에서 고난도 문제는 한두 문항씩 출제됩니다.
등급의 차이를 결정하는 어려운 문제도 자신 있게 풀 수 있도록 응용력과
사고력을 기를 수 있는 고난도 문제로 구성하였습니다.

Step 3 마무리 문제로 최종 점검하기

단원 마무리 문제

중간고사와 기말고사를 대비할 수 있는 실전 문제를 학교 시험 진도에 맞
추어 학습이 용이하도록 강명을 넣어 구성하였습니다. 시험 직전 학습 내
용을 마무리하고 자신의 실력을 점검할 수 있습니다.

알찬풀이로 [핵심 내용 다시보기]

문제에 대한 정답과 알찬풀이를 제시하였습니다. **바로잡기** 는 자세한 오
답풀이로 어려운 문제도 쉽게 이해할 수 있습니다.

• 1등급 자료 분석

  까다롭고 어려운 자료에 관한 분석과 첨삭 설명을 제시하였습니다.

차례
Contents

교과서 **단원 찾기**

4종 사회·문화 교과서의 단원 찾기를 제공합니다.

01 ❶ 사회·문화 현상의 탐구
사회·문화 현상의 이해

☑ 출제 포인트   ☑ 사회·문화 현상, 자연 현상의 특징   ☑ 사회·문화 현상을 바라보는 관점

1. 사회·문화 현상의 특징

1 자연 현상과 사회·문화 현상의 의미

(1) **자연 현상** 자연계에서 인간의 의지와 무관하게 발생하는 현상을 총칭함

(2) **사회·문화 현상** 인간의 의지에 따라 인위적으로 발생하는 현상으로, 사회 속에서 나타나는 현상을 총칭함

★2 자연 현상과 사회·문화 현상의 특징 ⓒ 7쪽 013번 문제로 확인

구분	자연 현상	사회·문화 현상
가치 문제	몰가치성 : 인간의 의지나 가치와 무관하게 발생함	가치 함축성 : 인간의 의지와 가치, 신념 등이 개입함
지배 법칙	• 존재 법칙 : 인간의 인식 여부와 상관없이 스스로의 원리에 따라 사실 그대로 존재함 • 필연성과 확실성의 원리 : 인과 관계가 엄격하며 예외가 없음	• 당위적인 규범의 영향을 받음 : 사회의 규범적 요구가 반영되어 나타남 • 개연성과 확률의 원리 : 인과 관계가 성립하나 예외가 있음
존재 양상	보편성 : 시대와 장소에 상관없이 동일한 조건 또는 원인에 의해 동일한 현상이 발생함	보편성과 특수성 공존 : 시대와 사회를 초월하여 공통으로 나타나면서도 시대와 사회에 따라 다르게 나타나기도 함

> **자료** **개연성의 사례** ⓒ 8쪽 015번 문제로 확인
>
> 상품 가격이 상승하면 수요량이 감소하고, 상품 가격이 하락하면 수요량이 증가한다는 수요 법칙은 일반적으로 이러한 경향이 있다는 것을 나타낼 뿐이지 필연적이지는 않다. 오히려 상품 가격이 상승했는데도 수요량이 증가하는 현상이 나타나기도 한다.
>
> 분석 〉 사회·문화 현상은 인간의 판단과 의지가 개입되므로 수요 법칙에 어긋나는 현상이 나타나기도 한다. 이처럼 사회·문화 현상은 자연 현상과 달리 예외가 있고 확률의 원리가 적용된다.

3 사회 과학의 최근 경향

학문의 세분화와 전문화 경향	간학문적 연구 경향의 확산
• 관심 주제와 연구 관점에 따라 세분화, 전문화하여 심층적으로 연구함 • 전문적 연구를 통해 사회·문화 현상에 대한 심화된 지식을 제공함	• 하나의 현상에 다양한 학문적 관점, 방법을 적용해 총체적으로 접근함 • 개별 학문의 탐구 결과로는 복잡한 현상을 이해하기 어려워 등장함

> **자료** **간학문적 연구의 사례** ⓒ 9쪽 019번 문제로 확인
>
>
>
> **사회학** 가부장제적 사회 구조와 가족 제도 연구
> **경제학** 노동 시장에서의 성차별 연구
> **성 불평등 현상 탐구**
> **법학** 성차별적 법, 성차별 개선을 위한 법 연구
> **정치학** 국회의원, 고위공직자의 성비 불균형 연구
>
> 분석 〉 성 불평등 현상을 이해하기 위해 사회학, 경제학, 법학, 정치학 등 여러 학문적 관점에서 총체적으로 탐구하고 있다.

2. 사회·문화 현상을 보는 관점

1 거시적 관점과 미시적 관점

구분	거시적 관점	미시적 관점
기본 입장	사회 제도나 조직과 같은 사회 구조에 초점	개인 간의 상호 작용, 인간의 행위에 담긴 의미 등에 초점
관심 분야	사회 조직, 경제 체제, 사회 불평등 구조 등	개인 간의 상호 작용, 언어와 행동, 일상생활, 역할 분석 등
관련 이론	기능론, 갈등론	상징적 상호 작용론

★2 기능론과 갈등론 ⓒ 10쪽 026번 문제로 확인

구분	기능론	갈등론
기본 인식	사회는 하나의 살아 있는 유기체와 같음	사회는 사회적 희소가치를 둘러싼 구성원 간 갈등의 장임
특징	사회의 안정과 질서, 조화와 균형 상태에 관심이 있음	개인과 집단 간 대립과 갈등에 관심이 있음
역할 배분	사회 구성원의 합의에 의해 이루어짐	지배 집단의 강제와 억압에 의해 이루어짐
사회 문제	일시적이고 비정상적인 사회 병리 현상으로 인식함	사회의 본질적 현상으로 사회 변화와 발전의 원동력임
한계	갈등과 변동의 중요성을 간과함	사회 존속과 통합에 소홀함

> **자료** **학교 교육을 바라보는 관점** ⓒ 11쪽 031번 문제로 확인
>
> | 기능론 | 갈등론 |
> |---|---|
> | 학교 교육은 개인이 사회에 적응하도록 하는 데 중요한 기능과 역할을 한다. 개인은 교육을 통해 직업에 필요한 능력을 배워 사회 구성원으로 적응한다. | 학교 교육은 지배-피지배 집단 간 불평등한 권력관계를 정당한 것으로 받아들이도록 한다. 학교에서 학생은 학교가 시키는 대로 함으로써 권위에 복종하는 것을 배운다. |
>
> 분석 〉 기능론에서는 학교 교육이 개인을 사회에 조화롭게 적응하게 함으로써 사회를 유지하는 데 도움을 준다고 본다. 갈등론에서는 학교 교육이 지배 집단의 가치를 무조건 따르도록 함으로써 불평등한 관계를 재생산하게 한다고 본다.

★3 상징적 상호 작용론 ⓒ 11쪽 028번 문제로 확인

기본 인식	사회는 구성원이 상징으로 상호 작용하는 공간, 주관적인 의미 규정과 상황 해석에 따라 선택적으로 구성되는 공간임
특징	사회·문화 현상을 받아들이는 개인들의 상황 정의에 따라 그 현상의 의미가 달라짐
의의	사회·문화 현상을 심층적으로 이해할 수 있음
한계	개인 행위에 영향을 미치는 사회 구조나 제도의 측면을 소홀히 함

4 사회·문화 현상을 보는 균형적 관점 다양한 관점을 활용해야 사회·문화 현상을 깊이 있게 이해할 수 있음

분석 기출 문제

>> 바른답·알찬풀이 2쪽

1. 사회·문화 현상의 특징

●● 다음은 자연 현상과 사회·문화 현상에 관한 설명이다. 설명이 옳으면 ○표, 틀리면 ×표 하시오.

001 사회·문화 현상은 자연 현상과 달리 존재 법칙을 따른다. ( )

002 사회·문화 현상은 하나의 결과가 발생하는 데 다양한 요인이 복합적으로 작용한다. ( )

003 자연 현상은 시대와 장소에 관계없이 공통적으로 나타나는 시·공간적 보편성을 지닌다. ( )

004 사회·문화 현상과 자연 현상 모두 경험적 자료를 통해 연구할 수 있다. ( )

●● 다음은 자연 현상과 사회·문화 현상의 특성이다. 관련 있는 내용끼리 연결하시오.

005 자연 현상 •
　　　　　　　　• ㉠ 몰가치성
　　　　　　　　• ㉡ 확률의 원리
006 사회·문화 현상 •
　　　　　　　　• ㉢ 가치 함축성
　　　　　　　　• ㉣ 확실성의 원리

●● 다음은 사회 과학의 연구 경향에 관한 설명이다. ㉠, ㉡ 중 알맞은 것을 고르시오.

007 사회·문화 현상을 종합적으로 분석하기 위해 여러 학문들을 적용하여 통합적으로 연구하는 것은 (㉠ 세분화, ㉡ 간학문적) 경향이다.

008 사회학이 농촌 사회학, 도시 사회학, 교육 사회학 등으로 분화되는 것은 (㉠ 세분화, ㉡ 간학문적) 경향과 관련이 깊다.

●● 다음은 사회·문화 현상을 보는 관점에 관한 설명이다. 빈칸에 들어갈 알맞은 말을 쓰시오.

009 사회·문화 현상을 바라보는 ( ) 관점에는 기능론과 갈등론이 있다.

010 사회·문화 현상을 보는 관점 중 ( )은 사회 통합과 안정을 중시한다.

011 사회·문화 현상을 보는 관점 중 ( )은 사회의 질서와 안정의 중요성을 경시한다.

012 상징적 상호 작용론에서는 일상생활에서 사람들이 주어진 상황에 어떠한 의미를 부여하는지에 관한 ( ) 이/가 중요하다.

빈출
★013

밑줄 친 '이 현상'에 관한 옳은 설명만을 〈보기〉에서 고른 것은?

> 이 현상은 보편성과 함께 특수성을 지닌다. 예를 들어 각 나라나 부족의 성인 의례는 젊은이에게 어른이 된 자부심과 용기를 부여하고 성인으로서의 책무를 일깨워 준다는 점에서 보편성을 갖는다. 하지만 나라나 지역에 따라 성인 의례의 유형이 다르게 나타난다는 점에서는 특수성을 지닌다.

[보기]
ㄱ. 인간의 의지가 개입된다.
ㄴ. 당위적 규범의 영향을 받는다.
ㄷ. 법칙 발견과 예측이 용이하다.
ㄹ. 필연성과 확실성의 원리를 따른다.

① ㄱ, ㄴ　　　② ㄱ, ㄷ　　　③ ㄴ, ㄷ
④ ㄴ, ㄹ　　　⑤ ㄷ, ㄹ

014

밑줄 친 ㉠과 같은 현상에 비해 ㉡과 같은 현상의 일반적인 특징으로 옳은 것은?

• ㉠ 강수량이 적어 땅이 갈라지는 현상이 나타나고 있다.
• 가뭄이 지속되자 한 농촌 마을에서 ㉡ 기우제를 지내고 있다.

① 몰가치적이다.
② 보편성이 강조된다.
③ 존재 법칙을 따른다.
④ 확률의 원리가 강조된다.
⑤ 인과 법칙의 발견이 용이하다.

☆ 빈출
015

밑줄 친 ㉠~㉢과 같은 현상의 일반적인 특징에 관한 설명으로 옳은 것은?

철새는 계절에 따라 ㉠ 일정한 대형으로 무리 지어 이동한다. ㉡ 자신의 이익만을 좇아 이리저리 옮겨 다니는 사람을 지칭할 때 철새라는 말을 쓰지만, 철새의 이동 방식에는 과학적 원리와 지혜가 숨어 있다. 한 연구 팀이 철새에게 측정 장비를 달아 ㉢ 위치와 속도, 날갯짓 횟수 등을 분석한 결과, V자 대형으로 날 때 앞선 새가 만드는 상승 기류로 인해 에너지 소모를 줄이는 효과가 있었다. 또한 철새는 가장 힘이 드는 맨 앞자리를 번갈아 가며 비행하여 협력하는 것으로 나타났다.

① ㉠과 같은 현상은 가치 함축적이다.
② ㉡과 같은 현상은 존재 법칙의 지배를 받는다.
③ ㉢과 같은 현상은 확률의 원리를 따른다.
④ ㉠과 같은 현상은 ㉢과 같은 현상과 달리 경험적 자료로 연구가 가능하다.
⑤ ㉡과 같은 현상은 ㉠과 같은 현상에 비해 법칙 발견이 용이하다.

016

밑줄 친 ㉠~㉢과 같은 현상의 일반적인 특징에 관한 설명으로 옳지 않은 것은?

갑 : 오늘 아침 학교 가는 길가에 벚꽃이 만발해 있더라. ㉠ 꽃을 보니 역시 기분이 좋았어.
을 : 어제 뉴스를 보니 날씨가 추워 ㉡ 예년보다 1주일이 늦게 벚꽃이 피었다고 해.
갑 : 아마 이번 주말에는 벚꽃 구경 가려는 사람들로 ㉢ 도로가 꽉 막힐 거야.

① ㉠과 같은 현상은 인간의 가치가 개입된다.
② ㉡과 같은 현상은 보편성과 특수성이 공존한다.
③ ㉡과 같은 현상은 ㉢과 같은 현상에 비해 인과 관계 발견이 용이하다.
④ ㉡과 같은 현상은 ㉠과 같은 현상과 달리 확실성의 원리로 설명된다.
⑤ ㉢과 같은 현상은 ㉡과 같은 현상과 달리 개연성의 원리가 적용된다.

017

(가), (나)와 같은 현상의 특징에 관한 옳은 설명만을 〈보기〉에서 있는 대로 고른 것은?

(가) 최근 혼자 사는 노년층과 자신만의 삶을 즐기기 위한 미혼 인구 증가로 1인 가구가 지속해서 늘고 있다.
(나) 동남아시아 해안을 강타한 지진 해일은 해저에서 지각 판이 충돌하면서 발생한 엄청난 진동으로 해수면이 상승하여 발생하였다.

【 보기 】
ㄱ. (가)와 같은 현상은 인간의 의지가 개입된다.
ㄴ. (가)와 같은 현상은 법칙 발견과 예측이 용이하다.
ㄷ. (나)와 같은 현상은 가치 함축적이다.
ㄹ. (나)와 같은 현상은 인과 관계가 분명하다.

① ㄱ, ㄴ   ② ㄱ, ㄹ   ③ ㄴ, ㄷ
④ ㄱ, ㄷ, ㄹ   ⑤ ㄴ, ㄷ, ㄹ

018

밑줄 친 ㉠~㉣과 같은 현상의 일반적인 특징에 관한 옳은 설명만을 〈보기〉에서 고른 것은?

제8호 태풍 △△△가 일본에 상륙한 가운데 ㉠ 재난 통보 시스템 미비로 인명 피해가 계속 늘고 있다. 일본 기상청은 "㉡ 태풍이 수증기를 대량으로 공급해 일본 열도의 대기 상태가 불안정해지고 있다."라며 ㉢ 집중 호우 대비책을 발표하였다. …… 우리나라는 태풍 △△△가 물러가면서 전국적으로 ㉣ 폭염 주의보가 확대됐다. 이에 각 지방 자치 단체는 고온에 따른 건강 피해를 예방하기 위해 폭염 대비 예방 수칙 홍보와 어르신의 안부 살피기 활동 등 방문 서비스를 강화할 계획이다.

【 보기 】
ㄱ. ㉠과 같은 현상은 ㉡과 같은 현상보다 보편성이 강하게 나타난다.
ㄴ. ㉠과 같은 현상은 ㉣과 같은 현상과 달리 인과 관계가 불분명하다.
ㄷ. ㉢과 같은 현상은 ㉡과 같은 현상에 비해 우연이나 예외가 많아 예측하기 어렵다.
ㄹ. ㉡과 같은 현상은 존재 법칙, ㉣과 같은 현상은 당위적 규범의 영향을 받는다.

① ㄱ, ㄴ   ② ㄱ, ㄷ   ③ ㄴ, ㄷ
④ ㄴ, ㄹ   ⑤ ㄷ, ㄹ

⭐빈출
019

다음과 같은 사회 과학의 연구 경향이 나타난 까닭으로 가장 적절한 것은?

① 사회·문화 현상이 당위성을 갖기 때문에
② 사회·문화 현상은 경험적 검증이 가능하기 때문에
③ 사회·문화 현상을 종합적으로 이해할 수 있기 때문에
④ 사회·문화 현상에는 일정한 법칙이 내재되어 있기 때문에
⑤ 사회·문화 현상을 세분화하여 심층적으로 연구하는 것이 필요하기 때문에

020

다음 글이 사회·문화 현상의 연구와 관련하여 시사하는 점만을 〈보기〉에서 고른 것은?

고대 학자들의 탐구는 인간 존재에 관한 의문에서 시작하여 별자리의 운행에 관한 궁금증까지 나아갔다. 철학은 세계와 인간에 관한 질문을 끊임없이 던졌기에 의학을 낳고 건축학을 낳았으며 예술과 음악을 만들고 천문학을 낳고 심리학, 화학, 생물학을 잉태하였다. 학문의 경계란 것은 애초부터 없었다. 다만 사회가 거대해지고 복잡해지면서 사회 현상에 관한 효율적 연구를 위해 학문적인 구분을 한 것에 불과할 뿐이다. 이러한 입장에서 볼 때 인간이라는 소우주가 모여 사는 사회에서 발생하는 사회 문제를 어느 한 학문 분야의 이론으로 해결할 수는 없다.

[보기]
ㄱ. 다양한 학문적 관점에서 총체적으로 접근해야 한다.
ㄴ. 사회·문화 현상의 상호 유기적 연관성을 고려해야 한다.
ㄷ. 세분화된 학문 영역을 통한 심층적 연구가 이루어져야 한다.
ㄹ. 사회·문화 현상을 연구하기 위한 과학적 탐구 방법을 개발해야 한다.

① ㄱ, ㄴ　　　② ㄱ, ㄷ　　　③ ㄴ, ㄷ
④ ㄴ, ㄹ　　　⑤ ㄷ, ㄹ

021

다음 글을 통해 추론할 수 있는 사회 과학의 연구 경향에 관한 설명으로 옳은 것은?

정부가 청년 실업의 대책을 세우기 위해서는 경제학자의 의견만 들어서는 안 될 것이다. 대학 교육이 취업과 연관되는지를 검토해야 하므로 교육 행정가의 의견도 들어야 하고 장기적인 실업 상태에 놓일 경우 정신적으로 위축된 심리 상태를 갖게 되므로 정신 건강 분야 전문가의 의견도 들어야 한다. 또한 청년 일자리를 늘리는 데 어떤 법이 필요한지를 알기 위해서는 법학자의 의견도 들어야 한다.

① 연역적 방법과 귀납적 방법의 조화를 꾀해야 한다.
② 자연 과학의 연구 방법을 사회 과학에 접목해야 한다.
③ 다양한 학문적 관점을 적용하는 간학문적 관점이 필요하다.
④ 현상의 원인 진단보다는 결과에 대한 대처를 중시해야 한다.
⑤ 사회 과학의 전문성을 보다 강화할 수 있는 방안이 마련되어야 한다.

022

(가), (나)에 나타난 사회 과학 연구의 경향에 관한 설명으로 가장 적절한 것은?

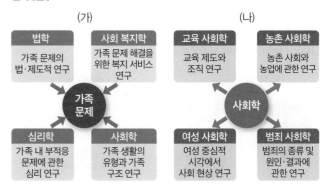

① (가)는 학문의 전문화·세분화 경향을 보여 준다.
② (나)는 사회 현상에 관해 간학문적으로 접근한다.
③ (가)는 (나)에 비해 사회 현상에 관해 총체적으로 접근한다.
④ (가)는 (나)와 달리 경험적 증거를 바탕으로 사회 현상을 연구한다.
⑤ (나)는 (가)와 달리 가치 중립적인 연구 방법을 추구한다.

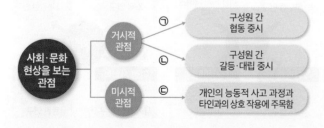

2. 사회·문화 현상을 보는 관점

023

사회·문화 현상을 바라보는 관점과 관련하여 다음 글이 강조하는 내용으로 가장 적절한 것은?

> 개인의 행동은 사회 구조와 제도에 의하여 크게 영향을 받는다. 따라서 사회·문화 현상의 분석에 있어서 '나무'를 보는 것보다 '숲'을 보는 관점이 필요하다.

① 미시적 관점
② 거시적 관점
③ 상대론적 관점
④ 비교론적 관점
⑤ 상징적 상호 작용론

024

다음 표에서 사회·문화 현상을 일관된 관점으로 이해하는 학생은?

내용 \ 학생	갑	을	병	정	무
사회적 희소 자원은 구성원의 합의에 따라 분배된다.	○	○	×	×	×
학교 교육은 계층 재생산의 기능을 수행하고 있다.	×	×	○	○	×
개인은 각자의 주관에 따라 다양한 사회상을 만들어 낸다.	○	×	○	×	○
자아 정체성은 부모와 자녀의 상호 작용을 통해 형성된다.	×	×	○	×	○
사회 문제는 사회가 요구하는 규범에 어긋나는 현상이다.	×	○	×	○	○

① 갑   ② 을   ③ 병   ④ 정   ⑤ 무

025

그림의 ㉠~㉢에 관한 설명으로 옳은 것은?

① ㉠은 사회의 존속과 통합을 소홀히 한다.
② ㉡은 사회의 안정성과 지속성을 중시한다.
③ ㉢은 사회의 구조적 모순에 주목한다.
④ ㉡은 ㉠과 달리 사회 변화를 긍정적으로 본다.
⑤ ㉢은 ㉡보다 개인 행위에 영향을 미치는 사회 구조의 힘을 중시한다.

갑, 을의 관점에 관한 옳은 설명만을 〈보기〉에서 있는 대로 고른 것은?

> 갑: 가족 문제는 가족 구성원이 사회적으로 기대되는 자신의 역할을 제대로 수행하지 못했을 때 발생합니다.
>
> 을: 가족 문제는 가족 내에서 가장의 권력을 절대시하고 여성 및 아동에 대한 차별을 재생산하는 불평등한 구조 때문에 발생합니다.

[보기]
ㄱ. 갑은 가족 구성원 간 유대 강화를 통한 가족 기능 회복을 강조한다.
ㄴ. 을은 성별 분업을 통한 가족 내 역할 구분을 정당화한다.
ㄷ. 갑은 을에 비해 가족에 관한 건전한 사회의식을 육성하는 다양한 프로그램의 개발을 강조한다.
ㄹ. 을은 갑에 비해 가부장제의 타파와 양성평등 의식의 확산을 중시한다.

① ㄱ, ㄴ
② ㄱ, ㄷ
③ ㄴ, ㄹ
④ ㄱ, ㄷ, ㄹ
⑤ ㄴ, ㄷ, ㄹ

027

다음은 사회·문화 현상을 바라보는 갑과 을의 서로 다른 관점이다. 갑과 을이 아래 질문에 관하여 각자의 관점에 따라 옳게 응답한 개수의 합은?

> 갑: 축제를 통해 사회 구성원이 스트레스를 해소하면 생산 활동을 위한 새로운 활력이 될 뿐만 아니라 공동체 구성원 간의 결속력을 다지는 계기가 됩니다.
>
> 을: 축제는 지배 집단이 피지배 집단의 불만을 잠재우고 이들의 정치적 관심을 다른 곳으로 돌려 자신들의 권력을 지속적으로 유지하기 위한 수단에 불과합니다.

질문	응답 갑	응답 을
갈등은 사회 발전의 중요한 요인인가?	예	아니요
미시적 차원에서 사회·문화 현상을 인식하는가?	아니요	예
사회적 희소가치는 지배 집단의 합의에 의해 분배되는가?	아니요	예
사회 제도는 개인과 사회가 최선의 기능을 수행하도록 하는가?	예	아니요

① 4개   ② 5개   ③ 6개   ④ 7개   ⑤ 8개

★빈출
028

(가), (나)에 나타난 사회·문화 현상을 바라보는 관점에 관한 옳은 설명만을 〈보기〉에서 고른 것은?

> (가) 인사할 때 '미소'는 타인과의 상호 작용을 통해 반가움의 의미임을 알게 되고, 우리는 그 의미에 기초하여 상대방에게 똑같이 미소를 보낸다.
> (나) 신호등의 붉은색은 '위험하니 멈추라'는 의미의 사회적 약속이다. 이렇게 운전자와 보행자가 모두 신호등 각각의 색깔이 상징하는 규칙 체계를 준수함으로써 사고 없이 안전하게 거리를 다닐 수 있다.

> [보기]
> ㄱ. (가)의 관점은 사회 구성원의 상황 정의를 중시한다.
> ㄴ. (나)의 관점은 사회가 본질적으로 변동을 지향한다고 본다.
> ㄷ. (가)의 관점은 (나)의 관점과 달리 사회 구성원의 능동성을 중시한다.
> ㄹ. (가), (나)의 관점은 모두 사회의 각 부분이 상호 유기적 관계를 맺고 있다고 본다.

① ㄱ, ㄴ   ② ㄱ, ㄷ   ③ ㄴ, ㄷ
④ ㄴ, ㄹ   ⑤ ㄷ, ㄹ

029

사회·문화 현상을 바라보는 (가)~(다)의 관점에 관한 설명으로 옳지 않은 것은?

> (가) 혼인은 사회 구성원의 재생산 및 양육과 보호의 역할을 담당하는 가족을 구성하기 위한 사회적 의례이다.
> (나) 혼인은 가부장적인 가족 제도를 유지시킴으로써 사회적으로 남성 중심의 불평등한 관계를 공고히 한다.
> (다) 혼인은 단순한 통과 의례가 아니라 부부 간의 끊임없는 상호 작용을 통해 서로의 역할을 재구성해 가는 사회적 과정의 출발점이다.

① (가)는 사회 문제를 병리적인 현상으로 간주한다.
② (나)는 사회 변동이 사회 구성원 사이의 대립과 투쟁의 결과라고 본다.
③ (다)는 인간의 능동적인 사고와 자율적 행위의 측면을 강조한다.
④ (다)는 (가)에 비해 사회 구조가 개인에게 미치는 영향력을 과대평가한다.
⑤ (다)는 (가), (나)와 달리 상황에 관한 개인의 의미 부여에 주목한다.

🔶 1등급을 향한 서답형 문제

030

다음 사례를 통해 알 수 있는 사회·문화 현상의 특징에 관해 서술하시오.

> 사람들은 축구 시합의 승패를 해당 팀의 전력을 보고 예측하는 경향이 있다. 만약 축구 시합의 승패와 팀 전력 간에 상관관계가 있다면 이것은 필연적인 것은 아니다. 왜냐하면 축구 시합의 승패에 영향을 미치는 요인은 팀의 전력 이외에도 선수의 정신력이나 관중의 응원 정도 등 다양하기 때문이다.

[031~032] 다음 글을 읽고 물음에 답하시오.

> (가) 학교에서 교사가 학생에게 고정 관념을 갖게 되면 이는 학생의 학업 수행과 행동에 영향을 미쳐 성적이나 품행에 차이가 나타나게 된다.
> (나) 학교는 기본적인 지식과 기술을 가르침으로써 사회의 유지와 존속에 기여하며 유능한 인재를 선발·훈련하여 사회의 적재적소에 배치하는 기능을 수행한다.
> (다) 학교는 지배 계급의 이익을 보장하는 장치이다. 지배 집단은 학교 교육을 통하여 자신들에게 유리한 가치관과 규범을 주입시키고 순종의 미덕을 내면화시킴으로써 피지배 집단에 대한 지배를 정당화한다.

★빈출
031

사회·문화 현상을 보는 관점 중 (가)~(다)는 각각 어떠한 관점에 해당하는지 쓰시오. (단, (가)~(다)는 각각 기능론, 갈등론, 상징적 상호 작용론 중 하나이다.)

032

(가)~(다)에 나타난 관점의 한계를 각각 서술하시오.

적중 1등급 문제

» 바른답·알찬풀이 4쪽

033

밑줄 친 ㉠~㉣과 같은 현상의 일반적인 특징에 관한 설명으로 옳은 것은?

예로부터 ㉠옹기는 음식의 발효와 저장을 위해 사용된 생활 필수품이었다. 열이 가해지면 ㉡흙 알갱이의 크기 차이로 표면에 미세한 기공이 형성되어 숨 쉬는 옹기가 만들어졌다. 조상들은 ㉢김장 김치를 옹기에 담아 겨울 동안 땅속에 보관하여 가장 맛있는 상태로 유지하였다. 최근 연구에서는 땅속 옹기의 음식 보관 온도인 ㉣ $-1℃$ 상태에서 김치의 유산균 개체 수가 적정하게 유지된다는 것을 발견하였다.

① ㉠과 같은 현상은 ㉡과 같은 현상에 비해 인과 관계가 명확하다.
② ㉡과 같은 현상은 ㉢과 같은 현상에 비해 특수성이 강하게 나타난다.
③ ㉢과 같은 현상은 ㉣과 같은 현상과 달리 확실성의 원리가 적용된다.
④ ㉣과 같은 현상은 ㉠과 같은 현상과 달리 당위 규범의 영향을 받는다.
⑤ ㉠~㉣과 같은 현상은 모두 경험적 자료를 통해 연구할 수 있다.

034

밑줄 친 ㉠, ㉡과 같은 현상의 일반적 특징을 구분하기 위해 A, B에 들어갈 질문으로 옳은 것은?

국립 환경 과학원에 따르면 ○○시에는 전날 오후 8시를 기준으로 초미세 먼지 주의보가 발령되었다. 이는 ㉠초미세 먼지의 시간당 평균 농도가 $90\mu g/m3$ 이상인 상태가 2시간 이상 지속할 때 내려진다. ○○시 교육청은 각급 학교에 ㉡실외 수업을 금지하거나 단축을 권고하였다.

질문	답변	예	아니요
A		㉠	㉡
B		㉡	㉠

① A : 인과 관계가 존재하는가?
② A : 개연성에 의해 설명되는가?
③ A : 확률의 원리가 적용되는가?
④ B : 보편성과 특수성이 공존하는가?
⑤ B : 경험적 자료로 연구가 가능한가?

035

밑줄 친 ㉠~㉣과 같은 현상의 일반적인 특징에 관한 질문에 모두 옳게 응답한 학생은?

전염성이 강한 ㉠AI 바이러스는 닭과 오리 등의 체내에 침투한 뒤 세포에 붙어 폐사에 이르게 해 농가에 막대한 피해를 주고 있다. 이에 국내 연구팀은 SL이 조류의 체내에 침투한 AI 바이러스가 세포에 달라붙는 것을 막아 ㉡감염을 차단하는지를 확인하기 위해 동물 실험을 하였다. 이 실험에서 닭에 SL을 먹이면 AI 바이러스가 체내에 있는 ㉢SL의 올리고당과 결합해 체외로 배출되는 결과를 확인하였다. 이를 토대로 ㉣닭의 사료에 SL을 섞어 사육하면 AI 바이러스 감염과 확산을 예방할 수 있다고 발표하였다.

 * AI : 조류 인플루엔자의 약자
** SL : 인체의 면역 성분인 시알릭락토스의 약자

질문＼학생	갑	을	병	정	무
㉠과 같은 현상은 ㉡과 같은 현상과 달리 보편성과 특수성이 공존하는가?	○	○	×	×	×
㉡과 같은 현상은 ㉢과 같은 현상과 달리 존재 법칙의 지배를 받는가?	×	○	×	×	○
㉢과 같은 현상은 ㉣과 같은 현상에 비해 인과 관계가 분명한가?	○	×	×	○	×
㉣과 같은 현상은 ㉠과 같은 현상과 달리 몰가치적인가?	×	○	○	×	○

(예 : ○, 아니요 : ×)

① 갑　　② 을　　③ 병　　④ 정　　⑤ 무

036

갑, 을이 학교 교육을 바라보는 관점에 관한 설명으로 옳지 않은 것은?

갑 : 학교 교육은 개인이 사회에 적응하도록 하는 데 중요한 기능과 역할을 합니다. 개인은 교육을 통해 직업에 필요한 능력을 배워 사회 구성원으로 적응합니다.
을 : 학교 교육은 지배-피지배 집단 간의 불평등한 권력관계를 정당한 것으로 받아들이도록 합니다. 학교에서 학생은 학교가 시키는 대로 함으로써 권위에 복종하는 것을 배웁니다.

① 갑의 관점은 사회 각 부분 간의 균형과 통합을 강조한다.
② 갑의 관점은 기득권층의 이익을 대변하는 논리로 사용된다는 비판을 받는다.
③ 을의 관점은 사회가 본질적으로 변동을 지향한다고 본다.
④ 을의 관점은 갑의 관점과 달리 사회 구성 요소의 기능과 역할이 사회적으로 합의된 것이라고 본다.
⑤ 갑, 을의 관점은 모두 사회 문제를 설명하는 데 사회 구조적 요인을 중시한다.

037

사회·문화 현상을 바라보는 다음 관점에 부합하는 설명에 모두 '✓'로 표시한 학생은?

> 시험을 앞두고 있는 친구에게 포크나 두루마리 휴지를 선물하면 특별히 설명하지 않아도 이것을 받은 사람은 시험 문제를 '잘 찍고', '잘 풀라'는 의미로 이해하고 고맙게 여긴다.

구분＼학생	갑	을	병	정	무
인간의 자율적 사고와 행위에 초점을 맞춘다.	✓	✓		✓	✓
사회 구조가 개인에게 미치는 영향을 강조한다.		✓	✓		✓
객관적 사회 조건보다 주관적 상황 정의를 중시한다.	✓		✓	✓	✓
사회는 스스로 균형을 유지하려는 속성을 지닌다고 본다.		✓	✓		

① 갑　　② 을　　③ 병　　④ 정　　⑤ 무

038

사회·문화 현상을 바라보는 갑~병의 관점에 관한 설명으로 옳은 것은? (단, 갑~병의 관점은 각각 기능론, 갈등론, 상징적 상호 작용론 중 하나이다.)

> 사회자 : 최근 들어 자녀를 낳지 않거나 한 명만 낳는 부부가 늘어나는 이유가 무엇일까요?
> 갑 : 출산과 육아를 지원하는 다양한 사회 제도가 제대로 작동하지 못하기 때문입니다.
> 을 : 불공정한 분배 체계의 심화로 희소 자원이 기득권층에 집중되면서 육아 시 요구되는 기본 여건을 마련할 수 없기 때문입니다.
> 병 : 자녀를 낳지 않거나 적은 자녀를 갖는 경우의 삶에 대한 긍정적인 의미가 기혼자 사이에 확산되면서 출산을 개인의 선택으로 여기는 부부가 많아졌기 때문입니다.

① 갑의 관점은 사회 구성원이 공유하는 출산에 관한 인식 변화에 주목한다.
② 을의 관점은 사회가 본질적으로 조화와 균형을 지향한다고 본다.
③ 갑의 관점은 병의 관점과 달리 출산을 거시적 측면에서 설명한다.
④ 을의 관점은 갑의 관점과 달리 사회를 유기체와 같은 존재로 인식한다.
⑤ 병의 관점은 을의 관점과 달리 개인의 행위를 구속하는 사회 체계의 힘을 중시한다.

039

표는 교육 제도를 바라보는 이론적 관점을 파악하기 위한 질문과 답변이다. 기능론, 갈등론, 상징적 상호 작용론 중 하나의 관점에서 일관되게 응답한 학생은?

질문＼학생	갑	을	병	정	무
사회 전체의 원활한 작동과 발전을 위해 없어서는 안 되는 구성 요소인가?	×	×	×	○	○
불평등 구조를 은폐하거나 정당화하고 계급을 재생산하기 위한 수단에 불과한가?	○	○	○	×	×
학생의 가정 배경에 따라 학업 성취도가 결정된다고 보는가?	○	○	○	×	×
학교 교육에 관한 교사와 학생의 의미 부여와 능동적 행위에 주목하는가?	×	○	×	○	○
교육이 사회 결속력을 제고하고 문화를 전승하는 기능을 수행한다고 보는가?	×	×	○	○	×

(예 : ○, 아니요 : ×)

① 갑　　② 을　　③ 병　　④ 정　　⑤ 무

040

그림은 사회·문화 현상을 바라보는 관점을 구분한 것이다. 이에 관한 설명으로 옳은 것은? (단, A~C는 각각 기능론, 갈등론, 상징적 상호 작용론 중 하나이다.)

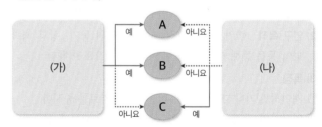

① A가 기능론이라면 (가)에는 '사회가 유기체와 유사한 속성을 지니고 있다고 보는가?'가 들어갈 수 있다.
② B가 갈등론이라면 (나)에는 '주관적인 상황 정의를 중시하는가?'가 들어갈 수 없다.
③ C가 상징적 상호 작용론이라면 (가)에는 '개인보다 사회 구조의 특성에 관한 이해를 우선시하는가?'가 들어갈 수 있다.
④ (가)가 '사회 문제를 병리적 현상으로 간주하는가?'라면 A, B 중 하나는 상징적 상호 작용론이다.
⑤ (나)가 '행위자의 주체적 능동성을 중시하는가?'이면 C는 기능론 또는 갈등론이다.

O2 ❶ 사회·문화 현상의 탐구
사회·문화 현상의 탐구 방법

☑️ 출제 포인트   ☑️ 양적 연구 방법, 질적 연구 방법의 특징   ☑️ 자료 수집 방법의 특징

1. 사회·문화 현상의 연구 방법

⭐1 양적 연구 방법 ⓒ 15쪽 054번 문제로 확인

(1) 전제 사회·문화 현상은 자연 현상과 같은 인과 관계가 나타나므로 자연 과학의 연구 방법 적용이 가능함 → 방법론적 일원론

(2) 연구 목적 사회·문화 현상에 내재한 규칙성을 발견함으로써 일반화나 법칙 정립

(3) 특징
① 개념을 조작적으로 정의함 → 추상적 개념을 측정 가능한 구체적 지표로 바꾸는 것
② 수집된 자료를 수치화하고 통계적으로 분석해 가설을 검증함

(4) 장점과 단점

장점	• 통계적 분석으로 정확하고 정밀한 연구가 가능함 • 연구자의 주관적 가치를 배제함으로써 객관적 연구가 가능함
단점	인간의 태도, 동기, 가치 등을 분리하여 연구하므로 피상적인 연구에 그칠 수 있음

> **자료** **양적 연구의 사례** ⓒ 16쪽 058번 문제로 확인
>
> • 동아리 활동 참여와 학교생활 만족도 간의 상관관계 연구
> • 청소년의 스마트폰 의존도와 정서 안정도의 상관관계 연구
>
> 분석 〉 양적 연구는 계량화된 변수, 통계적 분석, 변수 간의 상관관계 분석을 통한 일반화 등을 특징으로 한다.

⭐2 질적 연구 방법 ⓒ 16쪽 055번 문제로 확인

(1) 전제 사회·문화 현상은 자연 현상과 본질적으로 다르므로 자연 과학과 다른 방법으로 연구해야 함 → 방법론적 이원론

(2) 연구 목적 행위자의 주관적 가치 및 행위 동기, 상황 맥락 파악 등을 통해 사회·문화 현상을 심층적으로 이해함

(3) 특징
① 개인적 일기나 대화록 같은 비공식적인 자료를 중시함
② 연구자의 감정 이입을 통한 직관적 통찰, 해석과 심층적인 의미 파악

(4) 장점과 단점

장점	계량화하기 어려운 분야의 심층적인 이해 가능
단점	연구자의 주관 개입 가능, 연구 결과의 일반화가 어려움

> **자료** **질적 연구의 사례** ⓒ 15쪽 053번 문제로 확인
>
> • 동아리 활동을 통한 교우 관계 형성 과정 이해
> • 인터넷 쇼핑 상황에서 경험하는 소비자 감정에 관한 사례 연구
>
> 분석 〉 교우 관계 형성 과정, 소비자 감정 등은 그 행위의 이면에 있는 의미를 심층적으로 이해하기에 적합한 질적 연구의 사례이다.

2. 사회·문화 현상의 자료 수집 방법

⭐1 질문지법 ⓒ 17쪽 061번 문제로 확인

의미	질문지에 관한 조사 대상자의 응답을 바탕으로 자료를 수집
장점	• 다수를 대상으로 대량의 자료를 수집하는 데 유리함 • 분석 기준이 명확하고 통계 처리가 용이함
단점	• 문맹자에게 활용하기 곤란함 • 회수율이 낮거나 불성실한 응답의 문제가 발생할 수 있음

> **자료** **질문지 작성 시 유의 사항** ⓒ 17쪽 062번 문제로 확인
>
> 1. 귀하의 독서 시간은 얼마나 됩니까?
>   ① 1시간 이하   ② 1시간~2시간   ③ 2시간 이상
> 2. 주변 사람에게 추천하고 싶은 독서 분야는 무엇입니까?
>   ① 시   ② 소설   ③ 수필
>
> 분석 〉 1번 문항에서 '독서 시간'의 기준이 하루 또는 일주일 등으로 제시되어 있지 않고, 1시간이거나 2시간일 경우 중복해서 답할 수 있다. 2번 문항에서는 시, 소설, 수필 이외의 다른 독서 분야를 답할 수 없다.

⭐2 실험법 ⓒ 18쪽 065번 문제로 확인

의미	연구자가 실험 집단에 일정한 조작을 가하고 그로 인해 나타나는 행동의 변화를 통제 집단과 비교하여 자료를 수집
장점	독립 변수와 종속 변수 간의 인과 관계를 정확히 파악 가능
단점	인간을 실험 대상으로 한다는 점에서 윤리적 문제가 발생할 수 있음

3 면접법

의미	연구 대상자를 대면하여 자료를 수집
장점	• 심층적인 내용을 깊이 있게 질문할 수 있음 • 보충 설명으로 응답의 정확성을 높일 수 있음
단점	• 시간과 비용의 제약이 크며 연구자의 주관 개입 가능성이 큼 • 연구 목적에 적합한 대상자를 선정하기가 어려움

⭐4 참여 관찰법 ⓒ 19쪽 068번 문제로 확인

의미	연구자가 연구 대상자와 함께 생활하면서 직접 관찰하여 자료를 수집
장점	• 언어 소통이 어려운 대상에게도 활용할 수 있음 • 자료의 실제성 확보, 생생한 자료 수집 가능
단점	• 관찰하려는 현상이 나타날 때까지 기다려야 함 • 관찰 내용을 기록하는 과정에서 연구자의 주관이 개입될 수 있음

5 문헌 연구법

의미	기존 연구의 결과물이나 역사적인 문헌을 통해 자료(2차 자료)를 수집
장점	• 시간과 비용이 절약되며 정보 수집이 용이함 • 기존의 연구 동향을 파악하기가 쉬움
단점	• 문헌의 신뢰성이 떨어지면 연구의 신뢰도에 문제가 발생함 • 문헌 해석 시 연구자의 주관이 개입될 가능성이 있음

분석 기출 문제

≫ 바른답·알찬풀이 6쪽

•• 다음은 사회·문화 현상의 연구 방법에 관한 설명이다. 빈칸에 들어갈 알맞은 말을 쓰시오.

041 양적 연구에서 (   )(이)란 추상적 개념을 측정 가능하도록 수치화된 지표로 바꾸는 것을 의미한다.

042 양적 연구와 질적 연구 중 계량화된 자료와 통계적인 분석 기법을 사용하는 것은 (   )이다.

043 양적 연구와 질적 연구 중 자연 현상과 사회·문화 현상이 본질적으로 다르다는 입장을 바탕으로 하는 것은 (   )이다.

•• 다음은 사회·문화 현상의 연구 방법과 그 특징이다. 관련 있는 내용끼리 연결하시오.

044 양적 연구 •

045 질적 연구 •

• ㉠ 방법론적 일원론

• ㉡ 방법론적 이원론

• ㉢ 현상의 의미 이해

• ㉣ 일반적인 법칙 발견

•• 다음은 자료 수집 방법에 관한 설명이다. 설명이 옳으면 ○표, 틀리면 ×표 하시오.

046 실험법은 실험 대상이 인간이라는 점에서 윤리에 위반되는 행위가 발생하기 쉽다. (   )

047 면접법은 문맹자에게도 실시할 수 있고 심층적인 자료 수집이 가능하다. (   )

048 참여 관찰법은 변수와 변수 간의 관계 파악을 위한 연구에 유용하다. (   )

•• 다음은 자료 수집 방법에 관한 설명이다. ㉠~㉣ 중 알맞은 것을 고르시오.

049 동시에 많은 대상자의 의식을 조사할 때에는 (㉠ 면접법, ㉡ 질문지법)을 사용한다.

050 언어적 상호 작용이 필수적인 자료 수집 방법은 (㉠ 면접법, ㉡ 참여 관찰법)이다.

051 실험법을 적용할 때 (㉠ 통제 집단, ㉡ 실험 집단)은 독립 변수의 조치를 취한 집단이고, (㉢ 통제 집단, ㉣ 실험 집단)은 그 비교 대상이 되는 집단이다.

052 자료 수집에 필요한 시·공간적 제약을 극복할 수 있고, 1차 자료 수집이 어려울 경우 사용하는 자료 수집 방법은 (㉠ 면접법, ㉡ 문헌 연구법)이다.

⭐빈출 053

다음 연구의 공통적인 특징에 관한 옳은 추론만을 〈보기〉에서 고른 것은?

• 빈곤층 노인이 가지는 고독감의 의미 연구
• 동아리 활동을 통한 교우 관계 형성 과정 이해
• 인터넷 쇼핑 상황에서 경험하는 소비자 감정에 관한 사례 연구

【보기】
ㄱ. 개념의 조작적 정의 과정을 거쳤을 것이다.
ㄴ. 연구자의 직관적 통찰이 활용되었을 것이다.
ㄷ. 사회·문화 현상에 관한 일반화를 시도하였을 것이다.
ㄹ. 방법론적 이원론에 기초하여 연구가 진행되었을 것이다.

① ㄱ, ㄴ   ② ㄱ, ㄷ   ③ ㄴ, ㄷ
④ ㄴ, ㄹ   ⑤ ㄷ, ㄹ

⭐빈출 054

그림의 (가), (나)는 사회·문화 현상의 연구 방법이다. 이에 관한 설명으로 옳은 것은?

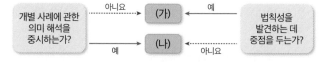

① (가)는 (나)에 비해 연구 결과를 일반화하기에 용이하다.
② (가)는 (나)와 달리 경험적 자료를 바탕으로 연구를 진행한다.
③ (나)는 (가)와 달리 연구 대상에 관한 개념의 조작적 정의가 이루어진다.
④ (가)는 귀납적, (나)는 연역적 방법으로 연구하는 것이 일반적이다.
⑤ (가), (나) 모두 연구 대상자의 주관적 상황 인식을 중시한다.

055

다음 글에서 강조하고 있는 사회·문화 현상의 연구 방법에 관한 설명으로 적절하지 않은 것은?

> 인간은 단순히 외부의 자극에 반응하거나 그냥 무의미하게 움직이는 것이 아니라 목적 지향적인 행동을 하기 때문에 인간의 행동은 단순히 외부로부터 관찰될 수 있는 것이 아니다. 따라서 사회·문화 현상을 제대로 탐구하기 위해서는 인간의 의도, 동기, 가치가 담겨 있는 비공식적 문서, 면담 기록, 일기 등과 같은 자료를 연구하는 것이 필요하다.

① 양적 자료보다는 질적 자료를 바탕으로 연구한다.
② 연구자와 연구 대상자 간의 정서적 교감을 중시한다.
③ 계량화하기 어려운 주관, 가치, 관념 등의 분석에 관심을 갖는다.
④ 연구자의 직관적 통찰을 바탕으로 사회·문화 현상에 관한 심층적인 이해를 높인다.
⑤ 주관적인 해석의 한계를 객관적이고 계량화된 자료로 보완하여 연구의 정확성을 높인다.

056

그림의 (가), (나)는 사회·문화 현상의 연구 방법이다. 이에 관한 설명으로 옳은 것은?

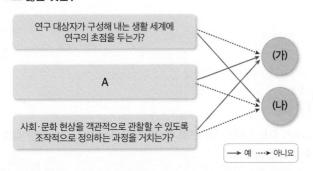

① (가)는 방법론적 이원론에 기반하여 사회·문화 현상을 탐구하고자 한다.
② (나)는 행위 주체인 연구 대상자의 주관적 의도가 배제된다는 비판을 받는다.
③ (가)와 달리 (나)는 행위의 동기보다 행위 자체를 주된 분석대상으로 삼는다.
④ (나)와 달리 (가)는 사회·문화 현상의 의미가 인식 주체에 의해 다르게 규정된다고 본다.
⑤ A에는 '변수와 변수 간의 관계 파악을 목적으로 하는가?'가 들어갈 수 있다.

057

(가), (나)는 사회·문화 현상을 연구하는 방법이다. 이에 관한 설명으로 옳지 않은 것은?

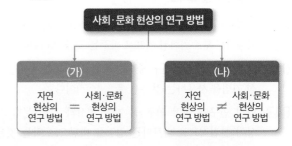

① (가)는 변수 간 관계에 관한 법칙 발견을 중시한다.
② (나)는 인간의 행위에 담긴 의미의 이해를 강조한다.
③ (나)는 편지, 일기 등 비공식적 자료의 해석을 선호한다.
④ (가)는 (나)와 달리 경험적 자료에 근거하여 탐구한다.
⑤ (가)는 양적 연구, (나)는 질적 연구로 발전하였다.

058

(가), (나)에서 사용된 연구 방법에 관한 설명으로 옳지 않은 것은?

> (가) 갑은 청소년의 과시 소비 성향에 영향을 미치는 변수를 검증하기 위해 고등학교 2학년 남녀 학생 530명을 대상으로 설문 조사를 실시하였다. 그 결과 청소년의 과시 소비 성향은 또래 집단과 연예인, 자아 존중감의 영향을 받는 것으로 나타났다.
> (나) 을은 백화점에서 만난 대학생을 대상으로 그들의 소비 행태를 관찰하고 면담하여 대학생의 소비 심리에 관한 연구를 하였다. 조사 결과 대상 대학생들은 독특한 상품을 구매함으로써 남들과 차별화되려고 끊임없이 시도하면서도 유행을 추종하는 이중적인 모습을 보였다.

① (가) - 방법론적 일원론을 바탕으로 한다.
② (가) - 계량적 분석을 통해 법칙을 도출하고자 한다.
③ (나) - 연역적 절차보다 귀납적 절차를 주로 사용한다.
④ (나) - 인간의 동기와 같은 주관적 영역의 연구에 적합하다.
⑤ (나) - 연구자가 연구 대상과 일정한 거리를 유지하고자 한다.

059

(가), (나)는 동일한 연구 주제에 관한 서로 다른 사회 과학 연구 방법이다. (가), (나)의 일반적 특징에 관한 설명으로 옳은 것은?

구분	연구 목적	연구 과정
(가)	스마트폰 의존도가 높은 사람들의 심리 상태 이해	자료 수집 → 경험적 일반화 → 이론
(나)	스마트폰 중독이 학업 성취도에 미치는 영향 분석	이론 → 가설 → 자료 수집

① (가)는 사회·문화 현상에 내재된 인과 관계 발견을 중시한다.
② (가)는 사회·문화 현상이 자연 현상과 본질적으로 다르지 않다는 전제에 기초한다.
③ (가)에 따르면 사회적 사실은 객관적 관찰이 가능한 외부적 속성에 의해 정의된다.
④ (나)는 일반적인 이론을 통해 사실을 검증하는 방법을 사용한다.
⑤ (나)는 연구 대상자에 관한 연구자의 감정 이입적 이해를 중시한다.

060

갑, 을이 사용한 연구 방법의 일반적인 특징에 관한 설명으로 옳지 않은 것은?

- 갑은 조선 시대 여인의 서간문이나 문집을 통해 당시 여성의 가족에 관한 인식을 조사하였다. 그 결과 "사회 활동이 제한되었던 양반가의 여성이 가족의 출세를 자신의 대리 만족으로 삼았기 때문에 자녀 양육과 교육에 헌신하였다."라고 의미를 부여하였다.
- 을은 조선 시대 사료를 통해 계층별 가족 구성원 형태를 분석하였다. 양반층과 중인층의 핵가족과 확대 가족의 비율 등을 비교해 본 결과, "조선 시대 양반 가족은 다른 신분 가족에 비해 핵가족의 비율이 더 높다."라는 상관관계를 도출하였다.

① 갑 - 연구 대상의 동기와 의도를 심층 분석하는 데 유리하다.
② 갑 - 연역적 절차보다는 귀납적 절차를 통해 주로 연구한다.
③ 을 - 방법론적 일원론에 바탕을 둔다.
④ 을 - 법칙 발견을 통해 사회 현상을 예측하고자 한다.
⑤ 을 - 연구 대상이 처한 상황이나 사회적 맥락을 중시한다.

⭐빈출 061

다음 사례에 나타난 자료 수집 방법의 일반적인 특징에 관한 설명으로 옳은 것은?

> ○○ 신문은 선거를 앞두고 A 후보와 B 후보에 관한 유권자 지지도를 알아보기 위해 □□ 리서치에 의뢰하여 11월 24일 전국 유권자 2,000명을 대상으로 조사를 실시하였다. 조사는 조사원이 무작위로 선정한 임의의 집 전화와 휴대 전화에 전화를 거는 방식으로 진행되었다.

① 수집된 자료의 계량적 분석에 유리하다.
② 피조사자와의 정서적 유대 형성이 요구된다.
③ 기존의 연구 성과물과 연구 동향 파악이 용이하다.
④ 수집하고자 하는 현상이 나타날 때까지 기다려야 한다.
⑤ 예상하지 못한 상황이 발생하면 변수를 통제하기 곤란하다.

⭐빈출 062

다음 질문지에 관한 옳은 평가만을 〈보기〉에서 고른 것은?

> **우리 사회 대학생의 결혼관**
>
> 1. 귀하의 성별은 무엇입니까?
>   ① 남   ② 여
> 2. 귀하는 "결혼은 반드시 해야 한다."라는 생각에 관해 어떻게 생각하십니까?
>   ① 동의한다.   ② 동의하지 않는다.
> 3. 귀하는 배우자 선택에서 어떤 요소가 가장 중요하다고 생각하십니까?
>   ① 직업   ② 성격
>   ③ 학벌   ④ 외모
> 4. 귀하는 언제쯤 결혼하고 싶습니까?
>   ① 25세 미만   ② 25세 이상~30세
>   ③ 30세 이상~35세   ④ 35세 이상~40세
>   ⑤ 40세 이상

[보기]
ㄱ. 특정한 응답을 유도하려는 문항이 있다.
ㄴ. 과학적인 연구를 할 수 없는 탐구 주제를 선정하였다.
ㄷ. 답지가 배타적이지 않아 응답에 혼란을 주는 문항이 있다.
ㄹ. 답지가 응답 가능한 모든 경우를 포괄하지 못하는 문항이 있다.

① ㄱ, ㄴ   ② ㄱ, ㄷ   ③ ㄴ, ㄷ
④ ㄴ, ㄹ   ⑤ ㄷ, ㄹ

063

갑~병이 사용한 자료 수집 방법에 관한 설명으로 옳은 것은?

> • 갑은 직장인 100명을 A, B 집단으로 나누어 A 집단만 3개월 동안 자전거로 출퇴근하도록 하고 3개월 후에 두 집단의 건강 상태를 측정하여 비교하였다.
> • 을은 직장인이 근무 시간에 얼마나 업무에 집중하는지를 알아보기 위해 ○○ 회사 직원 10명의 업무 모습을 한 달 동안 지켜보았다.
> • 병은 북한 이탈 주민 5명이 남한 사회에 정착하는 과정에서 어떤 어려움을 겪었는지를 오랜 시간의 대화를 통해 조사하였다.

① 을의 방법은 자료의 실제성을 확보하기 어렵다.

② 병의 방법은 자료 수집 과정에서 연구자가 유연성을 발휘하기 어렵다.

③ 을의 방법은 갑의 방법과 달리 표준화된 도구를 사용하여 자료를 수집한다.

④ 병의 방법은 갑의 방법과 달리 주로 질적 자료를 수집할 목적으로 사용된다.

⑤ 을의 방법과 병의 방법은 언어적 상호 작용을 필수적으로 요구한다.

064

자료 수집 방법 A의 특징에 관한 설명으로 옳지 않은 것은?

> 　A　는 동일한 연구 문제에 관한 기존의 연구 성과물과 연구 동향을 파악할 수 있다는 점에서 대부분 연구의 기초가 된다. 역사적 문헌, 신문, 통계, 논문, 그림, 동영상 등 활용하는 자료의 형태는 다양하다.

① 시간과 비용을 절약할 수 있다.

② 시간적·공간적 제약을 덜 받는다.

③ 수집된 자료는 주로 1차 자료에 해당한다.

④ 양적 연구와 질적 연구 모두에서 활용된다.

⑤ 문헌 분석 시 연구자의 가치 개입 우려가 있다.

065

밑줄 친 ㉠~㉣에 관한 옳은 설명만을 〈보기〉에서 있는 대로 고른 것은?

> 연구자 갑은 '㉠ 서브리미널 광고가 상품의 ㉡ 소비 효과를 자극할 것이다.'라는 ㉢ 가설을 검증하기 위하여 연구 대상을 두 팀으로 나눈 후 두 개의 공간에서 동일한 영화를 틀어주었다. 이때 ㉣ 한 팀에게는 중간중간에 햄버거와 콜라 화면을 3천분의 1초로 넣은 영화를, ㉤ 나머지 한 팀에게는 원래 영화를 보여 주었다. 영화 상영이 끝난 후 출입문 앞에 콜라와 햄버거를 사 먹을 수 있는 판매대를 만들어 두었다. 그리고는 ㉥ 어느 팀에서 햄버거와 콜라를 많이 사 먹는가를 살펴보았다.
>
> * 서브리미널 광고(subliminal advertising) : 텔레비전·라디오 또는 극장의 스크린 등에서 인지 불가능할 정도의 빠른 속도로 메시지를 내보내서 소비자의 잠재의식에 영향을 미치고 구매 행동을 자극하려는 광고

〔보기〕

ㄱ. 독립 변수는 ㉠, 종속 변수는 ㉡이다.

ㄴ. ㉢을 검증하기 위해 ㉥ 과정이 필요하다.

ㄷ. ㉣은 실험 집단, ㉤은 통제 집단이다.

ㄹ. ㉣과 ㉤은 연구자가 임의적으로 나누면 된다.

① ㄱ, ㄴ　　　　② ㄱ, ㄹ　　　　③ ㄷ, ㄹ

④ ㄱ, ㄴ, ㄷ　　　⑤ ㄴ, ㄷ, ㄹ

066

자료 수집 방법 A~C의 일반적인 특징에 관한 설명으로 옳은 것은? (단, A~C는 각각 면접법, 질문지법, 참여 관찰법 중 하나이다.)

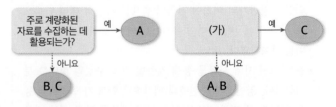

① A는 연구 대상자의 주관적인 인식을 파악할 수 없다.

② B와 C는 자료 수집 상황에 관한 통제 수준이 A보다 높다.

③ ㈎가 '언어적 상호 작용에 의한 자료 수집이 필수적인가?'라면 C는 면접법이다.

④ B가 면접법이라면 ㈎는 '질적 연구를 위한 자료 수집에 주로 사용되는가?'가 적절하다.

⑤ C가 참여 관찰법이라면 ㈎는 '생생한 자료를 얻을 수 있는 장점이 있는가?'가 적절하다.

067

다음 조사 계획서에 관한 설명으로 옳지 <u>않은</u> 것은?

1. 조사 목적 : ○○ 고등학교 학생의 휴대 전화 사용 실태
2. 조사 대상 : ○○ 고등학교 2학년 5개 학급
3. 조사 기간 : 20△△년 3월 △△일~△△일
4. 조사 방법
   • 갑 모둠 : 2학년 5개 학급에 질문지를 배포한 후 회수
   • 을 모둠 : 휴대 전화를 자주 사용하는 10명의 학생을 선정하여 심층 면접 실시
   • 병 모둠 : 한 학급의 일상생활에 직접 참여하여 학생들의 휴대 전화 사용 현황 관찰

① 양적 자료와 질적 자료를 모두 수집할 수 있다.
② 표본이 전체 집단을 대표하지 못하고 있다.
③ 갑 모둠은 을 모둠에 비해 수치화된 자료를 수집하는 데 유용하다.
④ 을 모둠은 갑 모둠에 비해 조사자의 주관이 개입될 가능성이 높다.
⑤ 을 모둠은 병 모둠에 비해 예기치 못한 변수가 발생할 가능성이 높다.

★빈출 068

자료 수집 방법 A~C의 일반적인 특징으로 옳은 것만을 〈보기〉에서 고른 것은?

A	근로자의 생활 실태를 알아보기 위해 질문지를 만들어 근로자에게 응답하게 한다.
B	근로자의 임금 현황, 여가 시간 등에 관한 통계 자료를 분석한다.
C	근로자가 일하는 공장에서 함께 생활하면서 근로자의 생활 모습을 관찰한다.

[보기]
ㄱ. A는 자료의 분석 기준이 명확하여 비교가 용이하다.
ㄴ. B는 C보다 시·공간의 제약을 적게 받으며 생생한 자료 수집에 유리하다.
ㄷ. C는 B보다 조사 과정에서 예상하지 못한 변수가 발생할 가능성이 높다.
ㄹ. C는 A보다 짧은 시간과 적은 비용으로 조사할 수 있다.

① ㄱ, ㄴ   ② ㄱ, ㄷ   ③ ㄴ, ㄷ
④ ㄴ, ㄹ   ⑤ ㄷ, ㄹ

[069~070] 다음 글을 읽고 물음에 답하시오.

연구자 갑은 부모와 자녀 간의 친밀성이 자녀의 학업 성취도에 미치는 영향을 알아보기 위해 ⊙'친밀성'은 일주일 평균 대화 시간으로, '학업 성취도'는 학급 석차로 수치화하였다. 그리고 대화 시간과 학급 석차에 관한 자료를 수집한 후 통계 기법을 통해 두 자료 간의 관계를 분석하였다.

069

갑이 사용한 사회·문화 현상의 연구 방법을 쓰시오.

070

⊙과 같이 추상적인 개념을 측정할 수 있도록 수치화된 지표로 바꾸는 것을 무엇이라고 하는지 쓰시오.

[071~072] 다음 글을 읽고 물음에 답하시오.

질문지법에서 특히 유의해야 할 사항은 (⊙) 추출에 있다. 예를 들어 청소년의 소비 성향에 관한 조사를 하고자 할 때 청소년 전체는 (ⓒ)이며, 청소년 전체 중에서 연구의 목적에 맞도록 선택한 집단이 (⊙)이다. 이때 (⊙)은/는 (ⓒ)의 특성을 잘 반영하여 대상 전체를 대표할 수 있어야 하는데 이를 (ⓒ)의 원리라고 한다.

071

⊙~ⓒ에 들어갈 적절한 용어를 각각 쓰시오.

072

윗글을 참고하여 ⊙의 추출이 제대로 이루어져야 하는 이유를 서술하시오.

적중 1등급 문제

» 바른답·알찬풀이 8쪽

073

갑이 사용한 연구 방법에 관한 설명으로 옳은 것은?

갑은 고등학생의 인터넷 이용 행태에 부모의 경제 수준이 미치는 영향을 탐구하기로 하였다. 갑은 부모의 경제 수준이 높을수록 자녀의 정보 지향적 인터넷 이용 정도가 높아질 것이라고 가설을 설정하였다. 경제 수준은 월평균 소득으로, 정보 지향적 인터넷 이용 정도는 인터넷 이용 시간 중 정보 검색 시간 비중으로 측정하기로 하였다. 갑은 고등학생 1,000명을 대상으로 구조화된 질문지를 통해 자료를 수집하였다. 결과 분석을 해 보니 부모의 월평균 소득에 따라 자녀의 정보 검색 시간 비중은 통계적으로 유의미한 차이가 나타나지 않았다.

① 개념의 조작적 정의를 통한 통계 분석을 중시한다.
② 연구자의 직관적 통찰 및 감정 이입적 이해를 중시한다.
③ 자연 현상과 사회·문화 현상은 본질적으로 다르다고 본다.
④ 연구 대상자의 주관적 가치 및 행위 동기를 이해하는 데 적합하다.
⑤ 조사 대상자와의 정서적 교감을 중시하는 자료 수집 방법을 주로 사용한다.

074

다음 연구에서 공통적으로 사용한 사회·문화 현상 연구 방법의 일반적인 특징에 모두 옳게 응답한 학생은?

• 동아리 활동 참여와 학교생활 만족도 간의 상관관계 연구
• 청소년의 스마트폰 의존도와 정서 안정도의 상관관계 연구
• 청소년 행복 증진을 위한 상담 프로그램의 효과에 관한 연구

특징＼학생	갑	을	병	정	무
계량화된 자료를 수집하여 분석한다.	○	○	×	○	×
통계적 분석을 적극적으로 활용한다.	×	○	○	○	×
현상에 관한 심층적 이해를 추구한다.	○	×	○	×	○
상황 맥락 속에서 규정된 현상을 기술한다.	○	○	×	×	○

(예 : ○, 아니요 : ×)

① 갑　② 을　③ 병　④ 정　⑤ 무

075

갑, 을이 사용한 연구 방법에 관한 옳은 설명만을 〈보기〉에서 고른 것은?

• 갑은 행복감에 소득 수준과 물질주의 가치관이 미치는 영향을 연구하고자, 전국의 30세 이상 성인 중 1,000명을 대상으로 설문 조사를 하였다. 분석 결과 삶에 관한 만족도는 월평균 수입 정도와 정(+)의 관계이지만, 삶에서 돈이 중요하다고 생각하는 정도와는 부(-)의 관계를 보였다.
• 을은 학생들이 학교생활에 얼마나 행복감을 느끼고 있는가를 알아보기 위해 A 중학교에서 한 달간 학생 10명을 집중 관찰하였다. 또 이들을 심층 면접하면서 학교생활에서 행복감을 느끼고 있는지를 알아보았다. 그 결과 학교 활동에 열심히 참여하는 학생일수록 행복감이 높다는 것을 알았다.

【 보기 】
ㄱ. 갑의 방법은 방법론적 일원론을 바탕으로 한다.
ㄴ. 을은 인간의 행위를 내적 동기와 분리하여 연구한다.
ㄷ. 갑의 방법은 을의 방법보다 변수 간의 관계 파악에 적절하다.
ㄹ. 갑, 을의 방법은 모두 개념의 조작적 정의 단계를 거친다.

① ㄱ, ㄴ　② ㄱ, ㄷ　③ ㄴ, ㄷ
④ ㄴ, ㄹ　⑤ ㄷ, ㄹ

076

사회·문화 현상의 연구 방법 (가), (나)에 관한 설명으로 옳은 것은?

연구 주제	청소년 이성 교제	
연구 방법	(가)	(나)
연구 설계 개요	• 청소년 600명을 대상으로 이성 교제와 관련된 설문지를 배포하여 이성 교제 여부와 학교 적응 관계를 살펴봄 • 학교 적응 관계는 학교 친구 적응, 학교 교사 적응, 학교 수업 적응으로 구체화하여 점수화함	• 청소년 16명을 대상으로 이성 친구를 사귀면서 체험한 사례 등에 관해 심층 면담함 • 조사 대상의 그림이나 일기 등을 수집하여 이러한 자료에 나타난 청소년의 이성 교제에 관한 생각을 이해하고자 함

① (가)는 방법론적 이원론에 입각한 연구이다.
② (나)는 연구자와 연구 대상자 간 정서적 교감을 중시한다.
③ (가)는 (나)에 비해 사회·문화 현상을 심층적으로 이해하기에 용이하다.
④ (나)는 (가)에 비해 연구자의 가치나 이해관계가 개입될 가능성이 작다.
⑤ 자료 분석 시 (가)는 직관적 통찰, (나)는 통계 분석에 주로 의존한다.

077

다음 질문지에 관해 옳은 평가를 한 학생만을 〈보기〉에서 고른 것은?

직장인의 여가 활동 실태 조사

1. 일주일간 여가 활동에 쓰는 시간은 얼마나 됩니까?
   ① 0시간 ~ 1시간 미만   ② 1시간 이상 ~ 2시간 미만
   ③ 2시간 이상 ~ 3시간 미만   ④ 3시간 이상

2. 여가에는 주로 어떤 활동을 합니까?
   ① 운동   ② 걷기   ③ 동호회 활동
   ④ 컴퓨터 게임   ⑤ 없음

3. 여가 활동을 위한 비용은 얼마입니까?
   ① 0원   ② 0원 초과 ~ 3만 원 미만
   ③ 3만 원 이상 ~ 5만 원 미만   ④ 5만 원 이상 ~ 7만 원 미만
   ⑤ 7만 원 이상

【 보기 】

갑 : 1번 문항은 특정 응답을 유도하고 있군.

을 : 2번 문항은 답지가 상호 배타적이지 않군.

병 : 3번 문항은 응답에 필요한 정보가 빠져 있어.

정 : 1번, 3번 문항은 답지가 포괄적이지 않아.

① 갑, 을   ② 갑, 병   ③ 을, 병
④ 을, 정   ⑤ 병, 정

078

그림은 자료 수집 방법 A, B의 일반적인 특징을 연결한 것이다. 이에 관한 옳은 설명만을 〈보기〉에서 고른 것은? (단, A, B는 각각 질문지법, 참여 관찰법 중 하나이다.)

【 보기 】

ㄱ. (나)에는 '연구자와 연구 대상자 간의 언어적 상호 작용이 필수적임'이 들어갈 수 없다.

ㄴ. A가 질문지법이면 (다)에는 '주로 양적 자료 수집에 활용됨'이 들어갈 수 있다.

ㄷ. B가 참여 관찰법이면 (가)에는 '1차 자료 수집에 적절함'이 들어갈 수 없다.

ㄹ. (가)에 '조사 대상자와의 정서적 교감을 중시함'이 들어가면 (다)에는 '실제성이 높은 생생한 자료의 수집에 용이함'이 들어갈 수 있다.

① ㄱ, ㄴ   ② ㄱ, ㄷ   ③ ㄴ, ㄷ
④ ㄴ, ㄹ   ⑤ ㄷ, ㄹ

079

자료 수집 방법 A~C의 일반적인 특징에 관한 설명으로 옳은 것은? (단, A~C는 각각 면접법, 실험법, 질문지법 중 하나이다.)

- 갑은 토론식 수업의 학습 효과를 연구하기 위해 A를 활용하여 한 집단은 토론식 수업을 진행하고 다른 집단은 기존의 강의식 수업을 1년 간 진행하였다.
- 을은 직장인의 동호회 활동 양상 연구를 위해 B를 활용하여 동호회 활동을 하고 있는 직장인과의 대화를 통해 비구조화된 질문에 답하게 하였다.
- 병은 무작위로 선정된 고등학생 500명을 대상으로 C를 활용하여 동아리 활동과 학교생활의 만족도를 묻는 문항에 답하게 하였다.

① A와 달리 B는 수집된 자료의 통계적 처리에 적합하다.

② A와 달리 C는 조사 대상자의 주관적 인식을 파악할 수 있다.

③ B와 달리 A는 자료 수집 상황에서 연구자의 통제 정도가 높다.

④ B와 달리 C는 연구자의 직관적 통찰을 중시한다.

⑤ C와 달리 A는 주로 양적 자료 수집에 활용된다.

080

자료 수집 방법 A~C에 관한 옳은 설명만을 〈보기〉에서 있는 대로 고른 것은? (단, A~C는 각각 면접법, 질문지법, 참여 관찰법 중 하나이다.)

자료 수집 방법	연구 내용
A	잦은 비행을 저지르는 청소년과 함께 생활하며 관찰을 통해 비행의 양상을 파악함
B	고등학생 1,000명을 대상으로 부모와의 유대 관계와 비행 간의 상관관계를 분석함
C	잦은 비행을 저지르는 고등학생과 심층적 대화를 하여 비행을 저지르는 심리 상태를 파악함

【 보기 】

ㄱ. A는 B와 달리 조사 대상자의 일상생활 세계에 참여하여 자료를 수집한다.

ㄴ. B는 C와 달리 문맹자에게 사용하기 곤란하다.

ㄷ. C는 A와 달리 주로 질적 자료 수집에 활용된다.

ㄹ. A~C 모두 1차 자료 수집이 가능하다.

① ㄱ, ㄷ   ② ㄱ, ㄹ   ③ ㄴ, ㄷ
④ ㄱ, ㄴ, ㄹ   ⑤ ㄴ, ㄷ, ㄹ

03 사회·문화 현상의 탐구 절차와 윤리

☑ 출제 포인트   ☑ 양적 연구, 질적 연구의 절차   ☑ 연구 과정에서 발생하는 윤리 문제

1. 사회·문화 현상의 탐구 절차

⭐ 1 양적 연구 절차 ⓒ 23쪽 093번 문제로 확인

(1) **문제 인식 및 연구 주제 선정** 기존 이론이나 가설, 새로운 주장 등에 관한 연구자의 관심으로부터 연구 주제가 선정됨

(2) **가설 설정** 연구 주제에 관한 잠정적인 결론을 제시하는 단계로, 변수와 변수 간의 관계를 논리적으로 설정함

(3) **연구 설계**

① 개념의 조작적 정의 : 추상적 개념이나 용어를 측정 가능하도록 구체화함

② 세부 실행 계획 구상 : 연구 대상, 자료 수집 방법, 자료 분석 방법 등 연구 진행에 필요한 세부적인 계획을 수립함

(4) **자료 수집** 경험적 자료를 수집하는 과정으로, 주로 질문지법과 실험법 등을 활용함

(5) **자료 분석** 수집된 자료를 정리하여 분석하는 과정으로, 주로 통계 분석 기법을 활용하여 변수 간의 관계를 분석함

(6) **가설 검증** 수집된 자료의 분석 결과에 따라 가설의 수용 여부를 결정함

(7) **결론 도출 및 일반화** 연구 주제에 관한 결론을 도출하고, 다른 상황에 적용 가능한 일반화를 정립함

2 질적 연구 절차

(1) **문제 인식 및 연구 주제 선정** 사회·문화 현상에 함축된 의미를 이해하고 해석하고자 하며 가설을 세우지 않음

(2) **연구 설계** 연구 대상과 연구 기간을 정하고 자료 수집 방법을 선택함

(3) **자료 수집 및 해석** 주로 면접법이나 참여 관찰법 등으로 자료를 수집하며, 수집한 후에는 직관적 통찰과 감정 이입적 이해를 통해 자료를 해석함

(4) **결론 도출** 자료를 바탕으로 해석한 행위자의 주관적 세계가 가지는 의미를 종합하여 결론을 도출함

> **자료** **연역법과 귀납법** ⓒ 24쪽 099번 문제로 확인
>
>
>
> **분석** 사회 과학의 연구는 연역과 귀납의 순환 과정을 거친다. 즉 기존의 이론이나 결론으로부터 가설이나 문제를 도출한 후 구체적 자료를 수집하는 연역적 과정과 구체적인 자료 수집을 통해 결론을 도출하고 일반화를 이끌어 내는 귀납적 과정을 거치며, 이러한 과정을 통해 도출된 일반화와 결론은 새로운 연구의 시작이 된다.

2. 사회·문화 현상의 연구 태도

⭐ 1 사회·문화 현상의 연구 태도 ⓒ 25쪽 100번 문제로 확인

객관적 태도	사회·문화 현상을 연구할 때 연구자가 자신의 선입견과 주관적 가치, 이해관계 등을 배제하고 관찰을 통해 경험적으로 얻은 증거에 따라 제삼자의 눈으로 사회·문화 현상을 바라보는 것
개방적 태도	사회·문화 현상을 연구할 때 자신의 주장과 다른 주장이 존재할 수 있음을 받아들이고, 자신의 주장에 관한 비판을 허용하는 것
상대주의적 태도	그 현상이 나타나는 사회의 특수성을 인식하고 그 현상이 지닌 고유한 가치와 의미를 그 사회의 맥락에서 이해하는 태도
성찰적 태도	사회·문화 현상을 수동적으로 받아들이지 않고 현상의 내면에 담긴 의미나 인과 관계를 파악하고자 하는 태도

2 사회·문화 현상 연구 태도의 필요성

객관적 태도	연구자가 자신의 선입견, 주관적 가치, 이해관계 등을 연구에 개입시키면 연구 결과가 왜곡될 수 있음
개방적 태도	사회·문화 현상은 끊임없이 변화하고 상황에 따라 달라지므로, 연구는 언제든지 반증으로 진리가 아님이 밝혀질 가능성이 있음
상대주의적 태도	같은 사회·문화 현상이라도 시대와 사회에 따라 다른 의미를 지닐 수 있음
성찰적 태도	사회·문화 현상을 보이는 그대로 수용하고 당연시하면 그 의미를 제대로 파악하기 어려움

⭐ 3 가치 개입과 가치 중립 ⓒ 26쪽 103번 문제로 확인

구분	의미	적용 단계
가치 개입	연구자가 자신의 가치를 연구 과정에 개입시키는 것	문제 인식 및 연구 주제 선정, 가설 설정, 연구 설계, 연구 결과 활용
가치 중립	연구자가 특정 가치나 태도에 치우치지 않는 것	자료 수집 및 분석, 가설 검증, 결론 도출

3. 사회·문화 현상의 연구 윤리

⭐ 1 연구 대상자에 관한 윤리 ⓒ 26쪽 105번 문제로 확인

(1) **연구 대상자의 동의** 연구의 성격과 목적, 내용 등에 관한 정보를 사전에 제공하고, 연구 대상자의 동의를 얻어 연구

(2) **연구 대상자의 인권 보호** 자료 수집 과정에서 강제로 답변을 요구하지 않아야 함, 연구 대상자의 익명성을 보장해야 함, 수집한 정보를 연구 이외의 용도에 활용해서는 안 됨

2 연구 과정 및 연구 결과 활용에서의 윤리

(1) **연구 과정에서의 윤리** 자료 분석 결과를 조작하거나 다른 사람의 연구물을 표절 또는 도용해서는 안 됨, 특정한 답변을 유도하거나 연구 결과를 왜곡해서는 안 됨

(2) **연구 결과 활용에서의 윤리** 연구자는 자신의 연구 결과가 비윤리적으로 활용될 소지가 있는지를 점검해야 함

분석 기출 문제

»» 바른답·알찬풀이 10쪽

●● 다음은 사회·문화 현상의 탐구 절차에 관한 설명이다. 설명이 옳으면 ○표, 틀리면 ×표 하시오.

081 양적 연구에서 개념의 조작적 정의는 자료 수집 이전 단계에서 이루어진다. ( )

082 질적 연구에서는 연구 주제에 관한 잠정적 결론인 가설을 설정하고 검증하는 절차를 거친다. ( )

083 양적 연구에서는 사회·문화 현상에 함축된 의미를 이해하고 해석하고자 한다. ( )

●● 다음은 사회·문화 현상의 연구 태도에 관한 설명이다. ㉠, ㉡ 중 알맞은 것을 고르시오.

084 (㉠ 객관적, ㉡ 상대주의적) 태도란 특정 사회·문화 현상을 탐구함에 있어서 시대와 장소의 특수성을 인정하는 것이다.

085 사회·문화 현상을 탐구할 때 (㉠ 개방적, ㉡ 성찰적) 태도가 필요한 이유는 사회 과학적 지식을 시·공간을 초월한 절대적 진리로 보기 어렵기 때문이다.

086 사회·문화 현상 내면의 의미를 파악하여 사회적 적합성 여부를 파악하는 태도는 (㉠ 성찰적, ㉡ 상대주의적) 태도이다.

●● 사회·문화 현상의 탐구 절차에서 가치 중립이 요구되는 단계와 가치 개입이 불가피한 단계를 바르게 연결하시오.

087 가치 중립 •
088 가치 개입 •

• ㉠ 가설 설정
• ㉡ 가설 검증
• ㉢ 연구 주제 선정
• ㉣ 연구 결과 활용
• ㉤ 자료 수집과 분석

●● 다음은 사회·문화 현상의 연구 윤리에 관한 내용이다. 빈칸에 들어갈 알맞은 말을 쓰시오.

089 연구자는 연구 과정이나 결과의 활용에서 인간의 존엄성을 존중하는 ( )을/를 지켜야 한다.

090 연구자는 연구 대상자의 사생활을 보호하기 위해 철저하게 연구 대상자의 ( )을/를 보장해야 한다.

091 연구자는 자료 수집에 관한 충분한 정보를 ( )에게 사전에 제공하고 동의를 얻어야 한다.

1. 사회·문화 현상의 탐구 절차

092

다음 내용을 모두 충족한 가설을 제시한 학생은?

> **가설의 조건**
> • 독립 변수와 종속 변수 간의 인과 관계가 명확하게 드러나도록 서술해야 한다.
> • 과학적인 연구 방법을 통해 경험적으로 검증 가능한 진술이어야 한다.
> • 가치 중립적이어야 한다. 가치가 개입된 당위적 진술은 객관적 관찰이 불가능하므로 가설은 사실과 관련된 진술이어야 한다.

① 갑 : 아버지는 아들보다 딸과의 대화를 선호할 것이다.

② 을 : 이촌 향도 현상으로 농촌 인구가 감소했을 것이다.

③ 병 : 바람직한 사회 발전을 위해서는 다문화 가구 증가가 필요할 것이다.

④ 정 : 스포츠 활동 참여도가 높은 학생일수록 학교생활 만족도가 높을 것이다.

⑤ 무 : 현재의 인구 추세라면 10년 후에는 학급 인원이 20명 이하로 줄어들 것이다.

★빈출 093

(가)~(마)는 청소년 게임 중독과 청소년 비행 간의 상관관계를 탐구하는 과정이다. 각각의 과정에 관한 설명으로 옳지 **않은** 것은?

> (가) 청소년 게임 중독의 심각성과 연구의 필요성을 인식한다.
> (나) 게임 중독이 청소년 비행에 영향을 줄 것이라는 잠정적 결론을 내린다.
> (다) 청소년을 대상으로 게임 시간과 비행률에 관한 자료를 수집한다.
> (라) 게임을 하는 시간이 많을수록 청소년 비행률이 높아짐을 검증한다.
> (마) 청소년 게임 중독을 막기 위한 대책을 제안한다.

① (가) : 연구자가 관심을 가지고 있는 주제를 선정한다.

② (나) : 변수 간의 관계를 가설로 설정한다.

③ (다) : 가설 검증에 필요한 양적 자료를 수집한다.

④ (라) : 게임 중독과 청소년 비행의 개념을 조작적으로 정의한다.

⑤ (마) : 결론을 바탕으로 실현 가능한 대안을 제시한다.

094

다음 연구 과정에 관한 옳은 설명만을 〈보기〉에서 고른 것은?

연구자는 "토론 수업에서 학생의 수업 참여가 더 활발할 것이다."라는 가설을 설정하고 학생들의 성적이나 발표도가 비슷한 두 반을 선정하였다. 동일한 수업 내용으로 한 반에는 일반적 강의식 수업을, 다른 반에는 강의식 수업과 함께 추가로 토론 수업을 적용하였다. 이때 연구자는 두 반의 수업에 참여하여 학생들의 발언을 녹음하였으며, 수업 후 녹음 내용을 들으면서 두 반 학생들의 발언 횟수를 기록하였다. 그 결과 일반적 강의식 수업에 참여한 학생들의 발언 횟수보다 토론 수업에 참여한 학생들의 발언 횟수가 유의미하게 더 많은 것으로 나타났다.

[보기]
ㄱ. 양적 연구 방법과 질적 연구 방법을 같이 사용하였다.
ㄴ. 연구자가 설정한 가설은 기각되어 일반화되지 못한다.
ㄷ. '수업 참여'라는 개념은 수업에서 학생의 발언 횟수로 조작적으로 정의되었다.
ㄹ. 독립 변수는 '토론 수업 방식의 적용'이고 종속 변수는 '수업 참여 정도'이다.

① ㄱ, ㄴ   ② ㄱ, ㄷ   ③ ㄴ, ㄷ
④ ㄴ, ㄹ   ⑤ ㄷ, ㄹ

095

다음은 사회 조사 연구 과정을 순서 없이 제시한 것이다. (가)~(라)에 관한 설명으로 옳은 것은?

㈎ 자료 수집 후 통계 분석을 실시하여 결론을 도출한다.
㈏ 연구 시기 및 연구 대상을 선정하고 질문지를 작성한다.
㈐ 청소년의 바람직한 스마트폰 활용 방안에 관해 적절한 대안을 제시한다.
㈑ 스마트폰 사용이 청소년의 자기 통제력에 미치는 영향에 관해 잠정적 결론을 내린다.

① ㈎는 연역적 과정이다.
② ㈏에서는 개념의 조작적 정의가 이루어진다.
③ ㈐에서는 ㈎보다 연구자의 가치 중립적 자세가 요구된다.
④ ㈑에서 청소년의 자기 통제력 정도는 독립 변수에 해당한다.
⑤ ㈏ - ㈎ - ㈑ - ㈐의 순서로 연구가 진행된다.

096

밑줄 친 ㉠~㉤에 관한 설명으로 옳은 것은?

A, B 두 도시 운전자가 얼마나 조급한가를 비교하기 위해 연구자는 차를 타고 교차로나 건널목에서 신호등에 빨간불이 켜지기를 기다린다. ㉠연구자는 신호등에 파란불이 켜져도 차를 출발시키지 않고 파란불이 켜지는 순간에 초시계 작동 스위치를 누른다. 잠시 후 뒤에서 기다리던 차의 운전자들이 연구자의 차를 향해 경적을 울리면 바로 그때 초시계 정지 스위치를 누른다. 이런 식으로 여러 번 반복 조사하여 평균치를 계산한 결과 A 도시가 약 4초, B 도시는 2초였다. ㉡A 도시 운전자에 비해 B 도시 운전자가 두 배 더 조급한 것이었다. 또한 두 도시의 ㉢교통사고 발생률을 조사했더니 A 도시보다 B 도시가 훨씬 높았다. 이를 통해 교통사고의 주요 원인 가운데 하나가 ㉣운전자가 서두르는 습관이라는 ㉤결론을 도출하였다.

① ㉠ – 연구 윤리에 위배되는 행동이다.
② ㉡ – 비교 대상인 통제 집단이다.
③ ㉢ – 문헌 연구법을 통해 수집한 질적 자료에 해당한다.
④ ㉣ – 독립 변수에 해당한다.
⑤ ㉤ – 연구자의 주관적 판단이 개입되는 단계이다.

097

다음과 같은 연구 방법에 관한 옳은 설명만을 〈보기〉에서 있는 대로 고른 것은?

연구자는 그냥 궁금한 것, 즉 사회·문화 현상에 관한 의문 그 자체를 가지고 연구 현장으로 간다. '중학생이 텔레비전에서 보는 아이돌의 의미'를 주제로 정하고, '모범생의 눈'으로 볼 것인지, '연예인을 꿈꾸는 중학생의 눈'으로 볼 것인지 등 상황에 따라 세부 연구 문제는 달라진다. 다만 자신이 연구 대상으로 정한 중학생과 지속적 만남을 통해 그들이 아이돌을 바라보는 의미를 발견하는 것이 중요한 연구 과정이 된다.

[보기]
ㄱ. 연구 대상자의 주관적 상황 정의를 중시한다.
ㄴ. 연구자의 직관적 통찰에 의해 법칙 발견을 추구한다.
ㄷ. 일반화된 연구 결과를 얻기에는 적합하지 않은 연구 방법이다.
ㄹ. 연구 대상을 심층적으로 이해하기 위해 비공식적 자료를 중시한다.

① ㄱ, ㄴ   ② ㄱ, ㄷ   ③ ㄴ, ㄹ
④ ㄱ, ㄷ, ㄹ   ⑤ ㄴ, ㄷ, ㄹ

098

다음 연구에 관한 옳은 설명만을 〈보기〉에서 있는 대로 고른 것은?

- 연구 목적 : 청소년 흡연이 청소년 정서에 미치는 영향
- 연구 가설 : 흡연을 하는 청소년이 그렇지 않은 청소년에 비해 정서적 불안 정도가 심할 것이다.
- 자료 수집
  - A 지역에서 무작위로 선정한 고등학생 500명을 대상으로 설문 조사 실시
  - 설문 조사 대상자 중 하루 3회 이상 흡연을 하는 10명을 대상으로 참여 관찰과 심층 면접을 병행
- 자료 분석 : 청소년 흡연 실태 파악, 흡연 청소년의 불안 행동 빈도 분석 및 정서적 변화 이해 등

[보기]

ㄱ. 양적 자료와 질적 자료를 함께 수집하고 있다.
ㄴ. 두 변수 간의 관계를 알고자 하는 귀납적 연구이다.
ㄷ. 조사 대상자를 무작위로 선정하였으므로 선정된 표본은 대표성에 문제가 없다.
ㄹ. 독립 변수는 '청소년 흡연 여부', 종속 변수는 '정서적 불안 정도'이다.

① ㄱ, ㄷ   ② ㄱ, ㄹ   ③ ㄴ, ㄹ
④ ㄱ, ㄴ, ㄷ   ⑤ ㄴ, ㄷ, ㄹ

★빈출 099

밑줄 친 ㉠~㉧에 관한 옳은 설명만을 〈보기〉에서 고른 것은?

갑은 ㉠ 청소년의 ㉡ 봉사 활동 경험이 ㉢ 개인의 인성 성숙에 어떤 영향을 주는지에 관심을 갖고 이를 알아보기 위한 연구를 하였다. 이를 위해 ㉣ 중·고등학교에 재학 중인 학생 2,000명을 대상으로 ㉤ 사전에 구조화한 질문지를 배부하여 기입하게 하였다. 자료 분석 결과 ㉥ 봉사 활동 경험은 개인의 인성 성숙에 유의미한 영향을 미친다는 결론을 도출하였다.

[보기]

ㄱ. ㉠은 모집단, ㉣은 실험 집단이다.
ㄴ. ㉡은 독립 변수, ㉢은 종속 변수이다.
ㄷ. ㉤의 질문지에는 ㉡과 ㉢이 조작적으로 정의되었을 것이다.
ㄹ. ㉥은 ㉤에서 연역적으로 도출되었다.

① ㄱ, ㄴ   ② ㄱ, ㄷ   ③ ㄴ, ㄷ
④ ㄴ, ㄹ   ⑤ ㄷ, ㄹ

2. 사회·문화 현상의 연구 태도

★빈출 100

밑줄 친 ㉠에서 말하고자 하는 사회·문화 현상을 탐구하는 태도에 해당하는 것은?

사회·문화 현상을 연구할 때 연구 문제의 선택 과정에서는 가치가 개입될 수밖에 없다. 하지만 현상을 분석하고 해석하는 과정에서는 ㉠ 연구자가 일체의 윤리적·당위적 가치를 배제함으로써 가치 중립의 입장을 견지하고 사실 인식에 충실하여야 한다.

① 객관적 태도   ② 개방적 태도
③ 총체적 태도   ④ 성찰적 태도
⑤ 상대주의적 태도

101

사회·문화 현상을 탐구하는 태도와 관련하여 갑이 을에게 할 수 있는 조언으로 가장 적절한 것은?

갑   을

① 연구자는 편견이나 주관적 가치를 배제해야 한다.
② 사회·문화 현상을 자신의 관점이 아닌 제3자의 시각에서 보아야 한다.
③ 자신의 연구 결과가 언제든지 바뀔 수 있다는 점을 염두에 두어야 한다.
④ 특수한 사회·문화 현상이 지닌 고유한 가치와 의미를 그 사회의 맥락에서 이해해야 한다.
⑤ 사회·문화 현상을 수동적으로 받아들이지 않고 이면에 담긴 의미나 원리를 파악해야 한다.

102

다음 내용을 통하여 알 수 있는 사회·문화 현상의 연구 태도로 가장 적절한 것은?

> • 과학적 지식은 잠정적이며 언제든지 새로운 경험적 증거에 의해 부정될 수 있다.
> • 연구 방법과 절차 및 결과에 대한 비판을 허용하고 그것을 겸허하게 수용할 수 있어야 한다.

① 사회 구성 요소의 유기적 연관성을 이해한다.
② 경험적으로 검증되기 전까지는 가설로 인식한다.
③ 그 사회의 역사적·사회적 맥락을 고려하여 이해한다.
④ 자신의 편견을 배제하고 제3자의 입장에서 이해한다.
⑤ 사회 현상의 사회적 적합성 여부를 살펴보며 이해한다.

★빈출
103

사회·문화 현상의 연구와 관련하여 다음 내용을 바탕으로 도출할 수 있는 결론으로 가장 적절한 것은?

> • 탐구 대상인 사회·문화 현상 속에 사회 과학자 자신이 포함되어 있다.
> • 사회 과학자는 자신이 살고 있는 시대나 그 사회의 지배적인 가치로부터 자유로울 수 없다.

① 가치 중립적 탐구는 제한적일 수밖에 없다.
② 사회 과학자는 어떠한 가치도 가져서는 안 된다.
③ 연구 대상에서 가치 함축적인 현상은 제외해야 한다.
④ 자료 분석 시 연구자의 가치가 개입되면 과학적 연구가 될 수 없다.
⑤ 사회 과학자는 자신의 연구 결과에 관해 사회적 책임을 져야 한다.

104

(가), (나)에서 강조하고 있는 사회·문화 현상의 탐구 태도에 관한 설명으로 가장 적절한 것은?

> (가) 연구자는 사회·문화 현상 연구에서 얻은 결과를 잠정적 결론으로 보고 다른 연구자의 의견을 고려함으로써 좀 더 타당한 주장으로 대체할 수 있음을 인정해야 한다.
> (나) 동일한 사회·문화 현상이라도 시대와 사회에 따라 그 현상이 가지는 의미가 달라질 수 있으므로 연구자는 사회·문화 현상 연구에서 역사적 전통과 사회적 맥락을 충분히 고려해야 한다.

① (가)는 현상을 사실 그 자체에 초점을 두어 파악하는 태도이다.
② (나)는 타인의 비판을 편견 없이 받아들이는 태도이다.
③ (가)는 (나)와 달리 현상에 관한 깊이 있는 성찰을 중시한다.
④ (나)는 (가)와 달리 현상이 지닌 고유한 가치에 관한 인정을 중시한다.
⑤ (가)는 연구 대상자의 관점, (나)는 제3자의 관점을 중시한다.

3. 사회·문화 현상의 연구 윤리

★빈출
105

(가), (나) 연구에 나타난 문제점에 관한 옳은 진술만을 <보기>에서 고른 것은?

> (가) 갑은 ○○ 학교의 흡연과 학교 폭력 간의 상관관계를 조사한 후 결과 보고서를 작성하면서 흡연과 학교 폭력을 행한 학생의 실명을 기재하였다.
> (나) 을은 △△ 회사 직원을 대상으로 지식 재산권에 관한 인식 정도를 연구하였는데, 분석 과정에서 지식 재산권에 관한 이해 정도가 낮은 일부 직원의 자료는 제외하였다.

[보기]
ㄱ. (가)는 연구 대상자의 익명성이 충분히 보장되지 않았다.
ㄴ. (나)는 자의적 조작으로 연구 결과의 왜곡이 일어날 수 있다.
ㄷ. (나)는 (가)와 달리 비윤리적 연구 주제를 선정하였다.
ㄹ. (가), (나) 모두 연구 대상자의 자발적인 참여를 보장하지 않았다.

① ㄱ, ㄴ   ② ㄱ, ㄷ   ③ ㄴ, ㄷ
④ ㄴ, ㄹ   ⑤ ㄷ, ㄹ

106

사회·문화 현상 탐구의 윤리적 원칙에 비추어 다음 사례를 평가할 때 제기될 수 있는 문제점으로 가장 적절한 것은?

연구자는 청소년의 집단 따돌림 문제를 주제로 연구하는 과정에서 피해 학생을 대상으로 면접을 실시하였다. 연구자는 면접 대상 학생들에게 연구의 목적과 내용, 연구 결과의 활용 등에 관하여 명확하게 밝힌 후 연구를 수행하였으며 연구 결과를 기록할 때 면접 대상 학생의 실명을 밝힘으로써 연구의 실제성을 높였다.

① 연구의 목적이 비윤리적이지는 않는가?
② 연구의 목적과 내용을 충분히 알려 주었는가?
③ 연구 과정에서 개인의 인권을 침해하지는 않는가?
④ 연구 결과가 왜곡되어 피해를 초래할 가능성은 없는가?
⑤ 기존 연구와 상반되는 연구 결과가 도출되지는 않는가?

107

밑줄 친 ㉠에 해당하는 적절한 내용만을 〈보기〉에서 고른 것은?

갑 : 이번 연구에서는 결혼 이주 여성의 여가 생활 현황을 알아보고자 합니다. 이를 위해 다문화 지원 센터를 방문하여 결혼 이주 여성을 면접할 수 있는지를 확인할 것입니다. 또 그날 센터를 방문한 결혼 이주 여성 모두에게 연구 목적과 방법을 설명한 후, 그들 전부를 대상으로 별도의 공간에서 한 명씩 면접할 것입니다. 면접 자료를 분석할 때는 연구의 타당성 확보를 위해 면접 내용 중 기대한 것과 다른 내용이 있더라도 수정하지 않고 그대로 분석에 반영할 것이며 연구 보고서를 제출할 때는 연구의 신뢰성 확보를 위해 연구 대상자의 이름을 밝힐 것입니다.
을 : 그런데 이 계획에는 연구 윤리 측면에서 몇 가지 ㉠문제점이 있어요.

[보기]
ㄱ. 연구 대상에게 연구 관련 정보를 미리 제공하지 않는다.
ㄴ. 자료를 분석할 때 연구자가 가치 중립적 태도를 지키지 않는다.
ㄷ. 연구 결과를 보고할 때 연구 대상의 익명성을 보장하지 않는다.
ㄹ. 연구 대상자에게 면접 참여에 동의를 구하는지가 드러나지 않는다.

① ㄱ, ㄴ ② ㄱ, ㄷ ③ ㄴ, ㄷ
④ ㄴ, ㄹ ⑤ ㄷ, ㄹ

108

(가), (나)에서 가장 중요하게 요구되는 사회·문화 현상의 연구 태도를 각각 쓰시오.

(가) 검증이 되지 않았음에도 원푸드 다이어트의 효과가 있다는 주장을 맹목적으로 추종하고 있다.
(나) 커피 교역량이 늘어나고 있는데 국제 거래 관계에서 커피 생산국 대부분이 여전히 빈곤한 상태에 있다.

109

사회·문화 현상 연구 과정에서 갑~정이 수집한 자료를 〈보기〉의 내용을 기준으로 분류하시오.

 갑 : 직장인 1,000명을 대상으로 성별에 따른 지지 정당을 조사하였습니다.

 을 : 가출 청소년과 대화를 나누면서 가출 동기와 과정, 심정을 이해하였습니다.

 병 : 아프리카 원주민과 2년 동안 함께 생활하면서 혼인 풍습을 관찰하였습니다.

 정 : 경찰청 통계 자료를 통해 범죄 소년의 특별 교육 이수와 재범률의 관계를 분석하였습니다.

[보기]
1차 자료, 2차 자료   질적 자료, 양적 자료

110

사회·문화 현상의 연구 과정에서 요구되는 가치 중립 여부에 관하여 잘못 기술된 것의 번호와 수정 사항을 쓰고, 그 이유를 서술하시오.

연구 단계	가치 중립 요구 여부
문제 제기 및 가설 설정	① 가치 개입
자료 수집 및 분석	② 가치 개입
가설 검증 및 결론 도출	③ 가치 중립
결론 적용 및 대안 모색	④ 가치 개입

적중 1등급 문제

» 바른답·알찬풀이 12쪽

111

다음은 '청소년의 스마트폰 게임 중독과 부모와의 유대 관계 관련성 연구'의 연구 절차를 순서 없이 나열한 것이다. 이에 관한 설명으로 옳은 것은?

> (가) ㉠스마트폰 게임 빈도 및 시간은 ㉡부모와의 유대 관계와 부(-)의 관계에 있음을 확인함
> (나) 게임 중독 치료 경험이 있는 청소년을 면접한 ㉢선행 연구 자료를 검토한 후 부모와의 유대 관계와 스마트폰 게임 중독 사이에 높은 연관성이 있음을 확인함
> (다) ㉣부모와 자녀 간 유대가 약할수록 자녀의 스마트폰 게임 중독 정도가 높을 것으로 추정함
> (라) 연구 대상자는 ㉤○○ 지역 고등학교 1학년 학생 중에서 1,000명을 무작위로 선정한 후 구조화된 질문지로 자료를 수집함

① ㉠은 독립 변수, ㉡은 종속 변수이다.
② ㉢은 1차 자료를 의미한다.
③ (가)로 보아 ㉣은 기각되었을 것이다.
④ ㉤은 모집단에 해당한다.
⑤ 연구 과정은 (나) → (다) → (라) → (가) 순서로 진행되는 것이 적절하다.

112

밑줄 친 ㉠~㉭에 관한 설명으로 옳지 않은 것은?

> 갑은 "고등학생에게 ㉠일기 쓰기 교육을 실시하면 ㉡작문 실력 향상에 긍정적 효과가 나타날 것이다."라는 가설을 검증하려고 하였다. 이를 위해 ㉢△△ 지역 고등학교 학생 중 100명을 선정하여 50명씩 ㉣A, B 두 집단으로 나누고, ㉤A 집단에는 매일 일기를 쓰게 하였고, ㉥B 집단에는 일기 쓰기 지도를 하지 않았다. 3개월 후 두 집단의 작문 실력을 검증한 결과 ㉦A 집단은 B 집단에 비해 작문 실력이 크게 향상된 것으로 나타났다.

① ㉠은 독립 변수, ㉡은 종속 변수이다.
② ㉢은 표본에 해당한다.
③ ㉣에서 두 집단의 작문 실력은 달라야 한다.
④ ㉤은 실험 집단, ㉥은 통제 집단이다.
⑤ ㉦은 연구 가설을 수용할 수 있는 근거이다.

113

다음 연구에 관한 설명으로 옳지 않은 것은?

> - 연구 주제 : 청소년의 스마트폰 의존도와 스포츠 활동의 관계
> - 연구 가설 : ㉠스마트폰 의존도가 높은 청소년은 낮은 청소년에 비해 스포츠 활동에 참여하지 않을 가능성이 높다.
> - 자료 수집
>   - 조사 방법 : ㉡고등학생 1,000명을 무작위로 선정하여 ㉢질문지를 통한 조사 실시
>   - 조사 내용 : ㉣지난 일주일간 하루 평균 스마트폰 사용 시간, 지난 일주일간 스포츠 활동 참여 여부
> - 자료 분석 결과
>
> (단위 : 명)
>
> | 구분 | | 스포츠 활동 참여함 | 스포츠 활동 참여 안 함 |
> |---|---|---|---|
> | 스마트폰 사용 시간 | 많음 | 170 | 330 |
> | | 적음 | 380 | 120 |
>
> * 분석 결과는 통계적으로 유의미함

① 자료 분석 결과는 ㉠을 지지하는 근거가 된다.
② ㉡은 모집단을 대표하는 표본이라고 보기 어렵다.
③ ㉢을 통해 1차 자료를 수집하였다.
④ ㉣은 개념의 조작적 정의에 해당한다.
⑤ 스마트폰 사용 시간이 적은 학생 중 스포츠 활동에 참여하지 않는 학생은 50%를 넘는다.

114

밑줄 친 ㉠~㉤에 관한 설명으로 옳은 것은?

> 갑은 청소년의 스마트폰 중독 수준에 부모와의 유대가 어떤 영향을 미치는지를 연구하였다. 갑은 부모와 자녀 간 유대가 약할수록 자녀의 스마트폰 중독 정도가 높을 것이라는 ㉠가설을 설정하였다. ㉡스마트폰 중독은 하루 스마트폰 사용 시간으로, 부모와 자녀의 유대 정도는 부모-자녀 간 말다툼 빈도 정도로 측정하기로 하였다. 갑은 ㉢A 고등학교 학생 1,000명을 무작위로 추출하고 이들에게 질문지를 배부하여 ㉣자료를 수집하였다. 수집한 자료 분석 결과 ㉤부모와의 유대 정도가 높은 청소년일수록 스마트폰 중독 지수가 낮다는 유의미한 결과를 얻었다.

① ㉠ 단계에서는 연구자의 가치 중립이 요구된다.
② ㉡은 갑이 설정한 가설의 종속 변수를 조작적으로 정의한 것이다.
③ ㉢에 의해 표본의 대표성이 확보되었다.
④ ㉣은 2차 자료에 해당한다.
⑤ ㉤에 의해 갑이 설정한 가설은 기각되었다.

115

다음에서 공통적으로 나타나는 사회·문화 현상의 연구 태도에 관한 진술로 가장 적절한 것은?

- 사회·문화 현상을 연구하는 연구자는 특정 가치에 치우치지 않고 존재하는 사실에만 의존하여 연구를 진행해야 한다.
- 사실과 가치는 서로 다른 특성을 갖기 때문에 사회 과학자는 연구할 때 그 두 가지를 구분하여야 하며, 인간의 삶과 행위의 관찰 과정에서 제3자적 입장을 취해야 한다.

① 연구자는 자신의 주장에 관한 비판을 허용해야 한다.
② 사회·문화 현상을 보는 다양한 관점이 존재함을 인정해야 한다.
③ 사회·문화 현상이 발생한 맥락이나 배경을 고려하여 연구해야 한다.
④ 사회·문화 현상의 탐구 시 주관적 가치와 이해관계를 배제해야 한다.
⑤ 사회·문화 현상의 탐구 시 연구 절차나 방법 등을 제대로 지키며 탐구하는지 스스로 되짚어 보아야 한다.

116

(가), (나)에 해당하는 사회·문화 현상의 연구 태도에 관한 설명으로 옳은 것은?

(가) 동일한 사회·문화 현상이라도 시대와 사회에 따라 그 현상이 가지는 의미가 달라질 수 있으므로 연구자는 사회·문화 현상 연구에서 역사적 전통과 사회적 맥락을 충분히 고려해야 한다.
(나) 연구자는 사회·문화 현상 연구에서 얻은 결과를 확정하려고 고집하기보다는 잠정적 결론으로 보고 다른 연구자의 의견을 고려함으로써 좀 더 타당한 주장이나 결론으로 대체할 수 있음을 인정해야 한다.

① (가)는 당연하게 여겨지는 사회·문화 현상도 그 원인과 전개 과정을 살펴 따져 보는 태도이다.
② (가)가 결여된 예로 당시 사람들이 코페르니쿠스의 지동설을 받아들이지 않은 것을 들 수 있다.
③ (나)는 세계 여러 민족의 문화를 연구하는 데 특히 필수적인 태도이다.
④ (나)는 어떤 주장이라도 경험적으로 실증될 때까지 하나의 가설로 받아들여야 한다는 태도이다.
⑤ (가), (나)는 모두 특정 가치가 개입되지 않도록 해야 한다는 측면에서 가치 중립과 관련 있다.

117

밑줄 친 ㉠~㉣에 관한 옳은 설명만을 〈보기〉에서 고른 것은?

연구자 갑은 다문화 가정의 어려움을 이해하기 위해 ㉠ 심층 면접을 수행하였다. ㉡ 갑은 다문화 가정 구성원에게 연구의 취지를 설명하지 않고 면접을 진행하였다. 갑은 ㉢ 사회적 약자의 권리 신장에 도움이 되지 않는다고 판단되는 답변은 제외하면서 면접 내용을 기록하였다. 갑은 이 자료를 통해 다문화 가정이 경험하는 어려움을 ㉣ 가족 내 요인과 가족 외 요인으로 구분하여 유형화하는 새로운 연구 결과를 제시하였다.

[보기]
ㄱ. 갑은 ㉠을 통해 양적 자료를 수집하였다.
ㄴ. ㉡으로 보아 갑은 연구 대상자에게 연구 목적을 알리지 않았다.
ㄷ. ㉢으로 보아 갑은 자료 수집 과정에 자신의 주관적 가치를 개입시켰다.
ㄹ. ㉣로 보아 갑은 방법론적 일원론에 기반한 연구 방법을 채택하였다.

① ㄱ, ㄴ   ② ㄱ, ㄷ   ③ ㄴ, ㄷ
④ ㄴ, ㄹ   ⑤ ㄷ, ㄹ

118

다음 사례를 연구 윤리 측면에서 적절하게 평가한 내용만을 〈보기〉에서 고른 것은?

- 경로 우대 혜택 폐지를 주장해 온 갑은 경로 우대 혜택 폐지에 관한 시민의 인식을 조사하였다. 조사 결과, 연령에 따라 인식 차이가 크자 60대 미만만 분석하여 시민의 90% 이상이 경로 우대 혜택 폐지를 주장하였다고 발표하였다.
- ○○ 회사 사장으로부터 회사 내의 문제점을 진단해 달라는 의뢰를 받은 을은 직원 20명을 면담하였다. 일부 직원은 곤란하다며 답변을 거부하였으나 을은 사장의 지시라고 하면서 답변을 독려하였다. 면담 후 을은 회사 이미지를 손상하는 행위를 한 직원의 명단을 사장에게 전달하였다.

[보기]
ㄱ. 자료 수집 단계에서 을은 갑과 달리 의도적으로 특정 답변을 유도하였다.
ㄴ. 자료 분석 단계에서 갑은 을과 달리 고의로 자료를 선별하여 분석하였다.
ㄷ. 결과 발표 단계에서 갑, 을 모두 자신의 이익을 추구하기 위해 분석 결과의 일부를 은폐하여 발표하였다.
ㄹ. 을은 갑과 달리 수집한 자료를 연구 외의 목적에 활용하였다.

① ㄱ, ㄴ   ② ㄱ, ㄷ   ③ ㄴ, ㄷ
④ ㄴ, ㄹ   ⑤ ㄷ, ㄹ

단원 마무리 문제

01 사회·문화 현상의 이해

119

다음 글에 관한 옳은 설명만을 〈보기〉에서 고른 것은?

> A는 인간의 의지와 관계없이 나타나는 현상인 B와 달리 인간에 의해 인위적으로 만들어진 현상이다. 일반적으로 A와 같은 현상은 B와 같은 현상과 달리 ____(가)____ 라는 특징을 갖는다. 한편 A, B와 같은 현상은 모두 ____(나)____ 라는 특징을 갖는다.

[보기]

ㄱ. A와 같은 현상은 확실성의 원리가 작용한다.
ㄴ. B와 같은 현상은 A와 같은 현상과 달리 존재 법칙의 지배를 받는다.
ㄷ. (가)에는 '보편성을 띤다.'가 들어갈 수 있다.
ㄹ. (나)에는 '경험적 자료를 통해 연구할 수 있다.'가 들어갈 수 있다.

① ㄱ, ㄴ　② ㄱ, ㄷ　③ ㄴ, ㄷ　④ ㄴ, ㄹ　⑤ ㄷ, ㄹ

120

밑줄 친 ㉠~㉣과 같은 현상의 일반적인 특징에 관한 옳은 설명만을 〈보기〉에서 고른 것은?

> 3월 24일 서울에 벚꽃이 피었다. 1922년 서울의 ㉠벚꽃 개화 관측이 시작된 이래 가장 빠른 시기이다. 한반도의 ㉡연평균 기온이 점점 상승하면서 봄도 빨라지고 있기 때문이다. 기상청은 서울 기상 관측소 앞 관측목(觀測木)을 확인한 결과 꽃이 핀 것을 확인했다며 서울의 벚꽃 개화를 공식화하였다. ㉢관측목은 있는 그대로의 계절 변화를 관측하기 위해 자연 그대로 키운다. 올해 벚꽃은 지난해보다 3일, 평년보다는 17일 빠르게 피었다. 기상청은 ㉣2월과 3월의 평균 기온이 높고 일조 시간도 많았던 것이 영향을 준 것이라고 분석하였다.

[보기]

ㄱ. ㉠과 같은 현상은 ㉡과 같은 현상과 달리 필연성의 원리가 작용한다.
ㄴ. ㉡과 같은 현상은 ㉢과 같은 현상에 비해 인과 관계가 분명히 나타난다.
ㄷ. ㉢과 같은 현상은 ㉣과 같은 현상과 달리 당위 규범의 영향을 받는다.
ㄹ. ㉣과 같은 현상은 ㉠과 같은 현상과 달리 보편성과 특수성이 함께 나타난다.

① ㄱ, ㄴ　② ㄱ, ㄷ　③ ㄴ, ㄷ　④ ㄴ, ㄹ　⑤ ㄷ, ㄹ

121

사회·문화 현상을 바라보는 서로 다른 관점 A, B에 관한 설명으로 옳은 것은?

관점	핵심 주장
A	사회는 사회적 희소가치를 둘러싼 사회 구성원 간의 갈등과 대립의 장으로 사회에는 지배 계급과 피지배 계급이 존재하고 사회 질서나 안정은 지배 계급의 강요나 억압에 의해 나타난 결과이다.
B	사회는 유기체처럼 다양한 부분이 상호 의존적인 관계를 이루며 하나의 체계를 형성하고 있고 본질적으로 조화와 균형을 이루고 있다.

① A는 사회적 상호 작용을 통한 의미 부여를 중시한다.
② B는 대립과 갈등을 사회의 본질적 속성으로 본다.
③ A는 B와 달리 급격한 사회 변동을 설명하기에 적합하지 않다.
④ B는 A와 달리 사회 질서와 안정의 중요성을 경시한다.
⑤ A, B는 모두 사회·문화 현상을 거시적 측면에서 설명한다.

122

그림은 사회·문화 현상을 바라보는 관점 A~C를 구분한 것이다. 이에 관한 옳은 설명만을 〈보기〉에서 고른 것은? (단, A~C는 각각 기능론, 갈등론, 상징적 상호 작용론 중 하나이다.)

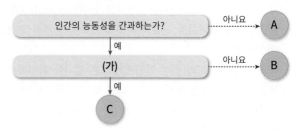

[보기]

ㄱ. A는 사회 제도가 지배 집단의 합의에 의해 형성된다고 본다.
ㄴ. (가)에는 '사회 구조가 개인에게 미치는 영향력을 중시하는가?'가 들어갈 수 없다.
ㄷ. (가)에는 '개인이 구성해 내는 주관적 생활 세계를 중시하는가?'가 들어갈 수 있다.
ㄹ. (가)에 '집단 간 갈등을 사회 변동의 원동력으로 보는가?'가 들어가면 B는 사회가 스스로 균형을 유지하려는 속성을 가지고 있음을 강조한다.

① ㄱ, ㄴ　　② ㄱ, ㄷ　　③ ㄴ, ㄷ
④ ㄴ, ㄹ　　⑤ ㄷ, ㄹ

123 ✎ 서술형

그림은 사회·문화 현상을 바라보는 관점 A~C를 질문 (가), (나)에 따라 같은 응답 내용의 관점끼리 분류한 것이다. (가), (나)에 들어갈 수 있는 질문을 각각 한 가지 쓰시오. (단, A는 미시적 관점이며, B는 사회를 유기체와 같은 존재로 인식한다.)

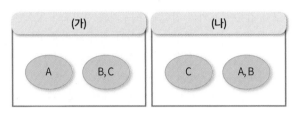

125

자료 수집 방법 A~C에 관한 옳은 설명만을 〈보기〉에서 고른 것은? (단, A~C는 각각 면접법, 실험법, 질문지법 중 하나이다.)

- '대량의 자료를 수량화하여 분석하기에 적합한가?'라는 질문에 B와 C의 응답 내용은 '아니요'로 같다.
- '자료 수집 과정에서 연구자와 연구 대상자 간의 언어적 상호 작용이 필수적인가?'라는 질문에 대해 A와 B의 응답 내용은 '예'로 같다.

【 보기 】
ㄱ. A, C는 B와 달리 양적 자료를 수집하는 데 용이하다.
ㄴ. C는 B와 달리 구조화, 표준화된 자료 수집 방법이다.
ㄷ. B는 A, C와 달리 2차 자료를 수집하는 데 용이하다.
ㄹ. C는 A와 달리 연구 대상자와의 정서적 교감을 중시한다.

① ㄱ, ㄴ   ② ㄱ, ㄷ   ③ ㄴ, ㄷ
④ ㄴ, ㄹ   ⑤ ㄷ, ㄹ

02 사회·문화 현상의 탐구 방법

124

표는 사회·문화 현상의 연구 방법 A, B를 구분한 것이다. 이에 관한 설명으로 옳은 것은? (단, A, B는 각각 양적 연구, 질적 연구 중 하나이다.)

구분	A	B
방법론적 일원론에 기반하는가?	아니요	예
(가)	예	아니요
(나)	㉠	㉡

① (가)에는 '연구 결과의 일반화나 법칙 발견이 곤란한가?'가 들어갈 수 없다.
② (나)에 '연구자의 주관이 개입될 우려가 크다는 비판을 받는가?'가 들어가면 ㉠은 '아니요', ㉡은 '예'이다.
③ A는 B와 달리 경험적 자료를 수집하여 사회·문화 현상을 탐구한다.
④ B는 A와 달리 개념의 조작적 정의를 통한 자료 수집을 중시한다.
⑤ A, B 모두 연구자의 주관이 개입될 우려가 크다는 비판을 받는다.

126

자료 수집 방법 A~C에 관한 설명으로 옳은 것은? (단, A~C는 각각 면접법, 질문지법, 참여 관찰법 중 하나이다.)

자료 수집 방법	활용 사례
A	갑은 ○○ 지역 고등학생의 스마트폰 게임 실태를 알아보기 위해 ○○ 지역의 고등학생 500명을 무작위로 선발하여 설문 조사를 통해 자료를 수집하였다.
B	을은 ○○ 지역 고등학생 30명을 직접 만나 스마트폰 게임과 관련하여 면담을 통해 자료를 수집하였다.
C	병은 ○○ 지역의 한 학교를 선정하여 한 달간 학생들의 모습을 살펴보면서 고등학생의 스마트폰 게임 실태에 관한 자료를 수집하였다.

① A는 기존의 연구 동향을 파악하는 데 유용하다.
② C는 수집한 자료에 관한 연구자의 주관적 해석의 우려가 크다는 비판을 받는다.
③ A는 C와 달리 자료의 실제성 정도가 높다.
④ B는 A와 달리 주로 양적 연구에서 사용된다.
⑤ C는 B와 달리 수집된 자료의 통계 처리가 용이하다.

127

그림은 질문 (가)~(다)에 따라 자료 수집 방법 A~C를 구분한 것이다. 이에 관한 옳은 설명만을 〈보기〉에서 있는 대로 고른 것은? (단, A~C 는 각각 실험법, 질문지법, 참여 관찰법 중 하나이다.)

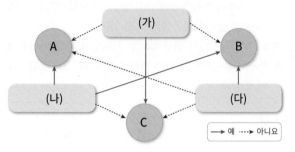

→ 예 ····→ 아니요

【 보기 】

ㄱ. (가)에 '문맹자에게 사용하기 곤란한가?'가 들어가면 (다)에는 '수량화된 자료 수집에 용이한가?'가 들어갈 수 없다.

ㄴ. (나)에 '구조화, 표준화된 자료 수집 방법인가?'가 들어가면 C는 조사 대상자의 일상생활 세계에 참여하여 자료를 수집한다.

ㄷ. (다)에 '자료의 실제성 확보에 유리한가?'가 들어가면 A, C 는 연구자의 직관적 통찰이 필요한 자료 수집 방법이다.

ㄹ. A, B가 주로 양적 연구에 활용되는 자료 수집 방법이면 (가)에는 '1차 자료 수집이 가능한가?'가 들어갈 수 있다.

① ㄱ, ㄴ   ② ㄱ, ㄹ   ③ ㄷ, ㄹ
④ ㄱ, ㄴ, ㄷ   ⑤ ㄴ, ㄷ, ㄹ

[128~129] 다음 글을 읽고 물음에 답하시오.

연구자 갑은 자신이 개발한 A 학습 방법이 기존의 학습 방법 보다 학업 성취도 향상에 더 효과적이라는 것을 검증하기 위해 ○○ 지역의 한 고등학교에서 성적이 유사한 학생들을 두 집 단으로 나누어 ㉠한 집단에는 A 학습 방법을 적용하고, ㉡다 른 집단에는 기존 학습 방법을 적용하여 학습하게 하였다. 1년 이 지난 후 A 학습 방법을 적용한 집단의 성적이 그렇지 않은 집단에 비해 우수하게 나타났다.

128

밑줄 친 ㉠, ㉡에 해당하는 사회학적 개념을 각각 쓰시오.

129 ✍ 서술형

갑이 활용한 자료 수집 방법의 단점을 두 가지만 쓰시오.

130

밑줄 친 ㉠~㉤에 관한 옳은 설명만을 〈보기〉에서 고른 것은?

연구자 갑은 부모와의 친밀도, 친구와의 친밀도가 청소년의 학업 성적에 미치는 영향을 연구하기 위해 ㉠전국 고등학생 1,000명을 무작위로 선발하여 ㉡설문 조사를 실시하였다. 수 집된 자료를 분석한 결과 ㉢부모와의 친밀도, ㉣친구와의 친 밀도는 모두 ㉤학업 성적과 정(+)의 관계로 나타났다.

【 보기 】

ㄱ. ㉠은 모집단 전체를 대표한다.

ㄴ. ㉡은 양적 연구에서 주로 활용되는 자료 수집 방법이다.

ㄷ. ㉢, ㉣은 독립 변수, ㉤은 종속 변수이다.

ㄹ. ㉢, ㉣과 ㉤의 관계로 보아 연구자 갑의 가설은 수용되었 을 것이다.

① ㄱ, ㄴ   ② ㄱ, ㄷ   ③ ㄴ, ㄷ
④ ㄴ, ㄹ   ⑤ ㄷ, ㄹ

131

다음 글에 나타난 사회·문화 현상의 연구 태도에 부합하는 진술로 가 장 적절한 것은?

연구자도 주관적인 가치를 가진 인간이며, 자연 현상에 관한 연구와 달리 사회·문화 현상은 연구자로부터 엄격히 분리하 기 힘들고 연구자가 속한 사회나 시대의 지배적인 가치가 연 구자도 모르는 사이에 연구에 개입될 수 있다. 따라서 사회· 문화 현상을 연구할 때 연구자는 사실에만 근거하여 연구가 이 루어지도록 주의해야 하고 자신의 관점에서 인간의 삶과 행위 를 관찰하는 것이 아니라 제3자의 관점에서 관찰하려고 노력 해야 한다.

① 자신의 주장에 비판을 허용하는 태도를 가져야 한다.

② 개인의 주관적 가치와 이해관계를 배제하고 연구해야 한다.

③ 사회·문화 현상이 발생한 맥락이나 배경을 고려하여 연구해 야 한다.

④ 사회·문화 현상의 이면에 담겨 있는 발생 원인이나 원리를 적극적으로 살펴봐야 한다.

⑤ 동일한 사회·문화 현상이라도 시대와 사회에 따라 다른 의 미를 지닐 수 있음을 고려해야 한다.

132

다음 연구에 관한 설명으로 옳지 <u>않은</u> 것은?

연구 주제	㉠□□ 지역 고등학생의 동아리 활동과 학교생활에 관한 만족감의 상관관계				
가설	㉡동아리 활동 참여 시간이 많을수록 ㉢학교생활에 관한 만족도가 높을 것이다.				
자료 수집	• □□ 지역 ㉣남녀 고등학생 각각 1,000명을 무작위 선정하여 질문지를 통해 조사 실시 • 조사 내용 : ㉤일주일간 동아리 활동 시간, 학교생활 만족도				
자료 분석 결과	일주일간 동아리 활동 시간	1시간	2시간	3시간	4시간 이상
	만족도 평균	남자	4점	5점	6점	8점
		여자	3점	6점	7점	9점
	* 자료 분석 결과는 통계적으로 유의미하였으며 만족도는 10점 만점임				

① ㉠은 모집단, ㉣은 표본이다.
② ㉡은 독립 변수, ㉢은 종속 변수이다.
③ ㉤은 ㉡과 ㉢의 조작적 정의에 해당한다.
④ 1시간이라고 응답한 전체 학생의 만족도 평균은 3.5점이다.
⑤ 자료 분석 결과로 보아 가설은 기각되었을 것이다.

133

다음은 '청소년의 인터넷 게임 시간이 학업 성적에 미치는 영향'을 알아보기 위해 수립한 연구 단계를 순서 없이 나열한 것이다. 이에 관한 설명으로 옳은 것은?

연구 단계	내용
(가)	청소년의 인터넷 게임 시간이 많을수록 학업 성적이 낮을 것이라고 가설을 설정함
(나)	청소년의 인터넷 게임 시간과 학업 성적 간의 관계를 연구하기로 함
(다)	청소년의 인터넷 게임 시간이 많을수록 학업 성적이 낮다는 결론을 내림
(라)	인터넷 게임 시간이 많은 청소년일수록 학업 성적이 낮게 나타남을 확인함
(마)	○○ 지역 고등학생 중 500명을 무작위로 선정하여 인터넷 게임 시간과 학업 성적을 파악할 수 있는 질문지를 통해 자료를 수집함

① (가)에서는 (나)와 달리 연구자의 가치 중립이 요구된다.
② (다)의 결론을 청소년에게 일반화할 수 있다.
③ (라)로 보아 (가)의 가설은 수용되지 않았을 것이다.
④ (마)에서는 모집단을 대표하는 표본이 선정되었다.
⑤ 연구 과정은 (나) – (가) – (마) – (라) – (다)의 순서이다.

134

다음은 사회·문화 현상의 연구 절차이다. 이에 관한 옳은 설명만을 〈보기〉에서 고른 것은?

- ㉠ 문제 인식 및 연구 주제 선정
- 가설 설정
- ㉡ 연구 설계
- 자료 수집 및 분석
- 가설 검증
- 결론 도출 및 일반화

【 보기 】
ㄱ. ㉠에서는 주관적 세계에 관한 심층적인 이해의 필요성을 느끼는 연구 주제를 선정하는 것이 일반적이다.
ㄴ. 개념의 조작적 정의는 일반적으로 ㉡에서 이루어진다.
ㄷ. 사회·문화 현상에 내재된 법칙 발견을 목적으로 하는 연구의 절차이다.
ㄹ. 사회·문화 현상과 자연 현상이 본질적으로 다르다는 입장에 해당하는 연구 절차이다.

① ㄱ, ㄴ   ② ㄱ, ㄷ   ③ ㄴ, ㄷ
④ ㄴ, ㄹ   ⑤ ㄷ, ㄹ

[135~136] 다음은 사회·문화 현상의 연구 방법 A의 연구 절차를 나타낸 것이다. 물음에 답하시오.

- 문제 인식 및 연구 주제 선정
- 연구 설계
- 자료 수집 및 해석
- 결론 도출

135

일반적으로 위와 같은 과정을 거치는 A 연구 방법을 쓰시오.

136 ✔ 서술형

A 연구 방법의 장점과 단점을 각각 한 가지 쓰시오.

04 사회적 존재로서의 인간

II 개인과 사회 구조

☑ 출제 포인트   ☑ 사회 실재론, 사회 명목론의 특징   ☑ 사례 속 사회학적 개념

1. 개인과 사회의 관계를 바라보는 관점

⭐1 사회 실재론 ⓒ 35쪽 150번 문제로 확인

전제	• 사회는 개인의 외부에 실제로 존재하며 독자적 특성을 보유함 • 사회는 개인들의 합 이상이며 개인은 사회 구성 요소에 불과함
내용	• 개인의 행동과 의식은 사회에 의해 구속됨 • 사회는 개인으로 환원될 수 없는 고유한 성격을 지님 • 사회·문화 현상을 파악하기 위해서는 사회 구조를 탐구해야 함 • 사회 문제의 원인은 잘못된 사회 구조나 제도에 있음 • 개인보다 사회의 우월성 강조, 개인의 이익보다 공익 중시
관련 사상	사회 유기체설
장점	사회가 개인에게 미치는 영향 설명 가능
한계	• 인간의 주체적이고 능동적인 행위를 설명하기 어려움 • 전체를 위한 개인의 희생을 정당화할 우려가 있음

> **자료** 사회 유기체설과 사회 실재론 ⓒ 35쪽 149번 문제로 확인
>
> 신체는 다양한 부위로 구성된다. 신체의 각 부위는 유기체로서의 생명을 지속시켜 유지하는 데 공헌한다. 신체 각 부위는 필수적으로 서로 조화하며 작동한다. 사회도 이와 마찬가지이다.
>
> 분석 사회를 유기체에 비유하여 설명하는 사회 유기체설은 개인은 유기체의 일부분으로 유기체를 떠나 존재할 수 없다고 보며 사회 실재론의 관점을 반영한다.

⭐2 사회 명목론 ⓒ 36쪽 152번 문제로 확인

전제	사회는 개인의 집합체에 붙여진 이름에 불과하고, 실제로 존재하는 것은 개인뿐임
내용	• 개인의 행동은 자신의 자율적인 의지에 따라 이루어짐 • 사회·문화 현상의 분석 단위로 개인의 의식, 정서, 심리 상태를 중시함 • 사회 문제의 원인은 개인의 잘못된 의식에 있음 • 사회보다 개인의 우월성 강조, 공익보다 개인의 이익 중시
관련 사상	사회 계약설
장점	능동적 존재로서의 개인을 인정함
한계	• 개인의 행위에 미치는 사회 구조의 영향력을 간과함 • 극단적 개인주의로 흐를 우려가 있음

2. 사회화

1 사회화

(1) **의미** 사회생활에 필요한 지식, 기능 등을 습득하고, 한 사회의 가치, 규범 등을 내면화하는 과정

(2) **기능**

① 개인적 차원 : 사회생활에 필요한 행동 양식 습득, 자아 정체성과 인성 형성

② 사회적 차원 : 세대 간 문화 전승, 사회의 존속 및 통합에 기여

(3) **유형**

① 재사회화 : 사회 변화나 새로운 환경에 적응하기 위해 이전과 다른 지식이나 가치 등을 습득하는 과정

② 예기 사회화 : 미래에 속하게 될 집단에서 요구되는 행동 양식을 미리 학습하는 과정

⭐2 사회화 기관의 분류 ⓒ 37쪽 157번 문제로 확인

사회화의 내용에 따른 분류	1차적 사회화 기관	• 기초적 수준의 사회화를 담당하는 기관 • 기본적 인성과 자아 정체성 형성에 영향 • 가족, 또래 집단 등
	2차적 사회화 기관	• 전문적 지식과 기능의 사회화를 담당하는 기관 • 학교, 직장, 대중 매체 등
형성 목적에 따른 분류	공식적 사회화 기관	• 사회화를 목적으로 형성된 기관 • 학교, 직업 훈련소 등
	비공식적 사회화 기관	• 사회화 이외의 목적으로 형성되었으나 부수적으로 사회화가 이루어지는 기관 • 가족, 또래 집단, 직장, 대중 매체 등

3. 지위와 역할

1 지위

(1) **의미** 한 개인이 집단이나 사회 속에서 차지하는 위치

(2) **특징** 개인은 여러 개의 지위를 동시에 지님, 현대 사회에서는 귀속 지위보다 성취 지위의 중요성이 커짐

⭐(3) 종류 ⓒ 38쪽 159번 문제로 확인

귀속 지위	• 의미 : 개인의 능력이나 노력과는 관계없이 선천적, 자연적으로 갖게 되는 지위 • 예 딸, 아들, 세습적 신분 등
성취 지위	• 의미 : 개인의 의지나 노력에 의해 후천적으로 얻게 되는 지위 • 예 아버지, 어머니, 회사원, 대학생 등

⭐2 역할과 역할 갈등 ⓒ 39쪽 163번 문제로 확인

(1) **역할과 역할 행동**

역할	일정한 지위에 관해 사회적으로 기대되는 행동 양식
역할 행동	• 개인에게 주어진 역할을 수행하는 구체적 행동 방식 • 동일한 지위를 가지고 있어도 개인에 따라 역할 행동은 다양하게 나타남 • 역할 행동이 사회적 기대에 부합하면 보상을 받고, 어긋나면 제재를 받음

(2) **역할 갈등**

① 의미 : 한 개인에게 요구되는 역할의 충돌에 따른 심리적 갈등

② 해결 방안 : 역할의 우선순위를 정하여 중요한 것부터 수행, 역할 갈등을 겪지 않도록 예방·지원하는 제도나 시설 마련

●● 개인과 사회를 보는 관점과 그 특징을 바르게 연결하시오.

137 사회 실재론 •

　　　　　　　　　• ㉠ 사회는 개인의 집합체임

　　　　　　　　　• ㉡ 사회는 개인의 합 이상임

138 사회 명목론 •

　　　　　　　　　• ㉢ 사회 계약설

　　　　　　　　　• ㉣ 사회 유기체설

●● 다음은 사회화의 의미와 유형에 관한 설명이다. 빈칸에 들어갈 알맞은 말을 쓰시오.

139 한 개인이 사회생활에 필요한 언어, 지식, 기능, 가치, 규범 등을 습득하고 내면화하는 과정을 (　　　　　)(이)라고 한다.

140 (　　　　　)은/는 사회 변동으로 새롭게 등장한 지식과 가치관 등을 습득하는 과정이다.

141 미래에 속하게 될 사회나 집단에 적응하기 위해 기술, 지식, 규범 등을 미리 학습하는 과정을 (　　　　　)(이)라고 한다.

●● 다음은 사회화 기관에 관한 설명이다. 다음 설명이 옳으면 ○표, 틀리면 ×표 하시오.

142 기본적인 사회적 행동을 습득하는 데 영향을 주는 사회화 기관은 1차적 사회화 기관이다. (　　　)

143 또래 집단은 1차적 사회화 기관이자 비공식적 사회화 기관이다. (　　　)

144 시민 단체는 2차적 사회화 기관이자 공식적 사회화 기관이다. (　　　)

145 주로 성인기에 영향을 미치는 2차적, 비공식적 사회화 기관은 학교이다. (　　　)

●● 다음은 지위와 역할에 관한 설명이다. ㉠, ㉡ 중 알맞은 것을 고르시오.

146 개인의 의지나 노력에 의해 후천적으로 얻게 되는 지위를 (㉠ 귀속 지위, ㉡ 성취 지위)라고 한다.

147 (㉠ 역할, ㉡ 역할 행동)이 사회적 기대에 부합하면 칭찬과 보상이 따른다.

148 두 가지 이상의 역할이 동시에 요구되어 역할 간에 충돌이 발생하여 나타나는 심리적 갈등을 (㉠ 역할 갈등, ㉡ 역할 행동)이라고 한다.

★빈출
149

밑줄 친 ㉠, ㉡에 관한 옳은 설명만을 〈보기〉에서 고른 것은?

> 개인과 사회의 관계를 바라보는 관점 중 하나는 ㉠개인은 사회라는 유기체의 한 부분이라는 견해로 개인은 사회를 떠나서는 존재할 수 없다고 본다. 다른 하나는 개인이 자신들의 권리를 더 안전하게 지키고 향유하기 위해서 합의하여 사회를 만들었으므로 ㉡개인이 없으면 사회도 존재할 수 없다는 견해이다.

【 보기 】

ㄱ. ㉠은 개인의 자유 의지보다 사회 규범의 영향력을 중시한다.

ㄴ. ㉡은 사회·문화 현상의 분석 단위로 개인의 의식, 심리 상태 등을 간과한다.

ㄷ. ㉠은 ㉡과 달리 사회가 사회를 구성하는 부분 요소로 환원될 수 있다고 본다.

ㄹ. ㉡은 ㉠과 달리 사회 문제 해결을 위해 개인의 주체적이고 능동적인 역할을 강조한다.

① ㄱ, ㄴ　　　　② ㄱ, ㄹ　　　　③ ㄴ, ㄷ

④ ㄴ, ㄹ　　　　⑤ ㄷ, ㄹ

★빈출
150

(가), (나)에 나타난 개인과 사회의 관계를 바라보는 관점에 관한 설명으로 가장 적절한 것은?

> (가) 전체는 단지 외부의 힘으로부터 각 구성원의 신체와 재산을 방어하고 보호해 주는 하나의 연합 형태일 뿐이다. 따라서 개인이 모여 전체를 이룬다고 하더라도 각 개인은 자신에게만 복종하기 때문에 이전과 마찬가지로 여전히 자유로울 수 있다.
>
> (나) 인간 개개인은 얼마든지 도덕적일 수 있지만 그런 개인이 모여 집단이 되면 전혀 다른 특성이 나타난다. 즉 집단으로서 이익을 추구하는 새로운 논리와 생리를 갖게 됨으로써 사회는 비도덕적이 된다.

① (가) 관점은 사회가 실재한다고 본다.

② (가) 관점은 사회를 유기체로 인식한다.

③ (나) 관점은 사회가 개인의 행동을 구속한다고 본다.

④ (나) 관점은 사회가 개인으로 환원된다고 본다.

⑤ (가) 관점은 사회의 우월성을, (나) 관점은 개인의 우월성을 강조한다.

151

개인과 사회의 관계를 바라보는 갑, 을의 관점에 부합하는 진술로 가장 적절한 것은?

> 갑 : 평소에 온화했던 선생님도 생활 지도부 소속이 되면 엄하고 무서운 선생님으로 변해.
> 을 : 그 사람의 집안보다는 그 사람의 됨됨이를 보고 배우자를 결정해야 해.

① 갑 : 공익보다 사익이 더 중요하다.
② 갑 : 사회는 개인의 총합 이상이다.
③ 갑 : 개인이 발전해야 사회가 발전한다.
④ 을 : 개인은 사회의 피조물이다.
⑤ 을 : 사회는 개인 외부에 실재한다.

★ 빈출 152

그림은 개인과 사회의 관계를 바라보는 관점 (가), (나)를 분류한 것이다. 이에 관한 설명으로 옳은 것은?

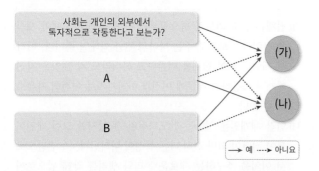

① (가)는 사회적 사실이 개인적 행위로 환원될 수 있다고 본다.
② (나)는 사회의 구속성이 개인의 능동성보다 우선한다고 본다.
③ (가)는 (나)와 달리 개인의 속성이 사회의 속성을 결정한다고 본다.
④ A에는 '사회를 개인의 단순한 집합체 그 이상으로 보는가?'가 들어갈 수 있다.
⑤ B에는 '사회 구조는 개인에게 불가항력적 존재라고 보는가?'가 들어갈 수 있다.

153

다음은 수업 시간의 상황이다. (가), (나) 이론을 구분하는 기준에 해당하는 것만을 〈보기〉에서 고른 것은?

> 교사 : (가), (나) 이론 중 어떤 이론이 현실을 정확하게 설명하는지 자신의 입장을 발표해 봅시다.
> 갑 : 정당의 구성원이 바뀐다고 해서 정당의 정책이나 정체성이 동반하여 변하지 않습니다.
> 을 : 기업의 경쟁력은 전적으로 사원들에게 달려 있습니다. 사원의 경쟁력이 높아지면 기업의 경쟁력도 높아지고, 사원의 경쟁력이 낮아지면 기업의 경쟁력도 낮아집니다.

〔 보기 〕
ㄱ. 사회는 개인의 행위에 관한 통제력이 있는가?
ㄴ. 사회는 개인과는 별도로 독자적으로 실재하는가?
ㄷ. 이해관계가 다른 집단의 이익은 양립할 수 있는가?
ㄹ. 사회적 가치의 분배 기준은 합의에 의해 결정되는가, 강제적으로 결정되는가?

① ㄱ, ㄴ ② ㄱ, ㄷ ③ ㄴ, ㄷ
④ ㄴ, ㄹ ⑤ ㄷ, ㄹ

2. 사회화

154

다음 사례를 통해 도출할 수 있는 내용으로 가장 적절한 것은?

> 6세 때 발견된 이자벨은 태어나서부터 계속 언어와 청각에 장애가 있는 어머니와 한방에서 고립된 상태로 키워졌다. 처음 발견되었을 때 이 소녀는 말을 전혀 할 줄 몰랐고 단지 으르렁거리는 소리만 낼 뿐이었다. 몸을 씻을 줄도 몰랐고 혼자 음식을 먹지도 못하였다. 전문 의사와 심리학자들에 의해 체계적인 훈련을 받은 후, 이자벨은 불과 일주일 만에 발성을 할 수 있었고, 두 달이 채 안 되어 짧은 문장을 만들어 낼 수 있었다. 그리고 14세가 되어서는 같은 또래의 소녀들과도 함께 어울렸으며 이후 정상적인 생활을 할 수 있게 되었다.

① 사회화는 평생에 걸쳐 진행된다.
② 인간의 학습 능력은 본능에 기인한다.
③ 초기 사회화보다 재사회화가 중요하다.
④ 인간의 사회적 특성은 후천적으로 형성된다.
⑤ 1차적 사회화 없이 2차적 사회화는 불가능하다.

155

다음 대화에서 (가)에 관한 옳은 설명만을 〈보기〉에서 고른 것은?

> 교사 : [(가)]에 관해 이야기해 볼까요?
>
> 갑 : 아이들이 대등한 사람들과 관계를 맺는 최초의 경험을 하게 되는 사회화 기관입니다.
>
> 을 : [(가)]에 속한 구성원들과는 사회적으로 동등한 지위를 가지고 있습니다.
>
> 병 : 동등한 지위이기에 [(가)]을/를 통해 호혜적인 사회화 경험을 하게 됩니다.
>
> 교사 : 모두 정확하게 이야기했어요.

[보기]
ㄱ. 1차적 사회화를 담당한다.
ㄴ. 사회화를 목적으로 형성된 기관이다.
ㄷ. 집단생활의 규칙, 질서 의식 등을 배운다.
ㄹ. 재사회화와 예기 사회화가 주로 이루어진다.

① ㄱ, ㄴ   ② ㄱ, ㄷ   ③ ㄴ, ㄷ
④ ㄴ, ㄹ   ⑤ ㄷ, ㄹ

156

밑줄 친 ㉠~㉣에 관한 옳은 설명만을 〈보기〉에서 고른 것은?

> • 폭행죄로 교도소에 복역하였던 갑은 출소한 뒤에 정상적인 사회생활을 위해 ㉠직업 훈련소에서 ㉡직업 교육을 받고 있다.
> • 올해 초 A 회사에 입사한 을은 대학교를 졸업할 때까지 엑셀 프로그램을 다루지 못하였다. 이에 을은 매일 퇴근 후 ㉢회사에서 자체적으로 실시하고 있는 ㉣엑셀 프로그램 활용 강좌를 수강하고 있다.

[보기]
ㄱ. ㉡은 1차적 사회화이다.
ㄴ. ㉣은 사회적 기대에 부합하는 역할 행동을 하기 위한 것이다.
ㄷ. ㉢은 ㉠과 달리 공식적 사회화 기관이다.
ㄹ. ㉡, ㉣ 모두 재사회화의 사례이다.

① ㄱ, ㄴ   ② ㄱ, ㄷ   ③ ㄴ, ㄷ
④ ㄴ, ㄹ   ⑤ ㄷ, ㄹ

⭐빈출 157

그림은 사회화 기관 (가)~(다)를 분류한 것이다. 이에 관한 설명으로 옳은 것은? (단, (가)~(다)는 각각 1차적 사회화 기관, 공식적 사회화 기관, 비공식적 사회화 기관 중 하나이다.)

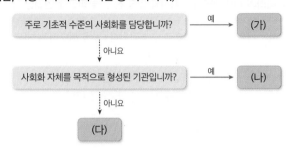

① (가)는 공식적 사회화 기관이다.
② (가)는 주로 재사회화를 담당하는 사회화 기관이다.
③ (나)에 해당하는 사회화 기관에는 가족, 또래 집단 등이 있다.
④ (다)에 해당하는 사회화 기관에는 대중 매체, 정당 등이 있다.
⑤ (다)는 기본적인 욕구 충족 및 정서적 반응 방식의 사회화를 담당한다.

158

다음 사회화 기관의 분류에 관한 옳은 설명만을 〈보기〉에서 있는 대로 고른 것은?

> • 가족은 사회화의 내용에 따라 사회화 기관을 분류할 때는 A로 분류되고, 설립 목적에 따라 사회화 기관을 분류할 때는 (가)로 분류된다.
> • 학교는 사회화의 내용에 따라 사회화 기관을 분류할 때는 B로 분류되고, 설립 목적에 따라 사회화 기관을 분류할 때는 (나)로 분류된다.

[보기]
ㄱ. A와 달리 B는 주로 전인격적인 인간관계가 나타난다.
ㄴ. (가)는 비공식적 사회화 기관이고 (나)는 공식적 사회화 기관이다.
ㄷ. B에 해당하는 사회화 기관은 모두 (나)에 해당한다.
ㄹ. 회사, 대중 매체는 모두 B이면서 (가)이다.

① ㄱ, ㄷ   ② ㄱ, ㄹ   ③ ㄴ, ㄹ
④ ㄱ, ㄴ, ㄷ   ⑤ ㄴ, ㄷ, ㄹ

3. 지위와 역할

★빈출 159

다음 대화의 A에 해당하는 지위와 밑줄 친 ㉠을 바르게 연결한 것은?

> 교사 : 지위는 크게 A, B로 구분됩니다. A에 해당하는 지위에는 어떤 것이 있을까요?
> 갑 : 아들, 남편, 손녀가 A에 해당합니다.
> 교사 : ㉠한 가지만 제외하고 옳게 발표했습니다.

	A	㉠
①	귀속 지위	아들
②	귀속 지위	남편
③	귀속 지위	손녀
④	성취 지위	아들
⑤	성취 지위	남편

160

밑줄 친 ㉠~㉣을 지칭하는 사회학적 개념으로 옳은 것만을 〈보기〉에서 있는 대로 고른 것은?

> ㉠대학교를 졸업하고 학사 장교로 임관한 갑은 ㉡여러 훈련 과정을 통해 각종 군 생활에 필요한 지식뿐만 아니라 장교로서 가져야 할 마음가짐 등을 교육받고 있다. 갑은 군대에 대학교 선배인 을이 있는 것을 보고 무척 반가웠다. 자신과 마찬가지로 학사 장교였던 을은 직업 군인으로 복무 중이다. 직업 군인의 길을 걸어야 할지 말아야 할지에 관하여 ㉢고민이 많았던 갑은 을에게 조언을 부탁하였고, 을은 선배로서 갑에게 ㉣직업 군인의 장점과 단점을 세세하게 가르쳐 주었다.

【 보기 】
ㄱ. ㉠ - 공식적 사회화 기관
ㄴ. ㉡ - 재사회화
ㄷ. ㉢ - 역할 갈등
ㄹ. ㉣ - 역할 행동

① ㄱ, ㄷ ② ㄱ, ㄹ ③ ㄴ, ㄷ
④ ㄱ, ㄴ, ㄹ ⑤ ㄴ, ㄷ, ㄹ

161

다음 두 사례에 공통적으로 나타난 사회학적 개념만을 〈보기〉에서 고른 것은?

> • 갑은 을의 어머니로서 오늘 아침에 회사에 중요한 회의가 있다. 그런데 아들인 을이 오늘 아침에 열이 39℃까지 올랐다. 이에 갑은 회사를 가야 할지, 을을 데리고 병원에 가야 할지 고민하다가 결국 을을 데리고 병원에 갔다.
> • 병은 ○○ 고등학교에서 2학년 8반 담임 교사를 맡고 있다. 병은 평소에 엄격하게 생활 지도를 한다. 병의 이러한 생활 지도 방식에 잘 적응하는 학생도 있지만 잘 적응하지 못하여 학교생활에 어려움을 겪는 학생도 있다.

【 보기 】
ㄱ. 귀속 지위 ㄴ. 성취 지위
ㄷ. 역할 갈등 ㄹ. 역할 행동

① ㄱ, ㄴ ② ㄱ, ㄷ ③ ㄴ, ㄷ
④ ㄴ, ㄹ ⑤ ㄷ, ㄹ

162

다음은 한 고등학교의 학생 선도 규정 중 일부분이다. 이를 통해 얻을 수 있는 결론으로 가장 적절한 것은?

> 제9조 포상의 종류는 다음과 같다.
>   1. 우등상 : 학업 성적이 우수하고 품행이 방정하다고 인정되는 자
>   2. 공로상 : 학교 발전에 기여한 공이 현저하다고 인정되는 자
>   3. 선행상 : 학교 내에서 특별한 선행을 한 자
> 제11조 다음 각 호의 하나에 해당하는 자에 관해서는 퇴학 처분을 할 수 있다.
>   1. 품행이 불량하여 개전의 가망이 없다고 인정된 자
>   2. 정당한 이유 없이 결석이 잦은 자
>   3. 기타 학칙을 위반한 자

① 사회가 분화될수록 역할 갈등은 증가한다.
② 같은 지위에 관해 서로 다른 역할이 기대된다.
③ 역할 행동의 결과에 따라 사회적 보상과 제재가 따른다.
④ 동일한 지위에 있는 사람들의 역할 행동의 모습은 같다.
⑤ 두 가지 이상의 역할이 요구될 때 역할 갈등이 발생한다.

밑줄 친 ㉠~㉘에 관한 설명으로 옳은 것은?

> 재벌 가문의 ㉠ 장남인 갑은 부모님의 ㉡ 회사에서 과장으로 일하고 있었는데, 회사 일에 집중하여 회사를 승계하길 바라는 부모님 몰래 ㉢ 야간 대학교에서 노래를 배웠다. 갑은 가수에 도전하기 위해 시청자 평가단의 투표 결과에 따라 가수 데뷔가 결정되는 텔레비전 프로그램에 지원하여 뛰어난 실력을 보인 결과 ㉣ 최종 우승자로 선정되어 ㉤ 가수로 데뷔하였다. 인기가 높아지자 갑은 부모님의 뜻에 따라 ㉥ 회사 업무에 전념해야 할지 가수라는 자신의 길을 걸어야 할지 ㉦ 고민이다.

① ㉠, ㉤은 능력과 노력에 의해 획득한 지위이다.
② ㉡은 2차적 사회화 기관, ㉢은 공식적 사회화 기관이다.
③ ㉣은 갑의 역할에 따른 보상이다.
④ ㉥은 ㉤으로서 갑의 역할에 해당한다.
⑤ ㉦은 갑의 역할 갈등에 해당한다.

164

밑줄 친 ㉠~㉘에 관한 옳은 설명만을 〈보기〉에서 고른 것은?

> 갑은 ㉠ 화가가 되기를 원했지만 아버지는 갑이 ㉡ 교사가 되기를 원해 ㉢ 고민이 많았다. 그러나 갑의 삼촌은 ㉣ 조카를 위해 갑의 아버지를 설득하여 갑의 ㉤ 미술 대학교 진학을 허락받았다. 그는 서양화과에 지원하려고 했지만 아버지는 동양화과 진학을 권유하였다. 갑은 아버지가 미술 대학교 진학을 허락했기 때문에 ㉥ 일단은 동양화과를 가지 않으면 안 된다고 생각하였다. 지금 갑은 ㉦ 동양화의 대가로 인정받고 있다.

[보기]
ㄱ. ㉢, ㉥ 모두 역할 갈등이다.
ㄴ. ㉡은 성취 지위, ㉣은 귀속 지위이다.
ㄷ. ㉦은 ㉠으로서 갑의 역할에 관한 보상이다.
ㄹ. ㉤은 공식적 사회화 기관이면서 2차적 사회화 기관이다.

① ㄱ, ㄴ   ② ㄱ, ㄷ   ③ ㄴ, ㄷ
④ ㄴ, ㄹ   ⑤ ㄷ, ㄹ

[165~166] 다음 글을 읽고 물음에 답하시오.

> (가) 사회는 단순한 개인의 총화, 개인 간 상호 작용의 축적 또는 개인의 심리 현상으로 환원되는 경향을 가진다.
> (나) 내가 한 사람의 형제, 한 사람의 남편, 한 사람의 시민으로서 나의 임무를 수행하고 내가 맡은 일을 시작할 때, 나는 나 자신과 나의 행위에 외재하는 법과 규칙 속에서 정의되어 있는 의무를 다하는 것이다.

165

(가), (나)에 나타난 개인과 사회의 관계를 바라보는 관점이 무엇인지 각각 쓰시오.

166

(가), (나)에 나타난 관점의 기본 입장을 비교하여 서술하시오.

[167~168] 다음 글을 읽고 물음에 답하시오.

> 갑은 한 달 전부터 패스트푸드점에서 아르바이트를 하고 있다. 갑의 부모님은 갑이 걱정되어 매일 갑이 근무하는 매장을 찾는다. 하지만 갑은 부모님이 매장에 오시는 것 때문에 ㉠ 고민이다. 부모님이 오시면 부모님과 이야기를 나누게 되는데 그럴 때마다 매장 사장님의 눈치가 보이기 때문이다.

167

㉠에 해당하는 사회학적 개념이 무엇인지 쓰시오.

168

㉠이 나타나는 이유를 사회학적 개념을 이용하여 서술하시오.

적중 1등급 문제

» 바른답·알찬풀이 17쪽

169

다음 글에 나타난 개인과 사회의 관계를 바라보는 관점에 부합하는 진술만을 〈보기〉에서 고른 것은?

> 통계에 따르면 규범적 통합이 강한 사회에서는 자살률이 낮은 반면, 규범적 통합이 약한 사회에서는 자살률이 높게 나타나고 있다. 이는 사회 통합의 정도에 따라 개인의 행위가 달라지기 때문이다. 이처럼 사회·문화 현상에 관한 이해는 개별 인간의 행위에 관한 이해만으로는 부족하며 사회적 특성에 초점을 두고 연구해야 한다.

[보기]
ㄱ. 사회는 개인의 집합체에 불과하다.
ㄴ. 사회는 개인의 외부에 실제로 존재한다.
ㄷ. 개인은 사회 속에서 존재 의미를 갖는다.
ㄹ. 개인의 자유 의지가 인간 행동에 더 큰 영향을 미친다.

① ㄱ, ㄴ ② ㄱ, ㄷ ③ ㄴ, ㄷ
④ ㄴ, ㄹ ⑤ ㄷ, ㄹ

170

개인과 사회의 관계를 바라보는 갑, 을의 관점에 관한 옳은 설명만을 〈보기〉에서 고른 것은?

> 갑 : 코로나 19의 심각성에 관한 국민의 자각 수준이 국가별 감염의 정도를 결정합니다. 따라서 국민 각자가 코로나 19의 심각성을 깨닫고 책임 의식을 가지고 방역을 위해 노력해야 합니다.
>
> 을 : 국가별 코로나 19의 심각성 정도는 사회 개별 구성원이 방역 수칙을 지킬 수 있도록 하는 국가의 의지와 역량에 따라 달라집니다. 결국 코로나 19의 심각성을 깨닫고 방역에 온 힘을 다하도록 하는 사회 분위기를 만들어야 합니다.

[보기]
ㄱ. 갑의 관점은 사회가 개인의 외부에 독립적으로 존재한다고 본다.
ㄴ. 을의 관점은 개인의 의식과 행동은 사회에 의해 구속된다고 본다.
ㄷ. 갑의 관점은 을의 관점과 달리 개인의 자율성이 사회 규범의 구속성보다 우선한다고 본다.
ㄹ. 을의 관점은 갑의 관점과 달리 사회 문제의 원인을 사회 구조나 제도가 아닌 개인의 의식에 있다고 본다.

① ㄱ, ㄴ ② ㄱ, ㄷ ③ ㄴ, ㄷ
④ ㄴ, ㄹ ⑤ ㄷ, ㄹ

171

다음 자료에 관한 옳은 설명만을 〈보기〉에서 있는 대로 고른 것은?

> 교사 : 개인과 사회의 관계를 바라보는 관점 A, B를 발표해 보세요.
>
> 갑 : A는 개인의 의식과 행동은 사회에 의해 구속된다고 봅니다.
>
> 을 : B는 사회의 특성이 개개인의 특성으로 환원된다고 봅니다.
>
> 병 : _____(가)_____
>
> 교사 : 2명은 옳게 답했지만 1명은 옳지 않은 답을 했어요.

[보기]
ㄱ. 옳지 않은 답을 한 학생은 '병'이다.
ㄴ. (가)에는 'A는 사회 문제의 해결책으로 개인 의식의 변화를 강조합니다.'가 들어갈 수 있다.
ㄷ. A는 B와 달리 인간의 주체적이고 능동적인 행위를 설명하기 곤란하다.
ㄹ. B는 A와 달리 개인보다 사회가 우월한 가치를 갖는다고 본다.

① ㄱ, ㄷ ② ㄱ, ㄹ ③ ㄴ, ㄷ
④ ㄱ, ㄴ, ㄷ ⑤ ㄴ, ㄷ, ㄹ

172

다음 사례에 관한 옳은 설명만을 〈보기〉에서 고른 것은?

> • 행정 고등 고시에 최종 합격한 갑은 국가 공무원 인재 개발원에서 진행하는 연수 과정에 참여하여 공직자로서 갖추어야 할 여러 가지 지식과 태도 등을 배웠다.
> • 지난해 회사에서 정년퇴직한 을은 구청에서 지역 노인을 위해 개설한 강좌를 수강하며 스마트폰 활용 방법 및 전자 상거래 등에 관해 배웠다.

[보기]
ㄱ. 갑이 연수를 받은 기관은 1차적 사회화 기관에 해당한다.
ㄴ. 사회가 빠르게 변화할수록 을이 경험한 사회화 유형의 필요성이 커진다.
ㄷ. 갑의 사회화는 예기 사회화, 을의 사회화는 재사회화에 해당한다.
ㄹ. 갑, 을 모두 공식적 사회화 기관에서 체계적인 사회화를 경험하였다.

① ㄱ, ㄴ ② ㄱ, ㄷ ③ ㄴ, ㄷ
④ ㄴ, ㄹ ⑤ ㄷ, ㄹ

173

〈자료 1〉의 밑줄 친 ㉠~㉣을 〈자료 2〉의 (가)~(다)로 바르게 분류한 것은?

〈자료 1〉
갑은 ㉠○○ 대학교를 졸업하고 로스쿨에 들어가기를 원하는 ㉡가족의 뜻에 반하여 가전제품을 만드는 ㉢□□ 회사에 입사하였다. 입사 후 갑은 뛰어난 업무 능력을 발휘하여 빠르게 진급을 하였고 결국에는 □□ 회사의 최연소 임원이 되었다. 이 사실은 ㉣신문에 보도가 될 만큼 놀라운 일이었다.

〈자료 2〉

구분	(가)	(나)	(다)
사회화를 목적으로 설립되지는 않았으나 사회화의 역할도 수행하는가?	예	예	아니요
전문적이고 심화된 수준의 사회화를 담당하는가?	예	아니요	예

	(가)	(나)	(다)
①	㉠	㉡, ㉢	㉣
②	㉠	㉡	㉢, ㉣
③	㉠, ㉡	㉣	㉢
④	㉡, ㉢	㉠	㉣
⑤	㉢, ㉣	㉡	㉠

174

다음 사례에 관한 옳은 설명만을 〈보기〉에서 고른 것은?

• ○○ 기업에서 과장으로 근무 중인 갑은 갑작스럽게 내일 아침으로 예정된 회의 준비로 야근이 불가피한 상황이다. 그런데 어린이집에 맡겨 둔 아이가 어린이집에 혼자 남겨져 부모를 기다리고 있을 것이 걱정되어 고민하고 있다.
• 고등학교 담임 교사인 을은 학부모와의 상담 약속을 앞두고 유치원으로부터 연락을 받았다. 자녀가 갑작스러운 고열로 병원에 가야 한다는 것이다. 학부모와의 상담 약속을 앞두고 을은 어떻게 해야 할지 고민하고 있다.

[보기]
ㄱ. 갑은 성취 지위와 귀속 지위 사이에서 고민하고 있다.
ㄴ. 을은 복수의 사회적 지위 간에 역할이 상충되어 갈등하고 있다.
ㄷ. 갑은 을과 달리 서로 다른 사회적 지위 간에 기대되는 역할의 충돌로 갈등하고 있다.
ㄹ. 갑, 을 모두 두 가지 역할이 동시에 요구되어 고민하고 있다.

① ㄱ, ㄴ   ② ㄱ, ㄷ   ③ ㄴ, ㄷ
④ ㄴ, ㄹ   ⑤ ㄷ, ㄹ

175

다음 사례에 관한 옳은 설명만을 〈보기〉에서 고른 것은?

• 갑은 대기업에 취업하기 위해 회사를 알아보던 중 떡집을 운영하는 부모님이 함께 떡집을 운영해 보자고 요청하여 고민에 빠졌다. 결국 갑은 부모님과 함께 떡집을 운영하기로 하였고 신제품 개발을 통한 매출 증가로 현재는 자신의 선택에 만족하고 있다.
• 을은 대기업에 취직하여 만족스러운 회사 생활을 하던 중 회사에서 추진하는 새로운 사업이 환경을 심하게 훼손시키는 사실을 알았다. 환경 관련 시민 단체 회원이기도 한 을은 이를 공개해야 할지 고민하였다. 결국 회사를 그만둔 을은 해당 사실을 공개하고 이에 반대하는 시민 단체 운동을 주도하여 관련 기관으로부터 감사장을 받았다.

[보기]
ㄱ. 을은 비공식적 사회화 기관에 소속되어 있다.
ㄴ. 을은 갑과 달리 역할 행동에 대한 보상을 받았다.
ㄷ. 갑, 을은 모두 역할 갈등을 경험하였다.
ㄹ. 갑, 을은 모두 공식 조직에 소속되어 있다.

① ㄱ, ㄴ   ② ㄱ, ㄷ   ③ ㄴ, ㄷ
④ ㄴ, ㄹ   ⑤ ㄷ, ㄹ

176

밑줄 친 ㉠~㉣에 관한 옳은 설명만을 〈보기〉에서 있는 대로 고른 것은?

갑은 교사가 되길 원하던 어머니의 희망대로 ㉠사범 대학에 진학하였다. 그러나 어릴 적부터 진학을 꿈꿔 온 미술 대학이 아니었기 때문에 갑은 학업에 흥미를 잃고 ㉡강의에도 자주 결석하였다. 학업을 계속할지 말지 ㉢고민하던 갑은 사범 대학에서 미술을 공부할 수 있는 방법을 알게 되어 미술 교육과의 강의를 듣기 시작하였다. 이후 갑은 열심히 학과 공부에 매진하여 ㉣성적 최우수상을 수상하였다.

[보기]
ㄱ. ㉠은 2차적 사회화 기관이다.
ㄴ. ㉡은 갑의 역할에 해당한다.
ㄷ. ㉢은 갑의 역할 갈등에 해당한다.
ㄹ. ㉣은 갑의 역할 행동에 따른 보상이다.

① ㄱ, ㄴ   ② ㄱ, ㄹ   ③ ㄴ, ㄷ
④ ㄱ, ㄷ, ㄹ   ⑤ ㄴ, ㄷ, ㄹ

O5 사회 집단과 사회 조직

Ⅱ 개인과 사회 구조

☑ 출제 포인트   ☑ 사회 집단의 유형   ☑ 사회 조직의 특징   ☑ 관료제, 탈관료제의 특징

1. 사회 집단

1 사회 집단

(1) 의미 둘 이상의 사람들이 소속감이나 공동체 의식을 가지고 지속적인 상호 작용을 하는 모임

★(2) 종류 ◉ 43쪽 190번, 44쪽 191번 문제로 확인

① 구성원 간의 접촉 방식에 따른 분류

1차 집단	• 구성원 간 직접적인 대면 접촉을 통해 전인격적인 인간관계를 맺는 집단으로, 구성원 간의 인간관계 자체가 목적임 • 개인의 인성, 정체성 형성에 큰 영향을 주는 원초 집단 • 가족, 또래 집단 등
2차 집단	• 간접적 접촉과 수단적 만남이 이루어지는 집단 • 특정한 목적을 달성하기 위한 집단, 수단적·형식적 인간관계 • 회사, 정당 등

② 결합 의지에 따른 분류

공동 사회	• 구성원의 본질 의지에 따라 자연 발생적으로 형성된 집단 • 결합 자체가 집단의 목적으로 구성원 간에 친밀하고 정서적인 상호 관계와 협력이 나타남 • 가족, 친족, 전통 사회의 마을 공동체 등
이익 사회	• 특정한 목적을 달성하기 위해 선택 의지에 따라 결합된 집단 • 수단적 인간관계, 이해타산적 인간관계가 주로 나타남 • 회사, 정당, 학교 등

③ 소속감에 따른 분류

내집단	• 소속감을 느끼는 집단으로 자아 정체성 형성에 영향을 줌 • 우리 학교, 우리 회사, 우리 팀 등
외집단	• 소속감을 느끼지 않는 집단으로 적대감까지 느끼는 집단 • 다른 학교, 다른 회사, 상대 팀 등

2 준거 집단

(1) 의미 한 개인에게 행동과 판단의 기준이 되는 집단

(2) 준거 집단과 소속 집단

① 준거 집단과 소속 집단이 일치하는 경우 : 소속 집단에 관한 만족감이 높고, 자신의 판단과 행동에 자신감을 갖게 됨

② 준거 집단과 소속 집단이 일치하지 않는 경우 : 소속 집단에 관한 불만과 상대적 박탈감을 느낌, 준거 집단에 속하고자 노력함

2. 사회 조직

1 사회 조직

(1) 사회 조직의 의미와 특징

① 의미 : 사회 집단 중에서 그 목표와 경계가 뚜렷하고 구성원의 지위와 역할이 명확하며, 목적 달성을 위한 규범과 절차가 체계적으로 규정되어 있는 집단

② 특징 : 형식적·수단적 인간관계, 공식적 규범과 절차로 통제

★(2) 비공식 조직의 의미와 기능 ◉ 45쪽 195번 문제로 확인

① 의미 : 공식 조직 내에서 구성원 간의 친밀한 인간관계에 바탕을 두고 자발적으로 형성한 사회 집단 → 공동의 관심이나 취미를 가진 사람들로 구성

② 사례 : 사내 동호회, 사내 동문회 등

③ 기능 : 구성원의 사기 증진, 공식 조직의 효율성 향상, 개인적 친분 관계 강조 시 공식 조직의 업무에 부정적 영향 초래

> **자료** 공식 조직과 비공식 조직 ◉ 45쪽 196번 문제로 확인
>
> A의 성립은 B를 전제로 하고, A의 구성원은 항상 B의 구성원이 된다. B는 A와 달리 특정한 목표와 과업 달성을 중시한다.
>
> **분석** 비공식 조직은 공식 조직에 속한 구성원이 형성한 집단이라는 점에서 공식 조직을 전제로 형성되며, 모든 비공식 조직의 구성원은 공식 조직의 구성원이다.

★2 자발적 결사체 ◉ 46쪽 199번 문제로 확인

의미	공통의 관심사를 가진 사람들이 자발적으로 결성한 집단
종류	친목 집단(동호회, 동창회 등), 이익 집단, 시민 단체
특징	• 가입과 탈퇴가 자유로움 • 조직 목표에 관한 구성원의 신념이 뚜렷함 • 1차 집단과 2차 집단의 성격이 공존하는 경우가 많음
기능	• 사회의 다원화와 민주화 촉진 • 자기 집단의 이익만을 추구하면 사회 통합을 저해하기도 함

3. 관료제와 탈관료제

★1 관료제 ◉ 46쪽 201번 문제로 확인

의미	구성원 간 서열화된 위계를 바탕으로 명시적 규범과 절차를 갖춘 대규모 조직의 운영 원리
등장 배경	산업화 이후 조직 규모가 커지면서 대규모 조직을 효율적으로 관리할 수 있는 조직 운영 방식의 필요성 증대
특징	업무의 세분화와 전문화, 규약과 절차에 따른 업무 처리, 위계의 서열화, 연공서열에 따른 보상, 지위 획득의 공평한 기회 보장
기능	• 순기능 : 업무 세분화로 효율적 업무 수행 가능, 문서화된 규약과 절차를 따르므로 안정적 조직 운영 가능, 정해진 절차를 따르므로 업무의 지속성과 예측 가능성이 높음, 권한과 책임 소재가 분명 • 역기능 : 목적 전치 현상, 인간 소외 현상, 경직성 문제, 무사안일주의

★2 탈관료제 ◉ 47쪽 204번 문제로 확인

의미	• 관료제에서 벗어나 구성원의 자율성을 보장하는 조직 형태 • 팀제 조직, 네트워크형 조직 등
등장 배경	정보 사회로 진입함에 따라 관료제의 한계가 드러나 유연하고 창의적인 조직의 필요성 증가
특징	수평적 조직 체계로 의사 결정 권한 분산, 구성원 개인의 자율성과 창의성 중시, 유연한 조직 구조, 능력과 성과에 따른 보상

분석 기출 문제

** 다음은 사회 집단에 관한 설명이다. 빈칸에 들어갈 알맞은 말을 쓰시오.

177 두 사람 이상이 소속감과 공동체 의식을 가지고 지속적으로 상호 작용을 하는 모임을 ( )(이)라고 한다.

178 ( )은/는 집단에 관한 소속감과 공동체 의식을 느끼는 집단으로서 우리 팀, 우리 학교 등이 그 예이다.

179 한 개인이 자신의 신념, 태도, 가치 등을 정하는 기준으로 삼는 집단을 ( )(이)라고 한다.

** 다음은 사회 집단의 유형에 관한 설명이다. ㉠, ㉡ 중 알맞은 것을 고르시오.

180 구성원의 직접적 접촉에 의해 형성되며, 친밀감과 강한 연대감을 특징으로 하는 집단은 (㉠ 1차 집단, ㉡ 2차 집단)이다.

181 구성원의 본질 의지에 의해 자연 발생적으로 형성된 집단으로, 친밀하고 정서적인 인간관계를 형성하는 집단은 (㉠ 공동 사회, ㉡ 이익 사회)이다.

182 사회 집단은 (㉠ 소속감, ㉡ 결합 의지)에 따라 내집단과 외집단으로 구분할 수 있다.

** 다음은 사회 조직에 관한 설명이다. 다음 설명이 옳으면 ○표, 틀리면 ×표 하시오.

183 공식 조직은 친밀한 인간관계를 바탕으로 한다. ( )

184 공식 조직의 구성원은 모두 비공식 조직의 구성원이다. ( )

185 사내 동호회, 교내 동아리는 비공식 조직에 해당한다. ( )

186 아파트 주민으로 구성된 테니스회는 비공식 조직인 동시에 자발적 결사체이다. ( )

** 관료제와 탈관료제의 특징을 바르게 연결하시오.

187 관료제 •
ㆍ ㉠ 업무의 세분화
ㆍ ㉡ 조직의 유연성 강화

188 탈관료제 •
ㆍ ㉢ 수평적 의사 결정 구조
ㆍ ㉣ 규약과 절차에 따른 업무 수행

189

빈칸 ㉠에 해당하는 사회 집단에 관한 옳은 설명만을 〈보기〉에서 고른 것은?

민법 제779조(㉠ 의 범위)
① 다음의 자는 ㉠ (으)로 한다.
  1. 배우자, 직계 혈족 및 형제자매
  2. 직계 혈족의 배우자, 배우자의 직계 혈족 및 배우자의 형제자매

[보기]

ㄱ. 결합 자체를 목적으로 한다.
ㄴ. 전인격적인 인간관계가 나타난다.
ㄷ. 가입과 탈퇴가 자유로운 자발적 결사체이다.
ㄹ. 공식적 통제 수단으로 구성원을 통제하는 것이 일반적이다.

① ㄱ, ㄴ   ② ㄱ, ㄷ   ③ ㄴ, ㄷ
④ ㄴ, ㄹ   ⑤ ㄷ, ㄹ

★빈출 190

다음 사례를 종합하여 내릴 수 있는 결론으로 가장 적절한 것은?

• 갑은 A 회사에 재직 중이다. 갑은 A 회사의 인사 제도나 연봉 체계 등에 불만이 많아 회사를 옮길까도 생각하였다. 하지만 지난주에 정기적으로 열리는 B 회사와의 축구 대회 응원을 다녀온 뒤 이러한 불만이 사라졌다. 회사를 응원하는 과정에서 자기도 모르게 애사심이 생긴 것이다.

• 사람들이 평소에 애국심을 느끼기는 쉽지 않다. 월드컵과 같은 국제 대회가 있으면 여러 사람이 한자리에 모여 우리나라를 응원한다. 우리나라가 다른 국가와의 경기에서 이기면 사람들은 자신도 모르게 자기가 속한 국가의 국민임을 자랑스러워하고, 경기에서 지면 자기도 모르게 안타까워한다.

① 개인마다 준거 집단은 다르게 형성된다.
② 외집단과의 경쟁은 내집단의 결속력을 강화시킨다.
③ 내집단 의식을 지나치게 강조하면 집단 이기주의에 빠진다.
④ 소속 집단과 준거 집단이 다르면 소속 집단에 관한 불만이 생긴다.
⑤ 규칙을 준수하지 않으면 경쟁적 상호 작용이 갈등적 상호 작용으로 변한다.

05. 사회 집단과 사회 조직 **43**

>> 바른답·알찬풀이 19쪽

★빈출
191

〈자료 2〉에 나타난 사회 집단 중 〈자료 1〉에서 설명하고 있는 사회 집단의 개수로 옳은 것은?

〈자료 1〉

- 규칙 등과 같은 공식적 수단으로 구성원을 통제한다.
- 특정 목적을 달성하기 위하여 후천적인 선택 의지에 따라 결합되었다.

〈자료 2〉

갑이 속해 있는 민족은 ○○ 국가에서는 소수 민족이다. 최근 ○○ 국가에서 소수 민족을 배려하는 정책을 전격적으로 실시하였다. 이로 인해 갑은 □□ 대학교에 입학할 수 있었고, 갑의 형은 △△ 회사에 입사할 수 있었다. 그뿐만 아니라 갑의 가족은 ○○ 국가에서 주는 생계비를 지원받을 수 있게 되었다.

① 1개　　② 2개　　③ 3개　　④ 4개　　⑤ 5개

192

사회 집단의 유형 (가)~(다)에 관한 옳은 설명만을 〈보기〉에서 있는 대로 고른 것은?

구분	내용
(가)	결합 의지에 따른 분류에서 선택 의지로 결합된 집단
(나)	공식적 조직 목표와 명시적 규범에 의해 운영되는 집단
(다)	공통의 이해관계와 관심을 가진 사람들이 자발적으로 만든 집단

[보기]
ㄱ. (나), (다)는 모두 (가)에 해당한다.
ㄴ. (다)의 구성원은 모두 (나)의 구성원이다.
ㄷ. (나)의 구성원이 공통의 취미를 바탕으로 만든 (다)는 비공식 조직이다.
ㄹ. 시민 단체는 (가)~(다) 모두에 해당한다.

① ㄱ, ㄷ　　　　② ㄴ, ㄷ　　　　③ ㄴ, ㄹ
④ ㄱ, ㄴ, ㄹ　　　⑤ ㄱ, ㄷ, ㄹ

193

다음과 같은 현상이 발생하는 공통적인 원인을 사회학적으로 가장 잘 설명한 것은?

- 작년에 자신이 가고 싶어 했던 ○○ 대학교에 진학하지 못하고 △△ 대학교에 진학한 갑은 부모님과 상의한 끝에 재수를 하기로 결정하였다.
- 을국 국민의 □□ 국가로의 이민이 증가하고 있다. 지속되는 정치 불안과 끝나지 않는 경기 침체로 을국 정부에 실망하는 국민이 증가하였기 때문이다.
- A 회사에 다니고 있는 병은 B 회사에 재직 중인 정을 부러워하였다. 결국 병은 다니던 회사를 그만두고 B 회사에 입사하기 위한 준비를 하고 있다.

① 준거 집단이 존재하지 않았기 때문에
② 구성원 간에 갈등이 증가하였기 때문에
③ 공식적 통제 수단의 부작용이 나타났기 때문에
④ 1차적 인간관계의 중요성이 증가하였기 때문에
⑤ 소속 집단과 준거 집단이 일치하지 않기 때문에

2. 사회 조직

194

밑줄 친 ⊙~㉣에 관한 설명으로 옳은 것은?

⊙○○ 고등학교 2학년에 재학 중인 갑은 농구를 좋아하는 지역의 청소년들과 함께 □□ 지역 ⓒ농구 동아리를 조직하여 매일 학교를 마친 후 연습하고 있다. 지난달에는 청소년 ⓒ시민 단체가 주관하는 농구 대회에 참가하였으며, ㉣가족의 적극적인 응원을 받으며 농구 대회에서 우승하였다.

① ⊙은 선택 의지에 따라 형성된 공동 사회이다.
② ⓒ은 비공식 조직이면서 자발적 결사체이다.
③ ⓒ은 공익을 추구하는 공식 조직이다.
④ ⓒ, ㉣은 가입과 탈퇴가 자유로운 집단이다.
⑤ ⓒ, ⓒ은 친밀감을 바탕으로 형성되어 1차 집단의 성격이 강하다.

그림은 사회 집단 간의 관계를 나타낸 것이다. 이에 관한 옳은 설명만을 〈보기〉에서 있는 대로 고른 것은? (단, (가), (나)는 각각 비공식 조직과 자발적 결사체 중 하나이다.)

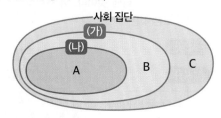

【 보기 】
ㄱ. (나)는 공식 조직 내에서 친밀한 인간관계에 바탕을 두고 형성된 조직이다.
ㄴ. (가), (나) 모두 공동 사회로 분류된다.
ㄷ. 공식 조직 내에 결성된 (가)는 모두 (나)로 분류된다.
ㄹ. 회사 내 동호회는 A, 시민 단체는 B, 회사는 C에 해당한다.

① ㄱ, ㄴ　　　　② ㄱ, ㄹ　　　　③ ㄷ, ㄹ
④ ㄱ, ㄴ, ㄷ　　　⑤ ㄴ, ㄷ, ㄹ

다음 대화에 나타난 A, B에 관한 옳은 설명만을 〈보기〉에서 고른 것은?

갑 : A의 성립은 B를 전제로 하고, A의 구성원은 항상 B의 구성원이 됩니다.
을 : B는 A와 달리 특정한 목표와 과업 달성을 중시합니다.
병 : A와 B 모두 인위적, 후천적으로 형성되었다는 점에서 공통점을 가집니다.
교사 : 모두 정확히 이야기하였어요.

【 보기 】
ㄱ. A는 B와 달리 가입과 탈퇴가 자유롭다.
ㄴ. A의 활동은 B의 효율성을 높이는 데 기여한다.
ㄷ. A는 B와 달리 현대 사회에서 감소하는 추세이다.
ㄹ. A는 본질 의지에 의해, B는 선택 의지에 의해 형성된다.

① ㄱ, ㄴ　　　　② ㄱ, ㄷ　　　　③ ㄴ, ㄷ
④ ㄴ, ㄹ　　　　⑤ ㄷ, ㄹ

197

사회 조직 A, B에 관한 설명으로 옳은 것은?

A 조직의 구성원 중 일부가 모여 B 조직을 결성하였다. A 조직은 이윤을 획득하기 위해 결성되었고, B 조직은 취미 생활을 영위하기 위해 결성되었다.

① A 조직과 달리 B 조직은 자발적 결사체이다.
② A 조직은 이익 사회, B 조직은 공동 사회이다.
③ B 조직에 비해 A 조직은 가입과 탈퇴가 자유롭다.
④ B 조직과 달리 A 조직은 1차적 인간관계가 주를 이룬다.
⑤ A 조직에 비해 B 조직은 구성원의 역할이 명확하게 구분된다.

198

밑줄 친 ㉠~㉮에 관한 옳은 설명만을 〈보기〉에서 고른 것은?

갑은 ㉠○○ 대학교 학생이다. 고등학생 시절부터 사회 문제에 관심이 많아 ㉡□□ 시민 연대에서 활동하고 있으며, 틈틈이 □□ 시민 연대의 ㉢축구 동호회에서 친목을 다지고 있다. 갑의 아버지는 ㉣△△ 회사에 재직 중이며 현재 ㉤노동조합의 간부로 열심히 활동하고 있다. 주말이면 갑은 아버지를 비롯한 ㉮가족과 함께 노동 문제와 같은 사회 문제에 관해 토론하는 시간을 가진다.

【 보기 】
ㄱ. ㉠, ㉮은 선택 의지에 의해 형성된 집단이다.
ㄴ. ㉡, ㉣은 특정 목적 달성을 위해 지위와 역할이 명확한 조직이다.
ㄷ. ㉡, ㉤은 자발적 참여로 결성된 집단이다.
ㄹ. ㉢, ㉮은 공식 조직 내에서 구성원 간 친밀한 인간관계에 바탕을 두고 형성된 조직이다.

① ㄱ, ㄴ　　　　② ㄱ, ㄷ　　　　③ ㄴ, ㄷ
④ ㄴ, ㄹ　　　　⑤ ㄷ, ㄹ

⭐빈출
199

사회 집단 (가)~(라)의 공통점만을 〈보기〉에서 고른 것은?

(가) ○○ 회사 내에서 낚시를 좋아하는 구성원들이 결성한 낚시 동호회
(나) □□ 아파트 주민들 중 야구를 좋아하는 사람들로 구성된 야구 동호회
(다) 환경 오염 문제 해결에 관심이 많은 사람들로 구성된 △△ 환경 운동 연합
(라) ◇◇ 직업을 가진 사람들이 자신들의 권익을 향상시키기 위하여 결성한 단체

【 보기 】
ㄱ. 공식 조직이다.
ㄴ. 이익 사회이다.
ㄷ. 자발적 결사체이다.
ㄹ. 1차적 인간관계가 나타나지 않는다.

① ㄱ, ㄴ   ② ㄱ, ㄷ   ③ ㄴ, ㄷ
④ ㄴ, ㄹ   ⑤ ㄷ, ㄹ

200

사회 집단 (가)~(마)에 관한 옳은 설명만을 〈보기〉에서 있는 대로 고른 것은?

(가) 구성원의 의지와 선택에 의해 형성된 집단
(나) 간접적 접촉과 목적 달성을 위한 수단적 만남을 바탕으로 형성된 집단
(다) 공동의 관심이나 목표, 이해관계를 가진 사람들이 자발적으로 결성한 집단
(라) 공식 조직 내에서 구성원 간의 친밀한 인간관계에 바탕을 두고 형성된 조직
(마) 한 개인이 자신의 신념, 태도, 가치 및 행동 방향을 결정하는 데 기준으로 삼는 집단

【 보기 】
ㄱ. (라)는 모두 (가)이면서 (다)이다.
ㄴ. 공식 조직 내에 있는 (다)는 모두 (라)이다.
ㄷ. (라)와 달리 (다)는 가입과 탈퇴가 자유롭다.
ㄹ. (가)~(라) 모두 한 개인의 (마)가 될 수 있다.

① ㄱ, ㄷ   ② ㄱ, ㄹ   ③ ㄴ, ㄷ
④ ㄱ, ㄴ, ㄹ   ⑤ ㄴ, ㄷ, ㄹ

⭐빈출
201

그림은 어떤 조직의 형태를 나타낸 것이다. 이 조직의 특징으로 옳은 내용만을 〈보기〉에서 고른 것은?

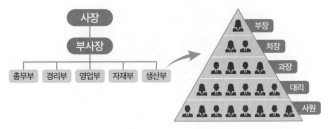

【 보기 】
ㄱ. 상향식 의사 결정이 주로 나타난다.
ㄴ. 공식적 규약에 따라 업무가 처리된다.
ㄷ. 수평적으로 기능상 분업 체계를 이루고 있다.
ㄹ. 구성원의 업무 경력보다 능력에 따라 보상한다.

① ㄱ, ㄴ   ② ㄱ, ㄷ   ③ ㄴ, ㄷ
④ ㄴ, ㄹ   ⑤ ㄷ, ㄹ

202

그림은 (가), (나)를 기준으로 관료제와 탈관료제를 비교한 것이다. 이에 관한 옳은 설명만을 〈보기〉에서 고른 것은? (단, A, B는 각각 관료제, 탈관료제 중 하나이다.)

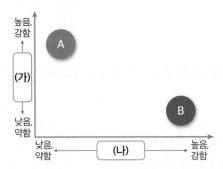

【 보기 】
ㄱ. A가 관료제이면 (가)에는 '연공서열 중시 정도'가 들어갈 수 있다.
ㄴ. B가 탈관료제이면 (나)에는 '조직의 경직성'이 들어갈 수 있다.
ㄷ. (가)에 '의사 결정 권한의 분산 정도'가 들어가면 A는 탈관료제이다.
ㄹ. (나)에 '환경의 변화에 관한 대응력'이 들어가면 B는 관료제이다.

① ㄱ, ㄴ   ② ㄱ, ㄷ   ③ ㄴ, ㄷ
④ ㄴ, ㄹ   ⑤ ㄷ, ㄹ

203

(가), (나) 조직에 관한 옳은 설명만을 〈보기〉에서 고른 것은?

> (가) 일시적인 업무 수행을 위해 신속하게 조직되고 해체되는 조직
>
> (나) 수직적으로 계층화되고 수평적으로는 기능상 분업 체계를 이루고 있는 조직

【 보기 】
ㄱ. (가)는 연공서열을 중시한다.
ㄴ. (나)는 규약과 절차에 따른 업무 처리를 강조한다.
ㄷ. (가)보다 (나)는 권한과 책임이 불명확하다.
ㄹ. (나)보다 (가)는 사회 변화에 능동적으로 대처하기 용이하다.

① ㄱ, ㄴ　　　　② ㄱ, ㄷ　　　　③ ㄴ, ㄷ
④ ㄴ, ㄹ　　　　⑤ ㄷ, ㄹ

★빈출
204

표는 사회 조직 유형 A, B를 비교한 것이다. 이에 관한 옳은 설명만을 〈보기〉에서 있는 대로 고른 것은? (단, A, B는 각각 관료제, 탈관료제 중 하나이다.)

질문	A	B
경력보다 업무 성과를 고려한 차등적 보상을 중시하는가?	예	아니요
(가)	아니요	예
(나)	예	아니요

【 보기 】
ㄱ. A는 B보다 조직 운영에서 유연성을 중시한다.
ㄴ. A와 달리 B는 구성원의 자율성을 중시한다.
ㄷ. (가)에는 '의사 결정 권한의 집중보다 분산을 지향하는가?'가 들어갈 수 있다.
ㄹ. (나)에는 '규약에 따른 과업 수행보다 창의적 과업 수행을 중시하는가?'가 들어갈 수 있다.

① ㄱ, ㄷ　　　　② ㄱ, ㄹ　　　　③ ㄴ, ㄷ
④ ㄱ, ㄴ, ㄹ　　　⑤ ㄴ, ㄷ, ㄹ

1등급을 향한 서답형 문제

[205~206] 다음은 인터넷에서 (가)를 검색한 결과이다. 물음에 답하시오.

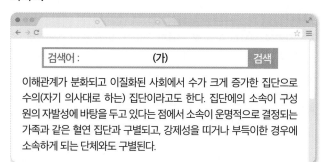

> 검색어 : 　　　(가)　　　　[검색]
>
> 이해관계가 분화되고 이질화된 사회에서 수가 크게 증가한 집단으로 수의(자기 의사대로 하는) 집단이라고도 한다. 집단에의 소속이 구성원의 자발성에 바탕을 두고 있다는 점에서 소속이 운명적으로 결정되는 가족과 같은 혈연 집단과 구별되고, 강제성을 띠거나 부득이한 경우에 소속하게 되는 단체와도 구별된다.

205

(가)가 지칭하는 사회 집단 개념을 쓰시오.

206

(가)의 특징을 두 가지 서술하시오. (단, 자료에 제시되어 있는 특징 이외의 것을 서술하시오.)

[207~208] 다음은 A 조직 형태의 역기능을 나타낸 것이다. 물음에 답하시오.

> • 조직의 관리자층은 그들이 상급자로 출세하기 위해 부하를 늘리려 하므로 조직원의 수는 일의 유무나 경중에 관계없이 일정한 비율로 증가한다.
> • 조직에서 사람들은 승진된 직책에서 능력을 발휘하면 다시 상위 직급으로 승진할 기회를 잡게 된다. 따라서 모든 구성원은 자신의 무능력이 드러나는 단계까지 승진하게 되고, 시간이 지남에 따라 대부분의 직위는 그 업무를 수행하는 데 필요한 능력을 가지고 있지 않은 구성원들에 의해 채워지는 경향을 갖는다.

207

A 조직 형태가 무엇인지 쓰시오.

208

A 조직 형태의 특징을 두 가지 서술하시오.

209

표는 자발적 결사체 A~C를 분류한 것이다. 이에 관한 설명으로 옳은 것은? (단, A~C는 각각 시민 단체, 이익 집단, 친목 집단 중 하나이다.)

질문 \ 응답	예	아니요
(가)	A, B, C	–
(나)	B, C	A
(다)	A	B, C

[보기]
ㄱ. (가)에는 '구성원의 선택 의지에 의해 인위적으로 형성된 집단인가?'가 들어갈 수 있다.
ㄴ. (가)에는 '가입과 탈퇴가 자유로운가?'가 들어갈 수 없다.
ㄷ. (나)에 '과업 지향적인 집단인가?'가 들어가면 A는 친목 집단이다.
ㄹ. (다)에 '1차 집단의 성격이 강하게 나타나는가?'가 들어가면 B, C는 각각 시민 단체와 친목 집단 중 하나이다.

① ㄱ, ㄴ   ② ㄱ, ㄷ   ③ ㄴ, ㄷ
④ ㄴ, ㄹ   ⑤ ㄷ, ㄹ

210

갑~병에 관한 옳은 설명만을 〈보기〉에서 고른 것은?

갑	○○ 고등학교의 교사로, 지역 교육 문제에 관심을 가지고 있으며 주말마다 지역 ㉠ 시민 단체에서 활동하고 있다.
을	□□ 전자 회사의 직원으로, 매주 수요일 퇴근 후에는 사내 야구 동호회에서 투수로 활동하고 있다.
병	△△ 고등학교 학생이고, ㉡ 학급 회장으로 활동하고 있으며 지역 청소년 봉사 단체에서도 회장을 맡고 있다.

[보기]
ㄱ. ㉠, ㉡은 선택적 의지에 따라 형성된 공동 사회이다.
ㄴ. 을은 갑과 달리 비공식 조직에 소속되어 있다.
ㄷ. 병은 을과 달리 공식 조직에 소속되어 있지 않다.
ㄹ. 갑~병은 모두 자발적 결사체에 소속되어 있다.

① ㄱ, ㄴ   ② ㄱ, ㄷ   ③ ㄴ, ㄷ
④ ㄴ, ㄹ   ⑤ ㄷ, ㄹ

211

다음 대화의 A~D에 관한 설명으로 옳지 않은 것은?

교사 : 사회 집단 및 사회 조직의 유형 A~D에 관해 발표해 볼까요?
갑 : 사회 집단은 결합 의지에 따라 A, B로 구분합니다. B는 구성원의 본질 의지에 의해 자연 발생적으로 형성된 집단입니다.
을 : 사회 집단 중 목표와 경계가 뚜렷하고 규범과 절차가 체계화되어 있는 집단을 C라고 합니다.
병 : D는 C의 구성원들이 공통의 관심사를 실현하기 위해 결성하는 사회 집단입니다.
교사 : 모두 옳게 답했어요.

① 자발적 결사체는 모두 A에 해당한다.
② A에 해당하는 사회 집단은 모두 2차 집단이다.
③ 사내 동호회는 A이면서 D이다.
④ 가족은 B에 해당하나 D에는 해당하지 않는다.
⑤ C, D는 모두 A에 해당한다.

212

다음은 고등학생 갑의 주간 일정표이다. 밑줄 친 ㉠~㉣에 관한 설명으로 옳은 것은?

월	지난주 가입한 ㉠ 시민 단체 회원들과 봉사 활동 참여
화	창의적 체험 활동으로 ㉡ ○○ 방송국 견학
수	㉢ 교육청에서 운영하는 입시 설명회 참석
목	할머니 생신 축하를 위한 ㉣ 가족 모임 참여
금	교칙 제·개정 관련 ㉤ 학생회 주관 회의 참여
토	부모님과 ㉥ 친족 모임 참석

① ㉠, ㉡은 갑의 내집단이다.
② ㉠, ㉢은 자발적 결사체이다.
③ ㉡, ㉣은 1차 집단이다.
④ ㉠, ㉡과 달리 ㉢은 공식 조직이다.
⑤ ㉣, ㉥과 달리 ㉤은 이익 사회이다.

213

다음은 갑, 을이 자신이 속해 있던 사회 집단을 시기별로 각각 두 개씩 작성한 것이다. 이에 관한 설명으로 옳은 것은?

구분	갑	을
A 시기	㉠ 가족, 같은 동네 또래 집단	가족, ㉡ 유치원
B 시기	학교, 지역 청소년 야구 동아리	㉢ 학교, ㉣ 태권도 학원
C 시기	회사, 사내 야구 동호회	시민 단체, ㉤ 정당

① ㉠, ㉡은 모두 구성원의 본질 의지에 의해 자연 발생적으로 형성된 집단이다.

② ㉢, ㉣, ㉤은 모두 사회화를 목적으로 만들어진 사회화 기관이다.

③ A 시기에 갑, 을은 모두 공동 사회에만 소속되어 있다.

④ B 시기에 갑과 달리 을은 2개의 이익 사회에 소속되어 있다.

⑤ C 시기에 갑과 달리 을은 2개의 공식 조직에 소속되어 있다.

214

사회 집단 및 사회 조직 A~D에 관한 옳은 설명만을 〈보기〉에서 있는 대로 고른 것은? (단, A~D는 각각 가족, 학교, 시민 단체, 사내 동호회 중 하나이다.)

- '자발적 결사체인가?'라는 질문에 A, C의 응답 내용은 '예'로 같다.
- '구성원의 본질 의지에 의해 자연 발생적으로 형성된 집단인가?'라는 질문으로 A, C, D를 구분할 수 없다.
- '공식 조직인가?'라는 질문에 C, D의 응답 내용은 '예'로 같다.

[보기]
ㄱ. A는 사내 동호회, C는 시민 단체이다.
ㄴ. '비공식 조직인가?'라는 질문으로 A, B를 구분할 수 없다.
ㄷ. B와 달리 D는 가입과 탈퇴가 자유롭다.
ㄹ. D와 달리 B는 구성원에 대한 비공식적 통제가 일반적이다.

① ㄱ, ㄴ   ② ㄱ, ㄹ   ③ ㄴ, ㄷ

④ ㄱ, ㄷ, ㄹ   ⑤ ㄴ, ㄷ, ㄹ

215

A, B 기업의 조직 운영 방식 (가), (나)의 일반적인 특징에 관한 설명으로 옳은 것은?

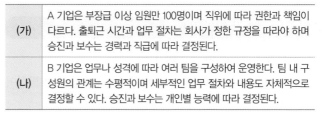

(가)	A 기업은 부장급 이상 임원만 100명이며 직위에 따라 권한과 책임이 다르다. 출퇴근 시간과 업무 절차는 회사가 정한 규정을 따라야 하며 승진과 보수는 경력과 직급에 따라 결정된다.
(나)	B 기업은 업무나 성격에 따라 여러 팀을 구성하여 운영한다. 팀 내 구성원의 관계는 수평적이며 세부적인 업무 절차와 내용도 자체적으로 결정할 수 있다. 승진과 보수는 개인별 능력에 따라 결정된다.

① (가)는 (나)에 비해 권한과 책임이 명확하다.

② (가)는 (나)에 비해 업적에 따른 보상을 중시한다.

③ (나)는 (가)에 비해 업무의 표준화 정도가 높다.

④ (나)는 (가)와 달리 조직 운영의 효율성을 추구한다.

⑤ (나)는 (가)에 비해 조직의 운영에서 안정성을 중시한다.

216

그림은 사회 조직 운영 원리 A, B의 특징을 나타낸 것이다. 이에 관한 설명으로 옳은 것은? (단 A, B는 각각 관료제, 탈관료제 중 하나이다.)

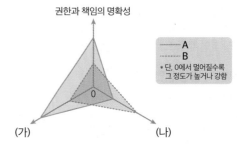

① A는 B에 비해 빠른 사회 변화에 대처하기 용이하다.

② B는 A와 달리 효율적 과업 수행을 지향한다.

③ B는 A에 비해 조직 운영에서 유연성보다 안정성을 추구한다.

④ (가)에는 '업무의 표준화와 세분화'가 들어갈 수 있다.

⑤ (나)에는 '중간 관리층의 역할 비중'이 들어갈 수 있다.

06 사회 구조와 일탈 행동

☑ 출제 포인트　☑ 일탈 행동의 특징　☑ 아노미 이론　☑ 차별 교제 이론　☑ 낙인 이론

1. 사회 구조

1 사회 구조의 의미와 형성 과정

(1) **의미**　한 사회의 개인과 집단이 사회적 관계를 맺는 방식이 정형화되어 안정된 틀을 갖추고 있는 상태

(2) **형성 과정**　사회적 행동의 상호 교환 → 지속적인 사회적 상호 작용 발생 → 사회적 관계 형성 → 사회 구조 형성

2 사회 구조의 특징과 기능

(1) **특징**

지속성	사회 구성원이 바뀌어도 사회 구조는 쉽게 바뀌지 않고 유지됨
안정성	사회 구성원이 구조화된 행동을 함으로써 안정된 사회적 관계를 유지할 수 있음
변동성	사회 구성원의 행동 양식, 가치, 규범 등의 변화로 그 성격이 달라질 수 있음
강제성	사회 구성원의 의지와 관계없이 특정 행위를 하도록 구속할 수 있음

(2) **기능**　개인의 행동 양식을 예측 가능하게 해 주어 원활한 사회생활을 가능하게 함, 개인의 행동을 제약하고 자유를 구속하기도 함

3 사회 구조와 개인의 행동　사회 구조와 개인은 서로 영향을 주고받음

2. 일탈 행동

1 일탈 행동의 의미와 특징

(1) **의미**　한 사회에서 일반적으로 받아들여지고 있는 사회 규범에 어긋나는 행동

(2) 특징 ⓒ 52쪽 230번 문제로 확인

① 시대, 장소, 사회에 따라 일탈 행동에 관한 판단 기준은 다르게 나타남

② 같은 행동이라도 상황에 따라 일탈 행동으로 판단될 수도 있고, 정상적인 행동으로 판단될 수도 있음

2 일탈 행동의 발생 원인과 기능

(1) **발생 원인**

① 개인적 요인 : 정상적인 사람과는 다른 생물학적 특성, 유전적 결함, 심리적 불안 등을 가진 사람에 의해 일탈이 발생함

② 사회적 요인 : 사회 환경이나 사회 구조 등과 같은 사회적 요인에 의해 일탈이 발생함

(2) **기능**

① 순기능 : 사회 문제를 표출하여 사회 변화를 이끌어 낼 수 있음

② 역기능 : 사회 통합과 존속을 저해할 수 있음

3 일탈 행동을 설명하는 이론

(1) 아노미 이론 ⓒ 52쪽 233번 문제로 확인

뒤르켐의 아노미 이론	• 주장 : 급속한 사회 변동으로 지배적인 사회 규범이 약화되고 새로운 가치관이 미리 정립되지 못한 도덕적 혼란 또는 무규범인 아노미 상태에서 일탈 행동이 발생함 • 대책 : 사회 규범의 통제력 회복, 새로운 가치관 확립 등
머튼의 아노미 이론	• 주장 : 문화적 목표를 달성할 수 있는 제도적 수단이 갖추어지지 않은 상태에서 비합법적인 수단으로 목표를 달성하려고 할 때 일탈 행동이 발생함 • 대책 : 문화적 목표를 이룰 수 있는 제도적 수단 제공 등

자료　**문화적 목표와 제도적 수단** ⓒ 53쪽 235번 문제로 확인

경제적 부를 강조하는 사회에서 많은 돈을 벌 수 있는 제도화된 수단이 부족한 특정 계층의 경우 불법적인 방법을 통해서라도 부를 이루려는 행위가 증가하게 된다.

분석　문화적 목표는 사회 전체적으로 합의된 사회 구성원 대부분이 성취하고자 하는 목표로 제시된 사례에서는 경제적 부이다. 이를 이룰 수 있는 제도적 수단을 갖지 못한 구성원은 비제도화된 방법으로 문화적 목표를 이루고자 하며 이는 일탈을 의미한다.

(2) 차별 교제 이론 ⓒ 53쪽 236번 문제로 확인

주장	일탈은 타인과의 상호 작용 과정에서 학습됨
주요 내용	• 접촉하는 과정에서 일탈 기술의 학습뿐만 아니라 일탈 동기를 내면화하며 이를 정당화하는 태도까지 학습하게 됨 • 개인이 어떤 사람들과 주로 상호 작용을 하느냐에 따라 개인의 일탈 가능성은 달라짐
대책	일탈자와의 접촉 차단, 정상적인 사회 집단과의 교류 촉진

(3) 낙인 이론 ⓒ 54쪽 239번 문제로 확인

주장	사회적 낙인이 또 다른 일탈을 초래함
주요 내용	• 특정 개인이나 집단이 일탈자로 규정되는 과정과 사회적 여건에 주목함 • 일탈 행동을 규정하는 객관적 기준은 없음 • 1차적 일탈을 한 사람에게 사회적 낙인을 찍으면, 부정적 자아가 형성되고 이는 2차적 일탈을 초래함
대책	사회적 낙인에 관한 신중한 접근

자료　**낙인 이론** ⓒ 55쪽 243번 문제로 확인

• 일탈자로 규정되면 다양한 기회로부터 배제되고 일탈자라는 자아 개념을 가지게 되어 앞으로의 일탈 가능성이 증가하게 된다.
• 최초의 일탈에 관해 사회 기관에 의해 차별적으로 법이 집행되는 가운데 일탈자라는 새로운 정체성이 형성되고 이는 새로운 일탈로 이어지게 된다.

분석　낙인 이론은 사회적 낙인으로 인해 부정적 자아가 형성되고 이로 인해 2차적 일탈이 초래된다고 본다.

분석 기출 문제

» 바른답·알찬풀이 23쪽

•• 사회 구조의 특성과 그 내용을 바르게 연결하시오.

217 강제성 •

• ㉠ 사회의 구성원이 바뀌어도 계속 유지됨

218 지속성 •

• ㉡ 구성원의 변화나 개혁 의지에 따라 변동함

219 변동성 •

• ㉢ 사회 구성원의 사고와 행동을 제약할 수 있음

•• 다음은 일탈 행동에 관한 내용이다. 빈칸에 들어갈 알맞은 말을 쓰시오.

220 사회적으로 바람직하다고 생각되는 가치나 규범은 시대나 장소에 따라 달라지기 때문에 일탈 행동은 (   )을/를 지닌다.

221 (   )(이)란 한 사회에서 바람직하다고 인정되는 규범이나 기대로부터 벗어난 행동이다.

•• 다음은 일탈 행동을 설명하는 이론에 관한 내용이다. 다음 설명이 옳으면 ○표, 틀리면 ×표 하시오.

222 머튼은 문화적 목표와 제도적 수단 간의 불일치로 일탈 행동이 나타난다고 본다. (   )

223 차별 교제 이론은 일탈 행동이 비정상적인 행동이 아니라고 본다. (   )

224 낙인 이론은 일탈 행동에 관한 규정이 사회적 상황에 따라 달라진다고 본다. (   )

•• 다음 문장과 관련 있는 일탈 이론을 〈보기〉에서 고르시오.

225 일탈자의 부정적인 자아 형성 과정에 주목하는 일탈 이론이다. (   )

226 일탈 행동을 하는 특정 사람이나 사회 집단과의 상호 작용을 통해 일탈 행동을 학습하여 일탈 행동을 한다고 보는 일탈 이론이다. (   )

227 사회 변동으로 기존 규범이 무너지고 새로운 규범이 정립되지 않아 가치관의 혼란이 발생해 일탈 행동이 발생한다고 보는 일탈 이론이다. (   )

[보기]
ㄱ. 낙인 이론   ㄴ. 아노미 이론   ㄷ. 차별 교제 이론

228

밑줄 친 ㉠, ㉡에 강조된 사회 구조의 특징을 바르게 연결한 것은?

농어촌 지역의 고등학교를 다니던 갑은 부모님의 직장 발령으로 대도시 지역의 고등학교로 전학을 가게 되었다. 처음에는 낯선 지역에 있는 학교로의 전학이 걱정되었으나 학교에 가 보니 기존 학교와 같이 ㉠학교 운영 방식이나 제도의 틀이 정해져 있어 기존과 같이 구조화된 행동을 하게 해 줌으로써 학교 적응이 어렵지 않았다. 한편 역사 수업을 들으면서 과거에는 모든 사람이 평등하게 교육을 받을 수 있는 사회 구조가 아니었으나 ㉡사회 구성원의 개혁 의지로 모두가 평등하게 교육받을 수 있도록 변화해 왔다는 것을 알게 되었다.

	㉠	㉡		㉠	㉡
①	강제성	안정성	②	강제성	지속성
③	변동성	안정성	④	안정성	변동성
⑤	지속성	강제성			

229

다음을 통해 알 수 있는 사회 구조의 특징으로 가장 적절한 것은?

• 승강기에 탔을 때 문 쪽을 바라보지 않고 사람들 쪽을 바라보고 서면 상대방이 당황할 것이다.
• 결혼식장에서 신랑, 신부가 청바지와 티셔츠를 입고 입장한다면 대부분 하객은 어색해할 것이다.

① 사회적 관계에 따라 달라진다.
② 법에 의해 그 행동 양식이 전승된다.
③ 사회 구성원의 가치관에 따라 변화한다.
④ 사회 구성원에게 구조화된 행동을 요구한다.
⑤ 사회 구성원이 바뀐다면 행동 양식이 크게 변한다.

2. 일탈 행동

★빈출 230

다음 사례를 종합하여 내릴 수 있는 결론으로 가장 적절한 것은?

• 학교에 등교하기 위해 탄 버스 안에서 휴대 전화를 사용하면 비난받지 않지만 수업 시간에 휴대 전화를 사용하면 선생님에게 제재를 받는다.
• 조선 시대에 천주교를 믿는 사람들은 법에 의해 처벌받았으나 오늘날에는 오히려 천주교를 믿는 것과 같은 종교의 자유가 법에 의해 보장되고 있다.

① 일탈 행동은 상대적으로 규정된다.
② 일탈 행동은 모든 사회에서 나타난다.
③ 일탈 행동의 원인은 제도적 결함에 있다.
④ 사회화를 통해 일탈 행동을 예방할 수 있다.
⑤ 사회 변동 속도가 빠를수록 일탈 행동이 증가한다.

231

다음을 통해 알 수 있는 일탈 행동의 순기능으로 가장 적절한 것은?

과거 노동자들은 장시간 노동과 저임금 등 열악한 근로 조건에 시달렸다. 이에 근로 조건의 개선을 요구하는 노동자의 파업이 빈번하게 발생하였고 파업을 한 노동자들은 일탈자로 규정되었다. 하지만 이와 같은 노동 운동으로 대부분의 사회에서 노동자의 권리와 생활 보장을 위한 법률이 제정되어 노동자의 인권이 한층 더 발전할 수 있었다.

① 집단의 결속력을 강화한다.
② 더 좋은 사회로 향하는 사회 변동의 근원이 된다.
③ 사회의 문제점을 미리 알려 주어 대비책을 마련할 수 있게 한다.
④ 사회 구성원에게 사회적으로 허용되는 행동의 범위를 한정시켜 준다.
⑤ 개인에게 축적된 욕구 불만을 해소해 줌으로써 더 큰 잠재적 일탈 행동을 예방한다.

232

(가)~(라)에 관한 옳은 설명만을 〈보기〉에서 고른 것은?

(가) 일탈 행동의 원인을 사회 구조적 관점에서 찾고 그 대안을 마련해야 한다.
(나) 일탈 행동은 천성이 나쁜 사람의 행동이 아니라 일반 사람들의 사회적 판단 기준에 의하여 규정된다.
(다) 일탈 행동의 존재를 통해 일탈 행동과 정상적인 행동을 구분할 수 있고, 이러한 구분으로 집단의 경계를 밝혀 줌으로써 집단의 결속력을 강화할 수 있다.
(라) 오늘날 일탈 행동으로 취급받던 것이 이후에는 사회적으로 받아들여지고, 더 먼 미래에는 모든 사람이 기대하는 행위로 변할 수 있다.

[보기]

ㄱ. (가)는 개인 간의 상호 작용이 일탈 행동에 미치는 영향력을 소홀히 할 수 있다.
ㄴ. (나)는 일탈 행동의 원인을 생물학적 요인에서 찾고 있다.
ㄷ. (다)는 일탈 행동의 순기능에 관하여 언급하고 있다.
ㄹ. (라)는 일탈 행동을 판단하는 절대적인 기준이 있음을 강조하고 있다.

① ㄱ, ㄴ ② ㄱ, ㄷ ③ ㄴ, ㄷ
④ ㄴ, ㄹ ⑤ ㄷ, ㄹ

★빈출 233

일탈 이론 (가), (나)에 관한 옳은 설명만을 〈보기〉에서 고른 것은?

(가) 일탈 행동은 문화적 목표를 달성할 수 있는 적절한 제도적 수단이 제공되지 않을 때 발생한다.
(나) 사회가 급격하게 변동하면 기존의 사회 규범이 무너졌는데 아직 새로운 사회 규범이 정립되지 않은 상황이 나타날 수 있다. 이러한 상황에서 사회 구성원은 가치관의 혼란을 느끼게 되고 이로 인해 일탈 행동이 발생한다.

[보기]

ㄱ. (가)는 낙인으로 인한 부정적 자아 형성 과정에 주목한다.
ㄴ. 사회적으로 합의된 가치관의 정립은 (나)에서 제시하는 일탈 행동에 관한 해결 방안에 해당한다.
ㄷ. (가), (나) 모두 아노미 현상을 일탈의 원인으로 본다.
ㄹ. 홈런을 많이 치기 위해 금지 약물을 복용한 프로 야구 선수 사례는 (가)가 아닌 (나)로 설명된다.

① ㄱ, ㄴ ② ㄱ, ㄷ ③ ㄴ, ㄷ
④ ㄴ, ㄹ ⑤ ㄷ, ㄹ

234

일탈 행동에 관한 갑, 을의 이론적 관점에 관한 옳은 설명만을 〈보기〉에서 고른 것은?

물질적 풍요를 희망하지만 하층의 경우 그 목표를 달성할 수 있는 제도적 수단이 부족하여 비합법적인 방법을 선택하는 경우가 증가하고 있습니다.

동일한 행동이라고 하더라도 하층의 행동에 관해서는 부정적 인식과 사회적 반응이 나타나고 있습니다. 이러한 부정적 낙인으로 하층의 행동을 더 위협하게 생각하며 범죄로 규정하고 있습니다.

갑 을

【 보기 】
ㄱ. 갑의 이론은 부정적 자아 형성으로 일탈 행동이 반복된다고 본다.
ㄴ. 을의 이론은 일탈 자체보다 일탈이 발생하는 과정에 주목한다.
ㄷ. 을의 이론은 갑의 이론과 달리 일탈을 미시적 관점에서 바라본다.
ㄹ. 갑, 을의 이론 모두 일탈 행동을 규정하는 객관적 기준이 존재한다고 본다.

① ㄱ, ㄴ ② ㄱ, ㄷ ③ ㄴ, ㄷ
④ ㄴ, ㄹ ⑤ ㄷ, ㄹ

★빈출 235

일탈 이론 (가)~(다)에 관한 설명으로 옳은 것은?

일탈 이론	주장
(가)	최초의 일탈에 관해 사회 기관에 의해 차별적으로 법이 집행되는 가운데 일탈자라는 새로운 정체성이 형성되고 이는 새로운 일탈로 이어지게 된다.
(나)	일탈자와의 교류가 증가하는 가운데 상호 작용을 통해 일탈을 학습하게 되고, 법 위반에 관한 호의적인 가치나 태도를 습득함에 따라 일탈 행동으로 이어지게 된다.
(다)	물질적 성공에 관한 사회적 기대가 높으나 성공을 위한 합법적 수단이 부족함에 따라 문화적 목표와 제도적 수단 간에 괴리가 발생하여 일탈이 나타나게 된다.

① (가)는 차별적인 제재가 일탈의 원인이라고 본다.
② (나)는 일탈 그 자체보다 사회적 반응을 더 중시한다.
③ (다)는 일탈을 규정하는 객관적 기준이 없다고 본다.
④ (가)는 (다)와 달리 거시적 관점으로 일탈을 설명한다.
⑤ (나), (다)는 일탈 행동을 하는 사람과의 접촉 차단을 강조한다.

★빈출 236

다음은 교사가 어떤 일탈 이론을 설명하기 위하여 학생들에게 제시한 속담이다. 교사가 설명하고자 한 일탈 이론에 부합하는 주장으로 가장 적절한 것은?

• 친구 따라 강남 간다.
• 맹모삼천지교(孟母三遷之教)
• 까마귀 노는 곳에 백로야 가지 마라.

① 일탈 행동은 후천적인 학습의 결과물이다.
② 일탈 행동을 줄이기 위해서는 낙인을 신중히 해야 한다.
③ 문화적 목표와 제도적 수단 간의 괴리가 일탈 행동의 원인이다.
④ 사회의 급속한 변동으로 나타나는 규범 부재 상태가 일탈 행동을 야기한다.
⑤ 서로 상반된 가치를 중시하는 집단들이 대립하기 때문에 일탈 행동이 발생한다.

237

다음 글과 관계 깊은 일탈 이론에서 제시하는 일탈 행동의 해결 방안으로 가장 적절한 것은?

법을 위반하는 것이 바람직하다는 생각과 법을 위반하는 것이 바람직하지 않다는 생각이 공존하는 경우 전자의 생각이 후자의 생각보다 크게 영향을 미칠 때 사람들은 범죄 행위를 한다. 그리고 최종적으로 어떤 판단을 하느냐는 범죄적 접촉과 비범죄적 접촉의 빈도와 지속성, 강도 등에 달려 있다. 결국 사람들이 범죄 행위를 하는 것은 범죄적인 행동 유형을 보이는 사람들과 접촉하기 때문이기도 하고, 또 비범죄적인 행동 유형을 보이는 사람들과 접촉하지 않기 때문이기도 하다.

① 신중한 낙인
② 일탈자와의 접촉 차단
③ 사회 규범의 통제력 회복
④ 사회적으로 합의된 가치관 정립
⑤ 문화적 목표를 이룰 수 있는 적절한 수단 제공

238

밑줄 친 '표식 부여 이론'이 설명하는 일탈 행동의 원인으로 가장 적절한 것은?

표식 부여 이론은 개인과 집단이 일탈자로 규정되는 과정과 이유에 관심을 갖는다. 특히 전과자라는 사회적 딱지 붙이기가 추후에 어떤 영향을 미치는지 관심을 가지고 있다. 범죄자가 일단 전과자로 딱지가 붙으면 일반 사회로부터 거부와 소외를 당하게 되고, 정해진 형을 치른 후에도 후유증이 지속된다. 본인은 과거를 반성하고 새로운 삶을 살아가려고 노력하더라도 주변 사람들로부터 냉대와 거부는 지속된다. 이로 인해 일반인과 정상적인 생활을 하기 어렵다고 판단하여 다시 범죄 행위를 되풀이하게 되고, 결국 재범의 길을 벗어나기 힘들게 된다.

① 개인의 생물학적인 특성
② 일탈자 또는 일탈 집단과의 상호 작용
③ 문화적 목표와 제도적 수단 간의 괴리
④ 특정 행동에 관한 사회의 부정적 낙인
⑤ 급격한 사회 변동으로 인한 규범 부재 상태

★빈출 239

일탈 이론 (가), (나)에 관한 옳은 설명만을 〈보기〉에서 고른 것은?

(가) 누구나 일탈 행동을 할 수는 있지만 그들 모두가 일탈자가 되는 것은 아니다. 누군가의 일탈 행동이 알려지게 되면 사람들이 그를 일탈자로 대하며 그 역시 스스로를 일탈자로 받아들이게 된다.
(나) 일탈 행동도 사회화 과정을 거친다. 일탈 행동은 일탈자들과 빈번히 만나 의사소통하면서 학습된다. 단지 일탈 행동뿐만 아니라 그 행동을 정당화하는 가치와 태도까지 내면화하게 된다.

[보기]
ㄱ. (가)는 차별적 제재를 일탈 행동의 원인으로 본다.
ㄴ. (나)는 아노미 상태를 일탈 행동의 원인으로 본다.
ㄷ. (가)는 (나)와 달리 일탈 행동을 규정하는 합의된 기준이 없다고 본다.
ㄹ. (가), (나) 모두 일탈 행동에 관한 대책으로 사회 규범의 통제력 강화를 강조한다.

① ㄱ, ㄴ　　　② ㄱ, ㄷ　　　③ ㄴ, ㄷ
④ ㄴ, ㄹ　　　⑤ ㄷ, ㄹ

240

일탈 이론 (가), (나)에 관한 옳은 설명만을 〈보기〉에서 고른 것은?

(가) 어떤 사람이 다른 사람들에 의해 한 번 일탈자라고 규정되면 그 사람은 스스로를 일탈자로 인정해 버려 이후에 일탈 행동에서 벗어나기 힘들어진다.
(나) 일탈 행동은 보편적인 사회 규범을 충분히 내면화하지 못한 사회화 실패의 결과가 아니라 일탈적인 사회적 환경 속에서 일탈자들과 접촉하면서 그들의 문화와 행동을 학습한 결과, 즉 사회화의 결과이다.

[보기]
ㄱ. (가)는 일탈 행동 자체보다 그에 관한 사회적 반응을 더 문제시한다.
ㄴ. (나)는 차별적인 교제가 일탈 행동의 원인이라고 본다.
ㄷ. (가)는 (나)와 달리 일탈 행동을 판단하는 객관적인 기준이 존재한다고 본다.
ㄹ. (가), (나)는 모두 무규범 상태로 인해 일탈 행동이 발생한다고 본다.

① ㄱ, ㄴ　　　② ㄱ, ㄷ　　　③ ㄴ, ㄷ
④ ㄴ, ㄹ　　　⑤ ㄷ, ㄹ

241

표는 다양한 일탈 이론을 정리한 것이다. 이에 관한 옳은 설명만을 〈보기〉에서 고른 것은?

일탈 이론	발생 원인
(가)	문화적 목표와 제도적 수단 간의 괴리
아노미 이론(뒤르켐)	(나)
차별 교제 이론	(다)
(라)	특정 행동에 관한 사람들의 부정적 반응

[보기]
ㄱ. (가)는 일탈 행동의 원인을 개인적 차원에서 파악한다.
ㄴ. (나)에는 '규범 부재 상태'가 들어갈 수 있다.
ㄷ. (다)에는 '차별적 제재로 인한 부정적 자아의 형성'이 들어갈 수 있다.
ㄹ. (라)는 일탈 행동인지 여부를 판단하는 객관적인 기준은 존재하지 않는다고 전제한다.

① ㄱ, ㄴ　　　② ㄱ, ㄷ　　　③ ㄴ, ㄷ
④ ㄴ, ㄹ　　　⑤ ㄷ, ㄹ

242

표는 일탈 이론을 분류한 것이다. 이에 관한 옳은 설명만을 〈보기〉에서 고른 것은? (단, A~C는 각각 낙인 이론, 차별 교제 이론, 머튼의 아노미 이론 중 하나이다.)

질문 　　　　　　　　　　　이론	A	B	C
정상적인 사회 집단과의 교류 촉진을 대책으로 제시하는가?	예	아니요	아니요
일탈 행동 자체보다 그에 관한 사회적 반응을 더 문제시하는가?	아니요	아니요	예
(가)	아니요	예	아니요

【 보기 】
- ㄱ. A는 일탈 행동의 원인을 사회화의 결과가 아니라 사회화의 실패에서 찾는다.
- ㄴ. B는 문화적 목표와 제도적 수단의 괴리를 일탈 행동의 원인으로 본다.
- ㄷ. C는 일탈 행동을 해결하기 위해서는 부정적 낙인을 신중하게 해야 한다고 본다.
- ㄹ. (가)에는 '일탈 행동이 상대적으로 규정됨을 강조하는가?'가 들어갈 수 있다.

① ㄱ, ㄴ　　　　② ㄱ, ㄷ　　　　③ ㄴ, ㄷ
④ ㄴ, ㄹ　　　　⑤ ㄷ, ㄹ

★빈출 243

그림은 일탈 이론 (가)~(다)를 나타낸 것이다. 이에 관한 설명으로 옳은 것은?

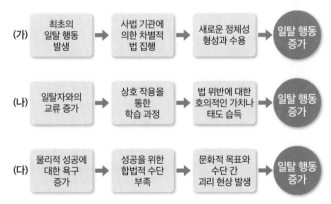

① (가)는 일탈자의 부정적 자아 형성 과정에 주목한다.
② (나)는 일탈 행동에 관한 사회적 반응을 중시한다.
③ (다)는 규범 부재 상태가 일탈 행동을 야기한다고 본다.
④ (나)와 달리 (다)는 일탈 행동의 객관적 기준이 있다고 본다.
⑤ (가)~(다) 모두 일탈 행동의 대책으로 사회적 낙인에 관해 신중히 접근할 것을 강조한다.

[244~245] 다음 글을 읽고 물음에 답하시오.

> 무릇 쇠와 나무는 일정한 형상이 없어 겉틀에 따라 모나게도 되고 둥글게도 된다. 또 틀을 잡아 주는 도지개가 있어 도지개에 따라 습관과 성질이 길러진다. 이런 까닭으로 먹을 가까이하면 검게 되고, 주사(朱砂, 붉은 모래)를 가까이하면 붉게 된다.

244

윗글에서 설명하고자 하는 일탈 이론이 무엇인지 쓰시오.

245

위의 일탈 이론에서 주장하는 일탈 행동의 발생 원인이 무엇인지 서술하시오.

[246~247] 다음은 일탈 이론 (가), (나)를 요약한 것이다. 물음에 답하시오.

> (가) 1차적 일탈 발생 → 사람들에 의해 일탈자로 규정 → 스스로 일탈자라는 부정적 자아 형성 → 2차적 일탈 발생
> (나) 개인의 사회적 성공 욕구 증대 → 목표 달성을 위한 합법적인 수단에 접근할 수 있는 기회 부족 → 일탈 행동 발생

246

(가), (나)에 해당하는 일탈 이론이 무엇인지 각각 쓰시오.

247

(나)와 비교되는 (가)의 특징을 한 가지 서술하시오.

248

다음 글을 통해 추론할 수 있는 사회 구조의 특징만을 〈보기〉에서 고른 것은?

동물의 행동과 달리 인간의 사회적 행위가 사회 과학의 연구 대상이 되는 것은 인간의 사회적 행위가 개인의 자의적 행동이 아니라 어떤 사회적 영향력이나 사회적 관계에 의해 결정되기 때문이다. 즉 인간의 사회적 행위는 무작위로 나타나는 것이 아니라 사회의 구성원으로서 사회에 구속되고 있으며, 이로 인해 일정한 형태의 반복성과 규칙성을 가지고 있다. 어떤 사회의 어떤 구성원이 어떤 행위를 할지 예측이 가능한 것이다.

【 보기 】
ㄱ. 사회 구조는 안정된 사회적 관계를 유지하도록 한다.
ㄴ. 사회 구조는 구성원이 바뀌더라도 오랫동안 지속된다.
ㄷ. 사회 구조는 구성원이 특정한 행위를 하도록 강제한다.
ㄹ. 사회 구조는 구성원의 변화에 따라 그 성격이 달라질 수 있다.

① ㄱ, ㄴ   ② ㄱ, ㄷ   ③ ㄴ, ㄷ
④ ㄴ, ㄹ   ⑤ ㄷ, ㄹ

249

사회 구조와 관련하여 다음 글을 통해 추론할 수 있는 내용으로 가장 적절한 것은?

해수욕장 인근 가게에서는 수영복을 입은 채 물건을 구입하는 모습이 익숙하다. 그렇지만 도심 한가운데 가게에서 수영복을 입은 채 물건을 구입하는 모습을 본다면 당혹스러울 것이다. 이와 비슷한 사례로 동남아시아 여행 중 현지 식당에서 그곳의 풍습에 따라 손으로 음식을 먹는 것은 자연스러운 행위이지만 우리나라 식당에서 손으로 밥을 먹는다면 주변 사람들의 시선을 받을 것이다.

① 개인의 행위는 사회 구조로부터 자유롭다.
② 인간의 주체적인 노력으로 사회 구조가 변화한다.
③ 사회 구조는 구성원이 바뀌어도 쉽게 변화하지 않는다.
④ 인간의 사회적 행동은 각 사회의 구조화된 틀 안에서 행해진다.
⑤ 사회 구조는 사회 변화에 따라 부분적 또는 전체적으로 변화한다.

250

밑줄 친 부분에 들어갈 내용으로 가장 적절한 것은?

불과 얼마 전까지만 하더라도 결혼은 개인과 개인의 만남이 아니라 가문과 가문의 만남으로 규정되었으며, 집안 어른들에 의해 혼사가 결정되는 것이 일반적이었다. 그런 상황에서 연애결혼은 일종의 일탈 행동으로 규정되었다. 그러나 사회와 문화가 변화하여 오늘날 연애결혼을 일탈 행동으로 간주하는 경우는 없다. 이와 같이 일탈은 _____

① 소수의 행동으로 규정된다.
② 어느 사회에서나 항상 나타난다.
③ 기존의 가치와 규범을 강화한다.
④ 사회 변동의 원동력으로 작용한다.
⑤ 상황에 따라 판단 기준이 다르게 나타난다.

251

다음은 일탈 이론 A~C에 관한 수행 평가 및 교사의 채점 결과이다. 이에 관한 옳은 설명만을 〈보기〉에서 있는 대로 고른 것은? (단, A~C는 각각 낙인 이론, 머튼의 아노미 이론, 차별 교제 이론 중 하나이다.)

〈수행 평가 과제〉	
학생	과제 내용
갑	A와 B의 공통된 특징 한 가지 서술하기
을	B와 C의 공통된 특징 한 가지 서술하기
병	C와 구분되는 A의 특징 한 가지 서술하기

〈각 학생의 서술 및 교사의 채점 결과〉

학생	서술 내용	점수
갑	일탈 행동이 발생하는 과정에서 나타나는 상호 작용에 주목한다.	1점
을	(가)	㉠
병	일탈 행동에 대한 사회적 반응이 지속적인 일탈 행동의 원인이라고 본다.	㉡

【 보기 】
ㄱ. ㉡이 0점이면 A는 일탈 행동의 원인을 부정적 자아 정체성 형성에서 찾는다.
ㄴ. ㉡이 1점이면 B는 정상적인 사회 집단과의 교류가 일탈 행동을 억제한다고 본다.
ㄷ. (가)에 '일탈자로 규정하는 것에 대한 신중한 접근이 필요하다고 본다.'가 들어가면 ㉠은 0점이다.
ㄹ. (가)에 '일탈 행동을 규정하는 객관적 기준이 존재한다고 본다.'가 들어가고 ㉠이 1점이면 A는 낙인 이론이다.

① ㄱ, ㄴ   ② ㄱ, ㄹ   ③ ㄴ, ㄷ
④ ㄱ, ㄷ, ㄹ   ⑤ ㄴ, ㄷ, ㄹ

252

표는 일탈 이론 A~C를 질문에 따라 구분한 것이다. 이에 관한 옳은 설명만을 〈보기〉에서 있는 대로 고른 것은? (단, A~C는 각각 낙인 이론, 뒤르켐의 아노미 이론, 차별 교제 이론 중 하나이다.)

구분	A	B	C
(가)	㉠	예	㉡
(나)	아니요	예	예
(다)	예	예	아니요

[보기]

ㄱ. (가)에 '타인과의 상호 작용이 일탈 발생 과정에 미치는 영향을 중시하는가?'가 들어가면 ㉠, ㉡의 응답 내용은 다르다.

ㄴ. (나)에 '일탈 행동을 규정하는 객관적 기준이 존재한다고 보는가?'가 들어가면 A는 차별 교제 이론이다.

ㄷ. (가)에 '사회 규범의 통제력 회복을 일탈에 대한 대책으로 보는가?'가 들어가면 ㉠과 ㉡의 응답 내용은 같다.

ㄹ. (가)에 '일탈 행동에 대한 부정적 반응을 일탈의 원인으로 보는가?'가 들어가면 (다)에 '일탈 행동을 초래하는 사회 구조적 요인을 중시하는가?'가 들어갈 수 없다.

① ㄱ, ㄴ ② ㄱ, ㄹ ③ ㄴ, ㄷ
④ ㄱ, ㄷ, ㄹ ⑤ ㄴ, ㄷ, ㄹ

253

(가)~(다)에 나타난 일탈 이론에 관한 옳은 설명만을 〈보기〉에서 고른 것은?

(가) 일탈을 저지르지 않던 아이가 다양한 부류의 친구들을 접하는 과정에서 '문제아'를 친구로 사귀게 되면 일탈을 하게 된다.

(나) 주변 사람들이 '문제아'라고 손가락질하면 평범한 아이도 문제아로 인식되어 주변 친구에게 배제되면서 일탈을 하게 된다.

(다) 우리 사회는 아이들에게 명문대 진학을 요구한다. 그러나 성적이 명문대 진학에 부응하지 못하는 아이는 학업을 포기하고 일탈을 하게 된다.

[보기]

ㄱ. (가)는 차별적 제재를 일탈의 원인으로 본다.

ㄴ. (나)는 일탈에 관한 사회적 반응을 중시한다.

ㄷ. (다)는 일탈의 원인을 거시적 측면에서 찾는다.

ㄹ. (가), (나)는 일탈을 규정하는 객관적 기준이 없다고 본다.

① ㄱ, ㄴ ② ㄱ, ㄷ ③ ㄴ, ㄷ
④ ㄴ, ㄹ ⑤ ㄷ, ㄹ

254

그림은 일탈 이론 A~C를 구분한 것이다. 이에 관한 옳은 설명만을 〈보기〉에서 고른 것은? (단, A~C는 각각 낙인 이론, 머튼의 아노미 이론, 차별 교제 이론 중 하나이다.)

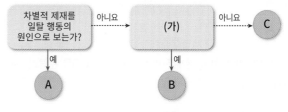

[보기]

ㄱ. A는 일탈 행동에 우호적인 집단과의 교류 차단을 일탈 행동의 해결 방안으로 본다.

ㄴ. (가)에 '일탈 행동이 타인과의 상호 작용 과정에서 학습된다고 보는가?'가 들어가면 C는 문화적 목표에 도달할 수 있는 제도적 수단 제공을 일탈 행동의 해결 방안으로 본다.

ㄷ. B가 머튼의 아노미 이론이면 (가)에는 '급격한 사회 변동으로 인해 발생하는 무규범 상태에 주목하는가?'가 들어갈 수 있다.

ㄹ. C가 차별 교제 이론이면 (가)에는 '일탈 행동을 규정하는 객관적 기준이 존재한다고 보는가?'가 들어갈 수 없다.

① ㄱ, ㄴ ② ㄱ, ㄷ ③ ㄴ, ㄷ
④ ㄴ, ㄹ ⑤ ㄷ, ㄹ

255

일탈 이론 A~C에 관한 설명으로 옳지 않은 것은? (단, A~C는 각각 낙인 이론, 머튼의 아노미 이론, 차별 교제 이론 중 하나이다.)

일탈 이론	사례
A	갑은 일탈자와의 차별적인 교류가 일탈 행동의 원인이라고 보는 B에 근거하여, 교도소에서 출소한 사람들과 재범과의 관계를 분석하였다.
B	을은 일탈자와의 상호 작용이 일탈 발생에 영향을 준다고 보는 A에 근거하여, 교도소 내 수형자 간의 관계와 출소 이후 범죄와의 관계를 분석하였다.
C	병은 일탈 행동이 문화적 목표와 제도적 수단 간의 괴리에 의해 발생한다고 보는 C에 근거하여, 교도소 수형자가 범죄 행위를 할 때 느꼈던 좌절감이 범죄로 연결되는 과정을 연구하였다.

① A는 규범을 위반한 행동이 모두 일탈로 규정되는 것은 아니라고 본다.

② B는 일탈 행동이 사회화되는 과정에 주목한다.

③ C는 일탈 행동을 사회적 병리 현상으로 인식한다.

④ A, C는 B와 달리 일탈 행동을 규정하는 객관적 기준이 존재한다고 본다.

⑤ A, B는 C와 달리 타인과의 상호 작용이 일탈 발생 과정에 미치는 영향을 중시한다.

단원 마무리 문제 Ⅱ 개인과 사회 구조

04 사회적 존재로서의 인간

256

그림은 개인과 사회의 관계를 바라보는 관점 A, B를 분류한 것이다. (가)에 들어갈 질문으로 옳지 <u>않은</u> 것은?

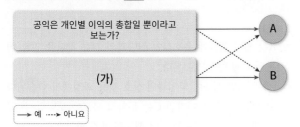

① 사회의 속성이 개인의 속성을 결정한다고 보는가?
② 사회가 구성원의 의식과 행동을 구속한다고 보는가?
③ 사회가 개인의 외부에 독립적으로 존재한다고 보는가?
④ 사회의 특성을 통해 구성원 개개인의 특성을 설명할 수 있다고 보는가?
⑤ 사회 문제 해결을 위해 제도 개선보다 개인의 의식 개선이 우선시되어야 한다고 보는가?

257

개인과 사회의 관계를 바라보는 갑, 을의 관점에 관한 옳은 설명만을 〈보기〉에서 고른 것은?

┌─ 【 보기 】─────────────────────────┐
ㄱ. 갑의 관점은 개인의 의식이나 심리 등을 통해 사회 현상을 설명하는 것이 적합하다고 본다.
ㄴ. 을의 관점은 사회를 구성원의 합 이상의 존재라고 본다.
ㄷ. 갑의 관점과 달리 을의 관점은 개인의 의지를 초월하여 개인에 미치는 사회 구조의 영향을 간과하고 있다는 비판을 받는다.
ㄹ. 을의 관점과 달리 갑의 관점은 사회가 실제로 존재하며 구성원에게 외재성을 지닌다고 본다.
└──────────────────────────────────┘

① ㄱ, ㄴ   ② ㄱ, ㄷ   ③ ㄴ, ㄷ
④ ㄴ, ㄹ   ⑤ ㄷ, ㄹ

258

다음 자료는 개인과 사회의 관계를 바라보는 관점 A, B를 나타낸 것이다. 이에 관한 설명으로 옳은 것은?

> A : 개인은 사회보다 우월한 가치를 갖는 존재로서 능동적인 상호 작용을 통해 사회의 모습을 만들어 간다.
> B : 사회는 개인보다 우월한 존재로서 구성원들의 의식과 행동을 구속한다.

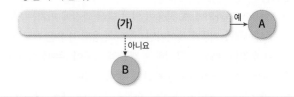

① (가)에는 '사회가 개인의 외부에 독립적으로 존재한다고 보는가?'가 들어갈 수 있다.
② (가)에는 '사회의 특성은 개개인의 특성으로 환원된다고 보는가?'가 들어갈 수 없다.
③ A와 달리 B는 사회 문제의 원인은 개인의 의식이 아니라 사회 구조나 제도에 있다고 본다.
④ B와 달리 A는 개인은 사회 속에서만 존재 의미를 가진다고 본다.
⑤ A는 전체주의, B는 극단적 개인주의로 변질될 우려가 있다.

[259~260] 다음 글을 읽고 물음에 답하시오.

> 사회 구성원 간 상호 관계를 맺는 방식과 관련된 안정적이고 정형화된 상호 작용의 틀을 A라고 한다. A로 인해 개인은 사회적으로 구조화된 행동을 함으로써 다른 구성원과 안정적인 상호 작용을 할 수 있는 반면, A에 의해 개인의 자유가 제한될 수도 있다. 이러한 A를 바라보는 관점에는 (가), (나)가 있다. (가)는 사회 구조가 사회 전체의 합의와 필요를 반영하여 형성된다고 보는 (나)와 달리 지배 집단이 기득권을 보호하고 계급을 재생산하기 위해서 사회 구조를 만들어냈다고 본다.

259

A, (가) 관점, (나) 관점을 각각 쓰시오.

260 ✐ 서술형

(나) 관점과 비교하여 (가) 관점의 단점을 두 가지만 쓰시오.

261

사회화를 바라보는 관점 A, B에 관한 옳은 설명만을 〈보기〉에서 고른 것은?

관점	내용
A	사회화는 사회 전체의 필요에 따라 공동체의 구성원으로서 개인이 지켜야 할 규범을 전달하는 기능을 수행하고 있다. 이를 통해 공동체 구성원은 규범을 준수하게 되며 사회는 안정적으로 발전할 수 있다.
B	사회화는 공동체 전체의 안정적 발전이 아니라 지배 집단에 유리한 가치 및 규범을 전수하여 지배 집단의 이익을 강화하기 위한 수단에 불과하다. 사회화의 대상이 되는 사회 규범 및 사회 제도는 지배 집단에 의해 규정된 것이다.

【 보기 】
ㄱ. A는 사회화가 사회 전체의 통합에 기여한다고 본다.
ㄴ. B는 사회화가 지배 집단의 기득권 유지 수단으로 작용한다고 본다.
ㄷ. A와 달리 B는 거시적 관점에서 사회화를 바라본다.
ㄹ. B와 달리 A는 사회화가 개인의 사회생활에 대한 적응을 가능하게 한다고 본다.

① ㄱ, ㄴ   ② ㄱ, ㄷ   ③ ㄴ, ㄷ
④ ㄴ, ㄹ   ⑤ ㄷ, ㄹ

262

사회화 기관 A~C에 관한 옳은 설명만을 〈보기〉에서 고른 것은? (단, A~C는 각각 가족, 직장, 학교 중 하나이다.)

사회화 기관	역할
A	기본적인 기능 및 규범, 언어 등 사회생활에 있어서 기초적이고 원초적인 사회화를 담당한다.
B	개인의 업무 수행에 필요한 전문적인 지식과 기능 등을 습득하는 장을 제공한다.
C	사회화를 목적으로 설립되어 체계적이고 전문적인 사회화를 수행한다.

【 보기 】
ㄱ. A는 가족, B는 학교, C는 직장이다.
ㄴ. B는 A와 달리 평생에 걸쳐 영향을 미치는 인성의 기본 틀을 형성한다.
ㄷ. B, C는 A와 달리 2차적 사회화 기관이다.
ㄹ. C는 A, B와 달리 공식적 사회화 기관이다.

① ㄱ, ㄴ   ② ㄱ, ㄷ   ③ ㄴ, ㄷ
④ ㄴ, ㄹ   ⑤ ㄷ, ㄹ

263

그림은 사회화 기관 A~C를 구분한 것이다. 이에 관한 옳은 설명만을 〈보기〉에서 있는 대로 고른 것은? (단, A~C는 각각 회사, 고등학교, 또래 집단 중 하나이다.)

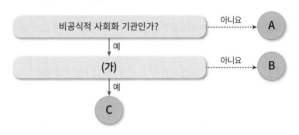

【 보기 】
ㄱ. A는 전문적이고 심화된 수준의 사회화를 담당한다.
ㄴ. C가 회사이면 (가)에는 '1차적 사회화 기관인가?'가 들어갈 수 있다.
ㄷ. (가)에는 '기초적인 수준의 사회화를 담당하는가?'가 들어갈 수 있다.
ㄹ. (가)에 '정서적 친밀감을 바탕으로 사회화를 수행하는가?'가 들어가면 B는 회사이다.

① ㄱ, ㄴ   ② ㄱ, ㄹ   ③ ㄴ, ㄷ
④ ㄱ, ㄷ, ㄹ   ⑤ ㄴ, ㄷ, ㄹ

264

밑줄 친 ㄱ~ㄹ에 관한 옳은 설명만을 〈보기〉에서 있는 대로 고른 것은?

• 스마트폰 제조 회사인 ㉠△△ 기업은 스마트폰 사용 방법을 배우고 싶어 하는 노인들을 위해 ㉡스마트폰 활용 방법 강좌를 매주 개최하고 있다.
• ㉢○○ 고등학교는 신입생을 대상으로 교육 과정, 정기 평가, 교내 생활 등의 안내를 위해 ㉣신입생 오리엔테이션을 실시하였다.

【 보기 】
ㄱ. ㉠은 1차적 사회화 기관, ㉢은 2차적 사회화 기관이다.
ㄴ. ㉢은 ㉠과 달리 공식적 사회화 기관이다.
ㄷ. ㉡은 재사회화를 위한 것이다.
ㄹ. ㉣은 예기 사회화를 위한 것이다.

① ㄱ, ㄴ   ② ㄱ, ㄹ   ③ ㄴ, ㄷ
④ ㄱ, ㄷ, ㄹ   ⑤ ㄴ, ㄷ, ㄹ

265

A~C에 해당하는 사회화 기관을 〈보기〉에서 찾아 각각 쓰시오.

구분	A	B	C
1차적 사회화 기관인가?	아니요	아니요	예
사회화를 목적으로 설립된 사회화 기관인가?	예	아니요	아니요

【 보기 】

가족, 회사, 대학교, 또래 집단, 시민 단체, 기업 연수원

266

다음 자료에 관한 옳은 설명만을 〈보기〉에서 있는 대로 고른 것은? (단, A, B는 각각 귀속 지위, 성취 지위 중 하나이다.)

교사 : 지위의 종류 A, B와 역할에 관해 발표해 보세요.

갑 : 개인의 노력이나 업적과 상관없이 선천적·자연적으로 갖게 되는 지위를 A라고 합니다.

을 : _____(가)_____ 는 B에 해당합니다.

병 : 역할 갈등은 하나의 지위에서는 나타나지 않습니다.

정 : _____(나)_____

교사 : 2명만 옳게 답했네요.

【 보기 】

ㄱ. A가 성취 지위라면 (가)에는 '아들'이 들어갈 수 있다.

ㄴ. B가 성취 지위이고 (가)에 '사장'이 들어가면 (나)에는 '보상과 제재는 역할에 대해 주어집니다.'가 들어갈 수 있다.

ㄷ. (가)에 '청소년'이 들어가고 (나)에 '개인은 A와 B를 동시에 가질 수 있습니다.'가 들어가면 B는 성취 지위이다.

ㄹ. (나)에 '현대 사회에서는 A보다 B의 중요성이 커지고 있습니다.'가 들어가고 정의 진술이 옳으면, (가)에는 '대학생'이 들어갈 수 있다.

① ㄱ, ㄷ   ② ㄱ, ㄹ   ③ ㄴ, ㄹ
④ ㄱ, ㄴ, ㄷ   ⑤ ㄴ, ㄷ, ㄹ

267

밑줄 친 ㉠~㉣에 관한 옳은 설명만을 〈보기〉에서 고른 것은?

고등학생인 갑은 ㉠장남으로 태어나 어려서부터 의사가 되기 위해 노력해 왔다. ㉡고등학교에서 줄곧 1등을 유지하던 갑은 ㉢부모의 기대대로 의대에 진학하였다. 의대 진학 후 갑은 ㉣대학 연극 동아리에 가입하여 활동하면서 연극의 매력에 빠져 연극배우가 되는 것을 심각하게 ㉤고민하였다. 그러나 부모와 ㉥갈등이 커지자 갑은 의사가 된 후에 연극을 취미로 하기로 하고 공부에 매진하여 의사가 되었다. ㉦의사가 된 후 취미로 연극을 하던 갑은 가족의 반대로 ㉧고민하였지만 결국 연극배우가 되기로 결심하였다. 연극계에서 두각을 나타낸 갑은 ㉨연극배우가 받을 수 있는 최고의 상을 3회 수상한 배우가 되었다.

【 보기 】

ㄱ. ㉠, ㉢과 달리 ㉦은 성취 지위이다.

ㄴ. ㉡, ㉣은 모두 2차적 사회화 기관이다.

ㄷ. ㉤, ㉥과 달리 ㉧은 갑의 역할 갈등이다.

ㄹ. ㉨은 갑의 역할 행동에 대한 보상이다.

① ㄱ, ㄴ   ② ㄱ, ㄷ   ③ ㄴ, ㄷ
④ ㄴ, ㄹ   ⑤ ㄷ, ㄹ

05   사회 집단과 사회 조직

268

다음 자료에 관한 옳은 설명만을 〈보기〉에서 고른 것은?

둘 이상의 구성원이 모여 소속감이나 공동체 의식을 갖고 비교적 지속적으로 상호 작용하는 사회적 집합체를 사회 집단이라고 한다. 이러한 사회 집단은 구성원 간의 접촉 방식에 따라 A, B로 구분하고, 결합 의지에 따라 C, D로 구분한다. 또한 소속감에 따라 E, F로 구분하기도 한다. 이러한 구분 방식에 따르면 학교는 A, D에 해당하고 이 학교를 내가 소속감을 가지고 다니고 있으면 해당 학교는 나의 F가 된다.

【 보기 】

ㄱ. B는 2차 집단, D는 이익 사회이다.

ㄴ. 내가 속해 있는 우리 가족은 B, C, F에 해당한다.

ㄷ. 소속되어 있는 사회 집단이라고 할지라도 E가 될 수 있다.

ㄹ. A는 B와 달리 공식적인 규범을 통한 통제 방식이 일반적이다.

① ㄱ, ㄴ   ② ㄱ, ㄷ   ③ ㄴ, ㄷ
④ ㄴ, ㄹ   ⑤ ㄷ, ㄹ

269

다음 자료에 관한 옳은 설명만을 〈보기〉에서 있는 대로 고른 것은?

〈자료 1〉 같은 ○○ 회사에 다니는 갑~병이 속한 사회 집단

갑	사회인 야구 동호회, ○○ 회사 노동조합
을	○○ 회사 내 축구 동호회, □□ 대학교 대학원
병	◇◇ 시민 단체

〈자료 2〉 갑~병이 속한 사회 집단 구분

• [(가)   ] 라는 질문에
  갑의 응답은 '아니요', 을은 '예'이다.

• [(나)   ] 라는 질문에
  갑, 을, 병의 응답은 모두 2개이다.

【 보기 】
ㄱ. (가)에는 '비공식 조직에 속해 있는가?'가 들어갈 수 있다.
ㄴ. (가)에는 '자발적 결사체에 속해 있는가?'가 들어갈 수 없다.
ㄷ. (나)에는 '몇 개의 공식 조직에 속해 있는가?'가 들어갈 수 있다.
ㄹ. (나)에는 '몇 개의 이익 사회에 속해 있는가?'가 들어갈 수 있다.

① ㄱ, ㄷ   ② ㄱ, ㄹ   ③ ㄴ, ㄹ
④ ㄱ, ㄴ, ㄷ   ⑤ ㄴ, ㄷ, ㄹ

270

다음 자료에 관한 옳은 설명만을 〈보기〉에서 고른 것은? (단, (가)~(다)는 각각 공식 조직, 비공식 조직, 자발적 결사체 중 하나이다.)

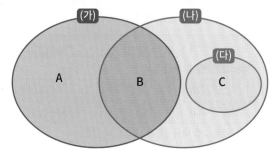

【 보기 】
ㄱ. 회사, 학교는 A에 해당한다.
ㄴ. 시민 단체는 B, 회사의 노동조합은 C에 해당한다.
ㄷ. (나)는 공통의 관심사나 목표를 가진 사람들이 자발적으로 결성하는 사회 집단인 자발적 결사체이다.
ㄹ. (가)에 속해 있는 구성원이 (다)에 속할 수도 있다.

① ㄱ, ㄴ   ② ㄱ, ㄹ   ③ ㄴ, ㄷ
④ ㄱ, ㄷ, ㄹ   ⑤ ㄴ, ㄷ, ㄹ

271

표는 갑~병이 소속되어 있는 사회 집단을 나타낸 것이다. 이에 관한 설명으로 옳지 않은 것은?

구분	소속되어 있는 사회 집단
갑	• 환경 보호를 목적으로 결성된 시민 단체 • 고등학교 졸업 후 고등학교 친구들과 만든 농구 동호회
을	• 자신이 다니는 회사의 야구 동호회 • 자신이 다니는 회사의 노동조합
병	• 지역 주민들이 만든 축구 동호회 • 자신과 직업적 이익을 함께하는 사람들이 만든 ○○협회

① 갑과 달리 을은 비공식 조직에 소속되어 있다.
② 을, 병은 공식 조직에 소속되어 있다.
③ 병과 달리 갑은 2개의 이익 사회에 소속되어 있다.
④ 갑~병이 속한 사회 집단은 7개이다.
⑤ 갑~병이 속한 사회 집단 중 자발적 결사체는 6개이다.

272

다음 자료에 관한 옳은 설명만을 〈보기〉에서 있는 대로 고른 것은? (단, A~C는 각각 가족, 시민 단체, 회사 내 동호회 중 하나이다.)

교사 : 사회 집단 A~C를 설명해 보세요.
갑 : '구성원 간 전인격적 관계가 강하게 나타나는가?'라는 질문으로 A와 C를 구분할 수 없어요.
을 : '가입과 탈퇴가 자유로운가?'라는 질문으로 B와 C를 구분할 수 없어요.
병 : '구성원의 본질 의지에 의해 자연 발생적으로 형성된 집단인가?'라는 질문에 대한 응답은 B만 '예'입니다.
정 : '비공식 조직에 해당하는가?'라는 질문으로 A와 B를 구분할 수 없어요.
교사 : [(가)   ] 만 옳게 답했어요.

【 보기 】
ㄱ. (가)에는 '병'이 들어갈 수 있다.
ㄴ. (가)에는 '갑, 병, 정'이 들어갈 수 있다.
ㄷ. (가)에 '갑, 병'이 들어가면 A는 회사 내 동호회이다.
ㄹ. (가)에 '을, 정'이 들어가면 B는 시민 단체이다.

① ㄱ, ㄴ   ② ㄱ, ㄹ   ③ ㄴ, ㄷ
④ ㄱ, ㄷ, ㄹ   ⑤ ㄴ, ㄷ, ㄹ

273

다음 수행 평가 과제에서 가장 높은 점수를 얻은 학생은? (단, A, B는 각각 관료제, 탈관료제 중 하나이다.)

〈수행 평가 과제〉
- 표의 기준에 따라 A, B를 비교한 결과를 쓰시오. (맞으면 1 점, 틀리면 0점, 총점은 5점임)
- A는 근대 산업화 이후 조직이 대규모화되면서 효율적, 안정적으로 업무를 수행하기 위한 조직 체계이며, B는 A의 한계를 극복하기 위해 등장한 새로운 조직 형태이다.

구분	비교 결과	갑	을	병	정	무
업무의 세분화와 전문화 정도		<	<	>	>	>
조직 운영의 유연성 정도		>	<	<	<	>
능력 및 업적에 따른 보상의 중시 정도	A ( ) B	>	>	<	<	<
의사 결정 권한의 분산 정도		<	<	>	<	<
중간 관리층의 역할 비중 정도		>	>	>	>	<

* ( ) 안에는 '<' 또는 '>'가 들어감
** '<' 또는 '>'는 그 정도가 상대적으로 크거나 강함을 의미함

① 갑　　② 을　　③ 병　　④ 정　　⑤ 무

274

그림에 관한 설명으로 옳은 것은? (단, A, B는 각각 관료제, 탈관료제 중 하나이다.)

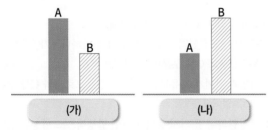

* 막대 그래프의 길이가 길수록 그 정도가 높음, 큼, 강함을 의미함

① A가 탈관료제라면 (가)에는 '효율적인 업무 수행 정도'가 들어갈 수 있다.
② B가 관료제라면 (나)에는 '규약과 절차에 따른 과업 수행의 중시 정도'가 들어갈 수 없다.
③ (가)에 '업무의 세분화 정도'가 들어가면 B의 역기능으로 '목적 전치 현상 발생'을 들 수 있다.
④ (나)에 '경력에 따른 보상과 신분 보장 정도'가 들어가면 A는 B에 비해 업무에 관한 책임 소재의 명확성 정도가 높다.
⑤ (가)에 '권한과 책임에 따른 위계 서열화 정도'가 들어가면 (나)에는 '신속한 의사 결정 및 환경 변화에 유연한 대처 가능성 정도'가 들어갈 수 있다.

[275~276] 다음 글을 읽고 물음에 답하시오.

- A는 B의 구성원이 자아실현, 친밀한 인간관계 형성과 같은 공통의 관심사를 실현하기 위해 자발적으로 결성하는 사회 집단이다.
- C는 공통의 관심사나 목표를 가진 사람들이 자발적으로 결성하는 사회 집단으로 가입과 탈퇴가 자유롭다.
- D는 구성원의 본질 의지에 의해 자연 발생적으로 형성된 집단이고, E는 구성원의 선택 의지에 의해 인위적으로 형성된 집단이다.

275

A~E의 사회학적 개념을 각각 쓰시오.

276

A~E의 기준에 따라 〈보기〉의 사회 집단을 분류하시오. (단, 하나의 사회 집단이 두 개 이상에 해당될 수 있다.)

[보기]
가족, 학교, 회사, 노동조합, 시민 단체, 회사 내 야구 동호회

[277~278] 표는 사회 조직 A, B의 특징을 구분한 것이다. 물음에 답하시오. (단, A, B는 각각 관료제, 탈관료제 중 하나이다.)

구분	A	B
의사 결정 권한의 분산 정도	+++	+
(가)	+	+++
(나)	+++	+

* +의 개수가 많을수록 강함 내지 높음을 나타냄

277 ✐ 서술형

(가), (나)에 들어갈 수 있는 구분 기준을 각각 한 가지 쓰시오.

278

A 조직의 사례를 두 가지만 쓰시오.

06 사회 구조와 일탈 행동

279

표는 일탈 이론 A~C를 구분한 것이다. 이에 관한 옳은 설명만을 〈보기〉에서 있는 대로 고른 것은?

구분	A	B	C
(가)	예	예	아니요
(나)	아니요	예	예

* 단, A~C는 각각 낙인 이론, 머튼의 아노미 이론, 차별 교제 이론 중 하나임

【 보기 】
ㄱ. (가)에 '일탈 행동을 규정하는 객관적 기준이 있다고 보는가?'가 들어가면 C는 낙인 이론이다.
ㄴ. (나)에는 '일탈 행동이 타인과의 상호 작용에서 비롯된다고 보는가?'가 들어갈 수 있다.
ㄷ. A가 문화적 목표와 제도적 수단 간의 괴리를 일탈 행동의 원인으로 보는 이론이면 (나)에는 '거시적 관점에서 일탈 행동을 설명하는가?'가 들어갈 수 있다.
ㄹ. C가 차별적 제재를 일탈 행동의 원인으로 보는 이론이면 (가)에는 '2차적 일탈의 발생 원인을 규명하는 데 초점을 두는가?'가 들어갈 수 없다.

① ㄱ, ㄷ ② ㄱ, ㄹ ③ ㄴ, ㄷ
④ ㄱ, ㄴ, ㄹ ⑤ ㄴ, ㄷ, ㄹ

280

표는 일탈 이론 A~C를 구분한 것이다. 이에 관한 옳은 설명만을 〈보기〉에서 고른 것은?

구분	A	B	C
새로운 규범 정립을 통한 사회 규범의 통제력 회복을 해결책으로 제시하는가?	아니요	아니요	예
일탈을 규정하는 객관적 기준의 존재를 인정하는가?	예	아니요	예
(가)	아니요	예	아니요

* 단, A~C는 각각 낙인 이론, 뒤르켐의 아노미 이론, 차별 교제 이론 중 하나임

【 보기 】
ㄱ. (가)에는 '타인과의 상호 작용이 일탈에 미치는 영향을 중시하는가?'가 들어갈 수 있다.
ㄴ. A는 일탈 행동을 줄이기 위해 일탈자와의 접촉을 차단해야 함을 강조한다.
ㄷ. C는 문화적 목표와 제도적 수단 간의 괴리로 일탈 행동이 발생한다고 본다.
ㄹ. B와 달리 C는 일탈 행동을 초래하는 사회 구조적 요인을 중시한다.

① ㄱ, ㄴ ② ㄱ, ㄷ ③ ㄴ, ㄷ ④ ㄴ, ㄹ ⑤ ㄷ, ㄹ

281

다음 자료에 관한 옳은 설명만을 〈보기〉에서 있는 대로 고른 것은? (단, A~C는 각각 낙인 이론, 머튼의 아노미 이론, 차별 교제 이론 중 하나이다.)

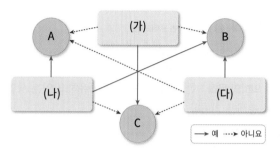

【 보기 】
ㄱ. (가)에 '일탈 행동의 규정에 대한 신중한 접근을 강조하는가?'가 들어가면 (다)에는 '일탈 행동은 객관적 기준에 의해 규정되는가?'가 들어갈 수 없다.
ㄴ. (나)에 '타인과의 상호 작용이 일탈 행동에 미치는 영향을 중시하는가?'가 들어가면 C는 급격한 사회 변동으로 발생하는 무규범 상태로 일탈 행동이 나타난다고 본다.
ㄷ. (다)에 '일탈 행동 자체보다 그에 대한 사회적 반응에 주목하는가?'가 들어가면 B는 일탈 행동의 대책으로 새로운 규범의 정립을 강조한다.
ㄹ. A가 낙인 이론, B가 차별 교제 이론이면 (가)에는 '일탈 행동이 학습되는 과정에 주목하는가?'가 들어갈 수 없다.

① ㄱ, ㄴ ② ㄱ, ㄹ ③ ㄴ, ㄷ
④ ㄱ, ㄷ, ㄹ ⑤ ㄴ, ㄷ, ㄹ

[282~283] 다음 글을 읽고 물음에 답하시오.

일탈 이론	청소년 비행에 관한 설명
A	비행 행위를 일삼는 청소년 집단과 어울리면서 일탈 행동의 기술을 습득하고 일탈 행동을 정당화하는 동기나 가치관을 내면화함으로써 일탈 행동이 학습된다.
B	일단 청소년이 비행 행위를 저지르면 타인과의 상호 작용 과정에서 비행 청소년이라고 규정이 되고 이로 인해 부정적 자아가 형성되어 2차적 일탈을 저지르게 된다.
C	청소년 비행은 사회적 목표를 달성하기 위한 합법적인 수단을 갖고 있지 못하기 때문에 발생하는 것이다.

282

일탈 이론 A~C를 각각 쓰시오.

283 ✎ 서술형

빈칸 ㉠, ㉡을 각각 완성하시오.

A와 B의 공통점 한 가지	㉠
A와 C의 공통점 한 가지	㉡

07 문화의 이해

☑ 출제 포인트 ☑ 문화의 의미, 속성 ☑ 문화를 바라보는 관점 ☑ 문화를 이해하는 태도

1. 문화의 의미와 속성

1 문화의 의미와 특성

(1) 문화의 의미 ⓒ 65쪽 299번 문제로 확인

① 좁은 의미의 문화 : 고급스러운 것, 교양 있는 것, 세련된 것, 예술적인 것 등을 의미함

② 넓은 의미의 문화 : 한 사회의 구성원이 공유하고 있는 생활 양식의 총체를 의미함

(2) 문화의 특성

보편성	• 시·공간을 초월하여 어느 사회에서나 공통으로 존재하는 생활 양식 • 예 어느 사회에서나 결혼 제도가 존재함
특수성	• 각 사회가 처한 자연환경, 역사적 배경 및 사회적 상황 등에 따라 고유한 특징이 나타남 • 예 사회마다 고유한 결혼 제도가 존재함

> **자료** 문화의 보편성과 특수성 ⓒ 66쪽 301번 문제로 확인
>
> • 멕시코에서는 새해를 알리는 종이 울릴 때 나쁜 일을 막고 바라는 일을 기원하는 의미로 포도 12알을 먹으며 소원을 빈다.
> • 중국에서는 불행을 쫓는 의미로 집과 거리를 붉은색으로 꾸미고 폭죽을 터뜨리며 새해를 맞이한다.
>
> **분석** 새해를 맞이하는 문화가 여러 나라에 있는 것은 문화의 보편성, 각 나라마다 고유 방식으로 새해를 맞이하는 것은 문화의 특수성을 보여준다.

2 문화의 속성 ⓒ 66쪽 303번 문제로 확인

공유성	• 문화는 한 사회의 구성원이 공유하는 생활 양식임 • 같은 사회 구성원의 행동을 예측할 수 있어 원만한 사회생활 가능
총체성 (전체성)	• 모든 문화 요소는 상호 유기적 관계를 맺고 하나의 전체를 이룸 • 일부 문화 요소의 변화가 다른 문화 요소의 연쇄적 변동을 야기함
학습성	• 문화는 후천적 학습에 의해 습득되는 산물임 • 상징을 통해 문화의 학습이 가능하며, 사회에 적응해 감
변동성	• 문화는 고정불변의 것이 아니라 시간의 흐름에 따라 변화함 • 문화 요소의 추가 및 소멸이 이루어짐
축적성	• 문화는 한 세대에서 다음 세대로 전승됨 • 기존 문화에 새로운 문화 요소가 더해지면서 문화가 발전함

> **자료** 문화의 공유성 ⓒ 66쪽 305번 문제로 확인
>
> • A 사회에서는 가족 중 누군가가 사망하면 남은 가족이 흰색 옷을 입고 추모하는 것이 일반적이다.
> • 관광객에게 평범한 장신구로 보이는 B 부족의 조개 목걸이와 팔찌가 B 부족민에게는 사회적 위세를 과시하는 상징물로 여겨진다.
>
> **분석** 두 사례에 공통으로 부각된 문화의 속성은 공유성이다. 문화의 공유성으로 구성원 간에 사고와 행동의 동질성이 형성된다.

2. 문화를 바라보는 관점 및 문화 이해의 태도

1 문화를 바라보는 관점 ⓒ 67쪽 307번 문제로 확인

총체론적 관점	• 의미 : 하나의 문화 요소를 다른 문화 요소와의 유기적인 연관성 속에서 이해하는 관점 • 의의 : 문화 요소 간의 관계를 살펴보아 문화를 올바로 이해함
비교론적 관점	• 의미 : 서로 다른 문화 간의 유사성과 차이점을 분석하여 문화의 보편성과 특수성을 이해하는 관점 • 의의 : 자문화의 특징과 타 문화를 더 잘 이해할 수 있음
상대론적 관점	• 의미 : 한 사회의 문화를 해당 사회의 독특한 환경 및 역사적 맥락 속에서 이해하는 관점 • 의의 : 다른 문화를 편견 없이 이해할 수 있음

> **자료** 비교론적 관점 ⓒ 67쪽 306번 문제로 확인
>
> 문화 인류학자 마거릿 미드는 파푸아 뉴기니섬의 서로 다른 세 부족의 성 역할을 비교하여 연구하였다. 연구 결과, 챔블리족은 여성이 사냥과 전쟁을 즐기는 등 호전적 성향을 보이고 남성이 몸치장을 즐기고 온화한 성향을 지녔음을 알 수 있었다. 한편 문두구머족은 남성과 여성이 모두 공격적이고 사나운 성향을 지녔으며 아이 돌보기를 싫어하였다. 반면 아라페시족은 남성과 여성이 모두 온화하고 유순하며 자녀를 정성껏 돌보았다. 미드는 이를 통해 성 역할이 선천적인 것이 아니라 후천적으로 학습되어 형성되는 산물임을 밝혔다.
>
> **분석** 한 문화만을 연구할 때보다 여러 문화를 나란히 두고 유사성과 차이점을 비교함으로써 문화를 좀 더 객관적으로 이해할 수 있다.

2 문화를 이해하는 태도 ⓒ 68쪽 309번, 69쪽 313번 문제로 확인

자문화 중심주의	• 자기 문화만이 옳고 우수하다고 여기며 다른 문화를 평가 절하하는 태도 → 문화에 우열이 있다고 봄 • 자문화의 정체성 유지에 용이하나 국수주의나 문화 제국주의로 흐를 우려가 있으며 문화적 고립을 자초할 수 있음
문화 사대주의	• 특정 타 문화를 맹목적으로 추종하고 자문화는 평가 절하하는 태도 → 문화에 우열이 있다고 봄 • 다른 문화의 수용에는 용이하나 자문화의 정체성을 상실할 우려가 있음
문화 상대주의	• 문화를 해당 사회의 역사적·사회적 맥락 속에서 이해하려는 태도 → 문화에 우열이 없다고 봄 • 문화적 다양성 보존에 기여함 • 극단적 문화 상대주의로 흐르지 않도록 주의해야 함

> **자료** 극단적 문화 상대주의 ⓒ 69쪽 314번 문제로 확인
>
> 명예 살인은 공동체의 명예를 더럽혔다는 이유로 구성원을 살해하는 행위이다. 국제 연합(UN)에 따르면 매년 세계에서 약 5,000건의 명예 살인이 벌어지고 있다고 한다.
>
> **분석** 명예 살인과 같이 인간 생명의 존엄성이라는 인류의 보편적 가치를 훼손하는 문화까지도 상대주의적 태도로 이해하려는 것을 극단적 문화 상대주의라고 하며, 이는 바람직한 문화 이해 태도가 아니다.

분석 기출 문제

» 바른답·알찬풀이 30쪽

핵심 개념 문제

●● 다음은 문화의 의미에 관한 설명이다. 다음 내용이 옳으면 ○표, 틀리면 ×표를 하시오.

284 '문화 시민'에서 '문화'는 넓은 의미의 문화이다. ( )

285 '서양 문화'에서 '문화'는 좁은 의미의 문화이다. ( )

286 문화를 세련된 것이라는 의미로 사용한 것은 좁은 의미의 문화에 해당한다. ( )

●● 다음은 문화의 특성에 관한 설명이다. ㉠, ㉡ 중 알맞은 것을 고르시오.

287 모든 사회에는 의식주 문화나 장례 문화가 공통적으로 존재하는데, 이는 문화의 (㉠ 특수성, ㉡ 보편성)으로 설명할 수 있다.

288 각 사회가 처한 자연환경이나 사회적 상황에 따라 문화가 다르게 나타나는 것을 문화의 (㉠ 특수성, ㉡ 보편성)이라고 한다.

●● 다음은 문화의 속성과 그 특징이다. 관련 있는 내용끼리 연결하시오.

289 공유성 •   • ㉠ 공통된 생활 양식

290 변동성 •   • ㉡ 후천적인 학습으로 습득

291 총체성 •   • ㉢ 다음 세대로 전승되어 축적

292 축적성 •   • ㉣ 각 문화 요소의 긴밀한 연관성

293 학습성 •   • ㉤ 문화 요소가 추가되거나 소멸되면서 변화

●● 다음은 문화를 바라보는 관점과 문화 이해 태도에 관한 설명이다. 빈칸에 들어갈 알맞은 말을 쓰시오.

294 ( ) 관점은 서로 다른 문화 사이의 유사성과 차이점을 분석하여 문화의 보편성과 특수성을 이해한다.

295 ( ) 관점은 다른 문화 요소나 전체와의 관련 속에서 문화를 바라보는 관점이다.

296 ( )은/는 문화를 공유하는 사람들 간의 소속감과 자부심을 높이지만 국제적 고립과 문화 갈등을 초래할 수 있다.

297 ( )은/는 다른 문화를 수용하기에는 용이하지만 자기 문화의 정체성을 상실할 수 있다.

298 문화 간의 우열을 인정하지 않고 각 문화의 맥락을 고려하여 해당 문화를 이해하려는 태도를 ( )(이)라고 한다.

299

밑줄 친 ㉠, ㉡에 관한 설명으로 옳은 것은?

> • 공공장소에서 ㉠ 문화인이 됩시다.
> • 전통 ㉡ 문화 체험 교실에 오신 것을 환영합니다.

① ㉠은 ㉡을 포함하는 개념이다.
② ㉠은 ㉡과 달리 문화의 학습성이 나타난다.
③ ㉠은 물질문화, ㉡은 비물질문화를 의미한다.
④ ㉡은 ㉠과 달리 생활 양식의 총체를 의미한다.
⑤ ㉠은 문화의 보편성, ㉡은 문화의 특수성을 특징으로 한다.

300

문화의 의미와 관련하여 밑줄 친 ㉠~㉣에 관한 옳은 설명만을 〈보기〉에서 고른 것은?

> 갑은 뉴스에서 최근 우리나라 사람들의 ㉠ 문화 비용 지출이 크게 늘었다는 소식을 들었다. 한편 'A국에서 결혼 지참금 때문에 살해되는 신부가 한 시간에 한 명꼴'이라는 보도를 접하고 ㉡ A국 문화는 우리와 많이 다르다는 생각을 하였다. 더불어 'A국 사람들은 ㉢ 문화인이 아닌가?'라는 의문이 들어 A국의 ㉣ 결혼 문화를 더 자세히 살펴보기로 하였다.

[보기]
ㄱ. ㉠의 문화는 생활 양식의 총체를 의미한다.
ㄴ. ㉡에서는 문화를 기술이나 지식의 발전 단계로 본다.
ㄷ. ㉢의 문화는 평가적 의미가 포함되어 있다.
ㄹ. ㉣에서 문화는 전통문화에서의 '문화'와 같은 범주의 의미로 사용되었다.

① ㄱ, ㄴ   ② ㄱ, ㄷ   ③ ㄴ, ㄷ
④ ㄴ, ㄹ   ⑤ ㄷ, ㄹ

》》 바른답·알찬풀이 30쪽

★빈출
301

다음 글을 토대로 내릴 수 있는 결론으로 가장 적절한 것은?

> 주거 문화는 어느 사회에나 공통적으로 존재하지만 각 사회가 처한 독특한 환경에 따라 다르게 나타난다. 예컨대 일본은 고온 다습한 기후 때문에 창문이 많고 건물을 높게 지으며, 한국은 배산임수의 원칙에 따라 집을 짓고 안채, 사랑채, 대청마루로 구성되는 전통 가옥을 발전시켜 왔다.

① 문화는 시공을 초월하여 보편성을 가진다.
② 문화는 보편성과 특수성을 동시에 가지고 있다.
③ 자연환경에 따라 다양한 문화가 나타날 수 있다.
④ 문화는 사회 질서 유지와 사회 통합의 기능이 있다.
⑤ 문화는 한 사회의 구성원이 공유하는 생활 양식이다.

302

밑줄 친 ㉠～㉤에 관한 설명으로 옳은 것은?

> 인도네시아 토라자 부족은 ㉠ 대부분의 사회와 마찬가지로 부모가 죽으면 고인을 떠나보내는 의식을 치른다. 그런데 이 부족의 ㉡ 장례 문화에는 독특한 점이 있다. ㉢ 장례식을 치를 때 물소를 잡는 고유한 풍습이 있다는 점이다. 부족 사람들에게 물소는 고인이 저세상으로 갈 때 타고 가는 교통수단이라는 의미인 동시에 저세상에서의 편안한 생활을 보장해 주는 재산으로 여겨진다. 만약 ㉣ 죽은 자의 자녀들이 물소를 잡지 않으면 그들은 부족 사회에서 지탄의 대상이 된다. 한편 장례식에서 부족 사람들은 ㉤ 고인의 가족과 화해라는 의식을 가지는데, 이 의식은 부족 사회의 결속력을 높이는 데 중요한 역할을 한다.

① ㉠은 문화가 개별 사회마다 고유한 특수성을 지니고 있음을 보여 준다.
② ㉡에서의 '문화'는 청소년 문화에서의 '문화'와 달리 좁은 의미로 사용된 것이다.
③ ㉢은 문화 현상이 고정된 것이 아니라 지속적으로 변화함을 보여 준다.
④ ㉣은 문화란 한 사회의 구성원이 함께 향유하는 생활 양식임을 보여 준다.
⑤ ㉤은 구성원의 욕구 충족을 위한 기술이나 도구에 해당하는 문화 요소이다.

★빈출
303

다음 두 사례에 공통적으로 부각된 문화의 속성에 관한 설명으로 가장 적절한 것은?

> • 우리나라 사람들은 머리에 흰색 리본 핀을 꽂거나 양복에 흰색 리본을 단 사람을 보면 그 사람의 가족이 상을 당했다는 것을 알고 위로의 인사를 전한다.
> • 모슬렘들은 하루에 다섯 번 성지를 향해 절을 하고 금요일에는 모스크에서 집단 예배를 본다.

① 한 부분의 변동은 다른 부분의 변동을 초래한다.
② 사회 구성원들이 공통으로 가지는 생활 양식이다.
③ 시간의 흐름에 따라 생성과 소멸을 통해 변화한다.
④ 여러 구성 요소가 상호 유기적인 관련을 맺고 있다.
⑤ 인간의 학습 능력과 상징체계에 의해 전승되며 축적된다.

304

문화의 속성 (가)～(다)에 관한 설명으로 옳은 것은?

> (가) 성리학은 조선의 통치 이념뿐만 아니라 가옥 구조 및 의학 등 다양한 분야에 영향을 미쳤다.
> (나) 간장이나 된장과 같은 발효 음식은 구전되거나 제조 방법을 기록한 문헌을 통해 전승되면서 더욱 풍부해진다.
> (다) 인간은 태어난 직후에는 본능적 행위밖에 하지 못한다. 그러나 부모로부터 말하는 법을 비롯하여 바람직한 행동 양식을 배움으로써 사회적 존재가 된다.

① (가) – 문화는 시간의 흐름에 따라 소멸하거나 변화한다.
② (가) – 문화는 새로운 환경에 적응하는 과정에서 변형된다.
③ (나) – 문화의 여러 요소들은 유기적으로 연관되어 있다.
④ (나) – 어느 사회에서나 공통적으로 나타나는 문화 요소가 있다.
⑤ (다) – 문화는 다른 사회 구성원과의 상호 작용을 통해 후천적으로 습득된다.

305

다음 글에서 부각된 문화의 속성에 관한 옳은 진술만을 〈보기〉에서 고른 것은?

> 우리 조상들은 아이를 낳은 후 대문 밖에 21일간 금줄을 내걸었다. 금줄은 신성한 곳임을 표시하기 위해 대문 기둥 윗부분에 쳐 두었던 새끼줄로, 부정한 사람들이 아이와 산모에 접근하지 못하도록 하기 위한 것이었다. 동네 사람들은 이 금줄만 보고도 이 집에서 태어난 아이의 성별을 알 수 있었다.

【 보기 】
ㄱ. 구성원의 사고와 행동에 구속력을 지닌다.
ㄴ. 원활한 사회생활을 위한 상호 작용의 토대가 된다.
ㄷ. 이전 세대의 문화를 토대로 새로운 문화가 창출된다.
ㄹ. 한 부분의 변동은 다른 부분에도 파급되어 영향을 준다.

① ㄱ, ㄴ ② ㄱ, ㄷ ③ ㄴ, ㄷ
④ ㄴ, ㄹ ⑤ ㄷ, ㄹ

307

다음 글에 나타난 문화를 바라보는 관점에 관한 옳은 설명만을 〈보기〉에서 고른 것은?

> 결혼식 후 폐백을 드리는 경우를 생각해 보자. 폐백을 드릴 때 시부모는 신랑과 신부를 향해 밤과 대추를 던진다. 밤은 조상을 잘 섬기라는 의미이고, 붉은 대추는 많은 자손을 낳기를 바라는 소망이 담겨 있다. 우리나라 결혼식에서만 이러한 예가 이루어지는 것은 바로 유교에서 조상을 섬기는 정신과 가부장제적인 사고가 연결되어 있기 때문이다. 결혼식은 단순한 예식이 아니라 조상에 관한 신념, 가족 제도 등의 의미가 서로 연결되어 있는 것이다.

【 보기 】
ㄱ. 문화를 구성 요소 간의 관계 속에서 파악한다.
ㄴ. 문화를 일정한 단계에 따라 진화하는 것으로 인식한다.
ㄷ. 하나의 문화 요소가 변화하면 연쇄적인 변동이 나타난다고 본다.
ㄹ. 자기 문화에 관한 객관적 이해를 위해 문화 간 보편성과 특수성을 살펴본다.

① ㄱ, ㄴ ② ㄱ, ㄷ ③ ㄴ, ㄷ
④ ㄴ, ㄹ ⑤ ㄷ, ㄹ

2. 문화를 바라보는 관점 및 문화 이해의 태도

306

(가), (나)에 나타난 문화를 바라보는 관점에 관한 설명으로 가장 적절한 것은?

> (가) 갑은 우리나라 청년층의 결혼 문화가 과거와 어떻게 달라졌는지 살펴보면서 동시에 일본, 중국 청년층의 결혼 문화와 비슷한 점과 다른 점을 알아보았다.
> (나) 을은 우리나라에서 유독 누리 소통망(SNS) 관련 문화가 발달한 이유를 정치·경제·사회·문화적 측면의 요인 속에서 살펴보았다.

① (가)는 문화의 보편성과 특수성을 전제로 한다.
② (가)는 문화 요소 간의 상호 유기적 관계를 전제로 한다.
③ (가)는 부분 문화를 전체 문화의 맥락 속에서 이해하려고 한다.
④ (나)는 특정 기준에 따라 문화의 우열을 평가하고자 한다.
⑤ (나)는 다른 문화를 자문화에 종속하려는 태도로 변질될 수 있다.

308

문화를 바라보는 다음 관점에 부합하는 진술로 가장 적절한 것은?

> 한 사회의 문화는 그것이 발생한 자연환경이나 역사적 맥락에서 의미와 가치가 있으므로 문화를 평가하는 절대적 기준은 존재할 수 없다.

① 유럽인은 콜럼버스의 신대륙 발견이 역사 발전을 앞당기는 계기가 되었다고 자랑한다.
② 프랑스인이 자신의 음식 문화를 미국인의 음식 문화보다 우월하다고 믿는 것은 당연하다.
③ 중국인이 차(茶)를 자주 마시는 이유는 수질이 좋지 않고 기름진 음식을 즐겨 먹기 때문이다.
④ 식인, 여아 살해 등의 풍습은 인류의 보편적 가치를 침해하는 문화이므로 비판하는 것이 옳다.
⑤ 인류 역사의 발전 과정을 살펴보면 모든 문화가 유사한 단계를 거쳐 진보하고 있다는 것을 알 수 있다.

309

문화 이해의 태도 (가)~(다)에 관한 옳은 진술만을 〈보기〉에서 고른 것은? (단, (가)~(다)는 각각 자문화 중심주의, 문화 사대주의, 문화 상대주의 중 하나이다.)

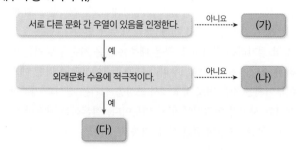

[보기]
ㄱ. (가)는 문화 제국주의를 정당화할 수 있다.
ㄴ. (가)는 문화에 관한 평가적 인식을 전제로 한다.
ㄷ. (나)는 집단 구성원의 결속력을 강화할 수 있다.
ㄹ. (다)는 자기 문화의 주체성이 약화될 수 있다.

① ㄱ, ㄴ   ② ㄱ, ㄷ   ③ ㄴ, ㄷ
④ ㄴ, ㄹ   ⑤ ㄷ, ㄹ

310

다음 글에서 강조하는 문화 이해 태도에 관한 옳은 설명만을 〈보기〉에서 고른 것은?

근대 서양의 원근법에 따르면 멀리 있는 코끼리보다 가까운 곳의 고양이를 당연히 크게 그려야 하지만 어떤 문화의 사람들에게는 실제로 더 큰 코끼리를 더 작게 그리는 것이야말로 우스꽝스러운 일이다. 서양화에 익숙한 사람들이 보기에는 동양화가 원근법에 맞지 않는 것 같지만 이는 하나의 화면 안에서 시점을 여러 곳으로 옮겨 가면서 경치를 그린 것일 수도 있다. 서로 다른 문화 속에서 태어난 사람들은 이렇게 세상을 다르게 보고 느끼는 방법을 배우며 자란다. 그래서 우리는 세상을 "있는 그대로 본다."라고 생각하지만 사실은 "배운 대로 본다."라고 말하기도 한다.

[보기]
ㄱ. 문화의 다양성을 보존하는 데 기여한다.
ㄴ. 집단 구성원의 결속력을 강화하는 데 기여한다.
ㄷ. 다른 문화를 거울삼아 자기 문화를 파악해야 한다고 본다.
ㄹ. 해당 문화를 향유하는 사회 구성원의 관점에서 문화를 파악해야 한다고 본다.

① ㄱ, ㄷ   ② ㄱ, ㄹ   ③ ㄴ, ㄷ
④ ㄴ, ㄹ   ⑤ ㄷ, ㄹ

311

갑~병의 문화 이해 태도를 참고하여 A 부족 문화에 관한 갑~병의 진술로 가장 적절한 것은? (단, 갑~병의 문화 이해 태도는 각각 자문화 중심주의, 문화 사대주의, 문화 상대주의 중 하나이다.)

구분	갑	을	병
자문화를 우월한 문화의 기준으로 보는가?	○	×	×
문화에 우열이 있다고 보는가?	○	×	○

남태평양 군도에 사는 A 부족은 마른 과일로 만든 팽이를 사용하여 코코넛 말뚝을 쓰러뜨리는 방식의 놀이를 즐기는데, 이는 볼링과 흡사하다. 그렇지만 볼링과 달리 이 놀이의 목적은 상대 팀보다 많은 말뚝을 쓰러뜨려 이기는 것이 아니다. 이 놀이는 두 팀이 같은 수의 말뚝을 쓰러뜨릴 때까지 진행된다. 그들이 이런 놀이를 즐기는 것은 타인과 경쟁하는 행위가 나쁜 것이라고 믿고 있기 때문이다.

① 갑 : A 부족의 놀이가 세계에서 가장 우수한 놀이군!
② 을 : A 부족에 볼링을 전파하면 기존의 놀이는 사라지겠군!
③ 을 : A 부족은 타인과의 경쟁보다 화합과 공존을 강조하는군!
④ 병 : 놀이에서 타인과 경쟁하지 않으려 하다니 우리 문화보다 열등하군!
⑤ 병 : 우리가 즐기는 볼링에 비해 재미도 없고 경쟁 없는 놀이라니 동기 유발이 어렵겠군!

312

다음은 조선 시대 어떤 사람의 글 중 일부이다. 이 사람이 지닌 문화 이해의 태도에 관한 옳은 설명만을 〈보기〉에서 있는 대로 고른 것은?

대중화(大中華), 즉 중국이야말로 세상의 중심 국가입니다. 이에 비해 우리 조선은 소중화(小中華)에 해당하므로 중국과 조선을 제외한 사해의 모든 국가는 오랑캐에 해당합니다.

[보기]
ㄱ. 문화 사대주의가 나타나 있다.
ㄴ. 특정 문화를 기준으로 자기 문화를 평가하였다.
ㄷ. 서로 다른 문화 비교를 통해 각 문화의 보편성과 특수성을 파악하였다.
ㄹ. 다른 문화와의 접촉 과정에서 문화적 마찰을 발생시킬 가능성이 크다.

① ㄱ, ㄴ   ② ㄱ, ㄷ   ③ ㄷ, ㄹ
④ ㄱ, ㄴ, ㄹ   ⑤ ㄴ, ㄷ, ㄹ

★ 빈출
313

문화 이해 태도 A~C에 관한 옳은 진술만을 〈보기〉에서 고른 것은? (단, A~C는 각각 자문화 중심주의, 문화 사대주의, 문화 상대주의 중 하나이다.)

질문＼문화 이해 태도	A	B	C
각 사회가 지니고 있는 문화의 고유한 의미와 가치를 인정하는가?	예	아니요	아니요
자기 문화가 우월하다는 믿음을 바탕으로 타 문화를 판단하는가?	아니요	아니요	예

【 보기 】

ㄱ. A는 B와 달리 문화 다양성을 보존하는 데 기여할 수 있다.
ㄴ. B는 C와 달리 선진 문물의 수용에는 용이하나 문화의 정체성을 상실할 우려가 있다.
ㄷ. C는 B와 달리 문화의 우열을 정하는 기준이 존재한다고 본다.
ㄹ. C는 A, B와 달리 문화를 평가의 대상으로 본다.

① ㄱ, ㄴ　　　② ㄱ, ㄷ　　　③ ㄴ, ㄷ
④ ㄴ, ㄹ　　　⑤ ㄷ, ㄹ

★ 빈출
314

다음 주장에서 도출할 수 있는 결론으로 가장 적절한 것은?

문화 상대주의가 생명 존중이나 인간의 존엄성과 같은 인류의 보편적 가치를 부정하는 문화 현상에 관해서도 그 의미나 가치를 인정하는 것은 아니다. 문화 상대주의를 다른 문화에 관해서는 어떠한 판단도 하지 말아야 한다는 의미로 해석한다면 보편적 진리와 규범에 회의를 가져와 용인되기 어려운 현상이나 행동까지도 가치와 의미를 인정하게 되기 때문이다.

① 자문화 중심주의적 태도를 지양해야 한다.
② 공동체 문화보다 사적인 가치가 중요하다.
③ 문화를 그 사회의 맥락에서 이해해야 한다.
④ 비교론적 관점에서 문화를 이해하는 것이 중요하다.
⑤ 문화의 특수성에도 불구하고 보편적 가치는 중요하다.

▨ 1등급을 향한 서답형 문제

315

갑에게 필요한 문화 이해의 태도를 〈보기〉를 참고하여 쓰고, 그러한 태도의 의미를 서술하시오.

갑

> 이슬람 문화권 사람들이 돼지고기를 먹지 않는 것은 매우 이상한 문화야.

【 보기 】

이슬람교의 경전에서는 돼지를 부정한 것으로 여긴다. 이것은 초기 모슬렘이 많이 살던 곳의 지역 특성과 관계가 있다. 그곳은 건조 지역이라 물이 부족하였다. 그런데 돼지는 물을 많이 먹는 동물이기 때문에 돼지 사육은 그 지역에 적합하지 않았던 것이다. 또한 당시 돼지고기는 부자만 먹을 수 있었으므로 평등을 강조하는 이슬람교 정신과 맞지 않기도 하였다.

[316~317] 다음 글을 읽고 물음에 답하시오.

(가) 제2차 세계 대전 당시 히틀러는 게르만 민족의 우수성을 강조하며 이민족과의 결혼을 금지한 '독일인 혈통 및 명예 수호법'을 제정하였다.
(나) 개화기 시대 일본 지식인 사회에서는 일본 문화의 낙후성을 개선하기 위해서 아시아를 벗어나 서구 사회를 지향해야 한다는 탈아입구 사상이 유행하였다.

316

(가), (나)의 문화 이해 태도는 각각 무엇인지 쓰시오.

317

(가), (나) 문화 이해 태도의 장단점을 각각 서술하시오.

적중 1등급 문제

» 바른답·알찬풀이 32쪽

318

밑줄 친 ㉠~㉣에 관한 설명으로 옳은 것은?

> 면을 국물에 말아 먹는 요리인 국수는 세계적으로 인기 있는 음식 ㉠문화 중 하나이다. 우리나라를 비롯한 많은 지역에서 국수를 만들어 먹지만 국수의 재료나 만드는 방법은 ㉡문화에 따라 각기 다르다. 예를 들어 ㉢우리나라에서는 밀가루로 반죽을 만들어 면을 뽑아 말린 후 육수에 말아 먹지만, 베트남은 쌀을 이용하여 면을 만들어 육수에 말아 먹는다. ㉣베트남에서 쌀국수가 발달한 이유는 전 국민의 70% 이상이 농업에 종사하고 따뜻한 기후로 1년에 세 번까지 쌀 수확이 가능한 환경이기 때문이다.

① ㉠은 좁은 의미의 문화이다.
② ㉡은 문명화된 것, 현대적인 것을 의미한다.
③ ㉢에는 문화 요소 간의 유기적 연관성이 드러나 있다.
④ ㉣은 개별 사회의 문화가 총체성을 지닌다는 것을 보여 준다.
⑤ ㉢, ㉣에는 문화의 보편성과 특수성이 함께 드러난다.

319

다음 두 사례에 공통적으로 부각된 문화의 속성에 관한 옳은 설명만을 〈보기〉에서 고른 것은?

> • 갑은 공무원 생활을 하다가 퇴직하고 제주도에 정착하여 살고 있다. 처음에는 주민들의 제주도 방언을 알아듣지 못했지만 이웃 사람들의 도움으로 6개월 정도 지나니 이제는 대부분 알아들을 수 있다.
> • 교사 을은 스마트폰에서 자주 사용되는 약어를 이해하지 못해서 불편하였다. 처음에는 '쌤'이라는 말도 몰랐다. 주변 동료에게 물어보니 '선생님'이라는 뜻이었다. 이제는 을 자신도 약어를 쓰는 일이 많아졌다.

[보기]
ㄱ. 문화의 여러 요소는 상호 밀접한 관련을 맺는다.
ㄴ. 전승된 문화에 새로운 요소가 추가되어 풍부해진다.
ㄷ. 문화는 사회 구성원 간 원활한 상호 작용의 토대가 된다.
ㄹ. 문화는 선천적으로 주어지는 것이 아니라 후천적으로 학습된다.

① ㄱ, ㄴ　　② ㄱ, ㄷ　　③ ㄴ, ㄷ
④ ㄴ, ㄹ　　⑤ ㄷ, ㄹ

320

다음 사례를 통해 알 수 있는 문화의 특성으로 적절하지 않은 것은?

> 이누이트의 이글루는 반구형의 얼음집으로, 차가운 외부 공기와 접촉을 최소화함으로써 추위를 막고 열 손실을 줄이기 위한 가옥 형태이다. 한편 물 위에 지어진 동남아시아의 수상 가옥은 집 안으로 해충이 유입되는 것을 막을 수 있고, 강가에 있어 배를 이용하여 이동하기 편리하다.

① 각각의 사회마다 독특한 문화 요소가 존재한다.
② 문화는 인간의 고유한 문화 창조 능력에 의해 창조된다.
③ 서로 다른 문화는 우열을 가려 이해하는 태도가 필요하다.
④ 인간이 주어진 환경의 제약을 극복하면서 문화가 발전한다.
⑤ 시·공간을 막론하고 인간 사회 어디에서나 나타나는 공통적인 문화 요소가 존재한다.

321

문화의 속성 A, B에 관한 옳은 설명만을 〈보기〉에서 있는 대로 고른 것은?

> 교사 : 문화의 속성 A, B를 확인할 수 있는 사례를 발표해 봅시다.
> 갑 : 거주 지역별로 결혼 이주 여성이 사용하는 사투리가 서로 다른 것을 통해 A를 확인할 수 있습니다.
> 을 : 인터넷 발달은 그 기술의 발달뿐만 아니라 온라인 교육, 원격 의료 및 쇼핑, 시민의 정치 참여 등에도 영향을 준 것을 통해 B를 확인할 수 있습니다.
> 교사 : 모두 적절한 사례를 발표했습니다.

[보기]
ㄱ. A는 문화가 이전의 문화를 토대로 점차 풍부해짐을 보여 준다.
ㄴ. 문화 요소 간 연쇄적인 변동은 B로 설명하기에 적절하다.
ㄷ. A와 달리 B는 특정 사회의 구성원과 이방인을 구분해 주는 역할을 한다.
ㄹ. '다른 나라에서 자란 쌍둥이의 사고방식 차이'는 B보다 A의 사례로 적절하다.

① ㄱ, ㄴ　　② ㄱ, ㄹ　　③ ㄴ, ㄹ
④ ㄱ, ㄴ, ㄷ　　⑤ ㄴ, ㄷ, ㄹ

322

밑줄 친 ㉠~㉢에 관한 옳은 설명만을 〈보기〉에서 있는 대로 고른 것은?

삿포로의 대표적 음식인 ㉠수프 카레는 묽은 수프와 같은 질감의 카레로 맛도 일본식 카레나 인도식 카레와 다르다. 인도식 카레는 다양한 채소에 고기와 향신료를 넣어 푹 끓이지만, 일본 카레는 전분을 넣어 끈적이는 점성이 있다. 이처럼 ㉡일본 카레와 인도 카레의 점성이 다른 것은 두 지역에서 먹는 쌀 때문이다. 인도에서 주로 먹는 길쭉한 형태의 찰기 없는 쌀과 달리 찰진 쌀을 먹는 일본에서는 점성이 있는 카레가 밥에 비벼 먹기 좋고 더 잘 어울리기 때문이라는 것이다. ㉢삿포로의 수프 카레는 점성은 묽은 인도 카레에 가깝고, 향신료의 사용 정도는 기존의 일본 카레와 비슷하다.

【 보기 】
ㄱ. ㉠은 물질문화에 해당한다.
ㄴ. ㉡에는 문화가 부분이 아닌 전체로서 의미를 갖는다고 보는 관점이 나타나 있다.
ㄷ. ㉢에는 여러 문화를 비교하면서 보편성과 특수성을 파악하는 관점이 나타나 있다.
ㄹ. ㉢은 ㉡과 달리 모든 문화 요소 간의 유기적 연관성을 강조하고 있다.

① ㄱ, ㄴ   ② ㄱ, ㄹ   ③ ㄷ, ㄹ
④ ㄱ, ㄴ, ㄷ   ⑤ ㄴ, ㄷ, ㄹ

323

밑줄 친 ㉠~㉣에 관한 설명으로 가장 적절한 것은?

티베트 사람들은 ㉠모자를 벗고 혀를 길게 내밀어 인사를 한다. 일부 사람들은 이러한 ㉡인사 문화가 ㉢기괴하다거나 우스꽝스럽다고 생각하기도 한다. 이러한 인사법은 9세기경 승려를 백정으로 만드는 등 불교를 탄압했던 랑다르마왕 때문에 생겼다. 랑다르마왕은 머리에 뿔이 있어 늘 모자를 썼으며 혀가 없었다고 한다. 즉 ㉣티베트인들은 랑다르마를 악마의 화신이라고 여겨 스스로 그 왕과 같은 인간이 아님을 보여 주려고 한 손으로 모자를 올리고 혀를 쭉 내밀어 인사하게 되었음을 이해할 수 있다.

① ㉠은 티베트의 인사 문화가 보편적 형태임을 보여 준다.
② ㉡의 문화는 '문화생활'의 문화와 같은 의미로 사용되었다.
③ ㉢에는 문화를 평가의 대상으로 보는 태도가 반영되어 있다.
④ ㉣에는 다른 문화와 비교하여 문화를 이해하는 태도가 나타난다.
⑤ ㉢은 ㉣과 달리 선진 문물 수용에 유리한 문화 이해 태도이다.

324

밑줄 친 ㉠, ㉡에 해당하는 문화 이해 태도에 관한 설명으로 가장 적절한 것은?

한때 ㉠우리 사회에서 골프를 치는 것이 꽤 '고상한' 것처럼 여겨지는 풍조가 있었다. 서양에서 들어온 여러 스포츠가 있지만 유독 골프를 동경하는 태도가 형성되었던 이유는 무엇일까? 서구의 문화를 경험한 상류층이 이와 같은 문화를 들여와 누리기 시작하면서 그런 태도가 형성된 것 같다. 그러나 ㉡우리 사회에서 골프 문화가 발달하지 않았던 나름의 이유가 있다. 골프를 치기 위해서는 넓은 잔디밭이 필요하다. 그러나 우리나라는 산지가 많고 농경지도 부족한 편이었기 때문에 넓은 평원을 이용한 스포츠가 발달하지 않았다. 이것은 우리 사회에 적합하지 않아서 발달하지 않았을 뿐이다.

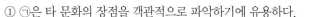

① ㉠은 타 문화의 장점을 객관적으로 파악하기에 유용하다.
② ㉡은 자기 문화에 대한 자부심을 강화한다.
③ ㉡은 ㉠과 달리 타 문화의 수용에 긍정적이다.
④ ㉡은 ㉠과 달리 문화의 다양성을 보존하는 데 기여한다.
⑤ ㉠, ㉡ 모두 문화를 이해가 아닌 평가의 대상으로 본다.

325

갑, 을의 문화 이해 태도에 관한 설명으로 옳은 것은?

갑 : A국은 어렸을 때부터 공공장소에서는 절대로 떠들어서는 안 된다고 가르쳐. 그 덕분에 공공장소에서 아이들이 떠드는 경우를 본 적이 없어. 그런데 우리나라에서는 공공장소에서 아이들이 떠들어 주변 사람들에게 피해를 주는 경우가 많아. 역시 A국이 선진국이야.
을 : 그렇지 않아. A국의 자녀 양육 방법은 아이들의 창의성을 말살시키고 인권을 침해하는 야만적인 방식이야. 아이들은 자유롭게 커야 창의성이 발달해. 자유롭게 키우는 우리나라의 자녀 양육 방법이 세계 최고야.

① 갑의 태도는 자기 문화의 정체성 상실을 초래할 우려가 크다.
② 을의 태도는 제삼자의 입장에서 문화의 의미를 파악해야 한다고 본다.
③ 갑의 태도는 을의 태도와 달리 문화 제국주의를 초래할 우려가 있다.
④ 갑의 태도와 달리 을의 태도는 문화를 우열 평가의 대상으로 본다.
⑤ 갑, 을의 태도는 모두 국수주의적 태도로 문화적 마찰을 발생시킬 수 있다.

08 Ⅲ 문화와 일상생활
현대 사회의 문화 양상

✓ 출제 포인트 ✓ 하위문화의 유형 ✓ 대중 매체의 특징 ✓ 대중문화의 기능

1. 하위문화

1 하위문화의 의미와 기능

(1) 주류 문화와 하위문화
① 주류 문화 : 한 사회의 구성원 대부분이 공유하는 문화
② 하위문화 : 한 사회 내의 일부 구성원이 공유하는 문화

(2) 하위문화의 특징
① 시간과 공간에 따라 상대적 성격을 지님 → 하위문화가 주류 문화가 되기도 함
② 사회가 복잡해지면서 현대 사회에서는 다양한 하위문화가 나타남

✪(3) 하위문화의 기능 ⓒ 73쪽 339번 문제로 확인

순기능	• 사회 구성원의 다양한 욕구 충족 • 문화 다양성 보존에 기여함으로써 획일성 방지 • 같은 하위문화를 공유하는 구성원들에게 소속감·유대감 부여 • 새로운 문화의 창조와 변화에 기여함
역기능	• 서로 다른 하위문화를 가진 집단 간의 문화 갈등을 유발하기도 함 • 사회 통합을 저해하는 요인이 되기도 함

> **자료** 주류 문화와 하위문화 ⓒ 74쪽 342번 문제로 확인
>
> (가) '한 사회의 구성원 대다수가 공유하는 문화인가?'라는 질문으로 A와 B를 구분할 수 없고, (나) '한 사회의 지배적 가치와 규범에 저항하거나 대립하는 문화인가?'라는 질문으로 A와 C를 구분할 수 있다. (단, A~C는 각각 반문화, 주류 문화, 하위문화 중 하나이다.)
>
> **분석** (가) 질문으로 A와 B를 구분할 수 없으므로 A와 B는 각각 반문화와 하위문화 중 하나이고 C는 주류 문화이다. (나) 질문으로 A와 C를 구분할 수 있는데 한 사회의 지배 문화에 저항하거나 대립하는 문화는 반문화이다. 따라서 A는 반문화, B는 하위문화이다.

✪2 하위문화의 유형 ⓒ 75쪽 344번 문제로 확인

지역 문화	• 지역 사회에서 각각 나타나는 고유한 생활 양식 • 문화의 다양성 및 역동성 제공, 지역 주민의 정체성 및 유대감 형성에 기여
세대 문화	• 일정 범위의 연령층이 공유하는 문화 • 세대 갈등을 유발할 우려가 있음 • 청소년 문화 : 세대 문화 중 하나로 변화 지향적, 충동적, 모방적 성격을 지님
반문화	• 한 사회의 지배적 문화에 저항하거나 대립하는 문화 • 시대와 사회에 따라 상대적으로 규정될 수 있음 • 주류 문화와 대립하여 사회 갈등의 원인이 되기도 하지만 지배 문화의 변동을 유도하여 사회 변화의 원동력이 되기도 함 • 히피 문화 : 1960년대에 미국에서 대중 사회와 소비 자본주의, 핵, 전쟁 등에 반대하며 평화와 인권을 강조함 • 비행 청소년 집단 문화, 급진적인 종교 집단의 문화 등

2. 대중문화

1 대중문화의 의미와 형성 배경

(1) 대중문화 한 사회 내에 존재하는 다양한 집단을 초월하여 불특정 다수가 향유하는 문화

(2) 대중 매체 불특정 다수인 대중을 상대로 대량 지식이나 정보를 전달하는 매체나 수단 **예** 신문, 잡지, 라디오, 텔레비전, 인터넷 등

(3) 대중문화의 형성 배경
① 산업화에 따른 소득 증대로 물질적 여유와 여가 증가
② 의무 교육 확대와 보통 선거의 확립으로 대중의 지위 상승, 문화적 욕구 증대
③ 대중 매체의 발달로 보급 확대

> **자료** 다양한 대중 매체 ⓒ 76쪽 351번 문제로 확인
>
>
>
> ▲ 인쇄 매체 ▲ 음성 매체 ▲ 영상 매체 ▲ 뉴 미디어
>
> **분석** 대중 매체에는 활자를 통해 정보를 전달하는 인쇄 매체, 소리를 통해 정보를 전달하는 음성 매체, 소리와 영상을 통해 정보를 전달하는 영상 매체, 쌍방향 의사소통을 할 수 있고 기존 매체보다 신속한 정보 전달이 가능한 뉴 미디어가 있다. 초기에는 정보 생산자와 수용자가 뚜렷이 구별되는 일방향 매체를 통해 대중문화가 형성되었으나, 오늘날에는 대중이 정보 수용자인 동시에 생산자이기도 한 뉴 미디어와 같은 쌍방향 매체가 대중문화 형성에 큰 영향을 미친다.

2 대중문화의 특징과 기능

(1) 대중문화의 특징
① 대중 매체를 통해 형성되고 확산됨
② 대중의 수준, 욕구, 기호 등을 반영함
③ 일상생활 속에서 손쉽게 접하고 자연스럽게 즐길 수 있음

✪(2) 대중문화의 기능 ⓒ 77쪽 354번 문제로 확인

순기능	• 대중에게 문화적 혜택을 주어 여가를 즐길 수 있게 하고 삶의 활력 제공 • 고급문화의 대중화를 통해 대중문화 전반의 수준을 향상 • 모든 사람이 평등하게 문화를 누릴 수 있게 하여 문화 민주화에 기여
역기능	• 문화의 획일화로 개인의 개성 쇠퇴, 문화적 다양성 약화 • 문화의 상업화로 대중문화의 질적 저하 우려 • 지배층의 대중 조작 수단으로 악용되어 정치적 무관심 조장 우려, 여론 조작 가능

3 대중문화의 비판적 수용
대중문화의 선별적 수용, 대중 매체가 제공하는 정보에 관한 비판적 시각 향유, 대중문화 생산 주체로서의 인식 고양

분석 기출 문제

» 바른답·알찬풀이 34쪽

핵심 개념 문제

•• 다음은 주류 문화와 하위문화에 관한 설명이다. 빈칸에 들어갈 알맞은 말을 쓰시오.

326 한 사회의 구성원 대부분이 공유하는 문화를 ( ) (이)라고 한다.

327 사회가 복잡해지면서 현대 사회에서는 다양한 ( ) 이/가 나타나고 있다.

328 한 사회의 지배적 문화에 저항하는 ( )은/는 시대와 사회에 따라 규정이 달라진다.

•• 다음은 현대 사회의 문화 양상과 관련된 설명이다. 다음 문장과 관련 있는 개념을 〈보기〉에서 고르시오.

329 빠르게 퍼져 다수에게 영향을 준다. ( )

330 지역 주민의 다양한 문화적 욕구에 부응한다. ( )

331 일정 범위 연령층의 공통 경험을 바탕으로 형성된다. ( )

332 한 사회의 지배적인 문화에 반대하거나 대립하여 사회 변동을 가져오기도 한다. ( )

[보기]
ㄱ. 반문화   ㄴ. 대중문화
ㄷ. 지역 문화   ㄹ. 세대 문화

•• 다음은 대중문화의 특징에 관한 설명이다. ㉠, ㉡ 중 알맞은 것을 고르시오.

333 대중문화를 통해 많은 사람이 동시에 동일한 내용을 수용하게 됨에 따라 대중문화는 (㉠ 다양성, ㉡ 획일성)을 띠게 된다.

334 대중 매체를 소유한 기업은 대중이 원하는 문화 상품을 생산·판매하므로 대중문화는 (㉠ 상업성, ㉡ 비영리성)을 띠게 된다.

•• 다음은 대중문화에 관한 설명이다. 다음 설명이 옳으면 ○표, 틀리면 ×표 하시오.

335 대중문화의 발달은 문화의 민주화에 기여하였다. ( )

336 새로운 대중 매체의 등장에 따라 생산자와 소비자 간 경계가 강화되었다. ( )

337 지나친 상업화는 대중문화를 질적으로 저하시킬 수 있다. ( )

1. 하위문화

338

밑줄 친 '이것'에 해당하는 문화적 개념으로 옳은 것은?

이것은 일반적으로 사회의 일부 집단 구성원들 간의 상호 작용 과정을 통해 형성된다. 비슷한 연령, 동종의 직업 집단, 동일한 종교적 신념을 가진 집단 등을 기초로 하여 그 구성원들이 활발한 의사소통과 상호 작용을 하는 가운데 형성된 그들만의 문화이다.

① 반문화   ② 하위문화
③ 대중문화   ④ 지역 문화
⑤ 주류 문화

빈출
339

다음 사례와 관련 있는 문화 유형의 기능만을 〈보기〉에서 고른 것은?

• 좋아하는 대중 스타를 응원하기 위해 팬들이 기부 활동을 벌이는 팬덤 기부 문화가 확산되고 있다.
• 일부 지역의 학교를 중심으로 친환경 농산물 급식이 시범적으로 시행되는 등 친환경 먹거리 문화가 확산되고 있다.

[보기]
ㄱ. 전체 문화의 획일성을 방지한다.
ㄴ. 대중의 문화적 정체성이 상실된다.
ㄷ. 하위 집단에 대한 소속감을 높인다.
ㄹ. 집단 간 문화 공유로 사회 통합이 실현된다.

① ㄱ, ㄴ   ② ㄱ, ㄷ   ③ ㄴ, ㄷ
④ ㄴ, ㄹ   ⑤ ㄷ, ㄹ

340

A, B에 관한 설명으로 옳은 것은?

> 인류 문화를 A로 보게 되면 한국 문화는 B에 해당한다. 그런데 한국 문화를 A로 할 때, 제주도 문화는 B가 된다. 이렇게 A와 B는 절대적으로 규정되어 있는 것이 아니라 전체의 범주를 어떻게 설정하느냐에 따라 상대적으로 규정된다.

① A는 집단 간의 갈등을 초래하여 사회 통합을 저해할 우려가 있다.
② 모든 B는 전체 사회의 지배적인 가치를 따른다.
③ 공유하는 성원의 수는 B가 A보다 많다.
④ B는 A에 역동성과 다양성을 제공하는 기능을 한다.
⑤ A는 하위문화, B는 전체 문화이다.

341

다음과 같은 문화의 특징에 관한 설명 및 추론으로 적절하지 <u>않은</u> 것은?

히피는 1960년대 미국에서 전쟁과 폭력에 반대하고 인간성 회복, 자연으로의 복귀 등을 주장하며 기존의 사회 통념 및 제도·가치관에 저항하였던 사람들이다. 그들은 머리카락을 자르지 않고 기르며 맨발로 다니고 옷을 직접 만들어 입으면서 물질적 풍요와 편의성보다는 자연과 공존하는 생활 태도를 지향하였다. 또한 정치적으로는 베트남 전쟁에 파병을 반대하는 등 정부 정책에 정면으로 도전함으로써 자신들의 저항 의식을 표출하였다. 한편 지배 집단은 이러한 히피를 사회 부적응자나 청결하지 못한 사람들로 바라보았다.

① 사회의 모순을 표면화하는 데 기여하기도 한다.
② 지배 집단에 의해 일탈 문화로 규정되기도 한다.
③ 해당 집단 구성원의 욕구 충족에 기여하기도 한다.
④ 사회 전체의 문화에 다양성과 역동성을 제공하기도 한다.
⑤ 전체 사회 구성원의 문화 공유성 제고에 기여하기도 한다.

★ 빈출 342

다음은 한 학생의 서술형 답안지이다. 밑줄 친 ㉠~㉤ 중 감점 요인이 된 부분만을 있는 대로 고른 것은?

> **서술형 평가**
>
> • 문제 : A~C의 특성을 비교하여 서술하시오.
>
> | 구분 | A | B | C |
> |---|---|---|---|
> | 한 사회 내에서 일부 구성원들만 공유하는 문화인가? | 예 | 예 | 아니요 |
> | 한 사회의 지배적인 문화를 거부하거나 저항하는 문화인가? | 예 | 아니요 | 아니요 |
>
> * A~C는 각각 주류 문화, 반문화의 성격이 없는 하위문화, 반문화 중 하나임
>
> • 답 : ㉠A는 사회의 보편적 가치에 따라 절대적으로 규정되는 한편, ㉡B는 C의 범주를 어떻게 구성하느냐에 따라 상대적으로 정의할 수 있다. ㉢A는 B와 달리 주류 집단에 의해 일탈로 규정되며, A나 B를 공유하는 사람들은 C의 문화 요소 중 일부를 공유한다. 또한 ㉣B, C와 달리 A는 해당 문화를 향유하는 구성원들의 정체성 형성에 기여한다. 한편 ㉤A, B는 기존의 지배적 문화를 대체하기도 한다.

① ㉠, ㉢
② ㉠, ㉣
③ ㉡, ㉤
④ ㉠, ㉢, ㉣
⑤ ㉡, ㉢, ㉤

343

(가), (나)는 한 사회의 문화를 공유 수준과 범위에 따라 구분한 것이다. 이에 관한 옳은 설명만을 <보기>에서 있는 대로 고른 것은?

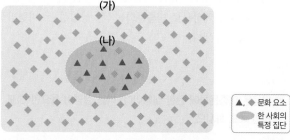

▲, ◆ 문화 요소
⬭ 한 사회의 특정 집단

[보기]
ㄱ. (나)는 해당 구성원의 욕구 해결에 기여한다.
ㄴ. 한 개인은 동시에 여러 개의 (나)에 속할 수 있다.
ㄷ. (나)보다 (가)를 공유하는 구성원 수가 더 많다.
ㄹ. 지역 문화는 (가)에 속하지만 (나)의 성격은 갖고 있지 않다.

① ㄱ, ㄴ
② ㄱ, ㄹ
③ ㄷ, ㄹ
④ ㄱ, ㄴ, ㄷ
⑤ ㄴ, ㄷ, ㄹ

344

다음은 사회·문화 수업 시간에 교사가 제시한 자료이다. 이에 관한 설명으로 옳지 <u>않은</u> 것은?

> 1. 수업 주제 : ⬚ (가) ⬚
>   (1) 의미
>   (2) 사례 : 라틴 댄스를 즐기는 3040 문화, 하회 별신굿 탈놀이로 대표되는 안동 문화
> 2. 수업 주제 : ⬚ (나) ⬚
>   (1) 의미
>   (2) 사례 : 폭주족 문화, 1960~70년대 미국의 히피 문화

① 세대 문화와 지역 문화는 (가)에 포함된다.
② 한 개인에게서 동시에 여러 개의 (가)를 발견할 수 있다.
③ (나)는 해당 사회의 주류 문화에 의해 차별받기도 한다.
④ (가)가 주류 문화와 대립할 경우 (나)로 변화할 수 있다.
⑤ (나)는 (가)와 달리 문화의 속성 중 공유성을 활용하여 설명할 수 없다.

345

다음 갑국, 을국에서 공통적으로 나타난 청소년 문화의 특징으로 옳은 것은?

> 갑국 시민 : 우리나라 청소년은 사회 참여 활동을 활발하게 하는데 특히 인터넷을 통한 정책 비판에 적극적이죠. 스스로 민주 사회를 만들고 지켜 온 우리 사회의 경험과 디지털 환경에 익숙한 청소년의 특성 때문입니다.
> 을국 시민 : 우리나라 청소년은 자신의 성적과 진로에만 신경 쓰고 사회 비판 의식이 낮습니다. 사회 전반적으로 개인주의가 팽배해 있을 뿐 아니라 특히 청년층의 실업이 심각하다 보니 청소년만 탓할 일은 아니죠.

① 지배 문화에 대항하는 반문화이다.
② 사회 변화를 지향하는 세대 문화이다.
③ 국가별로 달리 나타나는 지역 문화이다.
④ 전체 사회의 영향을 받는 하위문화이다.
⑤ 대중 매체의 영향으로 형성되는 대중문화이다.

346

밑줄 친 '이 문화'에 관한 설명으로 옳지 <u>않은</u> 것은?

> 과거 전통 사회에서의 문화 향유는 지극히 제한된 일부 계층에서만 가능하였다. 그러나 산업화 및 의무 교육 보급의 확대에 따른 문화 향유 능력의 향상과 매스 미디어의 발달은 이 문화 성립의 기반이 되었다.

① 문화의 획일화를 초래하기도 하였다.
② 대량 생산 체제를 바탕으로 성립하였다.
③ 반문화를 양산하여 사회 통합을 저해하였다.
④ 사람들에게 휴식 및 오락의 수단을 제공하였다.
⑤ 일방향적인 특성으로 대중을 수동적 존재로 만들었다.

347

밑줄 친 ㉠, ㉡에 관한 설명으로 옳지 <u>않은</u> 것은?

> 오페라, 연극, 발레, 클래식 음악 등은 ㉠ 오랫동안 한 사회의 지배 집단이 누려 온 문화였다. 이러한 문화의 많은 부분이 근대 사회에 접어들면서 대량 생산되어 ㉡ 다수의 사회 구성원이 누릴 수 있는 문화로 탈바꿈되었다.

① ㉠은 당시의 일반 사람에게는 제한적이었다.
② ㉡은 대중 사회를 기반으로 성립되었다.
③ ㉠에서 ㉡으로의 변화를 촉진한 것은 대중 매체의 발달이다.
④ ㉡은 ㉠에 관한 저항의 산물로 볼 수 있다.
⑤ ㉡은 문화의 대량성, 일방성을 특징으로 한다.

348

다음 글에 나타난 대중문화의 기능으로 가장 적절한 것은?

> 광주 ○○ 학교에서 일어난 장애 아동 폭력 문제를 폭로하여 가해자에 관한 사법 처리의 도화선이 된 영화 '도가니', 미성년자 성폭력과 이에 관한 솜방망이 처벌 문제를 조명한 영화 '돈 크라이 마미' 등은 사회적으로 큰 반향을 일으키며 우리 사회의 인권과 관련된 사회적 화두를 제시하였다.

① 휴식과 오락을 제공한다.
② 사회 문제에 관한 관심을 제고한다.
③ 여러 가지 지식과 정보를 제공한다.
④ 문화적 혜택을 일반 대중에게 확산시킨다.
⑤ 새로운 유행을 창출하여 소비를 자극한다.

349

다음은 근대 사회의 대중문화에 관한 글이다. 밑줄 친 ㉠~㉤에 관한 설명으로 가장 적절한 것은?

> ㉠산업화 과정에서 직장을 찾아 농촌에서 도시로 결집된 대규모 인구층을 ㉡대중이라고 부른다. 이들의 열악한 삶의 조건은 최소한의 휴식을 위한 문화를 필요로 하게 되었으며, ㉢사회적 발언권의 확대와 함께 문화에 관한 요구도 커졌다. 한편 근대 기술의 발달로 등장한 ㉣대중 매체는 이들의 문화적 욕구를 충족시킬 기반을 제공하였다. 이에 따라 문화·예술 생산자들은 대중을 주목하여 ㉤시장을 위한 문화 생산에 뛰어들었다.

① ㉠에서는 다품종 소량 생산이 지배적이었다.
② ㉡은 봉건적 지배 질서를 존중하였다.
③ ㉢은 대중 민주주의 형성의 요인이 되었다.
④ ㉣은 일방향 소통 방식보다 쌍방향 소통 방식이 더 지배적이었다.
⑤ ㉤에서 상업성보다 예술성이 더 중요하게 되었다.

350

다음 글을 통해 알 수 있는 대중문화의 특징으로 가장 적절한 것은?

> 최근 출간된 ○○○ 시인의 시집에는 300여 명의 주주가 있다. 이들은 시인이 자신의 누리 소통망(SNS)에 제안한 소셜 펀딩에 응해 투자를 결심한 사람들이다. 이 독특한 출간 형식에 처음에는 과연 몇 명이 응할지 의심스러웠지만 펀딩 금액은 하루에 1,000만 원을 넘어서며 폭발적인 반응을 얻었다. 누리 소통망(SNS)을 기반으로 한 책 출간은 작가와 출판사 모두가 이익을 얻을 수 있어 앞으로 더 확대될 것으로 보인다.

① 대중 조작의 수단이 된다.
② 고급문화가 대중화되는 계기가 된다.
③ 사회 구성원의 생활 방식을 유사하게 한다.
④ 상업성으로 저질 문화가 확산되는 경향이 나타난다.
⑤ 뉴 미디어의 등장으로 생산자와 소비자의 경계가 모호해지고 있다.

★빈출 351

다음은 사회 변화에 따른 문화의 특성을 나타낸다. (가)~(다)에 관한 설명으로 옳지 않은 것은?

전통 사회	산업 사회	정보 사회
(가) 지배 계층만이 향유하는 문화	(나) 대중들이 누리는 동질적인 문화	(다) 뉴 미디어를 통해 형성되는 문화
승마, 사냥	영화, 야구	유튜브, SNS 문화

① (가)는 문화의 폐쇄성이 강하다.
② (나)는 대량 생산 체제를 바탕으로 성립하였다.
③ (나)는 대중을 수동적 존재로 전락시킨다는 비판을 받는다.
④ (다)는 문화 소비자와 생산자 간 경계가 강화된다.
⑤ (나)는 일방향 매체, (다)는 쌍방향 매체에 의해 형성된다.

352

다음과 같은 주장이 초래할 수 있는 문제점에 관한 옳은 설명만을 〈보기〉에서 고른 것은?

> 정치적 민주주의가 다수 의사에 따라 지도자를 선출하고 국가 중대사를 투표로 결정하듯이 시청률에 따라 텔레비전 프로그램 내용을 결정하는 것이 당연하며, 이것이 '문화적 민주주의'이다.

[보기]
ㄱ. 대중문화의 질을 저하시킬 수 있다.
ㄴ. 지나친 정치 참여를 유발할 수 있다.
ㄷ. 사람들의 행동을 획일화시킬 우려가 있다.
ㄹ. 문화 창작의 고유한 가치나 표현을 경시할 수 있다.

① ㄱ, ㄴ   ② ㄱ, ㄹ   ③ ㄴ, ㄷ
④ ㄴ, ㄹ   ⑤ ㄷ, ㄹ

353

다음 글에 나타난 대중 매체의 역기능으로 가장 적절한 것은?

> 거리에는 흡사 유니폼이라도 맞추어 입은 듯 수많은 학생이 한 브랜드의 옷을 입고 다닌다. "유행에 뒤떨어진다."라는 말을 듣지 않기 위해서라면 개성의 자유는 언제라도 무시해 버릴 수 있다는 것처럼 보인다. 라디오에서는 비슷한 리듬의 대중가요가 쏟아져 나오고 있어서 다른 취향의 음악을 접할 기회도 별로 없고 무심한 사람들은 다른 취향의 음악을 들을 필요조차 느끼지 못한다.

① 대중의 사회적 무관심을 확산시킨다.
② 대중을 물질 만능주의로 획일화시킨다.
③ 다량의 정보를 유통시켜 삶의 질을 저하시킨다.
④ 사회 구성원의 규격화된 행동 양식을 조장한다.
⑤ 다양한 정보를 제공하여 사회적 통합을 저해한다.

★ 빈출
354

밑줄 친 '이 프로그램'에 관한 옳은 분석만을 〈보기〉에서 고른 것은?

> 한 텔레비전 채널의 가수 오디션 프로그램은 일반인을 대상으로 오디션을 실시하여 한 명의 우승자를 가리는 것을 내용으로 한다. 그런데 이 프로그램의 심사는 심사 위원 점수와 함께 시청자의 실시간 인터넷 투표, 휴대 전화 문자 투표 등을 합산하여 최저점자를 탈락시키는 방식으로 진행되면서 시청자의 적극적인 참여를 유도하여 높은 시청률을 기록하였다.

[보기]
ㄱ. 대중 매체의 일방향성이 갖는 한계를 극복하고자 하였다.
ㄴ. 시청자에게 사실과 정보를 객관적으로 제공하고자 하였다.
ㄷ. 뉴 미디어의 등장은 이러한 프로그램을 가능하게 한 요인이 되었다.
ㄹ. 대중 매체의 상업주의를 포기하고 시청자의 이익을 중시하고자 하였다.

① ㄱ, ㄴ   ② ㄱ, ㄷ   ③ ㄴ, ㄷ
④ ㄴ, ㄹ   ⑤ ㄷ, ㄹ

355

반문화와 관련하여 다음 두 사례를 통해 내릴 수 있는 결론을 서술하시오.

> • 천주교를 인정하는 우리나라와 달리 이슬람 국가에서는 천주교를 금지한다.
> • 천주교가 금지된 조선 말기에는 천주교 신부가 처형의 대상이었지만 현재는 존경의 대상이 되기도 한다.

356

㉠, ㉡에 해당하는 문화 유형을 각각 쓰시오.

> 한 사회의 구성원 대부분이 공유하는 주류 문화와는 달리 특정 집단의 구성원만이 공유하는 문화를 (㉠)(이)라고 한다. 그러나 (㉠)이/가 그 사회의 지배적인 문화와 반드시 조화롭게 공존하는 것은 아니다. 경우에 따라서는 지배적인 문화에 저항하거나 대립하는데, 이를 (㉡)(이)라고 한다.

[357~358] 다음 글을 읽고 물음에 답하시오.

> 좁은 의미로는 대중 매체에 의해 제공되고 형성된 문화를 의미하며, 넓은 의미로는 대중 사회가 등장하면서 나타난 문화를 의미한다. ㉠ 이러한 문화는 근대 이후 정치적·경제적·사회적 변화와 맞물려 등장하였다.

357

㉠은 무엇인지 쓰시오.

358

㉠의 형성 배경을 두 가지 서술하시오.

적중 1등급 문제

» 바른답·알찬풀이 35쪽

359

다음 자료에 관한 분석으로 가장 적절한 것은?

(가) 갑국에는 다양한 ㉠이민자 집단의 문화가 존재한다. 그중 일부는 갑국의 보편적 문화로 자리 잡았다. 그 대표적 사례로 토마토소스를 사용한 요리를 들 수 있다. 토마토소스는 '마녀의 피'라고 불리며 ㉡문화인이라면 먹어서는 안 되는 야만적인 식재료로 간주되었으나 오늘날 갑국에서 토마토소스를 사용한 요리를 누구나 즐겨 먹는다.

(나) 을국에서 ㉢바지는 여성이 착용했을 때 음란한 복장으로 취급되어 금기시되었다. 그러나 ㉣여성에게도 바지를 입을 권리가 있다고 주장하는 사람들이 나타났고 결국 여성 누구나 바지 착용을 즐기게 되었다.

① ㉠은 갑국의 주류 문화에 저항하는 반문화이다.
② ㉡에서 문화는 넓은 의미로 사용되었다.
③ ㉢은 모든 문화 요소가 상호 유기적으로 연결됨을 나타낸다.
④ ㉣은 사회 구성원 대부분이 공유하는 문화이다.
⑤ (가), (나)를 통해 하위문화가 모든 사회 구성원이 향유하는 문화가 될 수 있음을 알 수 있다.

360

밑줄 친 ㉠~㉢에 관한 설명으로 가장 적절한 것은? (단, ㉠~㉢은 각각 반문화, 주류 문화, 하위문화 중 하나이다.)

갑국은 사방에 적을 두고 침략에 시달려 왔기 때문에 국가 안보가 국정의 최대 목표이다. 그래서인지 정치인 중에서는 군인 출신이 많다. 군인 출신의 정치인은 군대 시절부터 몸에 밴 ㉠군대에서 사용하던 말투와 행동을 취한다. 국민 누구나 군대를 다녀오기 때문에 ㉡많은 사람은 일상생활에서 군대식 말투와 행동을 취한다. 그러나 일부 젊은이는 ㉢군대를 비하하는 말투와 행동을 함으로써 군대 문화를 혐오하기도 한다.

① 모든 ㉠과 ㉢의 합은 ㉡이다.
② ㉢이 ㉡으로 변화하기도 한다.
③ ㉠과 달리 ㉢은 한 사회의 문화적 다양성을 보여 준다.
④ ㉠, ㉢을 향유하는 구성원들은 ㉡을 공유하지 않는다.
⑤ ㉠, ㉡은 모두 국민 전체의 일체감을 높이는 데 기여한다.

361

다음 사례에 관한 옳은 설명만을 〈보기〉에서 고른 것은?

갑국에서 1970년대에는 용이나 뱀 모양의 문신을 하는 사람은 대개 조직 폭력배였다. 그들은 이러한 문신으로 다른 사람에게 위압감을 줌으로써 자신들의 결속력을 다지는 도구로 생각하였다. 그렇다고 하여 사회에 저항하는 의미는 아니었다. 그런데 1990년대 들어서는 점차 많은 젊은이가 고양이나 토끼 등 귀여운 동물을 새기는 경우가 많아졌다. 이 시기에는 문신이 젊은이의 상징처럼 인식되었으며 일반인도 젊은이의 문신에 특별히 혐오감을 느끼지 않게 되었다. 2000년대에는 성형 수술이 발달하면서 젊은이뿐만 아니라 나이 든 사람도 문신을 새기는 경우가 늘어나게 되었다. 그러나 아직은 문신을 새기는 사람이 그렇게 많지 않다.

[보기]
ㄱ. 1970년대 문신은 갑국의 반문화이다.
ㄴ. 1990년대 문신은 갑국의 하위문화이다.
ㄷ. 1990년대 문신은 갑국에서 세대 차이를 드러내는 문화이다.
ㄹ. 2000년대는 1990년대와 달리 문신은 갑국의 주류 문화이다.

① ㄱ, ㄴ   ② ㄱ, ㄷ   ③ ㄴ, ㄷ
④ ㄴ, ㄹ   ⑤ ㄷ, ㄹ

362

밑줄 친 '사투리'에 관한 옳은 분석만을 〈보기〉에서 있는 대로 고른 것은?

소중한 문화유산인 사투리를 보존하려는 지방 자치 단체의 움직임이 활발하게 전개되고 있다. 울산광역시는 울산 방언사전을 펴내 사투리 보존에 나서고 있으며, 강원도에서는 강릉 사투리 보존회가 다양한 문화 콘텐츠로 사투리 알리기에 나서고 있다. 제주특별자치도는 2007년 제주어 보전 및 육성 조례를 제정해 다양한 지원책을 마련하는가 하면 제주어 보전 육성 위원회와 제주어 연구소를 개설하여 운영하는 등 다양한 정책을 펼치고 있다.

[보기]
ㄱ. 하위문화이자 반문화이다.
ㄴ. 전체 사회 통합을 용이하게 한다.
ㄷ. 문화 다양성 보존에 긍정적으로 기여한다.
ㄹ. 지역 구성원에게 일체감과 자부심을 느끼게 한다.

① ㄱ, ㄴ   ② ㄱ, ㄷ   ③ ㄷ, ㄹ
④ ㄱ, ㄴ, ㄹ   ⑤ ㄴ, ㄷ, ㄹ

363

그림은 대중 매체 A, B의 특징을 비교한 것이다. 이에 관한 설명으로 옳은 것은? (단, A, B는 각각 인쇄 매체, 뉴 미디어 중 하나이다.)

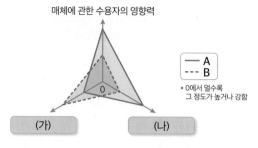

매체에 관한 수용자의 영향력

— A
--- B

*0에서 멀수록
그 정도가 높거나 강함

(가) (나)

① A는 B에 비해 정보 확산의 시·공간적 제약이 크다.
② B는 A에 비해 정보의 복제 및 재가공이 용이하다.
③ A, B는 모두 다양한 감각을 통해 정보를 제공한다.
④ (가)에는 '정보 전달 속도'가 적절하다.
⑤ (나)에는 '정보 생산자와 소비자 간 경계의 모호성'이 적절하다.

364

(가), (나)에 해당하는 내용으로 옳은 것만을 〈보기〉에서 있는 대로 고른 것은? (단, A~C는 각각 인쇄 매체, 영상 매체, 뉴 미디어 중 하나이다.)

'심층적인 정보 전달이 용이한가?'라는 질문으로 A와 B를 구분할 수 있고 '정보 제공이 일방향적으로 이루어지는가?'라는 질문으로 A와 C를 구분할 수 없다. 표는 대중 매체 A~C를 (가), (나)를 기준으로 비교한 것이다.

대중 매체의 특징	비교 결과
(가)	A > B
(나)	B > C

【 보기 】
ㄱ. (가) : 정보 전달의 신속성
ㄴ. (가) : 정보 생산자와 소비자 간 경계의 명확성
ㄷ. (나) : 정보의 복제와 재가공의 용이성
ㄹ. (나) : 정보 전달 시 문맹자의 정보 접근 가능성

① ㄱ, ㄴ   ② ㄱ, ㄹ   ③ ㄴ, ㄷ
④ ㄱ, ㄷ, ㄹ   ⑤ ㄴ, ㄷ, ㄹ

365

다음 자료에 관한 옳은 설명만을 〈보기〉에서 고른 것은?

형성 평가

질문 : 다음을 읽고 밑줄 친 부분에 들어갈 내용을 쓰시오.
    (단, A~C는 각각 종이 신문, TV, SNS 중 하나이다.)

• A보다 B가 정보 전달의 신속성이 강하다.
• B보다 C가 정보 제공자의 전문성이 강하다.

(1) A는 B에 비해 _정보 생산자와 수용자 간의 경계가 명확하다._
(2) B는 C에 비해 _문맹자의 정보 접근이 어렵다._
(3) C는 A에 비해 _____(가)_____
점수 : 2점

*맞으면 1점, 틀리면 0점임

【 보기 】
ㄱ. A는 B에 비해 정보의 재가공이 유리하다.
ㄴ. B는 C에 비해 정보 전달의 쌍방향성이 강하다.
ㄷ. C는 A에 비해 정보 전달과 수용의 동시성이 강하다.
ㄹ. (가)에는 '복합적 감각 정보의 전달이 어렵다.'가 들어갈 수 있다.

① ㄱ, ㄴ   ② ㄱ, ㄷ   ③ ㄴ, ㄷ
④ ㄴ, ㄹ   ⑤ ㄷ, ㄹ

366

다음 글을 통해 파악할 수 있는 대중문화의 문제점으로 가장 적절한 것은?

언제부터인가 '막장 드라마'라는 말이 텔레비전 드라마의 대표 명사가 된 듯하다. 자극적인 인물 설정은 기본이고 부잣집이나 회사 승계를 둘러싼 자녀의 투쟁, 불륜, 출생의 비밀, 얽히고설킨 가족 관계가 없는 드라마는 심심할 정도이다. 맥락도 주제도 철학도 없이 드라마는 흐른다. 잔잔한 감동을 주는 것도 아니고 교훈적인 내용도 아닌데 사람들은 이런 드라마에 쉽게 빠진다. 왜 그럴까? 힘든 직장에서 돌아와 현실의 고달픔을 잊고 싶을 때는 곰곰히 생각하는 것보다 쉽게 몰입해 내용을 파악할 수 있는 단순한 드라마가 매력적이기 때문이다.

① 전통문화를 소멸시킬 수 있다.
② 계층 간 갈등을 유발할 수 있다.
③ 대중문화의 질적 수준을 저하할 수 있다.
④ 정보 조작을 통해 여론을 왜곡할 수 있다.
⑤ 문화 생산자와 소비자의 경계가 불분명해질 수 있다.

O9 Ⅲ 문화와 일상생활
문화 변동의 양상과 대응

☑ 출제 포인트　☑ 문화 변동 요인　☑ 문화 변동 양상　☑ 문화 접변 결과　☑ 문화 변동의 부작용

1. 문화 변동의 요인과 양상

1 문화 변동의 의미와 요인
(1) **문화 변동**　새로운 문화 요소의 등장이나 다른 문화와의 접촉을 통해 문화가 끊임없이 변화하는 현상
⭐(2) **문화 변동의 요인** ◉ 81쪽 380번, 82쪽 384번 문제로 확인
① 내재적 요인

발명	없었던 문화 요소를 새로 만들어 내는 것 ⓓ 전구, 자동차
발견	이미 존재하고 있었으나 세상에 알려지지 않은 어떤 것을 찾아내거나 알아내는 것 ⓓ 불, 바이러스

② 외재적 요인 : 문화 전파

직접 전파	교역, 전쟁, 정복 등 두 문화 간의 직접적 접촉에 따라 문화 요소가 전해지는 것 ⓓ 사신 교류를 통한 전파
간접 전파	매개체를 통해 문화 요소가 전해지는 것 ⓓ 인터넷을 통한 전파
자극 전파	다른 사회의 문화 요소에서 아이디어를 얻어 새로운 문화 요소를 발명하는 것 ⓓ 영어에 착안해 체로키 문자를 만든 체로키족

2 문화 변동의 양상
(1) **내재적 변동**　발명이나 발견으로 한 사회의 문화 체계 내에서 새로운 문화 요소가 수용·확산되면서 나타나는 문화 변동
(2) **외재적 변동**

의미	서로 다른 두 사회가 장기간에 걸쳐 전면적인 접촉을 함에 따라 나타나는 문화 변동(문화 접변)
종류	• 강제적 문화 접변 : 문화 수용자의 의지와 상관없이 외부 사회의 강압으로 나타나는 문화 변동 • 자발적 문화 접변 : 문화 수용자가 스스로 다른 사회의 문화 요소를 자기 사회의 문화 체계 속에 받아들임으로써 나타나는 문화 변동

⭐3 문화 접변의 결과 ◉ 82쪽 385번 문제로 확인

문화 동화	한 사회의 문화가 다른 사회의 문화 체계 속에 흡수되어 정체성을 상실하는 현상
문화 공존 (문화 병존)	서로 다른 사회의 문화 요소가 한 사회의 문화 체계 속에서 나란히 존재하는 현상
문화 융합	서로 다른 문화 요소가 결합하여 기존 문화 요소와 성격이 다른 새로운 문화가 형성되는 현상

> **자료**　문화 접변의 결과 ◉ 83쪽 388번 문제로 확인
>
>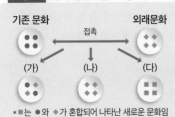
>
> **분석** (가)는 문화 공존으로 우리나라에 한의원과 서양식 병원이 함께 있는 것, (나)는 문화 동화로 아메리카 인디언이 백인 문화와 접촉하며 자문화를 상실한 것, (다)는 문화 융합으로 멕시코에서 토착 원주민의 전통과 에스파냐 정복자의 문화가 혼합되어 메스티소 문화가 생긴 것을 예로 들 수 있다.

2. 문화 변동의 부작용과 대처 방안

⭐1 문화 변동의 부작용 ◉ 85쪽 395번 문제로 확인
(1) **문화 지체 현상**
① 의미 : 물질문화의 변동 속도와 비물질문화의 변동 속도 간 차이로 나타나는 부조화 현상
② 원인 : 의식주나 기술 등의 물질문화는 빠르게 변동하지만 제도나 규범 및 가치관 등 비물질문화의 변동 속도는 이를 따르지 못함
③ 사례 : 음원이나 영상물을 가공 및 제작하는 기술은 급속도로 발전하였으나 그와 관련된 사람들의 인식은 크게 달라지지 않아 타인의 지식 재산권을 침해하는 상황
(2) **문화 정체성 약화**　새로운 문화 요소의 유입으로 혼란이 발생하거나 자문화의 정체성을 상실할 수 있음
(3) **아노미 현상 발생**　급격한 문화 변동으로 기존의 전통적 규범 및 가치관은 붕괴되고 이를 대체할 새로운 규범이나 가치관이 아직 정립되지 못해 규범의 혼란이 발생하는 상황이 나타남
(4) **집단 간 갈등 발생**　새로운 문화 요소를 수용하여 기존 문화를 대체하려는 집단과 기존 문화를 유지하려는 집단 간에 갈등이 발생할 수 있음

> **자료**　문화 지체 현상 ◉ 85쪽 394번 문제로 확인
>
>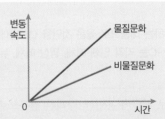
>
> **분석** 한 사회의 문화는 의식주, 기술 등과 같은 물질문화와 관념, 제도 등과 같은 비물질문화로 구성되어 있다. 물질문화는 사회 구성원이 비교적 쉽게 새로운 것을 받아들이고 변동 속도도 빠른 편이지만 비물질문화는 변동 속도가 느리다. 이처럼 비물질문화가 물질문화의 변동 속도를 따라잡지 못해 나타나는 부조화의 문제를 문화 지체 현상이라고 한다.

2 문화 변동의 부작용에 관한 대처 방안
(1) **물질문화와 비물질문화 간 균형**　문화 지체 현상을 해결하기 위해 물질문화보다 뒤처진 의식과 규범, 제도를 개선해야 함
(2) **새로운 문화의 주체적 수용**　문화 정체성의 약화를 막기 위해 주체적 수용과 고유문화의 장점 유지·발전 노력이 필요
(3) **변화된 사회에 부합하는 새로운 규범 정립**　아노미 현상이 나타난 경우에는 새로운 규범 정립, 합의된 가치관 도출 필요
(4) **상대주의적 태도와 관용의 자세**　집단 간 갈등 해결을 위해 타협점을 모색하는 데 필요

●● 다음은 문화 변동의 요인에 관한 설명이다. ㉠, ㉡ 중 알맞은 것을 고르시오.

367 불이나 페니실린을 알아낸 것은 (㉠ 발명, ㉡ 발견)에 해당한다.

368 백제의 왕인이 일본으로 건너가 논어와 천자문을 전수한 것은 (㉠ 직접 전파, ㉡ 간접 전파)의 사례이다.

369 인터넷을 통해 케이팝(K-Pop)이 전파된 것은 (㉠ 직접 전파, ㉡ 간접 전파)의 사례이다.

370 신라의 설총이 중국에서 온 한자의 영향을 받아 이두를 발명한 것은 (㉠ 간접 전파, ㉡ 자극 전파)에 해당한다.

●● 다음은 문화 변동의 양상에 관한 설명이다. 다음 설명이 옳으면 ○표, 틀리면 ×표 하시오.

371 증기 기관 발명에 따른 영국 사회의 변화는 문화의 외재적 변동이다. ( )

372 자발적 문화 접변이 일어나면 문화의 반동 및 복고가 나타난다. ( )

373 이민자가 스스로 새로운 사회의 문화를 수용하는 것은 강제적 문화 접변의 사례이다. ( )

●● 다음은 문화 접변의 결과이다. 다음 문장과 관련 있는 개념을 〈보기〉에서 고르시오.

374 우리나라에 있는 차이나타운 ( )

375 아메리카 원주민의 문화가 백인 문화에 흡수된 것 ( )

376 우리나라 토속 신앙과 불교가 결합한 칠성각과 산신각 ( )

377 멕시코 토착 원주민의 전통과 에스파냐 문화가 혼합된 메스티소 문화 ( )

[보기]
ㄱ. 문화 공존   ㄴ. 문화 동화   ㄷ. 문화 융합

●● 다음은 문화 변동의 부작용에 관한 설명이다. 빈칸에 들어갈 알맞은 말을 쓰시오.

378 물질문화와 비물질문화 간의 변동 속도의 차이로 발생하는 부조화 현상을 ( )(이)라고 한다.

379 문화 변동으로 기존의 가치 규범이 무너지고 새로운 가치 규범이 형성되지 않을 경우에는 ( ) 현상이 나타날 수 있다.

1. 문화 변동의 요인과 양상

⭐빈출
380

(가), (나)에 나타난 문화 변동의 요인을 바르게 연결한 것은?

(가) 미국 서부 개척 시대에 한 독일 출신 청년이 광부의 작업복이 쉽게 찢어지는 것을 보완하기 위해 텐트용으로 생산된 두꺼운 천으로 바지를 만들었는데 이것이 청바지의 시초이다.

(나) 청바지는 6·25 전쟁 때 미군에 의해 우리나라에 소개된 후 생맥주, 통기타 등과 어우러지면서 청년 문화의 상징이 되었다.

(가)	(나)		(가)	(나)
① 발명	직접 전파		② 발명	간접 전파
③ 발견	자극 전파		④ 발견	직접 전파
⑤ 전파	간접 전파			

381

다음 사례에 관한 설명으로 가장 적절한 것은?

우키요에란 일본에서 14세기에 시작되어 19세기까지 유지된 판화 양식으로 서민의 생활 모습을 목판에 새겨 찍어 낸 그림을 말한다. 우키요에는 19세기 중반 서양에서 사진과 인쇄술이 들어오면서 일본에서는 쇠퇴하였으나 지구 반대편인 유럽, 특히 파리에서 되살아났다. 우키요에는 당시 유럽에 수출하던 도자기 포장지로 사용되었다. 주요 수출품인 도자기보다 포장지인 우키요에 판화가 더 인기를 끌면서 당시 프랑스에서 활동하던 인상파 화가들에게 영향을 주었다.

① 우키요에는 프랑스에 직접 전파를 통해 전해졌다.
② 프랑스에서는 내재적 요인에 의해 문화 변동이 일어났다.
③ 우키요에는 자발적 문화 접변에 의해 프랑스에 전해졌다.
④ 일본에서는 서양 문물이 전해지면서 문화 저항이 나타났다.
⑤ 우키요에는 서양 사람의 자문화 중심주의로 서구에서 쇠퇴하였다.

382

밑줄 친 ⊙~@에 관한 옳은 설명만을 〈보기〉에서 고른 것은?

강대국인 A국 왕실이 주도한 정략혼인을 통해 A국 왕실 문화가 B국 왕실로 전래되었다. 또한 양국 간에 ⊙ 사람들의 왕래가 많아지면서 B국 왕실 사람들이 누리던 A국 왕실의 음식 문화를 B국의 상류층 대다수도 향유하였는데, 이를 B국 사람들은 ⓒ 'A 양식'이라고 불렀다. 이후 경제적 여유가 없었던 B국의 중하층에서는 A국의 ⓒ 음식 문화를 모방하여 ㉣ A국의 요리법과 B국의 요리 재료가 결합된 새로운 음식을 만들었다.

【 보기 】
ㄱ. ⊙은 문화 변동의 내재적 요인에 해당한다.
ㄴ. ⓒ은 자발적 문화 접변에 따라 나타난 것이다.
ㄷ. ⓒ 음식 문화의 '문화'는 문화생활의 '문화'와 같은 뜻으로 사용되었다.
ㄹ. ㉣은 문화 융합의 사례이다.

① ㄱ, ㄴ   ② ㄱ, ㄷ   ③ ㄴ, ㄷ
④ ㄴ, ㄹ   ⑤ ㄷ, ㄹ

383

다음 글에 관한 옳은 분석만을 〈보기〉에서 있는 대로 고른 것은?

오스트레일리아 원주민인 일요론트 부족에게 가장 중요한 도구는 돌도끼였다. 그런데 서양 선교사로부터 쇠도끼를 선물받으면서 많은 변화가 생겨났다. 돌도끼보다 성능이 좋은 쇠도끼를 가지게 된 여성과 아이들은 더 이상 성인 남성에게 돌도끼를 빌려 쓰지 않게 되면서 남녀 역할에 혼돈이 오고 남성의 권위 체계가 흔들리기 시작하였다. 더 나아가 가정에서의 통제가 약화되고 사회 전반에 가치 혼란을 야기하였다. 돌도끼 제작에 필요한 석재 교역의 쇠퇴를 초래했으며 이로써 교역 상대 집단과의 축제 행사도 점차 기능을 상실하게 되었다.

【 보기 】
ㄱ. 물질문화의 전파로 문화 접변이 나타났다.
ㄴ. 문화의 변동성과 총체성을 알 수 있는 사례이다.
ㄷ. 일요론트 부족은 아노미 현상을 경험했을 것이다.
ㄹ. 강제적 문화 접변에 대항한 문화 복고 운동이 나타났다.

① ㄱ, ㄴ   ② ㄱ, ㄹ   ③ ㄷ, ㄹ
④ ㄱ, ㄴ, ㄷ   ⑤ ㄴ, ㄷ, ㄹ

⭐빈출 384

다음 사례에 관한 옳은 설명만을 〈보기〉에서 있는 대로 고른 것은?

체로키 인디언은 백인과 접촉하기 전에는 고유의 문자가 없었다. 그런데 체로키의 한 인디언이 백인과 접촉하면서 영어에서 영감을 얻어 체로키 문자를 고안해 내었다. 그는 영어에서 일부의 알파벳을 따왔고 다른 것은 변형시켰다. 그는 영어를 쓸 줄도 몰랐지만 변형한 알파벳으로 체로키의 알파벳을 만들었고 체로키족은 문자를 가지게 되었다.

【 보기 】
ㄱ. 신라 시대 설총이 중국의 한자에 착안하여 이두를 발명한 것도 유사한 사례이다.
ㄴ. 다른 사회의 문화 요소로부터 아이디어를 얻어 새로운 문화 요소가 발명된 사례이다.
ㄷ. 한 사회가 다른 문화와 교류하거나 접촉하는 과정에서 새로운 문화 요소가 생겨난 사례이다.
ㄹ. 중국에 사신으로 갔던 문익점이 중국에서 목화씨를 가져와 목화를 재배한 것도 유사한 사례이다.

① ㄱ, ㄴ   ② ㄱ, ㄹ   ③ ㄷ, ㄹ
④ ㄱ, ㄴ, ㄷ   ⑤ ㄴ, ㄷ, ㄹ

⭐빈출 385

밑줄 친 ⊙, ⓒ에 해당하는 문화 변동 양상을 바르게 연결한 것은?

'⊙ 샐러드 볼 사회'에 관해 들어 보셨나요? '샐러드 볼 사회'는 다양한 문화가 샐러드의 여러 재료들처럼 각각의 독특한 특징을 잃지 않은 채 전체로서 조화될 수 있는 다문화 사회를 뜻하는 용어입니다. 소수 문화가 다수 집단의 문화에 녹아 흡수되는 'ⓒ 용광로 사회'와는 다른 개념이지요.

	⊙	ⓒ
①	문화 공존	문화 동화
②	문화 공존	문화 융합
③	문화 융합	문화 공존
④	문화 융합	문화 동화
⑤	문화 동화	문화 융합

386

다음 사례에 나타난 문화 인류학적 개념만을 〈보기〉에서 있는 대로 고른 것은?

> 독일에서 한국의 음식 문화를 공부하러 온 A 씨는 한국의 음식에 큰 매력을 느꼈다. 그래서 그는 본국으로 돌아간 후 독일 음식에 한국 음식을 도입하여 두 음식 문화가 지닌 특성을 잘 살린 퓨전 요리를 만들어 큰 인기를 끌었다.

[보기]
ㄱ. 자극 전파   ㄴ. 문화 융합
ㄷ. 문화 지체   ㄹ. 자발적 문화 접변

① ㄱ, ㄷ   ② ㄱ, ㄹ   ③ ㄴ, ㄹ
④ ㄱ, ㄴ, ㄷ   ⑤ ㄴ, ㄷ, ㄹ

387

(가), (나)에 나타난 문화 변동에 관한 설명으로 가장 적절한 것은?

> (가) 과거에 미국의 음악이 라디오나 음반을 통해 한국에 유입되어 인기를 끌게 되면 그 음악을 부른 가수의 팬클럽이 생기고 그 가수가 입은 의상 등이 유행하였다. 최근에는 한국 대중음악이 인터넷을 통해 '케이팝(K-Pop)'이라는 이름으로 세계 여러 곳에서 인기를 누리고 있다.
> (나) 1990년대 이후 한국 사회에 결혼이나 노동을 위해 유입된 이주민이 증가하면서 그들의 다양한 문화가 확산되고 있다. 이에 따라 한국 사회에서 지배적이었던 단일 민족 사상을 대신해 다문화주의가 중요한 사회적 가치로 받아들여지고 있다.

① (가)에는 직접 전파, (나)에는 간접 전파가 나타난다.
② (가)와 달리 (나)에서는 자극 전파에 따른 문화 변동이 나타난다.
③ (나)와 달리 (가)에서는 구성원의 자발성에 기초한 문화 변동이 나타난다.
④ 세계화가 진행될수록 (가)보다는 (나)에 나타난 문화 변동 요인의 영향력이 커진다.
⑤ (가), (나) 모두 외재적 요인에 의한 문화 접변에 해당한다.

★빈출 388

(가)~(다)는 문화 접변의 결과 한 사회에서 나타날 수 있는 변화 유형을 나타낸 것이다. 이에 관한 옳은 설명만을 〈보기〉에서 고른 것은?

> (가) ●+▲ → ●   (나) ●+▲ → ★   (다) ●+▲ → ●▲
> * ●, ▲, ★ : 개별 문화 혹은 문화 요소 ┼ : 접촉 ⟶ : 변화

[보기]
ㄱ. ▲ 요소를 가진 사회의 구성원이 자문화에 자긍심이 강하다면 (가)와 같은 현상이 나타나기 쉽다.
ㄴ. 북아메리카의 원주민 문화가 백인 문화에 흡수된 것은 (나)에 해당한다.
ㄷ. 우리 사회에 한의학과 서양 의학이 함께 존재하는 것은 (다)에 해당한다.
ㄹ. (가)~(다)는 모두 전파로 인한 문화 변동 사례에 해당한다.

① ㄱ, ㄴ   ② ㄱ, ㄷ   ③ ㄴ, ㄷ
④ ㄴ, ㄹ   ⑤ ㄷ, ㄹ

389

(가), (나)에 관한 옳은 설명만을 〈보기〉에서 고른 것은?

> (가) 유럽인은 신대륙을 정복하는 과정에서 선교사를 통한 포교 활동을 중시하였다. 그 결과 유럽의 기독교는 원주민 사회의 신앙생활에만 한정되지 않고 일상생활 전반에 고루 침투해 결정적인 영향을 미치게 되었다.
> (나) 중국을 정복하여 청나라를 세운 만주족은 한족 남자에게 머리 주위를 깎고 가운데의 머리만을 땋아서 뒤로 길게 늘이는 변발을 강요하였다.

[보기]
ㄱ. (가)는 내재적 요인에 의한 문화 변동에 해당한다.
ㄴ. (가)에서 유럽인의 포교 활동은 문화의 총체성을 고려한 것이었다.
ㄷ. (나)에 나타난 문화 변동의 결과는 문화 융합이다.
ㄹ. (가), (나) 모두 문화 제공자의 의지에 의해 문화 변동이 나타났다.

① ㄱ, ㄴ   ② ㄱ, ㄷ   ③ ㄴ, ㄷ
④ ㄴ, ㄹ   ⑤ ㄷ, ㄹ

390

다음 자료에 관한 분석으로 옳은 것은?

〈자료 1〉은 문화 변동의 요인을 ㈎~㈐로 분류한 것이며, 〈자료 2〉는 갑~병국의 문화 변동 과정을 도식화한 것이다. 단, ㈎~㈐는 각각 발견, 발명, 직접 전파 중 하나이며, 제시된 것 이외의 다른 문화 변동은 없다.

〈자료 1〉

질문＼문화 변동의 요인	(가)	(나)	(다)
문화 변동의 내재적 요인인가?	예	아니요	예
새로운 문화 요소를 만들었는가?	아니요	아니요	예

〈자료 2〉

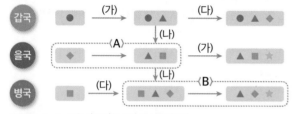

*●, ■, ▲, ◆, ★은 서로 다른 문화 요소를 의미함

① 갑국에서 발명으로 나타난 문화 요소는 을국에 전파되었다.
② 갑국에서 ㈎로 인해 나타난 문화 요소는 을국에 전해졌으나 소멸되었다.
③ 을국에는 병국에서와 달리 자국의 문화 요소와 갑국의 문화 요소가 공존하고 있다.
④ 병국에서 발명으로 나타난 문화 요소는 갑국에서도 나타났다.
⑤ A는 B와 달리 문화 요소의 추가 및 소멸 과정이 있다.

391

(가), (나)에 해당하는 문화 변동 양상을 바르게 연결한 것은?

㈎ 우리나라에 불교가 전래된 후 전통적 민간 신앙인 칠성신을 모시는 칠성각이 절과 결합함으로써 새로운 불교문화가 나타났다.
㈏ 라틴 아메리카에서는 원래 사용하던 언어 대신 식민 지배를 받았던 국가인 포르투갈이나 에스파냐의 언어를 사용한다.

	(가)	(나)
①	문화 공존	문화 동화
②	문화 공존	문화 융합
③	문화 융합	문화 공존
④	문화 융합	문화 동화
⑤	문화 동화	문화 융합

392

문화 변동과 관련하여 다음 글에 관한 옳은 분석만을 〈보기〉에서 고른 것은?

재즈의 역사는 미국 흑인의 전통 음악과 유럽 전통 음악이 결합하면서 시작한다. 1700년대 미국에 거주하던 흑인 노예들은 노동요, 영가 등을 부르면서 종교적인 믿음과 자유에 관한 갈망을 표현했는데, 그들에게 음악은 삶의 위안 같은 존재였다. 한편 1800년대에 이르러 유럽인은 '기회의 땅'으로 알려진 미국으로 대거 이주해 왔는데, 이주민과 함께 유럽의 전통 음악도 미국으로 건너오게 되었다. 미국의 흑인들은 이러한 유럽의 전통 음악 스타일과 흑인 특유의 리드미컬한 음악을 결합하여 래그타임(ragtime)이라는 장르를 만들어 냈고, 이것이 바로 재즈의 시초가 되었다.

[보기]
ㄱ. 직접 전파에 의한 문화 변동이 이루어졌다.
ㄴ. 재즈의 역사는 문화 융합의 사례로 볼 수 있다.
ㄷ. 외부로부터 강제적으로 문화 요소가 유입되었다.
ㄹ. 외래문화의 도입으로 기존 문화는 정체성을 상실하였다.

① ㄱ, ㄴ   ② ㄱ, ㄷ   ③ ㄴ, ㄷ
④ ㄴ, ㄹ   ⑤ ㄷ, ㄹ

393

다음 사례에 관한 옳은 설명만을 〈보기〉에서 고른 것은?

• A국이 B국을 정복하여 문화 이식 정책을 시행한 결과, B국에서는 A국 언어가 널리 쓰이게 되면서 B국 언어를 더 이상 사용하지 않게 되었다.
• A국에 유학하여 A국 언어를 학습한 C국의 상류층 자녀들은 귀국 후에도 A국 언어를 사용하였다. 이후 A국 언어가 확산되면서 C국에서는 A국 언어도 널리 쓰이게 되었다.

[보기]
ㄱ. B국에서는 외재적 요인에 의한 문화 변동이 일어났다.
ㄴ. C국에서는 강제적 문화 접변이 나타났다.
ㄷ. B국에서는 문화 동화, C국에서는 문화 공존이 나타났다.
ㄹ. B국에서는 직접 전파, C국에서는 간접 전파로 인한 문화 변동이 일어났다.

① ㄱ, ㄴ   ② ㄱ, ㄷ   ③ ㄴ, ㄷ
④ ㄴ, ㄹ   ⑤ ㄷ, ㄹ

★빈출
394

다음 사례에 나타난 문화 변동의 부작용에 관한 설명으로 가장 적절한 것은?

> 과거 음원을 가공하는 기술이 발달하기 전과 달리 오늘날에는 음원을 다양한 형태로 가공할 수 있게 되었으며, 더욱 많은 사람이 손쉽게 음원을 이용할 수 있는 여건이 마련되었다. 한편 음원이 누군가의 지식 재산이라는 인식은 여전히 낮은 수준에 머물러 타인의 지식 재산권을 침해하는 사례가 급증하고 있다.

① 문화 사대주의적 태도를 갖추면 해결할 수 있다.
② 물질문화와 비물질문화의 변동 속도가 달라 발생한다.
③ 새로운 문화에 비판적 시각을 가질 때 해결할 수 있다.
④ 제도의 수준에 물질문화의 수준이 미치지 못해 발생한다.
⑤ 새로운 문화를 맹목적으로 거부하기보다 유연하게 수용함으로써 해결할 수 있다.

★빈출
395

다음 글에서 파악할 수 있는 문화 인류학적 개념만을 〈보기〉에서 고른 것은?

> 조선 후기 급격한 사회 변동 과정에서 서구 사회로부터 만민평등 사상이 유입되고 사회 내부에서도 신분 질서에 비판적인 사상이 생겨남으로써 조선 사회에는 많은 혼란이 발생하였다. 오랜 기간 동안 조선 사회의 질서를 유지해 온 기존 규범을 따르지 않는 사람들이 증가하여 기존 규범의 사회 구성원에 관한 통제력이 약화되고 있는 가운데, 변화된 사회에서 요구되는 새로운 규범은 미처 확립되지 못하였기 때문이다.

[보기]
ㄱ. 문화 접변   ㄴ. 문화 지체
ㄷ. 아노미 현상   ㄹ. 자문화 중심주의

① ㄱ, ㄴ   ② ㄱ, ㄷ   ③ ㄴ, ㄷ
④ ㄴ, ㄹ   ⑤ ㄷ, ㄹ

396

A, B에 해당하는 용어를 쓰고, 그 사례를 각각 서술하시오.

> A와 B는 새로운 문화 요소가 만들어지는 발명의 과정을 거친다는 점은 동일하다. 그러나 A는 외부에서 들어온 문화 요소에서 아이디어를 얻어 새로운 문화 요소를 만들어 내는 현상인 데 비해, B는 외부의 문화 요소와 기존의 문화 요소가 만나서 기존 문화 요소와는 다른 성격을 지닌 제3의 문화를 만들어 낸다는 점에서 차이점이 있다.

397

(가)~(다) 사례에 나타난 문화 접변의 양상을 각각 쓰시오.

> (가) 중국인은 차이나타운을 형성하여 세계 각국 현지에서 그들의 문화를 유지하면서 살아가고 있다.
> (나) 20세기 초 서구 열강에 의해 지배를 당한 아프리카의 많은 나라에서 그들 고유의 종교가 사라지고 서양의 종교로 대체되었다.
> (다) 아메리카의 나바호 인디언은 에스파냐인과의 접촉을 통해 의복, 금속 세공술과 같은 에스파냐의 문화 요소를 받아들이고 이를 그들 고유의 문화에 접목하여 기존에 없었던 새로운 문화 요소를 개발하였다.

[398~399] 다음 글을 읽고 물음에 답하시오.

> • 아파트 보급률이 크게 증가하였으나 공동 주택 사용에 관한 예절이나 질서가 미처 정립되지 못해 소음, 애완동물 사육 등으로 인한 이웃 간 분쟁이 계속되고 있다.
> • 인터넷 개인 방송 제작 기술은 빠르게 발전하고 있지만 혐오 표현 남발, 가짜 뉴스 유포 등을 규제할 법 제도는 미비한 상태이다.

398

위의 사례를 공통으로 설명할 수 있는 사회학적 개념을 쓰시오.

399

위 사회학적 개념의 의미를 서술하시오.

적중 1등급 문제

» 바른답·알찬풀이 39쪽

400

문화 변동의 요인 (가)~(다)에 관한 설명으로 옳은 것은?

> (가) 신라 시대 설총이 중국 한자의 음과 뜻을 빌려 우리말을 표기하는 이두를 만들었다.
> (나) 전구, 자동차 등과 같이 물질적인 것뿐만 아니라 계몽주의와 같은 사상이나 가치관도 새롭게 만들어질 수 있다.
> (다) 다른 나라에 우리나라 가수의 영상이나 노래가 인터넷 등을 통해 전해져 케이팝(K-Pop) 경연 대회가 열린다.

① (가)는 다른 사회의 문화 요소에서 아이디어를 얻어 새로운 문화 요소를 발명하는 것이다.

② (나)는 한 사회의 문화 요소가 다른 사회로 전해져 그 사회에 정착되는 현상 중 하나이다.

③ (다)는 중국에서 우리나라로 불교와 한자가 전파된 것과 같은 사례이다.

④ (가), (나)는 문화 변동의 외재적 요인, (다)는 문화 변동의 내재적 요인에 해당한다.

⑤ (가)~(다)는 모두 이미 존재하고 있었지만 아직 알려지지 않은 것을 찾아내거나 알아낸 것이다.

401

그림은 문화 변동 요인 A~E를 일정한 기준에 따라 구분한 것이다. 이에 관한 설명으로 옳은 것은? (단, A~E는 각각 발견, 발명, 간접 전파, 자극 전파, 직접 전파 중 하나이다.)

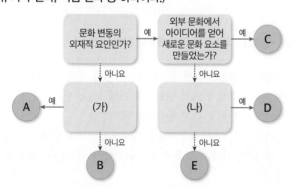

① (가)에 '이미 존재하던 문화 요소를 새롭게 찾아낸 것인가?'가 들어가면, A의 사례로 특정 종교의 창시를 들 수 있다.

② 인터넷이 B의 산물이라면, (가)에는 '존재하지 않던 새로운 문화 요소를 만들었는가?'가 들어갈 수 있다.

③ C의 사례로 바이러스를 찾아낸 것을 들 수 있다.

④ (나)에 '매체에 의해 문화 요소가 전해졌는가?'가 들어가면, '사신 교류를 통한 문물 수용'은 E의 사례가 될 수 있다.

⑤ A, B와 달리 C, D, E는 문화 지체 현상을 초래할 수 있다.

402

다음 두 사례에서 공통적으로 나타난 문화 변동의 특징으로 가장 적절한 것은?

> • 캐나다는 영어를 사용하는 나라이다. 그러나 캐나다 동부의 퀘벡주는 건축물에서부터 사용하는 언어까지 프랑스의 영향을 많이 받았다. 퀘벡은 캐나다에서 유일하게 영어와 프랑스어를 공용어로 사용한다.
> • 미국 교포 사회에서는 미국 명절인 추수 감사절과 크리스마스 행사를 하면서도 설날에 세배하고 추석에 송편을 먹는 등 우리나라 명절을 같이 챙기기도 한다.

① 새로운 문화 요소를 거부하는 문화 복고 운동이다.

② 한 문화가 다른 문화를 흡수해 버린 문화 동화이다.

③ 전파와 새로운 발명이 결합한 자극 전파의 사례이다.

④ 문화 접변 과정에서 자문화의 정체성이 남아 있는 사례이다.

⑤ 서로 다른 문화 요소가 결합하여 새로운 문화 요소가 탄생한 경우이다.

403

표는 갑~병국의 문화 요소 교류 양상을 나타낸 것이다. 이에 관한 옳은 설명만을 〈보기〉에서 고른 것은?

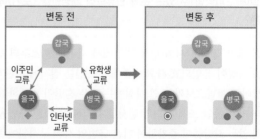

* ◉는 ●와 ◆가 결합하여 생긴 문화 요소임

[보기]
ㄱ. 갑국, 병국 모두 문화 공존이 나타났다.
ㄴ. 을국과 달리 병국에서는 외래문화를 수용하였다.
ㄷ. 갑국과 병국 간 문화 변동은 직접 전파에 의해 이루어졌다.
ㄹ. 병국에서는 문화 접변 이후에 자문화 요소가 소멸하였다.

① ㄱ, ㄴ　　　② ㄱ, ㄷ　　　③ ㄴ, ㄷ
④ ㄴ, ㄹ　　　⑤ ㄷ, ㄹ

404

그림은 문화 변동 요인 A~E를 구분한 것이다. 이에 관한 설명으로 옳은 것은? (단, A~E는 각각 발견, 발명, 간접 전파, 자극 전파, 직접 전파 중 하나이다.)

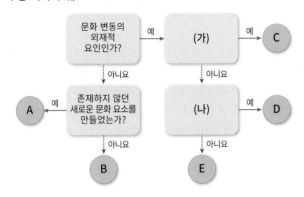

① A의 사례로 새로운 세균을 찾아낸 것을 들 수 있다.

② 다른 나라의 종교를 보고 새로운 종교를 창시한 것은 B의 사례이다.

③ C의 사례로 식민지 경험을 통해 다른 나라의 언어를 사용한 것이라면, (가)에는 '문화 요소의 전달이 직접 이루어졌는가?'가 들어갈 수 있다.

④ (나)가 '문화 요소가 매체에 의해 전달되었는가?'라면, 상호 인적 교류가 없는 집단 간에는 D를 통한 문화 변동이 이루어질 수 없다.

⑤ (가)가 '문화 요소의 전달이 직접 이루어졌는가?'이고, (나)가 '문화 요소가 매체에 의해 전달되었는가?'라면, E의 사례로 인터넷을 통한 음식 문화 전파를 들 수 있다.

405

문화 접변의 결과 A, B에 관한 설명으로 옳은 것은?

구분	A	B
의미	(가)	한 문화가 새로운 문화 요소에 의해 완전히 대체됨
사례	□□국의 김치와 △△국의 파스타가 결합된 김치 파스타가 만들어짐	(나)
공통점	(다)	

① (가)에는 '외래문화 요소에서 영감을 얻어 새로운 문화 요소를 만듦'이 들어갈 수 있다.

② (나)에는 '○○국에서 전통적인 온돌 문화와 외래의 침대 문화가 혼합된 돌침대가 만들어짐'이 들어갈 수 있다.

③ (다)에는 '고유문화의 정체성이 남아 있음'이 들어갈 수 있다.

④ A는 B와 달리 문화 다양성 보존에 기여한다.

⑤ A, B의 구분 기준은 외래문화의 자발적 수용 여부이다.

406

그림은 갑국과 교류한 A~C국의 문화 변동 양상과 결과를 나타낸 것이다. (가)~(마) 중 옳은 내용만을 있는 대로 고른 것은?

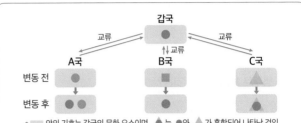

* ▢ 안의 기호는 각국의 문화 요소이며, ▲는 ●와 ▲가 혼합되어 나타난 것임

(가) A, B, C국은 모두 갑국과의 문화 교류를 통해 문화 변동을 경험하였으며, 이는 모두 외재적 요인에 따른 것이다. (나) A국은 B국과 달리 갑국과의 접촉 이후에도 자문화 요소가 그대로 유지되었음을 알 수 있으며, 이는 (다) A국이 문화 상대주의를 토대로 타 문화를 수용했음을 의미한다. (라) B국은 A국과 달리 강제적 문화 접변에 의해 자문화 요소가 타 문화 요소로 대체되었다. (마) C국은 갑국과의 접촉을 통해 자국과 갑국의 문화 요소가 결합된 새로운 문화 요소가 생겨난 경우에 해당한다.

① (가), (나)   ② (다), (라)   ③ (라), (마)

④ (가), (나), (마)   ⑤ (다), (라), (마)

407

다음 사례에 나타난 문화 변동의 부작용에 관한 설명으로 가장 적절한 것은?

디지털 문명에 익숙한 젊은 세대는 인터넷을 통해 영화 파일을 내려받는 기술을 가진 경우가 많다. 그래서 새로 나온 영화를 개봉한 지 며칠도 안 돼 손쉽게 내려받는다. 이것은 엄연히 불법이지만 실제로 젊은이 중에는 이를 불법이라고 인식하지 않는 경우가 많다.

① 물질문화의 발명으로 세대 갈등이 증가하였음을 보여 준다.

② 지배적인 문화의 질적 저하로 반문화가 확산되었음을 보여 준다.

③ 대중문화의 확산으로 문화의 상업화, 획일화가 심화하였음을 보여 준다.

④ 문화 요소 간 변동 속도의 차이로 병리적인 현상이 나타났음을 보여 준다.

⑤ 정보 통신 기술의 발달로 하위문화가 주류 문화로 변화되었음을 보여 준다.

07 문화의 이해

408

문화의 범주로 보기 어려운 것은?

① 사람들은 목이 마르면 물을 마신다.
② A국에서는 우리와 달리 좌측으로 통행한다.
③ 입시 철이 되면 수험생에게 찹쌀떡을 선물하는 경우가 많다.
④ B부족 사람들은 숲에서는 어린아이를 목말을 태우고 다닌다.
⑤ 우리나라 남쪽 지방에서는 김치를 담글 때 소금을 많이 넣는 편이다.

409

넓은 의미의 문화 사례로 옳은 것만을 〈보기〉에서 고른 것은?

【 보기 】
ㄱ. 한국의 음식 문화를 대표하는 것으로는 김치가 있어.
ㄴ. 10월은 문화의 달이어서 다양한 행사가 개최되는구나.
ㄷ. 이번에 작품상을 받은 A 영화는 노인 문화를 잘 표현했어.
ㄹ. 길거리에서 함부로 침을 뱉는 것은 문화인의 자세가 아니야.

① ㄱ, ㄴ   ② ㄱ, ㄷ   ③ ㄴ, ㄷ
④ ㄴ, ㄹ   ⑤ ㄷ, ㄹ

410

다음 사례에 나타난 문화의 속성에 관한 설명으로 가장 적절한 것은?

우리나라에는 겨울이 오기 전에 주변 사람들이 함께 모여 김치를 담그는 김장 문화가 있다. 김장 문화는 사계절 중 겨울에 채소를 구하기 어려운 환경적 특징, 장기간 저장을 통해 음식을 발효시키는 기술, 이웃과 일을 나누어서 하는 품앗이 전통, 김장을 하면서 서로의 안부를 묻는 인정 등과 밀접하게 연관되어 있다.

① 문화는 새로운 문화 요소가 추가되면서 전승된다.
② 문화는 부분들이 모여 전체로서 하나의 체계를 이룬다.
③ 문화는 이전의 문화를 토대로 점차 복잡하고 풍부해진다.
④ 문화는 시간의 흐름에 따라 그 형태와 내용, 의미가 변화한다.
⑤ 문화는 사회 구성원들의 사고와 행동의 동질성을 형성하게 한다.

411

밑줄 친 ㉠~㉣에 관한 옳은 설명만을 〈보기〉에서 있는 대로 고른 것은?

갑국에서는 감염병 확산을 막기 위해 ㉠ 공공장소에서 마스크 착용을 의무화하였다. 과거에는 마스크를 쓴 사람이라면 ㉡ 어떤 질병이 있거나 나쁜 일을 하는 사람으로 생각하는 경향이 있었다. 특히 은행 근처에서 마스크를 쓴 사람이 있으면 혹시 강도가 아닐까 하고 조심하기도 하였다. 그러나 지금은 ㉢ 다른 사람과 접촉하거나 대화할 때 마스크를 쓰는 것이 일상화되었다. 이제는 카페에서 커피를 마시며 이야기를 나눌 때도 마스크 쓰는 것을 당연하게 생각하게 된다. 이제 갑국에서 감염병은 소멸하였지만 공공장소에서 마스크를 착용하는 ㉣ 문화는 여전히 남아 있다.

【 보기 】
ㄱ. ㉠은 문화 요소 중 물질문화에 해당한다.
ㄴ. ㉡은 문화 지체 현상으로 설명할 수 있다.
ㄷ. ㉢은 문화의 공유성 사례에 해당한다.
ㄹ. ㉣에서 '문화'는 넓은 의미로 사용되었다.

① ㄱ, ㄴ   ② ㄱ, ㄹ   ③ ㄷ, ㄹ
④ ㄱ, ㄴ, ㄷ   ⑤ ㄴ, ㄷ, ㄹ

412

다음 사례에서 부각된 문화의 속성에 관한 진술로 옳은 것은?

필리핀에서는 우리나라와 달리 임신했을 때 사진을 찍으면 아기의 혼이 빠져나온다고 생각하는 관습이 있다. 이 때문에 임신 중에는 사진을 잘 찍지 않는다. 이러한 문화 배경을 잘 모르는 한국 국적의 남편이 추억을 남기려고 임신한 필리핀 출신 부인에게 사진을 찍자고 하면 부인은 곤란할 수 있다. 또한 필리핀에서는 무릎 꿇는 것을 치욕으로 받아들인다. 따라서 한국에 온 필리핀 출신 결혼 이주민에게 우리나라의 어른들 앞에서 무릎을 꿇고 앉아야 예의 바른 행동이라고 강요하면 오해를 살 수 있다.

① 세대를 거치면서 복잡하고 다양해진다.
② 부분의 변화는 다른 영역에도 영향을 미친다.
③ 시간의 흐름에 따라 창조 또는 소멸하게 된다.
④ 사회 구성원 간에 원활한 상호 작용의 토대가 된다.
⑤ 기존의 문화에 새로운 요소가 더해져 더욱 풍부해진다.

413

문화를 이해하는 갑~병의 관점에 관한 설명으로 옳은 것은?

> 갑 : 한국, 중국, 일본의 혼인 문화를 조사하여 세 나라 혼인 문화 간의 공통점과 차이점을 연구할 계획이야.
>
> 을 : 한국의 혼인 문화에서 축의금 관행이 친족 간 의리, 권력의 연계, 사회적 관계, 법과 제도 등과 어떻게 연관되어 있는지 연구할 생각이야.
>
> 병 : 중국의 혼인 문화는 씨족과 씨족의 결합이라는 성격이 강한데 왜 그런지를 중국인의 입장에서 연구할 계획이야.

① 갑의 관점은 문화의 특수성을 찾는 것에 초점을 둔다.
② 을의 관점은 문화 요소 간의 상호 관련성을 중시한다.
③ 병의 관점을 바탕으로 문화의 축적성을 파악할 수 있다.
④ 갑의 관점은 을의 관점과 달리 문화를 좁은 의미로 이해한다.
⑤ 갑~병의 관점은 모두 문화 간에 우열이 존재함을 바탕으로 한다.

414

갑, 을의 문화 이해 태도에 관한 설명으로 옳은 것은?

> 교사 : A국은 낮잠 자는 문화가 있습니다. 상점은 아예 문을 닫고 회사에서도 업무를 하지 않고 1~2시간씩 낮잠을 잡니다. 이런 낮잠 문화를 어떻게 이해해야 할까요?
>
> 갑 : 낮에 잠을 자는 것은 게으르다는 뜻입니다. 이러니 A국은 저개발 상태에서 벗어나지 못하고 있습니다.
>
> 을 : A국은 너무 더워 낮에 일해도 능률이 오르지 않아 낮잠을 자는 것입니다. 낮잠을 자는 것이 일의 효율을 위해 더 좋은 것입니다.

① 갑의 태도는 외래문화의 수용에 적극적이다.
② 을의 태도는 문화적 국수주의라는 비판을 받는다.
③ 을의 태도는 자기 문화의 정체성을 상실할 우려가 있다.
④ 갑의 태도는 을의 태도와 달리 문화를 평가의 대상으로 본다.
⑤ 갑의 태도가 을의 태도에 비해 문화 다양성을 유지하는 데 용이하다.

415

다음 자료에 관한 설명으로 옳은 것은?

> 표는 문화 이해 태도 A~C를 비교한 것이다. 단, A~C는 각각 문화 사대주의, 문화 상대주의, 자문화 중심주의 중 하나이고, ㉠~㉤에는 '예' 또는 '아니요'가 들어간다.
>
> | 질문 | A | B | C |
> |---|---|---|---|
> | 다른 문화에 우호적인 태도를 보이는가? | 예 | 예 | 아니요 |
> | 문화를 평가가 아닌 이해의 대상으로 바라보는가? | 예 | ㉠ | ㉡ |
> | (가) | ㉢ | ㉣ | ㉤ |

① ㉠은 '예', ㉡은 '아니요'이다.
② A는 문화 제국주의를 정당화하는 태도이다.
③ B는 지나친 내집단 의식으로 발생하는 경우가 많다.
④ C는 B와 달리 문화 간 우열이 있음을 인정한다.
⑤ (가)에 '국수주의를 초래할 가능성이 큰가?'가 들어가면 ㉢과 ㉣의 대답은 같다.

[416~417] 다음 글을 읽고 물음에 답하시오.

> 옛날 연나라의 수도인 수릉에 한 젊은이가 살았다. 연나라는 작은 나라였다. 그 젊은이는 보잘것없는 작은 나라에 사는 자신의 처지를 한탄하며 큰 나라인 조나라를 동경하였다. 젊은이는 조나라에 한 번이라도 가서 그곳의 훌륭한 문물을 보아야겠다고 결심하였다. 어느 날 그는 드디어 조나라의 수도인 한단에 가게 되었다. 그런데 그곳 사람들의 걸음걸이가 수릉 사람들의 걸음걸이와 다른 것을 보고 자신의 걸음걸이가 부끄러워졌다. 젊은이는 열심히 한단 사람들의 걷는 법을 흉내 냈다. 그러나 한단의 걸음걸이를 완전히 배우기도 전에 여행 경비는 다 떨어져 고향으로 돌아가게 되었다. 하지만 수릉의 젊은이는 그만 옛날의 걸음걸이를 잊어버리고 말았다. 걷는 법을 아예 다 잊은 그는 결국 기어서 고향으로 돌아왔다.

416

윗글의 젊은이가 지닌 문화 이해 태도를 쓰시오.

417 ✔ 서술형

윗글의 젊은이가 지닌 문화 이해 태도의 문제점을 서술하시오.

○8 현대 사회의 문화 양상

418

A~C의 일반적인 특징에 관한 옳은 설명만을 〈보기〉에서 고른 것은? (단, A~C는 각각 반문화, 주류 문화, 반문화가 아닌 하위문화 중 하나이다.)

질문	A	B	C
한 사회 내에서 일부 구성원만 공유하는 문화인가?	예	예	아니요
한 사회의 지배적인 문화를 거부하거나 저항하는 문화인가?	예	아니요	아니요

【 보기 】
ㄱ. A와 B의 합은 C이다.
ㄴ. 사회 변동에 따라 A, B가 C로 변화될 수 있다.
ㄷ. A는 지배 집단에 의해 일탈로 규정되기도 한다.
ㄹ. A와 달리 B는 전체 사회에 다양성과 역동성을 제공한다.

① ㄱ, ㄴ 　　② ㄱ, ㄷ 　　③ ㄴ, ㄷ
④ ㄴ, ㄹ 　　⑤ ㄷ, ㄹ

419

다음 사례에 나타난 문화의 일반적인 특징에 관한 설명으로 옳지 <u>않은</u> 것은?

미국 펜실베이니아 주 랭커스터에는 아미시 공동체가 있다. 그들은 자동차, 전기, 전화를 거부하고 말과 쟁기로 밭을 갈고 호롱불을 사용하면서 그들만의 문화를 고수한다.

① 지배 집단에 의해 일탈로 규정되기도 한다.
② 사회 구성원 대다수의 문화적 일체감 형성에 기여한다.
③ 사회의 문화적 다양성을 증대시키는 요인이 될 수 있다.
④ 해당 문화를 향유하는 구성원들의 욕구 충족에 기여한다.
⑤ 기존 주류 문화의 문제점을 성찰하는 계기가 되기도 한다.

420

다음 표에 관한 분석으로 옳은 것은? (단, 갑국에는 A~C 부족만 존재하며, 세 부족의 인구는 비슷하다.)

〈갑국에 존재하는 의복 문화 요소〉

구분	A 부족	B 부족	C 부족
T 시기	a, b	a, c	a, d
T+1 시기	a, b, c	a, b, d	a, e, d

① T 시기에 a, c는 갑국의 주류 문화 요소이다.
② T+1 시기와 달리 T 시기에 d는 갑국의 하위문화 요소이다.
③ T+1 시기에 b가 C 부족에도 공유된다면 주류 문화 요소가 된다.
④ b, c, e의 차별성이 커질수록 갑국에서 부족 간 갈등은 심화할 것이다.
⑤ T+1 시기보다 T 시기에 갑국의 세 부족 간 의복 문화의 동질성이 강하다.

421

다음 글에서 지적하고자 하는 우리나라 지역 축제의 문제점으로 가장 적절한 것은?

지역 축제는 그 지역의 특색을 나타낼 수 있는 기회이다. 그러나 수억에서 수십억을 사용한다는 지역 축제가 조금은 짜증스러울 때도 있다. 물론 지역에 따라 특징이 있는 행사도 많다. 지역 역사를 조명한다거나 인물을 추모한다거나, 지역 특산물을 홍보하려는 의도로 이루어지기 때문이다. 하지만 그런 내용은 지역의 특성이라고 보아도 그 이후에 일어나는 일은 전국이 다를 것이 하나도 없다. 가수가 출연하면 우선 사람이 많이 모여든다. 그러므로 꼭 빠지지 않고 들어가는 단골 메뉴이다. 그러나 공연장에 가보면 아이들뿐인 경우가 상당하다. 물론 어른들도 있지만 축제에 동참하러 오는 사람들은 거의 없다. 그저 우리끼리 즐기자는 것인지 아니면 어차피 받은 예산으로 하는데 이참에 가수 한번 불러서 생색을 내자는 것인지 알 수가 없다. 다음으로 노래자랑이다. 어느 지역을 가도 꼭 끼어 있다.

① 획일화 경향이 심한 편이다.
② 지역 간 갈등을 유발하고 있다.
③ 지나치게 상업적인 목적에 치중하고 있다.
④ 주류 문화를 거부하는 반문화적 성격을 지닌다.
⑤ 해당 지역 주민만의 축제라는 한계를 드러내고 있다.

422

대중 매체 A~C의 일반적인 특징에 관한 설명으로 옳은 것은? (단, A~C는 각각 종이 신문, 라디오, 인터넷 중 하나이다.)

> • A, B는 C와 달리 정보의 생산자와 소비자 간 경계가 뚜렷한 매체이다.
> • A는 청각 정보를 제공하지 못하는 반면, B는 시각 정보를 제공하지 못한다.

① A는 현장감 있는 정보를 신속하게 전달할 수 있다.
② B는 정보의 복제와 재가공이 용이하다.
③ C는 A, B에 비해 정보 전달의 양방향성이 강하다.
④ A는 B와 달리 수용자별 정보 획득의 동시성이 보장된다.
⑤ C는 B에 비해 정보가 확산되는 속도가 느리다.

423

다음 글에서 강조하는 대중문화를 대하는 자세로 가장 적절한 것은?

> 지난 브라질 리우 올림픽 텔레비전 중계방송에서 성차별적 요소가 나타났다. 아나운서가 남성 선수를 소개할 때는 빠르다거나 실력이 뛰어나다는 등 경기력에 초점을 맞추어 설명하였다. 하지만 여성 선수는 예쁘다거나 미혼이라는 등 나이, 외모, 결혼 여부 등을 부각하여 언급하는 식이었다. 이러한 성차별적 방송이 계속되자 한 누리꾼이 인터넷상에 성차별 중계 사례 모음을 만들어 올렸다. 그 내용이 다른 사람과 공유되면서 많은 사람이 성차별 사례 모음에 참여하였다. 이를 계기로 성차별적 중계 문제가 공론화되었고 많은 누리꾼이 해당 언론사를 비판하고 적극적으로 시정을 요구하였다.

① 대중이 대중문화의 생산 과정에 주체적으로 참여한다.
② 대중 매체가 생산해 내는 대중문화를 객관적으로 수용한다.
③ 대중 매체가 고급문화 확대에 치중하도록 적극적으로 지원한다.
④ 모든 대중 매체가 같은 사건을 비슷한 시각으로 다루도록 유도한다.
⑤ 대중 매체가 상업적인 요소를 갖지 않도록 대중이 스스로 제재한다.

424

다음 사례에 공통적으로 나타난 대중 매체의 기능으로 적절한 것은?

> • 갑국에서는 □□방송이 인터넷 악성 댓글의 폐해를 다큐멘터리 형식으로 크게 다루었다. 인터넷 악성 댓글로 피해를 입은 사람을 인터뷰하고 가해자의 심리 상태를 조명하였다. 이에 시민들은 정부에 대책을 촉구했고 정부는 인터넷 악성 댓글 문제를 다루기 위한 기구를 구성하였다.
> • 을국에서는 SNS를 통해 차량 공유 제도의 필요성을 주장하는 글이 확산되었다. 택시업계가 강력히 반발했지만 여론 조사 결과 시민 대다수가 이 제도 도입에 적극 찬성했고 외국에서도 이미 성공한 사례가 많이 보고되어 국회에서 입법을 논의하기로 하였다.

① 권력 집단의 횡포를 감시하고 견제한다.
② 사회 규범을 전수하여 사회 통합에 기여한다.
③ 대중에게 오락 및 여가 활동의 기회를 제공한다.
④ 사회 문제에 관한 여론을 형성하고 정책 반영을 유도한다.
⑤ 대중이 더 쉽게 고급문화에 접할 수 있는 기회를 제공한다.

[425~426] 다음 글을 읽고 물음에 답하시오.

> ___A___는 가요, 드라마, 영화, 공연 예술 등 한 사회에 존재하는 다양한 집단을 초월하여 불특정 다수가 누리는 문화를 말한다. ___A___는 많은 사람에게 문화적 혜택을 주고, 사람들은 정신적 위안과 삶의 활력을 얻는다. 그러나 한편으로는 ⊙이런 문제점도 존재한다. 예를 들어 텔레비전에 나오는 유명인이 입었던 청바지는 유행에 영향을 주기도 한다. 유행하는 청바지의 모양은 계속 달라지고 있으며 많은 사람이 자신의 개성을 찾기보다는 유행을 좇아 청바지를 구입하고 입는다.

425

A에 해당하는 용어를 쓰시오.

426 ✅ 서술형

밑줄 친 ⊙에 관해 서술하시오.

09 문화 변동의 양상과 대응

427

다음 자료는 문화 변동의 양상 A~C를 각 사례 ㉠~㉢과 연관하여 분류한 것이다. 이에 관한 옳은 설명만을 〈보기〉에서 고른 것은?

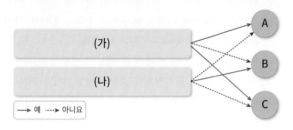

- (㉠) : 우리의 온돌과 서양의 침대가 결합하여 돌침대가 나타남
- (㉡) : 태평양 어느 섬 지역에서 선교사의 선교 활동으로 기존의 토착 신앙이 사라짐
- (㉢) : 싱가포르에서 원주민의 언어인 말레이어뿐만 아니라 영어, 중국어 등도 공용어로 사용됨

[보기]

ㄱ. A에 ㉠이 해당하면 (가)에는 '외래문화 요소가 변형되지 않고 정착되었는가?'가 들어갈 수 없다.

ㄴ. B에 ㉡이 해당하면 (나)에는 '문화 변동 과정에서 자문화의 정체성이 상실되었는가?'가 들어갈 수 있다.

ㄷ. C에 ㉢이 해당하면 (나)에는 '전통문화 요소와 외래문화 요소가 나란히 존재하는가?'가 들어갈 수 있다.

ㄹ. (가)가 '자문화의 문화적 다양성 증대에 기여하는가?'이면 B에는 ㉠ 또는 ㉢이 해당할 수 있다.

① ㄱ, ㄴ ② ㄱ, ㄷ ③ ㄴ, ㄷ ④ ㄴ, ㄹ ⑤ ㄷ, ㄹ

428

갑국과 을국의 문화 변동 양상을 구별하기 위한 질문으로 가장 적절한 것은?

- 갑국은 인근 A국과의 교류 과정에서 △△종교가 전파되어 점차 많은 사람이 믿게 되었다. 10년이 지나 갑국의 토속 종교는 사라지고 △△종교만 남아 있다.
- 을국의 관광부 장관이 B국의 관광 제도를 다룬 책을 읽다가 B국의 제도를 을국의 현실에 맞게 적용하여 을국의 □□ 관광 제도를 만들었다.

① 외부 사회의 문화 요소를 수용하였는가?

② 알려지지 않았던 문화 요소를 찾아냈는가?

③ 해당 사회의 문화적 정체성이 상실되었는가?

④ 내재적 요인에 의해 문화 변동이 나타났는가?

⑤ 매개체를 통한 접촉으로 문화 변동이 나타났는가?

429

그림은 질문에 따라 문화 변동 양상 A~C를 구분한 것이다. 이에 관한 설명으로 옳은 것은? (단, A~C는 각각 문화 공존, 문화 동화, 문화 융합 중 하나이다.)

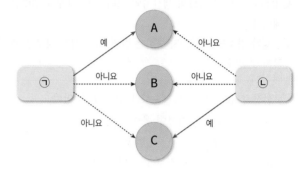

① ㉠에 '자문화의 정체성이 사라지는가?'가 들어가면 A는 구성원의 자발성에 기초한 문화 접변의 결과이다.

② ㉠에 '전통문화 요소와 외래문화 요소가 나란히 존재하는가?'가 들어가면 B와 C는 자기 문화에 대한 자부심이 약할 때 나타나기 쉽다.

③ 우리나라에서 한의학과 서양 의학이 함께 사용되는 현상이 A의 사례이면 ㉠에는 '외래문화 요소가 변형되지 않은 상태로 자문화 요소와 나란히 존재하는가?'가 들어갈 수 있다.

④ ㉡에는 '자문화와 외래문화 요소가 모두 유지되는가?'가 들어갈 수 있다.

⑤ A가 문화 동화, B가 문화 융합이면 ㉡에는 '서로 다른 두 사회의 문화 요소가 결합하여 제3의 문화 요소가 나타났는가?'가 들어갈 수 있다.

430

문화 변동의 요인 (가)~(다)에 관한 설명으로 옳은 것은?

- (가) 국내 기업이 자체 기술로 전기 자동차를 개발하여 상용화에 들어갔다.
- (나) 인터넷을 통해 이슬람 지역의 음식 문화가 우리나라에 전파되었다.
- (다) 탈북자 부부가 어느 도시에 정착하여 음식점을 열었는데, 많은 사람이 북한 음식을 맛보고 나서 집에 돌아가서 만들어 보는 열풍이 번졌다.

① (가)는 자극 전파 사례에 해당한다.

② (나)에서는 간접 전파로 인한 문화 변동이 나타났다.

③ (다)에서는 내재적 요인에 의한 문화 변동이 나타났다.

④ (나)는 (다)와 달리 자문화의 정체성이 약화되었다.

⑤ (나)는 문화 동화, (다)는 문화 공존을 보여 주는 사례이다.

431

표는 갑국과 A~C국의 문화 요소 교류 양상을 나타낸 것이다. 이에 관한 설명으로 옳은 것은?

구분	갑국	A국	B국	C국
교류 이전	●	★	◆	■
교류 방식		인터넷	전쟁	TV
교류 이후	●	●	◆●	◉

* 각각의 기호는 서로 다른 문화 요소를 의미하며, ◉은 ●과 ■이 결합하여 나타난 제3의 문화 요소임

① A국에서는 직접 전파에 의한 문화 변동이 나타났다.

② B국의 문화 변동은 강제적 문화 접변에 해당한다.

③ C국의 문화 변동은 기존 문화 요소가 외래문화 요소로 대체된 결과이다.

④ B국과 C국은 A국과 달리 자문화의 정체성이 유지되었다.

⑤ A국에서는 문화 공존, B국에서는 문화 융합이 나타났다.

432

다음 자료에 관한 설명으로 옳은 것은?

a~c는 서로 다른 의복 문화 요소이다. d는 a와 c가 결합하여 나타난 새로운 성격의 의복 문화 요소이다. 갑국과 을국은 관광객의 상호 교류가 이루어지고 있으나 병국은 갑국이나 을국과 관광객의 교류가 없는 상태이다. 다만 텔레비전이나 인터넷을 통해 갑국이나 을국과의 문화 교류가 이루어지고 있다.

구분	갑국	을국	병국
교류 전 의복 문화 요소	a	b	c
교류 후 의복 문화 요소	b, c	a, b	d

① 갑국에서는 자극 전파에 의해 병국의 의복 문화가 나타났다.

② 을국에서는 간접 전파에 의해 문화 변동이 이루어졌다.

③ 갑국에서는 을국과 달리 내재적 요인에 의한 문화 변동이 발생했다.

④ 을국에서는 문화 공존, 병국에서는 문화 융합 현상이 나타났다.

⑤ 을국과 달리 병국에서는 자문화의 정체성이 상실되었다.

433

다음 사례의 문화 변동 과정에서 공통적으로 나타난 부작용으로 옳은 것은?

• 갑국에서는 드론 제작 기술과 관련 산업이 발달함에 따라 일반인도 레저용으로 드론을 사용하기도 한다. 하지만 드론 사용자가 드론 사용 시 지켜야 할 안전 수칙에 관한 인식이 부족하여 관련 사고가 끊임없이 발생한다.

• 을국에서는 인터넷 발달로 개인이 동영상을 제작하는 일이 많아졌다. 그러나 쉽게 돈을 벌 수 있다는 점을 악용하여 역사를 왜곡하거나 남의 사생활을 파헤치는 문제도 발생하고 있다.

① 지배적인 문화의 질적 저하로 반문화가 확산되었음을 보여 준다.

② 문화 요소 간 변동 속도의 차이로 부조화가 나타났음을 보여 준다.

③ 급속한 사회 변동 과정에서 주도적인 가치관이 변하고 있음을 보여 준다.

④ 문화적 목표와 이를 달성할 합법적 수단의 괴리로 발생하는 현상임을 보여 준다.

⑤ 정보 통신 기술의 발달에 따라 문화의 상업화, 획일화가 심화되었음을 보여 준다.

[434~435] 다음 글을 읽고 물음에 답하시오.

호떡은 임오군란 때 청나라 군대를 따라 들어온 중국 상인이 본국으로 가지 않고 조선에 남아 팔면서부터 등장하였다. 중국 고유의 호떡과 달리 조선의 호떡에는 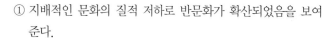 우리나라 사람의 입맛에 맞게 호떡 안에 조청, 꿀, 흑설탕 등을 넣어 만들었다.

434

윗글에서 호떡은 어떤 요인에 의한 문화 전파인지 쓰시오.

435 ✍ 서술형

㉠은 문화 접변의 결과 중 무엇에 해당하는지를 쓰고, 이 문화 접변 결과의 의미를 서술하시오.

10 사회 불평등 현상과 사회 계층의 이해

☑ 출제 포인트   ☑ 사회 불평등 현상을 바라보는 관점   ☑ 계급론, 다원적 불평등론   ☑ 세대 간 계층 이동 분석

1. 사회 불평등 현상

1 사회 불평등 현상의 의미와 양상

(1) **의미** 사회적 희소가치가 차등적으로 분배되어 개인과 집단이 서열화되어 있는 현상

(2) **양상**

경제적 불평등	소득이나 재산 등의 차이에 따른 불평등
정치적 불평등	권력의 소유와 행사의 차이로 나타나는 불평등
사회·문화적 불평등	명예, 교육 수준, 지식 소유 등 여러 가지 사회·문화적 생활의 기회와 수준 차이에 따른 불평등

★2 사회 불평등 현상을 보는 관점 ● 95쪽 449번, 96쪽 453번 문제로 확인

구분	기능론	갈등론
가치 배분	개인의 노력, 능력, 업적 등 사회적으로 합의된 정당한 기준에 따라 분배됨	권력, 가정의 사회·경제적 배경 등 지배 집단의 가치가 반영된 기준에 따라 분배됨
기능	사회 불평등 현상은 개인에게 성취동기를 부여하고 경쟁을 유발하여 사회 발전에 기여함 → 사회 불평등은 불가피함	사회 불평등 현상은 지배 집단의 기득권 유지에 기여하고 갈등 구조는 사회를 변동시킴 → 사회 불평등은 제거해야 함
한계	사회 불평등이 초래하는 문제 개선 노력에 소홀할 우려가 있음	집단 간 대립을 부각하여 사회 통합을 저해할 수 있음

3 계급론과 다원적 불평등론 ● 97쪽 455번 문제로 확인

구분	계급론	다원적 불평등론(계층론)
분류 기준	계급은 생산 수단의 소유 여부에 따라 구분된 집단임(일원론) → 자본가 계급과 노동자 계급으로 구분	계층은 계급, 권력, 지위 등 다양한 요인에 따라 서열화된 집단임(다원론) → 상류층, 중류층, 하류층으로 구분
학자	마르크스	베버
특징	• 이해관계가 대립되는 집단을 토대로 계급이 형성됨 • 같은 계급끼리는 소속감과 연대 의식이 강함	• 불평등한 분배 상태를 범주화하여 이해함 • 계층 의식이 뚜렷하지 않음 • 지위 불일치 현상 설명에 용이함

2. 사회 계층 구조와 사회 이동

★1 사회 계층 구조 ● 97쪽 456번 문제로 확인

(1) **사회 이동 가능성에 따른 계층 구조의 유형**

폐쇄적 계층 구조	• 계층 간 수직 이동이 제한된 계층 구조(수평 이동 가능) • 귀속 지위 중시 • 봉건적 신분제 사회에서 주로 나타남
개방적 계층 구조	• 계층 간 수직 이동이 가능한 계층 구조(수평 이동 가능) • 성취 지위 중시 • 근대 이후 대부분 사회에서 나타남

★(2) 계층 구성원 비율에 따른 계층 구조의 유형 ● 99쪽 466번 문제로 확인

피라미드형 계층 구조	• 하층의 비율이 가장 높고 상층으로 갈수록 비율이 낮아지는 구조 • 봉건적 신분제 사회에서 주로 나타남 • 소수의 상층이 사회적 희소가치의 대부분을 독점하여 사회적 갈등이 심하게 나타날 수 있으므로 사회의 안정성이 낮을 가능성이 큼
다이아몬드형 계층 구조	• 중층의 비율이 상층과 하층보다 높은 구조 • 산업화 이후 전문직, 관료직, 사무직 등 중간 계층의 확대, 사회 복지 제도 확대로 인해 나타남 • 중층이 상층과 하층 사이에서 완충 역할을 하여 사회의 안정성이 높은 편임

자료 정보화에 따른 계층 구조 ● 98쪽 458번 문제로 확인

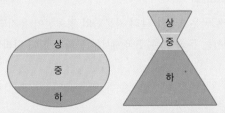

▲ 타원형 계층 구조   ▲ 모래시계형 계층 구조

분석 정보화에 따른 영향을 낙관적으로 보는 관점에서는 정보화로 대부분 사람들이 정보에 접근할 수 있는 기회가 확대되어 계층 간 격차가 줄어들어 타원형 계층 구조가 나타날 것이라고 전망한다. 정보화에 따른 영향을 비관적으로 보는 관점에서는 정보화에 따라 정보 접근 및 활용 격차가 확대되어 계층 간 불평등이 심화될 것이라고 보고 양극화로 중층의 비율이 현저히 낮은 모래시계형 계층 구조가 나타날 것이라고 전망한다.

2 사회 이동

(1) **의미** 한 사회의 계층 구조 속에서 개인이나 집단의 위치가 변화하는 현상

(2) **특징** 근대 사회 이후, 도시 사회에서 뚜렷하게 나타남

★(3) 유형 ● 98쪽 460번 문제로 확인

구분	유형	특징
이동 방향	수평 이동	동일한 계층 내 이동 예 영업팀 과장 → 인재 개발팀 과장
	수직 이동	계층 간 이동 → 상승 이동, 하강 이동 예 부장 → 사장, 사장 → 실업자
세대 범위	세대 내 이동	한 개인의 생애 동안 일어나는 계층적 위치의 변화 예 사원으로 시작한 사람이 승진하여 사장이 됨
	세대 간 이동	세대에 걸쳐 발생하는 계층적 위치의 변화 예 부모는 가난한 농부였으나 자녀는 대기업 회장이 됨
이동 원인	개인적 이동	개인의 능력이나 노력으로 계층적 위치가 변하는 것 예 개인이 노력하여 부장에서 사장이 됨
	구조적 이동	전쟁, 혁명, 산업화 등 급격한 사회 변동으로 계층적 위치가 변하는 것 예 신분제 폐지로 천민 계급이 사라짐

분석 기출 문제

» 바른답·알찬풀이 44쪽

•• 다음은 사회 불평등 현상을 바라보는 관점이다. 다음 설명이 옳으면 ○표, 틀리면 ×표 하시오.

436 기득권층에게 유리한 기준에 의해 희소가치가 강제적으로 분배된다고 보는 관점은 갈등론이다. ( )

437 기능론은 사회 불평등 현상이 구성원들에게 상대적 박탈감을 일으킨다고 보고 불평등 문제의 구조적 해결을 주장한다. ( )

438 사회 불평등 현상을 제거해야 할 대상으로 보는 관점은 갈등론이다. ( )

439 사회적 희소가치가 사회적 역할의 중요도에 따라 차등적으로 배분된다고 보는 관점은 기능론이다. ( )

•• 다음은 계급론과 다원적 불평등론에 관한 설명이다. ㉠, ㉡ 중 알맞은 것을 고르시오.

440 (㉠ 계급, ㉡ 계층)은 생산 수단의 소유 여부에 따라 자본가와 노동자로 구분한 개념이다.

441 다원화된 현대 사회에서 나타나는 불평등 현상을 설명하는 데 더 유용한 것은 (㉠ 계급론, ㉡ 다원적 불평등론)이다.

•• 다음은 사회 계층 구조의 유형에 관한 설명이다. 빈칸에 들어갈 알맞은 말을 쓰시오.

442 다이아몬드형 계층 구조에서는 (   )의 비율이 가장 높다.

443 수평 이동이 가능하나 수직 이동의 가능성이 극히 제한되는 것은 (   ) 계층 구조이다.

444 중층이 몰락하여 중층의 비율이 가장 낮고 소수의 상층과 다수의 하층으로 구성된 계층 구조를 (   ) 계층 구조라고 한다.

•• 다음 사례와 관련 있는 사회 이동의 유형을 〈보기〉에서 고르시오.

445 신분제 철폐로 노비에서 해방된 경우의 사회 이동 ( )

446 중학교 교사가 고등학교 교사로 발령이 나는 경우의 사회 이동 ( )

447 평범한 중소기업 회사원의 자녀에서 기업의 사장이 된 경우의 사회 이동 ( )

[보기]
ㄱ. 수평 이동   ㄴ. 구조적 이동   ㄷ. 세대 간 이동

448

다음에서 설명하는 사회 불평등으로 적절한 것은?

> 신분과 자격, 명예, 교육 기회와 수준, 지식 소유 등에서의 불평등으로 우리 사회에서 문제가 되고 있는 출신 배경이나 직업·학력 등에 따른 불평등이 해당한다.

① 정보 불평등
② 경제적 불평등
③ 정치적 불평등
④ 신체적 불평등
⑤ 사회·문화적 불평등

★ 빈출
449

사회 불평등 현상을 바라보는 갑, 을의 관점에 관한 옳은 설명만을 〈보기〉에서 고른 것은?

직업의 사회적 중요도에 따라 임금 차이가 발생하는 건 당연해. 그래야 사회적 자원이 효율적으로 분배되어 사회 발전에 기여할 수 있어.

직업의 사회적 중요도는 기득권을 가진 집단이 자의적으로 나눈 것에 불과해. 임금 차이는 사회 통합을 저해해서 사회 발전을 가로막을 가능성이 높아.

갑   을

[보기]
ㄱ. 갑은 사회 불평등이 집단 간 대립을 유발한다고 본다.
ㄴ. 갑은 사회 불평등을 능력의 차이에 따른 서열화로 본다.
ㄷ. 을은 사회 불평등을 극복해야 할 대상으로 본다.
ㄹ. 을은 사회 불평등이 개인의 성취동기를 자극한다고 본다.

① ㄱ, ㄴ   ② ㄱ, ㄷ   ③ ㄴ, ㄷ
④ ㄴ, ㄹ   ⑤ ㄷ, ㄹ

[450~451] 다음 대화를 읽고 물음에 답하시오.

> 교사 : 사회 불평등 현상을 바라보는 관점에는 크게 A와 B가
> 있어요. 이 중 A에 관해 발표해 보세요.
> 갑 : 개인적인 능력과 노력이 사회적 희소가치의 획득 과정에
> 미치는 영향력을 간과합니다.
> 을 : 사회적 희소가치 배분과 관련하여 사회적으로 합의된 기
> 준이 존재한다고 봅니다.
> 병 : 사회 불평등 현상을 필수 불가결한 현상으로 보지 않습
> 니다.
> 정 : _____(가)
> 교사 : ㉠ 한 사람만 제외하고 모두 옳게 발표했어요.

450

위 자료의 A, B에 해당하는 관점과 ㉠에 해당하는 학생을 바르게 연
결한 것은?

	A	B	㉠
①	기능론	갈등론	갑
②	기능론	갈등론	을
③	갈등론	기능론	갑
④	갈등론	기능론	을
⑤	갈등론	기능론	병

451

위의 (가)에 들어갈 수 있는 진술만을 〈보기〉에서 고른 것은?

[보기]
ㄱ. 사회 불평등 현상은 사회에 필요한 인재를 적재적소에 배
치하는 기능을 합니다.
ㄴ. 사회 불평등 현상을 분배 구조의 개혁 등을 통해 제거해야
할 현상으로 인식합니다.
ㄷ. 사회적 희소가치는 가정 배경, 권력 등 지배 계급에 유리
한 기준에 의해 분배됩니다.
ㄹ. 직업별 사회적 중요도 및 기여도에 따른 차등 보상으로 사
회 불평등 현상이 발생합니다.

① ㄱ, ㄴ   ② ㄱ, ㄷ   ③ ㄴ, ㄷ
④ ㄴ, ㄹ   ⑤ ㄷ, ㄹ

452

다음 글에 나타난 사회 불평등 현상을 바라보는 관점에 부합하는 진술
만을 〈보기〉에서 고른 것은?

> 인체를 구성하는 모든 부분은 인간의 생명 유지를 위해 필요
> 하지만 심장과 머리카락의 역할이 동일하게 중요한 것은 아니
> 다. 심장이 튼튼한 갈비뼈로 둘러싸여 있는 것은 그것이 머리
> 카락보다 중요한 역할을 하기 때문이다. 이와 같은 논리로 직
> 업 간에 발생하는 보수 차이도 그 직업이 갖는 사회적 중요도
> 의 차이로 설명할 수 있다.

[보기]
ㄱ. 균등 분배는 사회 구성원의 성취동기를 저해한다.
ㄴ. 사회적으로 합의된 기준에 따라 사회적 희소가치가 분배
된다.
ㄷ. 차등 분배는 상대적 박탈감을 야기하여 집단 간 갈등을 초
래한다.
ㄹ. 사회 불평등 현상은 지배-피지배 관계를 재생산하기 위
한 기제이다.

① ㄱ, ㄴ   ② ㄱ, ㄷ   ③ ㄴ, ㄷ
④ ㄴ, ㄹ   ⑤ ㄷ, ㄹ

★빈출 453

갑의 관점에서 사회 불평등 현상을 바라본 진술로 보기 <u>어려운</u> 것은?

오늘날에는 교육을 받을 수 있는 기회
가 누구에게나 열려 있어. 그런데 그
기회를 스스로 놓쳤기 때문에 높은 보
수를 받는 직업과 높은 지위를 차지
하지 못한 거야.

난 그 말에 동의할 수 없어. 저소득층과 고소
득층 간의 교육비 차이가 존재하기 때문에
누구나 기회를 가질 수 있지 않아. 의지와 노
력이 있어도 높은 보수를 받는 직업과 높은
지위를 차지하기는 어려워.

갑   을

① 사회 불평등은 사회 발전을 위해 불가피하다.
② 사회 불평등은 개인의 동기 유발에 도움이 된다.
③ 직업 간 중요도의 차이에 따라 차등 보상이 이루어져야 한다.
④ 사회 불평등은 사회적 자원의 불공정한 분배에 따라 발생한다.
⑤ 불평등한 사회적 대우에 관한 책임은 기본적으로 개인에게
있다.

454

다음 글에 나타난 사회 불평등 현상을 설명하는 이론에 관한 설명으로 옳은 것은?

> 지금까지의 모든 역사는 계급 투쟁의 역사이다. 서로 영원한 적대 관계에 있는 억압자와 피억압자가 때로는 은밀하게, 때로는 공공연하게 끊임없는 투쟁을 벌여 왔다.

① 사회 이동 가능성이 높음을 강조한다.
② 지위 불일치 현상을 설명하기에 적합하다.
③ 지배와 피지배 관계로 집단 관계를 파악한다.
④ 부, 지위, 권력 등 복합적 요인을 통해 계급을 구분한다.
⑤ 서열화의 기준으로 경제적 요인보다 정치적 요인을 강조한다.

★빈출
455

표는 사회 불평등 현상을 설명하는 개념 A, B의 일반적인 특징을 비교한 것이다. 이에 관한 옳은 설명만을 〈보기〉에서 있는 대로 고른 것은?

구분	A	B
이분법적·불연속적으로 구분되는가?	예	아니요
(가)	아니요	예
(나)	예	아니요

[보기]
ㄱ. A는 생산 수단의 소유 여부에 따라 구분된다.
ㄴ. B보다 A를 구분하는 기준이 더 다양하다.
ㄷ. (가)에는 '갈등론적 관점을 반영하고 있는가?'가 들어갈 수 있다.
ㄹ. (나)에는 '지배–피지배 관계가 포함되어 있는 개념인가?'가 들어갈 수 있다.

① ㄱ, ㄷ   ② ㄱ, ㄹ   ③ ㄴ, ㄷ
④ ㄱ, ㄴ, ㄹ   ⑤ ㄴ, ㄷ, ㄹ

2. 사회 계층 구조와 사회 이동

★빈출
456

계층 구조 (가), (나)에 관한 옳은 설명만을 〈보기〉에서 고른 것은?

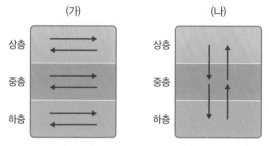

[보기]
ㄱ. (가), (나)를 구분하는 기준은 계층 구성원의 비율이다.
ㄴ. 봉건적 신분 사회의 계층 구조는 (가)보다 (나)에 가깝다.
ㄷ. (가)는 귀속 지위 중심, (나)는 성취 지위 중심의 계층 구조이다.
ㄹ. (가)에서는 세대 간 이동이 엄격히 제한되지만, (나)에서는 그렇지 않다.

① ㄱ, ㄴ   ② ㄱ, ㄷ   ③ ㄴ, ㄷ
④ ㄴ, ㄹ   ⑤ ㄷ, ㄹ

457

표는 갑국~병국의 계층 구성 비율을 나타낸 것이다. 이에 관한 옳은 분석만을 〈보기〉에서 고른 것은?

(단위 : %)

구분	갑국	을국	병국
A	20	40	10
B	20	40	60
C	60	20	30

* A~C는 각각 상층, 중층, 하층 중 하나이며, 갑국~병국의 인구수는 같음
** A는 상승 이동이 불가능한 계층, B는 하강 이동이 불가능한 계층임

[보기]
ㄱ. 계층 구조의 안정성은 갑국이 가장 높다.
ㄴ. 사회 양극화 문제는 을국보다 갑국이 더 심각하다.
ㄷ. 상층 인구는 을국, 하층 인구는 병국이 가장 많다.
ㄹ. 갑국과 달리 병국에서는 수직 이동이 엄격하게 제한된다.

① ㄱ, ㄴ   ② ㄱ, ㄷ   ③ ㄴ, ㄷ
④ ㄴ, ㄹ   ⑤ ㄷ, ㄹ

≫ 바른답·알찬풀이 44쪽

★빈출 458

(가), (나) 계층 구조에 관한 옳은 설명만을 〈보기〉에서 고른 것은?

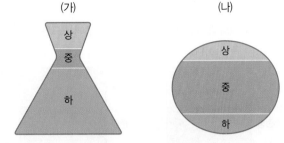

(가)　　　　　　(나)

[보기]

ㄱ. (가)는 수직 이동이 법으로 엄격히 제한되는 계층 구조이다.

ㄴ. 정보 사회를 낙관적으로 바라보는 사람들은 정보 사회의 계층 구조가 (나)의 모습일 것이라고 전망한다.

ㄷ. (가)보다 (나)가 더 안정적인 계층 구조이다.

ㄹ. 상대적 박탈감은 (가)보다 (나)에서 더 크게 나타난다.

① ㄱ, ㄴ 　② ㄱ, ㄷ 　③ ㄴ, ㄷ

④ ㄴ, ㄹ 　⑤ ㄷ, ㄹ

459

표는 사회 이동의 유형 중 일부를 정리한 것이다. ㉠~㉢에 해당하는 내용으로 옳은 것은?

구분 기준	유형	사례
이동 방향	㉠	갑은 영업팀 과장에서 구매팀 과장으로 자리를 옮겼다.
	㉡	아버지로부터 사장의 자리를 물려받은 을은 회사를 부도내고 실업자로 전락하였다.
㉢	㉣	평사원으로 입사한 병은 열심히 노력하여 사장의 자리까지 오를 수 있었다.
	㉤	제3 신분이었던 부르주아 계급은 시민 혁명 이후 사회의 주도층이 되었다.

① ㉠ - 수직 이동 　② ㉡ - 수평 이동

③ ㉢ - 이동 범위 　④ ㉣ - 세대 간 이동

⑤ ㉤ - 구조적 이동

★빈출 460

다음 사례에서 찾을 수 있는 사회 이동의 유형은 모두 몇 개인가?

구한말 천민의 아들로 태어난 갑은 천민이라는 소리를 들으며 가난하게 살고 싶지 않아 러시아로 이주하였다. 하지만 이주민 농부의 삶은 조선에서 천민의 삶만큼이나 녹록지 않았다. 차별을 받으며 여전히 힘들게 살아야 했기 때문이다. 그러던 중 조선의 신분제가 폐지되자 그는 귀국하여 서울에서 작은 수입상을 시작하였다. 특유의 노력으로 작은 가게를 키워 나가 결국 큰 백화점을 설립하여 존경받는 기업가가 되었다.

① 2개 　② 3개 　③ 4개 　④ 5개 　⑤ 6개

461

표에 관한 옳은 분석만을 〈보기〉에서 고른 것은?

(단위 : 만 명)

구분		부모의 계층		
		상층	중층	하층
자녀의 첫 계층	상층	12	8	1
	중층	7	45	4
	하층	1	7	15
자녀의 10년 후 계층	상층	10	8	1
	중층	7	50	4
	하층	3	2	15
계		20	60	20

[보기]

ㄱ. 자녀의 경우, 다이아몬드형 계층 구조가 강화되었다.

ㄴ. 부모의 계층이 하층인 경우, 자녀는 세대 내 수직 이동을 경험하지 않았다.

ㄷ. 생애 첫 계층 형성 시 세대 간 이동을 경험한 자녀가 그렇지 않은 자녀보다 적다.

ㄹ. 부모의 계층이 중층인 경우, 생애 첫 계층이 하층이었던 자녀 5만 명이 10년 후에 중층으로 이동하였다.

① ㄱ, ㄴ 　② ㄱ, ㄷ 　③ ㄴ, ㄷ

④ ㄴ, ㄹ 　⑤ ㄷ, ㄹ

462

표는 부모와 첫째 자녀의 계층별 인원을 나타낸 것이다. 이에 관한 옳은 분석만을 〈보기〉에서 고른 것은?

(단위 : 만 명)

구분		부모			계
		상층	중층	하층	
첫째 자녀	상층	10	9	1	20
	중층	5	10	45	60
	하층	1	5	14	20
계		16	24	60	100

【보기】

ㄱ. 첫째 자녀보다 부모의 계층 구조가 더 안정적이다.

ㄴ. 상층인 첫째 자녀 중 부모의 계층을 대물림한 비율은 50%이다.

ㄷ. 세대 간 이동을 경험한 첫째 자녀보다 그렇지 않은 첫째 자녀가 더 많다.

ㄹ. 세대 간 상승 이동을 경험한 첫째 자녀가 세대 간 하강 이동을 경험한 첫째 자녀보다 더 많다.

① ㄱ, ㄴ ② ㄱ, ㄷ ③ ㄴ, ㄷ
④ ㄴ, ㄹ ⑤ ㄷ, ㄹ

463

그림은 부모와 자녀 간의 계층이 일치하는 인원을 나타낸 것이다. 이에 관한 옳은 분석만을 〈보기〉에서 고른 것은?

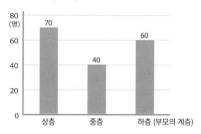

* 부모의 인구는 상층이 200명, 중층이 600명, 하층이 200명이며 모든 부모의 자녀는 1명임
** 자녀 중 140명은 세대 간 상승 이동을 하였음

【보기】

ㄱ. 상층인 자녀 중 부모가 중층인 경우는 없다.

ㄴ. 세대 간 이동을 하지 않은 자녀는 50% 이상이다.

ㄷ. 세대 간 하강 이동을 한 자녀가 세대 간 상승 이동을 한 자녀보다 많다.

ㄹ. 부모의 계층이 대물림된 비율은 부모가 상층인 경우보다 하층인 경우에 더 높다.

① ㄱ, ㄴ ② ㄱ, ㄷ ③ ㄴ, ㄷ
④ ㄴ, ㄹ ⑤ ㄷ, ㄹ

1등급을 향한 서답형 문제

[464~465] 다음 대화를 읽고 물음에 답하시오.

갑 : 차별적인 분배 체계는 사람들로 하여금 보다 많은 분배를 받기 위해 노력하도록 동기를 부여하는 역할을 해. 이에 따라 개인의 능력도 향상되고 나아가 사회도 발전하므로 사회 불평등 현상은 우리가 최선의 기능을 하도록 하는 사회 장치인 셈이야.

을 : 과연 그럴까? 조선 시대 임꺽정을 생각해 봐. 조선 시대 양반이 자신들의 기득권을 지키기 위해 계층 구분을 엄격히 했기 때문에 훌륭한 인격과 능력을 갖추었는데도 뜻을 펼 수 없었잖아. 사회 불평등 현상은 기득권을 가진 집단의 권리를 수호하는 데 기여할 뿐이야.

464

사회 불평등 현상을 바라보는 갑, 을의 관점이 무엇인지 각각 쓰시오.

465

갑, 을이 지닌 관점의 한계가 무엇인지 각각 한 가지 서술하시오.

[466~467] 그림을 보고 물음에 답하시오.

⭐빈출 466

(가), (나) 계층 구조가 무엇인지 각각 쓰시오.

467

(나) 계층 구조가 나타나게 된 이유를 두 가지 서술하시오.

468

다음 글에 나타난 사회 불평등 현상을 보는 관점에 관한 옳은 진술만을 〈보기〉에서 고른 것은?

> 갑국에서는 가구 소득 하위 20% 가구와 상위 20% 가구의 연간 교육비가 약 20배 이상 차이가 난다. 즉, 집안 형편과 지역 배경 등 자신이 처한 환경에 따라 교육의 양과 질이 달라지는 것이다. 교육 기회가 많은 사람일수록 더 좋은 직업과 더 높은 지위를 가질 수 있는 것은 당연한 이치이다.

【 보기 】
ㄱ. 사회 불평등은 보편적이며 불가피한 현상이다.
ㄴ. 차등적 보상 체계는 개인의 성취동기를 자극한다.
ㄷ. 사회적 지위는 권력이나 가정 배경에 의해 결정된다.
ㄹ. 사회적 희소가치의 배분 기준은 지배 집단에 유리하게 적용된다.

① ㄱ, ㄴ   ② ㄱ, ㄷ   ③ ㄴ, ㄷ
④ ㄴ, ㄹ   ⑤ ㄷ, ㄹ

469

다음 대화에 나타난 사회 불평등 현상을 바라보는 관점에 관한 옳은 설명만을 〈보기〉에서 있는 대로 고른 것은?

> 갑 : 이번에 ○○ 배우가 출연료로 수십억을 받았대요. 러닝개 런티까지 하면 국내 최고 출연료 기록이라고 합니다.
> 을 : 아무리 갑이 연기를 잘하고 관객을 끌어들이는 능력이 뛰어나다고 해도 출연료가 너무 많아요. 영화 시장의 이익 분배가 불공평한 것 아닌가요? 영화 스태프 중에는 생활고에 시달리는 사람도 많다던데.
> 병 : 영화 분배 구조는 불평등요. 이미 스타가 많이 가질 수밖에 없는 시스템이 고착화되어 있죠. 이 문제를 해결해야 합니다.

【 보기 】
ㄱ. 사회 불평등은 정당하고 불가피하다.
ㄴ. 사회적 희소가치는 사회적 합의에 따라 분배된다.
ㄷ. 사회 구조의 근본적 개혁을 통해 사회 불평등을 해결해야 한다.
ㄹ. 사회 불평등은 집단 간 이해관계가 반영되어 성립된 분배 체계의 결과이다.

① ㄱ, ㄴ   ② ㄱ, ㄹ   ③ ㄷ, ㄹ
④ ㄱ, ㄴ, ㄷ   ⑤ ㄴ, ㄷ, ㄹ

470

다음 자료에 관한 설명으로 옳은 것은? (단, A, B는 각각 기능론, 갈등론 중 하나이다.)

구분	갑	을
답안 내용	• ㄱ • 사회적 희소가치의 배분에 사회 구성원 간 합의된 기준이 있다고 본다.	• 차등 분배 정도가 높을수록 사회적 효율성이 낮아진다고 본다. • ㄴ
점수	2점	1점

서술형 평가
A와 다른 B의 특징을 두 가지만 서술하시오.
〈갑과 을이 작성한 답안 내용과 점수〉

* 옳게 작성한 특징 하나당 1점, 잘못 작성한 특징에 대한 감점은 없음

① A는 사회 불평등 현상이 보편적이지도 않고 불가피하지도 않다고 본다.
② B는 지배 집단과 피지배 집단 간의 대립 관계에서 사회 불평등 현상을 이해한다.
③ A와 B는 모두 사회 불평등 현상이 상대적 박탈감을 유발한다고 본다.
④ ㉠에는 '사회적 지위에는 중요도에 따른 위계 체계가 존재한다고 본다.'가 들어갈 수 있다.
⑤ ㉡에는 '개인의 가정적 배경이 사회 불평등에 미치는 영향력을 중시한다.'가 들어갈 수 있다.

471

(가)~(다) 사회의 계층 구조에 관한 분석으로 옳은 것은?

(가) 사회	혈통으로 소속 계층이 정해져 일생 동안 자신이 속한 계층을 바꿀 수 없다.
(나) 사회	대부분은 혈통으로 계층이 결정되지만 간혹 계층 상승의 기회가 주어지기도 한다.
(다) 사회	자유로운 직업 선택과 경제 활동으로 개인의 능력과 업적에 따라 계층이 결정된다.

① (다) 사회는 계층 간의 차이가 없는 평등한 사회이다.
② (나) 사회와 (다) 사회는 귀속 지위보다 성취 지위가 중시된다.
③ (가) 사회는 개방적 계층 구조, (다) 사회는 폐쇄적 계층 구조를 이루고 있다.
④ (가) 사회는 전근대 사회, (나), (다) 사회는 현대 사회로 볼 수 있다.
⑤ (가)~(다) 사회는 모두 수평 이동이 가능하다는 공통점이 있다.

472

다음은 사회 불평등 현상을 설명하는 이론 A, B를 기준으로 갑~정을 분류한 것이다. 이에 관한 분석으로 옳지 <u>않은</u> 것은? (단, A, B는 각각 계급론, 다원적 불평등론 중 하나이다.)

〈A에 따른 구분〉

구분	소유	미소유
생산 수단	갑, 을	병, 정

〈B에 따른 구분〉

구분	상층	중층	하층
재산	갑	을	병, 정
권력	을	갑, 병	정
위신	병	을	갑, 정

① 갑, 을은 자본가, 병, 정은 노동자이다.

② 지위 불일치 현상을 보이는 사람은 3명이다.

③ 갑과 병, 갑과 정, 병과 정은 공통의 계급적 연대 의식을 공유한다.

④ A는 사회 불평등 현상을 불연속적으로 구분되어 있는 상태로 본다.

⑤ A, B는 모두 경제적 요소를 사회 불평등의 요인으로 본다.

473

다음 자료에 관한 분석으로 옳은 것은?

〈부모 세대와 자녀 세대 계층 구성의 상대적 비〉

구분	부모 세대	자녀 세대
C/(A+B)	1/3	7/43
A/(B+C)	1	16/9

〈부모 세대 계층 대비 부모 세대와 자녀 세대의 계층 일치 비율〉

A	B	C
60%	20%	8%

* 갑국의 계층은 A~C로만 구성되며, A~C는 각각 상층, 중층, 하층 중 하나이고, 모든 부모의 자녀는 1명씩임

** 자녀 세대 B는 부모 세대보다 계층이 낮을 수 없으며, A는 C보다 높은 계층이고 부모 상층에서 자녀 하층으로 이동한 경우는 없음

① 세대 간 이동 비율이 계층 대물림 비율보다 낮다.

② 부모 세대와 달리 자녀 세대에서는 다이아몬드형 계층 구조가 나타난다.

③ 자녀 세대 계층 대비 부모와 자녀의 계층 불일치 비율은 상층이 가장 낮다.

④ 중층 부모를 둔 자녀 중에서 세대 간 상승 이동 비율이 세대 간 하강 이동 비율보다 높다.

⑤ 세대 간 상승 이동을 한 사람의 수는 중층 부모를 둔 자녀보다 하층 부모를 둔 자녀가 많다.

474

다음 자료는 갑국의 세대 간 계층 이동 현황을 나타낸 것이다. 이에 관한 옳은 분석만을 〈보기〉에서 고른 것은?

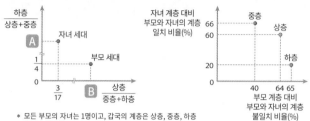

* 모든 부모의 자녀는 1명이고, 갑국의 계층은 상층, 중층, 하층으로만 구분함

** 부모 세대 상층에서 자녀 세대 중층으로 이동한 인구와 부모 세대 상층에서 자녀 세대 하층으로 이동한 인구는 같음

[보기]

ㄱ. A보다 B가 더 크다.

ㄴ. 세대 간 계층 유지 비율은 세대 간 이동 비율보다 높다.

ㄷ. 자녀 세대 계층 대비 부모와 자녀의 계층 불일치 비율은 하층이 가장 크다.

ㄹ. 부모 세대 중층 대비 부모 세대가 중층이고 자녀 세대가 하층인 비율은 B보다 크다.

① ㄱ, ㄴ 　　② ㄱ, ㄷ 　　③ ㄴ, ㄷ

④ ㄴ, ㄹ 　　⑤ ㄷ, ㄹ

475

다음 자료에 나타난 갑국의 세대 간 계층 이동에 관한 분석으로 옳은 것은? (단, 계층은 상층, 중층, 하층으로만 구분하며, A~C는 각각 상층, 중층, 하층 중 하나이다.)

〈세대 간 계층별 구성 비율의 상대적 비〉

구분	A	B	C
부모 세대 해당 계층 대비 자녀 세대 해당 계층의 상대적 비	0.5	1	2

〈세대 간 계층 이동 현황〉 (단위 : %)

구분	A	B	C
부모 세대 해당 계층 대비 부모와 자녀의 계층 불일치 비율	75	0	50

* 모든 부모의 자녀는 1명이고, 부모 세대의 계층 구조는 다이아몬드형임

** A는 C보다 높은 계층이며, 부모 세대의 계층 구성비에서 A는 B와 C를 합한 것의 1.5배임

① A는 상층, B는 하층, C는 중층이다.

② 자녀 세대 계층 대비 계층 대물림 비율은 상층이 가장 낮다.

③ 자녀 세대의 계층 구조가 부모 세대의 계층 구조보다 더 안정적이다.

④ 세대 간 하강 이동한 자녀의 비율은 세대 간 상승 이동한 자녀의 비율보다 낮다.

⑤ 세대 간 계층 이동을 한 사람의 수는 중층 부모를 둔 자녀가 하층 부모를 둔 자녀의 3배이다.

11

다양한 사회 불평등 현상

☑ 출제 포인트   ☑ 절대적 빈곤, 상대적 빈곤   ☑ 사회적 소수자의 성립 요건

1. 사회적 소수자 문제

1 사회적 소수자의 의미와 특징

(1) **의미** 신체적 또는 문화적 특징 때문에 사회의 다른 구성원들로부터 차별받으며 스스로 차별받는 집단에 속해 있다고 인식하는 사람들

✪(2) **특징** ⓒ 103쪽 486번 문제로 확인

① 반드시 수적으로 소수를 뜻하는 것이 아님

② 사회적·역사적 맥락에 따라 상대적으로 규정됨

2 사회적 소수자 차별 문제

(1) **개인적 차원** 인권 침해, 다양한 사회적 기회 박탈

(2) **사회적 차원** 대립과 갈등 심화로 사회 통합 저해

✪3 **사회적 소수자 문제의 해결 방안** ⓒ 104쪽 489번 문제로 확인

(1) **개인적·의식적 차원** 사회적 소수자에 관한 편견을 극복해야 함, 차이를 존중하고 인정하는 관용의 태도가 필요함

(2) **사회적·제도적 차원** 사회적 소수자를 차별하는 법과 제도를 개선하고 사회적 소수자를 지원하는 정책을 마련해야 함

자료	사회적 소수자의 성립 요건 ⓒ 103쪽 487번 문제로 확인

식별 가능성	권력의 열세
신체적으로나 문화적으로 다른 집단과 구별되는 뚜렷한 차이가 있다.	정치권력을 포함한 사회적 권한의 행사에서 지배 집단보다 열세에 있다.

사회적 차별	집합적 정체성
사회적 소수자 집단의 구성원이라는 이유만으로 사회적 차별을 받는다.	스스로 차별받는 집단의 구성원이라는 인식 또는 소속감이 있다.

분석 사회적 소수자는 위와 같은 성립 요건을 지닌다. 사회적 소수자의 예로 장애인, 여성, 노인, 청소년, 외국인 노동자, 결혼 이민자, 북한 이탈 주민, 소수 민족 등을 들 수 있다.

2. 성 불평등 문제

1 성 불평등의 의미 생물학적 성과 사회적 성의 차이를 이유로 특정한 성에 관한 차별이 행해지는 현상

✪2 **성 불평등의 발생 원인** ⓒ 104쪽 490번 문제로 확인

(1) **가부장제적 사회 구조** 사회적으로 남성은 공적인 영역, 여성은 가정 내 사적인 영역에서의 활동을 담당하는 것이 합리적이라는 가치관으로 인해 직장 구조 안에서도 업무 분담이나 승진 기회 등에서 여성을 차별함

(2) **차별적 사회화** 성별에 따라 서로 다른 정체성과 역할 습득 → 부모의 양육 태도, 전통적 성 역할과 규범을 강조하는 교육, 성 불평등 의식을 양산하는 대중 매체 등으로 심화

3 성 불평등의 양상

(1) **사회·문화적 불평등** 일상생활에서 나타나는 성차별적 관념과 언행, 대중 매체상의 왜곡된 성 의식 등

(2) **경제적 불평등** 취업 및 회사 내 승진에서의 제한, 성별 임금 격차 등

(3) **정치적 불평등** 고위 공직자나 의회 의원의 성비 불균형 등

4 성 불평등의 해결 방안

(1) **개인적·의식적 차원** 성에 관한 고정 관념이나 편견에서 벗어나 양성평등 의식을 가져야 하며, 서로의 차이를 인정하고 존중해야 함

(2) **사회적·제도적 차원** 성차별을 방지하고 해결할 수 있는 법과 제도 마련, 평등한 근무 환경 조성, 일·가정 양립을 위한 제도적 지원

3. 빈곤 문제

1 빈곤의 의미 인간의 기본적인 욕구를 충족하는 데 필요한 자원이나 소득이 부족한 상태

✪2 **빈곤의 유형** ⓒ 105쪽 494번, 106쪽 497번 문제로 확인

구분	절대적 빈곤	상대적 빈곤
의미	인간이 최소한의 생활을 유지하는 데 필요한 자원이나 소득이 절대적으로 부족한 상태	다른 사람들에 비해 자원이나 소득이 낮아 사회 구성원 대부분이 누리는 생활 수준을 영위하지 못하는 상태
특징	사회마다 최소한의 생활을 위해 필요한 자원이나 소득의 크기를 다르게 규정하는 경향이 있음	특정 사회의 평균적인 생활 수준과 관련되어 있으며, 어느 사회에서나 존재할 수 있음
기준	일반적으로 최저 생계비 미만의 인구 및 가구를 절대적 빈곤 인구 및 가구로 파악함	우리나라는 중위 소득의 50% 미만인 인구 및 가구를 상대적 빈곤 인구 및 가구로 파악함

3 빈곤 문제의 해결 방안

(1) **개인적·의식적 차원** 빈곤으로부터 벗어나기 위한 개인적 노력, 직업 능력 향상 노력 등

(2) **사회적·제도적 차원**

① 빈곤층을 지원하는 사회 복지 정책이나 사회 보장 제도를 마련해야 함

② 교육 기회의 균등을 실현함으로써 빈곤이 대물림되지 않도록 해야 함

③ 빈곤층의 자활 노력을 지원하기 위한 직업 훈련이나 일자리 창출 등의 정책을 마련해야 함

④ 누진세 등 소득 재분배 효과가 큰 조세 제도를 시행함으로써 지나친 소득 격차 문제를 해소해야 함

기출 개념 문제

›› 다음은 사회적 소수자에 관한 설명이다. 빈칸에 들어갈 알맞은 말을 쓰시오.

476 (   )(이)란 사회 내에서 일반적으로 사회 구성원과 다른 정체성을 가지고 있으며, 그것을 이유로 불합리한 차별을 받는 사람들이다.

477 사회적 소수자의 성립 요건에는 식별 가능성, 권력의 열세, 사회적 차별 대우, (   )이/가 있다.

478 사회적 소수자 중 (   )은/는 교육이나 취업 기회뿐만 아니라 일상생활에서의 기본적인 이동권과 편의 시설 이용 등을 크게 제한받는 경우가 많다.

›› 다음은 성 불평등에 관한 설명이다. 다음 설명이 옳으면 ○표, 틀리면 ×표 하시오.

479 성별 분업 구조가 정착되면 성 불평등이 완화될 가능성이 높다. ( )

480 사회 각 부분에서 채용이나 승진 시 일정한 비율을 어느 한쪽의 성에 할당하는 적극적 우대 조치는 성 불평등 해결을 위한 개인적 차원의 방안이다. ( )

›› 다음은 빈곤의 유형에 관한 설명이다. ㉠, ㉡ 중 알맞은 것을 고르시오.

481 우리나라에서는 최저 생계비를 (㉠ 절대적, ㉡ 상대적) 빈곤선으로 삼고 있다.

482 동일한 사회 내의 다른 사람들과 비교했을 때 경제적 생활 수준이 낮아 박탈감을 유발할 수 있는 상태를 (㉠ 절대적, ㉡ 상대적) 빈곤이라고 한다.

483 우리나라에서는 중위 소득의 50% 수준에 미달하는 계층을 (㉠ 절대적, ㉡ 상대적) 빈곤층이라고 한다.

›› 다음은 빈곤 문제를 해결하기 위한 방안이다. 설명을 바르게 연결하시오.

484 개인적·의식적 차원 •

485 사회적·제도적 차원 •

• ㉠ 교육 기회 확대
• ㉡ 최저 임금제 실시
• ㉢ 사회 보장 제도 실시
• ㉣ 빈곤에서 탈출하려는 노력

---

1. 사회적 소수자 문제

⭐빈출
486

사회적 소수자와 관련하여 다음 내용을 종합하여 내릴 수 있는 결론으로 가장 적절한 것은?

> • 조선 시대 후기에는 천주교 신자라는 이유로 박해를 받았지만 종교의 자유가 보장되는 현대에는 그렇지 않다.
> • 외국인 근로자 갑은 우리나라에서는 사회적 소수자이지만 갑이 자기 나라로 돌아가면 더 이상 사회적 소수자가 아닐 수 있다.

① 사회적 소수자는 상대적으로 규정된다.
② 사회적 소수자의 규정 기준은 일정하다.
③ 사회적 소수자에 관한 차별은 사회 통합을 저해한다.
④ 집단의식이 있지 않으면 사회적 소수자라고 할 수 없다.
⑤ 사회적 소수자 여부는 구성원의 수(數)에 의해 결정된다.

⭐빈출
487

(가), (나)를 통해 설명하고자 하는 사회적 소수자의 성립 요건으로 가장 적절한 것은?

> (가) 영어 과외 교사를 뽑을 때 가장 중요한 조건은 영어 실력과 영어를 가르치는 능력이어야 한다. 하지만 영어 실력과 영어를 가르치는 능력이 아무리 뛰어나더라도 그 사람이 성적 소수자라면 사람들은 그를 자녀의 영어 과외 교사로 선택하지 않는 경향이 강하다.
> (나) 성적 소수자 중에는 특정 분야의 전문가가 많다. 하지만 그 사람이 커밍아웃을 하면 사람들은 그의 주장을 받아들이기 꺼려 한다. 결국 그는 사회에서 중요하게 여겨지는 사안을 결정할 때 영향력을 행사하기 어려워진다.

	(가)	(나)
①	식별 가능성	사회적 차별
②	집합적 정체성	권력의 열세
③	집합적 정체성	식별 가능성
④	사회적 차별	식별 가능성
⑤	사회적 차별	권력의 열세

488

표는 갑국에 관한 자료이다. 사회적 소수자와 관련하여 이 자료가 시사하는 바로 가장 적절한 것은?

(단위 : %)

구분	백인	흑인	계
인구 비중	10	90	100
소득 비중	70	30	100
의회 의원 비중	80	20	100

① 누구라도 사회적 소수자가 될 수 있다.

② 사회적 소수자는 상대적으로 규정된다.

③ 사회적 소수자의 규정 기준은 다양하다.

④ 사회적 소수자로 규정되려면 집합적 정체성이 있어야 한다.

⑤ 사회적 소수자 여부는 구성원의 수(數)에 의해 결정되지 않는다.

빈출
489

밑줄 친 ㉠~㉢에 관한 옳은 설명만을 〈보기〉에서 있는 대로 고른 것은?

아직도 많은 여성이 고정 관념이나 차별적 관행으로 사회 참여의 기회를 박탈당하고 있다. 이를 완화하기 위해서 ㉠ 적극적 조치를 도입해야 한다는 주장이 곳곳에서 나오고 있다. 적극적 조치는 구조적으로 누적된 차별을 개선하기 위하여 한정된 기간에 ㉡ 사회적 소수자 집단을 우대하는 정책을 말한다. 일부 국가에서는 국회의원 선거에서 ㉢ 여성 할당제를 실시하고 있다.

[보기]

ㄱ. ㉡의 여부를 결정짓는 데 가장 중요한 기준은 구성원의 수(數)이다.

ㄴ. ㉢은 역차별 문제를 발생시킬 우려가 있다.

ㄷ. ㉢은 사회적 소수자 문제에 관한 사회적·제도적 차원의 해결책이다.

ㄹ. ㉠은 ㉡이 부당한 차별을 받고 있다고 보는 사람들의 주장이다.

① ㄱ, ㄴ ② ㄱ, ㄹ ③ ㄷ, ㄹ

④ ㄱ, ㄴ, ㄷ ⑤ ㄴ, ㄷ, ㄹ

2. 성 불평등 문제

빈출
490

다음 글에 관한 옳은 분석만을 〈보기〉에서 있는 대로 고른 것은?

'여성다움'이나 '남성다움'은 모두 허구에 지나지 않는다. 현실에 나타난 '여성성'과 '남성성'은 사회적 상황에 의해 만들어진 것에 불과하다. 사회가 문화적·규범적으로 용인하는 남성과 여성의 성 역할을 학습하여 내면화한 결과일 뿐인 것이다.

[보기]

ㄱ. 성 역할의 구분을 사회화의 산물로 보고 있다.

ㄴ. 성 역할의 구분이 생물학적 요인에 기반한다고 보고 있다.

ㄷ. 성 역할은 시대나 장소가 바뀌어도 변하지 않는다고 보고 있다.

ㄹ. 성 역할에는 성별에 관한 사회적 평가가 반영되어 있다고 보고 있다.

① ㄱ, ㄷ ② ㄱ, ㄹ ③ ㄴ, ㄷ

④ ㄱ, ㄴ, ㄹ ⑤ ㄴ, ㄷ, ㄹ

491

표는 갑국의 통계 자료이다. 이에 관한 옳은 분석만을 〈보기〉에서 고른 것은?

구분	2017년	2018년	2019년
전체 정규직 평균 임금을 100으로 보았을 때의 전체 비정규직의 평균 임금 수준	51.4	51.2	49.7
전체 정규직 평균 임금을 100으로 보았을 때의 여성 비정규직의 평균 임금 수준	41.0	40.0	39.1

[보기]

ㄱ. 전체 비정규직의 평균 임금은 지속적으로 하락하였다.

ㄴ. 남성 비정규직 평균 임금은 같은 연도의 여성 비정규직 평균 임금보다 많다.

ㄷ. 전체 정규직과 전체 비정규직 간 평균 임금의 상대적 격차가 지속적으로 커졌다.

ㄹ. 전체 정규직 평균 임금이 여성 비정규직 평균 임금의 2배가 넘는 연도는 존재하지 않는다.

① ㄱ, ㄴ ② ㄱ, ㄷ ③ ㄴ, ㄷ

④ ㄴ, ㄹ ⑤ ㄷ, ㄹ

492

다음 자료에 관한 분석으로 옳은 것은?

표는 갑국의 성별 정규직 평균 임금 대비 비정규직 평균 임금, 즉 $\dfrac{\text{남성(여성) 비정규직 평균 임금}}{\text{남성(여성) 정규직 평균 임금}} \times 100$이다. 단, 남성과 여성의 정규직 평균 임금은 지속적으로 상승하였다.

(단위 : %)

구분	2018년	2019년	2020년
남성	60	65	60
여성	60	70	80

① 2018년 비정규직 평균 임금은 남성과 여성이 같다.

② 2019년 남성 비정규직의 평균 임금은 전년에 비해 하락하였다.

③ 여성의 경우, 정규직과 비정규직 평균 임금의 격차가 커지고 있다.

④ 남성의 경우, 전년 대비 2019년의 평균 임금 상승률은 정규직이 비정규직보다 높다.

⑤ 남성의 경우, 정규직과 비정규직의 평균 임금 차이는 2020년이 2019년보다 크다.

493

다음은 갑국의 남녀 간 평균 임금 격차 추이를 나타낸 것이다. 이에 관한 옳은 분석만을 〈보기〉에서 고른 것은? (단, 갑국의 남성 평균 임금은 지속적으로 상승하였다.)

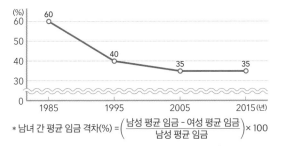

* 남녀 간 평균 임금 격차(%) = $\left(\dfrac{\text{남성 평균 임금 - 여성 평균 임금}}{\text{남성 평균 임금}}\right) \times 100$

【 보기 】

ㄱ. 1995년 대비 2005년의 여성 평균 임금은 하락하였다.

ㄴ. 2005년과 2015년의 남녀 간 평균 임금의 차이는 같다.

ㄷ. 1985년에 여성 평균 임금은 남성 평균 임금의 40%이다.

ㄹ. 1995년 대비 2005년의 평균 임금 상승률은 남성보다 여성이 더 높다.

① ㄱ, ㄴ   ② ㄱ, ㄷ   ③ ㄴ, ㄷ

④ ㄴ, ㄹ   ⑤ ㄷ, ㄹ

★빈출 494

빈곤의 유형 A, B에 관한 옳은 설명만을 〈보기〉에서 고른 것은?

• A는 최소한 유지되어야 할 일정한 생활 수준을 상정하고 이러한 생활 수준의 욕구를 충족하기 위한 소득 수준에 미치지 못하는 상태를 의미한다.

• B는 다른 사회 구성원과 비교하여 소득 수준이 상대적으로 낮은 상태로 전체 사회의 소득 분포를 대표하는 소득의 일정 비율에 미치지 못하는 상태를 의미한다.

【 보기 】

ㄱ. A는 후진국보다 선진국에서 더 큰 문제가 된다.

ㄴ. A, B 모두 상대적 박탈감을 유발할 수 있다.

ㄷ. A와 달리 B는 경제 성장을 통해 해결할 수 있다.

ㄹ. A 상태에 있는 인구가 감소하더라도 B 상태에 있는 인구가 증가할 수 있다.

① ㄱ, ㄴ   ② ㄱ, ㄷ   ③ ㄴ, ㄷ

④ ㄴ, ㄹ   ⑤ ㄷ, ㄹ

495

다음 글에 관한 설명으로 옳은 것은?

빈곤의 유형은 크게 A, B로 분류된다. A는 생존의 문제와 직결되는 빈곤의 유형이지만, B는 단순히 생존의 문제뿐만 아니라 해당 사회의 기준에 의해 판단되는 사회 구성원 대다수가 누리는 생활 수준을 영위하지 못하는 빈곤의 상태를 의미한다. B는 보통 ㉠ 평균 소득이나 ㉡ 중위 소득의 일정 비율을 빈곤선으로 정하고 이에 미치지 못하는 상태를 의미한다.

* 평균 소득 : 한 국가의 전체 소득을 인구수로 나눈 금액
** 중위 소득 : 전체 인구를 소득순으로 나열했을 때 한가운데에 있는 금액

① 경제가 성장하면 A의 빈곤율은 상승한다.

② B는 저개발국에서는 문제가 되지 않는다.

③ A는 상대적 빈곤, B는 절대적 빈곤이다.

④ ㉠보다 ㉡을 이용할 때 B의 빈곤선이 커진다.

⑤ 우리나라는 B의 빈곤선을 정할 때 ㉡을 이용한다.

496

빈곤의 유형 A, B에 관한 설명으로 옳은 것은?

> • A : 의식주와 관련한 인간의 기본 욕구를 충족하지 못하는 상태
> • B : 사회 구성원 대다수가 누리는 생활 수준에 미치지 못하는 상태

① A는 경제 성장을 통해 해결할 수 없다.
② A를 판단하는 기준은 국가마다 다를 수 있다.
③ B는 후진국에서는 문제가 되지 않는다.
④ 우리나라에서 B는 최저 생계비 미만의 상태를 의미한다.
⑤ B와 달리 A는 상대적 박탈감을 유발할 수 있다.

★빈출 497

다음 자료에 관한 옳은 분석만을 〈보기〉에서 고른 것은?

> • (가), (나)는 각각 상대적 빈곤 가구, 절대적 빈곤 가구 중 하나이며, 상대적 빈곤 가구는 전체 가구에서 소득이 중위 소득의 50% 미만인 가구이고, 절대적 빈곤 가구는 전체 가구에서 소득이 최저 생계비 미만인 가구이다.
> • 전체 가구 수는 변화가 없고, 모든 가구의 구성원 수는 동일하며, t년에는 최저 생계비가 중위 소득의 50%보다 컸다.

구분	t년	t+1년
(가)의 비율	10%	7%
(나)의 비율	7%	10%

[보기]
ㄱ. t+1년에는 중위 소득이 최저 생계비의 2배 이상이다.
ㄴ. t년의 상대적 빈곤 가구는 t+1년에도 상대적 빈곤 가구이다.
ㄷ. 절대적 빈곤 가구 수는 감소, 상대적 빈곤 가구 수는 증가하였다.
ㄹ. (가)에 해당하는 가구의 변동률이 (나)에 해당하는 가구의 변동률보다 높다.

① ㄱ, ㄴ   ② ㄱ, ㄷ   ③ ㄴ, ㄷ
④ ㄴ, ㄹ   ⑤ ㄷ, ㄹ

498

표에 관한 옳은 설명만을 〈보기〉에서 고른 것은? (단, 갑국 모든 가구의 구성원 수는 같다.)

〈갑국의 중위 소득 대비 최저 생계비의 비율〉

2018년	2019년	2020년
40%	50%	60%

* 절대적 빈곤 가구 : 소득이 최저 생계비 미만인 가구
** 상대적 빈곤 가구 : 소득이 중위 소득의 50% 미만인 가구

[보기]
ㄱ. 최저 생계비는 지속적으로 증가하였다.
ㄴ. 2018년에는 상대적 빈곤 가구 수보다 절대적 빈곤 가구 수가 더 많다.
ㄷ. 2019년의 절대적 빈곤 가구와 상대적 빈곤 가구는 일치한다.
ㄹ. 2020년의 상대적 빈곤 가구는 모두 절대적 빈곤 가구이다.

① ㄱ, ㄴ   ② ㄱ, ㄷ   ③ ㄴ, ㄷ
④ ㄴ, ㄹ   ⑤ ㄷ, ㄹ

499

다음 자료에 관한 설명으로 옳은 것은?

> 그림은 갑국의 2인 가구 기준 절대적 빈곤 가구 수 대비 상대적 빈곤 가구 수, 즉 $\dfrac{\text{상대적 빈곤 가구 수}}{\text{절대적 빈곤 가구 수}}$ 의 변화를 나타낸 것이다.
>
>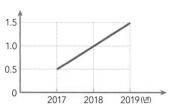
>
> * 절대적 빈곤 가구 : 소득이 최저 생계비 미만인 가구
> ** 상대적 빈곤 가구 : 소득이 중위 소득의 50% 미만인 가구

① 2017년에는 상대적 빈곤 가구 중 절대적 빈곤 가구가 아닌 가구가 존재한다.
② 2018년에는 최저 생계비와 중위 소득이 같다.
③ 2019년의 최저 생계비는 중위 소득 대비 50% 미만이다.
④ 2019년에는 상대적 빈곤선이 절대적 빈곤선의 1.5배이다.
⑤ 절대적 빈곤 가구의 비율은 감소하였고 상대적 빈곤 가구의 비율은 증가하였다.

500

다음 자료에 관한 분석으로 옳은 것은? (단, 모든 가구의 구성원 수는 같다.)

(가) 절대적 빈곤 가구와 상대적 빈곤 가구의 정의
- 절대적 빈곤율 : 소득이 최저 생계비 미만인 가구의 비율
- 도시(농촌)의 상대적 빈곤율 : 소득이 도시(농촌) 가구의 소득 서열 중 가운데에 위치한 소득, 즉 도시(농촌) 중위 소득의 50% 미만인 가구의 비율

(나) 지역별 절대적 빈곤율과 상대적 빈곤율 (단위 : %)

구분		t년	t+10년
도시	절대적 빈곤율	8	7
	상대적 빈곤율	10	10
농촌	절대적 빈곤율	10	10
	상대적 빈곤율	8	7

① 최저 생계비가 하락하였다.
② 농촌의 중위 소득은 하락하였다.
③ 도시의 중위 소득은 변하지 않았다.
④ t년의 중위 소득은 농촌보다 도시가 더 높다.
⑤ t+10년의 중위 소득은 도시보다 농촌이 더 높다.

501

표는 질문에 따라 빈곤의 유형을 구분한 것이다. 이에 관한 설명으로 옳은 것은? (단, A, B는 각각 상대적 빈곤, 절대적 빈곤 중 하나이다.)

구분	A	B
최소한의 생활을 유지하기 위한 소득에 미치지 못하는 상태로 정의됩니까?	예	아니요
(가)	아니요	예

① A는 개인이 빈곤 상태에 있다고 주관적으로 인식하는 개념이다.
② B를 판단하는 소득 수준은 특정 사회의 생활 수준이 전반적으로 높아질수록 상향 조정된다.
③ A는 중위 소득, B는 최저 생계비가 기준이 된다.
④ A에 따른 빈곤율과 B에 따른 빈곤율을 합하면 그 나라 전체의 빈곤율이 된다.
⑤ (가)에는 '실제 소득 규모와 상관없이 개인이 체감하는 빈곤 상태를 의미합니까?'가 들어갈 수 있다.

[502~503] 다음 글을 읽고 물음에 답하시오.

〈 ___A___ 의 성립 요건 〉
- 신체적으로나 문화적으로 다른 집단과 구별되는 뚜렷한 차이가 있어야 한다.
- 주류 집단에 비해 정치적·경제적·사회적 측면의 영향력에서 열세에 있어야 한다.
- 해당 집단의 구성원이라는 이유만으로 사회적 차별의 대상이 되어야 한다.
- _____(가)_____

502

사회학적 개념 A가 무엇인지 쓰시오.

503

(가)에 들어갈 내용을 서술하시오.

[504~505] 표는 빈곤의 유형 A, B를 비교한 것이다. 물음에 답하시오.

구분	A	B
의미	객관적으로 정해진 최소한의 생활 수준을 유지하는 데 필요한 자원이 부족한 상태	다른 사람들에 비해 소득이 낮아 사회 구성원 대다수가 누리는 생활 수준을 영위하지 못하는 상태
특징	주로 저개발국에서 심각하게 나타남	저개발국은 물론 선진국에서도 나타남
우리나라의 정의	(가)	(나)

504

A, B에 해당하는 빈곤의 유형을 각각 쓰시오.

505

(가), (나)에 들어갈 내용을 각각 쓰시오.

506

다음 사례를 종합하여 내린 결론으로 가장 적절한 것은?

> • 국가를 잃고 전 세계에 흩어져 살던 유대인은 많은 탄압을 받았다. 하지만 이스라엘이라는 국가가 세워지고 각 사회에서 부와 명예, 권력을 쌓은 유대인이 많아지면서 지금은 매우 큰 영향력을 발휘하는 집단이 되었다.
> • 구한말 미국의 사탕수수 농장으로 끌려간 이민 1세대 조선인은 노예와 같은 삶을 살았다. 하지만 현재의 이민 3세대 중에는 지역의 유력 인사나 정치가 등도 있어 그 사회의 주류 집단이 되었다.

① 사회적 소수자는 차별받는 집단을 의미한다.
② 사회적 소수자는 지배 집단에 의해 규정된다.
③ 사회적 소수자 집단과 주류 집단은 경계가 모호하다.
④ 사회적 소수자는 시대와 사회에 따라 달라질 수 있다.
⑤ 사회적 소수자는 사회적 희소가치의 소유 정도로 구분할 수 있다.

507

다음 글을 통해 도출한 사회적 소수자의 성립 요건으로 보기 <u>어려운</u> 것은?

> 사회적 소수자는 '신체적·문화적 특징으로 사회의 주류 집단 구성원에게 차별받으며, 스스로도 차별받는 집단에 속해 있다는 의식을 가진 사람들'이라고 정의할 수 있다. 이처럼 사회적 소수자는 한 사회 내에서 발휘하는 영향력 등을 고려하여 정의한다. 이러한 이유로 누구나 사회적 소수자가 되는 것은 아니다. 하지만 누구나 사회적 소수자가 될 수 있다. 한국인이 한국에서는 사회적 소수자라고 보기 어렵지만 외국에서 이민자로 차별받는다면 사회적 소수자가 될 수도 있기 때문이다. 우리 사회에서 장애인이나 외국인 노동자는 사회적 소수자가 될 수 있지만 어린이는 사회적 소수자라고 하기 어렵다. 사회적 소수자의 개념 정의를 보면 그 이유를 알 수 있다.

① 정치, 경제 등 사회적 차원에서 열세에 있다.
② 사회적 소수자 집단의 성원이라는 이유만으로 차별받는다.
③ 스스로 차별받는 집단의 구성원이라는 집단의식이 존재한다.
④ 신체적으로나 문화적으로 다른 집단과 구별되는 차이가 있다.
⑤ 사회적 소수자는 기타 집단과 비교하여 수적으로 열세에 있다.

508

다음에서 공통적으로 추론할 수 있는 내용으로 가장 적절한 것은?

> • 우리 사회에서 살고 있는 결혼 이민자와 외국인 노동자 등을 지원하기 위한 다양한 정책이 시행되고 있다. 하지만 여전히 우리와 다른 사람들이라는 사회적 인식이 남아 있어 그들은 실질적으로 사회생활에서 어려움을 겪고 있다.
> • 과거에 비해 성차별을 막기 위한 다양한 제도가 마련되어 성차별이 여러 부문에서 많이 해소되었다. 그렇지만 여전히 성차별적 인식이 남아 있어 여성에게 취업 및 승진 기회를 제한하는 등 여성에 관한 차별이 완전히 해소되지 않고 있다.

① 사회적 소수자는 시대와 사회에 따라 다르게 규정된다.
② 사회적 소수자 우대 정책이 초래할 수 있는 역차별 문제에 관심을 가져야 한다.
③ 사회적 소수자 차별은 개인적 능력의 차이가 집합적 차별로 전환된 결과이다.
④ 사회적 소수자 차별을 해소하기 위해서는 사회 통합을 위한 노력이 필요하다.
⑤ 사회적 소수자 차별을 해소하기 위해서는 제도 개선뿐만 아니라 의식 개혁도 이루어져야 한다.

509

표는 전체 가구 중 맞벌이 가구에 관한 것이다. 이에 관한 분석으로 옳은 것은?

〈소득 계층별 맞벌이 가구의 아내 소득과 소득 기여도〉

소득 계층	1	2	3	4	5	6	7	8	9	10
아내 소득 (만 원)	26	34	37	48	52	55	56	65	86	157
소득 기여도 (%)	30.8	30.0	26.9	30.5	29.3	26.6	16.5	27.0	31.5	39.0

* 소득 기여도 = $\frac{아내 소득}{남편 소득} \times 100$

** 소득 계층은 가구의 소득을 기준으로 하며 숫자가 클수록 고소득층임

① 소득 계층이 낮을수록 아내의 소득 기여도가 낮다.
② 맞벌이하는 아내의 소득 기여도는 최상층에서 가장 작다.
③ 아내 소득을 기준으로 할 때 소득 계층의 순서가 달라진다.
④ 맞벌이하는 아내의 소득 기여도는 소득 계층이 높을수록 더 낮다.
⑤ 맞벌이하는 아내의 소득은 최하층의 경우 가구 소득의 30% 이하이다.

510

표는 갑국의 정규직 근로자와 비정규직 근로자의 남녀 간 평균 임금 격차 추이를 나타낸 것이다. 이에 관한 분석으로 옳은 것은? (단, 정규직 근로자, 비정규직 근로자 모두 남성 평균 임금은 지속해서 상승하였다.)

구분	2000년	2005년	2010년	2015년
정규직 근로자	60	40	35	30
비정규직 근로자	40	38	34	30

* 남녀 근로자 간 평균 임금 격차(%)= $\dfrac{(\text{남자 근로자 평균 임금} - \text{여자 근로자 평균 임금})}{\text{남자 근로자 평균 임금}} \times 100$

① 2000년에 정규직 근로자의 여성 평균 임금은 전체 평균 임금의 40%이다.

② 2010년에 비정규직 근로자의 여성 평균 임금은 10년 전과 비교하여 6% 증가하였다.

③ 2015년에 남녀 간 임금 차이 액수는 정규직 근로자와 비정규직 근로자 모두 같다.

④ 2005년 대비 2010년에 정규직 근로자 남성 평균 임금의 상승률이 여성 평균 임금의 상승률보다 크다.

⑤ 2005년 이후 정규직 근로자, 비정규직 근로자 모두 여성 평균 임금은 남성 평균 임금의 50%를 넘는다.

511

다음 자료에 관한 옳은 분석만을 〈보기〉에서 고른 것은?

표는 A~D국의 민간 기업 임원과 고위 공무원 중 여성 비(比)를 나타낸다. 성비 불균형은 0에서 100까지의 값을 가지며, 그 값이 클수록 성비 불균형 정도가 큼을 의미한다.

〈민간 기업 임원 및 고위 공무원 중 여성 비〉

구분	민간 기업 임원	고위 공무원
A국	1.0	1.0
B국	0.5	0.3
C국	0.5	0.4
D국	1.5	2.0

* 여성 비 = $\dfrac{\text{여성 수}}{\text{남성 수}}$ ** 성비 불균형 = $\dfrac{(\text{남성 수} - \text{여성 수})}{(\text{남성 수} + \text{여성 수})} \times 100$

[보기]

ㄱ. A국은 민간 기업과 공무원 조직 모두에서 양성평등이 이루어져 있다.

ㄴ. B국은 민간 기업보다 공무원 조직에서 성비 불균형이 크다.

ㄷ. C국에서 고위 공무원 중 여성이 차지하는 비율은 40%이다.

ㄹ. D국은 공무원 조직보다 민간 기업에서 남성의 승진 진입 장벽이 크다.

① ㄱ, ㄴ ② ㄱ, ㄷ ③ ㄴ, ㄷ

④ ㄴ, ㄹ ⑤ ㄷ, ㄹ

512

다음 자료에 관한 설명으로 옳은 것은? (단, 갑국에서 모든 가구의 구성원 수는 같다.)

갑국에서는 소득이 최저 생계비에 미치지 못하는 가구를 ㉠ 절대적 빈곤 가구, 중위 소득의 50%에 미치지 못하는 가구를 ㉡ 상대적 빈곤 가구로 규정한다. 2020년에 갑국에서 가구 소득을 조사한 결과 절대적 빈곤 가구에는 해당하지만 상대적 빈곤 가구에는 해당하지 않는 가구가 전체 가구 중 20%, 절대적 빈곤 가구 중 50%로 나타났다. 2020년 갑국의 중위 소득은 300달러이다.

① ㉠은 ㉡과 달리 빈부 격차가 큰 사회일수록 줄어든다.

② ㉡은 ㉠과 달리 개인의 주관에 따라 인식하는 빈곤이다.

③ 2020년 갑국에서 최저 생계비는 150달러보다 작다.

④ 2020년 갑국에서 전체 가구 중 절대적 빈곤 가구의 비율은 40%이다.

⑤ 2020년 갑국에서 200달러 소득인 가구는 상대적 빈곤 가구는 아니지만 절대적 빈곤 가구이다.

513

빈곤 유형 A, B에 관한 옳은 설명만을 〈보기〉에서 있는 대로 고른 것은? (단, A, B는 각각 상대적 빈곤, 절대적 빈곤 중 하나이다.)

질문	유형 A	유형 B
인간이 최소한의 생활을 유지하는 데 필요한 소득이나 자원이 결핍된 상태인가?	아니요	예
소득 수준이 높은 국가에서는 나타나지 않는가?	㉠	㉡
(가)	예	아니요

[보기]

ㄱ. A는 B와 달리 해당 국가의 소득 분포를 고려하여 파악한다.

ㄴ. B는 A와 달리 빈곤 상태에 대한 개인의 주관적 인식 개념이다.

ㄷ. ㉠은 '아니요', ㉡은 '예'이다.

ㄹ. (가)에는 '상대적 박탈감을 유발할 수 있는가?'가 들어갈 수 없다.

① ㄱ, ㄴ ② ㄱ, ㄹ ③ ㄴ, ㄷ

④ ㄱ, ㄴ, ㄷ ⑤ ㄴ, ㄷ, ㄹ

12 사회 복지와 복지 제도

☑ 출제 포인트   ☑ 사회 보장 제도의 특징   ☑ 복지 제도의 한계와 생산적 복지

1, 사회 복지와 복지 국가

1 사회 복지의 의미와 필요성

(1) **의미** 사회 구성원의 기본적 욕구를 충족하며 안전하고 행복한 삶을 보장하기 위한 사회적 노력과 활동

(2) **필요성** 개인은 예상치 않은 질병, 실업, 빈곤, 재해 등을 겪을 수 있음 → 개인의 안정적인 생활 위협, 사회 문제 초래

2 복지 국가의 등장

(1) **초기 자본주의 사회** 자유방임주의에 기초, 빈곤의 책임은 개인에게 있음, 민간 중심의 빈민 구제, 자선적 성격

(2) **복지 국가**

① 등장 배경 : 자본주의 발전 과정에서 빈부 격차, 실업 등 발생 → 빈곤에 관한 사회적 책임 대두

② 양상 : 영국은 베버리지 보고서(국가가 모든 국민의 최소한의 인간다운 생활을 보장해야 함)를 기반으로 사회 보장 제도 확립, 복지 국가 이념의 전 세계적 확산

2, 우리나라의 사회 보장 제도

★1 사회 보험 ⊙ 112쪽 529번 문제로 확인

(1) **대상** 모든 국민

(2) **목적** 질병, 상해, 실업, 노령, 사망 등을 보험 방식으로 대처함으로써 국민의 건강과 소득을 보장하는 제도

(3) **비용 부담** 가입자, 사용자, 국가가 함께 부담하며, 가입자의 부담 능력에 따라 보험료를 산출함

(4) **종류** 국민 건강 보험, 국민연금, 고용 보험, 산업 재해 보상 보험, 노인 장기 요양 보험

(5) **특징** 금전적 지원 원칙, 의무 가입, 능력별 비용 부담, 수익자 부담 원칙, 상호 부조 효과, 사전 예방적 성격, 소득 재분배 효과, 보편적 복지의 성격

> **자료** **우리나라의 사회 보험** ⊙ 114쪽 535번 문제로 확인
>
> • 국민 건강 보험 : 국민 상호 간 질병, 부상 등의 위험을 분담하고 필요한 의료 서비스를 받을 수 있도록 하는 제도
> • 국민연금 : 노령, 장애, 사망 시 본인 및 가족에게 연금 급여를 실시하는 제도
> • 고용 보험 : 실직 시 본인 및 가족에게 소득을 보장하는 제도
> • 산업 재해 보상 보험 : 업무상의 사유로 인한 질병, 장애, 사망 시 본인 치료비와 본인 및 가족에게 소득을 보장하는 제도
> • 노인 장기 요양 보험 : 고령이나 노인성 질병 등의 사유로 일상생활을 혼자서 수행하기 힘든 노인 등에게 신체 활동 또는 가사활동 지원 등의 장기 요양 급여를 제공하는 제도
>
> 분석 사회 보험은 모든 국민을 대상으로 하고 법률이 정한 기준에 해당하는 사람은 의무적으로 가입해야 한다.

★2 공공 부조 ⊙ 112쪽 530번 문제로 확인

(1) **대상** 생활 유지 능력이 없거나 생활이 어려운 국민

(2) **목적** 최소한의 인간다운 생활을 보장하고 자립을 지원

(3) **비용 부담** 국가, 지방 자치 단체

(4) **종류** 국민 기초 생활 보장, 기초 연금, 의료 급여 등

(5) **특징** 금전적 지원 원칙, 높은 소득 재분배 효과, 사후 처방적 성격, 선별적 복지의 성격, 재정 부담 심화 및 근로 의욕 저하 등 복지병 유발의 요인

★3 사회 서비스 ⊙ 114쪽 537번 문제로 확인

(1) **대상** 국가와 지방 자치 단체, 민간 부문의 도움이 필요한 모든 국민

(2) **목적** 정상적인 사회생활이 가능하도록 지원 → 인간다운 생활 보장, 국민의 삶의 질 향상

(3) **비용 부담** 부담 능력이 있는 국민은 수익자가 부담, 부담 능력이 없는 국민은 국가와 지방 자치 단체가 부담

(4) **종류** 노인 돌봄, 산모·신생아 건강 관리 지원, 가사·간병 방문 지원 등

(5) **특징** 비금전적 지원 원칙, 수익자 부담 원칙 적용, 민간 부문 참여

3, 복지 제도의 역할과 한계

1 복지 제도의 역할

(1) **개인적 측면** 개인의 최소한의 인간다운 생활을 보장함

(2) **사회적 측면** 사회적 환경을 개선하고 사회 통합에 기여함

2 복지 제도의 한계

(1) **복지병 발생** 과도한 사회 보장이 근로 의욕을 떨어뜨리고 사회의 생산성과 효율성이 낮아질 수 있음

(2) **신자유주의 등장** 사회 문제를 시장에 맡겨 복지를 축소하고 경제적 자유를 확대하려는 이념이 확산됨

3 복지 제도의 한계 극복 방안

★(1) **생산적 복지** ⊙ 115쪽 539번 문제로 확인

① 노동 연계형 복지라고도 하며, 복지 제도에 따른 효율성 저하와 복지 축소에 따른 형평성 저하를 모두 해결하기 위해 등장한 복지 개념

② 경제 활동 참여를 조건으로 지원을 하는 형태의 복지

(2) **제도 정비** 어려운 사람들이 실질적 혜택을 얻을 수 있도록 복지 사각지대를 없애야 함

(3) **새로운 사회적 합의 도출** 복지 목표와 방향에 관한 사회적 합의가 필요함

분석 기출 문제

>> 바른답·알찬풀이 52쪽

•• 다음은 사회 복지와 복지 국가에 관한 설명이다. 다음 설명이 옳으면 ○표, 틀리면 ×표 하시오.

514 현대 복지 사회에서 복지는 사후 처방적 성격이 강하다.
( )

515 영국 베버리지 보고서의 내용은 복지 국가 실현을 목적으로 하였다. ( )

•• 다음 사례와 관련 있는 우리나라 사회 복지 제도의 유형을 〈보기〉에서 고르시오.

516 국민 기초 생활 보장, 기초 연금, 의료 급여 ( )

517 국민 건강 보험, 국민연금, 고용 보험, 산업 재해 보상 보험, 노인 장기 요양 보험 ( )

518 상담, 재활, 돌봄, 정보 제공, 관련 시설 이용, 역량 개발, 사회 참여 지원 등 제공 ( )

【 보기 】
ㄱ. 사회 보험   ㄴ. 공공 부조   ㄷ. 사회 서비스

•• 다음은 우리나라 사회 복지 제도의 유형에 관한 설명이다. ⑤~⑧ 중 알맞은 것을 고르시오.

519 사회 보험은 (⑤ 강제 가입, ⑥ 임의 가입)을 원칙으로 하며 (⑥ 사전 예방적, ⑧ 사후 처방적) 성격이 강하다.

520 상호 부조의 원리가 적용되는 제도는 (⑤ 사회 보험, ⑥ 공공 부조)이다.

521 소득 재분배 효과는 (⑤ 사회 보험, ⑥ 공공 부조)에서 더 크다.

522 공공 부조와 사회 보험은 (⑤ 금전적, ⑥ 비금전적) 지원, 사회 서비스는 (⑥ 금전적, ⑧ 비금전적) 지원이 원칙이다.

•• 다음은 복지 제도의 역할과 한계에 관한 설명이다. 빈칸에 들어갈 알맞은 말을 쓰시오.

523 ( )(이)란 근로 의욕 저하, 생산성 저하 등 과도한 복지에 따른 부작용을 일컫는 용어이다.

524 노동과 복지를 연계하여 노동 참여를 조건으로 복지 혜택을 제공하는 새로운 개념의 복지를 ( )(이)라고 한다.

525

다음은 영국 베버리지 보고서의 내용이다. 이 보고서에 나타난 빈곤 문제에 관한 인식으로 옳은 것은?

- 사회 보험은 전 국민을 대상으로 한다.
- 사회 보험의 급여는 국민의 최저 생활을 보장하는 수준이어야 한다.
- 사회 보험에 가입할 수 없는 저소득층은 국가가 지원한다.
- 사회 보험이 성공하기 위해서는 아동 수당을 비롯한 가족 수당, 전 국민을 대상으로 하는 무료 의료 체계, 완전 고용이 전제되어야 한다.

① 빈곤 문제는 전 세계가 나서야 해결된다.
② 물질적 가치가 충족되어야 삶의 질이 높아진다.
③ 국민이 나태하면 정치권력의 부정부패가 만연한다.
④ 지나친 복지 지출은 경제 성장에 부담으로 작용할 수 있다.
⑤ 국민의 인간다운 생활을 위해서는 국가가 적극적으로 나서야 한다.

526

표는 초기 자본주의와 현대 복지 사회의 사회 복지를 비교한 것이다. ⑤~⑩에 들어갈 내용으로 옳지 않은 것은?

구분	초기 자본주의	현대 복지 사회
빈곤 책임	⑤	
복지 주체		⑥
복지 대상	⑥	
복지 내용		⑧
복지 성격	⑩	

① ⑤ - 개인의 책임 강조
② ⑥ - 국가 위주
③ ⑥ - 사회적 약자
④ ⑧ - 삶의 질 향상
⑤ ⑩ - 사전 예방적

527

표는 어떤 사회학적 개념을 정리한 것이다. (가)에 들어갈 수 있는 내용만을 〈보기〉에서 고른 것은?

구분	내용
의미	인간다운 삶을 인간의 기본적 권리로 인정하고, 모든 국민의 인간다운 생활을 보장하기 위한 복지 정책을 적극적으로 추진하는 국가
등장 배경	(가)

[보기]
ㄱ. 복지병으로 생산성과 효율성 저하
ㄴ. 자유방임주의가 야기한 대공황으로 실업 증가
ㄷ. 근대 자본주의의 한계로 부익부 빈익빈 현상 심화
ㄹ. 석유 파동에 따른 경기 침체로 정부의 복지 재정 부담 증가

① ㄱ, ㄴ　　　　② ㄱ, ㄷ　　　　③ ㄴ, ㄷ
④ ㄴ, ㄹ　　　　⑤ ㄷ, ㄹ

528

다음 글에 나타난 사회 복지를 바라보는 관점에 부합하는 진술로 가장 적절한 것은?

가족과 시장 경제가 제 기능을 수행하지 못할 때 사회 복지는 이들의 기능을 임시로 보충할 뿐이다. 개인은 자신의 결함으로 낙오자가 되어 사회로부터 최소한의 보호를 받아야 하는 상태에 놓일 수 있다. 이들에게 안전망 기능을 수행하는 것이 사회 복지이다.

① 보편적 복지를 지향한다.
② 사회 구성원 전체의 삶의 질 향상을 강조한다.
③ 사회 복지는 사회 유지를 위해 필수 불가결한 요소로 본다.
④ 사회 복지와 다른 사회 제도의 기능은 엄격하여 구별된다고 본다.
⑤ 사회 복지는 다른 사회 제도의 기능을 보완하는 역할을 한다고 본다.

2. 우리나라의 사회 보장 제도

빈출
529

(가)~(다)에 관한 옳은 설명만을 〈보기〉에서 고른 것은?

(가) 생활 유지 능력이 없거나 생활이 어려운 국민의 최저 생활을 보장하고 자립을 지원하는 제도
(나) 국민에게 발생하는 사회적 위험을 보험 방식으로 대처함으로써 국민의 건강과 소득을 보장하는 제도
(다) 도움이 필요한 모든 국민에게 복지, 보건 의료, 교육, 고용, 주거 등의 분야에서 인간다운 생활을 보장하고 상담, 재활, 돌봄 등을 통하여 국민의 삶의 질이 향상되도록 지원하는 제도

[보기]
ㄱ. (가)는 수급자 부담의 원칙이 적용된다.
ㄴ. (나)는 강제 가입을 원칙으로 한다.
ㄷ. 소득 재분배 효과는 (나)보다 (가)가 크다.
ㄹ. (나), (다)는 (가)와 달리 비금전적 지원이 원칙이다.

① ㄱ, ㄴ　　　　② ㄱ, ㄷ　　　　③ ㄴ, ㄷ
④ ㄴ, ㄹ　　　　⑤ ㄷ, ㄹ

빈출
530

다음 법률에 규정된 사회 보장 제도에 관한 옳은 설명만을 〈보기〉에서 고른 것은?

제1조　이 법은 생활이 어려운 사람에게 필요한 급여를 실시하여 이들의 최저 생활을 보장하고 자활을 돕는 것을 목적으로 한다.
제7조　① 이 법에 따른 급여의 종류는 다음 각 호와 같다.
　　　　1. 생계 급여　　　　2. 주거 급여
　　　　3. 의료 급여　　　　4. 교육 급여
제9조　⑤ 보장 기관은 대통령령으로 정하는 바에 따라 근로 능력이 있는 수급자에게 자활에 필요한 사업에 참가할 것을 조건으로 하여 생계 급여를 실시할 수 있다.

[보기]
ㄱ. 사회 보험에 해당한다.
ㄴ. 수급자가 비용을 부담하지 않는다.
ㄷ. 생산적 복지 이념을 반영하고 있다.
ㄹ. 사후 처방이 아닌 사전 예방의 성격을 갖는다.

① ㄱ, ㄴ　　　　② ㄱ, ㄷ　　　　③ ㄴ, ㄷ
④ ㄴ, ㄹ　　　　⑤ ㄷ, ㄹ

531

그림은 사회 보장 제도를 분류한 것이다. (가), (나)에 들어갈 수 있는 질문을 〈보기〉에서 골라 바르게 연결한 것은?

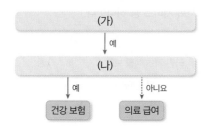

[보기]

ㄱ. 수급자가 비용을 부담하는가?

ㄴ. 금전적 지원을 원칙으로 하는가?

ㄷ. 일정 소득 기준을 충족하는 국민만을 대상으로 하는가?

	(가)	(나)		(가)	(나)
①	ㄱ	ㄴ	②	ㄱ	ㄷ
③	ㄴ	ㄱ	④	ㄴ	ㄷ
⑤	ㄷ	ㄱ			

532

(가)~(다)는 우리나라 사회 보장 제도의 세 가지 유형을 분류한 것이다. 이에 관한 설명으로 옳은 것은?

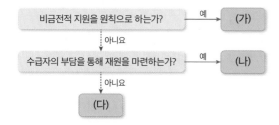

① (가)와 (나)의 대상자는 서로 배타적이다.

② (나)는 (다)와 달리 대상자를 선별하여 시행한다.

③ (나)는 (다)에 비해 사전 예방적 성격이 강하다.

④ (다)는 (가)에 비해 상호 부조의 성격이 강하다.

⑤ (다)는 (나)와 달리 의무 가입이 원칙이다.

533

다음 자료에 관한 옳은 설명만을 〈보기〉에서 있는 대로 고른 것은? (단, A, B는 각각 공공 부조, 사회 보험 중 하나이다.)

- A, B의 공통점 : 금전적 지원을 원칙으로 한다.
- A, B의 비교

기준	비교
소득 재분배 효과	A > B
(가)	A < B
(나)	A > B

[보기]

ㄱ. 기초 연금 제도는 A, 국민 건강 보험 제도는 B에 해당한다.

ㄴ. A와 달리 B는 일정 소득 기준을 충족하는 국민만을 대상으로 한다.

ㄷ. (가)에는 '사후 처방적 성격'이 들어갈 수 있다.

ㄹ. (나)에는 '복지 비용 중 정부 재정이 차지하는 비중'이 들어갈 수 있다.

① ㄱ, ㄴ   ② ㄱ, ㄹ   ③ ㄴ, ㄷ

④ ㄱ, ㄷ, ㄹ   ⑤ ㄴ, ㄷ, ㄹ

534

그림은 우리나라 사회 보장 제도 중에서 두 가지 유형을 분류한 것이다. 이에 관한 옳은 설명만을 〈보기〉에서 고른 것은?

[보기]

ㄱ. A는 B보다 상호 부조의 성격이 강하다.

ㄴ. B는 A보다 사전 예방적 성격이 강하다.

ㄷ. A는 B와 달리 의무 가입을 원칙으로 한다.

ㄹ. B는 A와 달리 소득 재분배 효과가 발생한다.

① ㄱ, ㄴ   ② ㄱ, ㄷ   ③ ㄴ, ㄷ

④ ㄴ, ㄹ   ⑤ ㄷ, ㄹ

★ 빈출 535

표는 우리나라 사회 보장 제도 A, B의 일반적인 특징을 비교한 것이다. (가)~(라)에 들어갈 수 있는 질문만을 〈보기〉에서 있는 대로 고른 것은?

- A : 국민의 질병·부상에 관한 예방·진단·치료·재활과 출산·사망 및 건강 증진에 관하여 보험 급여를 실시하는 제도
- B : 소득 인정액이 일정 수준 이하인 가구의 최저 생활을 보장하기 위해 일정한 절차를 거쳐 급여를 실시하는 제도

구분	A	B
(가)	예	예
(나)	예	아니요
(다)	아니요	예
(라)	아니요	아니요

[보기]
ㄱ. (가) - 소득 재분배 효과가 있는가?
ㄴ. (나) - 대상자 선정 과정에서 소득이 고려되는가?
ㄷ. (다) - 금전적 지원을 원칙으로 하는가?
ㄹ. (라) - 대상자가 수혜 정도에 따라 비용을 부담하는가?

① ㄱ, ㄴ   ② ㄱ, ㄹ   ③ ㄴ, ㄷ
④ ㄱ, ㄷ, ㄹ   ⑤ ㄴ, ㄷ, ㄹ

536

표는 우리나라의 사회 보장 제도를 구분한 것이다. A~C에 관한 설명으로 옳지 <u>않은</u> 것은? (단, A~C는 각각 공공 부조, 사회 보험, 사회 서비스 중 하나이다.)

구분	A	B	C
금전적 지원을 원칙으로 하는가?	아니요	예	예
소득 수준에 따라 비용을 부담하는가?	예	아니요	예

① A는 B, C와 달리 민간 부문도 참여할 수 있다.
② B는 A, C와 달리 누구나 접근 가능하다는 특징이 있다.
③ B는 A, C보다 소득 재분배 효과가 크다.
④ C는 강제 가입의 원칙이 적용된다는 점에서 A, B와 차이가 있다.
⑤ A에는 가사·간병 방문 지원, B에는 기초 연금 제도, C에는 국민연금 제도가 있다.

★ 빈출 537

표는 사회 보장 제도 A~C의 사례를 정리한 것이다. 이에 관한 옳은 설명만을 〈보기〉에서 있는 대로 고른 것은? (단, A~C는 각각 공공 부조, 사회 보험, 사회 서비스 중 하나이다.)

구분	사례
A	국민 기초 생활 보장, (㉠) 등
B	노인 돌봄, 장애인 활동 지원 등
C	국민연금, (㉡) 등

[보기]
ㄱ. A의 복지 비용은 복지 제공자가 전액 부담한다.
ㄴ. C의 수급 대상이 되기 위해서는 일정 소득 기준을 충족해야 한다.
ㄷ. B, C 모두 금전적 지원을 원칙으로 한다.
ㄹ. ㉠에는 기초 연금 제도, ㉡에는 국민 건강 보험 제도가 들어갈 수 있다.

① ㄱ, ㄴ   ② ㄱ, ㄹ   ③ ㄴ, ㄷ
④ ㄱ, ㄷ, ㄹ   ⑤ ㄴ, ㄷ, ㄹ

3. 복지 제도의 역할과 한계

538

밑줄 친 ㉠~㉢에 관한 옳은 설명만을 〈보기〉에서 고른 것은?

- ㉠ 제1의 길 : '요람에서 무덤까지'로 표현되는 북유럽 국가의 사회 민주주의 방식
- ㉡ 제2의 길 : 시장에 관한 정부의 간섭을 최소화하는 미국식 신자유주의 방식
- ㉢ 제3의 길 : 경제적 효율성과 사회적 약자 보호라는 두 마리 토끼를 모두 잡으려는 방식

[보기]
ㄱ. ㉡은 국가에 의한 복지병 발생을 야기하였다.
ㄴ. ㉢은 생산적 복지를 추구한다.
ㄷ. ㉠이 ㉡으로 이행하면서 복지가 축소되었다.
ㄹ. ㉡보다 ㉢이 경제적 효율성을 강조한다.

① ㄱ, ㄴ   ② ㄱ, ㄷ   ③ ㄴ, ㄷ
④ ㄴ, ㄹ   ⑤ ㄷ, ㄹ

539

다음 자료에 관한 설명으로 옳은 것은?

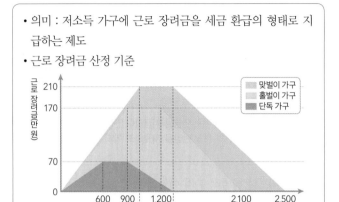

- 의미 : 저소득 가구에 근로 장려금을 세금 환급의 형태로 지급하는 제도
- 근로 장려금 산정 기준

① 생산적 복지 이념과 역행한다.
② 맞벌이보다 홀벌이를 장려한다.
③ 공공 부조보다 사회 보험의 성격이 강하다.
④ 근로 의욕 고취와 소득 재분배 효과를 기대한다.
⑤ 모든 가구에서 총급여액과 근로 장려금은 비례한다.

540

(가)에 관한 옳은 설명만을 〈보기〉에서 고른 것은?

검색어 : ▢ (가) ▢

사회 복지 대상자 중에서 스스로 일할 능력이 없는 사람에게 직업 훈련을 제공하고 스스로 자활 성향을 키우는 데 초점을 맞추는 복지이다. 즉 가난 등의 원인이 개인에게 있느냐 사회 구조에 있느냐에 관한 문제에 한쪽으로 치우친 답을 하지 않고 국가가 개입하여 개인의 자활을 도와주어야 한다는 것이다.

【 보기 】
ㄱ. 복지와 효율성을 동시에 추구한다.
ㄴ. 복지병을 해결하기 위해 등장하였다.
ㄷ. '요람에서 무덤까지'의 복지를 지향한다.
ㄹ. 사회적 연대를 무시하고 경제적 효율성만을 추구한다.

① ㄱ, ㄴ   ② ㄱ, ㄷ   ③ ㄴ, ㄷ
④ ㄴ, ㄹ   ⑤ ㄷ, ㄹ

[541~542] 다음은 사회 보장 제도 A를 규정하고 있는 법률이다. 물음에 답하시오.

제1조	이 법은 국민의 노령, 장애 또는 사망에 대하여 연금 급여를 실시함으로써 국민의 생활 안정과 복지 증진에 이바지하는 것을 목적으로 한다.
제6조	국내에 거주하는 국민으로서 18세 이상 60세 미만인 자는 A의 가입 대상이 된다.
제49조	이 법에 따른 급여의 종류는 다음과 같다. 1. 노령 연금 2. 장애 연금 3. 유족 연금 4. 반환 일시금

541

위 법률에서 규정하고 있는 사회 보장 제도 A가 무엇인지 쓰시오.

542

위의 제6조를 통해 알 수 있는 A 제도의 특징을 서술하시오.

[543~544] 다음을 읽고 물음에 답하시오.

A와 B는 각각 사회 보험, 공공 부조 중 하나이고, 그림은 A와 B의 공통점과 차이점을 나타낸 것이다.

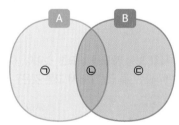

- ㉠ : 국가나 지방 자치 단체가 비용 전액을 부담한다.
- ㉡ : 금전적 지원을 원칙으로 한다.
- ㉢ : ▢ (가) ▢

543

A, B가 무엇인지 각각 쓰시오.

544

(가)에 들어갈 수 있는 내용을 두 가지만 서술하시오.

545

(가), (나)는 우리나라의 사회 보장 제도를 나타낸 것이다. (가), (나) 제도의 일반적인 특징에 관한 설명으로 옳은 것은?

① (가)는 (나)에 비해 빈곤층의 자활을 지원하는 성격이 강하다.
② (가)는 (나)와 달리 국가와 지방 자치 단체가 비용을 전액 부담하는 것을 원칙으로 한다.
③ (나)는 (가)에 비해 소득 재분배 효과가 크다.
④ (나)는 (가)에 비해 사전 예방적 성격이 강하다.
⑤ (가), (나)는 모두 수익자 부담의 원칙이 적용된다.

546

표는 우리나라의 사회 보장 제도를 비교한 것이다. (가)~(라)에 들어갈 질문으로 적절한 내용만을 〈보기〉에서 고른 것은?

구분	사회 보험	공공 부조
(가)	예	예
(나)	예	아니요
(다)	아니요	예
(라)	아니요	아니요

【 보기 】
ㄱ. (가) – 소득 재분배 효과가 있는가?
ㄴ. (나) – 금전적 지원을 원칙으로 하는가?
ㄷ. (다) – 국가나 지방 자치 단체가 비용을 전담하는가?
ㄹ. (라) – 수급자에게 복지병을 유발할 가능성이 있는가?

① ㄱ, ㄴ ② ㄱ, ㄷ ③ ㄴ, ㄷ
④ ㄴ, ㄹ ⑤ ㄷ, ㄹ

547

표는 우리나라 사회 보장 제도의 유형 (가), (나)와 관련된 법 조항을 나타낸 것이다. 이에 관한 설명으로 옳은 것은?

유형	관련 법 조항
(가)	이 법은 고령이나 노인성 질병 등의 사유로 일상생활을 혼자서 수행하기 어려운 노인 등에게 제공하는 신체 활동 또는 가사 활동 지원 등의 장기 요양 급여에 관한 사항을 규정하여 …… 국민의 삶의 질을 향상하도록 함을 목적으로 한다.
(나)	이 법은 노인에게 기초 연금을 지급하여 안정적인 소득 기반을 제공함으로써 노인의 생활 안정을 지원하고 복지를 증진함을 목적으로 한다.

① (가)는 (나)보다 선별적 복지 이념에 충실하다.
② (가)보다 (나)는 상호 부조의 성격이 강하다.
③ (가)는 (나)와 달리 금전적 지원을 원칙으로 한다.
④ (가)와 달리 (나)는 소득 재분배 효과가 발생한다.
⑤ (가)는 사전 예방적, (나)는 사후 처방적 성격을 띤다.

548

그림은 우리나라 사회 보장 제도의 유형을 비교한 것이다. 이에 관한 옳은 설명만을 〈보기〉에서 고른 것은? (단, A~C는 각각 공공 부조, 사회 보험, 사회 서비스 중 하나이다.)

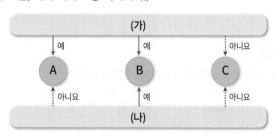

【 보기 】
ㄱ. (가)에는 '금전적 지원을 원칙으로 하는가?'가 들어갈 수 있다.
ㄴ. (나)에 '상호 부조의 원리가 적용되는가?'가 들어가면 B에는 기초 연금이 포함된다.
ㄷ. B가 공공 부조이면, (나)에는 '선별적 복지 원칙이 적용되는가?'가 들어갈 수 있다.
ㄹ. A가 강제 가입의 원칙이 적용되는 제도이고 C가 민간 부문도 복지 제공에 참여하는 제도라면 B를 적용받는 사람은 C를 적용받지 못한다.

① ㄱ, ㄴ ② ㄱ, ㄷ ③ ㄴ, ㄷ
④ ㄴ, ㄹ ⑤ ㄷ, ㄹ

549

다음 자료에 관한 분석으로 옳은 것은?

구분	t년		t+10년	
	국민연금	기초 연금	국민연금	기초 연금
(가) 지역	20	10	30	20
(나) 지역	24	10	33	26
○○시 전체	22	10	31	22

〈○○시의 지역별 수급자 비율〉 (단위 : %)

* ○○시는 (가) 지역과 (나) 지역으로만 이루어져 있으며, t년과 t+10년 ○○시의 총인구는 동일함

① (가) 지역의 t년 국민연금 수급자 수가 (나) 지역의 t+10년 기초 연금 수급자 수보다 적다.
② 상호 부조의 원리가 적용되는 제도의 수급자 수는 t년의 경우 (가) 지역과 (나) 지역이 같다.
③ 선별적 성격이 강한 제도의 수급자 수는 (가) 지역보다 (나) 지역에서 더 많이 증가하였다.
④ 강제 가입의 원칙이 적용되는 제도의 (나) 지역 수급자 수 대비 (가) 지역 수급자 수는 t년이 t+10년보다 적다.
⑤ 사후 처방적 성격이 강한 제도의 경우, t+10년에 (가) 지역 수급자 수는 (나) 지역 수급자 수의 2배이다.

550

다음은 국민 기초 생활 보장법의 내용이다. 이 법 규정의 취지를 가장 적절하게 표현한 속담은?

제3조 ① 이 법에 따른 급여는 수급자가 자신의 생활의 유지·향상을 위하여 그의 소득, 재산, 근로 능력 등을 활용하여 최대한 노력하는 것을 전제로 이를 보충·발전시키는 것을 기본 원칙으로 한다.
제30조 ② 근로 능력이 있는 수급자가 제9조 제5항의 조건을 이행하지 아니하는 경우 조건을 이행할 때까지 제7조 제2항에도 불구하고 근로 능력이 있는 수급자 본인의 생계 급여의 전부 또는 일부를 지급하지 아니할 수 있다.

① 곳간에서 인심 난다.
② 목마른 사람이 우물 판다.
③ 미운 자식 떡 하나 더 준다.
④ 닭 잡는 데 소 잡는 칼을 쓰랴.
⑤ 하늘은 스스로 돕는 자를 돕는다.

551

다음 자료에 관한 옳은 분석만을 〈보기〉에서 고른 것은?

〈자료 1〉 사회 보장 제도

(가)	출산 가정에 건강 관리사를 파견하여 산모의 산후 회복과 신생아의 양육을 지원
(나)	65세 이상의 노인 중 가구의 소득 인정액이 일정 기준 이하인 자를 선정하여 매달 일정액의 연금을 지급
(다)	일정 연령 이상이 되어 소득 활동을 하지 못할 때 생활 안정을 위하여 매월 일정액의 연금을 지급

* (가)~(다)는 각각 공공 부조, 사회 보험, 사회 서비스 중 하나임

〈자료 2〉 A 지역 전체 인구 중 (가)~(다) 제도 수급자 비율 (단위 : %)

구분	2015년	2020년
(가)	3	2
(나)	5	7
(다)	9	5

* 2015년 대비 2020년 A 지역 전체 인구는 2배 증가하였음

[보기]
ㄱ. 2015년 대비 2020년에 금전적 지원을 원칙으로 하는 제도의 수급자 수는 증가하였다.
ㄴ. 2015년 대비 2020년에 수급자 수가 가장 크게 증가한 것은 수급자가 비용을 부담하지 않는 제도이다.
ㄷ. 2015년에 최저 생활 보장을 목적으로 하는 제도의 수급자 수와 2020년에 사전 예방적 성격의 제도 수급자 수는 동일하다.
ㄹ. 2020년에 상호 부조의 원리가 적용되는 제도의 수급자 수는 민간 부문도 운영에 참여할 수 있는 제도의 수급자 수의 3배를 넘는다.

① ㄱ, ㄴ ② ㄱ, ㄷ ③ ㄴ, ㄷ
④ ㄴ, ㄹ ⑤ ㄷ, ㄹ

552

A 제도에 관한 설명으로 옳지 않은 것은?

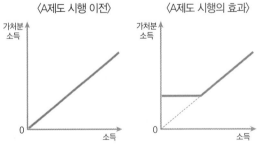

〈A제도 시행 이전〉 〈A제도 시행의 효과〉

*가처분 소득은 소득에서 조세 등을 제외하고 자유롭게 처분할 수 있는 소득을 말함

① 선별적 복지의 성격을 띠고 있다.
② 절대적 빈곤 문제 해결에 기여할 수 있다.
③ 일정 소득액 이상인 사람들은 제도와 무관하다.
④ 일정 소득액을 국가에서 보장해 주는 제도이다.
⑤ 일정 소득액 미만인 경우에는 국가에서 받는 혜택이 동일하다.

10 사회 불평등 현상과 사회 계층의 이해

553

사회 불평등 현상에 관한 옳은 설명만을 〈보기〉에서 고른 것은?

[보기]
ㄱ. 균등 분배가 지배적인 사회에서 나타난다.
ㄴ. 사회 구성원 간 생활 양식을 동질화시킨다.
ㄷ. 개인적인 능력과 노력에 의해서도 발생한다.
ㄹ. 경쟁을 유발하여 사회적 효율성을 증가시키기도 한다.

① ㄱ, ㄴ　　　② ㄱ, ㄷ　　　③ ㄴ, ㄷ
④ ㄴ, ㄹ　　　⑤ ㄷ, ㄹ

554

다음 글에서 강조하고자 하는 내용으로 가장 적절한 것은?

갑, 을은 모두 같은 해에 태어났다. 갑은 가난한 동네에서 자랐고, 초등학교에서 배움이 멈추었으며, 쪽방에서 사는 기초 생활 수급자이다. 아파도 병원에 가지 못해 병을 키웠다. 문화 생활을 누릴 기회가 적었고 여행 갈 기회도 없었다. 한편 을은 고급 주택가에서 자랐고, 대학을 나왔으며, 한 기업의 대표로 일하고 있다. 그는 헬스클럽을 다니며 건강을 관리했고, 건강에 좋은 음식을 먹어서 병치레가 거의 없었다. 문화생활을 누리면서 다른 사람과 교류가 많았고 여행도 자주 다녔다.

① 동일한 계층끼리는 동일한 문화가 형성된다.
② 사회 불평등은 집단 간 대립과 갈등을 유발한다.
③ 경제적 불평등이 다른 영역의 불평등을 초래한다.
④ 국가의 복지 제도가 국민의 삶의 질을 향상시킨다.
⑤ 현대 사회에서는 교육 수준이 사회 불평등을 완화한다.

555

다음 글에 나타난 사회 불평등 현상을 바라보는 관점에 관한 설명으로 옳은 것은?

건물의 환경 미화를 담당하는 두 사람이 있다. 이들 중 한 명은 건물의 외벽을 다른 사람은 건물 내부를 청소한다고 하자. 만약 임금이 똑같다면 두 명 모두 힘도 덜 들고 위험하지 않은 건물 내부 청소를 선호할 것이다. 만약 건물주가 외벽을 청소하는 대가로 임금을 인상해 주겠다고 하면 이 제안을 받아들이는 사람이 나타날 수 있다. 이처럼 고단하고 위험한 직업에 대해서는 이를 어느 정도 상쇄해 줄 임금의 보상이 필요하다.

① 모든 직업의 중요도에는 차이가 없다고 본다.
② 사회 불평등 현상은 사회 발전을 저해한다고 본다.
③ 귀속 지위에 따라 사회적 보상이 이루어진다고 본다.
④ 부모의 경제적 능력이 자녀의 계층을 결정한다고 본다.
⑤ 사회 불평등 현상이 개인의 성취동기를 자극한다고 본다.

556

다음 자료는 사회 불평등 현상을 바라보는 어떤 관점을 나타낸다. (가), (나)에 들어갈 변인으로 가장 적절한 것은?

어떤 직업이 다른 직업보다 더 중요한지는 검증할 수 없다. 단지 지배 집단이 자신들의 기득권을 유지하고 강화하기 위해 사회적으로 지위가 높거나 대우가 좋은 직업에 높은 가치를 부여한 것이다. 따라서 사회적 희소 자원이 직업의 중요도에 따라 차등 분배되는 것이 아니라 지배 집단에 유리한 방향으로 불공정하게 분배되며 분배 기준 역시 전체 사회 구성원이 합의한 것이 아닌 지배 집단의 가치가 반영된 것이다. 이를 그림으로 표현하면 다음과 같다.

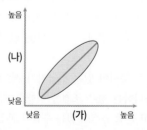

	(가)	(나)
①	부모의 경제적 지위	자녀의 성공 가능성
②	개인의 능력이나 노력	개인의 성취동기
③	희소가치의 균등 분배 기대치	계층의 세습 가능성
④	희소가치의 차등 분배 기대치	사회적 효율성 정도
⑤	인재의 적재적소 배치	계층의 세습 가능성

557

다음 대화에 관한 설명으로 옳은 것은? (단, A, B는 각각 계급론, 다원적 불평등론 중 하나이다.)

교사 : 사회 불평등 이론 A와 B에 관해 설명해 보세요.
갑 : A는 B보다 현대 사회의 사회 불평등 현상을 설명하기에 적합합니다.
을 : _____(가)_____
병 : B는 A와 달리 사회 불평등 현상에 경제적 요인이 작용한다고 봅니다.
교사 : 세 학생 중 ㉠한 사람은 틀린 설명을 하였습니다.

① ㉠은 을이다.
② A는 동일 계층 구성원 간의 귀속 의식을 강조한다.
③ B는 사회 계층이 연속선상에 서열화된 것으로 본다.
④ A와 B는 모두 정치적 불평등이 경제적 불평등에 종속된다고 본다.
⑤ (가)에는 'A는 B와 달리 지위 불일치 현상을 설명하기에 적합하다.'가 들어갈 수 있다.

558

(가)에 들어갈 수 있는 내용만을 〈보기〉에서 고른 것은? (단, A, B는 각각 계급론, 다원적 불평등론 중 하나이다.)

• 게임 규칙 : 참가자는 사회 불평등 현상을 설명하는 이론 A, B의 특징이 쓰여 있는 카드를 2장 받은 후, 받은 카드 중 하나를 버리고 바닥에서 하나의 카드를 가져온다. 이러한 과정을 반복하여 2장의 카드가 각각 A, B의 특징으로 구성되면 게임의 승자가 된다.
• 게임 결과 : 갑이 자신의 첫 번째 차례에서 '지위 불일치 현상을 설명하는 데 적절하다.'가 적힌 카드를 버리고 __(가)__ 가 적힌 카드를 가져와 게임의 승자가 되었다.

[보기]
ㄱ. 계급 간 갈등이 사회 변혁의 원동력이라고 본다.
ㄴ. 다원론의 입장에서 사회 불평등 현상을 분석한다.
ㄷ. 동일한 경제적 위치에 속한 구성원 간 연대 의식을 강조한다.
ㄹ. 사회 불평등은 다양한 요인에 의해 복합적으로 나타나는 서열화 현상이라고 본다.

① ㄱ, ㄴ   ② ㄱ, ㄷ   ③ ㄴ, ㄷ
④ ㄴ, ㄹ   ⑤ ㄷ, ㄹ

559

계층 구성원의 비율에 따른 사회 계층 구조 (가)~(다)에 관한 옳은 설명만을 〈보기〉에서 고른 것은?

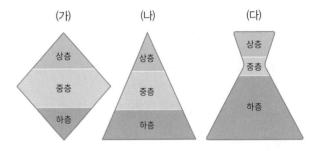

(가) / (나) / (다)

[보기]
ㄱ. (가)는 중층이 상층과 하층 간 갈등의 완충 역할을 한다.
ㄴ. (나)는 정보 사회에서 일반인이 정보에 접근하기 쉬울 때 나타날 수 있다.
ㄷ. (다)는 (가)에 비해 사회 통합의 필요성이 크다.
ㄹ. (나)에서 (다)로 변하는 데 사회 보장 제도가 중요한 역할을 한다.

① ㄱ, ㄴ   ② ㄱ, ㄷ   ③ ㄴ, ㄷ
④ ㄴ, ㄹ   ⑤ ㄷ, ㄹ

560

다음 자료에 관한 분석으로 옳은 것은?

• 갑국의 계층은 상층, 중층, 하층만 존재하며, A~C는 각각 상층, 중층, 하층 중 하나이다.
• 갑국의 부모 세대 계층 구조는 피라미드형이다.

〈갑국의 세대 간 계층 구성〉
(단위 : %)

부모 계층	A			B			C		
자녀 계층	A	B	C	A	B	C	A	B	C
	22	6	32	5	3	2	6	3	21

① 자녀 세대의 계층 구조는 모래시계형이다.
② 계층 세습 비율이 세대 간 이동 비율보다 높다.
③ 세대 간 상승 이동보다 하강 이동이 더 많이 나타난다.
④ 부모 세대 계층 대비 계층 불일치 비율은 상층이 가장 크다.
⑤ 상층 부모를 둔 중층 자녀와 중층 부모를 둔 상층 자녀의 수는 같다.

561

다음 자료에 관한 분석으로 옳은 것은?

> 갑국~병국의 계층은 A~C로만 구성되며, A~C는 각각 상층, 중층, 하층 중 하나이다. B는 상승 이동이, C는 하강 이동이 이루어지지 않는 계층이다. 을국과 병국의 인구는 같으며 갑국의 인구는 을국이나 병국 인구의 절반이다.

〈계층 구성의 상대적 비〉

구분	갑국	을국	병국
C/(A+B)	1	1/3	1
A/(B+C)	1/4	1	2/3

① 상층 인구는 갑국이 가장 많다.
② 하층 인구는 을국이 갑국의 2배이다.
③ 갑국보다 을국의 계층 구조가 안정적이다.
④ 계층 양극화 정도는 갑국보다 병국이 더 심하다.
⑤ 세대 간 계층 대물림 정도는 을국보다 갑국이 크다.

[562~563] 다음 글을 읽고 물음에 답하시오.

> 해방 직후 ㉠가난한 청년 중에서 군대에 간 사람들은 곧이어 발발한 6·25 전쟁이라는 급격한 사회 변동으로 계층이 상승한 경우가 많았다. 생계를 이어가기도 힘든 시절에 군대에 있었기 때문에 생계를 걱정하지 않았고, 전쟁으로 순직하는 장교가 늘어나자 단기간에 교육을 받고 장교로 임관하여 장군까지 올라가기도 하였다. 당시에는 30대에 이미 장군이 된 사례도 있었다. 만일 그들이 오늘날과 같은 시대를 살았다면 장교 임관까지 상당한 노력과 시간 등이 걸렸을 것이다. 더구나 30대에 장군이 된다는 것은 거의 불가능했을 것이다.

562

㉠에 해당하는 계층 이동의 유형을 쓰시오.

563 〈서술형〉

㉠에 해당하는 계층 이동 유형의 의미를 서술하시오.

---

11 다양한 사회 불평등 현상

564

다음 자료를 통해 파악할 수 있는 성 불평등 문제의 해소 방안으로 적절하지 않은 것은?

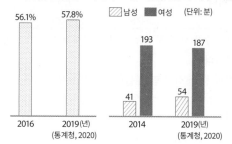

〈여성 고용률〉 〈가사 노동 시간(맞벌이 가구 기준)〉

① 여성의 경제 활동 참가율을 높여야 한다.
② 남녀의 분업 체계를 확실히 구분해야 한다.
③ 부부가 가사 노동에서 동등하게 협력해야 한다.
④ 양성평등 의식을 함양하는 제도를 마련해야 한다.
⑤ 일·가정 양립에 관한 사회적 공감대를 확산시켜야 한다.

565

표에 관한 옳은 분석만을 〈보기〉에서 고른 것은? (단, 남성 근로자의 평균 임금은 매년 10%씩 증가하였다.)

(단위 : %)

구분	2015년	2016년	2017년	2018년	2019년
남성 근로자 대비 여성 근로자의 임금 비율	60	60	62	66	70

* 남성 근로자 대비 여성 근로자의 임금 비율(%) = $\dfrac{\text{해당 연도 여성 근로자의 평균 임금}}{\text{해당 연도 남성 근로자의 평균 임금}} \times 100$

[보기]

ㄱ. 2016년 여성 근로자 평균 임금은 2015년에 비해 증가하였다.
ㄴ. 2016년 대비 2017년 여성 근로자 평균 임금의 증가율은 10%를 넘었다.
ㄷ. 남녀 근로자 임금 격차는 2017년에 비해 2018년에 더욱 커졌다.
ㄹ. 2019년 여성 근로자 평균 임금은 전체 근로자 평균 임금의 70%이다.

① ㄱ, ㄴ   ② ㄱ, ㄷ   ③ ㄴ, ㄷ
④ ㄴ, ㄹ   ⑤ ㄷ, ㄹ

566

다음 자료에 관한 설명으로 옳은 것은?

〈갑국과 을국의 빈곤 가구 비율〉

구분	갑국	을국
절대적 빈곤 가구	전체 가구의 20%	전체 가구의 10%
상대적 빈곤 가구	절대적 빈곤 가구의 50%	절대적 빈곤 가구의 200%

* 소득이 최저 생계비에 미치지 못하는 가구를 절대적 빈곤 가구, 중위 소득의 50%에 미치지 못하는 가구를 상대적 빈곤 가구로 규정함
** 갑국과 을국에서 모든 가구의 가구원 수는 같으며 갑국의 전체 가구 수는 을국 전체 가구 수의 1/2임

① 절대적 빈곤 가구의 수는 갑국과 을국이 같다.
② 갑국에서 전체 가구 중 상대적 빈곤 가구의 비율은 20%이다.
③ 을국에서 모든 상대적 빈곤 가구는 절대적 빈곤 가구에 해당한다.
④ 전체 가구 중 소득이 최저 생계비 이상인 가구의 비율은 갑국이 을국보다 많다.
⑤ 을국과 달리 갑국에서는 두 유형의 빈곤 가구 중 절대적 빈곤 가구에만 해당하는 가구가 없다.

567

다음 자료에 관한 분석으로 옳은 것은?

〈남녀 연령별 경제 활동 참가율〉

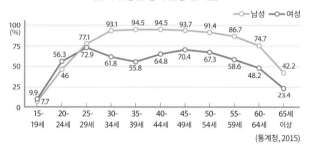

(통계청, 2015)

① 여성 고용의 질이 남성보다 나쁘다.
② 30~40대에서 남녀의 분업 체계가 분명해진다.
③ 임신·출산·육아로 인한 여성의 경력 단절이 심각하다.
④ 30대 후반에 여성에 대한 유리 천장 현상이 가장 크다.
⑤ 연령이 높아질수록 남녀의 경제 활동 참가율이 높아진다.

568

다음 자료에 관한 분석으로 옳은 것은?

표는 2019년 대비 2020년 ○○지역의 빈곤 탈출률과 빈곤 진입률을 나타낸다. 2019년 이후 ○○지역의 총가구 수는 변동이 없으며 남자 가구주 수와 여자 가구주 수는 동일하다. 2019년 빈곤 가구는 총가구의 30%인데, 남자 가구주의 빈곤 비율이 여자 가구주 빈곤 비율의 2배이다.

(단위 : %)

가구주의 성별	빈곤 탈출률	빈곤 진입률
남자	40	10
여자	20	20

* 빈곤 탈출률 : 이전 연도 빈곤 가구 중 해당 연도에 비빈곤 가구가 된 비율
** 빈곤 진입률 : 이전 연도 비빈곤 가구 중 해당 연도에 빈곤 가구가 된 비율

① 2020년 빈곤 가구 비율은 전체의 30%를 넘는다.
② 2020년 남자 가구주의 경우 빈곤 가구가 증가하였다.
③ 2020년에 빈곤 탈출 가구가 빈곤 진입 가구보다 많다.
④ 2020년 여자 가구주의 경우 비빈곤 가구는 변함이 없다.
⑤ 2020년에 빈곤 가구는 남자 가구주가 여자 가구주에 비해 많다.

[569~570] 다음 글을 읽고 물음에 답하시오.

　A　는 시대, 장소, 소속 집단의 범주 등에 따라 사회적으로 만들어지는 상대적인 개념이다. 우리나라 사람이 외국으로 이민 가면 그 나라에서는 　A　가 될 수 있다. 또한 단순히 수가 적다고 해서 　A　인 것은 아니다. 과거 남아프리카 공화국에서는 다수의 흑인 및 유색 인종이 소수인 백인의 지배를 받았다. 이때 소수인 백인을 A라고 하지는 않는다.

569

A에 해당하는 용어를 쓰시오.

570 ✔ 서술형

A의 의미를 성립 요건을 모두 포함하여 서술하시오.

12 사회 복지와 복지 제도

571

다음 글에 관한 옳은 설명만을 〈보기〉에서 있는 대로 고른 것은?

사회 보장은 정부와 개인의 협력에 의해서만 달성되고 정부는 국민의 최저한의 생활을 보장할 책임이 있다. 사회 보험은 소득 보장을 목적으로 하고 이 방법이 빈곤 퇴치의 핵심이다. 사회 재건을 위한 5대 해악으로는 빈곤, 질병, 무지, 불결, 나태를 들 수 있다. 빈곤은 소득 보장, 질병은 의료 보장, 무지는 의무 교육, 불결은 주택 정책, 나태는 노동 정책으로 대처해야 한다.
                                                – 베버리지 보고서 –

【 보기 】
ㄱ. 복지 국가를 지향하고 있다.
ㄴ. 복지를 자선적 활동으로 보고 있다.
ㄷ. 복지의 대상을 빈곤층에 한정하고 있다.
ㄹ. 빈곤에 관한 사회의 책임을 인정하고 있다.

① ㄱ, ㄷ   ② ㄱ, ㄹ   ③ ㄴ, ㄷ
④ ㄱ, ㄴ, ㄹ   ⑤ ㄴ, ㄷ, ㄹ

572

다음 자료에 관한 설명으로 옳은 것은?

A~C는 각각 공공 부조, 사회 보험, 사회 서비스 중 하나이다. 표는 각 질문에 관한 답변이 같은 사회 보장 제도를 나타낸 것이다.

질문	답변이 같은 사회 보장 제도
㉠ 비금전적 지원을 원칙으로 하는가?	A, B
㉡ 강제 가입을 원칙으로 하는가?	A, C
(가)	A, B

① A는 B와 달리 소득 재분배 효과가 발생한다.
② B는 A, C와 달리 사전 예방적 성격이 강하다.
③ ㉠에 대한 A, B의 응답은 모두 '예'이다.
④ ㉡에 대한 A, C의 응답은 모두 '예'이다.
⑤ (가)에는 '수익자 부담 원칙이 적용되는가?'가 들어갈 수 있다.

573

우리나라 사회 보장 제도 (가)~(다)에 관한 설명으로 옳은 것은?

(가) 혼자 살아가는 노인에게 정기적인 안전 확인 및 정서적 지원, 생활 교육 지원 등 돌봄 서비스를 제공하는 제도
(나) 노령에 따른 근로 소득 상실을 보전하기 위해 가입자, 사용자 등이 함께 마련한 재원으로 급여를 지급하는 제도
(다) 국가 재정으로 가구의 소득 인정액이 일정 기준 이하의 노인에게 생활 안정에 필요한 연금을 지급하는 제도

① (가)는 강제 가입의 원칙이 적용된다.
② (나)는 민간도 복지 제공에 참여할 수 있다.
③ (다)는 선별적 복지 이념을 바탕으로 한다.
④ (가), (나)는 모두 금전적 지원을 원칙으로 한다.
⑤ (나)는 (가), (다)와 달리 소득 재분배 효과가 발생한다.

574

다음 자료에 관한 분석으로 옳은 것은? (단, A~C는 각각 국민연금, 기초 연금, 노인 돌봄 서비스 중 하나이다.)

표는 ○○지역의 65세 이상 인구 중 사회 보장 제도 A~C의 수급자 비율을 나타낸다. 2015년 대비 2020년의 65세 이상 인구는 20% 증가하였다.
(단위 : %)

구분	2015년	2020년
A	10	9
B	20	21
C	3	3

* '민간 부문도 복지 제공에 참여할 수 있는가?'라는 질문을 통해 A와 B를 구분할 수 없고, '국가와 지방 자치 단체의 재정으로만 비용을 충당하는가?'라는 질문을 통해 B와 C를 구분할 수 없음

① A는 B와 달리 사전 예방적 성격이 강한 제도이다.
② B는 C와 달리 소득 재분배 효과가 있다.
③ 2015년 대비 2020년에 상호 부조의 원리에 기초한 제도의 수급자 수는 줄어들었다.
④ 2015년 대비 2020년에 비금전적 지원을 원칙으로 하는 제도의 수급자 수는 변함이 없다.
⑤ 2015년 대비 2020년에 수급자가 비용을 부담하지 않는 제도의 수급자 증가율은 20%가 되지 않는다.

575

다음 자료에 관한 설명으로 옳은 것은? (단, A~C는 각각 공공 부조, 사회 보험, 사회 서비스 중 하나이다.)

〈질문〉
• 기초 연금이 포함되는가?
• 강제 가입의 원칙을 적용하는가?
• 보편적 복지 이념을 추구하는가?
• _____ (가) _____

구분	A	B	C
합계 점수	3점	1점	0점

* 표는 사회 보장 제도 A~C를 제시된 각 질문에 '예'라고 답변한 경우에 1점을 부여한 후, 각 점수를 합한 것임

① A는 B와 달리 소득 재분배 효과가 없다.
② B는 A와 달리 상호 부조의 원리를 구현하고자 한다.
③ B는 C와 달리 재산이나 능력에 따라 부담금을 정한다.
④ C는 A, B와 달리 비금전적 지원을 원칙으로 한다.
⑤ (가)에는 '민간 기관도 운영 주체가 되는가?'가 들어갈 수 있다.

576

다음 자료에 관한 분석으로 옳은 것은? (단, A, B는 각각 우리나라의 공공 부조, 사회 보험 중 하나이다.)

〈○○시 지역별, 성별 A, B의 수급자 비율〉 (단위 : %)

구분	(가) 지역		(나) 지역	
	A	B	A	B
남성	20	10	20	10
여성	22	10	23	13
전체	21	10	21	11

* ○○시는 (가) 지역과 (나) 지역으로만 이루어지며, 두 지역 모두 인구가 동일함
** A는 B와 달리 수급자가 비용을 부담함

① A는 B보다 소득 재분배 효과가 크다.
② B는 A와 달리 강제 가입 원칙이 적용된다.
③ 사전 예방적 성격이 강한 제도의 남성 수급자 수는 (가) 지역과 (나) 지역이 같다.
④ 선별적 복지 이념을 바탕으로 하는 제도의 (가) 지역 수급자 수와 (나) 지역 수급자 수는 같다.
⑤ 상호 부조의 원리가 적용되는 제도의 (가) 지역 여성 수급자 수보다 (나) 지역 남성 수급자 수가 많다.

577

다음 자료에 관한 분석으로 옳은 것은?

〈자료 1〉 사회 보장 제도

(가) 국가가 가구 소득 인정액이 기준액 이하인 가구의 기초 생활을 보장하기 위해 급여를 지급하고 자활을 지원하는 제도
(나) 가입자와 사용자 등이 분담해서 마련한 기금을 통해 노령, 장애 등에 관한 연금 급여를 지급하여 생활 안정을 도모하는 제도
(다) 국민 상호 간 질병, 부상 등의 위험을 분담하고 필요한 의료 서비스를 받을 수 있도록 하는 제도

〈자료 2〉 A~C 지역별 인구 중 (가)~(다) 수급자 비율 (단위 : %)

구분	A 지역	B 지역	C 지역
(가)	6	6	6
(나)	8	4	8
(다)	7	8	10

* A 지역과 C 지역의 인구는 같고, B 지역 인구는 A 지역 인구의 1.5배임

① 상호 부조의 원리가 적용되는 제도의 경우, A 지역 수급자 수가 B 지역 수급자 수보다 많다.
② 선별적 복지의 성격이 강한 제도의 경우, A 지역 수급자 수와 B 지역 수급자 수가 같다.
③ 금전적 지원을 원칙으로 하는 제도의 경우 C 지역의 수급자 비율이 A 지역의 수급자 비율보다 높다.
④ 강제 가입의 원칙이 적용되는 제도의 경우, B 지역 수급자 수보다 C 지역 수급자 수가 많다.
⑤ 사전 예방적 성격이 강한 제도의 수급자 수 대비 사후 처방적 성격이 강한 제도의 수급자 수의 비는 A 지역이 B 지역보다 높다.

578 ✔ 서술형

A에 해당하는 제도를 쓰고, A가 생산적 복지에 해당하는 이유를 서술하시오.

A는 일정 요건을 충족하는 저소득 근로자 가구에 가구원 구성과 총급여액 등에 따라 산정된 근로 장려금을 지급하여 근로를 장려하고 실질 소득을 지원하는 근로 연계형 소득 지원 제도이다. 맞벌이 가구는 다음과 기준에 따라 근로 장려금이 지급된다.

총급여액 등	근로 장려금 지급액
1,000만 원 미만	총급여액 등 × 210/1,000
1,000만 원 이상~1,300만 원 미만	210만 원
1,300만 원 이상~2,500만 원 미만	210만 원 − (총급여액 등 1,300만 원) × 210/1,200

13 Ⅴ 현대의 사회 변동
사회 변동과 사회 운동

☑ 출제 포인트　☑ 사회 변동을 바라보는 진화론, 순환론　☑ 사회 운동의 의미와 목적

1. 사회 변동

1 사회 변동의 의미와 특성

(1) **의미**　일정한 시간을 두고 사회의 물질적 혹은 비물질적 요소가 부분적으로나 전체적으로 변화하는 현상

(2) **특성**

① 보편성 : 어느 사회에서나 나타나는 현상임

② 특수성 : 속도와 모습이 사회마다 다르게 나타남

2 사회 변동의 요인

구분	사례
기술 발달	• 의학 기술 발달 : 평균 수명 증가로 인구 구조 변화 • 증기 기관 발명으로 산업 사회로 변화, 정보 통신 기술 발달로 정보 사회로 변화
가치관과 이념의 변화	• 계몽사상, 천부 인권 사상 : 시민 혁명의 배경 • 프로테스탄트 윤리 : 자본주의 형성과 발전에 영향
집단 간 갈등	사회적 모순을 드러나게 하고 문제를 해결하려는 사회적 노력을 이끌어 냄
정부	경제 발전 또는 복지 향상 등을 목표로 정책 운영
자연환경적 요인	자연재해나 기후 변화에 대비하기 위한 제도나 규제

★3 사회 변동을 설명하는 이론 ⓒ 126쪽 592번 문제로 확인

(1) **사회 변동 방향을 기준으로 사회 변동을 설명하는 이론**

구분	진화론	순환론
기본 입장	사회는 일정한 방향성을 가지고 진화함	사회는 생성, 성장, 쇠퇴, 소멸의 과정을 반복함
장점	사회의 발전 방향을 설명하는 데 유용함	생성과 몰락을 경험한 인류 문명의 설명에 유용함
한계	• 서구 사회가 진보된 사회임을 전제 → 서구 제국주의 역사를 정당화하는 수단이 될 수 있음 • 다양한 경로의 사회 변동 양상을 설명하기 어려움 • 사회의 퇴보나 멸망을 설명하기 어려움	• 앞으로의 변동 방향을 예측하여 대응하기에 어려움 • 단기적 사회 변동 과정을 설명하기 어려움 • 운명론적 시각에 해당하여 인간 행위의 역동성과 자율성을 과소평가함

> **자료**　진화론과 순환론 ⓒ 126쪽 594번 문제로 확인
>
> (가) 생물 유기체와 마찬가지로 사회는 단순한 상태에서 복잡하고 분화된 상태로 변동한다. 즉 사회도 야만, 미개, 문명이라는 일정한 단계를 거친다.
>
> (나) 각 문화는 유기체의 일생처럼 생성, 성장, 쇠퇴, 소멸이라는 일정한 변화 과정을 거친다. 자연이 봄, 여름, 가을, 겨울의 과정을 거치는 것처럼 인간의 역사 또한 몰락, 사멸에 이른다.
>
> 분석 (가)는 진화론, (나)는 순환론이다. 사회 변동에 일정한 방향이 있다고 보는 것은 진화론이고 사회나 문명이 성장과 쇠퇴의 과정을 끊임없이 반복한다고 보는 것은 순환론이다.

(2) **사회 구조적 측면에서 사회 변동을 설명하는 이론**

구분	기능론	갈등론
주장	• 사회는 수많은 부분이 각각의 기능을 원활하게 수행할 때 균형을 이루고 안정을 유지함 • 사회 변동은 사회의 부분이나 전체가 균형 상태를 찾아가는 과정임	• 사회는 사회적 희소가치를 더 많이 획득하려는 구성원 간의 대립과 투쟁의 장임 • 불평등한 구조 개선을 위해 피지배 집단이 지배 집단에 저항하면서 사회 변동이 발생함
장점	질서와 안정성을 바탕으로 점진적으로 이루어지는 사회 변동 과정을 설명하는 데 용이함	사회 질서 이면에 숨어 있는 모순과 갈등으로 발생하는 급격한 사회 변동을 설명하는 데 용이함
단점	급격한 사회 변동을 설명하기 곤란함	사회 변동을 갈등과 대립의 측면에서만 파악하고 있음

2. 사회 운동

1 사회 운동의 의미와 변화

★(1) **의미와 요건** ⓒ 128쪽 600번 문제로 확인

① 의미 : 자신의 신념과 가치를 실현하기 위해 다수의 사람이 명확한 목표를 가지고 조직적으로 움직이는 집단행동

② 요건 : 뚜렷한 목표, 구체적인 활동 방법, 목표와 활동 방식을 정당화하는 이념, 어느 정도의 체계적인 조직

(2) **변화**

① 다원화되고 복잡해진 현대 사회에서 다양한 형태로 나타남

② 시민의 다양한 요구를 충족하고 대안적인 가치를 제시함

2 사회 운동이 사회 변동에 미치는 영향

(1) **사회 운동의 유형**

① 사회 변동 유발 : 개혁적 사회 운동, 혁명적 사회 운동

② 기존 질서 고수 : 복고적(반동적) 사회 운동

(2) **사회 운동과 사회 변동**

① 바람직한 방향으로 사회 변동을 촉진하여 사회 발전에 기여

② 다원화된 현대 사회에서 다양한 사회 문제와 사회 갈등 해소, 발전적 방향으로 사회 변동을 일으키는 요인으로 작용

③ 바람직하지 않은 목표를 추구하면 사회 전체의 이익을 저해하거나 공동체의 삶에 위험 초래

> **자료**　우리나라의 민주화 운동 ⓒ 128쪽 601번 문제로 확인
>
> | 4·19 혁명 (1960년) | 이승만 정권의 독재에 항거해 학생과 시민이 중심이 되어 일으켜 자유당 정권의 붕괴를 가져온 민주 항쟁 |
> |---|---|
> | 5·18 민주화 운동 (1980년) | 군사 독재를 부활시키려는 신군부의 쿠데타에 맞선 민주화 운동 |
> | 6월 민주 항쟁 (1987년) | 전두환 정권에 맞서 전국에서 일어난 민주화 운동 |
>
> 분석 우리나라의 민주화 운동은 군부 정권의 권위주의적 통치를 종식시키고 민주주의적 정치 질서가 자리 잡을 수 있게 하는 데 기여하였다.

분석 기출 문제

>> 바른답·알찬풀이 60쪽

•• 다음은 사회 변동의 의미와 요인에 관한 설명이다. 다음 설명이 옳으면 ○표, 틀리면 ×표 하시오.

579 사회 변동의 형태, 방향, 속도 등은 모든 사회가 동일하게 나타난다. (   )

580 물질 영역의 사회 변동은 가치관이나 사고방식보다 변화 속도가 느리다. (   )

581 사회 변동은 어느 한 영역에서의 변화가 다른 영역의 변화를 유발하거나 촉진하기도 한다. (   )

•• 다음은 사회 변동 방향을 기준으로 사회 변동을 설명하는 이론에 관한 설명이다. ㉠, ㉡ 중 알맞은 것을 고르시오.

582 (㉠ 진화론, ㉡ 순환론)은 사회 변동을 대체로 긍정적으로 바라본다.

583 사회 변동이 발전과 진보라는 일정한 방향을 가지고 있다고 보는 이론은 (㉠ 진화론, ㉡ 순환론)이다.

584 사회가 시간의 흐름에 따라 생성 – 성장 – 쇠퇴 – 소멸의 과정을 반복한다고 보는 이론은 (㉠ 진화론, ㉡ 순환론)이다.

585 사회 변동을 운명론적 시각에서 설명하는 이론은 (㉠ 진화론, ㉡ 순환론)이다.

•• 다음은 사회 구조적 측면에서 사회 변동을 설명하는 이론과 그에 관한 설명이다. 관련 있는 내용끼리 연결하시오.

586 기능론 •
　　　　　　　• ㉠ 혁명과 같은 급격한 변동을 설명하기에 용이함

　　　　　　　• ㉡ 사회의 질서와 안정을 바탕으로 점진적 사회 변동을 설명함

587 갈등론 •
　　　　　　　• ㉢ 사회적 희소가치를 둘러싼 갈등 과정에서 사회 변동이 발생함

•• 다음은 사회 운동에 관한 설명이다. 빈칸에 들어갈 알맞은 말을 쓰시오.

588 (　　　　　)(이)란 다수의 사람이 사회 변동을 달성 또는 저지하려는 의도를 가지고 지속적·조직적으로 수행하는 행동이다.

589 사회 운동은 다양한 사회 문제와 사회 갈등을 해소하고 바람직한 방향으로 (　　　　　)을/를 촉진하여 사회 발전에 기여할 수 있다.

590

다음 글에 관한 옳은 설명만을 〈보기〉에서 고른 것은?

> 프랑스 혁명은 인류의 역사에서 손꼽히는 중요한 사건 중 하나이다. 프랑스 혁명을 계기로 자유와 평등과 같은 인간의 권리를 인식하게 되었으며 신분제가 사라지게 되었다. 이와 같은 변화의 바탕에는 사회 계약설이 있었다. 국가 또한 시민의 필요에 의해 만들어진 것이라는 사회 계약설이 없었다면 프랑스 혁명은 발생하지 못했을 것이다.

〔 보기 〕
ㄱ. 경제적 측면에서 근대화가 진행되고 있다.
ㄴ. 프랑스 혁명에 따른 변화는 사회 변동에 해당한다.
ㄷ. 사회·문화적 요인으로 사회 변동이 나타나고 있다.
ㄹ. 자연환경에 적응하는 과정에서 구조적 변화가 발생하고 있다.

① ㄱ, ㄴ　　　② ㄱ, ㄷ　　　③ ㄴ, ㄷ
④ ㄴ, ㄹ　　　⑤ ㄷ, ㄹ

591

사회 변동을 바라보는 다음 관점에 관한 설명으로 적절한 것은?

> 사회는 단순한 것에서 복잡한 것으로, 비합리적인 것에서 합리적인 것으로 발전하고 있습니다.

① 기능론적 관점에 해당한다.
② 갈등이 사회 변동을 유발한다고 본다.
③ 점진적인 사회 변동을 설명하기에 유용하다.
④ 사회는 발전과 퇴보를 반복한다고 바라본다.
⑤ 사회 변동이 일정한 방향으로 이루어진다고 본다.

≫ 바른답·알찬풀이 60쪽

⭐빈출
592

사회 변동을 바라보는 다음 관점에 관한 옳은 설명만을 〈보기〉에서 고른 것은?

> 사회는 생명체와 유사하게 진화하고 있다. 생명체가 단순한 형태에서 복잡한 형태로 진화하는 것과 같이 사회도 원시 사회에서 문명 사회로 변화하고 있다. 이처럼 사회는 낮은 단계에서 높은 단계의 문화로 일정한 방향성을 가지고 발전하고 진보하고 있다. 농업 사회가 산업화 과정을 거쳐 산업 사회로 발전하는 것, 산업화된 국가가 정보 혁명을 거쳐 정보 사회로 발전하는 것 모두 사회의 진화 과정이라고 할 수 있다.

[보기]
- ㄱ. 서구 제국주의의 정당화에 악용되기도 한다.
- ㄴ. 운명론적 시각에서 사회 변동을 바라보고 있다.
- ㄷ. 모든 사회가 동일한 경로로 변화한다고 가정하고 있다.
- ㄹ. 중·단기보다는 장기적 측면에서 사회 변동을 설명하기 용이하다.

① ㄱ, ㄴ   ② ㄱ, ㄷ   ③ ㄴ, ㄷ
④ ㄴ, ㄹ   ⑤ ㄷ, ㄹ

593

사회 변동을 바라보는 갑의 관점에 관한 설명으로 옳은 것은?

우리 역사는 성장과 발전의 과정이었습니다. 대한민국 건국 이후 지금까지 지속적으로 성장과 발전을 거듭하고 있음을 보면 알 수 있습니다.

과연 그럴까요? 고조선 이후 지금까지 수많은 국가가 생성과 소멸을 반복하고 있습니다. 역사는 반복되는 것입니다.

갑   을

① 급격한 사회 변동을 설명하기에 용이하다.
② 동양 사회를 발전된 사회로 전제하고 있다.
③ 문화 제국주의를 부정하는 수단이 되기도 한다.
④ 사회 변동이 일정한 방향을 가지지 않는다고 주장한다.
⑤ 사회 변동이 항상 발전이 아닐 수 있다는 점에서 비판을 받는다.

⭐빈출
594

사회 변동의 방향을 보는 (가), (나) 관점에 관한 옳은 설명만을 〈보기〉에서 고른 것은?

> (가) 생물이 단순한 형태에서 복잡한 형태로 진화하는 것처럼 사회도 사회를 구성하는 집단이 증가할 뿐만 아니라 집단 간 결합이 양적, 질적으로 강화되는 방향으로 변화할 것이다.
>
> (나) 자연환경이나 외부의 침략과 같은 '도전'에 성공적으로 '대응'하는 사회는 존속과 발전을 이룰 수 있지만 그렇지 못한 사회는 쇠퇴하거나 멸망한다. 인류 문명에서 이러한 성장과 쇠퇴는 반복될 것이다.

[보기]
- ㄱ. (가)는 서구 제국주의의 정당화 수단으로 악용될 수 있다.
- ㄴ. (나)는 다양한 경로의 사회 변동 양상을 설명하기 어렵다.
- ㄷ. (가)는 (나)와 달리 모든 사회의 발전에 방향성이 있다고 본다.
- ㄹ. (가), (나) 모두 서구 사회가 밟아 왔던 변동의 과정이 최선의 것이라고 본다.

① ㄱ, ㄴ   ② ㄱ, ㄷ   ③ ㄴ, ㄷ
④ ㄴ, ㄹ   ⑤ ㄷ, ㄹ

595

(가), (나) 사례에 공통적으로 나타난 사회 변동을 바라보는 관점에 관한 옳은 설명만을 〈보기〉에서 고른 것은?

> (가) 역사학자 갑은 인류 문명의 흥망성쇠에 관심을 갖고 여러 나라의 흥망사를 비교·설명하면서 사회 변화나 문화 현상은 마치 생명체와 같이 성장과 쇠퇴를 되풀이하고 있다고 주장하였다.
>
> (나) 사회학자 을은 엘리트의 유형을 힘을 중시하는 사자형과 지혜를 중시하는 여우형으로 구분하였으며, 두 유형이 서로 번갈아 가며 권력을 잡는 과정에서 사회 변동이 발생하였다고 주장하였다.

[보기]
- ㄱ. 단기적 사회 변동을 설명하기 어렵다.
- ㄴ. 서구 사회의 지배를 정당화하는 수단이 된다.
- ㄷ. 운명론적 시각에서 사회 변동을 바라보고 있다.
- ㄹ. 갈등적 요인을 부각하여 사회 변동을 설명한다.

① ㄱ, ㄴ   ② ㄱ, ㄷ   ③ ㄴ, ㄷ
④ ㄴ, ㄹ   ⑤ ㄷ, ㄹ

596

다음 글에 나타난 사회 변동을 바라보는 관점에 관한 옳은 설명만을 〈보기〉에서 고른 것은?

> 넘어져서 무릎에 작은 상처가 난 경우를 생각해 보자. 상처가 아무는 과정에서 피가 나고, 딱지가 앉고, 새로운 살이 다시 돋아나게 된다. 상처라는 문제를 이겨 내고 안정을 되찾는 과정에서 딱지 – 새살과 같은 변동이 나타난 것이다. 우리 사회 또한 이와 마찬가지로 설명할 수 있다. 사회가 일종의 상처라고 할 수 있는 갈등과 문제를 극복하며 균형 상태를 찾아가는 과정에서 변동이 발생하는 것이다.

【 보기 】
ㄱ. 진화론의 관점에서 사회 변동을 이해한다.
ㄴ. 사회 질서 이면의 갈등과 모순을 중시한다.
ㄷ. 급속한 사회 변동을 설명하기 곤란한 단점이 있다.
ㄹ. 사회 각 부분이 제 기능을 수행할 때 균형이 유지된다고 본다.

① ㄱ, ㄴ ② ㄱ, ㄷ ③ ㄴ, ㄷ
④ ㄴ, ㄹ ⑤ ㄷ, ㄹ

597

다음 글에 나타난 사회 변동을 바라보는 관점에 부합하는 진술만을 〈보기〉에서 고른 것은?

> 산업화 과정에서 핵가족 내 부부의 성 역할 분담이 나타난 것은 기존의 남성 지배적인 가족 관계를 고착화한 것이다. 즉 남성 중심의 가부장적인 가치에 기초하여 남성은 사회, 여성은 가정에 귀속한 것이다. 부부간의 수직적인 권력 관계에 기초한 이러한 역할 규정은 기존의 가치를 그대로 반영한 것이다. 이에 관한 문제 제기와 변화를 지속적으로 요구하여 가족 내 양성평등이 가능해지도록 해야 한다.

【 보기 】
ㄱ. 사회 내부의 모순으로 사회 변동이 발생한다.
ㄴ. 사회 체계의 구성 요소들은 상호 의존 관계에 있다.
ㄷ. 사회 변동은 불평등한 사회 구조를 개선하는 과정이다.
ㄹ. 사회 변동은 균형을 회복하기 위한 일시적인 과정이다.

① ㄱ, ㄴ ② ㄱ, ㄷ ③ ㄴ, ㄷ
④ ㄴ, ㄹ ⑤ ㄷ, ㄹ

598

구조적 측면에서 사회 변동을 바라보는 갑, 을의 관점에 관한 설명으로 옳은 것은?

> 갑: 사회는 기본적으로 균형을 유지하고자 하는 힘을 가지고 있으며, 그 균형을 찾아가는 역동적 체계 가운데 사회 변동이 발생합니다.

> 을: 사회는 지배 계급과 피지배 계급 사이의 갈등이 상존하고 있으며, 그 첨예한 갈등과 대립이 결국 혁명적 사회 변동으로 귀결되어 나타납니다.

① 갑의 관점은 사회 구조에 내재된 갈등을 주목한다.
② 을의 관점은 사회 구조의 질서와 안정성을 중시한다.
③ 갑에 비해 을의 관점은 사회 안정에 관해 설명하기 어렵다.
④ 갑과 달리 을의 관점은 혁명과 같은 급진적 변동을 설명하기 어렵다.
⑤ 갑, 을의 관점 모두 사회가 일정한 방향으로 변해 가고 있다고 바라본다.

599

다음 갑, 을의 관점에 관한 옳은 설명만을 〈보기〉에서 고른 것은?

> 사회자 : 인류의 역사는 변동의 과정이라고 할 수 있습니다. 사회 변동의 원인을 무엇이라고 보십니까?
> 갑 : 사회는 유기체와 같이 조화와 안정을 추구하고 있으며, 안정을 찾아가는 과정에서 변동이 나타날 수 있습니다.
> 을 : 사회를 구성하는 지배 집단과 피지배 집단 사이에서 나타나는 끊임없는 갈등 과정에서 사회 변동이 발생합니다.

【 보기 】
ㄱ. 갑, 을의 관점은 사회 변동 방향에 따라 구분된다.
ㄴ. 갑의 관점은 을에 비해 보수적인 성향을 띠고 있다.
ㄷ. 갑은 을에 비해 운명론적 시각에서 사회 변동을 바라보고 있다.
ㄹ. 갑과 달리 을의 관점은 급격한 사회 변동을 설명하기에 용이하다.

① ㄱ, ㄴ ② ㄱ, ㄷ ③ ㄴ, ㄷ
④ ㄴ, ㄹ ⑤ ㄷ, ㄹ

2. 사회 운동

★빈출
600

(가), (나)는 어떤 목적을 위한 사람들의 행동을 나타낸 것이다. (가)와 다른 (나)의 특징으로 옳지 않은 것은?

(가)   (나)

▲ 항공기 지연 운항에 항의하는 승객   ▲ 에너지 절약을 호소하는 시민 단체 회원

① 지속적이고 조직적으로 행동한다.
② 의도적으로 사회를 변화시키려고 한다.
③ 기존의 사회 질서에 저항하는 방식이 대부분이다.
④ 목표와 활동 방식을 정당화하는 이념을 지니고 있다.
⑤ 구성원 간에 비교적 지속적인 상호 작용이 이루어진다.

★빈출
601

사회 운동 (가), (나)의 공통점으로 옳지 않은 것은?

(가) 1960년대 흑인 민권 운동   (나) 1987년 6월 민주 항쟁

① 적법 절차에 따라 이루어졌다.
② 기존의 사회 체제에 저항하였다.
③ 의도적으로 사회를 변화시키려고 하였다.
④ 시민들의 자발적인 참여를 이끌어 내었다.
⑤ 민주적 가치를 실현하기 위한 목표가 있었다.

602

밑줄 친 ㉠, ㉡에 관한 옳은 설명만을 〈보기〉에서 있는 대로 고른 것은?

┌─────────────────────────────────────┐
│ ㉠산업 사회를 배경으로 이루어지는 사회 운동은 계층 및 집 │
│ 단 간 이해관계나 가치관의 대립 관계 속에서 상대방을 배척함 │
│ 으로써 특정 이익이나 가치의 실현을 추구한다. ㉡정보 사회 │
│ 를 배경으로 이루어지는 사회 운동은 사회가 다원화되면서 상 │
│ 대방을 배척하기보다는 다양한 가치를 인정하면서 보편적 가 │
│ 치의 실현을 추구한다. │
└─────────────────────────────────────┘

[보기]
ㄱ. ㉠보다 ㉡에서 시민의 다양한 요구가 표출된다.
ㄴ. ㉠보다 ㉡에서 국제적인 연대 활동이 활발하게 나타난다.
ㄷ. 권위주의적 정부에 대항하였던 시민운동은 ㉡보다 ㉠에 가깝다.
ㄹ. ㉡과 달리 ㉠에서 명확한 목표를 가지고 조직적으로 움직 이는 집단행동이 나타난다.

① ㄱ, ㄴ   ② ㄱ, ㄹ   ③ ㄷ, ㄹ
④ ㄱ, ㄴ, ㄷ   ⑤ ㄴ, ㄷ, ㄹ

603

밑줄 친 ㉠~㉢이 추진하는 사회 운동의 공통적인 특징만을 〈보기〉에서 고른 것은?

• ㉠국제 사면 위원회는 교통안전 시위를 벌이던 학생들을 무 자비하게 진압한 A국에 폭력 진압을 즉각 중지할 것을 요구 하였다.
• ㉡국경 없는 의사회는 B국에서 에볼라 대응 최전선에서 활 동하는 사람들에게 백신 접종을 시작하였다.
• ㉢그린피스는 35개 나라에서 170만 명의 세계 시민과 함께 '남극해 보호' 캠페인을 통해 남극 해양 보호 구역 지정을 촉 구하였다.

[보기]
ㄱ. 인류의 보편적인 가치를 존중한다.
ㄴ. 시민의 자발적인 참여를 전제로 한다.
ㄷ. 인간의 이익을 위해 자연을 적극 활용한다.
ㄹ. 미래 세대보다 현재 세대의 편리를 추구한다.

① ㄱ, ㄴ   ② ㄱ, ㄷ   ③ ㄴ, ㄷ
④ ㄴ, ㄹ   ⑤ ㄷ, ㄹ

604

(가), (나)의 사회 운동이 갖는 공통적인 특징으로 옳은 것은?

> (가) "여성이 단두대에 오를 권리가 있다면 의정 연설 연단에 오를 권리도 당연히 있습니다." 올랭프 드 구즈는 여성이 프랑스 혁명이 내건 권리의 주체로 인정받지 못하는 현실을 발견하고 뜻을 같이하는 사람들과 단체를 만들어 여성의 참정권 획득을 위한 싸움을 시작하였다.
>
> (나) 1832년 영국의 노동자들은 선거법이 개정되었음에도 정치에 참여할 수 있는 권리가 인정되지 않아 참정권 확대 운동을 전개하였다. 그들은 인민헌장을 통해 21세 남성이라면 누구나 선거에 참여하게 해 달라고 요구하였다. 그 밖에도 비밀 투표, 의원 출마자의 재산 자격 폐지 등을 요구하였다.

① 급격한 사회 변화에 대항하기 위한 사회 운동이다.
② 기존의 사회 질서를 지키려는 목적을 지니는 운동이다.
③ 급진적인 변동을 추구하는 혁명적 사회 운동에 해당한다.
④ 사회 체계의 일부분을 바꾸려는 제한적 목표를 가진 사회 운동이다.
⑤ 기존의 구성원이 사회 변화에 위협을 느낄 때 나타나기 쉬운 사회 운동이다.

605

다음 제시된 사회 운동이 지닌 공통적인 특성으로 보기 <u>어려운</u> 것은?

> • 인권 운동
> • 반핵 운동
> • 소비자 운동
> • 환경 운동
> • 여성 해방 운동

① 인류의 보편적 가치를 중시한다.
② 시민의 과도한 정치 참여를 규제한다.
③ 국제적 연대 활동으로 이어지기도 한다.
④ 근대 대의 민주 정치의 한계를 보완한다.
⑤ 높은 도덕성을 바탕으로 사회 발전을 추구한다.

🔷 1등급을 향한 서답형 문제

[606~607] 다음 글을 읽고 물음에 답하시오.

> 사회학자 갑은 인간 사회가 점차 높은 차원의 단계로 진화한다고 주장하였다. 그에 따르면 농업을 기반으로 하는 사회보다 과학 기술을 이용하는 서구 사회가 우월하다. 그는 흑인이 가장 미개한 상태이며 이어서 황인종, 백인이 가장 우수한 문명을 가지고 있다고 주장하였다.

606

갑의 주장에 부합하는 사회 변동을 설명하는 이론이 무엇인지 쓰시오.

607

위와 같은 주장의 문제점을 두 가지 서술하시오.

[608~609] 다음 글을 읽고 물음에 답하시오.

> (가) 선물 가게를 운영하는 갑은 착한 소비 운동에 관심을 두게 되어 그 운동에 참여하는 차원에서 A 업체의 상자만을 사용한다. 상자를 만드는 A 업체는 북한 이탈 주민을 비롯한 사회 취약 계층의 자립을 돕기 위해 설립되었다. 이 기업은 이윤 창출보다는 사회 취약 계층의 취업과 같은 공공선을 목표로 하는 사회적 기업이다.
>
> (나) 러다이트 운동은 1811년 말경 영국 노팅엄 근처에서 시작되었다. 저임금에 시달리던 영국 직물 노동자들이 공장에 불을 지르고 기계를 파괴한 사건으로, '기계 파괴 운동'이라고도 한다. 이 운동은 산업 혁명에 저항한 움직임으로 볼 수 있는데, 방적 작업의 기계화로 대량 생산이 가능해지면서 많은 노동자가 일자리를 잃고 실업자가 되었기 때문에 발생하였다.

608

(가), (나)에 해당하는 사회 운동의 유형을 각각 쓰시오.

609

사회 운동 (가), (나)의 공통적인 의의를 서술하시오.

610

(가), (나) 사회 변동에 관한 옳은 분석만을 〈보기〉에서 고른 것은?

> (가) 증기 기관의 발명으로 대량 생산이 가능해졌고 산업 혁명이 촉진되었다. 또한 정보 통신 기술이 발전하면서 정보 사회로 변화하였다.
> (나) 계몽사상은 시민 혁명이 일어나는 데 영향을 끼쳐 근대 사회로 나아가게 하였고, 프로테스탄트 윤리는 자본주의가 형성되고 발전하는 데 영향을 주었다.

[보기]
ㄱ. (가)에서는 기술 발전이 사회 변동의 요인이다.
ㄴ. (나)는 가치관의 변화에 따른 사회 변동 사례이다.
ㄷ. (가), (나) 모두 비물질적 변화가 사회 변동의 요인이 되었다.
ㄹ. (가), (나)를 통해 사회 변동은 특정한 요인에 의해서만 발생함을 알 수 있다.

① ㄱ, ㄴ   ② ㄱ, ㄷ   ③ ㄴ, ㄷ
④ ㄴ, ㄹ   ⑤ ㄷ, ㄹ

611

사회 변동을 설명하는 갑의 주장에 관한 설명으로 옳지 <u>않은</u> 것은?

> 갑은 자본주의는 아래의 경로를 통해 발전하며 모든 개발 도상국은 이러한 단계를 거쳐야 경제 성장을 이룰 수 있다고 보았다.

전통 사회	• 고대 및 중세의 농업 사회 • 현재의 미개발국
도약 준비기	전통 사회를 벗어나 지속적인 성장을 준비하는 과도기
도약기	• 산업 혁명 시기 • 생산의 비약적인 발전
성숙기	현대적 기술의 성과를 수용하여 더 높은 발전을 이루는 시기
고도 대중 소비	대량 생산, 대량 소비가 이루어짐

① 사회 변동은 곧 진보라고 여긴다.
② 서구 중심적이라는 비판을 받는다.
③ 다양한 경로의 사회 변동을 설명하기 어렵다.
④ 과거의 반복되는 역사를 설명하고 해석하는 데 유용하다.
⑤ 사회의 각 단계는 이전 단계보다 복잡하고 분화된 것이라고 본다.

612

사회 변동 이론 (가), (나)에 관한 진술로 옳은 것은?

> (가) 사회 변동은 테트리스 게임과 유사하다. 한 단계가 끝나면 더욱 난도가 높은 새로운 단계가 시작되듯이 모든 사회도 일정한 방향으로 단계적으로 진보 또는 발전해 간다. 즉, 현재 사회는 과거 사회보다 더욱 복잡하고 분화한 더 발전되고 더 나은 사회이다.
> (나) 엘리트에는 여우형과 사자형 두 가지 유형이 있다. 여우형 엘리트는 약삭빠르고 혁신적이며 수완이 풍부하고 적응력이 뛰어나다. 반면 사자형 엘리트는 새로운 조직을 만들기보다는 이미 존재하는 집단에 머물러 있으면서 이를 유지하려는 경향이 강하다. 사회는 이 두 가지 유형의 엘리트 간 투쟁을 통해 주기적으로 변동한다.

① (가)는 사회가 일정한 양상을 반복하면서 변동한다고 본다.
② (나)는 사회 변동은 일정한 방향을 가지고 있다고 본다.
③ (나)는 제국주의를 정당화하는 근거로 사용된다는 비판을 받는다.
④ (가)는 (나)와 달리 과거의 반복되는 역사를 해석하는 데 유용하다.
⑤ (나)는 (가)와 달리 미래 사회의 변화에 대한 예측과 대응이 곤란하다.

613

표는 사회 변동 이론 A, B를 구분한 것이다. 이에 관한 옳은 설명만을 〈보기〉에서 고른 것은? (단, A, B는 각각 진화론, 순환론 중 하나이다.)

구분	A	B
운명론적 시각으로 사회 변동을 바라보는가?	㉠	㉡
(가)	㉢	㉣

[보기]
ㄱ. ㉠이 '예'이면 B는 A와 달리 사회 변동을 사회 발전과 동일한 의미로 파악한다.
ㄴ. ㉠이 '아니요'이고 (가)에 '사회 변동에 대응하는 인간의 노력을 과소평가하는가?'가 들어가면 ㉢은 '아니요'이다.
ㄷ. ㉡이 '예'이고 (가)에 '서구 제국주의 역사를 정당화하는 수단으로 이용될 수 있는가?'가 들어가면 ㉣은 '예'이다.
ㄹ. (가)에 '모든 사회는 동일한 방향으로 변동한다고 보는가?'가 들어가면 ㉢, ㉣은 모두 '예'이다.

① ㄱ, ㄴ   ② ㄱ, ㄷ   ③ ㄴ, ㄷ
④ ㄴ, ㄹ   ⑤ ㄷ, ㄹ

614

밑줄 친 ⊙, ⓒ에 관한 설명으로 가장 적절한 것은?

> • 1955년 미국에서 한 흑인 여성이 백인 승객에게 자리를 양보하는 법(인종 분리법)을 위반했다는 이유로 체포되었다. 흑인들은 이에 반발하여 ⊙ 버스 승차 거부 운동을 벌였다. 이 듬해 인종 분리법이 위헌이라는 판결이 났고 흑인의 버스 승차 거부도 끝이 났다.
> • 우리나라 결혼 문화는 허례허식이 많다. 이에 ○○신문은 호화 혼수 생략, 100명 이내의 하객 초대 등과 같은 행동 지침을 통해 신랑과 신부가 주인공이 되는 ⓒ 작은 결혼식 캠페인을 벌여 큰 호응을 얻었다.

① ⊙은 일시적이고 즉흥적인 감정에 따른 다수의 행동이다.
② ⓒ은 경제적 약자가 자신의 권리 보장을 요구하는 운동이다.
③ ⊙은 ⓒ과 달리 기존 사회 질서를 유지하려는 다수의 행동이다.
④ ⓒ은 ⊙과 달리 사회의 근본적 모순을 드러내고 권력 구조를 변화시킨 운동이다.
⑤ ⊙, ⓒ은 모두 뚜렷한 목표와 체계적 활동 계획을 바탕으로 한 다수의 행동이다.

615

그림은 사회 변동에 관한 관점 A~D를 구분한 것이다. 이에 관한 옳은 설명만을 〈보기〉에서 고른 것은? (단, A~D는 각각 순환론, 진화론, 기능론, 갈등론 중 하나이다.)

〈사회 변동에 관한 구조적 관점〉 〈사회 변동의 방향에 관한 관점〉

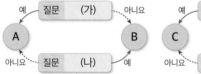

[보기]
ㄱ. (가)가 '급진적 사회 변동을 설명하는 데 한계가 있는가?'이면 A는 사회가 균형을 이루며 통합된다고 전제한다.
ㄴ. (나)가 '사회 변동을 긍정적으로 바라보는가?'이면 (가)에는 '사회 구성 요소 간 상호 의존성을 설명하는 데 한계가 있는가?'가 들어갈 수 있다.
ㄷ. (다)가 '사회는 소멸할 운명을 지니고 있는가?'이면 C는 미래 사회의 변동을 예측하여 대응하는 데 적합하지 않다는 비판을 받는다.
ㄹ. (라)가 '사회도 생물처럼 단순한 형태에서 복잡한 형태로 진화하는가?'이면 (다)에는 '서구 제국주의를 정당화하는 이론적 근거로 작용할 수 있는가?'가 들어갈 수 있다.

① ㄱ, ㄴ   ② ㄱ, ㄷ   ③ ㄴ, ㄷ
④ ㄴ, ㄹ   ⑤ ㄷ, ㄹ

616

다음은 사회·문화 형성 평가 문제이다. ⊙~② 중 학생이 표시한 옳은 답만을 고른 것은?

> ○반 ○번 ○○○
> ※ 글쓴이가 지지할 주장으로 옳으면 '예', 옳지 않으면 '아니요'에 'V'를 표시하시오.
>
> **사회 운동과 사회 변동**
> 사회 변동을 이끌어 내기 위한 지속적이고 집합적인 노력을 사회 운동이라고 한다. 이것은 다원화된 현대 사회에서 사회 문제를 해결하거나 사회 구조를 바꾸기 위해 대중이 조직적·집단적으로 벌이는 운동이다. 사회 변화를 이끌어 내기 위한 사회 운동에 적극적으로 참여하는 환경이 마련되어야 한다.
>
> • 주장 1 : 사회 운동은 뚜렷한 목표와 그 목표를 달성하기 위한 구체적인 활동 방법을 가지고 있어야 한다.
>   예 ✓   아니요 ☐ ·············· ⊙
> • 주장 2 : 사회 운동의 성공을 위해 정부 주도의 기구와 제도 마련이 필수적이다.
>   예 ✓   아니요 ☐ ·············· ⓒ
> • 주장 3 : 사회 운동 초기부터 큰 사회적 영향력을 지니고 사회 전반적으로 호응을 얻어야만 사회 변동의 요인으로 작용할 수 있다.
>   예 ☐   아니요 ✓ ·············· ⓒ
> • 주장 4 : 사회 운동은 목표와 활동 방식을 정당화하는 이념을 지니고 있어야 한다.
>   예 ☐   아니요 ✓ ·············· ②

① ⊙, ⓒ   ② ⊙, ⓒ   ③ ⓒ, ⓒ
④ ⓒ, ②   ⑤ ⓒ, ②

617

(가), (나)에 관한 설명으로 옳은 것은?

> (가) 입양한 아이를 수차례 때려 숨지게 한 양모가 재판을 받기 위해 법정에 출석하자 흥분한 시민이 몰려가 눈뭉치를 던지는 등 소동이 있었다.
> (나) 시민 단체는 입양 아동 사망 사건과 관련하여 입양 제도의 문제점을 보완해 줄 것을 요구하는 입법 청원 활동을 지속적으로 전개하기로 하였다.

① (가)는 목표를 달성하기 위한 구체적인 계획이 있다.
② (나)는 사회적 약자들이 자신의 권리 보장을 요구하고 있다.
③ (가)는 (나)와 달리 다수의 사람이 자발적으로 참여하고 있다.
④ (나)는 (가)와 달리 목표와 행동 방향을 정당화하는 이념을 가지고 있다.
⑤ (가), (나)는 모두 체계적인 조직을 갖추고 지속적으로 활동함을 전제로 한다.

14 현대 사회의 변화와 대응 방안

☑ 출제 포인트 ☑ 세계화의 영향 ☑ 정보 사회의 특징 ☑ 저출산·고령화에 따른 인구 변화

1. 세계화

1 세계화의 의미와 배경

(1) **의미** 경제, 문화, 정치 등 다양한 측면에서 전 세계가 상호 의존하면서 삶의 공간이 국경을 넘어 전 지구로 확대되는 과정

(2) **배경** 교통·통신 기술의 발달, 세계 무역 기구(WTO) 출범, 다국적 기업의 활동 증대 등

★2 세계화의 영향과 대처 방안 ⓒ 134쪽 632번 문제로 확인

(1) 영향

긍정적 영향	• 기업은 넓은 시장 확보, 소비자는 다양한 상품 소비 가능 • 다양한 문화 교류로 다양한 문화를 접할 기회 확대 • 국가 간 상호 의존성 증대로 전 세계의 협력 가능성 증대 • 인류의 보편적 가치를 확산시키는 데 공헌
부정적 영향	• 국제적 경쟁력을 갖추지 못한 기업의 도태와 실업 증가 • 국가 간 경쟁 심화로 국가 간, 계층 간 소득 격차 심화 • 강대국 중심의 문화 전파로 지역 고유문화 훼손과 문화 획일화 초래 • 다국적 기업과 강대국의 영향력 확대로 주권 국가의 자율성 침해

(2) **대처 방안** 개발 도상국의 생산자 보호를 위한 활동, 국제 경쟁력 강화, 다른 문화에 관한 상대주의적 태도와 관용의 자세 향유, 세계 시민으로서의 자질 함양 등

2. 정보화

1 정보화의 의미와 변화 양상

(1) **의미** 정보 통신 기술이 급격하게 발전하여 지식과 정보가 가장 중요한 자원이 되는 정보 사회로 변화하는 현상

★(2) 변화 양상 ⓒ 134쪽 635번 문제로 확인

① 대중의 다양한 욕구가 반영된 정보의 공유, 개성 존중
② 수평적 사회 조직 증가, 다품종 소량 생산 방식 확산
③ 원격 근무·재택근무로 효율성 증대, 전자 상거래로 편리성 증대
④ 정치 참여 증가, 참여 민주주의 활성화

2 정보화의 문제점과 대처 방안

(1) 문제점
① 불필요한 정보나 신뢰할 수 없는 정보의 확산
② 개인 정보 유출, 저작권 침해 등 사이버 범죄 증가
③ 정보 격차로 사회적·경제적 불평등 심화
④ 대면 접촉 부족으로 인간 소외 현상 발생

(2) 대처 방안
① 정보 윤리를 함양하여 타인의 권리를 침해하는 행위 근절
② 정보 탐색 능력과 비판적 분석 능력 신장
③ 사이버 범죄 대응, 정보 격차 해소 관련 법적·제도적 장치 마련

3. 저출산·고령화

★1 저출산·고령화의 원인과 영향 ⓒ 135쪽 638번 문제로 확인

원인	• 저출산의 원인 : 자녀에 관한 가치관 변화, 자녀 양육 부담 증가, 결혼 기피 현상 및 결혼 나이 상승 등 • 고령화의 원인 : 생활 수준 향상과 의료 기술 발달로 평균 수명 증가, 저출산 현상 등
영향	• 생산 가능 인구 감소로 국민 경제의 활력 저하 • 소비 위축과 생산 활동 감소로 실업난과 저성장의 악순환 초래 • 노인 대상 복지 수요 증대로 재정 부담 심화 • 노인 부양 책임을 둘러싼 세대 간 갈등 발생

자료 합계 출산율과 노령화 지수 ⓒ 136쪽 641번 문제로 확인

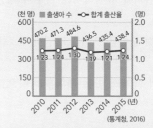

▲ 출생아 수와 합계 출산율

▲ 노년 부양비와 노령화 지수

분석 합계 출산율은 여성 1명이 가임 기간(15~49세) 동안 낳을 것으로 예상하는 평균 출생아 수로, 제시된 자료를 보면 출생아 수와 합계 출산율이 대체로 낮아지고 있다. 노년 부양비는 생산 가능 인구(15~64세) 100명당 65세 이상 인구, 노령화 지수는 유소년 인구(0~14세) 100명당 65세 이상 인구로, 제시된 자료를 보면 점차 증가하고 있다. 두 그림을 통해 저출산·고령화가 뚜렷해지고 있음을 알 수 있다.

2 저출산·고령화에 따른 대응 방안

저출산	교육·보육 환경 개선, 일·가정 양립을 위한 제도 마련, 청년 일자리 개선, 신혼부부 주거 문제 해결 등
고령화	노후 소득 보장 제도 시행, 은퇴 후 재취업에 필요한 기술 교육 지원, 고령자가 일할 수 있는 고용 환경 마련 등

4. 다문화적 변화

1 다문화 사회 다양한 인종·종교·문화를 가진 사람들이 함께 살아가는 사회

★2 다문화적 변화의 영향과 대처 방안 ⓒ 137쪽 645번 문제로 확인

영향	• 긍정적 : 문화 다양성 증가로 문화 발전 촉진, 노동력 부족 문제 해결에 기여 등 • 부정적 : 서로 다른 문화를 가진 구성원 사이의 갈등 증가, 외국인 노동자에 관한 부당한 대우나 인권 침해 문제 등
대처 방안	다문화주의 정착을 통해 다양한 문화적 배경을 지닌 사람들이 공존하는 사회 마련, 관용의 자세로 다른 문화와 적극적으로 소통하려는 노력, 다문화 교육 강화, 이주민의 사회 적응을 돕기 위한 다문화 정책과 법적 장치 마련 등

분석 기출 문제

>> 바른답·알찬풀이 64쪽

•• 다음은 세계화에 관한 설명이다. 빈칸에 들어갈 알맞은 말을 쓰시오.

618 다양한 측면에서 국가 간 교류가 확대되면서 세계가 하나의 공동체처럼 확대되어 가는 현상을 (   )(이)라고 한다.

619 세계적 범위와 규모로 활동하는 기업인 (   )의 활동은 급속한 세계화의 주요 배경으로 작용한다.

•• 다음은 정보화에 관한 설명이다. ㉠, ㉡ 중 알맞은 것을 고르시오.

620 정보 통신 기술의 발전으로 (㉠ 지식과 정보, ㉡ 노동과 자본)이/가 가장 중요한 자원이 되는 정보 사회가 등장하였다.

621 정보 사회에서는 탈관료제 현상으로 (㉠ 수평적, ㉡ 수직적) 사회 조직이 발달한다.

622 정보 사회에서는 정보 격차로 인한 정보 불평등 현상이 (㉠ 감소한다, ㉡ 증가한다).

•• 다음은 저출산·고령화의 원인과 대응 방안에 관한 내용이다. 가장 관계 깊은 내용끼리 연결하시오.

623 저출산의 원인 •   • ㉠ 노인 일자리 창출

624 고령화의 원인 •   • ㉡ 의료 기술의 발달

625 저출산 대응 방안 •   • ㉢ 교육·보육 환경 개선

626 고령화 대응 방안 •   • ㉣ 자녀에 관한 가치관 변화

•• 다음은 다문화적 변화에 관한 설명이다. 다음 설명이 옳으면 ○표, 틀리면 ✕표 하시오.

627 다문화 사회로의 변화는 문화의 다양성을 높이는 데 이바지할 수 있다.   (   )

628 다문화적 변화의 문제점을 해결하기 위해서는 문화 간 경계를 강화해야 한다.   (   )

629 다문화 수용성이란 자신과 다른 구성원이나 집단을 자신과 같은 모습으로 동화시키기 위해 노력하는 태도이다.
(   )

630

다음 글에서 추론할 수 있는 세계화의 특징으로 가장 적절한 것은?

> 미국발 금융 위기의 영향으로 우리나라 주식이 전일 대비 15% 급락하였다. 미국은 우리의 주된 수출 시장으로 미국 금융 위기로 미국 가계의 소비가 줄어들면 우리 수출 기업의 실적 또한 악화될 것이라는 전망이 나오고 있다.

① 교통 기술의 발달로 교류가 용이해지고 있다.
② 국가 간 불평등한 분배 구조가 개선되고 있다.
③ 경제적 측면에서 전 지구적 상호 의존성이 심화되고 있다.
④ 통신 기술의 발달로 외국과 심리적 거리가 가까워지고 있다.
⑤ 다양한 문화 간의 교류 과정에서 문화적 다양성이 약화되고 있다.

631

갑, 을의 관점에 관한 적절한 내용만을 〈보기〉에서 고른 것은?

세계화로 우리의 정체성을 지키기 어려워지고 있어. 우리의 언어, 역사를 지키고, 문화적 정체성을 공유하는 등 우리 민족의 이익을 최우선으로 해야 해.

지구촌 시대에 우리 민족의 이익만을 우선해서는 곤란해. 개방적인 태도를 바탕으로 세계 시민 의식을 정립해야 해.

갑   을

[보기]
ㄱ. 갑은 인류의 보편적 가치에 근거한 세계 공동체 의식을 추구한다.
ㄴ. 갑은 여러 민족이 지닌 객관적 요소를 바탕으로 민족 정체성을 이해한다.
ㄷ. 을은 열린 공동체 의식에 근거한 민족 정체성을 중시한다.
ㄹ. 을은 인종과 민족을 초월한 세계 시민으로서의 삶을 지향한다.

① ㄱ, ㄴ   ② ㄱ, ㄷ   ③ ㄴ, ㄷ
④ ㄴ, ㄹ   ⑤ ㄷ, ㄹ

»» 바른답·알찬풀이 64쪽

⭐빈출
632

다음 대화에서 을국 시민의 입장에서 추론할 수 있는 세계화의 영향에 관한 진술로 가장 적절한 것은?

농업이 중심 산업인 갑국 시민과 공업이 중심 산업인 을국 시민이 양 국가 간 자유 무역 협정 체결의 영향에 관해 나눈 대화이다.

을국과의 교역으로 보다 저렴한 가격으로 을국의 자동차를 구입할 수 있어 자유 무역 협정이 기대됩니다.

갑국의 저렴한 농산물이 수입됨에 따라 당장 농사를 짓고 있는 저는 수입이 크게 줄 것이라 예상되어 걱정됩니다.

갑국 시민   을국 시민

① 국가 간 불평등한 분배 구조가 개선된다.
② 소수 문화의 소멸로 문화적 다양성이 약화된다.
③ 세계화 과정에서 국가 간의 상호 의존성이 심화된다.
④ 경쟁력에 따라 집단 간, 국가 간에 빈부 격차가 심화된다.
⑤ 효율적인 국가 간 분업으로 구성원 모두의 만족도가 높아진다.

633

밑줄 친 '일부 전문가'의 주장으로 가장 적절한 것은?

동남아시아에서 한류 바람이 강하게 불고 있다. 그러나 동남아시아의 일부 전문가는 한류로 자국의 전통문화에 관심이 낮아지고, 아이들이 전통 음악보다 케이팝(K-Pop)을 더 친숙하게 생각하는 현상에 우려를 표하고 있다.

① 문화 교류는 다양한 문화 창조에 기여하고 있다.
② 문화 교류 과정에서 소수 문화의 정체성이 확립된다.
③ 대중문화의 등장으로 문화의 상업성이 강조되고 있다.
④ 문화 교류 과정에서 자문화 중심주의가 문제시되고 있다.
⑤ 특정 문화권의 영향력 확대로 문화적 다양성이 약화되고 있다.

---

2. 정보화

634

다음과 같은 사회에 나타나는 긍정적인 특징에만 옳게 '✓' 표시를 한 학생은?

자동차와 도로에 센서와 프로그램이 설치되면 교통의 흐름을 분석하고 교통량을 예상할 수 있게 된다. 이러한 정보를 바탕으로 최적의 경로와 도착 예상 시간을 알 수 있다. 의복과 과학 기술이 접목되면 옷 속에 컴퓨터와 센서가 들어가 최적의 온도와 습도를 유지할 수 있게 된다. 모든 물건에 정보가 결합되는 새로운 세상이 오고 있다.

구분	갑	을	병	정	무
정보의 통제와 조작이 쉬워진다.	✓	✓		✓	
인간관계의 범위와 다양성이 축소된다.	✓			✓	✓
정보가 일상생활에서 필수적인 자원이 된다.			✓	✓	✓
자동적인 정보 교환과 처리를 기반으로 사회가 운영된다.		✓	✓		✓

① 갑   ② 을   ③ 병   ④ 정   ⑤ 무

⭐빈출
635

(가), (나)에 관한 옳은 설명만을 〈보기〉에서 고른 것은? (단, (가), (나)는 산업 사회, 정보 사회 중 하나이다.)

구분	농경 사회	(가)	(나)
생산 요소	토지, 노동	자본, 노동	지식, 정보
발달 배경	철제 농기계 발명	증기 기관 발명	정보 통신 기술 발전

【 보기 】
ㄱ. (가)에 비해 (나)는 탈관료제 조직 형태가 확산된다.
ㄴ. (가)와 달리 (나)는 소품종 대량 생산 체제가 정립된다.
ㄷ. (가)에 비해 (나)는 재택근무가 가능해져 업무의 편리성이 증대된다.
ㄹ. (가), (나) 모두 기술의 발전으로 직접 민주 정치 구현이 가능하다.

① ㄱ, ㄴ   ② ㄱ, ㄷ   ③ ㄴ, ㄷ
④ ㄴ, ㄹ   ⑤ ㄷ, ㄹ

636

표는 갑국의 소득 계층별 스마트폰 보급률을 나타낸 것이다. 이에 관한 분석으로 옳지 <u>않은</u> 것은?

(단위 : %)

구분	2015년	2016년	2017년	2018년
상층	80	93	95	99
중층	50	70	80	90
하층	10	15	16	20

① 소득 불평등이 정보 불평등으로 이어지고 있다.
② 정보 사회에서 나타나는 문제인 정보 격차이다.
③ 상층의 스마트폰 보유 대수는 하층의 4배 이상이다.
④ 정보에 접근할 수 있는 기회의 불평등이 나타나고 있다.
⑤ 스마트폰 보급 비율의 4년간 증가율은 하층이 가장 높다.

637

다음 글에서 추론할 수 있는 정보 사회의 특징으로 가장 적절한 것은?

> 언론에서 주목하지 않는 분야에서 누리 소통망(SNS) 이용자의 활약이 두드러지고 있다. 언론에서 관심을 가지지 않는 지역 사회의 이야기, 보도가 제한되어 알려지지 않은 내용 등이 누리 소통망(SNS) 이용자를 통해 쉽고 빠르게 퍼져 나가는 추세이다.

① 누리 소통망(SNS)을 통해 인간관계의 폭이 넓어지고 있다.
② 중앙 집권적인 정보 생산 체계에서 벗어나 관료제가 약해진다.
③ 정보 사회에서 언론은 지식과 정보를 통해 부가 가치를 창출한다.
④ 정보의 다양한 유통 경로를 통해 다양한 정보 생산자가 등장한다.
⑤ 정보의 생산 과정에서 신뢰성을 높일 수 있는 장치가 마련되어야 한다.

빈출 638

갑국의 인구 상황에 관한 설명으로 옳지 <u>않은</u> 것은?

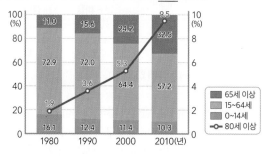

① 노년 부양비가 지속적으로 증가하고 있다.
② 생산 가능 인구의 부양 부담이 증가하고 있다.
③ 저출산 현상으로 전체 인구 규모가 감소하고 있다.
④ 65세 이상 인구의 비율이 지속적으로 증가하고 있다.
⑤ 저출산 현상으로 노인 부양 부담이 더욱 커지고 있다.

639

그림은 우리나라의 인구 구조 변화 추이를 나타낸 것이다. 이를 토대로 추론한 적절한 내용만을 〈보기〉에서 고른 것은?

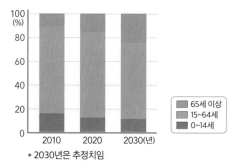

* 2030년은 추정치임

* 총부양비 = [(0~14세 인구+65세 이상 인구)/15~64세 인구]×100
** 노령화 지수 = (65세 이상 인구/0~14세 인구)×100

[보기]
ㄱ. 총부양비가 감소할 것이다.
ㄴ. 노령화 지수가 높아질 것이다.
ㄷ. 출산 장려 정책이 필요할 것이다.
ㄹ. 노인 복지 지출 감소로 정부의 재정 건전성이 높아질 것이다.

① ㄱ, ㄴ   ② ㄱ, ㄷ   ③ ㄴ, ㄷ
④ ㄴ, ㄹ   ⑤ ㄷ, ㄹ

640

표는 갑국과 을국의 인구 관련 통계이다. 이에 관한 옳은 분석 및 추론만을 〈보기〉에서 고른 것은?

구분	노년 부양비	65세 이상 인구 비율	노인 1인당 정부 지원액
갑국	30	21%	30만 원
을국	50	25%	10만 원

* 노년 부양비 : (65세 이상 인구/15~64세 인구)×100

[보기]
ㄱ. 65세 이상 인구 규모는 을국이 갑국보다 더 크다.
ㄴ. 갑국은 을국에 비해 0~14세 인구의 비율이 더 작다.
ㄷ. 노인 복지에 관한 국가 재정 지출 규모는 갑국이 을국보다 더 클 것이다.
ㄹ. 생산 가능 인구의 노인 부양에 관한 부담은 을국이 갑국보다 더 크다.

① ㄱ, ㄴ　　　② ㄱ, ㄷ　　　③ ㄴ, ㄷ
④ ㄴ, ㄹ　　　⑤ ㄷ, ㄹ

★빈출 641

표는 갑국의 총인구 및 65세 이상 인구 비율의 통계 및 추정치이다. 이에 관한 옳은 분석 및 추론만을 〈보기〉에서 고른 것은?

구분	1970년	1990년	2010년	2030년	2050년
총인구(백만 명)	32.2	42.9	49.4	52.2	48.1
65세 이상 비율(%)	3.1	6.2	8.3	20.8	38.9
합계 출산율(명)	3.2	2.5	2.2	1.8	1.2

[보기]
ㄱ. 저출산 현상으로 노년 부양비가 높아질 것이다.
ㄴ. 세대 간 갈등이 발생할 가능성이 높아질 것이다.
ㄷ. 생산 가능 인구의 규모가 지속적으로 감소할 것이다.
ㄹ. 사회 전체적으로 노인 복지에 관한 재정 부담이 감소할 것이다.

① ㄱ, ㄴ　　　② ㄱ, ㄷ　　　③ ㄴ, ㄷ
④ ㄴ, ㄹ　　　⑤ ㄷ, ㄹ

642

교사의 질문에 적절하지 <u>않은</u> 답을 한 학생은?

① 갑　　② 을　　③ 병　　④ 정　　⑤ 무

4. 다문화적 변화

643

밑줄 친 A 관점에 관한 옳은 설명만을 〈보기〉에서 고른 것은?

교사 : 다문화적 변화를 바라보는 A 관점에 관해 이야기해 보세요.
갑 : 주류 문화와 비주류 문화의 차이를 인정합니다.
을 : 외래 소수 문화의 정체성을 인정하지 않습니다.
병 : 다양한 문화의 공존을 지향합니다.
교사 : 두 명의 학생만 옳게 답했네요.

[보기]
ㄱ. 비주류 문화가 주류 문화를 흡수·통합해야 한다.
ㄴ. 주류 문화와 비주류 문화가 조화롭게 공존해야 한다.
ㄷ. 주류 문화와 비주류 문화의 정체성을 유지해야 한다.
ㄹ. 비주류 문화는 주류 문화의 우월성을 인정해야 한다.

① ㄱ, ㄴ　　　② ㄱ, ㄷ　　　③ ㄴ, ㄷ
④ ㄴ, ㄹ　　　⑤ ㄷ, ㄹ

644

다문화적 변화에 따른 문제 해결과 관련하여 다음 글의 입장에 부합하는 옳은 방안만을 〈보기〉에서 고른 것은?

> 우리가 타인에게 원하는 것처럼 그들을 대우해 주어야 한다. …… 서로 마음을 열고 세계 공동체를 위해 차이점을 이해할 줄 알아야 하며 이를 통해 연대 문화를 형성해야 한다.
>
> – 세계 윤리 선언문 –

[보기]
ㄱ. '우리'의 관점에서 '그들' 문화의 가치를 평가해야 한다.
ㄴ. 소수 집단 구성원들의 기본적인 인권을 존중해야 한다.
ㄷ. 문화 간의 위계질서를 인정하고 우리 문화에 동화시켜야 한다.
ㄹ. 관용의 자세로 서로 다른 문화적 차이를 이해하고 존중해야 한다.

① ㄱ, ㄴ ② ㄱ, ㄷ ③ ㄴ, ㄷ
④ ㄴ, ㄹ ⑤ ㄷ, ㄹ

★빈출
645

밑줄 친 ㉠, ㉡에 관한 옳은 설명만을 〈보기〉에서 고른 것은?

> 다문화 정책 중 ㉠용광로 정책은 다양한 문화를 융합하여 하나의 정체성을 갖는 국가를 만들고자 한다. 한편, ㉡샐러드볼 정책은 다양한 문화를 최대한 보장함으로써 서로 다른 문화가 각각의 정체성을 유지하면서 조화를 이루는 사회를 만들고자 한다.

[보기]
ㄱ. ㉠은 새로운 문화가 더 우월하다는 생각이 바탕이 된다.
ㄴ. ㉡은 여러 문화가 평등하게 인정되어야 함을 강조한다.
ㄷ. ㉠은 ㉡에 비해 문화적 다양성을 중시한다.
ㄹ. 최근 우리나라 다문화 정책의 방향은 ㉠에서 ㉡으로 변화하고 있다.

① ㄱ, ㄴ ② ㄱ, ㄷ ③ ㄴ, ㄷ
④ ㄴ, ㄹ ⑤ ㄷ, ㄹ

[646~647] 표는 갑국의 초고속 인터넷 접근 정도에 관한 통계이다. 물음에 답하시오.

(단위 : %)

구분	2017년	2018년	2019년	2020년
장애인	30	32	35	37
노년층	29	35	51	75
다문화 가족	31	70	80	95
일반인 평균	56	89	97	99

* 1주일에 1회 이상 초고속 인터넷을 활용하는 비율

646

통계에서 찾을 수 있는 문제가 무엇인지 서술하시오. (단, 해당 개념을 포함하여 서술하시오.)

647

갑국에서 인터넷 접근 정도가 가장 취약해지고 있는 집단을 찾아 그에 맞는 적절한 해결 방안을 서술하시오.

[648~649] 그림은 갑국의 합계 출산율 추이를 나타낸 것이다. 물음에 답하시오.

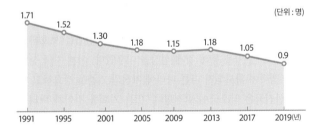

(단위 : 명)

1.71 1.52 1.30 1.18 1.15 1.18 1.05 0.9
1991 1995 2001 2005 2009 2013 2017 2019(년)

648

위와 같은 현상과 관계 깊은 인구 문제가 무엇인지 쓰고, 원인과 대책을 각각 한 가지 서술하시오.

649

위와 같은 추세가 지속되는 상황에서 의학 기술의 발달에 따른 평균 수명이 증가할 경우 발생할 수 있는 문제를 두 가지 서술하시오.

적중 1등급 문제

» 바른답·알찬풀이 66쪽

650

세계화를 바라보는 갑, 을의 견해에 관한 추론으로 옳은 것은?

> 갑 : 세계화가 진행될수록 경제에 관한 국가 개입이 줄어들어 민주화에 기여할 수 있습니다. 또한 세계화는 시장 경제를 바탕으로 기업과 국가의 경제 발전에 도움을 주어 사람들의 삶을 더욱 윤택하게 할 것입니다.
>
> 을 : 세계화로 전 세계에 확산된 신자유주의는 국가 간 격차를 심화시키고 투자를 감소시키며 성장을 저해하였습니다. 또한 노동자의 권리 침해, 국가의 복지 제도 축소 등으로 사회적 약자의 삶은 더욱 어려워졌습니다.

① 갑은 을과 달리 세계화가 시민의 복지를 증진한다고 볼 것이다.
② 갑은 을에 비해 세계화에 따른 성과가 불균등하게 분배된다고 볼 것이다.
③ 을은 갑과 달리 세계화가 인류의 보편적 가치를 확산한다고 볼 것이다.
④ 갑, 을은 모두 세계화가 경제적 효율성 증진에 기여한다고 볼 것이다.
⑤ 갑, 을은 모두 세계화로 인한 시장 확대가 민주주의를 확산한다고 볼 것이다.

651

세계화와 관련하여 다음 글의 관점에 부합하는 진술만을 〈보기〉에서 고른 것은?

> 선진국이 주장하는 자유 경쟁이나 국제적 표준은 선진국을 위해 만들어진 것이다. 선진국은 과거에 자국 산업을 보호하기 위한 보호 무역을 통해 경제 성장을 이루었다. 이제 자국 산업의 경쟁력이 확보되자 다른 나라에 자신의 기준을 강요하고 있다. 선진국은 약소국이 발전할 수 있는 기회를 걷어차 버리는 일을 계속해 왔다. 이른바 '사다리 걷어차기'는 지금도 계속되고 있다.

[보기]
ㄱ. 세계화를 통해 인류 공동의 번영을 누릴 수 있다.
ㄴ. 세계화의 영향으로 국가 간 빈부 격차가 심화될 것이다.
ㄷ. 세계화로 인해 상품 시장과 자본 시장에서 독점이 발생할 것이다.
ㄹ. 자유 무역의 확대를 통해 경제적 효율성을 달성할 수 있을 것이다.

① ㄱ, ㄴ ② ㄱ, ㄷ ③ ㄴ, ㄷ
④ ㄴ, ㄹ ⑤ ㄷ, ㄹ

652

그림에 관한 옳은 설명만을 〈보기〉에서 있는 대로 고른 것은? (단, A, B는 각각 산업 사회, 정보 사회 중 하나이다.)

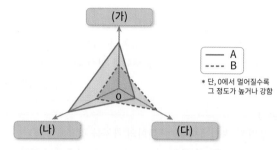

[보기]
ㄱ. A가 산업 사회이면, (다)에는 '대면 접촉의 비중'이 들어갈 수 있다.
ㄴ. (가)가 '사회 변동의 속도'이면, B는 다품종 소량 생산 방식의 비중이 높다.
ㄷ. (나)가 '가정과 일터의 결합 정도'이면, A는 B에 비해 서비스업 종사자 비율이 높다.
ㄹ. (가)가 '매체의 양방향 소통 비중'이면, (나)에는 '구성원 간 익명성 정도'가 들어갈 수 있다.

① ㄱ, ㄴ ② ㄱ, ㄷ ③ ㄷ, ㄹ
④ ㄱ, ㄴ, ㄷ ⑤ ㄴ, ㄷ, ㄹ

653

다음 글에 나타난 문제를 해결하기 위한 방안으로 가장 적절한 것은?

> 갑은 백화점에 아내의 생일 선물을 사러 갔다가 깜짝 놀랐다. "○○○ 고객님이요? 잠깐 기다려보세요." 직원은 금세 아내가 선호하는 옷, 신발, 모자 색깔 등을 알려주었다. 갑은 "나보다 백화점이 아내를 더 많이 알고 있다는 생각이 들었다."라고 말하였다. 백화점에서 과거 갑의 아내가 구매한 내역을 차곡차곡 쌓아두고 있었기 때문이다.

① 필요한 정보를 선별하여 활용하는 능력을 갖춘다.
② 사이버 범죄를 예방하고 처벌하는 사회 제도를 마련한다.
③ 개인 정보의 수집과 활용 절차에 대한 관리를 엄격히 한다.
④ 가상 공간에 의한 접촉보다는 대면 접촉을 늘리도록 노력한다.
⑤ 누구라도 다양한 정보를 쉽게 이용할 수 있는 여건을 마련한다.

654

(가), (나) 사례에 나타난 정보 사회의 문제에 관한 설명으로 가장 적절한 것은?

> (가) 갑은 열차표를 사려고 역에 나갔다가 다시 돌아왔다. 감염병 확산을 막기 위해 인터넷 구입으로만 판매 방식이 바뀐 것을 몰랐기 때문이다. 평소에는 딸이 인터넷과 관련된 일을 처리해 주었는데 마침 회사에 가고 없었다. 갑은 디지털 문맹이다 보니 이런 문제가 생기면 걱정부터 앞선다.
>
> (나) 을은 학원에서 인기 있는 강사인데 최근 인터넷에 자신을 험담하는 이야기가 돌아다닌다는 소문을 들었다. 확인해 보니 누군가가 을의 사생활을 엄청나게 부풀려서 악성 댓글을 올리고 있었다. 을은 경찰에 수사를 의뢰하였다.

① (가)는 정보 격차 해소를 위한 환경 구축의 필요성을 보여 준다.
② (가)는 정보 기기에 관한 과도한 의존 양상에 해당한다.
③ (나)는 정보 수집·분석 능력 함양의 필요성을 보여 준다.
④ (나)는 비대면 노동 환경의 확대에 따른 인간 소외 현상을 나타낸다.
⑤ (가), (나)는 모두 익명성을 바탕으로 한 거짓 정보 유포로 발생한 것이다.

655

다음 자료를 통해 참 또는 거짓으로 진위 여부를 판단할 수 있는 진술만을 〈보기〉에서 있는 대로 고른 것은?

〈A 고등학교 연도별 인터넷 중독자〉
(단위 : %)

구분	2016년	2017년	2018년	2019년	2020년
전체	9.2	9.1	8.8	8.5	8.0
남학생	14.0	14.4	14.3	12.8	12.4
여학생	7.0	6.5	6.3	6.4	5.8

* 인터넷 중독자 비율 : 인터넷 이용자 중 인터넷에 중독된 사람들이 차지하는 비율
** 인터넷 이용자에 관한 전수 조사를 하였고, 전체는 남학생과 여학생으로만 구성됨

[보기]
ㄱ. 인터넷 이용자 수는 모든 해에 남학생이 여학생보다 더 많다.
ㄴ. 2020년 인터넷을 이용하는 여학생 수는 남학생 수의 2배이다.
ㄷ. 2018년에 비해 2019년 남학생 인터넷 중독자의 수는 증가하였다.
ㄹ. 남학생과 여학생 모두 인터넷 중독자 비율은 지속적으로 높아졌다.

① ㄱ, ㄷ   ② ㄱ, ㄹ   ③ ㄴ, ㄷ
④ ㄱ, ㄴ, ㄹ   ⑤ ㄴ, ㄷ, ㄹ

656

다음 자료에 관한 분석으로 옳은 것은?

구분	t년	t+30년	t+60년
총인구 중 0~14세 인구 비율(%)	20	15	10
노령화 지수(%)	50	100	200
총인구(만 명)	1,000	1,500	2,000

* 노령화 지수=(65세 이상 인구 / 0~14세 인구)×100
** 전체 인구 중 65세 이상 인구 비율이 7% 이상인 사회를 고령화 사회, 14% 이상인 사회를 고령 사회, 20% 이상인 사회를 초고령 사회라고 함

① 0~14세 인구는 점진적으로 감소하였다.
② t년은 고령 사회, t+30년은 초고령 사회에 해당한다.
③ 65세 이상 인구는 t년 대비 t+60년에 2배 증가하였다.
④ 65세 이상 인구 1명당 15~64세 인구는 t년이 t+60년보다 적다.
⑤ t+30년 대비 t+60년에 15~64세 인구보다 65세 이상 인구의 증가율이 크다.

657

다문화 사회와 관련하여 갑, 을의 관점에 부합하는 진술로 적절하지 않은 것은?

> 갑 : 샐러드에는 다양한 채소, 과일, 소스가 어우러져 있습니다. 다문화 사회에서도 샐러드처럼 각자의 색깔을 가지고 있으면서도 조화로운 맛을 만들어 낼 수 있어야 합니다.
>
> 을 : 국수는 국수와 국물이 주를 이루고 고명이 곁들여져 맛이 더해지는 음식입니다. 다문화 사회에서도 국수와 고명이 갖는 의미를 잘 이해해야 할 것입니다.

① 갑은 주류 문화의 발전을 위해 소수 문화를 수단적으로 사용해야 함을 강조할 것이다.
② 갑은 이주민 문화도 문화적 정체성을 유지하면서 조화를 이루어야 한다고 주장할 것이다.
③ 을은 문화의 다양성을 수용하면서도 주류 문화의 존재를 인정해야 한다고 볼 것이다.
④ 갑, 을은 모두 다양한 이주민 문화가 기존 문화 발전에 기여할 수 있을 것이라고 볼 것이다.
⑤ 갑, 을은 모두 다양한 이주민 문화를 기존 문화에 동화시켜야 한다는 견해에 부정적일 것이다.

15 전 지구적 수준의 문제와 지속 가능한 사회

☑️ 출제 포인트　☑️ 환경 문제　☑️ 자원 문제　☑️ 전쟁, 테러　☑️ 지속 가능한 사회

1. 전 지구적 수준의 문제

1 지구적 수준의 문제의 의미와 특징

(1) **의미** 국가 간 상호 의존성의 심화로 전 세계에 영향을 미치는 각종 사회 문제

(2) **특징**

① 특정 국가나 지역의 노력만으로 해결하기 어려움

② 더 편리하고 풍요로운 삶만을 추구하는 인간의 욕망으로 인해 주로 발생함

③ 현재 세대뿐만 아니라 위험에 관한 책임이 없는 미래 세대에도 영향을 미침

2 전 지구적 수준의 문제 유형 및 양상

✪(1) **환경 문제** Ⓒ 141쪽 669번 문제로 확인

① 종류

지구 온난화	• 의미 : 대기 중 온실가스 증가로 지구의 평균 기온이 지속적으로 상승하는 현상 • 원인 : 산업화 과정에서 산림을 파괴하거나 화석 연료를 무분별하게 사용하여 발생 • 영향 : 생태계 교란과 기상 이변이 발생하여 인명 피해와 재산 손실 초래
사막화	• 의미 : 초원과 삼림이 황폐해지고 사막으로 변해 가는 현상 • 원인 : 강수량 부족이나 삼림 남벌, 목축지의 과잉 개발 등 • 영향 : 작물 재배가 어려워 식량난 발생, 생물 종 다양성 감소와 생태계 파괴 초래
열대 우림 파괴	• 의미 : 아마존 밀림 등의 큰 숲이 파괴되는 현상 • 원인 : 무분별한 벌목과 불법 방화 등 • 영향 : 지구의 이산화 탄소 흡수 능력 약화로 온실가스 증가, 홍수 발생 시 토양 유실로 생물 종의 서식 환경 위협

② 해결 방안

• 자연과 더불어 살아가려는 인식으로의 전환

• 생산 과정에서 온실가스를 적게 배출하는 환경친화적 상품 개발 노력

• 국제 연합의 기후 변화 협약과 같은 국제적 협력 도모

> **자료** 탄소 발자국 Ⓒ 142쪽 672번 문제로 확인
>
> **일상생활 속 내가 만드는 탄소 발자국**
>
> | 일회용 컵 사용 | 11g | 노트북 사용 10시간 | 258g |
> |---|---|---|---|
> | 샤워 15분 | 86g | 텔레비전 시청 2시간 | 129g |
> | 헤어드라이어 사용 5분 | 43g | 냉장고 24시간 | 554g |
> | 화장실 1회 | 76g | 전기밥솥 사용 10시간(보온 포함) | 752g |
> | 세탁기 1시간 | 791g | 사무실 형광등 10시간 | 103g |
>
> 〔분석〕 탄소 발자국이란 사람의 활동 혹은 기업의 제품 생산부터 소비, 폐기에 이르기까지의 전 과정에서 직간접적으로 배출되는 온실가스 배출량을 이산화 탄소로 환산한 총량을 말한다.

(2) 자원 문제

자원 고갈		물질적 풍요를 위해 재생 불가능한 자원을 대량으로 소비하여 자원이 부족
종류	식량 부족	• 생산 지역의 편중과 국제적 이해관계의 대립 • 육류 소비와 바이오 에탄올 연료 생산 증가로 곡물 수요 증가 • 사막화, 이상 기후 현상 등으로 곡물 생산 감소
	물 부족	• 인구 증가, 소득 수준 향상, 도시 확장 등으로 물 수요 증가 • 지구 온난화로 인한 가뭄 등으로 물 공급 어려움 증가
대책		자원 절약과 재활용 노력, 친환경적인 대체 자원 개발, 자원의 한계와 생태계의 수용 능력을 고려한 경제 개발 추구

(3) 전쟁과 테러

의미	• 전쟁 : 국가나 정치 집단 간에 전면적, 국지적으로 무력이나 폭력이 발생하는 갈등 상황 • 테러 : 특정 목적을 가진 개인이나 단체가 살인, 납치, 유괴 등 다양한 방법의 폭력을 행사하여 사회적 공포 상태를 일으키는 행위
대책	갈등과 분쟁 당사자가 상호 존중과 협력을 바탕으로 평화적 방법으로 문제를 해결하기 위한 노력을 할 때 평화롭게 공존 가능

2. 지속 가능한 사회

✪ **1 지속 가능한 사회** 현재 세대뿐만 아니라 미래 세대도 안정적이고 풍요로운 삶을 이어나갈 수 있도록 경제 성장, 사회 안정과 통합, 환경 보전 등이 조화를 이루는 사회

Ⓒ 143쪽 677번 문제로 확인

2 세계 시민으로서의 자세

세계 시민의 의미	더불어 사는 지구촌을 만들기 위해 공동체 의식을 바탕으로 다양한 지구촌 문제에 관심을 두고 그 문제 해결을 위해 적극적으로 행동하는 사람
세계 시민의 자세	• 지구적 세계관을 바탕으로 인류를 하나의 운명 공동체로 여기는 세계 시민 의식 필요 • 전 지구적 수준의 문제를 균형적인 관점에서 바라보고 해결을 위해 적극 노력 • 편견 없이 열린 마음으로 다양한 문화를 이해하고 존중

> **자료** 지속 가능한 발전 목표 Ⓒ 143쪽 678번 문제로 확인
>
>
>
> 〔분석〕 지속 가능한 발전 목표는 국제 연합 총회에서 결정된 것으로 2030년까지 모든 나라가 함께 추진해 나갈 목표를 말한다.

분석 기출 문제

>> 바른답·알찬풀이 68쪽

•• 다음은 전 지구적 수준의 문제에 관한 설명이다. 다음 설명이 옳으면 ○표, 틀리면 ✕표 하시오.

658 전 지구적 수준의 문제란 한 국가의 문제가 다른 국가 또는 지구적 차원에까지 영향을 주는 문제이다. (　　　)

659 전 지구적 수준의 문제는 당사국의 노력만으로 해결할 수 있다. (　　　)

660 전 지구적 수준의 문제를 해결하기 위해서는 개별 국가뿐만 아니라 인류가 공동으로 노력해야 한다. (　　　)

•• 다음은 전 지구적 수준의 문제와 그 대표적인 양상이다. 관련 있는 내용끼리 연결하시오.

661 환경 문제　　　•　　　　　• ㉠ 에너지 자원 고갈

662 자원 문제　　　•　　　　　• ㉡ 이상 기후, 사막화

663 전쟁과 테러　•　　　　　• ㉢ 무력에 의한 인명 살상

•• 다음은 전 지구적 수준의 문제에 관한 설명이다. ㉠, ㉡ 중 알맞은 것을 고르시오.

664 화석 연료의 사용으로 발생하는 이산화 탄소는 (㉠ 열대 우림 파괴, ㉡ 지구 온난화 현상)의 주요 요인이다.

665 인류의 생태 자원 소비가 증가할수록 지구 생태 용량 초과의 날이 (㉠ 늦어진다, ㉡ 빨라진다).

666 국가 상호 간에 무력을 사용하는 행위 또는 그 상태를 (㉠ 전쟁, ㉡ 테러)(이)라고 한다.

•• 다음은 전 지구적 수준의 문제 해결 방안에 관한 설명이다. 빈칸에 들어갈 알맞은 말을 쓰시오.

667 현재 세대뿐만 아니라 미래 세대도 안정적이고 풍요로운 삶을 살 수 있도록 경제 성장, 환경 보전 등이 조화를 이루는 사회를 (　　　　　)(이)라고 한다.

668 자신을 지구촌 구성원으로 자각하고 지구적 세계관을 바탕으로 세계 전체를 하나의 운명 공동체로 여기는 의식을 (　　　　　)(이)라고 한다.

★ 빈출
669

환경 문제 A, B에 관한 옳은 설명만을 〈보기〉에서 고른 것은?

> • 남태평양에 있는 투발루는 9개의 큰 섬과 주변의 작은 섬으로 구성된다. 최대 해발 고도가 4~5m 정도로 낮고 평평한 지형을 가지고 있다. 이곳은 ┌── A ──┐ (으)로 인한 해수면 상승으로 2060년 이후에는 바다에 완전히 가라앉을 것으로 예측되고 있다.
>
> • 사하라 사막 인근의 사헬 지대에서는 마른 우물을 파헤쳐도 물이 한 방울도 나오지 않는 지역이 많다. 이 지역에서는 ┌── B ──┐ 이/가 급속하게 진행되고 있다. 이 지역은 강수량이 적어 마실 물조차 부족한 실정이다.

─[보기]─
ㄱ. A는 대기 중 온실가스의 증가로 발생한다.
ㄴ. A로 토양이 유실되고 다양한 생물 종의 서식 환경이 위협받고 있다.
ㄷ. B는 과잉 방목, 경작지 확대 등으로 발생한다.
ㄹ. B는 물질적 풍요를 위한 에너지의 과잉 소비가 직접적인 원인이다.

① ㄱ, ㄴ　　　　② ㄱ, ㄷ　　　　③ ㄴ, ㄷ
④ ㄴ, ㄹ　　　　⑤ ㄷ, ㄹ

670

다음과 같은 사회 문제에 관한 설명으로 옳지 않은 것은?

> • 지구 온난화　　　　　• 사막화

① 산업화와 인구 증가의 영향으로 발생하고 있다.
② 어느 한 국가만의 노력으로는 해결하기 어렵다.
③ 현재 세대뿐만 아니라 미래 세대에도 영향을 준다.
④ 문제 해결을 위해 자연과 더불어 살아가려는 인식이 필요하다.
⑤ 지속 가능한 개발이 이루어지면서 피해가 가속화되고 있다.

671

다음 자료에 나타난 문제에 관한 설명으로 옳지 <u>않은</u> 것은?

> 그림은 지구상 물의 총량을 나타낸다. 지구상의 물 가운데 염분이 없는 담수는 2.53%에 불과하며, 사람이 손쉽게 구할 수 있는 호수와 하천의 물은 0.01%에 불과하다.

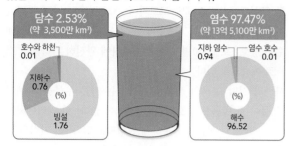

① 국가 간 유기적인 협력이 필요하다.
② 국제기구가 개입해야 해결될 수 있다.
③ 국가 간 이해관계가 개입되기도 한다.
④ 인류 전체의 생존과 연관된 문제이다.
⑤ 소비 위주의 문화를 개선할 필요가 있다.

⭐빈출
672

다음 사례에 나타난 문제를 해결하기 위한 노력으로 적절하지 <u>않은</u> 것은?

> 국제 환경 단체인 '지구 생태 발자국 네트워크'는 8월 8일을 2016년 지구 생태 용량 초과의 날이라고 발표하였다. 지구 생태 용량 초과의 날이란 인간의 활동이 지구 환경에 미치는 부담을 수치화한 것으로 지구가 한 해 동안 재생할 수 있는 수준의 생태 자원을 인류가 모두 소진해 버린 날을 의미한다. 지구 생태 용량 초과의 날은 매년 빨라지고 있으며 이날 이후부터 쓰는 자원은 고스란히 지구에 지는 '생태적 빚'이 된다.

① 화석 연료를 재사용한다.
② 불필요한 소비를 자제한다.
③ 친환경적인 대체 자원을 개발한다.
④ 일상생활에서 자원 절약을 생활화한다.
⑤ 자원 이용에 관한 국제 협력을 증진한다.

673

다음과 같은 조치에 따른 기대 효과만을 〈보기〉에서 고른 것은?

> 아시아 태평양 경제 협력체(APEC) 21개국 정상은 2012년 9월 블라디보스토크에서 2015년 말까지 원산지에 상관없이 환경 상품에 적용되는 관세율을 5% 이하로 인하하기로 하였다. 그리고 2015년 3월에 관세 인하 대상이 되는 환경 상품의 범위를 정하는 '관세 인하 공동 이행 지침'에 합의하고, 모든 회원국은 2015년 말까지 환경 상품의 관세율을 5% 이하로 낮추기로 하였다. 관세 인하 품목은 에너지 저소비·고효율 물품, 신·재생 에너지 관련 물품으로 풍력 발전기 부품, 가스·매연 분석기, 태양열 보일러 온도 조절기 등의 환경 상품이다. 우리나라도 2015년 12월에 '국제 협력 관세율표'를 개정하여 2016년 1월부터 아시아 태평양 경제 협력체(APEC) 환경 상품의 관세율을 현행 8%에서 5%로 인하하였다.

〔 보기 〕
ㄱ. 선진국과 개발 도상국 간 환경 분쟁이 증가할 것이다.
ㄴ. 환경 문제에 관한 국가 간 상호 감시가 강화할 것이다.
ㄷ. 시장 원리를 통한 환경 문제 해결 방식이 늘어날 것이다.
ㄹ. 친환경적 기술을 보유한 기업의 경쟁력은 높아질 것이다.

① ㄱ, ㄴ 　② ㄱ, ㄷ 　③ ㄴ, ㄷ
④ ㄴ, ㄹ 　⑤ ㄷ, ㄹ

674

다음 사례에 나타난 문제에 관한 설명으로 적절하지 <u>않은</u> 것은?

> • 2016년 7월 14일 프랑스 혁명 기념일에 니스 해안에서 테러가 발생하여 최소 84명이 사망하고 202명이 다쳤다.
> • 2017년 8월 17일 스페인 바르셀로나에서 차량 테러가 발생하여 14명이 죽고 100여 명이 다쳤다.

① 인간의 존엄성과 가치를 침해한다.
② 주로 경제적 이해관계에서 비롯된다.
③ 특정 지역에 국한되어 발생하지 않는다.
④ 불특정 다수를 대상으로 하는 경우가 많다.
⑤ 사회적 공포 상태를 일으켜 일상을 위협한다.

675

다음 사례에 나타난 문제에 관한 공통적인 설명으로 적절하지 <u>않은</u> 것은?

> • ○○ 지역의 분리 독립을 요구하는 세력에 의해 갑국의 수도에서 폭탄 테러가 발생하여 10명이 사망하고 50여 명이 부상을 당하였다.
> • 매장된 석유 자원을 둘러싼 갈등으로 을국이 병국을 침공하였다. 두 국가 간의 전쟁으로 일주일 사이 1만 명 이상이 사망하고 100만 명 이상의 난민이 발생하였다.

① 인명 피해를 초래할 수 있다.
② 자문화 중심주의적 태도가 요구된다.
③ 국제기구의 적극적인 개입이 필요하다.
④ 분쟁 당사자 간의 존중과 협력이 요구된다.
⑤ 다양한 이해관계의 대립으로 인해 발생한다.

676

다음 사례를 통해 내릴 수 있는 결론으로 가장 적절한 것은?

> 1998년 4월 10일 영국 북아일랜드의 벨파스트에서 영국과 아일랜드(아일랜드 공화국) 사이에 평화 협정이 체결되었다. 아일랜드 공화국 군(IRA)의 테러 등으로 세계적 뉴스가 되었던 북아일랜드 분쟁을 해결하는 초석이 된 이 협정에 영국과 아일랜드 정부, 북아일랜드 내 신·구교 8개 정파가 합의하기까지 숱한 고통과 인내, 협상이 필요하였다. 이 협정은 신·구교 인구 비례로 북아일랜드 의회를 구성한 뒤 각 진영 간 연정을 통해 자치 정부를 꾸리도록 함으로써 북아일랜드 주민들이 민주적으로 이 문제를 해결하기 위한 틀을 갖추었다.

① 단일한 세계 정부를 세워야만 항구적 평화가 실현된다.
② 힘의 논리를 바탕으로 평화 실현 방안을 강구해야 한다.
③ 주변 국가와의 집단 안보 체제를 구축해야 평화가 확보된다.
④ 분쟁 당사자들이 상호 존중을 바탕으로 해결에 노력해야 한다.
⑤ 국제법과 국제기구를 통해서만 국제 사회의 질서가 유지된다.

---

2. 지속 가능한 사회

★빈출
677

밑줄 친 ㉠이 성립하기 위한 요건으로 옳지 <u>않은</u> 것은?

> 지구는 현재 세대뿐만 아니라 미래 세대도 살아가야 할 삶의 공간이다. 그러나 전 세계적으로 추진되어 온 무분별하고 과도한 개발로 기상 이변, 생태계 파괴, 자원 고갈 등 다양한 문제가 발생하고, 전쟁과 테러가 끊이지 않고 일어나면서 인류의 생존을 위협하고 있다. 이로 인해 인류가 앞으로도 지구에서의 삶을 이어갈 수 있도록 노력해야 한다는 각성에서 출발하여 경제 성장, 사회 안정과 통합, 환경 보전 등의 균형을 이루는 ㉠ 지속 가능한 사회의 실현이 필요해지고 있다.

① 다양한 문화를 이해하고 존중하는 자세를 가져야 한다.
② 사회 계층 간 통합을 위한 사회 취약 계층 지원 제도가 마련되어야 한다.
③ 현재 세대가 아닌 미래 세대에 안정적이고 풍요로운 삶을 이어나가야 한다.
④ 개별 국가 국민만이 아닌 지구촌 구성원으로서의 시민 의식을 가져야 한다.
⑤ 지역을 초월한 인류 공동의 노력과 국제 협력이 필요하다는 인식을 가져야 한다.

★빈출
678

A를 실현하기 위한 개인적 차원의 노력으로 적절한 것은?

> [A] 는 현세대는 물론 미래 세대의 삶의 질이 함께 보장되는 사회를 말한다. 이것은 전 지구적 수준의 문제를 해결해야 가능하다. 전 지구적 수준의 문제는 세계 시민 의식을 가지고 실천할 때 해결할 수 있다.

① 기업가 정신의 발휘
② 각종 경제 규제 개혁
③ 공정 무역 제품 이용
④ 신·재생 에너지 공급 의무화
⑤ 강대국의 무역 분쟁에 적극적 대처

679

다음은 교사가 수업 시간에 제시한 자료이다. 이를 통해 추론할 수 있는 수업 목표로 가장 적절한 것은?

> '에코 라이프(ecolife)'는 생태학(ecology)과 생활(life)이 결합된 말이다. 즉 에코 라이프는 친환경적, 생태적 생활 방식을 의미하는 것이다. 유리병 재활용, 적정량의 음식 조리, 자전거 이용, 샤워 시간 줄이기, 일회용품 줄이기, 집에서 식물 키우기 등이 에코 라이프를 실천하는 대표적인 생활 습관으로 제시되고 있다.

① 생태학을 통합적 관점에서 바라보아야 할 근거를 찾아보자.
② 현재 세대를 위해 미래 세대가 준비해야 할 과업을 알아보자.
③ 과소비를 자제해야 하는 이유를 생태학적 관점에서 설명해보자.
④ 세계 시민으로서 지속 가능한 사회를 이루기 위한 활동을 알아보자.
⑤ 미래 지구촌은 어떤 모습이 되어야 하는지를 환경적인 측면에서 예측해 보자.

680

자료에 나타난 지속 가능한 발전과 관련된 적절한 사례만을 〈보기〉에서 고른 것은?

환경적 측면	현재 세대와 미래 세대도 쾌적하게 살 수 있는 깨끗한 자연환경 조성과 생태적, 물리적 시스템의 안정화
사회적 측면	자연과 조화를 이루는 건강하고 생산적인 삶 지향
경제적 측면	생태계와 환경을 훼손하지 않고 인류가 지속적으로 발전할 수 있는 경제 발전

[보기]
ㄱ. 큰 강에 보를 건설하여 물 자원을 확보한다.
ㄴ. 산림을 벌목하여 대규모 스포츠 시설을 조성한다.
ㄷ. 대중교통 체계를 정비하여 자가용 이용을 줄인다.
ㄹ. 생산 과정에서 온실가스를 적게 배출하는 친환경 상품을 개발한다.

① ㄱ, ㄴ   ② ㄱ, ㄷ   ③ ㄴ, ㄷ
④ ㄴ, ㄹ   ⑤ ㄷ, ㄹ

681

다음 자료에 나타난 운동이 우리 사회에 미칠 영향에 관한 설명으로 가장 적절한 것은?

> '아무것도 사지 않는 날'은 1992년 캐나다에서 한 시민이 시작한 소비 절제 운동으로 현재 전 세계가 함께 참여하는 운동이다. 매년 11월 26일을 '아무것도 사지 않는 날'로 정하여 소비 행위를 잠시 멈추고 소비와 환경에 관해 함께 생각하고자 한다. 11월 말이 추수 감사절 선물과 크리스마스 선물을 준비하느라 본격적인 소비가 시작되는 날이기 때문이다. 우리나라에서는 2002년부터 한 시민 단체를 중심으로 이 운동을 펼치고 있다.

① 편재된 자원을 균등하게 분배할 수 있다.
② 경제 성장을 억제하여 환경을 보호할 수 있다.
③ 미래 세대에게 깨끗한 환경을 물려줄 수 있다.
④ 현재 세대가 더욱 안락한 여가를 즐길 수 있다.
⑤ 투자 재원을 확보하여 경제 성장을 이룰 수 있다.

682

(가), (나)에 나타난 입장에 관한 옳은 설명만을 〈보기〉에서 있는 대로 고른 것은?

> (가) 지구촌에 살고 있는 모든 사람을 인종이나 지역, 국경의 경계를 넘어 동등하게 대우해야 한다. 그리고 한 지역, 한 국가의 주민이나 국민의 입장에서 벗어나 세계 시민으로 살아가야 한다.
> (나) 세계화 시대에 알맞게 인류의 보편적 가치와 다른 민족의 공존을 추구하면서 민족의 정체성과 이익을 함께 추구해야 한다. 이를 위해 다양한 문화를 존중하고 모든 사람의 권리를 존중하는 사회가 되어야 한다.

[보기]
ㄱ. (가)의 입장은 민족 구성원만으로의 삶이 아닌 세계 시민으로서의 삶을 강조한다.
ㄴ. (나)의 입장에서는 다른 민족과의 공존공영을 추구한다.
ㄷ. (나)의 입장에서는 인류의 보편성과 민족적 특수성을 모두 중시한다.
ㄹ. (가)와 달리 (나)의 입장에서는 인류 보편적 가치와 민족적 가치가 모순적 관계를 이룬다고 본다.

① ㄱ, ㄴ   ② ㄱ, ㄹ   ③ ㄷ, ㄹ
④ ㄱ, ㄴ, ㄷ   ⑤ ㄴ, ㄷ, ㄹ

683

다음 주장에 부합하는 진술로 가장 적절한 것은?

> 지적 능력과 이성은 우리에게 공통적인 것입니다. 공통의 지적 능력과 이성에 기초한 법도 공통된 것이며 우주는 일종의 국가입니다. 우리는 한 시민이고 한 국가 공동체의 구성원입니다.

① 자신이 속한 사회의 법률을 가장 중시해야 한다.
② 복잡한 정치 공동체로부터 벗어나 각자의 삶을 살아야 한다.
③ 자국의 이익을 극대화하기 위해서 타국의 이익을 침해할 수 있다.
④ 모든 사람은 스스로를 세계 시민으로서 인식하고 살아가야 한다.
⑤ 민족 구성원으로서의 정체성에 기초한 개인의 정체성을 확립해야 한다.

684

다음 글의 입장에 부합하는 진술만을 〈보기〉에서 고른 것은?

> 미래 사회를 살아가는 사람들은 자기 자신의 비전과 정보를 가진 세계 시민이 되는 동시에 자신이 속한 지역의 역사·문화적 배경을 바탕으로 지역 문화를 풍부하게 가꾸며 살아가야 한다. 다양한 것이 모여 커다란 하나가 되어야 하는 것이다. 이를 통해 지구적 협력이 필요한 문제에 관해서도 협력적으로 참여해야 한다.

[보기]

ㄱ. 각 지역의 문화적 다양성을 살려야 한다.
ㄴ. 지역화의 토대 위에서 세계화를 추구해야 한다.
ㄷ. 민족 정체성보다 인류의 보편적 가치를 우선시해야 한다.
ㄹ. 단일한 세계 문화를 형성하여 모든 나라가 따르도록 해야 한다.

① ㄱ, ㄴ   ② ㄱ, ㄷ   ③ ㄴ, ㄷ
④ ㄴ, ㄹ   ⑤ ㄷ, ㄹ

[685~686] 다음 글을 읽고 물음에 답하시오.

> (가) 은/는 일반적으로 국가 상호 간에 무력을 사용하는 행위 또는 그 상태를 의미하며, 군사력을 사용하여 자신의 의사를 상대국에 강제하기 위해 일어난다. (나) 은/는 특정 목적을 달성하기 위해 살인, 납치 등 다양한 방법의 폭력을 행사하는 행위로, 상대방에게 어떤 행동을 하도록 또는 어떤 행동을 중단하게 하려고 행해진다.

685

(가), (나)에 해당하는 용어를 각각 쓰시오.

686

(가), (나)의 공통적인 해결 방안을 서술하시오.

[687~688] 다음 글을 읽고 물음에 답하시오.

> (가) 은/는 현재 세대뿐만 아니라 미래 세대도 안정적이고 풍요로운 삶을 이어나갈 수 있도록 경제 성장, 사회 안정과 통합, 환경 보전 등이 조화를 이루는 사회를 말한다. 환경 문제, 자원 문제, 전쟁과 테러와 같은 전 지구적 수준의 문제에는 국경이 있을 수 없다. 이에 국제 사회는 다양한 국제 협약을 통해 안전한 지구를 만들기 위해 노력하고 있지만 아직은 부족한 실정이다. 장기적인 목표에 관한 국가 간의 이해와 합의를 바탕으로 국제적인 공동 대응이 더욱 활발히 이루어져야 한다.

687

(가)에 해당하는 용어를 쓰시오.

688

(가)가 등장한 배경을 서술하시오.

적중 1등급 문제

» 바른답·알찬풀이 69쪽

689

밑줄 친 ㉠의 사례로 적절한 것만을 <보기>에서 고른 것은?

> 오늘날 정치, 경제, 사회, 문화 등 전 영역에서 진행되고 있는 세계화는 지구촌이라고 부를 정도로 전 세계를 하나의 공동체로 변모시키고 있다. 이에 따라 국경의 의미는 약해지고 국가 간 상호 의존성은 심화하면서 전 세계에서 동시다발적으로 발생하거나 특정 지역에만 국한되지 않고 주변 국가와 전 세계에 영향을 미치는 각종 ㉠사회 문제가 증가하고 있다.

[보기]
ㄱ. 지구 온난화, 사막화 등과 같은 환경 문제
ㄴ. 에너지 자원 고갈 문제 등과 같은 자원 문제
ㄷ. 물가 안정과 경제 성장 사이의 재정 정책 문제
ㄹ. 특정 영토의 소유권을 둘러싼 국가 간 갈등 문제

① ㄱ, ㄴ ② ㄱ, ㄷ ③ ㄴ, ㄷ
④ ㄴ, ㄹ ⑤ ㄷ, ㄹ

690

그림은 기온 상승에 따라 예상되는 변화를 나타낸 것이다. 이러한 변화에 관한 대책으로 적절하지 **않은** 것은?

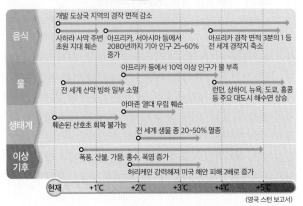

(영국 스턴 보고서)

① 대기 중 온실가스 배출을 줄이기 위한 국제 협약을 준수한다.
② 열대 우림을 파괴하는 무분별한 벌목과 불법적인 방화를 제한한다.
③ 온실가스 배출을 적게 하는 친환경 기술의 개발을 위해 노력한다.
④ 산업 폐기물이 선진국에서 저개발국으로 이동하는 것을 억제한다.
⑤ 탄소 배출권 거래제를 통해 이산화 탄소 배출을 줄이는 기업에 인센티브를 부여한다.

691

다음 글의 관점에 부합하는 진술로 적절하지 **않은** 것은?

> 인간의 다양한 활동으로 지구 온난화 현상이 가속화되었다. 이에 인간의 각종 활동에서 발생하는 이산화 탄소를 줄이려는 노력이 전 지구적으로 진행되고 있다. 탄소 발자국과 같은 지표는 이러한 활동에 도움이 될 수 있다. 탄소 발자국은 인간의 활동뿐만 아니라 제품을 생산하고 소비하며 폐기하는 전 과정에서 직간접적으로 발생하는 이산화 탄소의 총량을 말한다. 이러한 지표를 바탕으로 탄소 발자국을 낮출 수 있는 방법을 실천해야 한다.

① 제품 생산 시설을 해외로 이전한다.
② 신·재생 에너지의 사용량을 확대한다.
③ 친환경 인증 제품을 생산하고 판매하도록 한다.
④ 대기 오염 방지를 위한 친환경 공정을 실현한다.
⑤ 대중교통 체계를 개선하여 대중교통 이용량을 늘린다.

692

다음 사례에 관한 추론으로 적절하지 **않은** 것은?

> 생태 발자국 지수란 사람들의 먹을거리, 교통 이용, 주거 환경, 소비 활동 등 네 가지 일상생활을 충족하기 위해 소요되는 자원과 폐기물을 처리하는 데 필요한 토지 면적을 말한다. 생태 발자국 지수가 높을수록 자연에 나쁜 영향을 미치는 생활 습관을 갖고 있다고 할 수 있다. 2016년 한 시민 단체의 조사에 따르면, 지구가 감당할 수 있는 생태 발자국 지수는 1인당 18,000m²인데 우리나라 사람들의 평균 생태 발자국 지수는 57,000m²로 나타났다. 이것은 세계 모든 사람이 우리나라 사람들처럼 산다면 지구가 3개 필요하다는 것을 의미한다.

① 생태 자원이 남용될 경우 생태 용량은 저하될 수 있다.
② 생태 발자국은 자연 자원 및 서비스의 수요와 관련이 있다.
③ 생태 용량은 산림이 풍부한 일부 국가에 편중되어 있을 것이다.
④ 우리나라는 생태 용량이 생태 발자국을 초과하여 생태 흑자 상황에 있을 것이다.
⑤ 인구 증가 속도에 비해 생태 용량 증가 속도가 느리면 1인당 생태 용량은 감소한다.

693

다음 문제를 극복하기 위한 자세나 방안으로 적절하지 <u>않은</u> 것은?

> - 사막화는 강수량 부족이나 삼림 남벌, 목축지의 과잉 개발 등으로 초원과 삼림이 황폐해지고 점차 사막으로 변해 가는 현상이다. 아프리카 사하라 사막 주변의 사헬 지대, 중국 북서부 등지에서 심각하게 나타나고 있으며 그 범위가 점차 확대되고 있다.
> - 무분별한 벌목과 불법 방화 등으로 아마존 밀림처럼 세계의 허파와 같은 역할을 하는 큰 숲이 파괴된다. 이러한 열대 우림 파괴는 온실가스를 증가시키고 홍수가 발생하면 토양 유실로 이어져 다양한 생물 종의 서식을 위협한다. 이러한 위협은 우리 자손에게까지 영향을 끼친다.

① 물질적 풍요를 위해 경제 개발에 진력한다.
② 생태계의 보전과 다양성에 대한 지식을 갖는다.
③ 자연과 더불어 살아가려는 인식 전환이 필요하다.
④ 지속 가능한 사회를 위한 세계 시민 정신을 갖춘다.
⑤ 지구촌 공동체 의식에 기초하여 국제적으로 협력한다.

694

(가), (나)는 오늘날 세계가 당면한 사회 문제이다. 이에 관한 옳은 설명만을 〈보기〉에서 고른 것은?

(가) 전쟁   (나) 테러

> [보기]
> ㄱ. (가)는 선진국, (나)는 저개발국에서 주로 나타난다.
> ㄴ. 시대가 발달할수록 (나)의 위협은 늘어나고 있다.
> ㄷ. 힘이 약한 세력들은 (가)보다 (나)에 의존하는 경향이 있다.
> ㄹ. (가)는 (나)와 달리 국제기구를 통해 문제를 해결하는 것이 유리하다.

① ㄱ, ㄴ   ② ㄱ, ㄷ   ③ ㄴ, ㄷ
④ ㄴ, ㄹ   ⑤ ㄷ, ㄹ

695

A를 실현하기 위한 옳은 방안만을 〈보기〉에서 고른 것은?

> A는 현세대는 물론 미래 세대의 삶의 질이 함께 보장되는 사회를 말한다. A는 세계 시민 의식 없이 실현하기 어렵다. 전 지구적 수준의 문제를 해결해야 A가 되고, 전 지구적 수준의 문제는 세계 시민 의식을 가지고 실천할 때만 해결할 수 있기 때문이다.

> [보기]
> ㄱ. 전등 끄기 실천으로 에너지를 절약한다.
> ㄴ. 휴대 전화 등은 될 수 있으면 자주 바꾼다.
> ㄷ. 친환경·에너지 효율 우수 제품을 사용한다.
> ㄹ. 자전거보다는 승용차를 이용하여 신속히 이동한다.

① ㄱ, ㄴ   ② ㄱ, ㄷ   ③ ㄴ, ㄷ
④ ㄴ, ㄹ   ⑤ ㄷ, ㄹ

696

(가)~(마)는 지속 가능한 발전의 실행 계획이다. 이와 관련된 내용으로 적절하지 <u>않은</u> 것은?

> (가) 기후 변화 완화를 위한 방안 마련하기
> (나) 재생 에너지 공급을 위한 지원 확대하기
> (다) 식수 및 위생 시설을 이용하지 못하는 인구 줄이기
> (라) 여성의 의사 결정 참여를 확대 장려하며, 여성 차별과 여성에 관한 폭력 근절하기
> (마) 특정 사업이 주변 환경에 어떤 영향을 미치는가를 조사하는 환경 영향 평가 제도 확대하기

① (가) – 각국 정부는 기후 변화에 관한 국제 연합 기본 협약을 충실히 이행한다.
② (나) – 저개발국의 개발을 위해 화석 연료를 사용하는 발전소 건설을 지원한다.
③ (다) – 저개발국의 상수도 시설 설치와 화장실 개선을 지원한다.
④ (라) – 여성의 교육 기회를 확대하고 경제 활동을 지원한다.
⑤ (마) – 댐 건설이 주변 환경에 미치는 영향을 최소화할 수 있는 방안을 마련한다.

13 사회 변동과 사회 운동

697

사회 변동 방향에 관한 이론 A, B에 관한 설명으로 옳은 것은? (단, A, B는 각각 순환론, 진화론 중 하나이다.)

질문	답변	
	A	B
사회는 생성과 몰락의 과정을 반복하는가?	아니요	예
(가)	예	아니요
(나)	예	예

① A는 사회 변동과 진보를 서로 다른 의미로 본다.
② B는 서구 중심적 사고라는 비판을 받는다.
③ A는 B와 달리 모든 사회에 일반화할 수 있는 변동 양상은 없다고 본다.
④ (가)에는 '각 사회가 서로 다른 고유한 발전 방향을 갖는다고 보는가?'가 들어갈 수 있다.
⑤ (나)에는 '사회 변동 과정에서 성장 단계가 존재함을 인정하는가?'가 들어갈 수 있다.

698

사회 변동을 바라보는 관점 (가), (나)를 구분하기 위해 A, B에 들어갈 수 있는 옳은 질문만을 〈보기〉에서 고른 것은?

> (가) 사회는 상호 의존적인 부분들로 구성되어 있으며, 이들 각 부분은 균형을 이루면서 통합되어 있어 안정적으로 유지된다고 전제한다.
> (나) 사회는 기존 질서 유지를 원하는 지배 집단과 새로운 질서를 원하는 피지배 집단 간의 갈등 요인이 내재되어 있다.

구분	예	아니요
A	(가)	(나)
B	(나)	(가)

【 보기 】
ㄱ. A : 운명론적 시각으로 사회 변동을 바라보는가?
ㄴ. A : 점진적인 사회 변동 과정을 설명하는 데 유용한가?
ㄷ. B : 권력관계나 계급 관계 등을 중점적으로 살펴보는가?
ㄹ. B : 제국주의 역사를 정당화할 우려가 있다는 비판을 받는가?

① ㄱ, ㄴ   ② ㄱ, ㄷ   ③ ㄴ, ㄷ
④ ㄴ, ㄹ   ⑤ ㄷ, ㄹ

699

사회 변동 이론 (가)~(다)에 관한 설명으로 옳지 않은 것은?

> (가) 생물체의 진화와 마찬가지로 사회도 단순하고 미분화된 사회로부터 복잡하고 분화된 사회로 변화한다.
> (나) 사회 변동은 사회적 균형과 통합을 저해하는 비정상적인 현상을 극복하고 사회 전체의 균형과 안정을 되찾는 과정이다.
> (다) 사회는 강력한 힘으로 통치하는 엘리트 집단과 영리한 꾀로 통치하는 엘리트 집단이 번갈아 가면서 집권과 몰락을 반복하며 변화한다.

① (가)는 사회 변동을 사회 발전과 동일한 의미로 파악한다.
② (나)는 점진적인 사회 변동 과정을 설명하는 데 유용하다.
③ (다)는 특정 사회의 중·단기적인 사회 변동을 설명하기 어렵다.
④ (가), (다)는 (나)와 달리 사회 변동을 구조적인 측면에서 설명한다.
⑤ (다)는 (가)와 달리 운명론적인 시각에서 사회 변동을 설명한다.

700

(가), (나)에 관한 옳은 설명만을 〈보기〉에서 고른 것은?

> (가) 감염병 확산에 따라 정부는 사람들 간의 접촉 기회를 차단하기 위해 실내 체육 시설에 휴원을 권고하였다. 이에 따라 많은 체육 시설이 휴원에 들어갔고 시설을 이용하지 못한 고객 중 일부는 회비 반환을 요구하였다.
> (나) 감염병 확산에 따라 원격 진료가 일부 허용되자 ○○시민 단체는 원격 진료를 본격화하자는 운동을 시작하였다. 이를 위해 서명 운동, 입법 청원, 공청회 개최 등의 활동을 할 계획이다.

【 보기 】
ㄱ. (가)는 (나)와 달리 다수의 사람이 체계적인 조직을 가지고 행동한다.
ㄴ. (가)와 달리 (나)는 사회 변동을 목적으로 하는 행동이다.
ㄷ. (나)보다 (가)를 수행하는 사람들 간의 역할 분담이 뚜렷하다.
ㄹ. (가)와 달리 (나)를 수행하는 사람들 사이에는 지속적인 상호 작용이 이루어진다.

① ㄱ, ㄴ   ② ㄱ, ㄷ   ③ ㄴ, ㄷ
④ ㄴ, ㄹ   ⑤ ㄷ, ㄹ

701

다음 제시된 사회 운동이 지닌 공통적인 특성으로 옳지 <u>않은</u> 것은?

▲ 흑인 민권 운동

▲ 지구촌 평화를 기원하는 반전 평화 운동

① 급격한 사회 변화에 대항하고자 한다.
② 조직화되고 체계화된 방식으로 나타난다.
③ 사회 구성원의 자발적 참여를 바탕으로 한다.
④ 뚜렷한 목표를 가지고 지속적으로 이루어진다.
⑤ 활동을 정당화하는 가치관이나 신념을 가지고 있다.

[702~703] 다음 글을 읽고 물음에 답하시오.

> 과거 우리나라 민법에는 호주제가 규정되어 있었다. 호주제는 가족 관계를 호주(戶主)와 그의 가족으로 구성된 가(家)를 기준으로 정리하는 방식으로, 호주를 중심으로 호적에 가족 집단을 구성하고 이를 아버지에서 아들로 이어지게 하는 남계 혈통을 통해 대대로 잇게 하는 제도이다. 2005년 헌법 재판소는 호주제가 헌법에 위배된다는 결정을 내렸다. 이후 국회에서 호주제 폐지를 담은 민법 개정안이 통과되었다. 이러한 변화에 관해 갑과 을의 관점은 다음과 같다.
> 갑 : 사회 구성원이 양성평등이라는 가치에 합의하여 사회가 새로운 균형을 찾은 결과야.
> 을 : 남성이 지배하던 사회 구조 속에서 억압받던 여성이 투쟁을 통해 얻어 낸 결과야.

702

호주제 폐지와 같은 사회 변동에 관해 갑, 을의 관점을 각각 쓰시오.

703 ✔ 서술형

갑, 을이 사회 변동을 바라보는 관점의 단점을 각각 한 가지 서술하시오.

704

다음은 교사가 수업 시간에 제시한 자료이다. (가)에 들어갈 내용으로 가장 적절한 것은?

> 수업 주제 : _____(가)_____
>
> 지금은 마스크를 구하는 일이 전혀 어렵지 않지만 코로나 19 사태 초기에 매우 힘들었을 때가 있었다. 젊은 세대는 마스크 판매 사이트 정보를 SNS를 통해 공유하며 쉽게 마스크를 구할 수 있었다. 스마트폰을 활용할 줄 모르는 사람들은 몇 시간씩 줄을 서서 구매하거나 아예 구매하지 못하는 경우도 많았다. 은행 거래도 이와 비슷한 양상이다. 은행을 직접 방문하지 않고 온라인이나 모바일로 은행 일을 보는 경우가 급속히 늘어나는 추세이다. 이러다 보니 디지털 소외 계층은 온라인이나 모바일 거래에서 제공되는 수수료 면제나 우대 금리 혜택을 못 받는 경우가 많다.

① 사이버 범죄의 예방 노력
② 정보 윤리 교육의 확대 방안
③ 정보 격차와 정보 불평등 문제
④ 정보화로 인한 노동 시장의 변화
⑤ 디지털 혁명과 정보 데이터의 활용

705

다음 글에 나타난 문제점을 해결하기 위한 방안으로 가장 적절한 것은?

> 국회의원 선거일을 앞두고 우리 지역 A 후보자를 인터넷에서 검색해 보았다. 국회에서 장애인 보호를 위해 많은 입법 활동을 했던 이야기도 있었지만 음주 운전 경력도 있었다. 또한 수많은 댓글 중에서 A가 병역 면제 비리를 저질렀다는 폭로도 있었고 눈이 나빠서 군대에 가지 못했다는 댓글도 있었다. A가 학창 시절에 학교 폭력의 가해자라는 글도 있었고 아니라는 글도 있었다. A에 관한 정보가 너무 많고 달라서 판단을 내리기가 어려웠다.

① 정보를 수집하고 유통시킬 수 있어야 한다.
② 인터넷을 능숙하게 활용할 수 있어야 한다.
③ 새로운 정보를 신속하게 얻을 수 있어야 한다.
④ 다양한 정보를 비판적으로 분석할 수 있어야 한다.
⑤ 정보 격차를 해소하기 위해서는 경제적 능력이 있어야 한다.

706

그림은 사회 유형 (가), (나)의 일반적인 특성 A, B를 비교한 것이다. 이에 관한 설명으로 옳은 것은? (단, (가), (나)는 각각 산업 사회, 정보 사회 중 하나이다.)

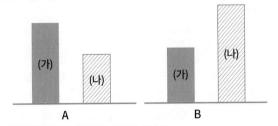

* 사각형 높이가 높을수록 그 정도가 높거나 큼

① (가)가 산업 사회이면, A에는 '가정과 일터의 통합 정도'가 들어갈 수 있다.

② (나)가 정보 사회이면, B에는 '의사 결정의 분권화 정도'가 들어갈 수 있다.

③ A에 '상품 거래의 공간적 제약 정도'가 들어가면, (가)는 (나)보다 전자 상거래의 비중이 크다.

④ A에 '사회 조직의 관료제화 정도'가 들어가면, B에는 '소품종 대량 생산 정도'가 들어갈 수 있다.

⑤ B에 '구성원 간 익명성 정도'가 들어가면, (가)는 (나)보다 사회 변동의 속도가 빠르다.

707

다음 자료에 관한 분석으로 옳은 것은? (단, 갑국의 인구는 지속적으로 증가하였다.)

구분	t년	t+10년	t+20년
15~64세 인구 비율(%)	60	50	40
유소년 부양비	50	60	100
노년 부양비	㉠	㉡	㉢

* 유소년 부양비 : (0~14세 인구/15~64세 인구)×100
** 노년 부양비 : (65세 이상 인구/15~64세 인구)×100
*** 65세 이상 인구가 전체 인구의 7% 이상이면 고령화 사회, 14% 이상이면 고령 사회, 20% 이상이면 초고령 사회임

① ㉠~㉢ 중 ㉠의 값이 가장 크다.

② 갑국은 t+10년부터 초고령 사회가 되었다.

③ 65세 이상 인구 비율은 t년에 비해 t+20년에 4배 증가하였다.

④ t+10년에 비해 t+20년의 15~64세 인구수는 감소하였다.

⑤ t+20년에는 15~64세 인구 1명당 65세 이상 인구 2명을 부양해야 한다.

708

A시의 다문화 정책에 관한 설명으로 가장 적절한 것은?

A시의 다문화 정책은 다양한 민족 집단에 행정적, 사회적 차원에서 동등한 서비스를 제공한다. 또한 다문화와 관련된 종합 시설 설치, 축제, 교육 등에 자금을 지속해서 지원하고 있다. 일례로 A시는 '○○카니발', '□□축제'를 매년 개최하여 A시에 사는 ○○족과 □□족 이주민의 전통문화를 함께 즐기고 다양한 문화적 배경을 가진 사람들이 서로 이해할 기회를 갖는다.

① 다양한 문화를 용해하여 새로운 문화로 재탄생시켰다.

② 주류 문화와 비주류 문화의 위계를 바탕으로 통합을 모색하였다.

③ 다양한 문화를 대등한 자격으로 대우하고 조화와 공존을 모색하였다.

④ 이주민의 비주류 문화가 주류 문화에 적응하고 통합되도록 하였다.

⑤ 주류 문화의 우수성을 바탕으로 이주민 문화를 부분적으로 수용하였다.

[709~710] 다음 글을 읽고 물음에 답하시오.

오늘날에는 지구촌이라는 말을 사용할 정도로 전 세계가 여러 면에서 긴밀하게 연관되어 있다. 공산품과 농수산물뿐만 아니라 서비스 영역에 이르기까지 국제 무역 및 교류가 활성화되고 있으며 국제적 인구 이동도 활발하다. 게다가 사회 문제에 관한 국제적 협력이나 문화적 교류도 매우 활발해지고 있다. 이처럼 다양한 측면에서 국가 간 교류가 확대되면서 국경을 넘어 전 세계가 마치 하나의 공동체처럼 상호 의존적으로 통합되어 가고 있는데, 이를 ___A___(이)라고 한다.

709

A에 해당하는 용어를 쓰시오.

710 ✍ 서술형

A의 긍정적 영향과 부정적 영향을 문화 측면에서 한 가지씩 서술하시오.

15 전 지구적 수준의 문제와 지속 가능한 사회

711

다음 사례를 종합하여 내릴 수 있는 결론으로 가장 적절한 것은?

> • A 생수업체는 라벨을 뜯지 않아도 간편하게 분리 배출할 수 있는 생수통을 개발하였다. 제품에 사용되는 비닐양 자체도 절반 수준에 그쳐 소비자의 인기가 높다. 이에 따라 매출액도 75% 증가하였다.
> • 주류회사 B는 태양열 온수 시스템, 자체 폐수 정화 시스템 등을 갖추고 제품 생산 과정에서 발생하는 폐기물을 최대한 줄여 소비자뿐만 아니라 공장 주변 주민으로부터 찬사를 받고 있다.

① 환경 오염은 경제 행위의 부산물이다.
② 환경 규제는 기업의 경쟁력을 약화시킨다.
③ 환경 보호는 현재 세대의 행복을 위해 필요하다.
④ 환경 보호는 기업의 경쟁력 확보를 위해서도 필수적이다.
⑤ 환경 규제는 선진국과 개발 도상국 간 마찰을 증대시킨다.

712

(가), (나)에 나타난 현상에 관한 설명으로 옳지 않은 것은?

(가) 열대 우림 파괴   (나) 테러

① (가)는 무분별한 벌목과 방화 등이 주요 요인이다.
② (나)는 재산 피해뿐만 아니라 인간의 존엄성을 해친다.
③ (가)는 (나)와 달리 특정 지역을 넘어 전 지구적 수준의 문제이다.
④ (가), (나)는 모두 세계 시민 정신을 바탕으로 해결책을 모색해야 한다.
⑤ (가), (나)는 모두 현재 세대뿐만 아니라 미래 세대에도 영향을 미친다.

713

(가)에 들어갈 옳은 내용만을 〈보기〉에서 고른 것은?

> 세계 인구 증가와 산업 발달로 자원 사용량이 급증하면서 한정된 자원이 고갈되고 있으며 국가 간 자원 전쟁 양상이 나타나기도 한다. 특히 인류가 의존해 온 석탄과 석유와 같은 에너지 자원이 줄어들면서 세계 경제에 큰 불안 요소로 작용하고 있다. 이러한 문제를 해결하기 위해서는 _____ (가) _____

[보기]
ㄱ. 과도한 소비 위주의 문화를 개선해야 한다.
ㄴ. 기존 화석 연료를 대신할 신·재생 에너지를 개발해야 한다.
ㄷ. 빈곤 국가의 빈민에게 필요한 최소한의 식량 지원을 장려해야 한다.
ㄹ. 인체에 악영향을 주는 유전자 변형 식품에 관한 연구를 중단해야 한다.

① ㄱ, ㄴ   ② ㄱ, ㄷ   ③ ㄴ, ㄷ
④ ㄴ, ㄹ   ⑤ ㄷ, ㄹ

[714~715] 다음 글을 읽고 물음에 답하시오.

> A란 현세대는 물론 미래 세대의 삶의 질이 함께 보장되는 사회를 말한다. A는 B 의식 없이 실현하기 어렵다. 전 지구적 수준의 문제를 효과적·체계적으로 대응해야 A를 실현할 수 있고, 전 지구적 수준의 문제는 B 의식을 가지고 실천할 때만 해결할 수 있기 때문이다.

714

A, B에 해당하는 용어를 각각 쓰시오.

715 ✐ 서술형

B의 의미를 '특정 국가의 국민', '인류 공동체'를 포함하여 서술하시오.

memo

빠른답 체크
Speed Check

◀ 이곳을 열면 정답을 바로 확인할 수 있습니다.

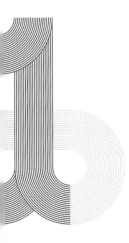

1등급 만들기 사회·문화 715제

빠른답 체크
Speed Check

빠른답 체크 후 틀린 문제는
빠른답·알찬풀이에서
꼭 확인하세요.

01 사회·문화 현상의 이해

001 ×	002 ○	003 ○	004 ○
005 ○	006 ○	007 ○	008 ○
009 거시적	010 기능론	011 갈등론	
012 상황 정의			
013 ①	014 ④	015 ③	016 ①
017 ②	018 ⑤	019 ③	020 ①
021 ③	022 ③	023 ②	024 ②
025 ②	026 ④	027 ②	028 ②
029 ①		030 해설 참조	

031 (가) : 상징적 상호 작용론, (나) : 기능론, (다) :
갈등론　　032 해설 참조

033 ③	034 ④	035 ④	036 ④
037 ①	038 ⑤	039 ①	040 ④

02 사회·문화 현상의 탐구 방법

041 개념의 조작적 정의　042 양적 연구
043 질적 연구　044 ㉠, ㉡

045 ㉡, ㉢	046 ○	047 ○	048 ×
049 ㉠	050 ㉠	051 ㉡, ㉢	
052 ㉡			
053 ④	054 ①	055 ⑤	056 ①
057 ④	058 ⑤	059 ④	060 ⑤
061 ③	062 ⑤	063 ④	064 ③
065 ③	066 ①	067 ②	068 ②

069 양적 연구(실증적 연구)
070 개념의 조작적 정의
071 ㉠ : 표본, ㉡ : 모집단, ㉢ : 대표성
072 해설 참조

073 ①	074 ④	075 ③	076 ②
077 ③	078 ②	079 ③	080 ④

03 사회·문화 현상의 탐구 절차와 윤리

081 ○	082 ×	083 ○	084 ○
085 ㉠	086 ㉠	087 ㉡, ㉣	
088 ㉠, ㉡, ㉢		089 연구 윤리	
090 익명성		091 연구(조사) 대상자	
092 ④	093 ④	094 ⑤	095 ②
096 ①	097 ④	098 ②	099 ③
100 ①	101 ③	102 ②	103 ①
104 ④	105 ①	106 ③	107 ④

108 (가) : 개방적 태도, (나) : 성찰적 태도
109 갑 : 1차 자료, 양적 자료 / 을 : 1차 자료, 질
적 자료 / 병 : 1차 자료, 질적 자료 / 정 : 2차 자
료, 양적 자료　　110 해설 참조

111 ②	112 ③	113 ⑤	114 ②
115 ④	116 ②	117 ③	118 ③

Ⅰ 단원 마무리 문제

119 ②	120 ③	121 ⑤	122 ④
123 해설 참조		124 ④	125 ①
126 ②	127 ①	128 ⊙ : 실험 집단,	

㉡ : 통제 집단　129 해설 참조

130 ③	131 ②	132 ⑤	133 ③
134 ③		135 질적 연구	
136 해설 참조			

04 사회적 존재로서의 인간

137 ㉡, ㉣　138 ㉠　139 사회화
140 재사회화　141 예기 사회화

142 ○	143 ○	144 ×	145 ×
146 ㉡	147 ㉡	148 ㉠	
149 ②	150 ③	151 ②	152 ⑤
153 ①	154 ③	155 ②	156 ④
157 ④	158 ③	159 ②	160 ④
161 ④	162 ③	163 ②	164 ④

165 (가) : 사회 명목론, (나) : 사회 실재론
166 해설 참조　167 역할 갈등
168 해설 참조

169 ④	170 ③	171 ④	172 ③
173 ⑤	174 ④	175 ①	176 ②

05 사회 집단과 사회 조직

177 사회 집단　178 내집단

179 준거 집단		180 ○	181 ○
182 ○	183 ×	184 ○	185 ○
186 ×		187 ㉠, ㉣	
188 ㉡, ㉢			
189 ①	190 ②	191 ⑤	192 ⑤
193 ③	194 ②	195 ②	196 ①
197 ③	198 ③	199 ②	200 ②
201 ③	202 ②	203 ④	204 ②

205 자발적 결사체　206 해설 참조
207 관료제　208 해설 참조

209 ②	210 ④	211 ②	212 ⑤
213 ⑤	214 ②	215 ①	216 ④

06 사회 구조와 일탈 행동

217 ㉢　218 ㉠　219 ㉡

220 상대성	221 일탈 행동		222 ○
223 ×	224 ㉡	225 ㉠	226 ㉢
227 ㄴ			
228 ④	229 ④	230 ①	231 ⑤
232 ②	233 ③	234 ③	235 ①
236 ①	237 ②	238 ④	239 ②
240 ①	241 ④	242 ③	243 ①

244 차별 교제 이론　245 해설 참조
246 (가) : 낙인 이론, (나) : (머튼의) 아노미 이론
247 해설 참조

248 ②	249 ④	250 ②	251 ⑤
252 ④	253 ③	254 ⑤	255 ④

Ⅱ 단원 마무리 문제

256 ⑤	257 ④	258 ③

259 A : 사회 구조, (가) 관점 : 갈등론, (나) 관점 :
기능론　260 해설 참조

261 ①	262 ⑤	263 ④	264 ①

265 A : 대학교, 기업 연수원, B : 회사, 시민 단체,
C : 가족, 또래 집단

266 ③	267 ④	268 ②	269 ④
270 ④	271 ③	272 ⑤	273 ④
274 ⑤			

275 A : 비공식 조직, B : 공식 조직,
C : 자발적 결사체, D : 공동 사회, E : 이익 사회
276 A : 회사 내 야구 동호회, B : 학교, 회사, 노
동조합, 시민 단체, C : 노동조합, 시민 단체, 회사
내 야구 동호회, D : 가족, E : 학교, 회사, 노동조
합, 시민 단체, 회사 내 야구 동호회
277 해설 참조
278 팀제 조직, 네트워크형 조직

279 ④	280 ④	281 ②

282 A : 차별 교제 이론, B : 낙인 이론, C : 머튼
의 아노미 이론　283 해설 참조

07 문화의 이해

284 ×	285 ○	286 ○	287 ㉡
288 ㉠	289 ㉠	290 ㉢	291 ㉣
292 ㉢	293 ㉡	294 비교론적	
295 총체론적		296 자문화 중심주의	
297 문화 사대주의		298 문화 상대주의	
299 ④	300 ⑤	301 ②	302 ④
303 ④	304 ⑤	305 ①	306 ①
307 ②	308 ③	309 ⑤	310 ②
311 ③	312 ④	313 ①	314 ④
315 해설 참조			

316 (가) : 자문화 중심주의, (나) : 문화 사대주의
317 해설 참조

318 ④	319 ⑤	320 ③	321 ②
322 ④	323 ⑤	324 ④	325 ①

08 현대 사회의 문화 양상

326 주류 문화　327 하위문화

328 반문화	329 ㄴ	330 ㄱ	331 ㄹ
332 ㄱ	333 ㄴ	334 ㉠	335 ㉠
336 ×	337 ○		
338 ②	339 ②	340 ①	341 ③
342 ③	343 ②	344 ⑤	345 ④
346 ③	347 ③	348 ②	349 ③
350 ③	351 ④	352 ②	353 ④
354 ②		355 해설 참조	

356 ㉠ : 하위문화, ㉡ : 반문화
357 대중문화　358 해설 참조

359 ⑤	360 ②	361 ③	362 ③
363 ⑤	364 ③	365 ④	366 ③

09 문화 변동의 양상과 대응

367 ㉡　368 ㉢　369 ㉠　370 ㉡

371 ×	372 ×	373 ㉠	374 ㄱ
375 ㄴ	376 ㄷ	377 ㄷ	
378 문화 지체		379 아노미	
380 ①	381 ③	382 ④	383 ②
384 ④	385 ③	386 ③	387 ⑤
388 ⑤	389 ④	390 ④	391 ④
392 ①	393 ②	394 ④	395 ②
396 해설 참조		397 (가) : 문화 공존,	

(나) : 문화 동화, (다) : 문화 융합
398 문화 지체 현상　399 해설 참조

400 ①	401 ④	402 ④	403 ⑤
404 ③	405 ④	406 ④	407 ④

Ⅲ 단원 마무리 문제

408 ①	409 ②	410 ②	411 ③
412 ①	413 ②	414 ④	415 ⑤
416 문화 사대주의		417 해설 참조	
418 ③	419 ②	420 ③	421 ①
422 ③	423 ①	424 ④	
425 대중문화		426 해설 참조	
427 ①	428 ②	429 ③	430 ②
431 ④	432 ④	433 ②	
434 직접 전파		435 해설 참조	

10 사회 불평등 현상과 사회 계층의 이해

436 ×	437 ②	438 ○	439 ○
440 ㉠	441 ㉡	442 중층	
443 폐쇄적		444 모래시계형	
445 ㉡	446 ㄱ	447 ㉢	
448 ②	449 ③	450 ④	451 ③
452 ①	453 ④	454 ③	455 ②
456 ⑤	457 ②	458 ③	459 ⑤
460 ⑤	461 ②	462 ④	463 ②

464 갑 : 기능론, 을 : 갈등론
465 해설 참조　466 (가) 피라미드형
계층 구조, (나) : 다이아몬드형 계층 구조
467 해설 참조

468 ③	469 ③	470 ④	471 ⑤
472 ⑤	473 ⑤	474 ⑤	475 ⑤

11 다양한 사회 불평등 현상

476 사회적 소수자　477 집합적 정체성

478 장애인	479 ○	480 ×	481 ○
482 ㉠	483 ㉡	484 ㉣	
485 ㉠, ㉡, ㉢			
486 ④	487 ③	488 ⑤	489 ③
490 ②	491 ③	492 ⑤	493 ③
494 ②	495 ③	496 ②	497 ②
498 ⑤	499 ③	500 ④	501 ②
502 사회적 소수자		503 해설 참조	

504 A : 절대적 빈곤, B : 상대적 빈곤
505 해설 참조

506 ③	507 ③	508 ②	509 ③
510 ③	511 ①	512 ④	513 ②

12 사회 복지와 복지 제도

514 ×	515 ○	516 ㉠	517 ㄱ
518 ㄷ	519 ㉠, ㉢	520 ㉠	521 ㉡
522 ㉠, ㉣		523 복지병	524 생산적 복지
525 ⑤	526 ②	527 ③	528 ⑤
529 ③	530 ③	531 ③	532 ③
533 ②	534 ⑤	535 ②	536 ②
537 ③	538 ①	539 ④	540 ①
541 국민연금 제도		542 해설 참조	

543 공공 부조, B : 사회 보험
544 해설 참조

545 ③	546 ②	547 ③	548 ②
549 ③	550 ③	551 ①	552 ⑤

13 사회 변동과 사회 운동

579 ×	580 ②	581 ②	582 ③
583 ⑤	584 ④	585 ㉡	586 ⑤
587 ㉠, ㉢		588 사회 운동	
589 사회 변동			
590 ③	591 ⑤	592 ②	593 ③
594 ②	595 ③	596 ⑤	597 ②
598 ②	599 ④	600 ④	601 ①
602 ③	603 ③	604 ④	605 ②
606 진화론		607 해설 참조	

608 (가) : 개혁적 사회 운동, (나) : 복고적(반동적)
사회 운동　609 해설 참조

610 ④	611 ④	612 ⑤	613 ①
614 ①	615 ②	616 ②	617 ④

14 현대 사회의 변화와 대응 방안

618 세계화　619 다국적 기업　620 ㄷ

621 ①	622 ㉠	623 ㉣	624 ②
625 ㉢	626 ㉠	627 ○	628 ×
629 ×			
630 ③	631 ④	632 ④	633 ⑤
634 ④	635 ②	636 ②	637 ③
638 ③	639 ③	640 ④	641 ①
642 ⑤	643 ③	644 ④	645 ④
646 해설 참조		647 해설 참조	
648 해설 참조		649 해설 참조	
650 ④	651 ③	652 ③	653 ③
654 ④	655 ④	656 ⑤	657 ①

15 전지구적 수준의 문제와 지속 가능한 사회

658 ○	659 ②	660 ②	661 ②
662 ②	663 ○	664 ○	665 ②
666 ○	667 지속 가능한 사회		
668 세계 시민 의식			
669 ②	670 ②	671 ②	672 ①
673 ②	674 ②	675 ②	676 ④
677 ③	678 ③	679 ③	680 ①
681 ③	682 ④	683 ③	684 ①

685 (가) : 전쟁, (나) : 테러　686 해설 참조
687 지속 가능한 사회　688 해설 참조

689 ①	690 ④	691 ④	692 ④
693 ①	694 ③	695 ②	696 ②

Ⅴ 단원 마무리 문제

697 ④	698 ②	699 ④	700 ②
701 ①	702 갑 : 기능론, 을 : 갈등론		
703 해설 참조		704 ③	705 ④
706 ②	707 ②	708 ③	
709 세계화		710 해설 참조	
711 ④	712 ③	713 ①	

714 A : 지속 가능한 사회, B : 세계 시민
715 해설 참조

Ⅳ 단원 마무리 문제

553 ④	554 ③	555 ⑤	556 ①
557 ③	558 ②	559 ②	560 ④
561 ①	562 구조적 이동		
563 해설 참조		564 ③	565 ②
566 ①	567 ③	568 ①	
569 사회적 소수자		570 해설 참조	
571 ②	572 ③	573 ③	574 ②
575 ①	576 ③	577 ③	
578 해설 참조			

고등 도서안내

개념서

비주얼 개념서

룩 LOOK

이미지 연상으로 필수 개념을 쉽게 익히는
비주얼 개념서

국어 문법
영어 분석독해

내신 필수 개념서

 **올리드**

개념 학습과 유형 학습으로
내신 잡는 필수 개념서

사회 통합사회, 한국사, 한국지리, 사회·문화,
생활과 윤리, 윤리와 사상
과학 통합과학, 물리학 I, 화학 I,
생명과학 I, 지구과학 I

기본서

문학

손쉬운

작품 이해에서 문제 해결까지
손쉬운 비법을 담은 문학 입문서

현대 문학, 고전 문학

수학

수학중심

개념과 유형을 한 번에 잡는 강력한
개념 기본서

고등 수학(상), 고등 수학(하),
수학 I, 수학 II, 확률과 통계, 미적분, 기하

유형중심

체계적인 유형별 학습으로 실전에서 더욱 강력한
문제 기본서

고등 수학(상), 고등 수학(하),
수학 I, 수학 II, 확률과 통계, 미적분

1등급 만들기

사회·문화
715제

바른답·알찬풀이

Mirae N 에듀

바른답·알찬풀이

1등급
만들기

사회·문화 715제

바른답·
알찬풀이

01 사회·문화 현상의 이해

분석 기출문제

7~11쪽

[핵심 개념 문제]

001 ×	**002** ○	**003** ○	**004** ○	**005** ㉠, ㉣	**006** ㉡, ㉢	
007 ㉡	**008** ㉠	**009** 거시적	**010** 기능론	**011** 갈등론		
012 상황 정의						

013 ①	**014** ④	**015** ③	**016** ②	**017** ②	**018** ⑤	**019** ③
020 ①	**021** ③	**022** ③	**023** ②	**024** ②	**025** ④	**026** ④
027 ②	**028** ②	**029** ④				

[1등급을 향한 서답형 문제]

030 예시 답안 사회·문화 현상은 개연성의 원리가 작용한다. 사회·문화 현상은 예외가 존재한다. 사회·문화 현상은 확률의 원리가 작용한다.

031 (가) : 상징적 상호 작용론, (나) : 기능론, (다) : 갈등론

032 예시 답안 (가) : 상징적 상호 작용론은 미시적 관점으로 개인의 행위에 영향을 미치는 사회 구조나 제도의 영향력을 간과한다. (나) : 기능론은 사회 통합과 안정을 지나치게 강조함으로써 사회 변화를 부정적으로 보는 보수적 관점이다. (다) : 갈등론은 사회에서 나타나는 협동과 조화를 경시한다.

013

밑줄 친 '이 현상'은 사회·문화 현상이다. 사회·문화 현상은 당위적 규범의 영향을 받으며 인간의 의지가 개입된다.

바로잡기 ㄷ, ㄹ. 법칙 발견과 예측이 용이하고 필연성과 확실성의 원리가 적용되는 것은 자연 현상의 특징이다.

014

㉠은 자연 현상, ㉡는 사회·문화 현상이다. 자연 현상은 인과 관계가 분명하여 필연성의 원리를 따르지만 사회·문화 현상은 자연 현상에 비해 인과 관계가 불분명하고 개연성과 확률의 원리가 작용한다. 개연성이란 절대적으로 확실하지 않으나 어떤 일이 일어날 가능성의 정도를 말한다.

바로잡기 ①, ②, ③, ⑤ 자연 현상의 특징이다.

015

㉠은 자연 현상, ㉡, ㉢은 사회·문화 현상이다. ③ 사회·문화 현상은 일정한 조건에서 어떤 결과가 발생할 가능성이 확률적으로 높을 뿐이고, 그 인과 관계가 필연적인 것은 아니다.

바로잡기 ① 철새가 무리 지어 이동하는 것은 몰가치적인 자연 현상이다. ② 자신의 이익만을 좇아 이리저리 옮겨 다니는 사람을 지칭하는 것은 인간의 가치가 개입된 사회·문화 현상으로 당위 법칙의 지배를 받는다. ④ 자연 현상, 사회·문화 현상 모두 경험적 자료로 연구할 수 있다. 경험적 자료란 연구자가 설문 조사, 실험, 관찰 등을 통해 얻은 자료를 말한다. ⑤ 사회·문화 현상은 인간의 가치가 개입하고 다양한 변수도 작용하므로 예외가 존재하여 법칙 발견이 어렵다.

016

㉠, ㉢은 사회·문화 현상, ㉡은 자연 현상이다. ① 사회·문화 현상은 인간의 의도와 가치가 내포되어 있어 가치 함축적이다. ③ 자연 현상은 인과 관계가 분명하지만 사회·문화 현상은 다양한 변수가 작용하므로 인과 관계의 발견이 용이하지 않다. ④ 자연 현상은 확실성의 원리, 사회·문화 현상은 확률의 원리에 의해 설명된다. ⑤ 자연 현상은 필연성, 사회·문화 현상은 개연성의 원리가 적용된다.

바로잡기 ② 보편성과 특수성이 공존하는 것은 사회·문화 현상의 특징이다.

017

(가)는 사회·문화 현상, (나)는 자연 현상이다. 사회·문화 현상은 인간의 의지가 개입된 가치 함축적 현상으로 확률의 원리, 개연성의 원리, 당위적 규범의 영향을 받는다. 반면 자연 현상은 몰가치적 현상으로 존재 법칙, 확실성의 원리가 작용한다.

바로잡기 ㄴ. 법칙 발견과 예측이 용이한 것은 자연 현상이다. ㄷ. 가치 함축성은 사회·문화 현상의 특징이다.

018

㉠, ㉢, ㉣은 사회·문화 현상, ㉡은 자연 현상이다. 사회·문화 현상은 인간의 의지와 행동에 따라 나타나는 현상인데 반해 자연 현상은 인간의 의도나 노력과는 상관없이 자연적으로 발생한다.

바로잡기 ㄱ. 자연 현상은 일정한 조건이 주어지면 그에 따른 결과가 예외 없이 나타나므로 사회·문화 현상과 비교하면 보편성이 강하게 나타난다. ㄴ. 사회·문화 현상은 인과 관계가 나타나기는 하지만 예외가 존재한다.

019

현대 사회가 점점 분화될수록 사회·문화 현상의 복합적 측면을 이해하기 위해서는 개별 학문의 경계를 넘어서는 간학문적 연구가 필요하다.

020

인간이라는 소우주가 모여 사는 사회에서 발생하는 사회 문제를 어느 한 학문 분야의 이론으로는 해결할 수 없다는 제시문의 주장은 사회·문화 현상의 간학문적 연구, 종합적 연구의 필요성을 시사한다.

바로잡기 ㄷ. 사회·문화 현상을 세분화, 전문화하여 연구하자는 주장이다. ㄹ. 사회·문화 현상을 과학적으로 탐구하기 위한 노력은 계속되고 있으나 제시문의 내용과는 거리가 멀다.

021

청년 실업의 대책을 세우기 위해서는 경제학자뿐만 아니라 교육 행정가, 정신 건강 분야 전문가, 법학자 등 다양한 학문의 도움을 얻어야 한다는 주장이다. 즉 개별 학문의 연구 영역을 종합하는 간학문적 탐구가 이루어져야 함을 나타낸다.

022

(가)는 간학문적 연구, (나)는 학문의 전문화·세분화 경향을 의미한다.

바로잡기 ① 학문의 전문화·세분화 경향을 보여 주는 것은 (나)이다. ② 사회 현상에 관한 간학문적 접근은 (가)에 나타나 있다. ④ (가), (나) 모두 경험적 증거를 토대로 사회 현상을 연구한다. ⑤ (가), (나) 모두 가치 중립적인 연구 방법을 추구한다.

023

사회·문화 현상을 바라보는 관점은 크게 거시적 관점과 미시적 관점으로 구분된다. '나무'보다 '숲'을 보는 것을 강조하는 관점은 거시적 관점에 해당한다.

024

을은 기능론의 관점에서 사회·문화 현상을 바라보고 있다. 기능론은 사회적 희소 자원이 구성원의 합의에 따라 분배되며, 사회 문제는 사회가 요구하는 규범에 어긋나는 병리적 현상으로 본다. 반면 갈등론은 학교 교육이 계층 재생산의 기능을 수행한다고 본다. 상징적 상호 작용론은 개인이 각자의 주관에 따라 다양한 사회상을 만들어 내며, 부모와 자녀의 상호 작용을 통해 자아 정체성이 형성된다고 본다.

025

거시적 관점에서는 사회 제도나 구조에 초점을 두고 사회·문화 현상을 파악한다. 주로 기능론, 갈등론에서 많이 나타난다. 미시적 관점에서는 사회 구성원 간의 상호 작용에 초점을 두고 사회·문화 현상을 파악하는데 주로 상징적 상호 작용론에서 나타난다. ㉠은 기능론, ㉡은 갈등론, ㉢은 상징적 상호 작용론이다.

(바로잡기) ①, ② 기능론은 사회 구성 요소의 상호 의존성과 기능 수행을 강조함으로써 사회의 존속과 통합을 중시한다. ③ 불평등한 사회 구조로 인한 사회 모순에 주목하는 관점은 갈등론이다. ⑤ 미시적 관점인 상징적 상호 작용론은 개인 행위에 영향을 미치는 사회 구조의 힘을 간과한다.

026

갑은 기능론, 을은 갈등론의 관점에서 가족 문제를 바라보고 있다. 가족 문제에 관한 해결책으로 기능론에서는 가족의 기능 회복을 도울 수 있는 다양한 프로그램 및 구성원의 재사회화 등을 강조하는 반면 갈등론에서는 불평등한 가족 구조 개혁을 중시한다.

(바로잡기) ㄴ. 성별 분업과 그에 따른 역할 수행을 강조하는 관점은 기능론이다.

027

갑의 관점은 기능론, 을의 관점은 갈등론에 해당한다.

(바로잡기) 기능론과 갈등론은 모두 거시적 관점에 해당하며 기능론은 사회를 유기체처럼 하나의 통합된 기능적 체계로, 갈등론은 사회를 상충하는 이해관계를 둘러싼 갈등과 투쟁의 장(場)으로 인식한다. 따라서 갈등을 사회 발전의 중요한 요인으로 보고 사회적 희소 자원이 특정 집단의 합의에 의해 분배된다고 보는 관점은 갈등론이다.

028

(가)는 상징적 상호 작용론, (나)는 기능론이다. ㄱ. 상징적 상호 작용론은 구성원 사이에 공유하는 상징을 통해 자신의 상황을 규정하고 해석한다. ㄷ. 상징적 상호 작용론은 사회 구성원의 능동성을 중시한다.

(바로잡기) ㄴ. 사회가 본질적으로 변동을 지향한다고 보는 것은 갈등론이다. 기능론은 사회를 구성하는 요소들의 통합과 이를 통한 사회 안정을 중시한다. ㄹ. 사회의 각 부분이 상호 유기적 관계를 맺고 있다고 보는 것은 기능론이다.

029

(가)는 기능론, (나)는 갈등론, (다)는 상징적 상호 작용론에 해당한다. 기능론은 혼인이 사회를 유지하기 위한 필수적인 기능을 수행한다고 본다. 갈등론은 남성과 여성의 갈등 관계에 초점을 맞추면서 혼인 또한 사회의 주도 세력인 남성에 의해 여성을 억압하는 수단으로 본다. 상징적 상호 작용론은 혼인 생활에서 부부 간 상호 작용과 의미 부여에 초점을 맞춘다.

(바로잡기) ④ 상징적 상호 작용론은 미시적 관점으로 사회 구조가 개인에게 미치는 영향력을 과소평가한다.

030

사회·문화 현상은 인간의 의지와 가치가 개입되어 있으므로 원인과 결과가 엄격한 법칙으로 발생하기보다는 예외적 현상이 나타날 수 있다.

채점 기준	수준
사회·문화 현상의 특성으로 개연성(예외 존재), 확률의 원리 중 한 가지를 서술한 경우	상
사회·문화 현상의 특성으로 가치 함축성을 서술한 경우	중

031

(가)는 상징적 상호 작용론, (나)는 기능론, (다)는 갈등론의 관점에서 학교 교육을 바라보고 있다.

032

상징적 상호 작용론은 개인의 행위에 영향을 미치는 사회 구조의 영향력을 간과한다는 한계가 있다. 기능론은 사회 통합과 안정을 지나치게 강조함으로써 사회 변화를 부정적으로 바라본다. 따라서 기존의 질서나 권력관계 유지에 기여하는 보수적 관점이라는 한계가 있다. 갈등론은 사회에서 나타나는 협동과 조화의 현상을 설명하기 어렵고 사회 질서와 안정의 중요성을 경시한다.

채점 기준	수준
세 가지 관점의 한계를 각각 한 가지 서술한 경우	상
세 가지 관점의 한계 중 두 가지를 서술한 경우	중
세 가지 관점의 한계 중 한 가지만 서술한 경우	하

033 ⑤	034 ④	035 ④	036 ④	037 ①
038 ③	039 ①	040 ③		

033 사회·문화 현상과 자연 현상의 특징 이해하기

1등급 자료 분석   사회·문화 현상, 자연 현상

예로부터 ㉠옹기는 음식의 발효와 저장을 위해 사용된 생활필수
<u>인간의 가치가 개입되어 나타난 사회·문화 현상이다.</u>
품이었다. 열이 가해지면 ㉡흙 알갱이의 크기 차이로 표면에 미
<u>인간의 의지나 가치가 개입되지 않은 자연 현상이다.</u>
세한 기공이 형성되어 숨 쉬는 옹기가 만들어졌다. 조상들은 ㉢김
장 김치를 옹기에 담아 겨울 동안 땅속에 보관하여 가장 맛있는 상
<u>인간의 가치가 개입되어 나타난 사회·문화 현상이다.</u>
태로 유지하였다. 최근 연구에서는 땅속 옹기의 음식 보관 온도인
㉣ −1℃ 상태에서 김치의 유산균 개체 수가 적정하게 유지된다는
<u>인간의 가치가 개입되지 않은 자연 현상이다.</u>
것을 발견하였다.

㉠, ㉢은 인간에 의해 인위적으로 만들어진 사회·문화 현상, ㉡, ㉣
은 인간의 의지와 관계없이 자연계 스스로의 원리에 따라 나타난 자
연 현상이다. ⑤ 자연 현상, 사회·문화 현상 모두 경험적 자료를 통
해 연구할 수 있다.

바로잡기 ① 자연 현상은 사회·문화 현상에 비해 인과 관계가 명확하다. ②
사회·문화 현상은 보편성과 특수성이 공존하지만 자연 현상은 보편성이 강하
게 나타난다. ③ 자연 현상은 사회·문화 현상과 달리 확실성의 원리가 적용된
다. 사회·문화 현상은 개연성과 확률의 원리가 작용한다. ④ 사회·문화 현상은
자연 현상과 달리 당위 규범의 영향을 받는다.

034 사회·문화 현상과 자연 현상의 특징 이해하기

1등급 자료 분석   사회·문화 현상, 자연 현상

국립 환경 과학원에 따르면 ○○시에는 전날 오후 8시를 기준으로
초미세 먼지 주의보가 발령되었다. 이는 ㉠초미세 먼지의 시간당
평균 농도가 90μg/m3 이상인 상태가 2시간 이상 지속할 때 내려진
<u>인간의 의지나 노력과 상관없이 자연계에서 일어나는 자연 현상이다.</u>
다. ○○시 교육청은 각급 학교에 ㉡실외 수업을 금지하거나 단축
을 권고하였다. <u>인간의 의지나 노력이 작용하여 나타나는 사회·문화 현상이다.</u>

㉠은 자연 현상, ㉡은 사회·문화 현상이다. A에는 자연 현상의 특징
에 해당하는 질문이, B에는 사회·문화 현상의 특징에 해당하는 질문
이 들어가야 한다. ④ 사회·문화 현상은 보편성과 함께 특수성을 지
닌다.

바로잡기 ① 자연 현상, 사회·문화 현상 모두 인과 관계가 존재한다. 다만 자
연 현상에서 인과 관계가 더 명확하게 나타난다. ② 개연성에 의해 설명되는
것은 사회·문화 현상이다. 개연성은 일정한 현상이 일어날 가능성이 높다는 의
미로 예외가 존재하는 것을 말한다. 자연 현상은 일정한 조건에서는 항상 같은
결과가 나오지만 사회·문화 현상은 인간의 가치가 개입되므로 예외가 존재한
다. ③ 확률의 원리가 적용되는 것은 사회·문화 현상이다. 자연 현상에서는 확
실성의 원리가 적용된다. ⑤ 자연 현상, 사회·문화 현상 모두 인간이 살아가
는 세상에서 나타나므로 여기서 얻은 자료는 경험적 자료로 연구가 가능하다.

035 사회·문화 현상과 자연 현상의 특징 이해하기

1등급 자료 분석   사회·문화 현상, 자연 현상

전염성이 강한 ㉠AI 바이러스는 닭과 오리 등의 체내에 침투한 뒤
<u>인간의 가치가 개입되지 않은 자연 현상이다.</u>
세포에 붙어 폐사에 이르게 해 농가에 막대한 피해를 주고 있다. 이
에 국내 연구팀은 SL이 조류의 체내에 침투한 AI 바이러스가 세포
에 달라붙는 것을 막아 ㉡감염을 차단하는지를 확인하기 위해 동물
<u>인간의 가치가 개입되어 나타난 사회·문화 현상이다.</u>
실험을 하였다. 이 실험에서 닭에 SL을 먹이면 AI 바이러스가 체내
에 있는 ㉢SL의 올리고당과 결합해 체외로 배출되는 결과를 확인
<u>인간의 가치가 개입되지 않은 자연 현상이다.</u>
하였다. 이를 토대로 ㉣닭의 사료에 SL을 섞어 사육하면 AI 바이러
<u>인간의 가치가 개입되어 나타난 사회·문화 현상이다.</u>
스 감염과 확산을 예방할 수 있다고 발표하였다.

㉠, ㉢은 자연 현상, ㉡, ㉣은 사회·문화 현상이다. 사회·문화 현상
은 보편성과 특수성이 공존하지만 자연 현상은 보편성이 강하게 나
타난다. 사회·문화 현상은 당위 규범의 영향을 받지만 자연 현상은
존재 법칙의 지배를 받는다. 자연 현상은 사회·문화 현상에 비해 인
과 관계가 분명하게 나타난다. 사회·문화 현상은 가치 함축적이고
자연 현상은 몰가치적이다.

036 사회·문화 현상을 바라보는 관점 파악하기

1등급 자료 분석   기능론, 갈등론

갑 : 학교 교육은 개인이 사회에 적응하도록 하는 데 중요한 기능과
    역할을 합니다. 개인은 교육을 통해 직업에 필요한 능력을 배워
    사회 구성원으로 적응합니다.
    <u>학교 교육은 사회 전체의 합의가 반영된 지식, 기능, 가치관 등을 전수하며 개인
    이 사회의 적재적소에 충원되도록 돕는다고 보므로 기능론에 해당한다.</u>
을 : 학교 교육은 지배−피지배 집단 간의 불평등한 권력관계를 정
    당한 것으로 받아들이도록 합니다. 학교에서 학생은 학교가 시
    키는 대로 함으로써 권위에 복종하는 것을 배웁니다.
    <u>학교가 지배−피지배의 관계를 정당화하는 역할을 한다고 보므로 갈등론에 해
    당한다.</u>

갑은 기능론, 을은 갈등론의 관점에서 학교 교육을 바라보고 있다.
① 기능론에서는 유기체가 조화와 균형을 이루면서 생명 유지 활동
을 하듯이 사회의 기본적인 속성은 조화와 균형이라고 본다. 즉 사
회 각 부분은 서로 연관성을 맺고 전체 사회의 유지에 기여하는 기능
을 한다고 본다. ② 기능론은 안정과 합의를 지나치게 강조함으로써
기존 질서나 권력관계 유지에 기여하여 기득권층의 이익을 대변하는
논리로 사용된다는 비판을 받는다. ③ 갈등론에서는 갈등을 사회의
본질적인 속성으로 보며 이러한 갈등이 사회 변동을 촉진시키는 원
동력이라고 주장한다. ⑤ 기능론, 갈등론은 모두 개인보다 사회 구조
나 제도 등에 초점을 둔다.

바로잡기 ④ 사회 구성 요소의 기능과 역할이 사회적으로 합의된 것이라고
보는 것은 기능론이다. 갈등론은 지배 집단의 권력에 의해 사회 각 부분의 기
능과 역할이 규정된다고 본다.

037 사회·문화 현상을 바라보는 관점 파악하기

시험을 앞두고 있는 친구에게 포크나 두루마리 휴지를 선물하면 특별히 설명하지 않아도 이것을 받은 사람은 시험 문제를 '잘 찍고', '잘 풀라'는 의미로 이해하고 고맙게 여긴다.
포크나 두루마리 휴지에 부여된 주관적 의미를 이해하고 반응한 것으로 상징적 상호 작용론과 관련이 있다.

시험을 앞두고 있는 친구에게 포크나 두루마리 휴지를 선물했을 때 선물을 받은 사람은 시험을 잘 치르라는 의미로 이해한다. 이는 선물이라는 상징에 관해 나름대로의 의미를 부여하고 해석하는 것이므로 상징적 상호 작용론에 해당한다. 상징적 상호 작용론은 인간의 상호 작용 과정에서 존재하는 상징에 특정한 의미를 부여하여 해석하는 방식이다. 사회에 주어진 객관적 조건보다는 개인의 주관적인 의미를 중시하며, 개인이 능동적으로 상황을 규정하고 의미를 부여한다고 여겨 인간의 자율적 사고를 강조한다.

바로잡기 사회 구조가 개인에게 미치는 영향을 강조하는 것은 기능론과 갈등론이다. 사회는 스스로 균형을 유지하려는 속성이 있다고 보는 것은 기능론이다.

038 사회·문화 현상을 바라보는 관점 파악하기

사회자 : 최근 들어 자녀를 낳지 않거나 한 명만 낳는 부부가 늘어나는 이유가 무엇일까요?
갑 : 출산과 육아를 지원하는 다양한 사회 제도가 제대로 작동하지 못하기 때문입니다.
사회 제도가 제 기능을 수행하지 못하기 때문이라고 보는 관점은 기능론이다.
을 : 불공정한 분배 체계의 심화로 희소 자원이 기득권층에 집중되기득권층에 유리한 불공정한 분배 체계를 원인으로 보는 관점은 갈등론이다.
면서 육아 시 요구되는 기본 여건을 마련할 수 없기 때문입니다.
병 : 자녀를 낳지 않거나 적은 자녀를 갖는 경우의 삶에 대한 긍정적인 의미가 기혼자 사이에 확산되면서 출산을 개인의 선택으상황에 대한 주관적인 의미가 달라지면서 사람들의 사고와 행위가 변한다고 보는 관점은 상징적 상호 작용론이다.
로 여기는 부부가 많아졌기 때문입니다.

갑은 기능론, 을은 갈등론, 병은 상징적 상호 작용론의 관점에서 출산과 육아를 바라보고 있다. ③ 기능론과 갈등론은 거시적 관점, 상징적 상호 작용론은 미시적 관점에 해당한다.

바로잡기 ① 사회 구성원이 공유하는 출산에 관한 인식 변화에 주목하는 관점은 상징적 상호 작용론이다. ② 사회가 본질적으로 조화와 균형을 지향한다고 보는 관점은 기능론이다. ④ 사회를 유기체와 같은 존재로 인식하는 관점은 기능론이다. ⑤ 개인의 행위를 구속하는 사회 체계의 힘을 중시하는 관점은 거시적 관점인 기능론과 갈등론이다.

039 사회·문화 현상을 바라보는 관점 파악하기

질문 \ 학생	갑	을	병	정	무
사회 전체의 원활한 작동과 발전을 위해 없어서는 안 되는 구성 요소인가? 기능론	×	×	×	○	○
불평등 구조를 은폐하거나 정당화하고 계급을 재생산하기 위한 수단에 불과한가? 갈등론	○	○	○	×	×
학생의 가정 배경에 따라 학업 성취도가 결정된다고 보는가? 갈등론	○	○	○	×	×
학교 교육에 관한 교사와 학생의 의미 부여와 능동적 행위에 주목하는가? 상징적 상호 작용론	×	○	×	○	○
교육이 사회 결속력을 제고하고 문화를 전승하는 기능을 수행한다고 보는가? 기능론	×	×	○	○	×

갑이 갈등론의 관점에서 일관되게 응답하였다. (예 : ○, 아니요 : ×)

사회 전체의 원활한 작동과 발전을 위해 교육 제도가 없어서는 안 될 구성 요소라고 보며 교육이 사회 결속력을 높이고 문화를 전승하는 기능을 수행한다고 보는 관점은 기능론이다. 교육 제도가 불평등 구조를 은폐하거나 정당화하고 계급을 재생산하기 위한 수단에 불과하다고 보며 학생의 가정 배경에 따라 학업 성취도가 결정된다고 보는 관점은 갈등론이다. 학교 교육에 관한 교사와 학생의 의미 부여와 능동적 행위에 주목하는 관점은 상징적 상호 작용론이다. 갑~무 중 갑이 갈등론의 관점에서 일관되게 응답하였다.

040 사회·문화 현상을 바라보는 관점 파악하기

(가)에는 A, B의 공통점에 해당하는 질문이 들어가야 한다. '개인보다 사회 구조를 중시하는가?'가 들어가면 A, B는 각각 기능론, 갈등론 중 하나이다.

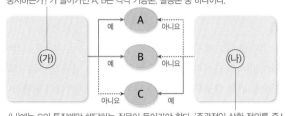

(나)에는 C의 특징에만 해당하는 질문이 들어가야 한다. '주관적인 상황 정의를 중시하는가?'가 들어가면 C는 상징적 상호 작용론이다.

③ C가 상징적 상호 작용론이면 (가)에는 기능론, 갈등론의 공통점에 해당하는 질문이 들어가야 한다. 따라서 (가)에는 '개인보다 사회 구조의 특성에 관한 이해를 우선시하는가?'가 들어갈 수 있다.

바로잡기 ① A가 기능론이면 (가)에는 기능론, 갈등론의 공통점 또는 기능론, 상징적 상호 작용론의 공통점이 들어가야 한다. 사회가 유기체와 유사한 속성을 지니고 있다고 보는 것은 기능론뿐이므로 (가)에는 해당 질문이 들어갈 수 없다. ② B가 갈등론이면 (나)에는 상징적 상호 작용론만의 특징 또는 기능론만의 특징에 해당하는 질문이 들어갈 수 있다. 따라서 (나)에는 '주관적인 상황 정의를 중시하는가?'가 들어갈 수 있다. ④ 사회 문제를 병리적 현상으로 간주하는 것은 기능론이다. ⑤ 행위자의 주체적 능동성을 중시하는 것은 상징적 상호 작용론이다.

분석 기출 문제

15~19쪽

[핵심 개념 문제]

041 개념의 조작적 정의	**042** 양적 연구	**043** 질적 연구
044 ㉠, ㉣	**045** ㉤, ㉢	**046** ○ **047** ○ **048** ×
049 ㉤	**050** ㉠	**051** ㉤, ㉢ **052** ㉤

---

053 ④	**054** ①	**055** ⑤	**056** ⑤	**057** ④	**058** ⑤	**059** ④
060 ⑤	**061** ①	**062** ⑤	**063** ④	**064** ③	**065** ④	**066** ⑤
067 ⑤	**068** ②					

[1등급을 향한 서답형 문제]

069 양적 연구(실증적 연구)   **070** 개념의 조작적 정의

071 ㉠ : 표본, ㉤ : 모집단, ㉢ : 대표성   **072** 예시답안 표본 추출이 제대로 수행되어야만 표본에 관한 분석 결과를 모집단 전체에 일반화할 수 있기 때문이다.

053

제시된 연구는 모두 질적 연구와 관련 있다. ㄴ. 질적 연구에서는 사회·문화 현상을 구성하는 인간의 행위에 담긴 주관적 동기와 의미를 해석하고 이해하며, 연구자의 직관적 통찰을 통해 인간의 내면을 심층적으로 이해하고자 한다. ㄹ. 질적 연구는 사회·문화 현상을 제대로 이해하기 위해서는 자연 현상을 연구하는 것과는 다른 방법으로 탐구해야 한다고 본다. 즉 질적 연구는 방법론적 이원론에 기초하여 연구를 진행한다.

바로잡기 ㄱ. 개념의 조작적 정의는 추상적인 개념을 측정할 수 있도록 바꾸는 것으로, 양적 연구에서 필요하다. ㄷ. 사회·문화 현상에 관한 일반화를 시도하는 것은 양적 연구이다.

054

(가)는 법칙성 발견에 중점을 두므로 양적 연구, (나)는 개별 사례에 관한 의미 해석을 중시하므로 질적 연구이다. ① 양적 연구는 사회·문화 현상에 관한 연구를 통해 변수 간의 관계를 파악하여 일반화나 법칙을 정립하고자 한다.

바로잡기 ② 양적 연구, 질적 연구 모두 경험적 자료를 바탕으로 연구를 진행한다. ③ 양적 연구는 자료를 수치화함으로써 사회·문화 현상을 객관적으로 연구하므로 개념의 조작적 정의가 이루어진다. ④ 귀납적 방법은 구체적인 사례를 통해 일반적인 원리를 찾는 것이고, 연역적 방법은 일반적인 이론에서 출발하여 구체적인 사례를 통해 그 이론을 검증하는 방식이다. 일반적으로 질적 연구는 귀납적 방법, 양적 연구는 연역적 방법으로 연구한다. ⑤ 연구 대상자의 주관적 상황 인식을 중시하는 것은 질적 연구이다.

055

제시문에서는 질적 연구를 강조하고 있다. 질적 연구에서는 인간의 행위에 담긴 의미와 동기를 이해하기 위해 연구자의 직관적 통찰을 통해 인간의 내면에 관한 심층적인 이해가 필요하다고 본다.

바로잡기 ⑤ 양적 연구와 질적 연구의 장점을 살려 상호 보완적인 연구를 하는 것은 바람직하지만 제시문에서 주장하는 바와는 관련이 없다.

056

사회·문화 현상을 객관적으로 관찰할 수 있도록 조작적으로 정의하는 과정을 거치는 (가)는 양적 연구, 연구 대상자가 구성해 내는 생활 세계에 연구의 초점을 두는 (나)는 질적 연구이다. ⑤ 양적 연구에서는 변수와 변수 간의 관계를 파악하여 사회·문화 현상에 내재한 법칙 발견을 목적으로 하고 질적 연구에서는 사회·문화 현상에 내재된 인간의 의도, 동기를 이해하는 것을 목적으로 한다.

바로잡기 ① 양적 연구는 방법론적 일원론, 질적 연구는 방법론적 이원론에 기반한다. ② 질적 연구에서는 행위 주체인 연구 대상자의 주관적 의도, 동기 등을 중시한다. ③ 행위의 동기보다 겉으로 드러난 행위 자체를 주된 분석 대상으로 하는 것은 양적 연구이다. ④ 사회·문화 현상의 의미가 인식 주체에 의해 다르게 규정된다고 보는 것은 질적 연구이다.

057

(가)는 방법론적 일원론, (나)는 방법론적 이원론이다. 방법론적 일원론은 사회·문화 현상에도 자연 현상과 같이 인과 법칙이 존재하므로 자연 과학과 같이 수량화된 자료 분석을 통해 사회·문화 현상의 법칙을 발견해야 한다는 입장이다. 반면 방법론적 이원론은 사회·문화 현상에는 자연 현상과 달리 인간의 의도나 동기가 담겨 있으므로 자연 과학과는 다른 방법으로 연구해야 한다는 입장이다. 방법론적 일원론은 양적 연구, 방법론적 이원론은 질적 연구로 발전하였다.

바로잡기 ④ 양적 연구, 질적 연구 모두 경험적 자료에 근거하여 탐구한다.

058

(가)는 양적 연구, (나)는 질적 연구에 해당한다. 양적 연구는 방법론적 일원론을 바탕으로 계량적 분석을 통해 법칙을 도출하고자 한다. 반면 질적 연구는 방법론적 이원론을 바탕으로 인간의 동기, 의도와 같은 주관적 영역을 심층적으로 이해하고자 한다. 일반적으로 양적 연구는 연역적 연구 절차, 질적 연구는 귀납적 연구 절차를 중시한다.

바로잡기 ⑤ 연구자가 연구 대상과 일정한 거리를 유지하고자 하는 것은 객관적 연구를 중시하는 것으로 양적 연구에 관한 설명이다.

059

(가)는 질적 연구, (나)는 양적 연구이다. 양적 연구는 연역적 절차, 질적 연구는 귀납적 절차를 중시한다.

바로잡기 ① 사회·문화 현상에 내재된 인과 관계 발견을 목적으로 하는 것은 양적 연구이다. ② 방법론적 일원론에 기초하는 것은 양적 연구이다. ③ 사회적 사실은 객관적 관찰이 가능한 외부적 속성에 의해 정의되므로 사회·문화 현상의 측정과 계량화가 중요하다고 보는 것은 양적 연구에 해당한다. ⑤ 연구 대상자에 관한 감정 이입적 이해를 중시하는 것은 질적 연구이다.

060

갑은 질적 연구, 을은 양적 연구를 사용하여 사회 현상을 탐구하였다.

바로잡기 ⑤ 연구 대상이 처한 상황이나 사회적 맥락을 중시하는 것은 질적 연구이다.

061

질문지법은 미리 작성해 놓은 질문에 조사 대상자가 응답하는 방법으로 대량 조사가 가능하다. 또한 조사 결과의 통계적인 분석과 비교가 용이하다는 장점이 있다.

바로잡기 ② 면접법, ③ 문헌 연구법, ④, ⑤ 참여 관찰법에 관한 설명이다.

062

ㄷ. 4번 문항의 경우 '② 25세 이상~30세 미만, ③ 30세 이상~35세 미만' 식으로 답지를 구성해야 한다. 질문지 작성 시 답지가 배타적으로 구성되어야 응답할 때 혼란을 줄일 수 있다. ㄹ. 3번 문항에서는 배우자 선택 시 종교나 취미 등과 같은 요소가 답지에서 배제되어 있다. 즉 답지가 응답 가능한 모든 경우를 포괄하지 못하고 있다.

063

갑은 실험법, 을은 참여 관찰법, 병은 면접법을 사용하였다. ④ 실험법은 주로 양적 자료를 수집할 목적으로 사용되지만, 면접법은 인간 행위의 심층적인 이해라는 질적 자료를 수집할 목적으로 사용된다.

바로잡기 ① 참여 관찰법은 연구자가 조사 대상자의 세계에 참여하여 자료를 수집하므로 자료의 실제성이 높다. ② 면접법은 연구자가 조사 대상자와 허용적인 분위기 속에서 대화를 나누는 방식이므로 자료 수집 과정에서 상황에 따라 유연성을 발휘할 수 있다. ③ 실험법은 엄격하게 정해진 절차에 의해 진행되므로 표준화된 자료 수집 방법이지만 참여 관찰법은 조사 대상자의 행위를 관찰하는 방식으로 비표준화된 자료 수집 방법이다. ⑤ 참여 관찰법은 언어적 상호 작용이 필수적으로 요구되지 않는다.

064

A는 문헌 연구법이다. 문헌 연구법은 연구자가 연구하고자 하는 문헌의 특성에 따라 질적 연구와 양적 연구 모두에서 활용이 가능하며, 시간적·공간적 제약을 덜 받는다는 장점이 있다. 하지만 문헌의 신뢰성 문제와 문헌 해석 시 연구자의 가치 개입 우려가 있다.

바로잡기 ③ 문헌 연구법을 통해 수집된 자료는 2차 자료에 해당한다.

065

실험법은 실험 집단에 일정한 처치를 하고 통제 집단에는 처치하지 않았을 때 실험 집단에 나타난 효과를 살펴보는 자료 수집 방법이다. 제시문의 실험은 서브리미널 광고가 상품의 소비에 미치는 효과를 검증하는 것으로서 독립 변수는 서브리미널 광고, 종속 변수는 소비 효과이다.

바로잡기 ㄹ. 실험 집단과 통제 집단은 실험에서 가해지는 일정한 처치를 제외한 다른 면에서는 매우 유사한 특성을 가지는 두 집단으로 나누어야 실험 처치로 인한 효과를 정확하게 파악할 수 있다.

066

주로 계량화된 자료를 수집하는 데 활용되는 것은 질문지법이다. 따라서 A는 질문지법이고, B와 C는 각각 면접법, 참여 관찰법 중 하나이다. ⑤ 참여 관찰법은 연구자가 조사 대상자와 함께 생활하거나 조사 대상 집단에 참여하여 현상을 보고 듣고 느끼면서 자료를 수집하는 방법이다. 연구자가 조사 대상자의 행동을 직접 관찰하고 대화한 내용을 기록하므로 생생한 자료를 얻을 수 있다.

바로잡기 ① 질문지법을 통해서도 연구 대상자의 주관적인 인식을 물어볼 수 있다. ② 면접법과 참여 관찰법은 상황에 관한 통제 수준이 질문지법보다 낮다. ③ 언어적 상호 작용에 의한 자료 수집이 필수적인 것은 면접법, 질문지법이다. 따라서 해당 질문은 (가)에 들어갈 수 없다. ④ 질적 연구를 위한 자료 수집에 주로 사용되는 것은 면접법, 참여 관찰법이다. 따라서 해당 질문은 (가)에 들어갈 수 없다.

067

갑 모둠은 질문지법, 을 모둠은 면접법, 병 모둠은 참여 관찰법으로 조사를 계획하였다. ① 질문지법을 통해서는 양적 자료, 면접법과 참여 관찰법을 통해서는 질적 자료를 수집할 수 있다. ② 표본 집단은 2학년 5개 학급으로 ○○ 고등학교 학생 전체를 대표하지 못하고 있다. ③ 수치화된 자료를 수집하는 데 유용한 것은 질문지법이다. ④ 면접법은 질문지법에 비해 조사자의 주관이 개입될 가능성이 높다.

바로잡기 ⑤ 예기하지 못한 변수가 발생할 가능성이 가장 높은 자료 수집 방법은 참여 관찰법이다.

068

A는 질문지법, B는 문헌 연구법, C는 참여 관찰법이다.

바로잡기 ㄴ. 문헌 연구법은 시·공간의 제약을 적게 받고 시간과 비용을 절약할 수 있다. 생생한 자료를 수집하기에 유리한 것은 참여 관찰법이다. ㄹ. 참여 관찰법보다 질문지법이 짧은 시간과 적은 비용으로 자료를 수집할 수 있어 자료 수집의 경제성이 높다.

069

제시된 연구 과정에서는 변수와 변수 간의 관계를 측정, 계량화, 통계 분석 등의 방법으로 분석하고 있다. 이러한 연구 과정은 양적 연구(실증적 연구)에 해당한다.

070

양적 연구에서 가설에 등장한 추상적 개념을 측정 가능한 개념으로 정의하는 것을 개념의 조작적 정의라고 한다.

071

사회 조사에서 조사 대상이 되는 집단 전체를 모집단, 모집단 중에서 실제 조사를 위해 선택된 집단을 표본이라고 한다.

072

표본이 모집단의 특성을 고스란히 가지고 있는 정도를 대표성이라고 하는데, 이는 표본 조사 결과를 모집단으로 일반화하기 위해 표본이 필수적으로 갖추어야 할 조건이다.

채점 기준	수준
모집단 전체에 관한 일반화 가능성을 포함하여 서술한 경우	상
시간과 비용 측면에서 전수 조사가 어려움을 서술한 경우	중

073 ①	074 ④	075 ②	076 ②	077 ③
078 ②	079 ③	080 ④		

073 양적 연구 이해하기

1등급 자료 분석　양적 연구

갑은 <u>고등학생</u>의 <u>인터넷 이용 행태</u>에 <u>부모의 경제 수준</u>이 미치는 영
모집단　　　종속 변수　　　　독립 변수
향을 탐구하기로 하였다. 갑은 부모의 경제 수준이 높을수록 자녀
의 정보 지향적 인터넷 이용 정도가 높아질 것이라고 가설을 설정
하였다. <u>경제 수준은 월평균 소득으로, 정보 지향적 인터넷 이용 정
도는 인터넷 이용 시간 중 정보 검색 시간 비중으로 측정</u>하기로 하
개념의 조작적 정의
였다. 갑은 <u>고등학생 1,000명</u>을 대상으로 <u>구조화된 질문지</u>를 통해
표본　　　　　　　　　질문지법
자료를 수집하였다. 결과 분석을 해 보니 <u>부모의 월평균 소득에 따
라 자녀의 정보 검색 시간 비중은 통계적으로 유의미한 차이가 나타
나지 않았다.</u>
가설 기각

갑은 구조화된 질문지를 사용하여 고등학생 1,000명의 응답을 통계
분석하였으므로 양적 연구 방법을 활용하였다. ① 개념의 조작적 정
의는 추상적인 개념을 측정 가능하도록 바꾸는 것을 말한다. 경제 수
준은 월평균 소득으로, 정보 지향적 인터넷 이용 정도는 인터넷 이용
시간 중 정보 검색 시간으로 정의하였으므로 측정이 가능하다.

바로잡기 ② 연구자의 직관적 통찰 및 감정 이입적 이해를 중시하는 것은 질
적 연구이다. ③ 양적 연구는 자연 현상과 사회·문화 현상을 본질적으로 같다
고 보기 때문에 자연 현상의 연구 방법에서 사용되는 통계 처리 등을 사회·문
화 현상의 연구 방법에서도 사용할 수 있다고 본다. ④ 양적 연구는 통계 분석
을 하기 때문에 정확하고 정밀한 연구가 가능하다. 하지만 연구 대상자의 주관
적 가치 및 행위 동기를 이해하는 데는 적합하지 않다. ⑤ 양적 연구에서는 계
량화가 가능한 질문지법이나 실험법 등의 자료 수집 방법을 주로 사용한다.

074 양적 연구의 특징 이해하기

1등급 자료 분석　양적 연구의 사례

• 동아리 활동 참여와 학교생활 만족도 간의 상관관계 연구
• 청소년의 스마트폰 의존도와 정서 안정도의 상관관계 연구
• 청소년 행복 증진을 위한 상담 프로그램의 효과에 관한 연구
　제시된 연구는 변수 간의 관계를 파악함으로써 일반화나 법칙 정립을 목적으로 하
　고 있다.

양적 연구는 변수 간의 관계를 파악하여 법칙을 밝히고자 하는 연구
이다. 이를 위해 변수를 계량화하고 수집된 자료를 통계적으로 분석·
처리한다. 제시된 연구는 모두 계량화된 변수, 통계적 분석, 변수 간
의 상관관계를 특징으로 하는 양적 연구를 사용하였다.

바로잡기 현상에 관한 심층적 이해를 추구하고, 상황 맥락 속에서 규정된 현
상을 기술하는 것은 질적 연구이다.

075 사회·문화 현상의 연구 방법 구분하기

1등급 자료 분석　양적 연구, 질적 연구

• 갑은 행복감에 소득 수준과 물질주의 가치관이 미치는 영향을 연
　　　　　　변수 간 법칙 발견을 하고자 하므로 양적 연구를 사용하였다.
구하고자, 전국의 30세 이상 성인 중 1,000명을 대상으로 설문 조
　　　　　　　　　　　　　　　　　　　질문지법
사를 하였다. 분석 결과 삶에 관한 만족도는 월평균 수입 정도와
정(+)의 관계이지만, 삶에서 돈이 중요하다고 생각하는 정도와는
부(−)의 관계를 보였다.
• 을은 <u>학생들이 학교생활에 얼마나 행복감을 느끼고 있는가를 알
　　　　　함축된 의미를 이해하고자 하므로 질적 연구를 사용하였다.
아보기 위해 A 중학교에서 한 달간 학생 10명을 집중 관찰하였다.
또 이들을 심층 면접하면서 학교생활에서 행복감을 느끼고 있는지</u>
　　　　　　참여 관찰법, 면접법
를 알아보았다. 그 결과 학교 활동에 열심히 참여하는 학생일수록
행복감이 높다는 것을 알았다.

갑은 양적 연구, 을은 질적 연구를 사용하였다. ㄱ. 양적 연구는 사
회·문화 현상도 자연 과학과 같은 방법을 통해 일반적인 법칙을 발견
할 수 있다고 보므로 방법론적 일원론을 바탕으로 한다. ㄷ. 양적 연
구는 독립 변수와 종속 변수 간의 인과 관계를 파악함으로써 법칙 발
견을 목적으로 한다.

바로잡기 ㄴ. 인간의 행위를 내적 동기와 분리하여 연구하는 것은 양적 연구
이다. ㄹ. 개념의 조작적 정의는 추상적인 개념을 관찰하고 측정 가능하도록 구
체화하는 과정이다. 계량화된 자료를 수집하기 위해 필요하므로 양적 연구에
서 이루어진다.

076 사회·문화 현상의 연구 방법 구분하기

1등급 자료 분석　양적 연구, 질적 연구

연구 주제	청소년 이성 교제	
연구 방법	(가) 양적 연구	(나) 질적 연구
연구 설계 개요	• 청소년 600명을 대상으로 이성 교제와 관련된 설문 지를 배포하여 이성 교제 질문지법 여부와 학교 적응 관계를 살펴봄 • 학교 적응 관계는 학교 친 구 적응, 학교 교사 적응, 학교 수업 적응으로 구체 화하여 점수화함 개념의 조작적 정의	• 청소년 16명을 대상으로 이성 친구를 사귀면서 체 험한 사례 등에 관해 심층 면담함 면접법 • 조사 대상의 그림이나 일 기 등을 수집하여 이러한 자료에 나타난 청소년의 이성 교제에 관한 생각을 이해하고자 함 감정 이입적 이해

(가)는 양적 연구, (나)는 질적 연구이다. ② 질적 연구는 인간의 행위
속에 담긴 주관적 동기와 의미를 이해하고 해석하는 데 중점을 둔다.
이러한 심층적 이해를 위해서는 연구자와 연구 대상자 간 정서적 교
감이 중요하다.

바로잡기 ① 양적 연구는 방법론적 일원론에 입각한 연구이다. ③ 양적 연구
는 사회·문화 현상을 계량화하여 법칙을 발견하는 것을 목적으로 하므로 이면
에 숨겨진 현상을 심층적으로 이해하기는 어렵다. ④ 질적 연구는 연구자의 주
관적 가치가 개입될 가능성이 크다. ⑤ 자료 분석 과정에서 양적 연구는 계량

화된 자료를 통계 처리하여 분석하고 질적 연구는 직관적 통찰이나 감정 이입적 이해를 한다.

077 질문지 문항 작성의 문제점 파악하기

질문지 문항

1. 일주일간 여가 활동에 쓰는 시간은 얼마나 됩니까?

  ① 0시간 ~ 1시간 미만   ② 1시간 이상 ~ 2시간 미만

  ③ 2시간 이상 ~ 3시간 미만   ④ 3시간 이상

  시간을 판단할 기준(일주일)이 명시되어 있고 답지도 상호 배타적이다.

2. 여가에는 주로 어떤 활동을 합니까?

  ① 운동   ② 걷기   ③ 동호회 활동

  ④ 컴퓨터 게임   ⑤ 없음

  걷기와 운동이 중복되며, 답지의 내용이 포괄적이지 못하다.

3. 여가 활동을 위한 비용은 얼마입니까?

  ① 0원   ② 0원 초과 ~ 3만 원 미만

  ③ 3만 원 이상 ~ 5만 원 미만   ④ 5만 원 이상 ~ 7만 원 미만

  ⑤ 7만 원 이상

  여가 활동에 쓴 비용을 판단할 수 있는 기간이 주어져 있지 않다.

을. 2번 문항에서 운동과 걷기가 중복되고, 동호회 활동 중에는 운동, 걷기, 컴퓨터 게임과 관련한 것이 있을 수 있으므로 선택지가 상호 배타적이지 않다. 병. 3번 문항에는 여가 활동을 위한 비용을 판단할 수 있는 기간이 주어져 있지 않다. 따라서 응답에 필요한 정보가 빠져 있다고 볼 수 있다.

바로잡기 갑. 1번 문항에 특정 응답을 유도하는 내용이 있다고 보기 어렵다. 정. 1번, 3번 문항은 선택지가 포괄적이다. 선택지가 포괄적이지 않은 문항은 2번 문항이다.

078 자료 수집 방법의 특징 이해하기

질문지법, 참여 관찰법

ㄱ. 질문지법은 참여 관찰법과 달리 연구자와 연구 대상자 간의 언어적 상호 작용이 필수적이다. 따라서 해당 내용은 (나)에 들어갈 수 없다. ㄷ. 질문지법, 참여 관찰법 모두 1차 자료 수집에 적합하다. 따라서 해당 내용은 (가)에 들어갈 수 없다.

바로잡기 ㄴ. A가 질문지법이면 (다)에는 참여 관찰법만의 특징이 들어가야 한다. 질문지법은 주로 양적 자료 수집, 참여 관찰법은 주로 질적 자료 수집에 활용된다. 따라서 해당 내용은 (다)에 들어갈 수 없다. ㄹ. 참여 관찰법은 질문지법과 달리 조사 대상자와의 정서적 교감을 중시하므로 해당 내용이 (가)에 들어가면 A는 참여 관찰법, B는 질문지법이다. 실제성이 높은 생생한 자료 수집이 용이한 것은 참여 관찰법의 특징이므로 해당 내용은 (다)에 들어갈 수 없다.

079 자료 수집 방법의 특징 이해하기

면접법, 실험법, 질문지법

• 갑은 토론식 수업의 학습 효과를 연구하기 위해 A를 활용하여 한 집단은 토론식 수업을 진행하고 다른 집단은 기존의 강의식 수업을 1년 간 진행하였다.

  연구 대상자를 실험 집단과 통제 집단으로 나누고 비교하여 살펴본다. → 실험법

• 을은 직장인의 동호회 활동 양상 연구를 위해 B를 활용하여 동호회 활동을 하고 있는 직장인과의 대화를 통해 비구조화된 질문에 답하게 하였다.

  대화를 통해 깊이 있는 정보를 얻고자 한다. → 면접법

• 병은 무작위로 선정된 고등학생 500명을 대상으로 C를 활용하여
  표본 집단을 추출하여 대량의 자료를 수집한다.
  동아리 활동과 학교생활의 만족도를 묻는 문항에 답하게 하였다.

  조사하려는 내용을 질문지로 구성한 후 조사 대상자에게 제시하여 이를 바탕으로 자료를 수집한다. → 질문지법

갑은 실험법, 을은 면접법, 병은 질문지법을 활용하였다. ③ 실험법은 면접법과 달리 엄격하게 통제된 상황에서 자료를 수집하는 방법으로 연구자의 통제 정도가 높다. 질문지법, 실험법이 면접법, 참여 관찰법에 비해 연구자의 통제 정도가 높은 자료 수집 방법이다.

바로잡기 ① 실험법은 면접법과 달리 수집된 자료를 통계적으로 처리하기 적합하다. ② 면접법, 실험법, 질문지법 모두 조사 대상자의 주관적 인식을 파악할 수 있는 자료 수집 방법이다. ④ 면접법, 참여 관찰법은 연구자의 직관적 통찰을 중시한다. ⑤ 실험법, 질문지법은 주로 양적 연구에 활용되고 면접법, 참여 관찰법은 주로 질적 연구에 활용된다.

080 자료 수집 방법의 특징 이해하기

면접법, 질문지법, 참여 관찰법

자료 수집 방법	연구 내용
A	잦은 비행을 저지르는 청소년과 함께 생활하며 관찰을 통해 비행의 양상을 파악함 참여 관찰법임을 알 수 있다.
B	고등학생 1,000명을 대상으로 부모와의 유대 관계와 비행 간의 상관관계를 분석함 다수를 대상으로 한 질문지법임을 알 수 있다.
C	잦은 비행을 저지르는 고등학생과 심층적 대화를 하여 비행을 저지르는 심리 상태를 파악함 면접법임을 알 수 있다.

A는 참여 관찰법, B는 질문지법, C는 면접법이다. ㄱ. 참여 관찰법은 연구자가 조사 대상자의 일상생활 세계에 참여하여 자료를 수집한다. ㄴ. 질문지법은 참여 관찰법, 면접법과 달리 문맹자에게 사용하기 곤란하다. ㄹ. 면접법, 질문지법, 참여 관찰법은 모두 주로 1차 자료 수집에 활용된다.

바로잡기 ㄷ. 참여 관찰법, 면접법은 질문지법과 달리 주로 질적 자료 수집에 활용된다.

분석 기출 문제

23~27쪽

[핵심 개념 문제]

081 ○	082 ×	083 ×	084 ㉤	085 ㉠	086 ㉠
087 ㉡, ㉣		088 ㉠, ㉢, ㉣		089 연구 윤리	
090 익명성		091 연구(조사) 대상자			

092 ④	093 ④	094 ⑤	095 ②	096 ④	097 ④	098 ②
099 ③	100 ①	101 ⑤	102 ②	103 ①	104 ④	105 ①
106 ③	107 ⑤					

[1등급을 향한 서답형 문제]

108 (가) : 개방적 태도, (나) : 성찰적 태도

109 갑 : 1차 자료, 양적 자료 / 을 : 1차 자료, 질적 자료 / 병 : 1차 자료, 질적 자료 / 정 : 2차 자료, 양적 자료

110 예시답안 ② → 가치 중립, 자료 수집 및 분석 과정에서 연구자의 가치가 개입되면 연구 결과가 왜곡되어 정확한 사회·문화 현상을 파악할 수 없기 때문이다.

092

④ 스포츠 활동 참여도와 학교생활 만족도라는 두 변수가 인과 관계로 제시되어 있고 검증 가능한 진술이며 가지가 개입되어 있지 않으므로 가설의 조건에 부합한다.

바로잡기 ① 변수 간의 인과 관계가 나타나지 않았다. ② 검증의 필요성이 없는 진술이다. ③ 가치가 개입된 당위적인 진술이다. ⑤ 변수 간 인과 관계가 없으며 미래에 관한 막연한 추정이다.

093

(가)는 문제 인식 및 연구 주제 선정 단계, (나)는 가설 설정 단계, (다)는 자료 수집 단계, (라)는 가설 검증 및 일반화 단계, (마)는 대안 제시 단계이다.

바로잡기 ④ 개념의 조작적 정의는 가설 설정 후 연구 설계 단계에서 이루어진다.

094

제시된 연구는 실험법을 통해 변수 간 인과 관계를 검증하는 양적 연구이다. 이 연구에서 독립 변수는 토론 수업의 적용, 종속 변수는 수업 참여 정도이다. 수업 참여라는 개념은 수업에서 학생의 발언 횟수로 조작적으로 정의되었다.

바로잡기 ㄱ. 제시된 연구에서 질적 연구 방법은 찾아볼 수 없다. ㄴ. 토론 수업에 참여한 학생들의 발언 횟수가 더 많은 것으로 나타났으므로 가설은 수용되었을 것이다.

095

(가)는 자료 수집 및 분석과 결론 도출 단계, (나)는 연구 설계 단계, (다)는 대안 및 정책 제시 단계, (라)는 가설 설정 단계이다.

바로잡기 ① (가)는 개별 사례를 통해 일반적인 법칙을 도출하는 것으로 귀납적 과정이다. ③ 자료 수집 및 분석, 결론 도출 단계에서는 엄격한 가치 중립적 태도가 요구되지만 대안 제시 단계에서는 연구자의 가치가 개입될 수밖에 없다. ④ 청소년의 자기 통제력 정도는 종속 변수에 해당한다. ⑤ (라)-(나)-(가)-(다)의 순서로 연구가 진행된다.

096

제시된 연구는 실험을 통해 운전자의 조급성과 교통사고율 간의 상관관계를 입증하고자 하는 양적 연구이다. 이 연구에서 운전자의 서두르는 습관은 독립 변수, 교통사고율은 종속 변수이다.

바로잡기 ① ㉠은 연구 윤리와 관련이 없다. ② A, B 도시 운전자 모두 실험 집단에 해당한다. ③ ㉢은 문헌 연구법을 통해 수집한 양적 자료에 해당한다. ⑤ 결론 도출 단계에서는 연구자의 가치 중립적 태도가 요구된다.

097

제시된 연구는 질적 연구에 해당한다. 질적 연구는 비공식적 자료를 중시하며 연구자의 직관적 통찰과 감정 이입적 이해를 강조한다. 하지만 보편적인 법칙 발견이 어려워 연구 결과를 일반화할 수 없다는 한계가 있다.

바로잡기 ㄴ. 질적 연구는 연구자의 직관적 통찰을 통해 인간 행위의 이면에 담긴 의미 이해를 강조한다. 일반적인 법칙을 찾아내고자 하는 것은 양적 연구이다.

098

제시된 연구는 청소년 흡연이 청소년 정서에 미치는 영향을 검증하고자 하는 양적 연구이다. 이 연구에서는 청소년 흡연 여부가 독립 변수, 정서적 불안 정도가 종속 변수이다. 설문 조사와 참여 관찰, 면접을 병행하는 것으로 보아 양적 자료와 질적 자료를 함께 수집하고 있다.

바로잡기 ㄴ. 기존의 이론이나 결론으로부터 가설을 도출하고 구체적이고 경험적인 자료를 수집하여 가설을 검증하고자 하고 있으므로 연역적 연구 과정에 해당한다. ㄷ. 무작위 추출은 가장 표준적인 표본 추출 방식이다. 하지만 ○○지역 고등학생만을 대상으로 했으므로 청소년 전체를 대표한다고 보기는 어렵다.

099

ㄴ. 봉사 활동 경험은 원인이므로 독립 변수, 개인의 인성 성숙은 결과이므로 종속 변수이다. ㄷ. 가설을 설정하고 질문지법을 통해 자료를 수집한 뒤 통계 분석을 하여 가설을 검증한 것이므로 양적 연구에 해당한다. 자료를 계량화하기 위해서는 개념의 조작적 정의 과정을 거쳐야 한다. 따라서 질문지에는 봉사 활동 경험과 개인의 인성 성숙을 측정할 수 있도록 개념이 조작적으로 정의되었을 것이다.

바로잡기 ㄱ. 청소년을 대상으로 한 조사이므로 청소년이 모집단. 중·고등학교에 재학 중인 학생 2,000명은 표본이다. ㄹ. 연역적 방법은 기존의 이론이나 가설에서 구체적인 개념을 도출하는 것을 말한다. 자료 수집을 통해 일반화를 시도하는 것은 귀납적 방법이다.

100

사회·문화 현상 탐구 과정에서 연구자가 자신의 주관적 가치나 편견, 이해관계 등을 배제하고 사회·문화 현상이 가진 사실로서의 특성만을 파악하려는 태도를 객관적 태도라고 한다.

101

갑은 넥타이를 꼭 매야 하는지에 의문을 가지고 있고 을은 이를 수동적으로 인식하고 있다. 즉 갑은 성찰적 태도를 보이고 있다. ⑤ 성찰적 태도는 사회·문화 현상을 수동적으로 받아들이지 않고 현상의 이면에 담긴 의미나 인과 관계가 무엇인지를 파악하고자 하는 태도이다.

바로잡기 ①, ② 객관적 태도에 해당한다. 사회·문화 현상 속에는 가치와 의도가 내포되어 있고 연구자 자신이 사회·문화 현상의 일부이기 때문에 객관성을 확보하기 어렵다. 하지만 연구자가 자신의 선입견, 주관적 가치, 이해관계 등을 연구에 개입시키면 연구 결과가 왜곡될 수 있으므로 객관적 태도로 연구하려는 노력을 지속적으로 해야 한다. ③ 개방적 태도에 해당한다. 사회·문화 현상은 보는 시각에 따라 다양한 견해가 있을 수 있으므로 자신의 주장과 다른 주장이 존재할 수 있음을 받아들이고 자신의 주장에 대한 비판을 허용해야 한다. ④ 상대주의적 태도에 해당한다. 사회·문화 현상은 그것이 발생한 맥락이나 배경 속에서 의미가 있다. 따라서 같은 사회·문화 현상이라도 시대와 사회에 따라 다른 의미를 지닐 수 있으므로 그 현상이 나타나는 사회의 특수성을 인식해야 한다.

102

사회·문화 현상을 탐구할 때 요구되는 태도 중 개방적 태도가 나타나 있다. 사회·문화 현상의 연구 방법이나 연구 관점이 다양할 수 있으므로 자신의 주장과 다른 주장이 존재할 수 있음을 인정하고 자신의 주장에 비판을 허용하는 태도를 개방적 태도라고 한다.

바로잡기 ① 사회 구성 요소의 유기적 연관성을 이해하는 것은 총체적인 관점을 강조한 것이다. ③ 그 사회의 역사적·사회적 맥락을 고려하는 것은 상대주의적 태도이다. ④ 연구자의 편견을 배제하고 제3자의 입장에서 연구하는 것은 객관적 태도이다. ⑤ 사회·문화 현상의 내면에 담긴 의미와 인과 관계를 궁금해 하며 이를 능동적으로 파악하려는 것은 성찰적 태도이다.

103

사회 과학자는 탐구 대상인 사회·문화 현상 속에 자신이 포함되어 있고 자신이 사는 시대나 사회의 지배적인 가치에서 벗어날 수 없으므로 사회 과학자의 가치 중립적 탐구는 제한적일 수밖에 없다.

104

㈎는 개방적 태도, ㈏는 상대주의적 태도가 나타나 있다. 개방적 태도는 다양한 가능성이 동시에 공존할 수 있음을 인정하고, 타인의 주장을 편견 없이 받아들이는 태도를 말한다. 상대주의적 태도는 사회·문화 현상을 그 사회의 역사적·문화적 맥락 속에서 이해하려는 태도로 각 사회·문화 현상이 가지고 있는 고유한 가치에 관한 인정을 중시하는 태도이다.

바로잡기 ① 객관적 태도, ② 개방적 태도, ③ 성찰적 태도에 해당한다. ⑤ 연구 대상자의 관점을 중시하는 것은 상대주의적 태도, 제3자의 관점을 중시하는 것은 객관적 태도이다.

105

ㄱ. 갑은 연구 과정에서 얻은 학생 명단을 실명으로 보고서에 기재하였으므로 연구 대상자의 익명성을 충분히 보장하지 않았다. ㄴ. 을은 지식 재산권의 이해 정도가 낮은 직원의 자료를 의도적으로 제외하고 분석하였으므로 연구 결과의 왜곡이 일어날 수 있다.

바로잡기 ㄷ. 흡연과 학교 폭력의 관계, 직장인의 지식 재산권 인식 정도는 윤리적으로 문제가 되는 주제는 아니다. ㄹ. ㈎, ㈏ 모두 연구 대상자에게 자발적인 참여를 보장하지 않았는지는 알 수 없다.

106

사회·문화 현상을 연구하는 연구자는 연구 과정이나 결과의 활용에서 인간의 존엄성을 존중하는 연구 윤리를 지켜야 한다. 제시된 자료에서 연구자는 면접 대상 학생의 실명을 밝힘으로써 연구 대상자의 인권을 침해하고 있다.

바로잡기 ①, ②, ④ 사회·문화 현상을 연구하는 윤리적 원칙에는 부합하는 질문이나 제시된 자료와는 관련이 없다.

107

사회 과학은 그 연구 대상이 인간이므로 이들의 인권을 보호해야 하며 이를 위해 연구자는 연구 과정 및 연구 결과의 활용 등에서 연구 윤리를 지켜야 한다. 즉 연구자는 연구 대상자에게 연구 목적과 과정을 미리 알리고 동의를 얻어야 하며 연구 대상자의 익명성을 보장해야 한다.

바로잡기 ㄱ. 갑은 연구 대상자에게 미리 연구 목적과 방법을 설명하겠다고 하였다. ㄴ. 갑은 면접 내용 중 자신이 기대한 것과 다른 내용이 있더라도 수정하지 않고 그대로 분석에 반영하겠다고 했으므로 가치 중립적 태도를 지키고 있다고 할 수 있다.

108

㈎ 언제든지 반증으로 진리가 아님이 밝혀질 가능성이 있음을 인정하는 태도가 필요하다. ㈏ 사회·문화 현상의 이면에 담긴 의미나 인과 관계를 파악하고자 하는 태도가 필요하다.

109

양적 자료는 수량화되어 현상을 객관적으로 분석할 수 있는 자료, 질적 자료는 인간 내면의 동기, 의도를 이해할 수 있는 자료를 말한다. 1차 자료는 연구자 자신의 의도에 따라 직접 수집하여 최초로 분석되는 자료, 2차 자료는 다른 연구에서 수집하고 분석한 자료를 현재의 연구를 위해 재분석되는 자료를 의미한다.

110

연구 설계에 따라 자료를 수집하고 분석한 후 결론을 도출하는 과정에서는 철저하게 가치 중립을 유지하여야 한다. 자료 수집 및 분석 과정에서 연구자의 가치가 개입되어 연구 결과가 왜곡되어서는 안 된다.

채점 기준	수준
잘못된 부분을 정확하게 수정하고 적절한 이유를 제시한 경우	상
잘못된 부분을 정확하게 수정하였으나 이유가 적절하지 않은 경우	중

111 ⑤	112 ③	113 ⑤	114 ②	115 ④
116 ④	117 ③	118 ④		

111 사회·문화 현상의 연구 방법 이해하기

1등급 자료 분석 양적 연구 절차

(가) ㉠스마트폰 게임 빈도 및 시간은 ㉡부모와의 유대 관계와 부(−)의 관계에 있음을 확인함 **자료 분석 결과**

(나) 게임 중독 치료 경험이 있는 청소년을 면접한 ㉢선행 연구 자료를 검토한 후 부모와의 유대 관계와 스마트폰 게임 중독 사이에 높은 연관성이 있음을 확인함 **선행 연구 검토**

(다) ㉣부모와 자녀 간 유대가 약할수록 자녀의 스마트폰 게임 중독 정도가 높을 것으로 추정함 **가설 설정**

(라) 연구 대상자는 ㉤○○ 지역 고등학교 1학년 학생 중에서 1,000명을 무작위로 선정한 후 구조화된 질문지로 자료를 수집함 **연구 계획 및 자료 수집**

⑤ 제시된 연구는 (나) 선행 연구 검토 - (다) 가설 설정 - (라) 연구 계획 및 자료 수집 - (가) 자료 분석 순으로 진행되었을 것이다.

바로잡기 ① ㉠은 종속 변수, ㉡은 독립 변수이다. ② 선행 연구 자료는 연구자가 직접 수집한 자료가 아니므로 2차 자료이다. ③ 스마트폰 게임 빈도 및 시간은 부모와의 유대 관계와 부(−)의 관계에 있음을 확인하였으므로, 부모와 자녀 간 유대가 약할수록 자녀의 스마트폰 게임 중독 정도가 높을 것으로 추정한 가설은 수용되었을 것이다. ④ 모집단은 청소년이다. ○○ 지역 고등학교 1학년 학생 중에서 1,000명은 표본이다.

112 사회·문화 현상의 연구 방법 이해하기

1등급 자료 분석 양적 연구

갑은 "고등학생에게 ㉠일기 쓰기 교육을 실시하면 ㉡작문 실력 향
　　　　　　　　　　　독립 변수　　　　　　　　　**종속 변수**
상에 긍정적 효과가 나타날 것이다."라는 가설을 검증하려고 하였다. 이를 위해 ㉢△△ 지역 고등학교 학생 중 100명을 선정하여 50
　　　　　　　　　　　표본
명씩 ㉣A, B 두 집단으로 나누고, ㉤A 집단에는 매일 일기를 쓰게
　　　　　작문 실력이 비슷해야 한다.　　**실험 집단**
하였고, ㉥B 집단에는 일기 쓰기 지도를 하지 않았다. 3개월 후 두
　　　　　통제 집단
집단의 작문 실력을 검증한 결과 ㉦A 집단은 B 집단에 비해 작문
실력이 크게 향상된 것으로 나타났다. **가설 수용**

갑은 실험법을 통해 자료를 수집하였다. ① 일기 쓰기 교육은 원인에 해당하므로 독립 변수, 작문 실력 향상은 결과에 해당하므로 종속 변수이다. ② △△ 지역 고등학교 학생 중 100명은 실험에 참여하였거나 비교를 위해 통제된 표본이다. ④ A 집단은 일기 쓰기 교육이라는 실험을 실시한 실험 집단, B 집단은 A 집단과 비교하기 위해 다른 조건을 통제한 통제 집단이다. ⑤ 일기 쓰기 교육을 실시한 A 집단의 작문 실력이 향상되었으므로 일기 쓰기 교육이 작문 실력 향상에 긍정적 효과를 끼친다는 연구 가설을 수용할 수 있다.

바로잡기 ③ 일기 쓰기 교육을 실시하기 전에 먼저 작문 실력을 측정하여 두 집단의 작문 실력이 비슷하도록 나누어야 한다. 이와 같은 과정을 거쳐야 일기 쓰기 교육의 효과를 검증할 수 있다.

113 사회·문화 현상의 연구 방법 이해하기

1등급 자료 분석 양적 연구

- 연구 주제 : 청소년의 스마트폰 의존도와 스포츠 활동의 관계
- 연구 가설 : ㉠스마트폰 의존도가 높은 청소년은 낮은 청소년에 비해 스포츠 활동에 참여하지 않을 가능성이 높다.
  스마트폰 의존도와 스포츠 활동 참여 정도가 부(−)의 관계에 있다.
- 자료 수집
  - 조사 방법 : ㉡고등학생 1,000명을 무작위로 선정하여 ㉢질문
    모집단은 청소년인데 표본은 고등학생만이므로 표본의 대표성이 결여되어 있다.
    지를 통한 조사 실시
    질문지법을 통해 1차 자료를 수집하였다.
  - 조사 내용 : ㉣지난 일주일간 하루 평균 스마트폰 사용 시간, 지난 일주일간 스포츠 활동 참여 여부 **개념의 조작적 정의**
- 자료 분석 결과
  스마트폰 사용 시간이 많은 학생 중 스포츠 활동에 참여한 학생의 비중이 그렇지 않은 학생보다 낮다. (단위 : 명)

구분		스포츠 활동 참여함	스포츠 활동 참여 안 함
스마트폰 사용 시간	많음	170	330
	적음	380	120

스마트폰 사용 시간이 적은 학생 중 스포츠 활동에 참여한 학생의 비중이 그렇지 않은 학생보다 높다.

⑤ 스마트폰 사용 시간이 적은 학생 500명 중 스포츠 활동에 참여하지 않는 학생은 120명으로 24%이다.

바로잡기 ① 스마트폰 사용 시간이 많은 학생 중 스포츠 활동 참여 학생의 비중이 그렇지 않은 학생보다 낮고, 스마트폰 사용 시간이 적은 학생 중 스포츠 활동 참여 학생의 비중이 그렇지 않은 학생보다 높다. 따라서 자료 분석 결과는 가설을 지지하는 근거가 된다. ② 고등학생은 모집단인 청소년을 대표하는 표본이라고 보기 어렵다. ③ 연구자는 질문지법을 통해 1차 자료를 수집하였다. ④ 지난 일주일간 하루 평균 스마트폰 사용 시간, 지난 일주일간 스포츠 활동 참여 여부는 개념의 조작적 정의에 해당한다.

114 양적 연구 방법의 절차 이해하기

1등급 자료 분석 양적 연구

갑은 청소년의 스마트폰 중독 수준에 부모와의 유대가 어떤 영향을
　　　　　　　모집단　　　　**종속 변수**　　　　　**독립 변수**
미치는지를 연구하였다. 갑은 부모와 자녀 간 유대가 약할수록 자녀의 스마트폰 중독 정도가 높을 것이라는 ㉠가설을 설정하였다.
　　　　　　　　　　　　　　　　　　　　연구자의 가치가 개입된다.
㉡스마트폰 중독은 하루 스마트폰 사용 시간으로, 부모와 자녀의
　　　　　　　　　　개념의 조작적 정의　　　　　**개념의 조작적 정의**
유대 정도는 부모−자녀 간 말다툼 빈도 정도로 측정하기로 하였다.
갑은 ㉢A 고등학교 학생 1,000명을 무작위로 추출하고 이들에게
　　　　표본을 A 고등학교로 한정하여 표본의 대표성이 확보되지 않았다.
질문지를 배부하여 ㉣자료를 수집하였다. 수집한 자료 분석 결과
　　　　　　　　　　1차 자료
㉤부모와의 유대 정도가 높은 청소년일수록 스마트폰 중독 지수가
낮다는 유의미한 결과를 얻었다. **가설 수용**

② 갑의 연구에서 '스마트폰 중독 수준'은 종속 변수, '부모와의 유대'는 독립 변수이다. 스마트폰 중독 수준을 '하루 스마트폰 사용 시간'으로 정의하면 측정이 가능하다. 따라서 ㉡은 갑이 설정한 가설의 종속 변수를 조작적으로 정의한 것이다.

바로잡기 ① 가설은 연구자가 의도한 대로 설정하는 것이므로 연구자의 가치가 개입된다. ③ 표본의 대표성이 확보되려면 모집단의 특성을 반영할 수 있어야 한다. 모집단이 청소년인데 갑은 A 고등학교 학생만 무작위로 추출하였으므로 전국 모든 청소년의 특성을 대표한다고 보기는 어렵다. ④ 2차 자료는 기존 자료를 연구자가 자신의 연구에 활용한 자료이다. 갑이 질문지법을 사용하여 얻은 자료는 1차 자료에 해당한다. ⑤ 부모와의 유대 정도에 따라 스마트폰 중독 수준이 결정되므로 갑이 설정한 가설은 수용되었다.

115 사회·문화 현상의 연구 태도 이해하기

1등급 자료 분석 객관적 태도

- 사회·문화 현상을 연구하는 연구자는 특정 가치에 치우치지 않고 존재하는 사실에만 의존하여 연구를 진행해야 한다.
  연구자의 가치를 개입하여 연구를 진행하지 말고 객관적 태도를 지녀야 한다.
- 사실과 가치는 서로 다른 특성을 갖기 때문에 사회 과학자는 연구할 때 그 두 가지를 구분하여야 하며, 인간의 삶과 행위의 관찰 과정에서 제3자적 입장을 취해야 한다.
  특정한 가치가 개입되지 않도록 노력해야 한다.

④ 연구자는 탐구 과정에서 연구자 자신의 주관적 가치나 편견, 이해관계 등을 배제하고, 제3자적 입장을 취하여 사회·문화 현상이 가진 사실로서의 특성만을 파악하는 객관적 태도를 지녀야 한다.

바로잡기 ①, ② 개방적 태도에 관한 설명이다. ③ 상대주의적 태도, ⑤ 성찰적 태도에 관한 설명이다.

116 사회·문화 현상의 연구 태도 구분하기

1등급 자료 분석 상대주의적 태도, 개방적 태도

(가) 동일한 사회·문화 현상이라도 시대와 사회에 따라 그 현상이 가지는 의미가 달라질 수 있으므로 연구자는 사회·문화 현상 연구에서 역사적 전통과 사회적 맥락을 충분히 고려해야 한다.
상대주의적 태도에 관한 설명이다. 사회·문화 현상은 그것이 발생한 맥락이나 배경 속에서 의미가 있기 때문에 상대주의적 태도가 필요하다.

(나) 연구자는 사회·문화 현상 연구에서 얻은 결과를 확정하려고 고집하기보다는 잠정적 결론으로 보고 다른 연구자의 의견을 고려함으로써 좀 더 타당한 주장이나 결론으로 대체할 수 있음을 인정해야 한다.
개방적 태도에 관한 설명이다. 사회·문화 현상은 보는 시각에 따라 다양한 견해가 존재할 수 있기 때문에 개방적 태도가 필요하다.

(가)는 상대주의적 태도, (나)는 개방적 태도이다. ④ 개방적 태도는 논리적으로 완벽해 보이는 주장이라도 경험적 증거로 확인되기 전까지는 하나의 가설로 받아들여야 하고, 타인의 비판과 새로운 입장에 수용적인 태도를 지녀야 한다는 것이다.

바로잡기 ① 당연하게 여겨지는 사회·문화 현상도 그 원인과 전개 과정을 살펴 따져 보는 태도는 성찰적 태도이다. ② 당시 사람들이 코페르니쿠스의 지동설을 받아들이지 않은 것은 개방적 태도가 결여되어 있었기 때문이다. ③ 세계 여러 민족의 문화를 연구하는 데 특히 필수적인 태도는 상대주의적 태도이다.

⑤ 특정 가치가 개입되지 않도록 해야 한다는 측면에서 가치 중립과 관련 있는 것은 연구 과정에서 자신의 주관, 가치, 이해관계를 떠나 있는 그대로 현상을 관찰하려는 객관적 태도이다.

117 사회·문화 현상의 연구 윤리 이해하기

1등급 자료 분석 연구 윤리

연구자 갑은 다문화 가정의 어려움을 이해하기 위해 ㉠ 심층 면접
질적 연구에서 주로 사용하는 면접법을 활용하였다.
을 수행하였다. ㉡ 갑은 다문화 가정 구성원에게 연구의 취지를 설
연구 대상자에게 연구 목적을 알리지 않았다.
명하지 않고 면접을 진행하였다. 갑은 ㉢ 사회적 약자의 권리 신장
자료 수집 단계에서는 엄격한 가치 중립이 요구되지
에 도움이 되지 않는다고 판단되는 답변은 제외하면서 면접 내용을
만 갑은 자신의 가치를 개입하여 자료를 수집하였다.
기록하였다. 갑은 이 자료를 통해 다문화 가정이 경험하는 어려움을
㉣ 가족 내 요인과 가족 외 요인으로 구분하여 유형화하는 새로운
연구 결과를 제시하였다.

ㄴ. 갑이 다문화 가정 구성원에게 연구의 취지를 설명하지 않고 면접을 진행한 것으로 보아 갑은 연구 대상자에게 연구 목적을 알리지 않았다. ㄷ. 갑이 사회적 약자의 권리 신장에 도움이 되지 않는다고 판단되는 답변은 제외하면서 면접 내용을 기록한 것은 자신의 가치를 개입시켜 자료를 수집한 것이다.

바로잡기 ㄱ. 면접법은 주로 질적 자료를 수집하는 데 활용된다. ㄹ. 갑은 면접법을 활용하여 질적 연구를 진행하였다. 질적 연구는 방법론적 이원론에 기반한 연구 방법이다.

118 사회·문화 현상의 연구 윤리 이해하기

1등급 자료 분석 연구 윤리

- 경로 우대 혜택 폐지를 주장해 온 갑은 경로 우대 혜택 폐지에 관한 시민의 인식을 조사하였다. 조사 결과, 연령에 따라 인식 차이가 크자 60대 미만만 분석하여 시민의 90% 이상이 경로 우대 혜
  자료 분석 단계에서 일부 자료를 누락하여 결과를 왜곡하였다.
  택 폐지를 주장하였다고 발표하였다.
- ○○ 회사 사장으로부터 회사 내의 문제점을 진단해 달라는 의뢰를 받은 을은 직원 20명을 면담하였다. 일부 직원은 곤란하다며 답변을 거부하였으나 을은 사장의 지시라고 하면서 답변을 독려하
  연구 대상자의 자발적인 참여가 보장되지 않았다.
  였다. 면담 후 을은 회사 이미지를 손상하는 행위를 한 직원의 명
  단을 사장에게 전달하였다. 수집한 자료를 연구 이외의 목적에 활용하였다.

ㄴ. 갑은 60대 이상의 자료를 누락시키고 고의로 자료를 선별하여 분석하였다. ㄹ. 을은 회사 이미지를 손상하는 행위를 한 직원의 명단을 사장에게 전달함으로써 수집한 자료를 연구 외의 목적에 활용하였다.

바로잡기 ㄱ. 자료 수집 단계에서 을은 답변을 거부하는 직원에게 꼭 답변하도록 독려한 것이지 특정 답변을 유도한 것은 아니다. ㄷ. 갑은 평소 자신의 주장을 뒷받침하기 위해 분석 결과의 일부를 은폐하여 발표하였다. 을이 자신의 이익을 위해 분석 결과를 은폐하였다는 내용은 언급되어 있지 않다.

채점 기준	수준
(가), (나)에 해당하는 질문을 각각 한 가지 서술한 경우	상
(가), (나)에 해당하는 질문 중 한 가지만 서술한 경우	중

O1 사회·문화 현상의 이해

119 ④   **120** ③   **121** ⑤   **122** ④

123 예시답안 (가) 사회·문화 현상을 거시적 관점에서 설명하는가?, (나) 집단 간 갈등을 사회 변동의 원동력으로 보는가? 등

O2 사회·문화 현상의 탐구 방법

124 ④   **125** ①   **126** ②   **127** ①

128 ㉠ : 실험 집단, ㉡ : 통제 집단   **129** 예시답안 자연 과학 연구와 달리 엄격하게 통제된 실험이 곤란하다. 윤리적 문제가 발생하기 쉽다. 등

O3 사회·문화 현상의 탐구 절차와 윤리

130 ③   **131** ②   **132** ⑤   **133** ⑤   **134** ③

135 질적 연구   **136** 예시답안 장점 : 사회·문화 현상의 이면에 담긴 의미를 심층적으로 이해하는 데 유리하다. 단점 : 연구 결과의 일반화나 법칙 발견이 곤란하다. 연구자의 가치가 개입될 우려가 높다.

119

A는 사회·문화 현상, B는 자연 현상이다.

바로잡기 ㄱ. 자연 현상은 확실성의 원리가 작용한다. ㄷ. 사회·문화 현상은 보편성과 특수성이 공존하고, 자연 현상은 보편성이 강하게 나타난다.

120

㉠, ㉢은 사회·문화 현상, ㉡, ㉣은 자연 현상이다.

바로잡기 ㄱ. 자연 현상은 필연성의 원리, 사회·문화 현상은 개연성의 원리가 작용한다. ㄹ. 사회·문화 현상은 자연 현상과 달리 보편성과 특수성이 함께 나타난다.

121

A는 갈등론, B는 기능론이다. ⑤ 갈등론, 기능론은 모두 거시적 관점에서 사회·문화 현상을 설명한다.

바로잡기 ① 상징적 상호 작용론은 사회적 상호 작용을 통한 의미 부여를 중시한다. ② 갈등론은 대립과 갈등을 사회의 본질적 속성으로 본다. ③ 기능론은 급격한 사회 변동을 설명하기에 적합하지 않다. ④ 갈등론은 사회 질서와 안정의 중요성을 경시한다.

122

인간의 능동성을 간과하지 않는 A는 상징적 상호 작용론이고, B, C는 각각 기능론과 갈등론 중 하나이다. ㄴ. 기능론과 갈등론은 모두 사회 구조가 개인에게 미치는 영향력을 중시한다. ㄹ. 갈등론은 집단 간 갈등을 사회 변동의 원동력으로 보며, 기능론은 사회가 스스로 균형을 유지하려는 속성을 가지고 있음을 강조한다.

바로잡기 ㄱ. 갈등론은 사회 제도가 지배 집단의 합의에 의해 형성된다고 본다. ㄷ. 개인이 구성해 내는 주관적 생활 세계를 중시하는 것은 상징적 상호 작용론이다.

123

미시적 관점에 해당하는 A는 상징적 상호 작용론, 사회를 유기체와 같은 존재로 인식하는 B는 기능론이다. 따라서 C는 갈등론이다.

124

방법론적 일원론에 기반하는 B는 양적 연구, A는 방법론적 이원론에 기반하는 질적 연구이다. ④ 양적 연구에서는 객관적으로 관찰하고 측정할 수 있도록 개념의 조작적 정의를 거쳐 자료를 수집한다.

바로잡기 ① 질적 연구는 연구 결과의 일반화나 법칙 발견이 곤란하다. ② 질적 연구는 연구자의 주관이 개입될 우려가 크다는 비판을 받는다. ③ 양적 연구와 질적 연구는 모두 경험적 자료를 수집하여 사회·문화 현상을 탐구한다. ⑤ 질적 연구는 양적 연구에 비해 연구자의 주관이 개입될 우려가 크다는 비판을 받는다.

125

A는 질문지법, B는 면접법, C는 실험법이다. ㄱ. 질문지법, 실험법은 양적 자료, 면접법은 질적 자료를 수집하는 데 용이하다. ㄴ. 질문지법, 실험법은 모두 구조화, 표준화된 자료 수집 방법이다.

바로잡기 ㄷ. 면접법, 실험법, 질문지법은 모두 1차 자료를 수집하는 데 용이하다. ㄹ. 연구 대상자와 정서적 교감을 중시하는 자료 수집 방법은 면접법이다.

126

A는 질문지법, B는 면접법, C는 참여 관찰법이다.

바로잡기 ① 문헌 연구법은 기존의 연구 동향을 파악하는 데 유용하다. ③ 참여 관찰법은 자료의 실제성 정도가 높다. ④ 면접법은 주로 질적 연구에서 사용된다. ⑤ 질문지법은 수집된 자료의 통계 처리가 용이하다.

127

ㄱ. 질문지법은 문맹자에게 사용하기 곤란하지만 수량화된 자료 수집이 용이하다. 따라서 해당 질문은 (다)에 들어갈 수 없다. ㄴ. 질문지법과 실험법은 구조화, 표준화된 자료 수집 방법이다. 참여 관찰법은 조사 대상자의 일상생활 세계에 참여하여 자료를 수집한다.

바로잡기 ㄷ. 참여 관찰법은 실험법, 질문지법과 달리 자료의 실제성 확보에 유리하고 연구자의 직관적 통찰이 필요한 자료 수집 방법이다. ㄹ. 실험법, 질문지법은 주로 양적 연구에 활용되는 자료 수집 방법이다. 실험법, 질문지법, 참여 관찰법 모두 1차 자료 수집이 가능하다.

128

갑은 연구 대상자를 실험 집단과 통제 집단으로 나누고 실험법을 통해 자료를 수집하여 연구를 진행하였다.

129

자연 과학에서와 달리 사회 과학에서는 엄격하게 통제된 실험이 곤란하다.

채점 기준	수준
실험법의 단점을 두 가지 서술한 경우	상
실험법의 단점을 한 가지만 서술한 경우	중

130

ㄴ. 질문지법은 주로 양적 연구에서 활용한다. ㄷ. 부모와의 친밀도, 친구와의 친밀도는 독립 변수이고, 학업 성적의 정도는 종속 변수이다.

ㄱ. 청소년에는 중학생 또는 학교에 다니지 않는 사람도 있으므로 고등학생이 전체 청소년을 대표한다고 보기 어렵다. ㄹ. 연구자의 가설이 제시되어 있지 않기 때문에 가설이 수용되었다고 판단할 수 없다.

131

연구자는 연구 과정에서 자신의 주관적 가치나 편견, 이해관계 등을 배제하고 사회·문화 현상이 가진 사실로서의 특성만을 파악하려는 태도인 객관적 태도를 가져야 한다.

바로잡기 ① 개방적 태도에 관한 설명이다. ③, ⑤ 상대주의적 태도에 관한 설명이다. ④ 성찰적 태도에 관한 설명이다.

132

① □□ 지역 고등학생은 모집단, 남녀 고등학생 각각 1,000명은 표본이다. ② 동아리 활동 참여 시간은 독립 변수, 학교생활에 관한 만족도는 종속 변수이다. ③ 일주일간 동아리 활동 시간은 동아리 활동 참여 시간에 대한 조작적 정의에 해당하고, 학교생활 만족도는 학교생활에 관한 만족도의 조작적 정의에 해당한다. ④ 남녀 고등학생의 수가 같으므로 1시간이라고 응답한 전체 학생의 만족도 평균은 3.5점이다.

바로잡기 ⑤ 동아리 활동 참여 시간이 많을수록 학교생활 만족도가 높으므로 가설은 수용되었을 것이다.

133

연구 과정은 (나) 연구 주제 선정 - (가) 가설 설정 - (마) 자료 수집 - (라) 자료 분석 및 검증 - (다) 결론 도출 순서로 진행되었다.

바로잡기 ① 연구 주제 선정 및 가설 설정 단계에서는 연구자의 가치가 개입된다. ② 고등학생이 청소년을 대표한다고 보기 어려우므로 연구 결과를 청소년 전체에 일반화할 수 없다. ③ 인터넷 게임 시간이 많은 청소년일수록 학업 성적이 낮게 나타남을 확인하였으므로 가설이 수용되었을 것이다. ④ ○○ 지역 고등학생이 청소년을 대표한다고 보기 어렵다.

134

그림은 일반적인 양적 연구 절차를 나타낸다.

바로잡기 ㄱ. 질적 연구에서는 주관적 세계에 관한 심층적인 이해의 필요성을 느끼는 연구 주제를 선정하는 것이 일반적이다. ㄹ. 양적 연구는 사회·문화 현상과 자연 현상이 본질적으로 같다고 전제한다.

135

그림은 일반적인 질적 연구 절차를 나타낸다.

136

질적 연구는 계량화하기 어려운 영역을 연구할 수 있지만 그 과정에서 연구자의 주관적 가치가 개입될 가능성이 크고 연구 결과를 일반화하거나 객관적 법칙을 발견하기 어렵다는 한계가 있다.

채점 기준	수준
질적 연구의 장점과 단점을 각각 한 가지 서술한 경우	상
질적 연구의 장점과 단점 중 한 가지만 서술한 경우	중

II 개인과 사회 구조

04 사회적 존재로서의 인간

분석 기출 문제

35~39쪽

[핵심 개념 문제]

137 ㄴ, ㄹ	138 ㄱ, ㄷ	139 사회화	140 재사회화

141 예기 사회화 142 ○ 143 ○ 144 × 145 × 146 ㄴ

147 ㄷ 148 ㄱ

149 ② 150 ③ 151 ② 152 ⑤ 153 ① 154 ④ 155 ②

156 ④ 157 ④ 158 ③ 159 ② 160 ④ 161 ④ 162 ③

163 ② 164 ④

[1등급을 향한 서답형 문제]

165 (가) : 사회 명목론, (나) : 사회 실재론 166 예시답안 (가)에서는 사회가 개인의 총합에 붙여진 이름에 불과하다고 본다. (나)에서는 사회가 개인의 외부에 실재하며 개인과 구별되는 독특한 특성을 지닌다고 본다.

167 역할 갈등 168 예시답안 자녀라는 지위에서 기대되는 역할과 패스트푸드점 종업원이라는 지위에서 기대되는 역할이 서로 충돌하기 때문이다.

149

㉠은 사회 실재론, ㉡은 사회 명목론에 해당한다. ㄱ. 사회 실재론은 개인의 행동이나 의식이 사회에 의해 구속된다고 본다. 즉 개인의 자유 의지보다 사회 규범의 영향력을 중시한다. ㄹ. 사회 명목론은 개인의 자율적인 의지를 강조하므로 사회 문제를 해결하는 데 개인의 주체적이고 능동적인 역할을 강조한다.

바로잡기 ㄴ. 사회 명목론은 사회·문화 현상의 분석 단위로 개인의 의식, 심리 상태 등을 강조한다. ㄷ. 사회 실재론은 사회가 개인으로 환원될 수 없는 고유한 성격을 지니고 있다고 본다.

150

(가) 관점은 사회 명목론, (나) 관점은 사회 실재론이다. 사회 실재론은 개인의 외부에 실재하는 사회가 개인의 사고와 행동을 구속한다고 본다.

바로잡기 ① 사회가 실제로 존재한다고 보는 관점은 사회 실재론이다. ② 사회를 유기체로 인식하는 사회 유기체설은 사회 실재론의 대표적인 학설이다. ④ 사회가 개인으로 환원된다고 보는 관점은 사회 명목론이다. ⑤ 사회 명목론은 사회보다 개인이 우월하다고 보고 사회 실재론은 개인보다 사회가 우월하다고 본다.

151

갑의 관점은 사회 실재론, 을의 관점은 사회 명목론이다. 사회 실재론은 사회는 개인의 총합 이상이라고 본다.

바로잡기 ① 사회 실재론은 공익이 사익보다 중요하다고 본다. ③ 개인이 발전해야 사회가 발전한다고 보는 관점은 사회 명목론이다. ④ 개인을 사회의 피조물로 보는 관점은 사회 실재론이다. ⑤ 사회가 개인의 외부에 실재한다고 보는 관점은 사회 실재론이다.

152

사회는 개인의 외부에서 독자적으로 작동한다고 보는 관점은 사회 실재론이다. 따라서 (가)는 사회 실재론, (나)는 사회 명목론이다. ⑤ B 에는 사회 실재론에 해당하는 질문이 들어가야 한다. 사회 실재론은 개인보다 사회를 중시하므로 사회 구조가 개인에게 불가항력적 존재라고 본다.

바로잡기 ① 사회적 사실이 개인으로 환원될 수 있다고 보는 것은 사회 명목론이다. 사회 실재론은 사회적 사실이 개인으로 환원될 수 없다고 본다. ② 사회의 구속성이 개인의 능동성보다 우선한다고 보는 것은 사회 실재론이다. ③ 개인의 속성이 사회의 속성을 결정한다고 보는 것은 사회 명목론이다. ④ A에는 사회 명목론에 해당하는 질문이 들어가야 한다. 사회를 개인의 합 이상으로 보는 것은 사회 실재론이다. 따라서 해당 질문은 A에 들어갈 수 없다.

153

갑은 사회의 우월성, 을은 개인의 우월성을 주장하고 있다. 이를 통해 수업 주제가 개인과 사회의 관계를 바라보는 관점, 즉 사회 실재론과 사회 명목론임을 알 수 있다.

바로잡기 ㄷ, ㄹ. 기능론과 갈등론을 구분하는 기준에 해당한다.

154

이자벨은 체계적인 교육을 받은 후에 언어를 사용하는 등 정상적인 인간이 하는 행동을 할 수 있게 되었다. 이를 통해 인간의 사회적 특성은 태어나면서부터 주어지는 것이 아니라 후천적인 학습을 거쳐 형성된다는 것을 알 수 있다.

바로잡기 ① 사회화는 평생에 걸쳐 진행되지만 제시된 사례와는 관련이 없다. ② 인간의 학습 능력이 본능에 기인한다는 내용이 아니라 후천적 학습을 통해 인간이 사회적 존재로 성장할 수 있다는 내용이다. ③, ⑤ 제시된 사례와는 관련이 없다.

155

(가)는 아이들이 속한 사회화 기관으로 동등한 지위를 가진다는 점에서 또래 집단에 해당한다. 또래 집단은 1차적 사회화 기관으로 또래 집단에서 집단생활에 필요한 규칙, 질서 의식 등을 배운다.

바로잡기 ㄴ. 사회화를 목적으로 형성된 기관은 공식적 사회화 기관이다. 또래 집단은 비공식적 사회화 기관이다. ㄹ. 또래 집단은 1차적 사회화를 담당한다는 점에서 재사회화와 예기 사회화가 이루어진다고 보기 어렵다.

156

ㄴ. 을은 회사에서 요구하는 기대에 부합하는 역할 행동을 하기 위해 회사 업무에 필요한 엑셀 프로그램 강좌를 수강하고 있다. ㄹ. 갑은 직업 교육을 통해 사회생활에 필요한 지식을 습득하고 있으며, 을은 새로운 환경 변화에 적응하기 위해 엑셀 프로그램 교육을 받고 있다. 즉 갑, 을 모두 재사회화 과정을 거치고 있다.

바로잡기 ㄱ. 직업 훈련소에서 직업 교육을 받는 것은 2차적 사회화이다. ㄷ. 회사는 비공식적 사회화 기관이다.

157

(가)는 1차적 사회화 기관, (나)는 공식적 사회화 기관, (다)는 비공식적 사회화 기관이다. ④ 대중 매체, 정당은 사회화 이외의 목적으로 형성되었으나 부수적으로 사회화를 담당한다는 점에서 비공식적 사회화 기관에 해당한다.

바로잡기 ① (가)는 1차적 사회화 기관이다. 공식적 사회화 기관은 사회화 자체를 목적으로 형성된 기관이다. ② 1차적 사회화 기관은 일반적으로 기초적 수준의 사회화를 담당이다. ③ 가족, 또래 집단은 사회화를 목적으로 설립되지는 않았으나 부수적으로 사회화를 담당하는 비공식적 사회화 기관이다. ⑤ 기본적인 욕구 충족 및 정서적 반응 방식의 사회화는 1차적 사회화 기관에서 담당한다.

158

가족은 1차적 사회화 기관이면서 비공식적 사회화 기관이고, 학교는 2차적 사회화 기관이면서 공식적 사회화 기관이다. 따라서 A는 1차적 사회화 기관, B는 2차적 사회화 기관, (가)는 비공식적 사회화 기관, (나)는 공식적 사회화 기관이다. 회사, 대중 매체는 모두 2차적 사회화 기관이면서 비공식적 사회화 기관이다.

바로잡기 ㄱ. 주로 전인격적인 인간관계가 나타나는 사회화 기관은 1차적 사회화 기관이다. ㄷ. 2차적 사회화 기관이지만 비공식적 사회화 기관에 해당하는 사회화 기관도 존재한다. 대표적인 것이 회사와 대중 매체이다.

159

아들과 손녀는 선천적으로 갖게 되는 귀속 지위, 남편은 후천적으로 획득하는 성취 지위이다. 따라서 A는 귀속 지위이고 잘못 발표한 한 가지 지위는 남편이다.

160

ㄱ. 학교는 공식적 사회화 기관이다. ㄴ. 입대하여 적절한 훈련 과정을 통해 군 생활에 필요한 지식과 가치 등을 교육받는 것은 재사회화이다. ㄹ. 갑의 고민에 관하여 을이 조언해 준 것은 대학교 선배라는 지위에서 요구되는 역할을 수행한 것이다.

바로잡기 ㄷ. 진로에 관한 심리적 고민으로 역할 갈등이 아니다.

161

ㄴ. 어머니, 담임 교사 모두 성취 지위이다. ㄹ. 아들을 데리고 병원에 간 갑의 행동과 엄격하게 생활 지도를 한 병의 행동은 모두 역할 행동이다.

바로잡기 ㄱ. 첫 번째 사례에서 아들은 귀속 지위이지만 두 번째 사례에서는 귀속 지위가 나타나 있지 않다. ㄷ. 첫 번째 사례에서 회사를 가야 할지, 아들을 데리고 병원에 가야 할지를 고민하는 갑의 모습은 역할 갈등에 해당한다. 하지만 두 번째 사례에서 병은 역할 갈등을 경험하지 않았다.

162

포상은 학생으로서 역할 행동을 잘한 학생에게 내려지는 사회적 보상이고, 징계는 학생으로서 역할 행동을 잘하지 못한 학생에게 내려지는 사회적 제재이다. 즉 제시된 선도 규정을 통해 역할 행동 결과에 따라 사회적 보상과 제재가 따름을 알 수 있다.

바로잡기 ① 옳은 진술이지만 제시된 자료와는 관련이 없다. ② 제시된 선도 규정은 같은 지위에 관해 서로 다른 역할을 기대하는 것이 아니라 동일한 역할에 관해 서로 다른 역할 행동이 이루어질 수 있음을 보여 준다. ④ 제시된 선도 규정은 동일한 지위에 있는 사람들의 역할 행동이 서로 다를 수 있음을 보여 준다. ⑤ 두 가지 이상의 역할이 요구될 때 역할 갈등이 발생할 수 있지만, 제시된 자료와는 관련이 없다.

163

② 회사는 전문적 지식의 사회화를 담당한다는 점에서 2차적 사회화 기관이자 사회화를 목적으로 형성된 것은 아니지만 부수적으로 사회화를 수행하는 비공식적 사회화 기관에 해당한다. 야간 대학교는 2차적 사회화 기관이자 사회화를 목적으로 형성되었다는 점에서 공식적 사회화 기관에 해당한다.

바로잡기 ① 장남은 귀속 지위, 가수는 성취 지위이다. ③ 최종 우승자로 선정된 것은 갑의 역할 행동에 따른 보상이다. ④ 회사 업무에 전념하는 것은 회사 과장으로서 갑에게 기대되는 행동 양식이다. ⑤ 고민은 갑의 역할 갈등에 해당하지 않는다.

164

ⓒ 교사는 개인의 노력으로 얻어지는 성취 지위, 조카는 자신의 노력으로 얻어지는 지위가 아니므로 귀속 지위이다. ⓔ 대학교는 사회화를 목적으로 설립된 공식적 사회화 기관이면서 전문적인 지식과 기능을 담당하는 2차적 사회화 기관이다.

바로잡기 ㄱ. ⓒ은 단순한 개인의 심리적 갈등이다. ⓑ은 역할 사이의 고민이 아니다. ㄷ. ⓔ 동양화의 대가로 인정받는 것은 화가로서 역할 행동에 관한 보상이다.

165

사회를 단순한 개인의 집합체로 인식하는 관점은 사회 명목론, 사회는 개인의 합 이상이라고 보는 관점은 사회 실재론이다.

166

사회 명목론에서는 사회가 개인의 총합에 붙여진 이름에 불과하고 실제로 존재하는 것은 개인뿐이라고 본다. 사회 실재론에서는 사회가 개인의 외부에 실재하며 개인과 구별되는 독특한 특성을 가진다고 본다.

채점 기준	수준
(가), (나) 관점의 기본 입장을 모두 정확하게 서술한 경우	상
(가), (나) 관점 중 하나의 기본 입장만 정확하게 서술한 경우	중

167

제시된 자료의 고민은 갑의 역할 갈등에 해당한다.

168

둘 이상의 지위에 서로 다른 역할이 요구되고 이를 동시에 수행해야 할 때 나타나는 갈등이다.

채점 기준	수준
지위, 역할이라는 사회학적 개념을 포함하여 역할 갈등의 발생 이유를 서술한 경우	상
지위, 역할이라는 사회학적 개념을 포함하였지만 역할 갈등의 발생 이유를 미흡하게 서술한 경우	중

적중 1등급 문제
40~41쪽

169 ③	170 ③	171 ④	172 ③	173 ⑤
174 ④	175 ①	176 ②		

169 개인과 사회의 관계를 바라보는 관점 이해하기

1등급 자료 분석 사회 실재론

통계에 따르면 규범적 통합이 강한 사회에서는 자살률이 낮은 반면, 규범적 통합이 약한 사회에서는 자살률이 높게 나타나고 있다. 이는 사회 통합의 정도에 따라 개인의 행위가 달라지기 때문이다. 이처럼 *사회의 특성에 따라 자살률이 다르게 나타나고 있는 것은 개인의 행동이 사회에 의해 구속됨을 보여 준다는 점에서 사회 실재론에 부합한다.* 사회·문화 현상에 관한 이해는 개별 인간의 행위에 관한 이해만으로는 부족하며 사회적 특성에 초점을 두고 연구해야 한다. *사회·문화 현상을 이해하기 위해 사회적 특성에 초점을 두고 연구해야 한다고 보므로 사회 제도나 집단 등에 주목하는 사회 실재론과 관련이 있다.*

제시문에 나타난 관점은 사회가 개인의 단순한 합 이상이고, 개인의 특성만으로는 설명할 수 없는 고유한 특성을 지닌 독립적 실체라고 보는 사회 실재론이다. 사회 실재론은 사회가 개인의 외부에 실제로 존재하며, 개인은 사회를 구성하는 요소에 불과하고 개인의 행동과 의식은 사회에 의해 구속된다고 본다.

바로잡기 ㄱ. 사회가 개인의 집합체에 붙여진 이름에 불과하다고 보는 것은 사회 명목론이다. 사회 실재론은 사회가 개인의 단순한 합 이상의 실체라고 본다. ㄹ. 개인의 행동이 사회와 관계없이 개인의 자율적인 의지에 따라 이루어진다고 보는 것은 사회 명목론이다. 사회 실재론에서는 개인이 독자적 판단이나 사고에 따라 행동하는 것이 아니라 사회 구조나 제도의 영향을 받아 행동한다고 본다.

170 개인과 사회의 관계를 바라보는 관점 이해하기

1등급 자료 분석 사회 명목론, 사회 실재론

갑 : 코로나 19의 심각성에 관한 국민의 자각 수준이 국가별 감염의 정도를 결정합니다. 따라서 국민 각자가 코로나 19의 심각 *개인이 사회보다 우월한 가치를 갖는 존재로서 사회의 특성은 개개인의 특성이 모여 나타나는 것에 불과하다고 보는 사회 명목론의 입장에 부합한다.* 성을 깨닫고 책임 의식을 가지고 방역을 위해 노력해야 합니다.

을 : 국가별 코로나 19의 심각성 정도는 사회 개별 구성원이 방역 수칙을 지킬 수 있도록 하는 국가의 의지와 역량에 따라 달라집 *사회는 개인보다 우월한 존재로서 구성원의 의식과 행동을 구속한다고 보는 사회 실재론의 입장에 부합한다.* 니다. 결국 코로나 19의 심각성을 깨닫고 방역에 온 힘을 다하도록 하는 사회 분위기를 만들어야 합니다.

갑은 사회 명목론, 을은 사회 실재론의 입장이다. ㄴ. 사회 실재론은 개인의 의식과 행동은 사회에 의해 구속된다고 본다. ㄷ. 사회 명목론은 개인의 자율성이 사회 규범의 구속성보다 우선한다고 본다.

바로잡기 ㄱ. 사회 실재론은 사회가 개인의 외부에 독립적으로 존재한다고 본다. ㄹ. 사회 명목론은 사회 문제의 원인을 사회 구조나 제도가 아닌 개인의 의식에 있다고 본다.

171 개인과 사회의 관계를 바라보는 관점 이해하기

교사 : 개인과 사회의 관계를 바라보는 관점 A, B를 발표해 보세요.
갑 : A는 개인의 의식과 행동은 사회에 의해 구속된다고 봅니다. 　　　　　　　　　　사회 실재론
을 : B는 사회의 특성이 개개인의 특성으로 환원된다고 봅니다. 　　　　　　　　　　사회 명목론
병 :　　　　　　(가) 　　　틀린 진술이 들어가야 한다.
교사 : 2명은 옳게 답했지만 1명은 옳지 않은 답을 했어요. 　　　갑과 을이 모두 옳게 답해야 성립한다.

갑은 사회 실재론, 을은 사회 명목론에 관해 발표하였고, 교사가 2명이 옳게 답했다고 했으므로 갑과 을의 발표 내용은 옳고 병의 발표 내용은 옳지 않은 내용이다. ㄱ. 옳지 않은 답을 한 학생은 '병'이다. ㄴ. (가)에는 옳지 않은 내용이 들어가야 한다. 사회 실재론은 사회 문제의 해결책으로 사회 구조나 제도의 개선을 강조한다. 개인 의식의 변화를 강조하는 관점은 사회 명목론이다. 따라서 해당 내용은 (가)에 들어갈 수 있다. ㄷ. 사회 실재론은 인간의 주체적이고 능동적인 행위를 설명하기 곤란하다.

바로잡기 ㄹ. 사회 명목론은 사회보다 개인이 우월한 가치를 갖는다고 본다.

172 사회화의 유형 파악하기

- 행정 고등 고시에 최종 합격한 갑은 국가 공무원 인재 개발원에서 진행하는 연수 과정에 참여하여 공직자로서 갖추어야 할 여러 가지 지식과 태도 등을 배웠다.

  갑은 공무원이 되기 전에 공직자로서 갖추어야 할 여러 가지 지식과 태도 등을 배웠으므로 예기 사회화를 경험하였다. 예기 사회화는 미래에 속하게 될 집단에서 요구하는 행동 양식을 미리 학습하는 것이다.

- 지난해 회사에서 정년퇴직한 을은 구청에서 지역 노인을 위해 개설한 강좌를 수강하며 스마트폰 활용 방법 및 전자 상거래 등에 관해 배웠다.

  사회 변화나 새로운 환경에 적응하기 위해 이전과는 다른 지식이나 규범, 가치 및 행동 양식 등을 습득하는 과정을 재사회화라고 한다. 따라서 을은 재사회화를 경험하였다. 사회 변화가 빨라질수록 새로운 지식과 기술이 다양하게 등장하므로 재사회화의 중요성이 더욱 커지게 된다.

갑은 공무원으로서 갖추어야 할 지식을 미리 배웠다는 점에서 예기 사회화를 경험하였고, 을은 사회 변화에 따라 정보 통신 기술을 배웠다는 점에서 재사회화를 경험하였다. 재사회화는 사회 변동의 속도가 빨라질수록 그 필요성이 더욱 커진다.

바로잡기 ㄱ. 전문적 지식을 사회화한다는 점에서 갑이 연수를 받은 기관은 2차적 사회화 기관에 해당한다. ㄹ. 갑은 공식적 사회화 기관에서 사회화를 경험하였다. 을이 교육받은 구청은 사회화를 목적으로 형성된 기관이 아니므로 비공식적 사회화 기관에 해당한다.

173 사회화 기관 파악하기

〈자료 1〉

갑은 ㉠○○ 대학교를 졸업하고 로스쿨에 들어가기를 원하는 ㉡ 가족의 뜻에 반하여 가전제품을 만드는 ㉢□□ 회사에 입사하였다.
공식적·2차적 사회화 기관 / 비공식적·1차적 사회화 기관 / 비공식적·2차적 사회화 기관

입사 후 갑은 뛰어난 업무 능력을 발휘하여 빠르게 진급을 하였고 결국에는 □□ 회사의 최연소 임원이 되었다. 이 사실은 ㉣ 신문에 보도가 될 만큼 놀라운 일이었다.
비공식적·2차적 사회화 기관

〈자료 2〉

구분	(가)	(나)	(다)
사회화를 목적으로 설립되지는 않았으나 사회화의 역할도 수행하는가? 비공식적 사회화 기관인가?	예	예	아니요
전문적이고 심화된 수준의 사회화를 담당하는가? 2차적 사회화 기관인가?	예	아니요	예

대학교는 사회화를 목적으로 설립된 공식적 사회화 기관이고, 전문적이고 심화된 수준의 사회화를 담당하는 2차적 사회화 기관이다. 가족은 사회화를 목적으로 설립되지는 않았으나 사회화의 역할도 수행하는 비공식적 사회화 기관이고, 기초적인 수준의 사회화를 담당하는 1차적 사회화 기관이다. 회사는 비공식적, 2차적 사회화 기관이다. 신문과 같은 대중 매체는 비공식적, 2차적 사회화 기관이다.

174 역할 갈등 이해하기

- ○○ 기업에서 과장으로 근무 중인 갑은 갑작스럽게 내일 아침으로 예정된 회의 준비로 야근이 불가피한 상황이다. 그런데 어린이집에 맡겨 둔 아이가 어린이집에 혼자 남겨져 부모를 기다리고 있을 것이 걱정되어 고민하고 있다.

  갑은 과장으로서 지위, 부모로서의 지위에 따른 역할이 충돌하여 역할 갈등을 겪고 있다. 과장으로서 회의 준비를 위해 야근을 해야 하는 것과 부모로서 아이를 데리러 어린이집에 가야 하는 것 사이의 고민이다.

- 고등학교 담임 교사인 을은 학부모와의 상담 약속을 앞두고 유치원으로부터 연락을 받았다. 자녀가 갑작스러운 고열로 병원에 가야 한다는 것이다. 학부모와의 상담 약속을 앞두고 을은 어떻게 해야 할지 고민하고 있다.

  을은 교사로서의 지위와 부모로서의 지위를 가지고 있으며, 학부모 면담을 앞두고 두 지위에서 요구되는 역할이 충돌하고 있다. 을의 고민은 역할의 충돌에 따른 것이므로 역할 갈등에 해당한다.

갑은 회사 과장과 부모, 을은 교사와 부모라는 두 가지 사회적 지위 사이에서 역할이 동시에 요구됨에 따라 역할 갈등을 겪고 있다. 역할 갈등은 한 개인에게 요구되는 역할의 충돌에 따른 심리적 갈등이다. 현대 사회가 복잡해짐에 따라 개인이 가지는 지위의 수가 많아지면서 역할 갈등이 발생할 가능성도 커지고 있다.

바로잡기 ㄱ. 갑의 지위인 회사 과장과 부모 모두 개인의 의지나 노력에 따라 후천적으로 얻게 되는 성취 지위이다. ㄷ. 갑, 을 모두 서로 다른 사회적 지위 간에 기대되는 역할의 충돌로 갈등하고 있다.

175 사회학적 개념 이해하기

• 갑은 대기업에 취업하기 위해 회사를 알아보던 중 떡집을 운영하
　　　　갑은 비공식적 사회화 기관에 소속되어 있지 않다.
는 부모님이 함께 떡집을 운영해 보자고 요청하여 고민에 빠졌다.
　　　　　　　　　　　　두 개 이상의 역할이 충돌한 것은 아니다.
결국 갑은 부모님과 함께 떡집을 운영하기로 하였고 신제품 개발
을 통한 매출 증가로 현재는 자신의 선택에 만족하고 있다.
　　　　　　　　　　　갑의 역할 행동에 관한 보상이 아니다.

• 을은 대기업에 취직하여 만족스러운 회사 생활을 하던 중 회사에
　을은 비공식적 사회화 기관, 2차적 사회화 기관에 소속되어 있다.
서 추진하는 새로운 사업이 환경을 심하게 훼손시키는 사실을 알
았다. 환경 관련 시민 단체 회원이기도 한 을은 이를 공개해야 할
　　　　　　　비공식적 사회화 기관, 공식 조직이다.
지 고민하였다. 결국 회사를 그만둔 을은 해당 사실을 공개하고 이
　을은 시민 단체 회원과 회사 직원이라는
　사회적 지위 사이에서 역할 갈등을 겪고 있다.
에 반대하는 시민 단체 운동을 주도하여 관련 기관으로부터 감사
장을 받았다.　　　　　시민 단체 회원으로서 사회적 기대에 부합한 을의
　　　　　　　　　　　역할 행동에 대한 보상이다.

ㄱ. 을은 현재 회사는 그만두었지만 시민 단체 회원이다. 시민 단체
는 비공식적 사회화 기관이다. ㄴ. 갑이 느낀 만족은 역할 행동에 대
한 보상은 아니지만, 을이 관련 기관으로부터 감사장을 받은 것은 역
할 행동에 대한 보상이다.

바로잡기 ㄷ. 을은 갑과 달리 역할 갈등을 경험하였다. ㄹ. 갑은 공식 조직에
소속된 적이 없고 을은 시민 단체에 소속되어 있다. 시민 단체는 공식 조직에
해당한다.

176 사회학적 개념 이해하기

갑은 교사가 되길 원하던 어머니의 희망대로 ㉠사범 대학에 진학
　　　　　　　　　　　　　　　2차적 사회화 기관, 공식적 사회화 기관
하였다. 그러나 어릴 적부터 진학을 꿈꿔 온 미술 대학이 아니었기
때문에 갑은 학업에 흥미를 잃고 ㉡강의에도 자주 결석하였다. 학
　　　　　　　　학생이라는 지위에 따른 사회적 기대에 부합하지 않는 역할 행동
업을 계속할지 말지 ㉢고민하던 갑은 사범 대학에서 미술을 공부
　　　　　　　학업을 계속할지 여부를 고민하는 것으로 역할 간 충돌은 아니다.
할 수 있는 방법을 알게 되어 미술 교육과의 강의를 듣기 시작하였
다. 이후 갑은 열심히 학과 공부에 매진하여 ㉣성적 최우수상을 수
상하였다.　　　학생이라는 지위에 따른 사회적　　역할 행동이 사회적 기대에
　　　　　　　기대에 부합하는 역할 행동이다.　부합하는 데 따른 보상이다.

ㄱ. 대학교는 전문적 지식의 사회화를 담당한다는 점에서 2차적 사회
화 기관에 해당한다. ㄹ. 성적 최우수상 수상은 공부에 매진한 역할
행동에 따른 보상이다.

바로잡기 ㄴ. 강의에 자주 결석한 것은 갑의 역할이 아니라 갑이 가지고 있는
학생이라는 지위에 따른 역할을 수행하는 구체적인 방식인 역할 행동이다. ㄷ.
역할 갈등은 역할 충돌에 따라 나타나는 심리적 갈등을 의미한다. 학업을 계속
할지 말지를 고민하는 것은 역할 갈등에 해당하지 않는다.

---

05 사회 집단과 사회 조직

분석 기출문제

43~47쪽

[핵심 개념 문제]

177 사회 집단　　178 내집단　　179 준거 집단　　180 ㉠
181 ㉠　182 ㉠　183 ×　184 ×　185 ○　186 ×
187 ㉠, ㉣　　188 ㉡, ㉢

189 ①　190 ②　191 ③　192 ⑤　193 ⑤　194 ③　195 ②
196 ①　197 ①　198 ③　199 ③　200 ②　201 ③　202 ②
203 ④　204 ②

1급을 향한 서답형 문제

205 자발적 결사체　206 예시 답안 조직 목표에 관한 구성원의 신념이 뚜렷
하다. 구성원이 조직 활동에 열성적으로 참여한다. 형태와 운영 방식이 다양하
다. 규정과 조직 운영이 유연하고 융통성이 있다.
207 관료제　208 예시 답안 과업이 세분화, 전문화되어 있다. 권한과 책임에
따른 위계가 서열화되어 있다. 규약과 절차에 따라 업무를 수행한다. 연공서열
에 따라 보상한다. 지위 획득에 있어 공평한 기회를 보장한다.

189

㉠은 가족이다. 가족은 1차 집단이면서 공동 사회로서 결합 자체를
목적으로 하며 전인격적인 인간관계가 나타난다.

바로잡기 ㄷ. 가족은 자발적 결사체가 아니다. ㄹ. 가족은 비공식적 통제 수단
으로 구성원을 통제하는 것이 일반적이다.

190

사회 집단은 소속감을 기준으로 내집단과 외집단으로 구분할 수 있
다. 제시된 사례는 다른 회사, 다른 국가와 같은 외집단과의 경쟁이
우리 회사, 우리 국가와 같은 내집단 구성원의 결속력을 높이는 데
기여함을 보여 준다.

191

〈자료 1〉에서 설명하고 있는 사회 집단은 이익 사회이다. 〈자료 2〉에
서 사회 집단은 갑이 속해 있는 민족, ○○ 국가, □□ 대학교, △△
회사, 갑의 가족이다. 이 중 ○○ 국가, □□ 대학교, △△ 회사는 이
익 사회, 갑이 속해 있는 민족과 갑의 가족은 공동 사회이다.

192

(가)는 이익 사회, (나)는 공식 조직, (다)는 자발적 결사체이다. ㄱ. 공식
조직, 자발적 결사체는 모두 선택 의지에 의해 결합된 집단이라는 점
에서 이익 사회에 해당한다. ㄷ. 공식 조직의 구성원이 만든 자발적
결사체는 비공식 조직이다. ㄹ. 시민 단체는 이익 사회, 공식 조직,
자발적 결사체에 해당한다.

바로잡기 ㄴ. 자발적 결사체 중 비공식 조직의 구성원은 모두 공식 조직의 구
성원에 해당한다.

193

갑, 을국 국민, 병 모두 자신이 소속되어 있는 집단과 준거 집단이 일치하지 않는다. 이로 인해 준거 집단에 소속되거나 현재의 소속 집단에서 벗어나기 위한 행동을 하고 있다.

194

③ 시민 단체는 공익을 추구하는 자발적 결사체로 특정한 목적 달성을 목표로 한다는 점에서 공식 조직에 해당한다.

바로잡기 ① 고등학교는 선택 의지에 따라 형성된 이익 사회이다. ② 농구 동아리는 공식 조직 내에 형성된 동아리가 아니므로 비공식 조직이 아니다. ④ 가입과 탈퇴가 자유로운 집단은 자발적 결사체이다. 가족은 가입과 탈퇴가 자유롭지 않다. ⑤ 농구 동아리는 친밀감을 바탕으로 형성되어 1차 집단의 성격이 강하지만 시민 단체는 수단적 만남이 이루어진다는 점에서 2차 집단에 해당한다.

195

모든 비공식 조직은 자발적 결사체이지만 자발적 결사체 중 이익 집단이나 시민 단체 등은 비공식 조직이 아니다. 즉 (가)는 자발적 결사체, (나)는 비공식 조직이다. ㄱ. 비공식 조직은 공식 조직 내에서 친밀한 인간관계에 바탕을 두고 형성된다. ㄹ. 회사 내 동호회는 자발적 결사체이자 비공식 조직이다. 시민 단체는 자발적 결사체이지만 비공식 조직이 아니며 회사는 자발적 결사체가 아니다.

바로잡기 ㄴ. 자발적 결사체, 비공식 조직은 모두 이익 사회이다. ㄷ. 공식 조직 내에 결성된 자발적 결사체 중 노동조합은 공식 조직에 해당한다.

196

A는 비공식 조직, B는 공식 조직이다. 비공식 조직은 가입과 탈퇴가 자유로우며, 비공식 조직의 활동을 통해 공식 조직 내에서의 긴장과 소외감 해소가 가능하여 업무 효율성 향상에 기여할 수 있다.

바로잡기 ㄷ. 비공식 조직과 같은 자발적 결사체는 다원화된 가치가 중시되는 현대 사회에서 더욱 증가하고 있다. ㄹ. 공식 조직, 비공식 조직은 모두 선택 의지에 의해 형성되는 이익 사회이다.

197

A 조직은 공식 조직, B 조직은 비공식 조직이다. 공식 조직은 자발적 결사체가 아니지만 비공식 조직은 자발적 결사체이다.

바로잡기 ② 공식 조직, 비공식 조직은 모두 이익 사회이다. ③ 비공식 조직은 자발적 결사체로서 공식 조직보다 가입과 탈퇴가 자유롭다. ④ 공식 조직은 2차적 인간관계가 주를 이룬다. ⑤ 비공식 조직보다 공식 조직에서 구성원의 역할이 명확하게 구분되어 있다.

198

ㄴ. 시민 연대, 회사는 특정 목적 달성을 위해 지위와 역할이 명확한 공식 조직이다. ㄷ. 시민 연대, 노동조합은 자발적 참여로 결성된 자발적 결사체이다.

바로잡기 ㄱ. 선택 의지에 의해 형성된 집단은 이익 사회이다. 대학교는 이익 사회, 가족은 공동 사회이다. ㄹ. 공식 조직 내에서 구성원 간 친밀한 인간관계에 바탕을 두고 형성된 조직은 비공식 조직이다. 따라서 시민 연대의 축구 동호회는 비공식 조직이다.

199

(가)는 비공식 조직이면서 자발적 결사체, (나)는 자발적 결사체인 친목 단체, (다)는 자발적 결사체인 시민 단체, (라)는 자발적 결사체인 이익 집단이다. (가)~(라) 모두 선택 의지에 따라 결합된 이익 사회이다.

바로잡기 ㄱ. (가)는 비공식 조직이다. ㄹ. 자발적 결사체 중에는 1차적 인간관계와 2차적 인간관계가 모두 나타나는 집단도 있다.

200

(가)는 이익 사회, (나)는 2차 집단, (다)는 자발적 결사체, (라)는 비공식 조직, (마)는 준거 집단이다. ㄱ. 비공식 조직은 이익 사회이면서 자발적 결사체이다. ㄹ. 이익 사회, 2차 집단, 자발적 결사체, 비공식 조직 모두 한 개인의 준거 집단이 될 수 있다.

바로잡기 ㄴ. 회사 내 노동조합은 자발적 결사체이자 공식 조직이다. ㄷ. 자발적 결사체, 비공식 조직 모두 가입과 탈퇴가 자유롭다.

201

제시된 그림은 관료제 조직을 나타낸다. ㄴ. 관료제는 공식적인 규약과 절차에 의해 업무를 처리한다. ㄷ. 관료제는 수직적으로는 서열화되어 있고 수평적으로는 기능상 분업 체계를 이루고 있다.

바로잡기 ㄱ. 관료제에서는 하향식 의사 결정이 주로 나타난다. ㄹ. 관료제에서는 구성원의 업무 경력, 연공서열 등을 중시한다.

202

ㄱ. 관료제가 탈관료제보다 연공서열을 중시한다. 따라서 A가 관료제이면 (가)에는 '연공서열 중시 정도'가 들어갈 수 있다. ㄷ. 탈관료제가 관료제보다 의사 결정 권한이 분산되어 있다. 따라서 (가)에 '의사 결정 권한의 분산 정도'가 들어가면 A는 탈관료제이다.

바로잡기 ㄴ. 관료제가 탈관료제보다 조직의 경직성이 더 높다. 따라서 B가 탈관료제이면 (나)에는 '조직의 경직성'이 들어갈 수 없다. ㄹ. 탈관료제가 관료제보다 환경 변화에 관한 대응력이 더 높다. 따라서 (나)에 '환경 변화에 관한 대응력'이 들어가면 B는 탈관료제이다.

203

(가)는 탈관료제 조직 중 팀제, (나)는 관료제이다.

바로잡기 ㄱ. 연공서열을 중시하는 것은 관료제이다. ㄷ. 위계의 서열화로 지위에 따른 권한과 책임이 명확한 것은 관료제이다.

204

A는 탈관료제, B는 관료제이다. ㄱ. 탈관료제가 관료제보다 조직의 유연성을 중시한다. ㄹ. 관료제는 규약에 따른 과업 수행, 탈관료제는 창의적 과업 수행을 중시한다. 따라서 (나)에는 '규약에 따른 과업 수행보다 창의적 과업 수행을 중시하는가?'가 들어갈 수 있다.

바로잡기 ㄴ. 조직 운영에서 구성원의 자율성을 중시하는 것은 탈관료제이다. ㄷ. 관료제는 의사 결정 권한의 집중을 지향하고, 탈관료제는 의사 결정 권한의 분산을 지향한다. 따라서 (가)에는 '의사 결정 권한의 집중보다 분산을 지향하는가?'가 들어갈 수 없다.

205

집단에의 소속이 집단 구성원의 자발성에 바탕을 두고 있는 사회 집단은 자발적 결사체이다.

206

자발적 결사체는 조직 목표에 관한 구성원의 신념이 뚜렷하고, 구성원이 조직 활동에 열성적으로 참여하며, 형태와 운영 방식이 다양하고, 규정과 조직 운영이 유연하고 융통성이 있다.

채점 기준	수준
자발적 결사체의 특징을 두 가지 서술한 경우	상
자발적 결사체의 특징을 한 가지만 서술한 경우	중

207

첫 번째는 파킨슨의 법칙, 두 번째는 피터의 원리이다. 파킨슨의 법칙, 피터의 원리 모두 관료제의 역기능을 보여 준다.

208

관료제는 과업이 전문화되어 있고, 위계가 서열화되어 있으며, 규약과 절차에 따라 업무를 수행하고, 지위 획득에 있어 공평한 기회를 보장하며, 경력에 따라 보상한다.

채점 기준	수준
관료제의 특징을 두 가지 서술한 경우	상
관료제의 특징을 한 가지만 서술한 경우	중

적중 1등급 문제

| 209 ② | 210 ④ | 211 ② | 212 ⑤ | 213 ⑤ |
| 214 ② | 215 ① | 216 ④ | | |

209 자발적 결사체 이해하기

1등급 자료 분석 자발적 결사체의 특징

시민 단체, 이익 집단, 친목 집단 모두의 특징에 해당하는 질문이 들어가야 한다.

응답 질문	예	아니요
(가)	A, B, C	–
(나)	B, C	A
(다)	A	B, C

시민 단체, 이익 집단, 친목 집단 중 한 개에만 해당하는 질문이 들어가야 한다.

(가)에는 시민 단체, 이익 집단, 친목 집단 모두의 특징에 해당하는 질문이 들어가야 한다. (나)에는 시민 단체, 이익 집단, 친목 집단 중 2개에만 해당하는 질문이 들어가야 한다. (다)에는 시민 단체, 이익 집단, 친목 집단 중 1개에만 해당하는 질문이 들어가야 한다. ㄱ. 구성원의 선택 의지에 의해 인위적으로 형성된 집단은 이익 사회이며 자발적 결사체는 모두 이익 사회이다. 따라서 해당 질문은 (가)에 들어갈 수 있다. ㄷ. 시민 단체와 이익 집단은 친목 집단과 달리 과업 지향적인 집단이다. 따라서 해당 질문이 (나)에 들어가면 A는 친목 집단이다.

바로잡기 ㄴ. 자발적 결사체는 가입과 탈퇴가 자유롭다. 따라서 해당 질문은 (가)에 들어갈 수 있다. ㄹ. 친목 집단은 1차 집단의 성격이 강하게 나타난다. (다)에 해당 질문이 들어가면 B, C는 각각 시민 단체와 이익 집단 중 하나이다.

210 사회 집단, 사회 조직 이해하기

1등급 자료 분석 이익 사회, 공식 조직, 비공식 조직, 자발적 결사체

갑	○○ 고등학교의 교사로, 지역 교육 문제에 관심을 가지고 있으며 주말마다 지역 ㉠시민 단체에서 활동하고 있다. 갑이 소속된 자발적 결사체인 지역 시민 단체는 공식 조직, 이익 사회에 해당한다.
을	□□ 전자 회사의 사원으로, 매주 수요일 퇴근 후에는 사내 야구 동호회에서 투수로 활동하고 있다. 을이 소속된 자발적 결사체인 야구 동호회는 공식 조직에 속한 구성원들이 자발적으로 형성한 집단이라는 점에서 비공식 조직에 해당한다.
병	△△ 고등학교 학생이고, ㉡학급 회장으로 활동하고 있으며 지역 이익 사회 청소년 봉사 단체에서도 회장을 맡고 있다. 자발적 결사체

ㄴ. 을이 소속된 사내 야구 동호회는 공식 조직에 속한 구성원들이 공동의 관심이나 취미를 중심으로 조직한 집단이라는 점에서 비공식 조직에 해당한다. ㄹ. 갑은 시민 단체, 을은 야구 동호회, 병은 청소년 봉사 단체라는 자발적 결사체에 소속되어 있다.

바로잡기 ㄱ. 선택적 의지에 따라 형성된 집단은 이익 사회이다. ㄷ. 을은 회사, 병은 학교라는 공식 조직에 소속되어 있다.

211 사회 집단, 사회 조직 이해하기

1등급 자료 분석 공동 사회, 이익 사회, 공식 조직, 비공식 조직

갑 : 사회 집단은 결합 의지에 따라 A, B로 구분합니다. B는 구성
               공동 사회, 이익 사회
원의 본질 의지에 의해 자연 발생적으로 형성된 집단입니다.
           B는 공동 사회이므로 A는 이익 사회이다.
을 : 사회 집단 중 목표와 경계가 뚜렷하고 규범과 절차가 체계화되
   어 있는 집단을 C라고 합니다.
     공식 조직
병 : D는 C의 구성원들이 공통의 관심사를 실현하기 위해 결성하는
   사회 집단입니다.
   공식 조직 내에서 공동의 관심을 가진 사람들이 자발적으로 형성한 집단이므로
   비공식 조직이다.

사회 집단은 결합 의지에 따라 공동 사회와 이익 사회로 구분되며, 구성원의 본질 의지에 의해 자연 발생적으로 형성된 집단은 공동 사회이다. 사회 집단 중 목표와 경계가 뚜렷하고 규범과 절차가 체계화되어 있는 집단을 공식 조직이라고 하며, 공식 조직의 구성원들이 공통의 관심사나 목표를 실현하기 위해 결성하는 사회 집단을 비공식 조직이라고 한다. 따라서 A는 이익 사회, B는 공동 사회, C는 공식 조직, D는 비공식 조직이다. ② 이익 사회에 해당하는 사회 집단이 모두 2차 집단인 것은 아니다. 어릴 적 친구들이 오랫동안 유지

해 온 동호회는 이익 사회이지만 1차 집단의 성격을 갖고 있다고 볼 수 있다.

바로잡기 ① 자발적 결사체는 모두 이익 사회이다. ③ 사내 동호회는 이익 사회이면서 비공식 조직이다. ④ 가족은 공동 사회이지만 비공식 조직은 아니다. ⑤ 공식 조직, 비공식 조직은 모두 이익 사회에 해당한다.

212 사회 집단, 사회 조직 이해하기

1등급 자료 분석 공동 사회, 이익 사회, 내집단, 공식 조직, 자발적 결사체

월	지난주에 가입한 ⊙시민 단체 회원들과 봉사 활동 참여 내집단, 자발적 결사체, 공식 조직
화	창의적 체험 활동으로 ⓒ○○ 방송국 견학 공식 조직
수	ⓒ교육청에서 운영하는 입시 설명회 참석 공식 조직
목	할머니 생신 축하를 위한 ⓔ가족 모임 참여 공동 사회
금	교칙 제·개정 관련 ⓜ학생회 주관 회의 참여 이익 사회
토	부모님과 ⓗ친족 모임 참석 공동 사회는 자연 발생적으로 형성된 집단으로 가족, 친족, 전통 사회의 마을 공동체 등이 해당한다.

⑤ 가족과 친족은 구성원의 본질 의지에 의해 자연 발생적으로 형성된 집단이라는 점에서 공동 사회에 해당한다. 반면 학생회는 특정한 목적 달성을 위해 선택 의지에 따라 결합된 집단이라는 점에서 이익 사회에 해당한다.

바로잡기 ① 시민 단체는 갑의 내집단이지만 방송국은 갑의 내집단에 해당하지 않는다. ② 시민 단체는 자발적 결사체에 해당하지만 교육청은 자발적 결사체에 해당하지 않는다. ③ 방송국과 교육청은 특정한 목적 달성을 위한 집단이고 수단적 만남과 간접적 접촉이 이루어진다는 점에서 2차 집단에 해당한다. ④ 시민 단체, 방송국, 교육청 모두 특정한 목표 달성과 과업 수행을 위해 만들어진 공식 조직에 해당한다.

213 사회 집단, 사회 조직 이해하기

1등급 자료 분석 공동 사회, 이익 사회, 비공식 조직, 자발적 결사체

구분	갑	을
A 시기	⊙가족, 같은 동네 또래 집단 공동 사회	공동 사회 가족, ⓒ유치원 이익 사회
B 시기	학교, 지역 청소년 야구 동아리 이익 사회	ⓒ학교, ⓔ태권도 학원 공식적 사회화 기관, 이익 사회
C 시기	공식 조직 회사, 사내 야구 동호회 비공식 조직	공식 조직 시민 단체, ⓜ정당 비공식적 사회화 기관

⑤ C 시기에 갑이 속한 공식 조직은 회사, 을이 속한 공식 조직은 시민 단체와 정당이다.

바로잡기 ① 가족은 공동 사회이지만 유치원은 이익 사회이다. ② 학교, 태권도 학원은 공식적 사회화 기관이지만 정당은 비공식적 사회화 기관이다. ③ A 시기에 갑은 공동 사회에만 속해 있지만 을이 속한 유치원은 공동 사회가 아니다. ④ B 시기에 갑과 을은 모두 2개의 이익 사회에 소속되어 있다.

214 사회 집단, 사회 조직 이해하기

1등급 자료 분석 공동 사회, 공식 조직, 자발적 결사체

- '자발적 결사체인가?'라는 질문에 A, C의 응답 내용은 '예'로 같다.
  A, C는 각각 시민 단체, 사내 동호회 중 하나이다.
- 구성원의 본질 의지에 의해 자연 발생적으로 형성된 집단인가?'라는 질문으로 A, C, D를 구분할 수 없다. 공동 사회
  B는 가족임을 알 수 있다.
- '공식 조직인가?'라는 질문에 C, D의 응답 내용은 '예'로 같다.
  C, D는 각각 학교, 시민 단체 중 하나이다.

자발적 결사체이면서 공식 조직인 사회 집단은 시민 단체이고, 가족은 공동 사회이다. 사내 동호회는 자발적 결사체, 학교는 공식 조직이다. 따라서 A는 사내 동호회, B는 가족, C는 시민 단체, D는 학교이다. 학교와 달리 가족은 구성원에 대한 비공식적 통제가 일반적이다.

바로잡기 ㄴ. 사내 동호회는 비공식 조직이므로 해당 질문으로 A, B를 구분할 수 있다. ㄷ. 가족과 학교는 가입과 탈퇴가 자유로운 자발적 결사체가 아니다.

215 관료제와 탈관료제 이해하기

1등급 자료 분석 관료제, 탈관료제

(가)	A 기업은 부장급 이상 임원만 100명이며 직위에 따라 권한과 책임이 다르다. 출퇴근 시간과 업무 절차는 회사가 정한 규정을 따라야 A 기업은 규약과 절차에 따른 과업 수행을 중시하고 있으며, 이에 따라 안정적인 회사 운영이 가능하다. 이는 관료제의 특징에 해당한다. 하며 승진과 보수는 경력과 직급에 따라 결정된다. 구성원의 업무 경험이나 숙련도 등을 중시하여 연공서열에 따라 보상하고 신분을 보장한다.
(나)	B 기업은 업무나 성격에 따라 여러 팀을 구성하여 운영한다. 팀 내 구성원의 관계는 수평적이며 세부적인 업무 절차와 내용도 자체적 B 기업은 구성원에게 업무 운영의 자율성을 부여하고 있으며, 이로 인해 창의적이고 자율적으로 회사 운영이 가능하다. 이는 탈관료제의 특징에 해당한다. 으로 결정할 수 있다. 승진과 보수는 개인별 능력에 따라 결정된다. 능력과 성과를 평가하여 승진과 임금 수준이 정해지므로 개인의 성취동기를 높인다.

(가)는 관료제, (나)는 탈관료제에 해당한다. ① 구성원의 자율성을 보장하는 탈관료제에 비해 관료제는 직급에 따른 권한과 책임이 명확하다.

바로잡기 ② 관료제는 경력에 따른 보상을 중시하고 탈관료제는 업적에 따른 보상을 중시한다. ③ 업무의 표준화 정도는 관료제가 탈관료제에 비해 높다. ④ 관료제, 탈관료제 모두 조직 운영의 효율성을 추구한다. ⑤ 탈관료제는 창의적이고 유연한 조직 운영을 중시하고 관료제는 안정적인 조직 운영을 중시한다.

216 관료제와 탈관료제 이해하기

관료제는 권한과 책임의 정도에 따라 조직 내 지위가 서열화되어 있다. 따라서 의사 결정 권한이 분산되어 수평적인 조직 체계를 보이는 탈관료제에 비해 관료제는 권한과 책임의 명확성 정도가 높게 나타난다. 따라서 A는 관료제, B는 탈관료제이다.

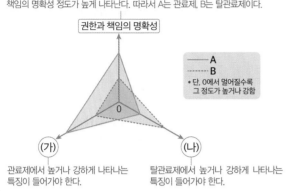

관료제에서 높거나 강하게 나타나는 특징이 들어가야 한다. (가)

탈관료제에서 높거나 강하게 나타나는 특징이 들어가야 한다. (나)

A는 관료제, B는 탈관료제에 해당한다. ④ 관료제는 효율적 업무 처리를 위해 업무에 맞는 전문 인력을 배치하고 각각의 구성원이 분담하여 일을 처리함에 따라 업무의 표준화와 세분화 정도가 높게 나타난다.

바로잡기 ① 관료제에 비해 유연하게 조직을 운영하는 탈관료제는 빠른 사회 변화에 대처하기 용이하다. ② 관료제와 탈관료제 모두 조직의 효율적 과업 수행을 지향하는 조직 운영 방식이다. ③ 조직 운영에서 관료제는 안정성, 탈관료제는 유연성을 추구한다. ⑤ 탈관료제에서는 신속한 의사 결정이 요구되면서 중간 관리층의 역할 비중이 감소하므로 (나)에는 '중간 관리층의 역할 비중'이 들어갈 수 없다.

---

06 사회 구조와 일탈 행동

분석 기출 문제

[핵심 개념 문제]

| 217 ⓒ | 218 ㉠ | 219 ㉡ | 220 상대성 | 221 일탈 행동 |
| 222 ○ | 223 × | 224 ○ | 225 ㄱ | 226 ㄷ | 227 ㄴ |

228 ④	229 ④	230 ①	231 ②	232 ②	233 ③	234 ③
235 ①	236 ①	237 ②	238 ④	239 ②	240 ①	241 ④
242 ③	243 ①

1등급을 향한 서답형 문제

244 차별 교제 이론   **245** 예시답안 일탈자와의 상호 작용을 통해 일탈 행동을 학습하여 그것을 실행하기 때문이다.

246 (가) : 낙인 이론, (나) : (머튼의) 아노미 이론   **247** 예시답안 일탈 행동을 판단하는 객관적인 기준이 존재하지 않는다고 전제한다. 일탈 행동의 상대성을 강조한다. 개인 간의 상호 작용을 중심으로 일탈 행동을 분석한다.

228

㉠에는 사회 구성원이 구조화된 행동을 함으로써 안정된 사회적 관계를 유지할 수 있다는 안정성이 나타나 있다. ㉡에는 사회 구조는 고정된 것이 아니라 사회 구성원의 변화나 의지에 따라 변화된다는 변동성이 나타나 있다.

229

제시된 내용은 구성원들이 구조화된 행동을 하지 않았을 때 나타날 수 있는 반응을 보여 준다. 사회 구조는 구성원들에게 구조화된 행동을 요구함으로써 안정된 사회적 관계를 유지하게 한다.

바로잡기 ① 사회적 관계는 다양하더라도 사회 구조는 대개 안정된 틀을 유지한다. ② 사회 구조는 법뿐만 아니라 관습, 상징 등 다양한 수단을 통해 그 행동 양식이 전승된다. ③ 구성원의 가치관이 달라지면 사회 구조라는 틀 자체도 변화하지만 제시된 자료와는 관련이 없다. ⑤ 사회 구조는 사회 구성원이 바뀌어도 계속 유지되는 지속성이 있다.

230

첫 번째 사례는 동일한 행동이 상황에 따라 일탈 행동이 될 수도 있고 그렇지 않을 수도 있음을 보여 준다. 두 번째 사례는 사회 규범에 따라 과거에 일탈 행동이었던 행동이 정상적인 행동으로 변할 수 있음을 보여 준다. 두 사례를 통해 일탈 행동이 상대적으로 규정됨을 알 수 있다.

231

제시된 자료와 같이 사회의 구조적 모순에 저항하는 행동은 일탈 행동으로 규정될 수 있지만 사회의 구조적 모순을 알림으로써 그것을 해결하는 실마리를 마련해 주기도 한다.

바로잡기 ①, ③, ④, ⑤ 제시된 자료에 나타난 일탈 행동의 순기능으로는 볼 수 없다.

232

ㄱ. (가)와 같이 사회 구조적 측면에서 일탈 행동의 원인을 찾을 경우 개인 간 상호 작용의 영향력을 소홀히 할 수 있다. ㄷ. (다)는 일탈 행동이 집단의 결속력을 강화할 수 있다고 보고 있다.

바로잡기 ㄴ. (나)는 일탈 행동의 원인을 사회학적 요인에서 찾고 있다. ㄹ. (라)는 일탈 행동 여부를 판단하는 기준이 시간에 따라 다를 수 있음을 강조하고 있다. 즉 일탈 행동을 판단하는 절대적 기준이 없음을 강조하고 있다.

233

(가)는 머튼의 아노미 이론, (나)는 뒤르켐의 아노미 이론이다. ㄴ. 뒤르켐은 사회적으로 합의된 가치관의 정립, 사회 규범의 통제력 강화 등을 일탈 행동의 해결 방안으로 제시한다. ㄷ. (가), (나) 모두 아노미 현상을 일탈의 원인으로 본다.

바로잡기 ㄱ. 낙인으로 인한 부정적 자아 형성 과정에 주목하는 이론은 낙인 이론이다. ㄹ. 홈런을 많이 치기 위해 금지 약물을 복용한 프로 야구 선수 사례는 머튼의 아노미 이론으로 설명하기에 적합하다.

234

갑의 관점은 머튼의 아노미 이론, 을의 관점은 낙인 이론이다. 낙인 이론은 일탈자로 규정되는 과정과 사회적 여건에 주목하며, 구성원 간의 상호 작용 과정을 중시한다는 점에서 미시적 관점에 해당한다.

바로잡기 ㄱ. 낙인 이론은 낙인으로 인한 부정적 자아 형성 과정에 주목한다. ㄹ. 머튼의 아노미 이론은 일탈 행동을 규정하는 객관적 기준이 있다고 보지만, 낙인 이론은 일탈 행동을 규정하는 객관적 기준이 없다고 본다.

235

① 낙인 이론은 사회적 낙인이 차별적 제재 과정에서 나타난다고 본다. 동일한 행동을 일탈로 규정하지 않으면 2차적 일탈이 일어나지 않으나 일탈로 규정할 경우 2차적 일탈로 이어지게 된다는 것이다.

바로잡기 ② 낙인 이론은 일탈에 관한 사회적 반응을 중시한다. ③ 낙인 이론은 일탈을 규정하는 객관적 기준이 없다고 본다. ④ 아노미 이론은 거시적 관점에서 일탈을 설명한다. ⑤ 일탈 행동을 하는 사람과의 접촉 차단은 차별 교제 이론의 해결 방안이다.

236

교사가 설명하고자 하는 일탈 이론은 차별 교제 이론이다. 차별 교제 이론은 일탈자와의 상호 작용을 통해 일탈 행동을 학습하게 되고 이로 인해 일탈 행동을 한다고 본다.

바로잡기 ② 낙인 이론, ③ 머튼의 아노미 이론, ④ 뒤르켐의 아노미 이론에 관한 설명이다.

237

제시문은 비범죄적 접촉은 하지 않고 범죄적 접촉을 하는 사람들, 즉 차별적으로 교제하는 사람들이 범죄 행위를 하게 된다고 보고 있다. 이는 차별 교제 이론의 주장이다. 차별 교제 이론에서는 일탈 행동의 해결 방안으로 일탈자와의 접촉 차단을 제시한다.

바로잡기 ① 신중한 낙인을 해결 방안으로 제시하는 이론은 낙인 이론이다. ③, ④ 사회 규범의 통제력 회복과 사회적으로 합의된 가치관 정립을 해결 방안으로 제시하는 이론은 뒤르켐의 아노미 이론이다. ⑤ 문화적 목표를 이룰 수 있는 적절한 수단 제공을 해결 방안으로 제시하는 이론은 머튼의 아노미 이론이다.

238

표식 부여 이론은 낙인 이론을 의미한다. 낙인 이론에서는 일탈 행동 자체보다 그에 관한 사회적 반응을 더 문제시한다.

바로잡기 ① 낙인 이론은 개인의 생물학적인 특성 때문에 일탈 행동이 발생한다고 보지 않는다. ② 차별 교제 이론에서 보는 일탈 행동의 원인이다. ③ 머튼의 아노미 이론에서 보는 일탈 행동의 원인이다. ⑤ 뒤르켐의 아노미 이론에서 보는 일탈 행동의 원인이다.

239

(가)는 낙인 이론, (나)는 차별 교제 이론이다. ㄱ. 낙인 이론은 차별적 제재를 통한 부정적 자아 형성을 일탈 행동의 원인으로 본다. ㄷ. 낙인 이론은 차별 교제 이론과 달리 일탈 행동을 판단하는 객관적인 기준이 존재하지 않는다고 전제한다.

바로잡기 ㄴ. 아노미 상태를 일탈 행동의 원인으로 보는 이론은 아노미 이론이다. ㄹ. 사회 규범의 통제력 강화를 일탈 행동의 해결 방안으로 제시하는 이론은 아노미 이론이다.

240

(가)는 일탈자에 관한 사회적 반응을 문제시하는 낙인 이론, (나)는 일탈자와의 상호 작용을 일탈 행동의 원인으로 보는 차별 교제 이론이다. ㄱ. 낙인 이론은 일탈 행동 자체보다 그에 관한 사회적 반응, 즉 낙인을 더 문제시한다. ㄴ. 차별 교제 이론은 일탈자 또는 일탈 집단과의 차별적 교제를 일탈 행동의 원인이라고 본다.

바로잡기 ㄷ. 낙인 이론은 일탈 행동을 판단하는 객관적 기준이 존재하지 않는다고 본다. ㄹ. 무규범 상태로 일탈 행동이 발생한다고 보는 것은 뒤르켐의 아노미 이론이다.

241

ㄴ. 뒤르켐의 아노미 이론에서는 급속한 사회 변동으로 나타나는 규범 부재 상태가 일탈 행동을 초래한다고 본다. ㄹ. (라)는 낙인 이론이다. 낙인 이론에서는 일탈 행동인지 여부를 판단하는 객관적인 기준은 존재하지 않는다는 전제하에 특정 행동에 관한 사람들의 반응이나 의미 규정에 관심을 가진다.

바로잡기 ㄱ. (가)는 머튼의 아노미 이론이다. 머튼의 아노미 이론은 일탈 행동의 원인을 사회 구조적 차원에서 파악한다. ㄷ. 차별적 제재로 인한 부정적 자아의 형성을 일탈 행동의 원인으로 보는 이론은 낙인 이론이다.

242

A는 차별 교제 이론, B는 머튼의 아노미 이론, C는 낙인 이론이다. ㄴ. 머튼의 아노미 이론은 문화적 목표를 달성하기 위한 제도적 수단이 없을 때 일탈 행동이 발생한다고 본다. ㄷ. 낙인 이론은 신중한 낙인을 일탈 행동의 해결 방안으로 제시한다.

바로잡기 ㄱ. 차별 교제 이론은 일탈 행동의 원인을 후천적 학습의 결과, 즉 사회화의 결과로 본다. ㄹ. 일탈 행동의 상대성을 강조하는 이론은 낙인 이론이므로 '일탈 행동이 상대적으로 규정됨을 강조하는가?'는 (가)에 들어갈 수 없다.

243

(가)는 낙인 이론, (나)는 차별 교제 이론, (다)는 머튼의 아노미 이론이다. 낙인 이론은 사회적 낙인이 일탈자의 부정적 자아 형성 과정에 미치는 영향에 주목한다.

② 일탈 행동에 관한 사회적 반응을 중시하는 이론은 낙인 이론이다. ③ 규범 부재 상태가 일탈 행동을 일으킨다고 보는 이론은 뒤르켐의 아노미 이론이다. ④ 낙인 이론과 달리 차별 교제 이론과 머튼의 아노미 이론은 일탈 행동을 판단하는 객관적인 기준이 있다고 본다. ⑤ 사회적 낙인에 관해 신중히 접근할 것을 강조하는 이론은 낙인 이론이다.

244

근묵자흑(먹을 가까이하면 검게 된다), 근주자적(붉은 모래를 가까이하면 붉게 된다)이라는 고사성어를 통해 설명하기에 적합한 이론은 차별 교제 이론이다.

245

차별 교제 이론에서는 일탈자 또는 일탈 집단과의 상호 작용을 통해 일탈 행동을 학습, 실행하기 때문에 일탈 행동이 발생한다고 본다.

채점 기준	수준
일탈자와의 상호 작용과 학습이라는 용어를 포함하여 차별 교제 이론에서 이야기하는 일탈 행동의 발생 원인을 서술한 경우	상
일탈 행동을 학습했기 때문이라고만 쓴 경우	중

246

1차적 일탈을 한 사람에 관한 낙인으로 2차적 일탈이 발생한다고 보는 이론은 낙인 이론, 문화적 목표와 제도적 수단 간의 괴리로 일탈 행동이 발생한다고 보는 이론은 머튼의 아노미 이론이다.

247

머튼의 아노미 이론과 달리 낙인 이론에서는 일탈 행동을 판단하는 객관적인 기준이 존재하지 않는다고 전제하고 일탈 행동의 상대성을 강조하며, 개인 간의 상호 작용을 중심으로 일탈 행동을 분석한다.

채점 기준	수준
머튼의 아노미 이론과 비교되는 낙인 이론의 특징을 서술한 경우	상
머튼의 아노미 이론과 비교되는 낙인 이론의 특징을 미흡하게 서술한 경우	중

적중 1등급 문제

248 ②	249 ④	250 ⑤	251 ⑤	252 ④
253 ③	254 ④	255 ④		

248 사회 구조 이해하기

1등급 자료 분석 사회 구조의 특징

> 동물의 행동과 달리 인간의 사회적 행위가 사회 과학의 연구 대상이 되는 것은 인간의 사회적 행위가 개인의 자의적 행동이 아니라 어떤 사회적 영향력이나 사회적 관계에 의해 결정되기 때문이다. 즉 인간의 사회적 행위는 무작위로 나타나는 것이 아니라 사회의 구성원으로서 사회에 구속되고 있으며, 이로 인해 일정한 형태의 반복성과 규칙성을 가지고 있다. 어떤 사회의 어떤 구성원이 어떤 행위를 할지 예측이 가능한 것이다.
>
> 사회 구조의 강제성으로 인해 사회 구조는 구성원이 특정한 행위를 하도록 구속할 수 있다. 이로 인해 사회 구성원들은 일정한 형태의 구조화된 행동을 하며 이에 따라 다른 구성원이 어떤 행동을 할지 예측 가능한 안정된 사회적 관계를 유지할 수 있다.

제시문에 따르면 사회 구조는 사회 구성원의 행위를 구속하고 있으며, 이로 인해 사회 구성원의 행위는 일정한 형태로 나타나고 예측이 가능해진다. 즉 사회 구조의 강제성과 이에 따른 안정성이 나타나 있다.

ㄴ. 사회 구조의 지속성에 관한 진술이다. ㄹ. 사회 구조의 변동성에 관한 진술이다.

249 사회 구조 이해하기

1등급 자료 분석 사회 구조와 개인의 행동

> 해수욕장 인근 가게에서는 수영복을 입은 채 물건을 구입하는 모습이 익숙하다. 그렇지만 도심 한가운데 가게에서 수영복을 입은 채 물건을 구입하는 모습을 본다면 당혹스러울 것이다. 이와 비슷한 사
> 가게에서 수영복을 입고 계산하는 것이 해수욕장 인근에서는 자연스럽게 보이지만, 도심 한가운데에서는 그렇지 않은 것을 통해 사회적 행동이 사회 구조의 영향을 받음을 알 수 있다.
> 례로 동남아시아 여행 중 현지 식당에서 그곳의 풍습에 따라 손으로 음식을 먹는 것은 자연스러운 행위이지만 우리나라 식당에서 손으로 밥을 먹는다면 주변 사람들의 시선을 받을 것이다.
> 손으로 음식을 먹는 행위에 관해 동남아시아에서는 자연스러운 행위이지만 우리나라에서는 따가운 시선의 대상이 된다는 것을 통해 사회적 행동은 사회별로 정해진 구조화된 틀 안에서만 인정됨을 알 수 있다.

제시된 사례에는 동일한 행동에 관해 사회적 상황에 따라 다르게 인식되고 있는 모습이 나타나 있다. 이를 통해 인간의 사회적 행동은 각 사회의 구조화된 틀 안에서 행해진 결과임을 알 수 있다. 사회적 행동이 구조화된 틀 안에서 행해지므로 다른 구성원의 행동 양식을 예측할 수 있고 원활한 사회생활이 가능한 것이다.

① 개인의 행위는 사회 구조로부터 자유롭다는 관점을 제시문에서 찾아볼 수 없다. ② 인간의 주체적인 노력으로 사회 구조가 변화하기도 하지만 제시문에서 강조하는 내용은 아니다. ③ 사회 구조는 구성원이 바뀌어도 쉽게 변화하지 않는다는 것은 사회 구조의 특징 중 지속성에 해당하는 진술로, 제시된 자료와는 관련이 없다. ⑤ 사회 구조가 사회 변화에 따라 부분적 또는 전체적으로 변화하는 것은 사회 구조의 특징 중 변동성에 해당하는 진술로, 제시된 자료와는 관련이 없다.

250 일탈 행동 이해하기

1등급 자료 분석   일탈 행동의 상대성

불과 얼마 전까지만 하더라도 결혼은 개인과 개인의 만남이 아니라 가문과 가문의 만남으로 규정되었으며, 집안 어른들에 의해 혼사가 결정되는 것이 일반적이었다. 그런 상황에서 <u>연애결혼은 일종의 일탈 행동으로 규정</u>되었다. 그러나 사회와 문화가 변화하여 오늘날 연애결혼을 일탈 행동으로 간주하는 경우는 없다. 이와 같이 <u>일탈 행동의 판단은 사회적인 과정이며 일반적으로 사회 규범이 판단 기준으로 작용한다. 그런데 사회 규범이 변화하므로 일탈 행동에 관한 규정 또한 상대적일 수밖에 없다. 즉 일탈 행동은 절대적으로 규정되는 개념이 아니다.</u>

> 일탈 행동은 상대적이라는 것과 관련된 내용이 들어가야 한다.

제시된 내용은 같은 행동이라도 상황에 따라 일탈 행동으로 판단될 수도 있고 정상적인 행동으로 판단될 수도 있음을 보여 준다. 즉 일탈 행동의 상대성이 나타나 있다.

바로잡기 ① 일탈 행동은 소수의 행동이라고 단정할 수 없으며 제시된 내용과는 관련이 없다. ② 일탈 행동은 어느 사회에서나 나타나지만 제시된 내용과는 관련이 없다. ③ 일탈 행동에 관한 대응 과정에서 기존의 가치와 규범이 강화되기도 하나 제시된 내용과는 관련이 없다. ④ 일탈 행동은 사회 문제를 표출하여 사회 변동을 초래하기도 하지만 제시문에서 강조하는 내용이 아니다.

251 일탈 이론 이해하기

1등급 자료 분석   낙인 이론, 아노미 이론, 차별 교제 이론

〈각 학생의 서술 및 교사의 채점 결과〉

학생	서술 내용	점수
갑	일탈 행동이 발생하는 과정에서 나타나는 상호 작용에 주목한다. 낙인 이론과 차별 교제 이론의 공통된 특징이다. → C는 머튼의 아노미 이론이다.	1점
을	(가)	㉠
병	일탈 행동에 대한 사회적 반응이 지속적인 일탈 행동의 원인이라고 본다. 낙인 이론의 특징이다.	㉡

㉡이 1점이면 A는 낙인 이론, B는 차별 교제 이론이다. ㉡이 0점이면 A는 차별 교제 이론, B는 낙인 이론이다.

낙인 이론과 차별 교제 이론은 일탈 행동이 발생하는 과정에서 나타나는 상호 작용에 주목한다. 따라서 A, B는 낙인 이론과 차별 교제 이론 중 하나이고, C는 머튼의 아노미 이론이다. 일탈 행동에 대한 사회적 반응이 지속적인 일탈 행동의 원인이라고 보는 것은 낙인 이론이므로 ㉡의 점수에 따라 A, B가 결정된다. ㄴ. ㉡이 1점인 경우 A는 낙인 이론, B는 차별 교제 이론이다. 차별 교제 이론은 정상적인 사회 집단과의 교류가 일탈 행동을 억제한다고 본다. ㄷ. 낙인 이론은 일탈자로 규정하는 것에 대한 신중한 접근이 필요하다고 본다. 따라서 해당 내용이 (가)에 들어가면 ㉠은 0점이다. ㄹ. 머튼의 아노미 이론과 차별 교제 이론은 일탈 행동을 규정하는 객관적 기준이 존재한다고 본다. 따라서 ㉠이 1점이면 A는 낙인 이론, B는 차별 교제 이론이다.

바로잡기 ㄱ. ㉡이 0점인 경우 A는 차별 교제 이론, B는 낙인 이론이다. 일탈 행동의 원인을 부정적 자아 정체성 형성에서 찾는 이론은 낙인 이론이다.

252 일탈 이론 이해하기

1등급 자료 분석   낙인 이론, 아노미 이론, 차별 교제 이론

구분	A	B	C
(가)	㉠	예	㉡
(나)	아니요	예	예
(다)	예	예	아니요

A, B의 공통 특징에 해당하는 질문이 들어가야 A, B의 대답이 같다.

B, C의 공통 특징에 해당하는 질문이 들어가야 B, C의 대답이 같다.

ㄱ. 낙인 이론과 차별 교제 이론은 타인과의 상호 작용이 일탈 발생 과정에 미치는 영향을 중시한다. (가)에 해당 질문이 들어가면 ㉠, ㉡의 응답 내용은 서로 다르다. ㄷ. 뒤르켐의 아노미 이론은 사회 규범의 통제력 회복을 일탈에 대한 대책으로 본다. 따라서 해당 질문이 (가)에 들어가면 ㉠, ㉡의 응답 내용은 '아니요'로 같다. ㄹ. 일탈 행동에 대한 부정적 반응을 일탈의 원인으로 보는 것은 낙인 이론이다. 일탈 행동을 초래하는 사회 구조적 요인을 중시하는 것은 뒤르켐의 아노미 이론이다. 따라서 해당 질문이 (가)에 들어가면 (다)에는 해당 질문이 들어갈 수 없다.

바로잡기 ㄴ. 뒤르켐의 아노미 이론과 차별 교제 이론은 일탈 행동을 규정하는 객관적 기준이 존재한다고 본다. 따라서 해당 질문이 (나)에 들어가면 A는 낙인 이론이다.

253 일탈 이론 이해하기

1등급 자료 분석   차별 교제 이론, 낙인 이론, 머튼의 아노미 이론

(가) 일탈을 저지르지 않던 아이가 다양한 부류의 친구들을 접하는 과정에서 '문제아'를 친구로 사귀게 되면 일탈을 하게 된다.
> '문제아' 친구와 교류하면서 일탈 행동을 학습하여 일탈을 한다고 보므로 차별 교제 이론과 관련 있다.

(나) 주변 사람들이 '문제아'라고 손가락질하면 평범한 아이도 문제아로 인식되어 주변 친구에게 배제되면서 일탈을 하게 된다.
> 문제아로 부정적인 평가를 하지 않았다면 일탈이 발생하지 않았을 것이다. 낙인 이론은 사회적 낙인에 관한 신중한 접근을 중시한다. 또한 1차적 일탈을 저지른 사람이 누구인가에 따라 문제아라고 손가락질을 받을 수도 있고 받지 않을 수도 있다. 따라서 낙인 이론은 차별적 제재를 일탈의 원인으로 본다.

(다) 우리 사회는 아이들에게 명문대 진학을 요구한다. 그러나 성적이 명문대 진학에 부응하지 못하는 아이는 학업을 포기하고 일탈을 하게 된다.
> 명문대 진학이라는 문화적 목표가 있으나 이를 달성할 수 있는 수단인 성적이 명문대 진학에 부응하지 못하면 일탈을 행한다고 보므로 머튼의 아노미 이론과 관련 있다.

(가)는 차별 교제 이론, (나)는 낙인 이론, (다)는 머튼의 아노미 이론에 해당한다. ㄴ. 낙인 이론은 일탈에 관한 사회적 반응 및 일탈자로 규정되는 과정을 중시한다. ㄷ. 머튼의 아노미 이론은 개인과 집단의 욕구를 충족할 수 있는 수단의 부족과 같은 사회 구조적 측면, 즉 거시적 관점에서 일탈을 바라본다.

바로잡기 ㄱ. 낙인 이론은 차별적 제재를 일탈 행동의 원인으로 본다. ㄹ. 일탈을 규정하는 객관적 기준이 없다고 보는 이론은 낙인 이론이다.

254 일탈 이론 이해하기

1등급 자료 분석 낙인 이론, 아노미 이론, 차별 교제 이론

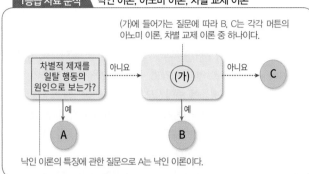

(가)에 들어가는 질문에 따라 B, C는 각각 머튼의
아노미 이론, 차별 교제 이론 중 하나이다.

낙인 이론의 특징에 관한 질문으로 A는 낙인 이론이다.

차별적 제재를 일탈 행동의 원인으로 보는 A는 낙인 이론이고, B와 C는 각각 머튼의 아노미 이론, 차별 교제 이론 중 하나이다. ㄴ. 차별 교제 이론은 일탈 행동이 타인과의 상호 작용 과정에서 학습된다고 본다. 따라서 해당 질문이 (가)에 들어가면 C는 머튼의 아노미 이론이다. 머튼의 아노미 이론은 문화적 목표에 도달할 수 있는 제도적 수단의 제공을 일탈 행동의 해결 방안으로 본다. ㄹ. 머튼의 아노미 이론과 차별 교제 이론은 일탈 행동을 규정하는 객관적 기준이 존재한다고 본다. 따라서 C가 차별 교제 이론이면 (가)에 해당 질문이 들어갈 수 없다.

바로잡기 ㄱ. 일탈 행동에 우호적인 집단과의 교류 차단을 일탈 행동의 해결 방안으로 보는 일탈 이론은 차별 교제 이론이다. ㄷ. 급격한 사회 변동으로 발생하는 무규범 상태에 주목하는 이론은 뒤르켐의 아노미 이론이다.

255 일탈 이론 이해하기

1등급 자료 분석 낙인 이론, 아노미 이론, 차별 교제 이론

일탈 이론	사례
A	갑은 일탈자와의 차별적인 교류가 일탈 행동의 원인이라고 보 [차별 교제 이론] 는 B에 근거하여, 교도소에서 출소한 사람들과 재범과의 관계를 분석하였다. [1차적 일탈을 한 사람에 낙인을 찍으면 2차적 일탈을 초래한다고 보고 있다.]
B	을은 일탈자와의 상호 작용이 일탈 발생에 영향을 준다고 보는 [낙인 이론, 차별 교제 이론] A에 근거하여, 교도소 내 수형자 간의 관계와 출소 이후 범죄와의 관계를 분석하였다. [일탈자와의 상호 작용에서 일탈의 원인을 찾고 있다.]
C	병은 일탈 행동이 문화적 목표와 제도적 수단 간의 괴리에 의해 발생한다고 보는 C에 근거하여, 교도소 수형자가 범죄 행위를 [머튼의 아노미 이론] 할 때 느꼈던 좌절감이 범죄로 연결되는 과정을 연구하였다.

A는 낙인 이론, B는 차별 교제 이론, C는 머튼의 아노미 이론이다. ① 낙인 이론은 일탈 행위에 대한 객관적 기준이 있다고 보지 않으므로 규범을 위반한 행동이 모두 일탈로 규정되는 것은 아니라고 본다. ② 차별 교제 이론은 일탈 행동이 사회화되는 과정에 주목한다. ③ 머튼의 아노미 이론은 일탈 행동을 사회적 병리 현상으로 인식한다. ⑤ 낙인 이론과 차별 교제 이론은 타인과의 상호 작용이 일탈 발생 과정에 미치는 영향을 중시한다.

바로잡기 ④ 차별 교제 이론과 머튼의 아노미 이론은 일탈 행동을 규정하는 객관적 기준이 있다고 본다.

04 사회적 존재로서의 인간

256 ⑤ **257** ⑤ **258** ③ **259** A : 사회 구조, (가) 관점 : 갈등론, (나)
관점 : 기능론 **260** **예시 답안** 사회에서 나타나는 협동과 합의 및 조화를 설명하기 곤란하다. 사회 질서와 안정의 중요성을 경시한다. 등
261 ① **262** ⑤ **263** ④ **264** ⑤ **265** A : 대학교, 기업 연수원,
B : 회사, 시민 단체, C : 가족, 또래 집단 **266** ④ **267** ④

05 사회 집단과 사회 조직

268 ④ **269** ④ **270** ④ **271** ③ **272** ⑤ **273** ④ **274** ⑤
275 A : 비공식 조직, B : 공식 조직, C : 자발적 결사체, D : 공동 사회, E : 이익 사회 **276** A : 회사 내 야구 동호회, B : 학교, 회사, 노동조합, 시민 단체, C : 노동조합, 시민 단체, 회사 내 야구 동호회, D : 가족, E : 학교, 회사, 노동조합, 시민 단체, 회사 내 야구 동호회
277 **예시 답안** (가) : 업무의 세분화 정도, 중간 관리층의 역할 비중 정도, 규약과 절차에 따른 과업 수행의 정도 (나) : 조직의 유연성 정도, 능력 및 업적에 따른 보상의 중시 정도 등 **278** 팀제 조직, 네트워크형 조직

06 사회 구조와 일탈 행동

279 ④ **280** ④ **281** ② **282** A : 차별 교제 이론, B : 낙인 이론,
C : 머튼의 아노미 이론 **283** **예시 답안** ㉠ : 타인과의 상호 작용이 일탈에 미치는 영향을 중시한다. 미시적 관점에서 일탈 행동을 바라본다. ㉡ : 일탈을 규정하는 객관적 기준이 존재한다고 본다.

256

공익은 개인별 이익의 총합일 뿐이라고 보는 관점은 사회 명목론이다. 따라서 A는 사회 명목론, B는 사회 실재론이다. (가)에는 사회 실재론의 특징에 관한 질문이 들어가야 한다.

바로잡기 ⑤ 사회 실재론은 사회 문제 해결을 위해 개인의 의식 개선보다 사회 구조나 제도 개선이 우선되어야 한다고 본다.

257

갑의 관점은 사회 실재론, 을의 관점은 사회 명목론이다.

바로잡기 ㄱ. 사회 명목론은 개인의 의식이나 심리 등을 통해 사회 현상을 설명하는 것이 적합하다고 본다. ㄴ. 사회 실재론은 사회를 구성원의 합 이상의 존재라고 본다.

258

A는 사회 명목론, B는 사회 실재론이다.

바로잡기 ① 사회 실재론은 사회가 개인의 외부에 독립적으로 존재한다고 본다. ② 사회 명목론은 사회의 특성이 개개인의 특성으로 환원된다고 본다. ④ 사회 실재론은 개인은 사회 속에서만 존재 의미를 가진다고 본다. ⑤ 사회 명목론은 극단적 개인주의, 사회 실재론은 전체주의로 변질될 우려가 있다.

259

A는 사회 구조, (가)는 갈등론, (나)는 기능론이다.

260

갈등론은 사회에 내재된 갈등을 강조하여 사회 질서와 안정의 중요성을 경시한다.

채점 기준	수준
기능론과 비교하여 갈등론의 단점을 두 가지 서술한 경우	상
기능론과 비교하여 갈등론의 단점을 한 가지만 서술한 경우	중

261

A는 기능론, B는 갈등론이다. ㄱ. 기능론은 사회화가 사회 전체의 유지, 통합에 기여한다고 본다. ㄴ. 갈등론은 사회화가 지배 집단의 기득권 유지 수단으로 작용한다고 본다.

바로잡기 ㄷ, ㄹ. 기능론, 갈등론 모두 거시적 관점에서 사회화를 바라보며 사회화가 개인의 사회생활에 대한 적응을 가능하게 한다고 본다.

262

A는 가족, B는 직장, C는 학교이다. ㄷ. 학교, 직장은 가족과 달리 2차적 사회화 기관이다. ㄹ. 학교는 가족, 직장과 달리 공식적 사회화 기관이다.

바로잡기 ㄱ. B는 직장, C는 학교이다. ㄴ. 가족은 평생에 걸쳐 인성의 기본 틀을 형성한다.

263

고등학교는 공식적 사회화 기관이므로 A는 고등학교, B, C는 각각 회사, 또래 집단 중 하나이다. ㄱ. 고등학교는 전문적이고 심화된 수준의 사회화를 담당하는 2차적 사회화 기관이다. ㄷ. 또래 집단은 기초적인 수준의 사회화를 담당하는 1차적 사회화 기관이다. ㄹ. 또래 집단은 정서적 친밀감을 바탕으로 사회화를 수행하므로 해당 질문이 (가)에 들어가면 B는 회사이다.

바로잡기 ㄴ. 또래 집단은 1차적 사회화 기관이고, 회사는 2차적 사회화 기관이므로 해당 질문은 (가)에 들어갈 수 없다.

264

ㄴ. 기업은 비공식적 사회화 기관, 학교는 공식적 사회화 기관이다. ㄷ. 노인이 스마트폰 활용 방법 강좌에 참여하는 것은 새로운 지식이나 기능, 가치 및 규범을 학습하는 과정인 재사회화에 해당한다. ㄹ. 신입생 오리엔테이션은 미래에 속하기를 기대하거나 속하게 될 집단에서 요구되는 지식, 기능, 가치 및 규범을 미리 학습하는 과정인 예기 사회화이다.

바로잡기 ㄱ. 기업, 고등학교 모두 2차적 사회화 기관이다.

265

1차적 사회화 기관은 기초적인 수준의 사회화를 담당한다. 공식적 사회화 기관은 사회화를 목적으로 설립되어 공식적이고 체계적인 사회화를 담당한다.

채점 기준	수준
A, B, C에 해당하는 사회화 기관을 모두 분류한 경우	상
A, B, C에 해당하는 사회화 기관 중 두 가지를 분류한 경우	중
A, B, C에 해당하는 사회화 기관 중 한 가지만 분류한 경우	하

266

역할 갈등은 하나의 지위에서도 나타날 수 있으므로 병의 발표 내용은 틀리다. 따라서 갑, 을, 정 중에 2명이 옳은 내용을 발표하였다. ㄱ. A가 성취 지위라면 갑의 진술은 틀리고 을과 정의 진술은 옳아야 한다. 아들은 귀속 지위이므로 (가)에 들어갈 수 있다. ㄴ. B가 성취 지위이고 (가)에 사장이 들어가면 정의 진술은 틀린 내용이 된다. 보상과 제재는 역할 행동에 주어지므로 해당 내용은 (나)에 들어갈 수 있다. ㄷ. 개인은 동시에 귀속 지위와 성취 지위를 가질 수 있다. 따라서 갑, 을 중 한 명의 진술은 틀린 내용이어야 한다. 청소년은 귀속 지위이므로 B는 성취 지위이다.

바로잡기 ㄹ. 현대 사회에서는 귀속 지위보다 성취 지위의 중요성이 커지고 있다. 정의 진술의 옳은 내용이므로 A는 귀속 지위, B는 성취 지위이다. 을의 진술은 틀린 내용이어야 하므로 성취 지위인 대학생은 (가)에 들어갈 수 없다.

267

ㄴ. 학교, 동아리는 모두 2차적 사회화 기관이다. ㄹ. 연극배우인 갑이 상을 수상한 것은 역할 행동에 대한 보상을 받은 것이다.

바로잡기 ㄱ. 장남은 귀속 지위, 부모와 의사는 성취 지위이다. ㄷ. ⓓ, ⓔ, ⓕ은 모두 역할 갈등이 아니다. 개인에게 요구되는 서로 다른 역할들이 충돌하여 나타나는 심리적 갈등이 역할 갈등이다.

268

학교는 2차 집단, 이익 사회이고, 내가 속한 학교가 F라고 하였으므로 A는 2차 집단, B는 1차 집단, C는 공동 사회, D는 이익 사회, E는 외집단, F는 내집단이다. ㄴ. 내가 속해 있는 가족은 1차 집단, 공동 사회, 내집단이다. ㄹ. 2차 집단은 공식적인 규범을 통한 통제 방식이 일반적이다.

바로잡기 ㄱ. B는 1차 집단, D는 이익 사회이다. ㄷ. 소속되어 있는 사회 집단은 외집단이 될 수 없다.

269

ㄱ. 갑은 을과 달리 비공식 조직에 소속되어 있지 않으므로 해당 질문은 (가)에 들어갈 수 있다. ㄴ. 갑과 을이 속한 동호회, 갑이 속한 노동조합은 모두 자발적 결사체이다. 따라서 해당 질문은 (가)에 들어갈 수 없다. ㄷ. 갑~병은 모두 회사에 다닌다. 따라서 회사를 포함하여 갑~병은 각각 2개의 공식 조직에 소속되어 있다.

바로잡기 ㄹ. 회사는 이익 사회이고 이를 포함하면 갑, 을은 3개, 병은 2개의 이익 사회에 속해 있다. 따라서 해당 질문은 (나)에 들어갈 수 없다.

270

(가)는 공식 조직, (나)는 자발적 결사체, (다)는 비공식 조직이다. ㄱ. 회사, 학교는 공식 조직이지만 자발적 결사체는 아니다. ㄷ. 자발적 결사체는 공통의 관심사나 목표를 가진 사람들이 자발적으로 결성하는 사회 집단이다. ㄹ. 회사는 공식 조직, 회사 내 동호회는 비공식 조직이므로 회사에 속해 있는 구성원은 회사 내 동호회에 속할 수도 있다.

바로잡기 ㄴ. 시민 단체, 회사의 노동조합은 모두 자발적 결사체이면서 공식 조직이므로 B에 해당한다.

271

③ 갑이 속한 시민 단체, 농구 동호회, 병이 속한 축구 동호회, ○○ 협회는 모두 이익 사회이다.

바로잡기 ① 회사의 야구 동호회는 비공식 조직이다. ② 노동조합, ○○협회는 모두 공식 조직이다. ④ 갑은 시민 단체, 농구 동호회, 을은 을이 다니는 회사, 야구 동호회, 노동조합, 병은 축구 동호회, ○○협회에 소속되어 있다. ⑤ 시민 단체, 동호회, 노동조합, ○○협회는 모두 자발적 결사체이다.

272

ㄴ. 갑, 병, 정이 옳다면 B는 가족이다. 구성원 간 전인격적 관계가 강하게 나타나는 사회 집단은 가족이므로 갑의 진술은 옳고, 가족과 시민 단체는 비공식 조직에 해당하지 않으므로 정의 진술도 옳게 된다. ㄷ. 갑, 병의 진술만 옳다면 B는 가족, A는 회사 내 동호회이다. 만약 A가 시민 단체라면 정의 진술은 옳은 내용이 된다. ㄹ. 을, 정의 진술만 옳다면 A는 가족, B는 시민 단체이다. B가 회사 내 동호회라면 정의 진술은 틀리게 된다.

바로잡기 ㄱ. 병만 옳다면 B는 가족이 된다. 그러나 B가 가족이면 갑의 진술이 옳은 내용이 되므로 병은 (가)에 들어갈 수 없다.

273

A는 관료제, B는 탈관료제이다. 업무의 세분화와 전문화 정도, 중간 관리층의 역할 비중 정도는 관료제가 탈관료제보다 크거나 강하다. 반면 조직 운영의 유연성 정도, 능력 및 업적에 따른 보상의 중시 정도, 의사 결정 권한의 분산 정도는 탈관료제가 관료제보다 크거나 강하다.

274

⑤ 권한과 책임에 따른 위계 서열화 정도는 관료제가 탈관료제보다 강하다. 신속한 의사 결정 및 환경 변화에 대한 유연한 대처 가능성 정도는 탈관료제가 관료제보다 높다. 따라서 해당 내용은 (나)에 들어갈 수 있다.

바로잡기 ① 관료제, 탈관료제 모두 효율적인 업무 수행을 위한 조직 체계이다. ② 관료제는 탈관료제에 비해 규약과 절차에 따른 과업 수행의 중시 정도가 높다. ③ 관료제가 탈관료제보다 업무의 세분화 정도가 높다. 목적 전치 현상은 관료제에서 나타날 수 있는 역기능이다. ④ 관료제가 탈관료제보다 경력에 따른 보상과 신분 보장 정도가 높다. 업무에 관한 책임 소재의 명확성 정도는 관료제가 탈관료제보다 높다.

275

A는 B를 전제로 형성되므로 A는 비공식 조직, B는 공식 조직이다. 구성원의 결합 의지에 따라 공동 사회와 이익 사회로 분류되므로 D는 공동 사회, E는 이익 사회이다.

276

가족은 공동 사회이다. 학교, 회사는 공식 조직, 이익 사회이다. 시민 단체, 노동조합은 공식 조직, 자발적 결사체, 이익 사회이다. 회사 내 동호회는 비공식 조직, 자발적 결사체, 이익 사회이다.

277

탈관료제는 관료제보다 의사 결정 권한의 분산 정도가 높다. 따라서 A는 탈관료제, B는 관료제이다.

채점 기준	수준
(가), (나)의 구분 기준을 각각 한 가지 서술한 경우	상
(가), (나)의 구분 기준 중 한 가지만 서술한 경우	중

278

신속하게 구성되고 해체되는 팀제 조직, 각 업무 조직이 자율성을 갖는 분권화된 조직인 네트워크형 조직 등이 있다.

279

ㄱ. 머튼의 아노미 이론, 차별 교제 이론은 일탈 행동을 규정하는 객관적 기준이 있다고 보므로 해당 질문이 (가)에 들어가면 C는 낙인 이론이다. ㄴ. 낙인 이론, 차별 교제 이론은 일탈 행동이 타인과의 상호 작용 과정에서 비롯된다고 보므로 (나)에는 해당 질문이 들어갈 수 있다. ㄹ. 차별적 제재를 일탈 행동의 원인으로 보고 2차적 일탈의 발생 원인을 규명하는 데 초점을 두는 이론은 낙인 이론이므로 해당 질문은 (가)에 들어갈 수 없다.

바로잡기 ㄷ. 머튼의 아노미 이론은 문화적 목표와 제도적 수단 간의 괴리를 일탈 행동의 원인으로 보고 거시적 관점에서 일탈 행동을 설명한다. 따라서 해당 질문은 (나)에 들어갈 수 없다.

280

A는 차별 교제 이론, B는 낙인 이론, C는 뒤르켐의 아노미 이론이다. ㄴ. 차별 교제 이론은 일탈 행동을 줄이기 위해 일탈자와의 접촉을 차단해야 한다고 본다. ㄹ. 뒤르켐의 아노미 이론은 낙인 이론과 달리 일탈 행동을 초래하는 사회 구조적 요인을 중시한다.

바로잡기 ㄱ. 낙인 이론, 차별 교제 이론은 타인과의 상호 작용이 일탈 행동에 미치는 영향을 중시하므로 (가)에는 해당 질문이 들어갈 수 없다. ㄷ. 문화적 목표와 제도적 수단 간의 괴리로 일탈 행동이 발생한다고 보는 이론은 머튼의 아노미 이론이다.

281

ㄱ. 낙인 이론은 일탈 행동 규정에 대한 신중한 접근을 강조하고, 머튼의 아노미 이론과 차별 교제 이론은 일탈 행동이 객관적 기준에 의해 규정된다고 보므로 (다)에는 해당 질문이 들어갈 수 없다. ㄹ. 일탈 행동이 학습되는 과정에 주목하는 이론은 차별 교제 이론이므로 해당 질문은 (가)에 들어갈 수 없다.

바로잡기 ㄴ. (나)에 해당 질문이 들어가면 C는 머튼의 아노미 이론이다. 급격한 사회 변동으로 발생하는 무규범 상태로 일탈 행동이 나타난다고 보는 이론은 뒤르켐의 아노미 이론이다. ㄷ. 해당 질문이 (다)에 들어가면 B는 낙인 이론이다. 일탈 행동의 대책으로 새로운 규범 정립을 강조하는 이론은 뒤르켐의 아노미 이론이다.

282

A는 차별적 교제, B는 부정적 자아 형성, C는 아노미 현상을 일탈의 원인으로 보고 있다.

283

채점 기준	수준
㉠, ㉡을 각각 한 가지 서술한 경우	상
㉠, ㉡ 중 한 가지만 서술한 경우	중

분석 기출 문제

65~69쪽

[핵심 개념 문제]

284 ×	285 ×	286 ○	287 ⓛ	288 ㄱ	289 ㄱ	290 ㅁ
291 ㄹ	292 ㄷ	293 ㄴ	294 비교론적		295 총체론적	

296 자문화 중심주의   297 문화 사대주의   298 문화 상대주의

299 ④	300 ⑤	301 ②	302 ④	303 ②	304 ⑤	305 ①
306 ①	307 ②	308 ③	309 ⑤	310 ②	311 ③	312 ④
313 ①	314 ⑤					

[1등급을 향한 서답형 문제]

315 예시답안 갑에게는 문화 상대주의적 태도가 필요하다. 문화 상대주의는 각 문화가 해당 사회의 맥락에서 갖는 고유한 의미를 존중하려는 태도이다.

316 (가) : 자문화 중심주의, (나) : 문화 사대주의

317 예시답안 (가) : 자문화 중심주의는 자기 문화에 관한 자부심을 강화하여 사회 통합에 이바지할 수 있는 반면 국수주의를 초래하여 다른 문화와 문화적 마찰이 생길 수 있다. (나) : 문화 사대주의는 선진 문물 수용에 이바지할 수 있지만 자기 문화의 정체성이나 주체성을 상실할 우려가 있다.

299

㉠은 좁은 의미의 문화, ㉡은 넓은 의미의 문화에 해당한다. 좁은 의미의 문화란 문화생활, 문화인, 문화 행사 등과 같이 일반적이거나 일상적이지 않은 것으로 특별한 의미를 지닌 생활 양식이다. 반면 넓은 의미의 문화란 민족 문화, 대중문화, 청소년 문화와 같이 한 사회나 집단에서 나타나는 인간의 모든 생활 양식이다.

바로잡기 ① 넓은 의미의 문화가 좁은 의미의 문화 개념을 포함한다고 볼 수 있다. ② 좁은 의미의 문화, 넓은 의미의 문화 모두 학습성이 나타난다. ③ ㉠ 좁은 의미의 문화, ㉡ 넓은 의미의 문화이다. ⑤ 제시된 자료와는 관련이 없다.

300

㉠, ㉢은 좁은 의미의 문화, ㉡, ㉣은 넓은 의미의 문화로 사용되었다.

바로잡기 ㄱ. 생활 양식의 총체를 의미하는 것은 넓은 의미의 문화이다. ㄴ. 좁은 의미의 문화는 문화를 기술이나 지식의 발전 단계로 본다.

301

제시문을 통해 문화는 보편성과 특수성을 동시에 가짐을 알 수 있다. 이는 여러 사회의 문화를 비교했을 때 문화에는 사회를 초월한 보편성의 요소도 있고 사회마다 다른 특수성의 요소도 있다는 것을 의미한다.

바로잡기 ① 문화의 보편성에 관한 설명이다. ③ 문화의 특수성에 관한 설명이다. ④, ⑤ 옳은 진술이지만 제시된 자료와는 관련이 없다.

302

죽은 자의 자녀가 물소를 잡지 않으면 토라자 부족 사회에서 지탄의

대상이 된다는 것을 통해 그 사회 구성원이 문화를 공유하고 있다는 것을 알 수 있다.

바로잡기 ① 대부분 사회에서 고인을 떠나보내는 의식을 치르므로 문화의 보편성에 해당한다. ② 장례 문화에서 '문화'는 넓은 의미로 사용된 것이다. ③ 제시된 자료로는 알 수 없다. ⑤ 욕구 충족을 위한 기술이나 도구는 물질문화이다. 토라자 부족 사회에서 고인의 가족과 화해의 의식을 하는 것은 규범 문화에 해당한다.

303

제시된 두 사례는 문화의 공유성을 나타내고 있다. 문화의 공유성으로 사회 구성원의 행동을 예측하고 원만한 사회생활을 할 수 있다.

바로잡기 ①, ④ 총체성에 관한 설명이다. ③ 변동성에 관한 설명이다. ⑤ 축적성에 관한 설명이다.

304

(가)는 하나의 문화 요소가 다른 문화 요소에 영향을 미친 사례로 모든 문화 요소가 유기적으로 연결되어 있는 속성인 문화의 총체성과 관련된 내용이다. (나)는 문화가 기존의 문화 요소에 새로운 문화 요소가 더해지면서 풍부해지는 속성인 문화의 축적성과 관련된 내용이다. (다)는 문화가 태어날 때부터 선천적으로 타고나는 것이 아니라 후천적으로 습득되는 것이라는 속성인 문화의 학습성과 관련된 내용이다.

바로잡기 ①, ② 변동성에 관한 설명이다. ③ 총체성에 관한 설명이다. ④ 보편성에 관한 설명이다.

305

제시문을 통해 문화의 공유성을 알 수 있다. 문화의 공유성은 사회 구성원의 사고와 행동의 동질성을 형성하여 타인의 행동을 예측하고 이해할 수 있게 해 줌으로써 원활한 상호 작용의 토대가 된다.

바로잡기 ㄷ. 축적성에 관한 설명이다. ㄹ. 총체성에 관한 설명이다.

306

(가)에서 갑은 우리나라 청년층의 결혼 문화를 일본, 중국의 청년층 결혼 문화와 비교하여 살펴보고 있으므로 비교론적 관점에 해당한다. 비교론적 관점은 문화의 보편성과 특수성을 전제로 다른 문화와 비교를 통해 공통점과 차이점을 알아보는 관점이다. (나)에서 을은 우리나라에서 누리 소통망(SNS) 관련 문화가 발달한 이유를 다른 여러 문화 요소와의 연관성 속에서 바라보고자 하므로 총체론적 관점에 해당한다.

바로잡기 ②, ③ 총체론적 관점에 관한 설명이다. ④ 자문화 중심주의, 문화 사대주의와 같은 문화 절대주의에 관한 설명이다. ⑤ 자문화 중심주의에 관한 설명이다.

307

제시문에는 총체론적 관점이 나타나 있다. 총체론적 관점은 다른 사회의 문화를 편견 없이 받아들이는 태도, 즉 상대주의적 태도의 기초가 된다.

바로잡기 ㄴ. 문화 진화론에 해당하는 진술로 제시문과는 관련이 없다. ㄹ. 비교론적 관점에 관한 설명이다.

308

제시문에는 상대론적 관점이 나타나 있다. 상대론적 관점은 각 사회의 문화가 역사적·사회적·환경적 맥락 속에서 의미와 가치를 지닌다고 본다.

바로잡기 ① 원주민이 살고 있던 아메리카 대륙을 신대륙 발견이라고 표현한 것은 유럽인의 자문화 중심주의적 태도로 볼 수 있다. ② 자문화 중심주의적 태도가 나타나 있다. ④ 극단적 문화 상대주의를 비판하는 내용이 나타나 있다. ⑤ 문화 진화론에 해당하는 진술로 이는 근대 이후 서구의 자문화 중심주의적 역사관의 토대가 되었다.

309

(가)는 문화 상대주의, (나)는 자문화 중심주의, (다)는 문화 사대주의이다. ㄷ. 자문화 중심주의는 자문화의 우수성을 강조하므로 집단 구성원의 결속력을 강화할 수 있다. ㄹ. 문화 사대주의는 타 문화에 비해 자기 문화를 열등하다고 여기므로 자기 문화의 주체성이 약화될 수 있다.

바로잡기 ㄱ. 자문화 중심주의에 관한 설명이다. ㄴ. 문화에 관한 평가적 인식을 전제로 하는 것은 자문화 중심주의, 문화 사대주의이다.

310

제시문에서는 서양화를 보는 방식이 반드시 옳은 것은 아니며 사람들은 모두 각자가 속한 문화 속에서 다른 방식을 접하고 배우는 만큼 상대주의적 태도로 문화를 바라보아야 한다고 강조하고 있다.

바로잡기 ㄴ. 집단 구성원의 결속력 강화에 기여하는 태도는 자문화 중심주의이다. ㄷ. 다른 문화를 거울삼아 자기 문화를 파악해야 한다고 보는 것은 비교론적 관점이다.

311

갑은 자문화 중심주의, 을은 문화 상대주의, 병은 문화 사대주의 태도를 보인다. ③ A 부족의 놀이에 경쟁 요소가 없는 것을 그들의 가치관과 연관 지어 이해하고 있으므로 문화 상대주의에 해당한다.

바로잡기 ① 문화 사대주의에 해당한다. ② 제시된 자료와는 관련이 없다. ④ 자문화 중심주의에 해당한다. ⑤ 자문화 중심주의에 가까운 태도이다.

312

제시문에는 중국을 세상의 중심으로 섬기던 조선 시대 선비들이 주장한 소중화 사상이 나타나 있다. 소중화 사상은 중국에 관해서는 문화 사대주의, 주변 국가에 관해서는 자문화 중심주의 태도를 보인다.

바로잡기 ㄷ. 비교론적 관점에 해당하는 설명으로 제시된 자료와는 관련이 없다.

313

A는 문화 상대주의, B는 문화 사대주의, C는 자문화 중심주의이다. ㄱ. 문화 상대주의는 각 문화가 지니는 고유의 가치를 인정하므로 문화 다양성을 보존하는 데 기여할 수 있다. ㄴ. 문화 사대주의는 다른 문화가 자기 문화보다 우월하다고 보므로 선진 문물의 수용에는 용이하나 문화의 정체성을 상실할 우려가 있다.

바로잡기 ㄷ. 자문화 중심주의, 문화 사대주의 모두 문화의 우열을 정하는 기준이 존재한다고 본다. ㄹ. 문화를 평가의 대상으로 보는 것은 자문화 중심주의, 문화 사대주의이다.

314

제시된 자료에서는 극단적 문화 상대주의를 경계해야 함을 강조하고 있다. 각 문화가 지닌 고유한 가치를 인정한다고 하더라도 인류 공통의 보편적 가치를 무시하는 문화까지 상대주의적 관점을 적용하는 것은 바람직하지 않다.

315

갑은 자기 문화를 기준으로 다른 문화를 평가하는 태도를 지니고 있다. 따라서 문화 상대주의적 태도가 필요하다.

채점 기준	수준
문화 상대주의를 쓰고 그 의미를 서술한 경우	상
문화 상대주의는 썼으나 그 의미를 미흡하게 서술한 경우	중

316

(가)는 자문화 중심주의, (나)는 문화 사대주의에 해당한다.

317

자문화 중심주의는 자기 문화에 자부심을 강화하여 사회 통합에 기여할 수 있지만 국수주의를 초래하여 다른 문화와 문화적 마찰이 생길 수 있다. 반면 문화 사대주의는 선진 문물 수용에는 기여할 수 있지만 자기 문화의 정체성이나 주체성을 상실할 우려가 있다.

채점 기준	수준
자문화 중심주의, 문화 사대주의의 장단점을 각각 서술한 경우	상
자문화 중심주의, 문화 사대주의의 장단점 중 한 가지만 서술한 경우	중
자문화 중심주의의 장(단)점만을 서술하거나 또는 문화 사대주의의 장(단)점만을 서술한 경우	하

318 문화의 의미와 특성 파악하기

1등급 자료 분석   문화의 의미와 특성

> 면을 국물에 말아 먹는 요리인 국수는 세계적으로 인기 있는 음식
> ㉠ 문화 중 하나이다. 우리나라를 비롯한 많은 지역에서 국수를 만
> <u>넓은 의미의 문화이다.</u>
> 들어 먹지만 국수의 재료나 만드는 방법은 ㉡ 문화에 따라 각기 다
> <u>넓은 의미의 문화이다.</u>
> 르다. 예를 들어 ㉢ 우리나라에서는 밀가루로 반죽을 만들어 면을
> 뽑아 말린 후 육수에 말아 먹지만, 베트남은 쌀을 이용하여 면을 만
> <u>국수를 먹는다는 점에서 문화의 보편성. 밀국수와 쌀국수의 차이에서 문화의 특수성</u>
> <u>을 찾을 수 있다.</u>
> 들어 육수에 말아 먹는다. ㉣ 베트남에서 쌀국수가 발달한 이유는
> 전 국민의 70 % 이상이 농업에 종사하고 따뜻한 기후로 1년에 세
> 번까지 쌀 수확이 가능한 환경이기 때문이다.
> <u>베트남의 기후 특성과 쌀국수의 발달을 연관지어</u>
> <u>설명하므로 문화의 총체성을 파악할 수 있다.</u>

제시문은 세계 곳곳에 국수 요리가 존재하지만 문화권에 따라 국수의 재료나 만드는 방법은 다르게 나타난다는 것을 보여 준다. 이를 통해 문화의 보편성과 특수성을 엿볼 수 있다. ④ ㉣은 베트남에서 쌀국수가 특히 발달하게 된 배경을 자연환경과 연관지어 설명하고 있으므로 문화의 총체성이 나타나 있다.

바로잡기 ①, ② ㉠, ㉡은 문화가 넓은 의미, 즉 생활 양식의 총체로 사용된 사례이다. 문명화된 것, 현대적인 것은 좁은 의미의 문화에 해당한다. ③ 문화 요소 간의 유기적 연관성은 문화의 총체성에 관한 내용으로, ㉢에서 찾아볼 수 없다. ⑤ ㉢에는 문화의 보편성과 특수성, ㉣에는 문화의 총체성이 나타나 있다.

319 문화의 속성 이해하기

1등급 자료 분석   공유성, 학습성

> • 갑은 공무원 생활을 하다가 퇴직하고 제주도에 정착하여 살고 있
> 다. 처음에는 주민들의 제주도 방언을 알아듣지 못했지만 <u>이웃 사</u>
> <u>람들의 도움으로</u> 6개월 정도 지나니 이제는 대부분 알아들을 수
> 있다. <u>문화의 학습성</u>   <u>문화의 공유성</u>
> • 교사 을은 스마트폰에서 자주 사용되는 약어를 이해하지 못해서
> 불편하였다. 처음에는 '샘'이라는 말도 몰랐다. <u>주변 동료에게 물</u>
>   <u>문화의 학습성</u>
> <u>어보니</u> '선생님'이라는 뜻이었다. 이제는 을 자신도 약어를 쓰는 일
> 이 많아졌다.   <u>문화의 공유성</u>

두 사례에는 문화의 학습성과 공유성이 나타나 있다. 문화는 후천적 학습에 의해 습득되는 산물이며 한 사회의 구성원이 공유하는 생활 양식임을 알 수 있다.

바로잡기 ㄱ. 문화의 여러 요소가 상호 밀접한 관련을 맺는다는 것은 문화의 총체성이다. ㄴ. 전승된 문화에 새로운 요소가 추가되어 풍부해진다는 것은 문화의 축적성이다.

320 문화의 특성 파악하기

1등급 자료 분석   문화의 특성

> 이누이트의 이글루는 반구형의 얼음집으로, 차가운 외부 공기와 접
>   <u>문화의 보편성과 특수성을 보여 준다.</u>
> 촉을 최소화함으로써 추위를 막고 열 손실을 줄이기 위한 가옥 형태
>   <u>문화가 자연적 제약을 극복하는 과정에서 생겨난다는 것을 보여 준다.</u>
> 이다. 한편 물 위에 지어진 동남아시아의 수상 가옥은 집 안으로 해
>   <u>문화의 보편성과 특수성을 보여 준다.</u>
> 충이 유입되는 것을 막을 수 있고, 강가에 있어 배를 이용하여 이동
>   <u>문화가 자연적 제약을 극복하는 과정에서 생겨난다는 것을 보여 준다.</u>
> 하기 편리하다.

이글루, 수상 가옥은 인간이 자연에 적응하기 위해 만든 물질문화라는 점에서 문화의 보편성, 주변 환경에 따라 독특한 형태로 나타난다는 점에서 문화의 특수성을 파악할 수 있다. ① 환경에 따라 가옥 구조가 다르게 발달하였으므로 문화의 특수성이 나타난다고 볼 수 있다. ② 문화권마다 독특한 가옥 구조가 존재하는 것을 통해 인간의 문화 창조 능력을 엿볼 수 있다. ④ 추위를 막고, 해충의 유입을 막는 등 주변 환경의 제약을 극복하면서 문화를 발전시킨 사례이다. ⑤ 어디에서나 각 환경에 맞는 가옥 구조가 존재한다는 점에서 문화의 보편성을 살펴볼 수 있다.

바로잡기 ③ 서로 다른 문화를 이해할 때 우열을 가리는 태도는 바람직하지 않다.

321 문화의 속성 파악하기

1등급 자료 분석   학습성, 총체성

> 교사 : 문화의 속성 A, B를 확인할 수 있는 사례를 발표해 봅시다.
> 갑 : <u>거주 지역별로 결혼 이주 여성이 사용하는 사투리가 서로 다른</u>
>   <u>개인의 사회적 행동이 주변 환경에서 형성된다. → 문화의 학습성</u>
>   것을 통해 A를 확인할 수 있습니다.
> 을 : 인터넷 발달은 그 기술의 발달뿐만 아니라 온라인 교육, 원격
>   의료 및 쇼핑, 시민의 정치 참여 등에도 영향을 준 것을 통해 B
>   <u>한 요소의 변동은 다른 요소의 변동을 초래한다. → 문화의 총체성</u>
>   를 확인할 수 있습니다.
> 교사 : 모두 적절한 사례를 발표했습니다.

결혼 이주 여성이 거주하는 지역에 따라 사용하는 사투리가 다르다는 것은 각자의 지역에서 사투리를 학습했기 때문이다. 인터넷 발달이 기술 발달 이외에도 온라인 교육, 원격 의료 및 쇼핑, 시민의 정치 참여 등 여러 부문에 연쇄적인 변동을 일으키는 것은 문화의 여러 요소가 전체적으로 관련성을 맺고 있기 때문이다. 따라서 A는 문화의 학습성, B는 문화의 총체성을 나타낸다. ㄴ. 문화 요소 간 연쇄적인 변동은 문화의 총체성으로 설명하기에 적절하다. ㄹ. '다른 나라에서 자란 쌍둥이의 사고방식 차이'는 각자의 나라에서 서로 다른 사고방식을 배웠기 때문으로 문화의 학습성 사례로 적절하다.

바로잡기 ㄱ. 문화가 이전의 문화를 토대로 점차 풍부해짐을 보여 주는 것은 문화의 축적성이다. ㄷ. 특정 사회의 구성원과 이방인을 구분해 주는 역할을 하는 것은 문화의 공유성이다.

322 문화를 바라보는 관점 파악하기

1등급 자료 분석 비교론적 관점, 총체론적 관점

삿포로의 대표적 음식인 ㉠ 수프 카레는 묽은 수프와 같은 질감의
　　　　　　　　　　　　　　　　　　　물질문화에 해당한다.
카레로 맛도 일본식 카레나 인도식 카레와 다르다. 인도식 카레는
다양한 채소에 고기와 향신료를 넣어 푹 끓이지만, 일본 카레는 전
분을 넣어 끈적이는 점성이 있다. 이처럼 ㉡ 일본 카레와 인도 카레
의 점성이 다른 것은 두 지역에서 먹는 쌀 때문이다. 인도에서 주로
먹는 길쭉한 형태의 찰기 없는 쌀과 달리 찰진 쌀을 먹는 일본에서
는 점성이 있는 카레가 밥에 비벼 먹기 좋고 더 잘 어울리기 때문이
두 카레의 점성에 차이가 있는 이유를 다른 문화 요소와의 연관성에서 찾으므로 총
체론적 관점이 나타나 있고, 인도와 일본의 쌀을 비교하고 있으므로 비교론적 관점
이 나타나 있다.
라는 것이다. ㉢ 삿포로의 수프 카레는 점성은 묽은 인도 카레에 가
깝고, 향신료의 사용 정도는 기존의 일본 카레와 비슷하다.
서로 다른 문화의 공통점과 차이점을 파악하고 있으므로 비교론적 관점에 해당한다.

ㄱ. 음식은 인간이 욕구 충족을 위해 만들고 사용하는 문화 요소로
물질문화이다. ㄴ. 일본 카레와 인도 카레의 점성에 차이가 있는 이
유를 다른 문화 요소와의 상호 연관성 속에서 찾고 있다는 점에서 총
체론적 관점이 나타나 있다. ㄷ. 삿포로의 수프 카레를 인도 카레, 일
본 카레와 비교하고 있으므로 비교론적 관점이 나타나 있다.

바로잡기 ㄹ. 문화 요소 간의 유기적 연관성을 강조하는 것은 총체론적 관점
이다. ㉢에는 나타나 있지 않다.

323 문화 이해 태도 파악하기

1등급 자료 분석 문화 상대주의

티베트 사람들은 ㉠ 모자를 벗고 혀를 길게 내밀어 인사를 한다. 일
다른 사회의 문화와 달리 독특한 형태의 인사법으로 문화의 특수성이 나타나 있다.
부 사람들은 이러한 ㉡ 인사 문화가 ㉢ 기괴하다거나 우스꽝스럽다
문화가 넓은 의미로 사용되었다.
고 생각하기도 한다. 이러한 인사법은 9세기경 승려를 백정으로 만
타 문화를 평가 절하하는 것으로 자문화 중심주의에 해당한다.
드는 등 불교를 탄압했던 랑다르마왕 때문에 생겼다. 랑다르마왕은
머리에 뿔이 있어 늘 모자를 썼으며 혀가 없었다고 한다. 즉 ㉣ 티
베트인들은 랑다르마를 악마의 화신이라고 여겨 스스로 그 왕과 같
은 인간이 아님을 보여 주려고 한 손으로 모자를 올리고 혀를 쭉 내
밀어 인사하게 되었음을 이해할 수 있다.
해당 문화를 둘러싼 역사적·환경적 맥락에서 그 사회의 문화를 이해하고 있으므로 문
화 상대주의에 해당한다.

티베트 사람들의 독특한 인사법을 소개하고 그러한 인사법이 생겨나
게 된 역사적 배경을 설명하고 있으므로, 이는 문화 상대주의에 해
당한다. ③ 티베트의 인사법을 기괴하다거나 우스꽝스럽다고 여기
는 태도는 문화를 평가의 대상으로 바라보는 자문화 중심주의에 해
당한다.

바로잡기 ① 티베트 인사 문화의 특수성을 알 수 있다. ② 인사 문화에서 문
화는 생활 양식의 총체를 가리키는 넓은 의미의 문화에 해당한다. ④ ㉣에는
해당 사회의 역사적 맥락을 고려한 상대론적 관점이 드러나 있다. ⑤ 선진 문
물 수용에 유리한 문화 이해 태도는 문화 사대주의이다.

324 문화 이해 태도 파악하기

1등급 자료 분석 문화 사대주의, 문화 상대주의

한때 ㉠ 우리 사회에서 골프를 치는 것이 꽤 '고상한' 것처럼 여겨지
외래문화를 숭상하고 자문화를 비하하는 태도로서 문화 사대주의에 해당한다.
는 풍조가 있었다. 서양에서 들어온 여러 스포츠가 있지만 유독 골
프를 동경하는 태도가 형성되었던 이유는 무엇일까? 서구의 문화를
경험한 상류층이 이와 같은 문화를 들여와 누리기 시작하면서 그런
태도가 형성된 것 같다. 그러나 ㉡ 우리 사회에서 골프 문화가 발달
우리 사회에서 골프 문화가 발달하지 않았던 이유를 우리 사회의
자연환경과 관련지어 살펴보는 것은 문화 상대주의에 해당한다.
하지 않았던 나름의 이유가 있다. 골프를 치기 위해서는 넓은 잔디
밭이 필요하다. 그러나 우리나라는 산지가 많고 농경지도 부족한 편
이었기 때문에 넓은 평원을 이용한 스포츠가 발달하지 않았다. 이것
은 우리 사회에 적합하지 않아서 발달하지 않았을 뿐이다.

㉠은 문화 사대주의, ㉡은 문화 상대주의에 해당한다. ④ 문화 상대
주의는 특정 문화를 그 문화의 입장에서 이해하므로 문화의 다양성
을 보존하는 데 기여한다.

바로잡기 ① 타 문화의 장점을 객관적으로 파악하기에 유용한 것은 문화 상
대주의이다. ② 문화 사대주의는 자기 문화를 비하하는 태도이므로 자기 문화
에 대한 자부심이 약하다. ③ 문화 사대주의는 타 문화의 수용에 긍정적이다.
⑤ 문화 사대주의는 문화를 평가하여 우열을 가리는 태도이지만 문화 상대주
의는 문화는 나름대로의 가치가 있다고 본다. 즉 문화 상대주의는 문화를 평가
가 아닌 이해의 대상으로 본다.

325 문화 이해 태도 파악하기

1등급 자료 분석 문화 사대주의, 자문화 중심주의

갑 : A국은 어렸을 때부터 공공장소에서는 절대로 떠들어서는 안 된
다고 가르쳐. 그 덕분에 공공장소에서 아이들이 떠드는 경우
를 본 적이 없어. 그런데 우리나라에서는 공공장소에서 아이들
이 떠들어 주변 사람들에게 피해를 주는 경우가 많아. 역시 A국
이 선진국이야.
A국의 문화는 우수하고 자기 문화의 가치는 낮게 평가하는 태도로 문화 사대주
의에 해당한다.
을 : 그렇지 않아. A국의 자녀 양육 방법은 아이들의 창의성을 말살
시키고 인권을 침해하는 야만적인 방식이야. 아이들은 자유롭
게 커야 창의성이 발달해. 자유롭게 키우는 우리나라의 자녀 양
육 방법이 세계 최고야.
자기 문화의 우수성을 강조하는 태도인 자문화 중심주의에 해당한다.

갑은 문화 사대주의, 을은 자문화 중심주의의 태도를 보이고 있다.
① 문화 사대주의는 다른 문화를 무작정 우월하게 평가함으로써 자
기 문화의 정체성을 상실할 우려가 크다.

바로잡기 ② 자문화 중심주의는 자신의 입장에서 문화의 의미를 파악해야 한
다고 본다. ③ 문화 제국주의를 초래할 우려가 있는 것은 자문화 중심주의이다.
④ 문화 사대주의, 자문화 중심주의는 모두 문화를 우열 평가의 대상으로 본다.
⑤ 국수주의는 편협하고 극단적인 민족주의로 다른 민족이나 다른 국가에 배
타적인 태도로서 자문화 중심주의에서 나타난다.

분석 기출 문제

73~77쪽

[핵심 개념 문제]

326 주류 문화	327 하위문화	328 반문화	329 ㄴ
330 ㄷ	331 ㄹ	332 ㄱ	333 ㄴ	334 ㄱ	335 ○	336 ×
337 ○			

338 ②	339 ②	340 ④	341 ⑤	342 ②	343 ④	344 ⑤
345 ④	346 ③	347 ④	348 ②	349 ③	350 ⑤	351 ④
352 ②	353 ④	354 ②				

1등급을 향한 서답형 문제

355 **예시 답안** 반문화는 시대와 장소에 따라 상대적으로 규정된다.

356 ㉠ : 하위문화, ㉡ : 반문화 357 대중문화 358 **예시 답안** 대량 생산 체제의 형성으로 다수가 동시에 누릴 수 있는 공통의 문화가 보급되었다. 의무 교육 제도 도입으로 대중의 지적 수준이 향상되었다. 보통 선거 제도 도입으로 대중의 정치적·사회적 지위가 향상되었다. 대중 매체의 발달로 불특정 다수가 공통으로 향유할 수 있는 문화가 보급되었다.

338

밑줄 친 '이것'은 하위문화이다. 한 사회 구성원 대부분이 공유하고 있는 문화를 주류 문화, 특정한 집단의 구성원만이 공유하고 있는 문화를 하위문화라고 한다.

339

팬덤 기부 문화, 친환경 먹거리 문화 등의 사례를 통해 우리 사회에 다양한 하위문화가 형성되고 있음을 알 수 있다.

바로잡기 ㄴ. 제시된 사례와는 관련이 없다. ㄹ. 하위문화를 공유하고 있는 사람들 간에는 통합이 이루어질 수 있지만 서로 다른 하위문화를 가진 집단 간에는 갈등을 초래할 수 있다.

340

A는 전체 문화, B는 하위문화이다. 하위문화는 사회의 일부 집단 구성원 간의 상호 작용 과정을 통해 형성되는데 전체 문화에 역동성과 다양성을 제공한다.

바로잡기 ① 하위문화에 관한 설명이다. ② 하위문화 중 반문화는 전체 사회의 지배적인 가치를 따르지 않는다. ③ 전체 문화를 공유하는 구성원의 수가 하위문화를 공유하는 구성원의 수보다 많다. ⑤ A는 전체 문화, B는 하위문화이다.

341

히피 문화는 반문화의 대표적 사례로 1960년대 미국의 주류 문화에 반대하고 저항하였던 문화이다. 반문화는 지배 집단에 의해 일탈 문화로 규정되기도 한다. 그러나 반문화는 사회 전체의 문화에 다양성과 역동성을 제공하고 사회 구성원의 욕구 충족에 기여한다는 점, 사회 모순 해결의 기회로 작용한다는 점에서 긍정적 측면이 있다.

바로잡기 ⑤ 반문화는 전체 사회 구성원의 문화 공유성을 저해하는 요인으로 작용할 수 있다.

342

A는 반문화, B는 반문화의 성격이 없는 하위문화, C는 주류 문화에 해당한다.

바로잡기 ㉠ 반문화는 해당 사회의 지배적인 문화에 따라 상대적으로 규정된다. ㉢ 반문화, 반문화의 성격이 없는 하위문화, 주류 문화 모두 해당 구성원의 정체성 형성에 기여한다.

343

㈎는 주류 문화, ㈏는 하위문화를 나타낸다. 하위문화는 주류 문화와 구별되는 독자성을 지닌 문화이기 때문에 해당 구성원의 욕구 해결에 기여한다. 개인은 동일한 지역, 연령, 취미 등을 기초로 하여 다양한 하위문화를 동시에 가질 수 있다.

바로잡기 ㄹ. 한국 문화를 주류 문화로 보면 제주도 지역 문화는 하위문화에 해당한다.

344

㈎는 하위문화, ㈏는 반문화이다. 세대 문화, 지역 문화는 하위문화에 해당하며, 한 개인에게서 여러 개의 하위문화를 발견할 수도 있다. 또한 하위문화가 주류 문화와 대립할 경우 반문화로 변화하기도 한다.

바로잡기 ⑤ 하위문화, 반문화 모두 특정 집단 구성원이 공유하고 있음을 전제로 한다.

345

대화에서 갑국 청소년은 민주 사회 건설과 유지를 위한 사회 전체의 경험과 디지털 환경의 영향을 받아 활발한 사회 참여 활동을 하고 있다. 을국 청소년은 사회 전반적으로 개인주의가 팽배하고 청년층의 실업이 심각하며 사회 비판 의식이 낮다. 즉 갑국과 을국의 청소년 문화는 전체 사회의 영향을 받아 형성된 하위문화라는 것을 알 수 있다.

346

밑줄 친 '이 문화'는 대중문화이다. 근대 산업화로 대량 생산 체제가 형성되고 다수가 동시에 누릴 수 있는 공통의 문화가 보급되었는데, 이를 대중문화라고 한다.

바로잡기 ③ 대중 매체의 영향으로 사회 문제나 정치적 쟁점 등에 관해 대중의 비판적 시각이 형성되기도 하지만 대중문화가 반드시 반문화를 양산한다고 볼 수 없다.

347

㉠은 지배 계층의 문화, ㉡은 대중문화이다. 대량 생산 체제 형성, 의무 교육 제도 도입, 보통 선거 제도 도입, 대중 매체의 발달은 대중문화의 중요한 발달 원인이 되었다.

바로잡기 ④ 대중문화는 근대 이후 정치·경제·사회적 변화와 맞물려 대중 사회가 형성되면서 자연스럽게 발달한 문화이다. 전통 사회의 지배 계층 문화에 관한 저항의 산물로 보기 어렵다.

348

몇몇 영화가 우리 사회의 인권과 관련된 사회적 화두를 제시하고 있음을 보여 준다. 이를 통해 대중문화는 사회 문제에 관한 관심을 높이는 기능이 있다는 것을 알 수 있다.

349

대중의 정치적 의사 표현과 참정권 확대는 근대 이후 대중 사회 형성의 중요한 배경이 되었다.

바로잡기 ① 산업 사회는 소품종 대량 생산이 지배적이었다. 다품종 소량 생산은 정보 사회에 해당하는 설명이다. ② 전근대 사회에서는 봉건적 지배 질서를 존중하였으나 근대 이후 신분 제도가 붕괴되면서 민주적 정치 질서를 기반으로 대중이 출현하였다. ④ 전통적인 대중 매체는 일방향 소통 방식이 지배적이었으며 쌍방향 소통 방식이 등장하게 된 것은 정보 사회 이후의 일이다. ⑤ 이윤을 추구하는 자본의 영향으로 상업성을 더 중요시한다.

350

제시문에는 누리 소통망(SNS)을 통해 대중문화 생산에 적극적으로 참여하고 있는 대중의 모습이 나타나 있다. 이는 누리 소통망(SNS), 즉 뉴 미디어의 등장으로 대중문화의 생산자와 소비자의 경계가 모호해지고 있음을 보여 준다.

바로잡기 ①, ③, ④ 대중문화의 역기능이다. ② 대중문화의 순기능에 관한 설명이지만 제시문과는 관련이 없다.

351

그림은 사회 변화에 따른 특징적인 문화 양상을 나타내고 있다. (가)는 소수 지배 계층의 문화, (나)는 대중 매체에 의해 보급되는 대중문화, (다)는 정보 사회에서 뉴 미디어에 의해 형성되는 문화이다.

바로잡기 ④ 정보 사회에서 문화 소비자와 생산자 간 경계는 약화된다.

352

시청률에 따라 텔레비전 프로그램 내용을 정하는 것이 '문화적 민주주의'라고 강조하는 것은 대중문화의 상업성 추구를 정당화하는 논리로 이어져 대중문화의 질적 저하를 초래할 수 있다. 시청률을 위한 지나친 경쟁은 문화 창작의 고유한 가치나 표현을 경시할 우려가 있다.

353

제시문을 통해 대중문화의 획일화, 몰개성화 양상을 알 수 있다. 이러한 현상은 대중 매체의 일방향성으로 초래된다.

354

밑줄 친 '이 프로그램'은 시청자의 실시간 인터넷 투표, 휴대 전화 문자 투표 등을 통해 대중의 참여를 유도하고 있다. 뉴 미디어의 등장은 이러한 프로그램을 가능하게 하였으며, 이는 대중 매체의 일방향성이 갖는 한계를 극복하고자 하는 것이다.

355

어느 집단의 하위문화가 그 사회의 지배적인 문화에 저항하거나 대립할 때 그와 같은 하위문화를 반문화라고 한다.

채점 기준	수준
반문화의 상대성을 서술한 경우	상
반문화는 변화한다는 점을 서술한 경우	중

356

주류 문화 중 특정한 집단의 구성원만이 공유하고 있는 문화를 하위

문화라고 하며, 하위문화 중 전체 사회의 지배적인 가치를 따르지 않는 경우를 반문화라고 한다.

357

한 사회 내에 존재하는 다양한 집단을 초월하여 불특정 다수인 대중이 공유하는 문화를 대중문화라고 한다.

358

대중문화는 근대 이후 대중 사회가 등장하면서 나타난 문화이다.

채점 기준	수준
대중문화의 형성 배경을 두 가지 서술한 경우	상
대중문화의 형성 배경을 한 가지만 서술한 경우	중

적중 1등급 문제

78~79쪽

359 ⑤	360 ②	361 ③	362 ③	363 ⑤
364 ③	365 ④	366 ③		

359 현대 사회의 문화 양상 분석하기

1등급 자료 분석 전체 문화, 하위문화

(가) 갑국에는 다양한 ㉠이민자 집단의 문화가 존재한다. 그중 일부
　　갑국의 주류 문화에 저항하는 성격을 지닌다고 할 수 없다.
　　는 갑국의 보편적 문화로 자리 잡았다. 그 대표적 사례로 토마토
　　소스를 사용한 요리를 들 수 있다.　토마토소스는 '마녀의 피'라
　　고 불리며 ㉡문화인이라면 먹어서는 안 되는 야만적인 식재료로
　　　　　　　　　　　　　　　문화가 좁은 의미로 사용되었다.
　　간주되었으나 오늘날 갑국에서 토마토소스를 사용한 요리를 누
　　구나 즐겨 먹는다.
　　구성원들이 전반적으로 공유하는 문화가 되었다.
(나) 을국에서 ㉢바지는 여성이 착용했을 때 음란한 복장으로 취급되
　　　　　　　　　　지배 문화에 의해 반문화로 규정되었다.
　　어 금기시되었다. 그러나 ㉣여성에게도 바지를 입을 권리가 있
　　　　　　　　　　　　　특정 사람들만 공유하는 하위문화이다.
　　다고 주장하는 사람들이 나타났고 결국 여성 누구나 바지 착용
　　을 즐기게 되었다.
　　한 사회에서 지배적인 영향을 끼치게 되었다.

(가)에는 금기시되던 하위문화가 주류 문화가 된 사례, (나)에는 일부 집단만이 향유하고 일탈로 취급되던 반문화가 주류 문화가 된 사례가 나타나 있다. ⑤ 두 사례를 통해 공통적으로 한 사회 내의 일부 구성원만이 공유하는 하위문화가 한 사회 구성원 대부분이 공유하는 주류 문화가 될 수 있음을 확인할 수 있다.

바로잡기 ① 이민자 집단의 문화가 반드시 갑국의 주류 문화에 저항하는 반문화의 성격을 지닌다고 할 수 없다. ② 넓은 의미의 문화는 생활 양식의 총체를 가리킨다. 문화인에서 문화는 교양 있는 것, 세련된 것을 의미하므로 좁은 의미의 문화에 해당한다. ③ 바지가 여성에게 음란한 복장이라고 규정된 문화적 배경 등 다른 문화 요소에 관한 설명이 나타나 있지 않으므로 문화 요소의 상호 연관성을 직접 파악하기는 어렵다. ④ 사회 구성원 대부분이 공유하는 문화는 주류 문화이다. ㉣은 사회 구성원의 일부가 공유하는 하위문화로 반문화의 특징을 보인다.

360 하위문화 분석하기

1등급 자료 분석 반문화, 주류 문화, 하위문화

갑국은 사방에 적을 두고 침략에 시달려 왔기 때문에 국가 안보가 국정의 최대 목표이다. 그래서인지 정치인 중에서는 군인 출신이 많다. 군인 출신의 정치인은 군대 시절부터 몸에 밴 ㉠ 군대에서 사용하던 말투와 행동을 취한다. 국민 누구나 군대를 다녀오기 때문에 <u>하위문화로 이를 향유하는 특정 구성원의 일체감을 높이는 데 기여한다.</u>
㉡ 많은 사람이 일상생활에서 군대식 말투와 행동을 취한다. 그러나 <u>사회의 대다수가 공유하는 주류 문화에 해당한다.</u>
일부 젊은이는 ㉢ 군대를 비하하는 말투와 행동을 함으로써 군대 문화를 혐오하기도 한다. <u>한 사회의 지배적 문화에 저항하는 반문화에 해당한다.</u>

㉠은 하위문화, ㉡은 주류 문화, ㉢은 반문화이다. ② 반문화라고 하더라도 점차 사람들의 저항 의식이 사라지고 많은 사람이 그 문화를 받아들여서 일상생활 속에서 사용하면 주류 문화가 된다.

바로잡기 ① 하위문화와 반문화의 총합이 주류 문화인 것은 아니다. 주류 문화 중에는 하위문화와 반문화 어느 것에도 해당하지 않는 것이 있다. ③ 반문화도 특정 계층 사람들이 갖는 하위문화에 해당하기 때문에 한 사회의 문화적 다양성을 보여 준다. ④ 주류 문화는 그 사회의 대다수 구성원이 향유하는 문화이다. 하위문화나 반문화를 향유하는 사람들이라도 주류 문화를 공유한다. ⑤ 국민 전체의 일체감을 높이는 데 기여하는 것은 주류 문화이다.

361 하위문화 분석하기

1등급 자료 분석 반문화, 주류 문화, 하위문화

갑국에서 1970년대에는 용이나 뱀 모양의 문신을 하는 사람은 대개 조직 폭력배였다. 그들은 이러한 문신으로 다른 사람에게 위압감을 줌으로써 자신들의 결속력을 다지는 도구로 생각하였다. 그렇다고 하여 사회에 저항하는 의미는 아니었다. 그런데 1990년대 들어서 <u>하위문화이지만 반문화라고는 볼 수 없다.</u>
는 점차 많은 젊은이가 고양이나 토끼 등 귀여운 동물을 새기는 경우가 많아졌다. 이 시기에는 <u>문신이 젊은이의 상징처럼 인식되었으며 일반인도 젊은이의 문신에 특별히 혐오감을 느끼지 않게 되었다.</u>
<u>젊은이들의 하위문화로 인식되고 있다.</u>
2000년대에는 성형 수술이 발달하면서 젊은이뿐만 아니라 나이 든 사람도 문신을 새기는 경우가 늘어나게 되었다. 그러나 아직은 문신을 새기는 사람이 그렇게 많지 않다.
<u>구성원들이 전반적으로 공유하는 문화로 확대된 것은 아니다.</u>

갑국에서 문신은 1970년대에는 조직 폭력배들이 다른 사람에게 위압감을 주었지만 사회에 저항하는 의미는 아니었으므로 반문화라고는 볼 수 없다. 1990년대에 문신은 젊은이의 하위문화로 인식되었다. 2000년대에는 나이 든 사람들도 문신을 새기긴 하지만 아직은 그렇게 많지 않으므로 주류 문화로 확대된 것은 아니다. ㄴ. 1990년대 문신은 갑국 젊은이의 하위문화였다. ㄷ. 1990년대 문신은 갑국에서 젊은이만의 하위문화였으므로 세대 차이를 드러내었다.

바로잡기 ㄱ. 1970년대 문신은 조직 폭력배들이 자신들의 결속력의 도구로 생각했으므로 반문화가 아닌 하위문화로 볼 수 있다. ㄹ. 2000년대에는 문신에 관한 인식의 변화는 있지만 그렇다고 하여 많은 사람이 일반적으로 문신을 한 것은 아니므로 갑국의 주류 문화로 볼 수 없다.

362 하위문화 분석하기

1등급 자료 분석 지역 문화

소중한 문화유산인 사투리를 보존하려는 지방 자치 단체의 움직임 <u>하위문화 중 지역 문화에 해당한다. 지역 문화는 지역 사회를 통합하고 지역 사회 구성원의 정체성을 강화하며 문화 다양성을 제공한다.</u>
이 활발하게 전개되고 있다. 울산광역시는 울산 방언사전을 펴내 사투리 보존에 나서고 있으며, 강원도에서는 강릉 사투리 보존회가 다양한 문화 콘텐츠로 사투리 알리기에 나서고 있다. 제주특별자치도는 2007년 제주어 보전 및 육성 조례를 제정해 다양한 지원책을 마련하는가 하면 제주어 보전 육성 위원회와 제주어 연구소를 개설하여 운영하는 등 다양한 정책을 펼치고 있다.

사투리는 특정 지역 구성원만이 공유하는 문화로 지역 문화이다. 지역 문화는 하위문화의 대표적 사례에 해당한다. 지역 문화는 전체 문화에 역동성을 제공하고 좀 더 다채로운 특성을 유지하게 하는 데 기여한다. 또한 해당 지역 사회 구성원들이 일체감과 자부심을 느끼게 하여 지역 사회의 통합에 긍정적으로 기여한다.

바로잡기 ㄱ. 사투리는 지역 문화로 하위문화에 해당하지만, 전체 문화에 저항하는 성격이 있는 것은 아니므로 반문화로 볼 수 없다. ㄴ. 지역 문화가 발달한다고 해서 전체 사회 통합이 용이해지는 것은 아니다.

363 대중 매체의 특징 파악하기

1등급 자료 분석 인쇄 매체, 뉴 미디어

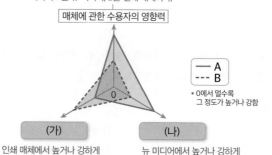

매체에 관한 수용자의 영향력이 더 큰 것은 뉴 미디어이다. 뉴 미디어는 쌍방향적인 정보 전달이 이루어지기 때문이다. 따라서 A는 뉴 미디어, B는 인쇄 매체이다.

매체에 관한 수용자의 영향력

— A
--- B

* O에서 멀수록 그 정도가 높거나 강함

(가) 인쇄 매체에서 높거나 강하게 나타나는 특징이 들어가야 한다.
(나) 뉴 미디어에서 높거나 강하게 나타나는 특징이 들어가야 한다.

• 정보의 복제 및 재가공 : 뉴 미디어 > 인쇄 매체
• 정보 확산의 시·공간적 제약 : 뉴 미디어 < 인쇄 매체
• 복합적 감각 정보의 전달 : 뉴 미디어 > 인쇄 매체
• 정보 전달의 신속성 : 뉴 미디어 > 인쇄 매체
• 정보 생산자와 소비자 간 경계의 모호성 : 뉴 미디어 > 인쇄 매체

A는 뉴 미디어, B는 인쇄 매체이다. ⑤ 인쇄 매체는 정보 생산자와 소비자 간 경계가 매우 명확하고 뉴 미디어는 그 경계가 불분명하다. 정보 소비자가 손쉽게 정보를 재가공하고 생산할 수 있기 때문이다.

바로잡기 ① 뉴 미디어는 정보 확산의 시·공간적 제약이 매우 작은 편이다. 반면 인쇄 매체는 정보 확산의 시·공간적 제약이 크다. ② 정보의 복제 및 재가공이 용이한 것은 뉴 미디어이다. ③ 인쇄 매체는 시각을 통해 정보를 전달하고 뉴 미디어는 시청각을 통해 정보를 전달한다. ④ 정보 전달 속도는 뉴 미디어가 인쇄 매체보다 빠르다.

364 대중 매체의 특징 파악하기

인쇄 매체, 영상 매체, 뉴 미디어

'심층적인 정보 전달이 용이한가?'라는 질문으로 A와 B를 구분할 수
<u>일반적으로 심층적인 정보 전달이 용이한 것은 종이 신문이므로 A, B 중 하나는 종
이 신문이다.</u>
있고 '정보 제공이 일방향적으로 이루어지는가?'라는 질문으로 A와
<u>정보 제공이 일방향적으로 이루어지는 것은 인쇄 매체, 영상 매체이므로 B는
뉴 미디어이다.</u>
C를 구분할 수 없다. 표는 대중 매체 A~C를 (가), (나)를 기준으로 비
교한 것이다.

대중 매체의 특징	비교 결과
(가) 인쇄 매체에서 높거나 강하게 나타나는 특징이 들어가야 한다.	A>B 인쇄 매체>뉴 미디어
(나) 뉴 미디어에서 높거나 강하게 나타나는 특징이 들어가야 한다.	B>C 뉴 미디어>영상 매체

일반적으로 심층적인 정보 전달은 인쇄 매체의 특징이고, A와 C는
일방향 매체이므로 A는 인쇄 매체, B는 뉴 미디어, C는 영상 매체이
다. (가)에는 A, 즉 인쇄 매체의 특징에 해당하는 내용, (나)에는 B, 즉
뉴 미디어의 특징에 해당하는 내용이 들어가야 한다. ㄴ. 인쇄 매체
는 뉴 미디어에 비해 정보 생산자와 소비자 간 경계의 명확성이 더
크다. ㄷ. 뉴 미디어가 영상 매체보다 정보의 복제 및 재가공이 용이
하다.

ㄱ. 정보 전달의 신속성은 뉴 미디어가 더 크다. ㄹ. 뉴 미디어가 영
상 매체보다 문맹자의 정보 접근 가능성이 더 크다고 보기 어렵다.

365 대중 매체의 특징 파악하기

인쇄 매체, 영상 매체, 뉴 미디어

형성 평가

질문 : 다음을 읽고 밑줄 친 부분에 들어갈 내용을 쓰시오. (단,
A~C는 각각 종이 신문, TV, SNS 중 하나이다.)

• A보다 B가 정보 전달의 신속성이 강하다. SNS
• B보다 C가 정보 제공자의 전문성이 강하다. 종이 신문

A : TV B : SNS C : 종이 신문

(1) A는 B에 비해 정보 생산자와 수용자 간의 경계가 명확하다.
     TV가 SNS보다 정보 생산자와 수용자 간 경계가 명확
     하므로 옳은 내용이다. → 1점

(2) B는 C에 비해 문맹자의 정보 접근이 어렵다. → 어렵지 않다
     종이 신문은 SNS보다 문맹자의 정보 접근성이 낮으므
     로 틀린 내용이다. → 0점

(3) C는 A에 비해 _____(가)_____
     → 형성 평가 점수가 2점이므로 옳은 내용이 들어가야
       한다. 인쇄 매체에서 높거나 강하게 나타나는 특징
       이 들어가야 한다.

점수 : 2점

*맞으면 1점, 틀리면 0점임

정보 전달의 신속성이 강한 것은 SNS이다. 정보 제공자의 전문성이
강한 것은 종이 신문이다. 따라서 A는 TV, B는 SNS, C는 종이 신문
이다. TV는 SNS에 비해 정보 생산자와 수용자 간의 경계가 명확하
다. 종이 신문은 문맹자의 정보 접근성이 낮다. 따라서 (1)은 옳고 (2)
는 틀렸으므로 (3)에는 옳은 내용이 들어가야 한다. ㄴ. SNS는 쌍방
향적 정보 전달이 가능하다. ㄹ. 종이 신문은 시각으로만 정보를 전
달할 수 있다. 따라서 (가)에는 '복합적 감각 정보의 전달이 어렵다.'가
들어갈 수 있다.

ㄱ. 정보의 재가공이 유리한 것은 SNS이다. SNS는 다른 사람들에
의해 정보가 계속 수정되므로 TV에 비해 정보의 재가공이 유리하다. ㄷ. 종이
신문은 TV와 달리 정보 전달과 수용이 동시에 이루어지기 어렵다.

366 대중문화의 문제점 파악하기

대중문화의 질적 수준 저하

언제부터인가 '막장 드라마'라는 말이 텔레비전 드라마의 대표 명사
가 된 듯하다. 자극적인 인물 설정은 기본이고 부잣집이나 회사 승
<u>자극적이고 선정적인 내용으로 대중문화가 질적으로 저하된다.</u>
계를 둘러싼 자녀의 투쟁, 불륜, 출생의 비밀, 얽히고설킨 가족 관계
가 없는 드라마는 심심할 정도이다. 맥락도 주제도 철학도 없이 드
라마는 흐른다. 잔잔한 감동을 주는 것도 아니고 교훈적인 내용도
아닌데 사람들은 이런 드라마에 쉽게 빠진다. 왜 그럴까? 힘든 직
장에서 돌아와 현실의 고달픔을 잊고 싶을 때는 골똘히 생각하는 것
보다 쉽게 몰입해 내용을 파악할 수 있는 단순한 드라마가 매력적이
<u>대중문화는 오락 및 여가의 기회를 제공하여 삶의 활력이 되기도 한다. 그
러나 대중문화의 오락적 기능이 지나치게 커지면서 문화의 질적 저하가 나
타나기도 한다.</u>
기 때문이다.

③ 사람들이 막장 드라마에 빠지는 이유는 현실의 고달픔을 잊기 위
해서이다. 즉, 대중문화의 오락적 기능이 지나치게 커지면서 문화의
질적 수준이 저하된다.

분석 기출 문제

[핵심 개념 문제]

367 ⓒ	368 ⑤	369 ⓒ	370 ⓒ	371 ×	372 ×	373 ×
374 ㄱ	375 ㄴ	376 ㄷ	377 ㄷ	378 문화 지체		

379 아노미

380 ①	381 ③	382 ④	383 ④	384 ④	385 ①	386 ③
387 ⑤	388 ⑤	389 ④	390 ④	391 ④	392 ①	393 ②
394 ②	395 ②					

[1등급을 향한 서답형 문제]

396 예시답안 A : 자극 전파, 신라의 이두는 중국 한자의 영향을 받아 발명된 것이다. B : 문화 융합, 우리나라 결혼식은 서양의 결혼과 유사한 방식으로 시작되어 '폐백'이라는 한국 전통 방식으로 마무리된다.

397 (가) : 문화 공존, (나) : 문화 동화, (다) : 문화 융합

398 문화 지체 현상 **399** 예시답안 물질문화의 빠른 변동 속도보다 비물질 문화의 변동이 뒤따르지 못하여 나타나는 문화 요소 간의 부조화 현상이다.

380

(가)는 전에 없었던 새로운 문화 요소가 만들어진 것이므로 발명, (나) 는 두 문화의 직접적인 접촉으로 문화 요소가 전해졌으므로 직접 전 파에 해당한다.

바로잡기 ② 간접 전파는 인쇄물, 텔레비전, 인터넷 등과 같은 매개체를 통해 이루어지는 전파를 의미한다. ③ 발견은 이미 존재하고 있었지만 아직 세상에 알려지지 않은 어떤 것을 찾아내거나 알아내는 행위이다. 자극 전파는 다른 사회에서 전파된 문화 요소에 자극을 받아 새로운 문화 요소의 발명이 일어난 것을 가리킨다.

381

유럽에서는 우키요에를 도자기 포장지로 사용하다가 수용 및 확산한 것이므로 자발적 문화 접변의 사례로 볼 수 있다.

바로잡기 ① 직접 전파는 사람에 의해 문화 요소가 직접 전해지는 것을 말한 다. ② 내재적 요인에 따른 문화 변동은 발명이나 발견을 통한 문화 변동을 말 한다. ④, ⑤ 제시된 자료로는 알 수 없다.

382

ㄴ. A 양식은 다른 문화와 교류하면서 구성원이 어떤 문화 요소의 필 요성을 인식하여 스스로 받아들인 자발적 문화 접변에 해당한다. ㄹ. A국의 요리법과 B국의 요리 재료가 결합하여 새로운 문화 요소가 만 들어진 것이므로 문화 융합의 사례이다.

바로잡기 ㄱ. 사람들이 왕래하면 직접 전파가 이루어질 수 있다. 이는 문화 변 동의 외재적 요인에 해당한다. ㄷ. 음식 문화의 '문화'는 넓은 의미의 문화, 문화 생활의 '문화'는 좁은 의미의 문화에 해당한다.

383

선교사에 의해 쇠도끼가 유입된 것은 직접 전파에 해당한다. 급격한 문화 변동으로 가치관의 혼란을 겪고 있으므로 아노미 현상이 일어 났음을 알 수 있으며 문화의 변동성과 총체성이 함께 나타나 있다.

384

체로키 인디언은 영어에서 아이디어를 얻어 고유의 문자를 만들어 냈다. 이는 다른 문화 요소에서 아이디어를 얻어 새로운 문화 요소를 만들어 내는 자극 전파의 사례이다.

바로잡기 ㄹ. 사람에 의해 문화 요소가 직접 전달된 경우이므로 직접 전파에 해당한다.

385

샐러드 볼 사회는 다양한 문화가 샐러드의 여러 재료처럼 각각의 독 특한 특징을 잃지 않는다는 점에서 문화 공존에 해당한다. 반면 용광 로 사회는 소수 문화가 다수 집단의 문화에 녹아 흡수된다는 점에서 문화 동화에 해당한다.

386

A 씨의 자발적인 필요에 의해 문화 요소를 받아들여 자발적 문화 접 변이 일어났으며, 그 결과 만들어진 두 음식 문화의 특성을 잘 살린 퓨전 요리는 문화 융합에 해당한다.

387

(가)는 간접 전파, (나)는 직접 전파가 나타나고 있으며, 이는 모두 외재 적 요인에 의한 문화 변동에 해당한다.

바로잡기 ① (가)는 매개체를 통해, (나)는 직접적인 접촉을 통해 문화 변동이 나타났다. ② 자극 전파란 다른 사회의 문화 요소로부터 아이디어를 얻어 새로 운 문화 요소를 만들어 내는 것으로 제시된 자료와는 관련이 없다. ③ (가), (나) 모두 문화 수용자의 자발성에 기초한 자발적 문화 접변이 나타나고 있다. ④ 세계화가 진행될수록 직접 전파보다 간접 전파에 의한 문화 변동이 더 활발하 게 나타날 수 있다.

388

(가)는 문화 동화, (나)는 문화 융합, (다)는 문화 공존을 의미한다. 문화 동화는 서로 다른 두 문화가 접하면서 그중 한 문화가 정체성을 잃고 다른 문화에 흡수되는 현상이다. 문화 융합은 서로 다른 두 사회의 문화가 접하여 기존 문화 요소에서는 볼 수 없었던 전혀 새로운 문화 요소를 만들어 내는 현상이다. 문화 공존은 서로 다른 두 문화가 고 유한 문화 체계를 상실하지 않고 한 사회의 문화 체계 속에 같이 존 재하는 현상이다.

바로잡기 ㄱ. ▲ 요소를 가진 사회가 자문화에 자긍심이 강하다면 (가)와 같이 다른 문화에 동화되는 현상은 나타나기 어렵다. ㄴ. 북아메리카의 원주민 문화 가 백인 문화에 흡수된 것은 문화 동화에 해당한다.

389

(가), (나) 모두 강제적 문화 접변의 사례에 해당한다. 강제적 문화 접 변은 정복이나 식민 지배 상황에서 강제력을 사용하여 지배적 사회 의 문화 요소를 피지배 사회의 문화 체계 속에 이식함으로써 나타나 는 문화 변동으로 문화 제공자의 의지에 의해 문화 변동이 나타나는 것이다.

바로잡기 ㄱ. 외재적 요인에 의한 문화 변동에 해당한다. ㄷ. 만주족의 변발 강요 결과 문화 융합이 나타났는지는 알 수 없다.

390

(가)는 발견, (나)는 직접 전파, (다)는 발명이다. ④ 병국에서 발명으로 나타난 문화 요소 ◆는, 갑국에서도 발명으로 나타났다.

바로잡기 ① 갑국에서 발견으로 나타난 문화 요소는 을국에 전파되었다. ② 갑국에서 발견으로 나타난 문화 요소 ▲는 직접 전파로 을국에 전해졌고 소멸하지 않았다. ③ 을국, 병국 모두 자국의 문화 요소와 갑국의 문화 요소 ▲가 공존하고 있다. ⑤ A에서는 기존의 문화 요소 ◆가 소멸하였고 새로운 문화 요소 ▲, ■가 추가되었다. B에서는 문화 요소 ■가 소멸하였고 새로운 문화 요소 ★가 추가되었다.

391

(가)는 서로 다른 문화 요소가 결합하여 기존의 문화 요소와는 성격이 다른 제3의 문화가 형성되는 문화 융합, (나)는 한 사회의 문화가 다른 사회의 문화 체계 속에 흡수되어 정체성을 상실하는 문화 동화 사례에 해당한다.

392

ㄱ. 유럽인의 이주 과정을 통해 유럽 음악이 전파된 것이므로 직접 전파에 의한 문화 변동이다. ㄴ. 흑인의 전통 음악에 유럽 이주민의 음악이 합쳐져서 재즈라는 독특한 음악 장르가 생겨난 것은 문화 융합의 사례에 해당된다.

바로잡기 ㄷ. 강제적인 문화 접변은 제시문에 나타나 있지 않다. ㄹ. 외래문화가 도입되었지만 기존 문화의 정체성을 상실한 것은 아니다.

393

B국에서는 B국 언어를 사용하지 않고 A국 언어를 사용하므로 문화 동화, C국에서는 A국 언어와 C국 언어를 함께 사용하고 있으므로 문화 공존이 나타났다. B국과 C국 모두 직접 전파에 의한 외재적인 문화 변동이 일어났다.

바로잡기 ㄴ. 강제적 문화 접변이 일어난 것은 B국이다. ㄹ. B국, C국 모두 직접 전파로 문화 변동이 나타났다.

394

음원을 가공하는 기술 수준은 크게 향상되었으나 그것을 활용하는 사람들의 의식 수준은 낮다는 내용을 통해 문화 변동 과정에서 물질문화의 변동 속도가 비물질문화의 변동 속도보다 빨라 부작용이 나타나는 문화 지체 현상의 사례에 해당한다.

395

제시문에는 문화 접변으로 인한 아노미 현상이 나타나 있다. 급격한 문화 변동이 나타날 경우 기존의 전통적인 규범과 가치관이 무너지고 새로운 규범과 가치관이 아직 정립되지 못하여 어떤 규범을 따라야 할지 몰라 사회적 혼란이 초래될 수 있다.

396

A는 자극 전파, B는 문화 융합에 해당한다.

채점 기준	수준
A, B의 개념을 각각 쓰고 그에 해당하는 사례를 모두 서술한 경우	상
A, B 중 한 가지의 개념과 사례만 서술한 경우	중
A, B의 개념만 쓴 경우	하

397

(가)에는 서로 다른 문화가 나란히 존재하고 있다. (나)에는 한 사회의 문화가 다른 사회의 문화에 흡수되었다. (다)에서는 다른 사회의 문화에서 아이디어를 얻어 새로운 문화 요소가 만들어졌다.

398

문화 지체 현상은 물질문화의 변동 속도와 비물질문화의 변동 속도의 차이에서 나타나는 부조화 현상을 의미한다.

399

문화 지체 현상은 물질문화의 빠른 변동 속도에 비해 비물질문화의 변동이 뒤따르지 못하여 나타나는 문화 요소 간의 부조화 현상이다.

채점 기준	수준
변동 속도의 차이를 포함하여 문화 지체 현상의 의미를 적절하게 서술한 경우	상
문화 지체 현상의 의미를 미흡하게 서술한 경우	중

적중 1등급 문제

400 ①	**401** ④	**402** ④	**403** ⑤	**404** ③
405 ④	**406** ④	**407** ④		

400 문화 변동 요인 파악하기

1등급 자료 분석 발명, 간접 전파, 자극 전파

(가) 신라 시대 설총이 중국 한자의 음과 뜻을 빌려 우리말을 표기하는 이두를 만들었다.
　다른 사회의 문화 요소에서 아이디어를 얻어 새로운 문화 요소를 발명하는 자극 전파의 사례이다.

(나) 전구, 자동차 등과 같이 물질적인 것뿐만 아니라 계몽주의와 같은 사상이나 가치관도 새롭게 만들어질 수 있다.
　이전에 없었던 새로운 문화 요소를 만들어 내는 발명의 사례이다.

(다) 다른 나라에 우리나라 가수의 영상이나 노래가 인터넷 등을 통해 전해져 케이팝(K-Pop) 경연 대회가 열린다.
　매개체를 통해 문화 요소가 전파되는 간접 전파가 나타나 있다.

① 이두는 중국의 문화 요소로부터 아이디어를 얻어 새로운 문화 요소가 만들어지는 자극 전파에 해당한다.

바로잡기 ② 문화 전파에 관한 설명이다. 문화 전파에는 직접 전파, 간접 전파, 자극 전파가 있다. ③ 직접 전파의 사례이다. ④ 자극 전파와 간접 전파는 문화 변동의 외재적 요인, 발명은 문화 변동의 내재적 요인이다. ⑤ 발견에 관한 설명이다.

401 문화 변동 요인 파악하기

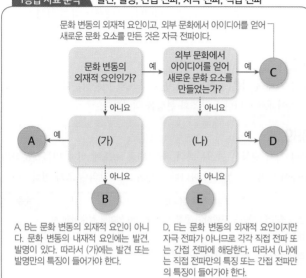

문화 변동의 외재적 요인이고, 외부 문화에서 아이디어를 얻어 새로운 문화 요소를 만든 것은 자극 전파이다.

A, B는 문화 변동의 외재적 요인이 아니다. 문화 변동의 내재적 요인에는 발견, 발명이 있다. 따라서 (가)에는 발견 또는 발명만의 특징이 들어가야 한다.

D, E는 문화 변동의 외재적 요인이지만 자극 전파가 아니므로 각각 직접 전파 또는 간접 전파에 해당한다. 따라서 (나)에는 직접 전파만의 특징 또는 간접 전파만의 특징이 들어가야 한다.

A, B는 각각 발명, 발견 중 하나이다. C는 자극 전파이다. D, E는 각각 직접 전파, 간접 전파 중 하나이다. ④ 매체에 의해 문화 요소가 전해지는 것은 간접 전파이므로 D는 간접 전파, E는 직접 전파가 된다. 사신 교류를 통한 문물 수용은 직접 전파의 사례이다.

바로잡기 ① (가)에 '이미 존재하던 문화 요소를 새롭게 찾아낸 것인가?'가 들어가면 A는 발견, B는 발명이다. 특정 종교의 창시는 발명에 해당하므로 A에는 들어갈 수 없다. ② 인터넷이 B의 산물이라면 A는 발견이므로 (가)에는 발견의 특징이 들어가야 한다. '존재하지 않던 새로운 문화 요소를 만든 것'은 발명에 해당한다. ③ 바이러스를 찾아낸 것은 발견의 사례에 해당한다. 자극 전파의 사례로는 체로키족이 영어에 착안해 체로키 문자를 만든 것을 들 수 있다. ⑤ 모든 문화 변동은 문화 지체 현상을 초래할 수 있다.

402 문화 변동 양상 파악하기

- 캐나다는 영어를 사용하는 나라이다. 그러나 캐나다 동부의 퀘벡주는 건축물에서부터 사용하는 언어까지 프랑스의 영향을 많이 받았다. 퀘벡은 캐나다에서 유일하게 영어와 프랑스어를 공용어로 사용한다. ← 문화 공존
- 미국 교포 사회에서는 미국 명절인 추수 감사절과 크리스마스 행사를 하면서도 설날에 세배하고 추석에 송편을 먹는 등 우리나라 명절 문화를 같이 챙기기도 한다. ← 문화 공존

두 사례는 모두 문화 공존에 해당한다. 문화 공존은 서로 다른 사회의 문화 요소가 한 사회의 문화 체계 속에서 나란히 존재하는 현상을 의미한다. 따라서 문화 접변 과정에서 자문화의 정체성이 그대로 남아 있다.

바로잡기 ① 두 사례 모두 새로운 문화 요소를 거부하고 있지 않다. ② 캐나다에서는 영어, 재미 교포 사회에서는 우리나라 명절 문화가 그대로 남아 있다. ③ 두 사례 모두 새로운 발명이 나타난 것은 아니다. ⑤ 서로 다른 문화 요소가 결합하여 새로운 문화 요소가 탄생한 것은 아니다.

403 문화 변동의 원인과 결과 파악하기

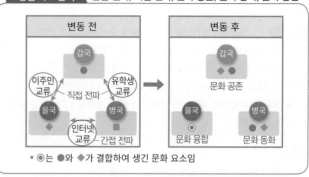

* ◉는 ●와 ◆가 결합하여 생긴 문화 요소임

ㄷ. 갑국과 병국 간 문화 변동은 유학생의 교류로 직접 전파가 이루어졌다. ㄹ. 병국에서는 문화 접변 이후에 갑국과 을국의 문화 요소만 남아 있고 병국 자체의 문화 요소는 소멸하였다.

바로잡기 ㄱ. 갑국에서는 을국과의 문화 교류 이후 갑국과 을국의 문화 요소가 함께 존재하는 문화 공존이 나타났다. 그러나 병국에서는 병국 자체의 문화 요소는 사라졌고, 갑국과 을국의 문화 요소만 남아 있다. 즉, 병국에서는 문화 동화 현상이 나타났다. ㄴ. 을국에서는 갑국의 문화 요소와 결합하여 새로운 제3의 문화가 나타났다. 병국에서는 갑국과 을국의 문화 요소가 들어오면서 병국 자체의 문화 요소가 소멸하였다. 따라서 을국, 병국 모두 외래문화를 수용하였다.

404 문화 변동 요인 파악하기

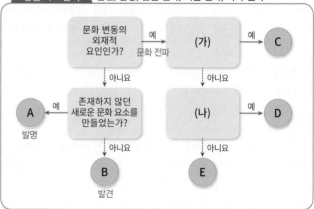

문화 변동의 외재적 요인에는 직접 전파, 간접 전파, 자극 전파가 있다. 따라서 C, D, E는 각각 직접 전파, 간접 전파, 자극 전파 중 하나이다. 존재하지 않던 새로운 문화 요소를 만든 것은 발명이다. 따라서 A는 발명, B는 발견이다. ③ 식민지 경험을 통해 다른 나라의 언어를 사용한 것은 직접적 접촉에 따라 문화 요소가 전해진 것으로 직접 전파의 사례이다. 따라서 해당 질문은 (가)에 들어갈 수 있다.

바로잡기 ① 새로운 세균을 찾아낸 것은 발견의 사례이다. ② 다른 나라의 종교에 착안해 새로운 종교를 창시한 것은 자극 전파의 사례이다. ④ 문화 요소가 매체에 의해 전달되었다면 간접 전파에 해당한다. 간접 전파는 상호 인적 교류가 없는 집단 간에도 인터넷, 텔레비전, 책 등의 매개체를 통해 간접적으로 이루어질 수 있다. ⑤ (가)가 '문화 요소의 전달이 직접 이루어졌는가?'이고, (나)가 '문화 요소가 매체에 의해 전달되었는가?'라면, E는 자극 전파이다. 인터넷을 통한 음식 문화 전파는 간접 전파로 D의 사례에 해당한다.

405 문화 접변의 결과 파악하기

1등급 자료 분석 문화 융합, 문화 동화

서로 다른 문화 요소가 결합하여 기존 문화 요소와 성격이 다른 새로운 문화가 형성됨		
구분	A	B
의미	(가)	한 문화가 새로운 문화 요소에 의해 완전히 대체됨 문화 동화
사례	□□국의 김치와 △△국의 파스타가 결합된 김치 파스타가 만들어짐 문화 융합	(나) 예 북아메리카 원주민의 문화가 백인 문화에 흡수됨
공통점	(다)	

A는 문화 융합, B는 문화 동화이다. 따라서 (가)에는 문화 융합의 의미, (나)에는 문화 동화의 사례, (다)에는 문화 융합과 문화 동화의 공통점이 들어가야 한다. ④ 문화 융합은 문화 다양성 보존에 기여한다.

바로잡기 ① 외래문화 요소에서 영감을 얻어 새로운 문화 요소를 만들어 내는 것은 자극 전파이다. ② 문화 융합 사례에 해당한다. ③ 문화 동화는 새로운 문화 요소에 의해 고유문화가 대체되므로 고유문화의 정체성이 사라지게 된다. ⑤ 외래문화의 자발적 수용 여부에 따라 구분되는 것은 자발적 문화 접변과 강제적 문화 접변이다. A, B는 문화 접변의 결과이다.

406 문화 변동의 양상과 결과 파악하기

1등급 자료 분석 문화 공존, 문화 동화, 문화 융합

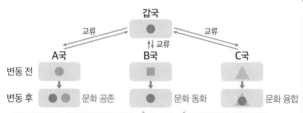

* ■ 안의 기호는 각국의 문화 요소이며, ▲ 는 ● 가 ▲ 가 혼합되어 나타난 것임

(가) A, B, C국은 모두 갑국과의 문화 교류를 통해 문화 변동을 경험하였으며, 이는 모두 외재적 요인에 따른 것이다. (나) A국은 B국
A~C국이 갑국과 접촉하는 과정에서 문화 변동이 나타났다.
이는 외재적 요인에 따른 문화 변동이다.
과 달리 갑국과의 접촉 이후에도 자문화 요소가 그대로 유지되었음
B국에서는 문화 동화가 이루어져 B국의 고유문화가 갑국 문화로 대체되었다.
을 알 수 있으며, 이는 (다) A국이 문화 상대주의를 토대로 타 문화를
A국의 문화 수용 태도는 알 수 없다.
수용했음을 의미한다. (라) B국은 A국과 달리 강제적 문화 접변에 의
강제적 문화 접변이 나타났는지 알 수 없다.
해 자문화 요소가 타 문화 요소로 대체되었다. (마) C국은 갑국과의
접촉을 통해 자국과 갑국의 문화 요소가 결합된 새로운 문화 요소가
생겨난 경우에 해당한다. 문화 융합이 일어났다.

A~C국은 모두 갑국과의 문화 접변을 통해 문화 변동을 경험하였다. A국은 자국과 갑국의 문화 요소가 나란히 존재하는 문화 공존, B국은 갑국의 문화 요소에 완전히 동화된 문화 동화, C국은 갑국과 자국의 문화 요소가 결합하여 제3의 문화가 형성된 문화 융합이 나타났다.

바로잡기 (다) A국의 문화 수용 태도는 알 수 없다. (라) 문화 동화가 나타났다고 해서 모두 강제적 문화 접변을 겪는 것은 아니다.

407 문화 변동의 부작용 파악하기

1등급 자료 분석 문화 지체 현상

디지털 문명에 익숙한 젊은 세대는 인터넷을 통해 영화 파일을 내려받는 기술을 가진 경우가 많다. 그래서 새로 나온 영화를 개봉한 지
물질문화가 빠르게 발달하고 있다.
며칠도 안 돼 손쉽게 내려받는다. 이것은 엄연히 불법이지만 실제로 젊은이 중에는 이를 불법이라고 인식하지 않는 경우가 많다.
의식과 같은 비물질문화는 느리게 변한다.

제시문에서 인터넷을 통해 영화 파일을 내려받는 기술은 물질문화에 해당한다. 그러나 영화 파일 다운이 불법이라는 의식을 가진 사람은 별로 없다는 점에서 의식과 같은 비물질문화는 느리게 변함을 알 수 있다. 이처럼 물질문화의 변동 속도에 비해 비물질문화의 변동 속도가 느려서 발생하는 부조화 현상을 문화 지체 현상이라고 한다.

바로잡기 ①, ②, ③ 제시된 자료와는 관련이 없다. ⑤ 정보 통신 기술의 발달로 인해 하위문화가 주류 문화로 변화되었음을 보여 주는 것은 아니다.

단원 마무리 문제

88~93쪽

07 문화의 이해

408 ① 　409 ② 　410 ② 　411 ③ 　412 ④ 　413 ② 　414 ④
415 ⑤ 　416 문화 사대주의 　417 예시답안 자기 문화의 주체성과 정체성을 유지하기 어려울 수 있다. 고유문화가 소멸될 수 있다.

08 현대 사회의 문화 양상

418 ③ 　419 ② 　420 ③ 　421 ① 　422 ③ 　423 ① 　424 ④
425 대중문화 　426 예시답안 대중 매체를 통해 많은 사람이 같은 정보와 지식, 문화 요소를 접하고 그것에 동화되어 대중은 획일적이고 정형화된 사고와 행동을 하게 된다.

09 문화 변동의 양상과 대응

427 ① 　428 ③ 　429 ③ 　430 ② 　431 ④ 　432 ④ 　433 ②
434 직접 전파 　435 예시답안 문화 융합, 서로 다른 문화 요소가 결합하여 기존 문화 요소와는 성격이 다른 새로운 문화가 형성되는 현상이다.

408

문화란 지식, 신앙, 예술, 도덕, 법률, 관습, 기타 사회 구성원으로서 인간이 획득한 모든 능력이나 습성의 복합적 전체이다.

바로잡기 ① 갈증이 나서 물을 찾는 것은 생리적인 행동으로 문화에 속하지 않는다.

409

넓은 의미의 문화는 한 사회의 구성원이 공유하는 의식주, 가치 및 규범, 사고방식 등 인간의 모든 생활 양식을 의미한다.

바로잡기 ㄴ, ㄹ. 좁은 의미의 문화에 해당한다.

410

우리나라의 김장 문화는 단순히 음식을 준비한다는 의미뿐만 아니라 환경적 특징, 품앗이 문화, 안부 인사 등 다양한 요소와 밀접하게 연관되어 있다. 이를 통해 문화의 총체성을 엿볼 수 있다.

411

ㄷ. 갑국에서 대부분 사람은 대화하거나 접촉할 때 마스크 쓰는 것을 당연하게 생각하고 있으므로 이는 문화의 공유성 사례로 볼 수 있다. ㄹ. 마스크를 착용하는 문화는 생활 양식이므로 넓은 의미의 문화에 해당한다.

바로잡기 ㄱ. 공공장소에서 마스크 착용을 의무화한 것은 일종의 규범이므로 문화 요소 중 비물질문화에 해당한다. ㄴ. 문화 지체 현상은 물질문화의 변동 속도를 비물질문화가 따라가지 못해 발생하는 부조화 현상이다. 마스크를 쓴 사람에 관한 편견은 문화 지체 현상과 관련이 없다.

412

문화의 공유성 때문에 한 사회의 구성원은 특정한 상황에서 상대방이 어떻게 행동할 것인지 또는 서로에게 무엇을 기대하는지를 예측할 수 있게 되어 원활한 사회생활이 이루어진다.

413

② 을은 한국의 혼인 문화에서 축의금 관행이 친족, 권력, 사회적 관계 등 여러 문화 요소와 어떻게 관련되는지를 연구하고자 하므로 총체론적 관점을 갖고 있다.

바로잡기 ① 갑은 비교론적 관점에서 문화를 연구하고자 한다. 비교론적 관점은 문화의 특수성뿐만 아니라 보편성도 찾고자 한다. ③ 병은 상대론적 관점에서 문화를 연구하고자 한다. 상대론적 관점은 다른 문화를 편견 없이 이해하려는 것이다. 문화의 축적성과 관련이 없다. ④ 갑, 을의 관점은 모두 문화를 생활 양식으로 이해하고 있으므로 넓은 의미에서 문화를 이해하고 있다. ⑤ 갑~병의 관점은 모두 문화 간에 우열이 존재함을 전제하지 않는다.

414

갑은 자문화 중심주의, 을은 문화 상대주의의 입장이다. ④ 자문화 중심주의는 문화 간 우열을 가릴 수 있다고 보고 있으므로 문화를 평가의 대상으로 본다. 이에 비해 문화 상대주의는 문화는 나름의 가치가 있다고 보므로 문화를 이해해야 할 대상으로 본다.

바로잡기 ① 자문화 중심주의는 자기 문화의 우월성을 강조하고 다른 문화를 비하하므로 외래문화 수용에 소극적이다. ② 문화적 국수주의라는 비판을 받는 것은 자문화 중심주의이다. ③ 자기 문화의 정체성을 상실할 우려가 있는 것은 문화 사대주의이다. ⑤ 문화 다양성을 유지하는 데 용이한 것은 문화 상대주의이다.

415

A는 문화 상대주의, B는 문화 사대주의, C는 자문화 중심주의이다. ⑤ 국수주의는 편협하고 극단적인 민족주의로 자문화 중심주의에서 나타난다. 따라서 ⓒ, ⓔ의 대답은 '아니요'로 같다.

바로잡기 ① 문화 사대주의, 자문화 중심주의는 모두 문화를 평가의 대상으로 본다. 따라서 ⓐ, ⓑ은 모두 '아니요'이다. ② 문화 제국주의를 정당화하는 태도는 자문화 중심주의이다. ③ 지나친 내집단 의식으로 발생하는 것은 자문화 중심주의이다. ④ 문화 사대주의, 자문화 중심주의는 모두 문화 간 우열이 있음을 인정한다.

416

연나라의 젊은이가 조나라의 걸음걸이를 동경하다가 자신의 걷는 법까지 잊고 기어서 고향에 돌아갔다는 사례에서 문화 사대주의의 문제점을 파악할 수 있다.

417

다른 사회의 문화를 숭상하는 태도는 자기 문화의 주체성과 정체성 유지를 어렵게 할 수 있다.

채점 기준	수준
문화 사대주의의 문제점을 서술한 경우	상
문화 사대주의의 문제점을 미흡하게 서술한 경우	중

418

A는 반문화, B는 반문화가 아닌 하위문화, C는 주류 문화이다. ㄴ. 사회 변동에 따라 반문화나 하위문화는 주류 문화가 될 수도 있다. ㄷ. 반문화는 주류 문화에 저항하기 때문에 지배 집단에 의해 일탈로 규정되기도 한다.

바로잡기 ㄱ. 반문화와 하위문화의 합이 주류 문화인 것은 아니다. 주류 문화에는 하위문화나 반문화가 아닌 것도 있다. ㄹ. 반문화, 하위문화는 모두 전체 사회에 다양성과 역동성을 제공한다.

419

아미시 공동체 문화는 현대 문명 생활을 거부하는 방식의 하위문화로 지배 집단에 의해 일탈로 규정되어 반문화로 간주하기도 한다. 그러나 그들 나름의 일체감 형성에 이바지하고 기존 주류 문화의 문제점을 성찰하는 계기가 되기도 한다.

바로잡기 ② 아미시 공동체의 하위문화는 사회 구성원 대다수가 아니라 그 공동체 구성원만의 문화적 일체감 형성에 이바지한다.

420

③ T+1 시기에 b는 A 부족과 B 부족에 존재한 문화 요소이다. 만일 b가 C 부족에도 공유된다면 갑국의 모든 부족에 존재하는 주류 문화 요소가 된다.

바로잡기 ① T 시기에 a는 갑국의 세 부족 모두에 존재하므로 주류 문화 요소이다. c는 B 부족에만 존재하므로 갑국의 하위문화 요소이다. ② d는 T 시기에는 C 부족, T+1 시기에는 B 부족과 C 부족에만 존재한다. 따라서 T 시기와 T+1 시기 모두에서 d는 갑국의 하위문화 요소이다. ④ 제시된 자료로는 알 수 없다. ⑤ T 시기와 T+1 시기 모두 갑국의 의복 문화에서는 a만 주류 문화 요소이다. 따라서 T+1 시기가 T 시기보다 갑국의 세 부족 간 의복 문화의 동질성이 강하다고 볼 수 없다.

421

지역 축제가 지역의 정체성이나 하위문화의 다양성을 형성하기보다는 전국적으로 비슷하게 진행된다는 점에서 사회 전체의 획일화가 심각함을 지적하고 있다.

422

정보의 생산자와 소비자 간 경계가 뚜렷하지 않은 매체는 인터넷이다. 청각 정보를 제공하지 못하는 매체는 종이 신문, 시각 정보를 제공하지 못하는 매체는 라디오이다. 따라서 A는 종이 신문, B는 라디오, C는 인터넷이다.

423

대중이 대중문화 생산 과정에 비판적이고 주체적으로 참여하여 성차별적 중계 문제를 공론화한 사례이다.

424

제시된 사례에서 대중 매체는 사회 문제에 관한 여론을 형성하고 정책 반영을 유도하는 기능을 수행함을 알 수 있다.

425

A는 대중문화이다. 대중문화는 한 사회 내의 불특정 다수가 공유하는 문화를 의미한다.

426

많은 사람이 자신의 개성을 찾기보다 유행을 좇는 모습을 통해 대중이 획일적이고 정형화된 사고와 행동을 하게 됨을 알 수 있다.

채점 기준	수준
대중 매체가 대중을 획일적이고 정형화된 사고와 행동을 하게 하는 과정을 논리적으로 서술한 경우	상
대중 매체가 대중을 획일적이고 정형화된 사고와 행동을 하게 하는 과정을 미흡하게 서술한 경우	중

427

㉠은 문화 융합, ㉡은 문화 동화, ㉢은 문화 병존이다.

바로잡기 ㄷ. 문화 공존은 전통문화 요소와 외래문화 요소가 나란히 존재하는 것을 말한다. 따라서 해당 질문은 (나)에 들어갈 수 없다. ㄹ. 자문화의 문화적 다양성 증대에 기여하는 것은 문화 공존과 문화 융합이다. 따라서 해당 질문은 (가)에 들어갈 수 없다.

428

갑국은 문화 동화, 을국은 문화 융합이 이루어졌다. 문화 동화는 자문화의 정체성이 소멸되지만 문화 융합은 자문화의 정체성이 유지된다.

429

③ 우리나라에서 한의학과 서양 의학이 함께 사용되는 현상은 문화 공존의 사례이다. 문화 공존은 외래문화 요소가 변형되지 않은 상태로 자문화 요소와 나란히 존재한다.

바로잡기 ① 자문화의 정체성이 사라지는 것은 문화 동화이다. 문화 동화는 자발적인 접변의 결과뿐만 아니라 강제적인 접변의 결과도 있다. ② 전통문화 요소와 외래문화 요소가 나란히 존재하는 것은 문화 공존이다. 자기 문화에 자부심이 약할 때 나타나기 쉬운 것은 문화 동화뿐이다. ④ 자문화와 외래문화 요소가 모두 유지되는 것은 문화 공존과 문화 융합이다. 따라서 해당 질문은 ㉡에 들어갈 수 없다. ⑤ A가 문화 동화, B가 문화 융합이면 C는 문화 공존이다. 서로 다른 두 사회의 문화 요소가 결합하여 제3의 문화 요소가 나타나는 것은 문화 융합이다. 따라서 해당 질문은 ㉡에 들어갈 수 없다.

430

② 인터넷이란 매개체를 통한 간접 전파 사례이다.

바로잡기 ① 발명에 해당한다. ③ 직접적인 접촉 과정에서 외래문화가 전파된 것이므로 외재적 요인에 의한 문화 변동이 나타났다. ④ 이슬람 음식 문화가 전파된 후 우리 고유의 음식 문화가 소멸하였다는 내용은 찾아볼 수 없다. ⑤ (나), (다) 모두 문화 공존을 보여 주는 사례이다.

431

④ 갑국과 교류 이후 B국은 문화 공존, C국은 문화 융합 현상이 나타났다. 두 현상 모두 자문화의 정체성이 유지된다.

바로잡기 ① A국은 갑국과 인터넷을 통해 교류했으므로 간접 전파에 의한 문화 변동이 나타났다. ② B국은 전쟁을 통해 갑국과 교류했지만 이것만으로 강제적 문화 접변이 일어났는지 알 수 없다. ③ C국은 기존 문화 요소와 갑국의 문화 요소가 결합하여 새로운 제3의 문화 요소가 나타났다. 기존 문화 요소가 외래문화 요소로 대체된 것은 아니다. ⑤ A국에서는 문화 동화, B국에서는 문화 공존이 나타났다.

432

④ 을국에서는 갑국의 의복 문화 요소(a)와 을국의 의복 문화 요소(b)가 나란히 존재하므로 문화 공존 현상이 나타났다. 병국에서는 갑국의 의복 문화 요소(a)와 병국의 의복 문화 요소(c)가 결합하여 새로운 문화 융합(d) 현상이 나타났다.

바로잡기 ① 갑국에서는 병국과 텔레비전이나 인터넷과 같은 매개체를 통해 교류가 이루어졌으므로 간접 전파에 의한 문화 변동이 나타났다. ② 을국은 갑국과 직접적인 교류를 통해 갑국의 의복 문화 요소(a)가 들어와서 을국의 의복 문화 요소(b)와 공존하고 있다. 관광객 교류에 의한 것이므로 직접 전파에 의한 문화 변동이 이루어졌다. ③ 갑국, 을국은 모두 관광객의 상호 교류를 통해 문화 변동이 발생했으므로 외재적 요인에 의한 문화 변동이다. ⑤ 을국은 문화 공존, 병국은 문화 융합이 나타났다. 문화 공존, 문화 융합은 자문화의 정체성을 유지한다.

433

갑국, 을국 모두 물질문화의 변화 속도에 비해 의식이나 규범과 같은 비물질문화의 변화 속도는 이에 따라가지 못해 부조화가 발생하는 문화 지체 현상을 겪고 있다.

434

호떡은 중국에서 청나라 상인에 의해 전파되었으므로 직접 전파 사례에 해당한다.

435

문화 융합이란 서로 다른 문화 요소가 결합하여 기존 문화 요소와 성격이 다른 새로운 문화가 형성되는 것을 말한다.

채점 기준	수준
문화 융합이라고 쓰고 그 의미를 서술한 경우	상
문화 융합이라고 쓰고 그 의미를 미흡하게 서술한 경우	중
문화 융합만 쓴 경우	하

Ⅳ 사회 계층과 불평등

10 사회 불평등 현상과 사회 계층의 이해

분석 기출 문제

95~99쪽

[핵심 개념 문제]

436 ○	437 ×	438 ○	439 ○	440 ㉠	441 ㉡
442 중층	443 폐쇄적	444 모래시계형	445 ㄴ	446 ㄱ	447 ㄷ

448 ⑤	449 ③	450 ④	451 ③	452 ①	453 ④	454 ③
455 ②	456 ⑤	457 ②	458 ③	459 ⑤	460 ⑤	461 ②
462 ④	463 ②					

[1등급을 향한 서답형 문제]

464 갑 : 기능론, 을 : 갈등론 **465** 예시답안 갑 : 개인이 사회적 지위를 획득하는 데 있어 가정 배경이나 권력 등이 미치는 현실적인 영향력을 간과한다. 을 : 개인의 노력이나 능력이 계층 결정이나 계층 이동에 미치는 영향력을 간과한다.

466 (가) : 피라미드형 계층 구조, (나) : 다이아몬드형 계층 구조

467 예시답안 산업화 이후 전문직, 관료, 사무직 등 중층이 확대되었다. 사회 복지 제도가 확충되었다.

448

여러 가지 사회·문화적 생활의 기회와 수준에서의 불평등을 사회·문화적 불평등이라고 한다.

449

갑은 기능론, 을은 갈등론의 입장이다. ㄴ. 기능론은 사회 불평등을 능력의 차이에 따라 임금이 차등 분배되어 나타나는 서열화 현상으로 본다. ㄷ. 갈등론은 사회 불평등이 공정한 분배를 가로막고 결과적으로 사회 발전을 저해하기 때문에 극복해야 할 대상이라고 본다.

바로잡기 ㄱ. 사회 불평등이 집단 간 대립을 유발한다고 보는 것은 갈등론이다. ㄹ. 사회 불평등이 개인의 성취동기를 자극한다고 보는 것은 기능론이다.

450

갑과 병은 갈등론, 을은 기능론에 관하여 발표하였다. 잘못 발표한 학생은 한 명뿐이므로 잘못 발표한 사람은 을이고 A는 갈등론이다.

451

(가)에는 갈등론에 관한 진술이 들어갈 수 있다.

바로잡기 ㄱ, ㄹ. 기능론에 관한 진술이다.

452

제시된 관점은 기능론이다. ㄱ, ㄴ. 기능론은 차등 분배가 개인의 성취동기를 자극하고, 사회적으로 합의된 기준에 따라 사회적 희소 가치가 분배된다고 본다.

바로잡기 ㄷ, ㄹ. 갈등론에 관한 설명이다.

453

갑은 기능론, 을은 갈등론의 입장이다. 기능론은 사회 불평등이 개인의 성취동기 유발에 도움이 되기 때문에 사회 발전을 위해 불가피하고, 직업 간 중요도에 차이가 있으므로 그에 따른 차등 보상이 이루어져야 하며, 불평등한 사회적 대우에 관한 책임이 기본적으로 개인에게 있다고 본다.

바로잡기 ④ 갈등론에 관한 진술이다.

454

제시문은 사회 불평등 현상을 설명하는 계급론에 해당한다. 계급론은 계급을 생산 수단의 소유 여부에 따라 지배 계급과 피지배 계급으로 구분하며, 이 두 계급은 지배와 피지배 관계에 있다고 본다.

바로잡기 ①, ②, ④ 다원적 불평등론에 관한 설명이다. ⑤ 계급론은 서열화의 기준으로 경제적 요인만을 강조한다.

455

A는 계급, B는 계층이다. ㄱ. 계급은 생산 수단의 소유 여부에 따라 지배 계급과 피지배 계급으로 구분된다. ㄹ. 계급에는 지배와 피지배 관계의 의미가 포함되어 있다.

바로잡기 ㄴ. 계층은 경제적 요인, 사회적 요인, 정치적 요인을 기준으로 구분되지만, 계급은 경제적 요인 한 가지 기준에 의해 구분된다. ㄷ. 계급에는 갈등론적 관점이 반영되어 있다.

456

(가)는 폐쇄적 계층 구조, (나)는 개방적 계층 구조이다. ㄷ. 폐쇄적 계층 구조에서는 귀속 지위, 개방적 계층 구조에서는 성취 지위에 의해 계층이 결정된다. ㄹ. 폐쇄적 계층 구조에서는 세대 내 수직 이동, 세대 간 이동이 엄격히 제한되지만 개방적 계층 구조에서는 그렇지 않다.

바로잡기 ㄱ. 폐쇄적 계층 구조와 개방적 계층 구조의 구분 기준은 사회 이동 가능성이다. ㄴ. 봉건적 신분 사회의 계층 구조는 폐쇄적 계층 구조에 가깝다.

457

상승 이동이 불가능한 계층은 상층, 하강 이동이 불가능한 계층은 하층이다. 따라서 A는 상층, B는 하층, C는 중층이다. ㄱ. 갑국은 다이아몬드형 계층 구조, 을국은 모래시계형 계층 구조, 병국은 피라미드형 계층 구조이다. 모래시계형 계층 구조, 피라미드형 계층 구조보다 다이아몬드형 계층 구조의 안정성이 더 높다. ㄷ. 갑국~병국의 인구수는 같으므로 상층 인구는 을국, 하층 인구는 병국이 가장 많다.

바로잡기 ㄴ. 사회 양극화 문제는 모래시계형 계층 구조에서 가장 심각하게 나타난다. ㄹ. 계층 간 수직 이동이 엄격하게 제한되는 계층 구조는 폐쇄적 계층 구조이다.

458

(가)는 모래시계형 계층 구조, (나)는 타원형 계층 구조이다. ㄴ. 정보 사회를 낙관적으로 바라보는 사람들은 정보 사회에서 타원형 계층 구조가 나타날 것으로 전망한다. ㄷ. 타원형 계층 구조가 모래시계형 계층 구조보다 안정적이다.

바로잡기 ㄱ. 수직 이동이 엄격히 제한하는 계층 구조는 폐쇄적 계층 구조이다. ㄹ. 제시된 자료로는 알 수 없다.

459

사회 이동은 이동 방향에 따라 수직 이동과 수평 이동으로 분류되고, 이동 원인에 따라 개인적 이동과 구조적 이동으로 분류된다. 갑은 수평 이동, 을은 수직 이동, 병은 개인적 이동, 부르주아 계급은 구조적 이동을 경험하였다.

460

조선의 천민에서 러시아의 농부가 된 것은 수평 이동, 신분제 폐지로 인해 구조적 이동, 노력으로 사업가가 되었다는 것을 통해 개인적 이동, 어렸을 때와 성장한 이후 갑이 속한 계층이 다르므로 세대 내 이동, 부모가 속한 계층과 갑이 속한 계층이 다르므로 세대 간 이동, 천민에서 존경받는 기업가가 되었으므로 수직 이동을 찾아볼 수 있다. 따라서 총 6개의 사회 이동 유형이 나타난다.

461

ㄱ. 자녀의 경우 중층(56만 명 → 61만 명) 인구는 증가하고 상층(21만 명 → 19만 명)과 하층(23만 명 → 20만 명) 인구 모두 감소하였다. 즉 다이아몬드형 계층 구조가 강화되었다. ㄷ. 생애 첫 계층 형성 시 세대 간 이동을 경험한 자녀는 28만 명, 세대 간 이동을 경험하지 않은 자녀는 72만 명이다.

바로잡기 ㄴ. 하층 부모를 둔 자녀의 경우 상층, 중층, 하층 인구는 변화하지 않았다. 하지만 이러한 결과는 세대 내 수직 이동이 발생하여도 나타날 수 있다. ㄹ. 중층 부모를 둔 자녀의 경우 중층 인구는 5만 명 증가하였고, 하층 인구는 5만 명 감소하였다. 하지만 하층 인구 5만 명이 중층으로 이동해야 이러한 결과가 나타나는 것은 아니다.

462

ㄴ. 상층인 첫째 자녀는 20만 명, 이 중 부모도 상층인 자녀는 10만 명이다. 즉 상층인 첫째 자녀 중 부모의 계층을 대물림한 비율은 50%이다. ㄹ. 세대 간 상승 이동을 경험한 첫째 자녀는 55만 명(9만 명 + 1만 명 + 45만 명), 세대 간 하강 이동을 경험한 첫째 자녀는 11만 명(5만 명 + 1만 명 + 5만 명)이다.

바로잡기 ㄱ. 첫째 자녀의 계층 구조는 다이아몬드형 계층 구조, 부모의 계층 구조는 피라미드형 계층 구조이다. 다이아몬드형 계층 구조가 피라미드형 계층 구조보다 더 안정적이다. ㄷ. 세대 간 이동을 경험한 첫째 자녀는 66만 명(6만 명 + 14만 명 + 46만 명), 세대 간 이동을 경험하지 않은 첫째 자녀는 34만 명(10만 명 + 10만 명 + 14만 명)이다.

463

ㄱ. 부모가 하층인 인구는 200명, 부모가 하층인 자녀 중 하층인 자녀는 60명이다. 즉 부모가 하층인 자녀 중 140명의 자녀 계층은 중층 또는 상층이다. 세대 간 상승 이동을 140명만 하였다고 하였으므로 부모가 중층이고 자녀가 상층인 경우는 없다. ㄷ. 자녀 중 130명은 부모가 상층이고 자녀가 중층 또는 하층이다. 그리고 자녀 중 560명은 부모가 중층이고 자녀가 하층이다. 즉 세대 간 하강 이동을 한 자녀는 690명이다.

바로잡기 ㄴ. 부모의 계층을 그대로 물려받은 자녀는 부모가 상층일 때 70명, 부모가 중층일 때 40명, 부모가 하층일 때 60명이다. 즉 세대 간 이동을 하지 않은 자녀는 170명이고, 830명은 세대 간 이동을 하였다. 따라서 자녀 중 17%는 세대 간 이동을 하지 않았다. ㄹ. 상층인 부모는 200명, 이 중 35%인 70명

이 계층을 대물림하였다. 하층인 부모는 200명, 이 중 30%인 60명이 계층을 대물림하였다. 즉 부모의 계층이 대물림된 비율은 부모가 상층인 경우가 하층인 경우보다 더 높다.

464

사회 불평등 현상이 사회가 최선의 기능을 하는 데 기여한다고 보는 관점은 기능론, 기득권을 가진 집단의 권리를 수호하는 데 기여한다고 보는 관점은 갈등론이다.

465

기능론은 개인이 사회적 지위를 획득하는 데 있어 가정 배경이나 권력 등이 미치는 영향력을, 갈등론은 개인의 노력이나 능력이 미치는 영향력을 간과한다.

채점 기준	수준
기능론, 갈등론의 한계를 각각 한 가지 서술한 경우	상
기능론, 갈등론의 한계 중 한 가지만 서술한 경우	중

466

하층의 비율이 가장 높고, 상층의 비율이 가장 낮은 계층 구조는 피라미드형 계층 구조이다. 중층의 비율이 가장 높은 계층 구조는 다이아몬드형 계층 구조이다.

467

다이아몬드형 계층 구조는 산업화 이후 전문직, 관료, 사무직 등 중층이 확대되고 사회 복지 제도가 확충되면서 나타나게 되었다.

채점 기준	수준
다이아몬드형 계층 구조가 나타나게 된 원인을 두 가지 서술한 경우	상
다이아몬드형 계층 구조가 나타나게 된 원인을 한 가지만 서술한 경우	중

적중 1등급 문제

100~101쪽

468 ⑤	469 ③	470 ④	471 ⑤	472 ③
473 ⑤	474 ⑤	475 ⑤		

468 사회 불평등 현상을 바라보는 관점 파악하기

1등급 자료 분석 갈등론

갑국에서는 가구 소득 하위 20% 가구와 상위 20% 가구의 연간 교육비가 약 20배 이상 차이가 난다. 즉, 집안 형편과 지역 배경 등 자신이 처한 환경에 따라 교육의 양과 질이 달라지는 것이다. 교육 기 → 사회 불평등이 귀속적 요인에 의해 결정된다고 보고 있다. → 갈등론
회가 많은 사람일수록 더 좋은 직업과 더 높은 지위를 가질 수 있는 → 가정 배경이 교육 수준에 영향을 미치고 이것은 기득권과 지배적 위치를 계속 유지하게 한다.
것은 당연한 이치이다.

제시문은 갈등론의 관점에서 사회 불평등 현상을 보고 있다. 갈등론은 사회적 자원이 개인의 능력보다 가정 배경에 따라 불공평하게 분배된다고 본다. 또 사회 불평등 현상이 기득권을 가지고 있는 지배 집단의 강제와 통제에 따른 결과라고 보며, 지배 집단과 피지배 집단 간에 위화감과 갈등을 초래할 뿐이라고 설명한다.

(바로잡기) ㄱ. 갈등론은 사회 불평등이 보편적이지만 불가피한 현상은 아니라고 본다. ㄴ. 갈등론은 사회 구성원이 담당하고 있는 일의 기능적 중요성을 정확히 판단하기 어려우므로 차등적 보상 체계가 개인의 성취동기를 자극하기보다 오히려 개인 간의 갈등을 유발한다고 본다.

469 사회 불평등 현상을 바라보는 관점 파악하기

(1등급 자료 분석) 갈등론

> 갑 : 이번에 ○○ 배우가 출연료로 수십억을 받았대요. 러닝개런티까지 하면 국내 최고 출연료 기록이라고 합니다.
>
> 을 : 아무리 갑이 연기를 잘하고 관객을 끌어들이는 능력이 뛰어나다고 해도 출연료가 너무 많아요. 영화 시장의 이익 분배가 불공평한 것 아닌가요? 영화 스태프 중에는 생활고에 시달리는
> <u>영화 시장의 이익 분배가 불공평하다고 보고 있으며, 수십억 원을 받는 영화배우와 달리 영화 스태프 중에는 생활고에 시달리는 사람도 많으므로 이러한 분배 구조가 잘못된 것이라고 보기 때문에 갈등론과 관련 있다.</u>
> <u>사람도 많다던데.</u>
>
> 병 : 영화 분배 구조는 불평등해요. 이미 스타가 많이 가질 수밖에 없는 시스템이 고착화되어 있죠. 이 문제를 해결해야 합니다.
> <u>영화 분배 구조는 스타가 많이 갖는 시스템이 고착화되어 있기 때문에 불평등하다고 보고 있으며 이를 해결해야 한다고 주장하므로 갈등론과 관련 있다.</u>

대화에는 갈등론적 관점이 나타나 있다. ㄷ. 갈등론은 사회 불평등을 부당하고 해소해야 할 현상이라고 본다. ㄹ. 갈등론은 사회 불평등을 지배 집단이 자신들의 이익을 유지하기 위해 집단 간 이해관계를 반영하여 성립한 분배 체계라고 본다.

(바로잡기) ㄱ, ㄴ. 기능론에 관한 설명이다.

470 사회 불평등 현상을 바라보는 관점 파악하기

(1등급 자료 분석) 기능론, 갈등론

서술형 평가

A와 다른 B의 특징을 두 가지만 서술하시오.

〈갑과 을이 작성한 답안 내용과 점수〉

구분	갑	을
답안 내용	• ⊙ 기능론의 내용이 들어가야 한다. • 사회적 희소가치의 배분에 사회 구성원 간 합의된 기준이 있다고 본다. 기능론	• 차등 분배 정도가 높을수록 사회적 효율성이 낮아진다고 본다. 갈등론 • ⓒ 기능론의 내용이 들어가야 한다.
점수	2점	1점

* 옳게 작성한 특징 하나당 1점, 잘못 작성한 특징에 대한 감점은 없음

A는 갈등론, B는 기능론이다. ④ ⊙에는 기능론의 내용이 들어가야 한다. 사회적 지위에는 중요도에 따른 위계 체계가 존재한다고 보는 관점은 기능론이다. 따라서 해당 내용은 ⊙에 들어갈 수 있다.

(바로잡기) ① 기능론, 갈등론은 모두 사회 불평등이 보편적 현상이라고 보지만, 기능론에서는 사회 불평등 현상이 불가피하다고 보는 반면 갈등론에서는 그렇지 않다고 본다. ② 지배 집단과 피지배 집단 간의 대립 관계에서 사회 불평등 현상을 이해하는 것은 갈등론이다. ③ 사회 불평등 현상이 상대적 박탈감을 유발한다고 보는 것은 갈등론이다. ⑤ ⓒ에는 기능론의 내용이 들어가야 한다. 개인의 가정적 배경이 사회 불평등에 미치는 영향력을 중시하는 것은 갈등론이다. 따라서 해당 내용은 ⓒ에 들어갈 수 없다.

471 사회 계층 구조 이해하기

(1등급 자료 분석) 폐쇄적 계층 구조, 개방적 계층 구조

(가) 사회	혈통으로 소속 계층이 정해져 일생 동안 자신이 속한 계층을 바꿀 수 없다. 폐쇄적 계층 구조이다.
(나) 사회	대부분은 혈통으로 계층이 결정되지만 간혹 계층 상승의 기회가 주어지기도 한다. (가) 사회보다 계층 이동 가능성이 열려 있다.
(다) 사회	자유로운 직업 선택과 경제 활동으로 개인의 능력과 업적에 따라 계층이 결정된다. 개방적 계층 구조이다.

⑤ 폐쇄적 계층 구조인 (가) 사회에서도 수평 이동은 가능하므로 (가)~(다) 사회 모두 수평 이동이 가능하다는 공통점이 있다.

(바로잡기) ① 수직 이동, 수평 이동이 자유롭다고 해서 계층 간 차이가 없는 평등한 사회인 것은 아니다. ② (나) 사회는 (다) 사회보다 귀속 지위가 성취 지위보다 중시된다. ③ (가) 사회는 폐쇄적 계층 구조, (다) 사회는 개방적 계층 구조를 이루고 있다. ④ (가), (나) 사회는 전근대 사회, (다) 사회는 현대 사회로 볼 수 있다.

472 사회 계층화 현상 파악하기

(1등급 자료 분석) 계급론, 다원적 불평등론

〈A에 따른 구분〉 계급론		
구분 기준	소유	미소유
생산 수단	갑, 을	병, 정

생산 수단의 소유 여부에 따라 자본가 계급과 노동자 계급으로 구분한다.

〈B에 따른 구분〉 다원적 불평등론			
구분	상층	중층	하층
재산	갑	을	병, 정
권력	을	갑, 병	정
위신	병	을	갑, 정

└ 다양한 요인에 의해 분배 상태를 범주화하여 설명한다.   정은 재산, 권력, 위신 모두 하층이므로 세 지위가 일치한다.

A는 계급론, B는 다원적 불평등론이다. ① 갑과 을은 생산 수단을 소유하므로 자본가 계급, 병과 정은 생산 수단을 소유하지 않으므로 노동자 계급이다. ② 지위 불일치 현상을 보이는 사람은 갑, 을, 병 3명이다. ④ 계급론은 사회 불평등 현상을 자본가 계급과 노동자 계급으로 양분해서 이해하므로 불연속적으로 구분된 상태로 본다. ⑤ 계급론, 다원적 불평등론 모두 경제적 요소를 사회 불평등의 요인으로 본다.

③ 갑과 을은 자본가 계급, 병과 정은 노동자 계급이므로 갑과 을, 병과 정은 공통의 계급적 연대 의식을 공유한다. 그러나 서로 다른 계급인 갑과 병, 갑과 정은 적대적인 대립 의식이 있다.

473 세대 간 계층 이동 분석하기

1등급 자료 분석 세대 간 이동

〈부모 세대와 자녀 세대 계층 구성의 상대적 비〉

구분	부모 세대	자녀 세대
C/(A+B)	1/3	7/43
A/(B+C)	1	16/9

〈부모 세대 계층 대비 부모 세대와 자녀 세대의 계층 일치 비율〉

A 중층	B 상층	C 하층
60%	20%	8%

* 갑국의 계층은 A~C로만 구성되며, A~C는 각각 상층, 중층, 하층 중 하나이고, 모든 부모의 자녀는 1명씩임
** 자녀 세대 B는 부모 세대보다 계층이 낮을 수 없으며, A는 C보다 높은 계층이고 부모 상층에서 자녀 하층으로 이동한 경우는 없음

A는 중층, B는 상층, C는 하층이다. 제시된 자료를 정리하면 다음과 같다.

(단위 : 명)

구분		부모 세대			계
		상층(B)	중층(A)	하층(C)	
자녀 세대	상층(B)	5	8	9	22
	중층(A)	20	30	14	64
	하층(C)	0	12	2	14
계		25	50	25	100

⑤ 전체를 100명이라고 가정하면 세대 간 상승 이동을 한 사람의 수는 중층 부모를 둔 자녀가 8명, 하층 부모를 둔 자녀는 23명으로 하층 부모를 둔 자녀 중에서 세대 간 상승 이동이 많다.

① 세대 간 이동 비율은 63%, 계층 대물림 비율은 37%이다. ② 부모 세대, 자녀 세대 모두 다이아몬드형 계층 구조가 나타난다. ③ 자녀 세대 계층 대비 부모와 자녀의 계층 불일치 비율은 상층 77.3%[(17/22)×100], 중층 53.1%[(34/64)×100], 하층 85.7%[(12/14)×100]로 중층이 가장 낮다. ④ 중층 부모를 둔 자녀 중에서 세대 간 상승 이동 비율은 8%, 세대 간 하강 이동 비율은 12%이다.

474 세대 간 계층 이동 분석하기

1등급 자료 분석 세대 간 이동

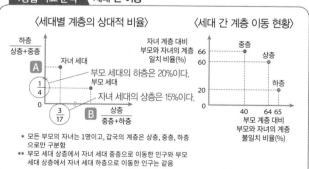

〈세대별 계층의 상대적 비율〉   〈세대 간 계층 이동 현황〉

* 모든 부모의 자녀는 1명이고, 갑국의 계층은 상층, 중층, 하층으로만 구분함
** 부모 세대 상층에서 자녀 중층으로 이동한 인구와 부모 세대 상층에서 자녀 하층으로 이동한 인구는 같음

제시된 자료를 정리하면 다음과 같다.

(단위 : %)

구분		부모 세대 계층			계
		상층	중층	하층	
자녀 세대 계층	상층	9	2	4	15
	중층	8	33	9	50
	하층	8	20	7	35
계		25	55	20	100

ㄷ. 자녀 세대 계층 대비 부모와 자녀의 계층 불일치 비율은 상층 6/15, 중층 17/50, 하층 28/35이다. ㄹ. 부모 세대 중층 대비 부모 세대가 중층이고 자녀 세대가 하층인 비율은 20/55, B는 1/3이다.

ㄱ. A는 7/13, B는 1/30이다. ㄴ. 세대 간 계층 유지 비율은 상층 9%, 중층 33%, 하층 7%로 총 49%이고, 세대 간 이동 비율은 51%이다.

475 세대 간 계층 이동 분석하기

1등급 자료 분석 세대 간 이동

〈세대 간 계층별 구성 비율의 상대적 비〉

구분	A	B	C
부모 세대 해당 계층 대비 자녀 세대 해당 계층의 상대적 비	중층 0.5	상층 1	하층 2

〈세대 간 계층 이동 현황〉

(단위 : %)

구분	A	B	C
부모 세대 해당 계층 대비 부모와 자녀의 계층 불일치 비율	중층 75	상층 0	하층 50

* 모든 부모의 자녀는 1명이고, 부모 세대의 계층 구조는 다이아몬드형임
다이아몬드형 계층 구조에서는 중층의 비율이 가장 높다. A는 B와 C를 합한 것의 1.5배이므로 A의 비율이 가장 높다. 따라서 A는 중층이다. A는 C보다 높은 계층이므로 C는 하층, B는 상층이다.
** A는 C보다 높은 계층이며, 부모 세대의 계층 구성비에서 A는 B와 C를 합한 것의 1.5배임

제시된 자료를 정리하면 다음과 같다.

(단위 : %)

구분		부모 세대 계층			계
		상층	중층	하층	
자녀 세대 계층	상층	10	0	0	10
	중층	0	15	15	30
	하층	0	45	15	60
계		10	60	30	100

⑤ 중층 부모를 둔 자녀는 45%, 하층 부모를 둔 자녀는 15%가 세대 간 계층 이동을 하였다.

① A는 중층, B는 상층, C는 하층이다. ② 자녀 세대 계층 대비 계층 대물림 비율은 상층 10/10, 중층 15/30, 하층 15/60이다. ③ 부모 세대는 다이아몬드형, 자녀 세대는 피라미드형이다. ④ 세대 간 하강 이동한 자녀의 비율은 45%, 세대 간 상승 이동한 자녀의 비율은 15%이다.

분석 기출 문제

103~107쪽

[핵심 개념 문제]

476 사회적 소수자 **477** 집합적 정체성 **478** 장애인 **479** ×
480 × **481** ㉠ **482** ㉡ **483** ㉡ **484** ㉣ **485** ㉠, ㉡, ㉢

486 ① **487** ⑤ **488** ⑤ **489** ⑤ **490** ② **491** ③ **492** ⑤
493 ⑤ **494** ④ **495** ⑤ **496** ② **497** ② **498** ⑤ **499** ③
500 ④ **501** ②

[1등급을 향한 서답형 문제]

502 사회적 소수자 **503** [예시 답안] 스스로 차별받는 집단의 구성원이라는 집단의식 또는 소속 의식을 가지고 있어야 한다.

504 A : 절대적 빈곤, B : 상대적 빈곤 **505** [예시 답안] (가) : 소득이 최저 생계비에 미치지 못하는 상태, (나) : 가구 소득이 전체 가구의 소득 서열 중 가운데에 있는 가구의 소득, 즉 중위 소득의 50% 미만인 상태

486

첫 번째 사례는 사회적 소수자의 규정이 시간에 따라 달라질 수 있음을, 두 번째 사례는 사회적 소수자의 규정이 장소에 따라 달라질 수 있음을 보여 준다. 즉 제시된 사례를 통해 사회적 소수자는 상대적으로 규정됨을 알 수 있다.

487

(가)는 사회적 소수자 집단의 구성원이라는 이유만으로 사회적 차별의 대상이 됨을 보여 준다. (나)는 사회적 소수자 집단이 정치적·사회적 측면의 영향력에서 열세에 있음을 보여 준다.

488

갑국에서 백인 구성원 수는 흑인보다 매우 적지만 소득이나 의회 의원 비중은 월등히 높다. 이를 통해 단순히 수가 적다고 해서 사회적 소수자인 것은 아님을 알 수 있다.

489

ㄴ. 적극적 조치가 지나치면 오히려 다수의 일반 국민을 차별하는 역차별 문제가 발생할 수 있다. ㄷ. 여성 할당제는 사회적 소수자 문제를 해결하기 위한 사회적·제도적 차원의 해결책이다. ㄹ. 사회적 소수자에 관한 적극적 조치를 도입해야 한다는 주장은 사회적 소수자가 부당한 차별을 받고 있다고 생각하는 사람들의 입장이다.

[바로잡기] ㄱ. 사회적 소수자는 구성원의 수에 의해 결정되지 않는다.

490

제시된 자료는 성 역할에는 성에 관한 사회적 평가가 반영되어 있고 성 역할이 사회화 과정을 통해 내면화된다고 보고 있다.

[바로잡기] ㄴ. 성 역할의 구분은 사회적 요인에 의해 발생한다고 보고 있다. ㄷ. 시대나 장소가 바뀌면 성 역할은 달라진다고 보고 있다.

491

ㄴ. 전체 정규직의 평균 임금 대비 전체 비정규직의 평균 임금 수준

이 같은 연도의 여성 비정규직의 평균 임금 수준보다 높다. 이는 남성 비정규직 평균 임금이 같은 연도의 여성 비정규직의 평균 임금 수준보다 많음을 의미한다. ㄷ. 전체 정규직 평균 임금 대비 전체 비정규직의 평균 임금 수준이 지속해서 하락하고 있다. 이는 전체 정규직과 전체 비정규직 간 평균 임금의 상대적 격차가 지속해서 커지고 있음을 의미한다.

[바로잡기] ㄱ. 전체 정규직 평균 임금이 제시되어 있지 않으므로 전체 비정규직 평균 임금의 변화는 알 수 없다. ㄹ. 제시된 모든 연도의 전체 정규직 평균 임금 대비 여성 비정규직 평균 임금은 50%가 되지 않는다. 이는 전체 정규직 평균 임금이 여성 비정규직 평균 임금의 2배가 넘음을 의미한다.

492

2020년 남성 정규직 평균 임금은 전년에 비해 상승하였고, 정규직 평균 임금 대비 비정규직 평균 임금이 하락하였기 때문에 정규직과 비정규직의 평균 임금 차이는 2020년이 2019년보다 크다.

[바로잡기] ① 정규직 남성과 여성의 평균 임금을 알 수 없으므로 비정규직 남성과 여성의 평균 임금을 비교할 수 없다. ② 2018년보다 2019년 남성의 정규직 평균 임금이 많고, 2018년보다 2019년의 남성 정규직 평균 임금 대비 남성 비정규직 평균 임금의 비중이 더 높다. 따라서 남성 비정규직 평균 임금은 2019년이 2018년보다 더 많다. ③ 여성의 경우, 정규직 평균 임금 대비 비정규직 평균 임금의 비중이 점차 커지므로 정규직과 비정규직 평균 임금의 격차가 작아지고 있다. ④ 남성의 경우, 2018년 대비 2019년 정규직 평균 임금 대비 비정규직 평균 임금의 비중이 증가하였다. 이는 정규직 평균 임금 상승률보다 비정규직 평균 임금 상승률이 높아졌음을 의미한다.

493

ㄷ. 남성 평균 임금이 100만 원일 경우 여성 평균 임금이 40만 원이어야 남녀 간 평균 임금 격차가 60%가 된다. 1985년 여성 평균 임금은 남성 평균 임금의 40%이다. ㄹ. 남녀 간 평균 임금 격차가 하락했다는 것은 남성보다 여성의 평균 임금 상승률이 더 높음을 의미한다.

[바로잡기] ㄱ. 2005년 남성 평균 임금이 1995년보다 많고, 2005년 남녀 간 평균 임금 격차가 1995년보다 작다. 즉 1995년 대비 2005년 여성 평균 임금은 상승하였다. ㄴ. 2015년의 남성 평균 임금이 2005년보다 많고, 2005년과 2015년의 남녀 간 평균 임금 격차는 같다. 따라서 남녀 간 평균 임금의 차이는 2015년이 2005년보다 크다.

494

A는 절대적 빈곤, B는 상대적 빈곤이다. ㄴ. 절대적 빈곤, 상대적 빈곤은 모두 상대적 박탈감을 유발할 수 있다. ㄹ. 경제 성장으로 절대적 빈곤 인구가 감소하더라도 사회 불평등이 심화하면 상대적 빈곤 인구는 증가할 수 있다.

[바로잡기] ㄱ. 절대적 빈곤은 선진국보다 후진국에서 더 큰 문제가 된다. ㄷ. 절대적 빈곤은 경제 성장을 통해 해결할 가능성이 크지만 상대적 빈곤은 경제가 성장해도 해결하기 어렵다.

495

A는 절대적 빈곤, B는 상대적 빈곤이다. 우리나라의 상대적 빈곤선은 중위 소득의 50%이다.

[바로잡기] ① 일반적으로 경제가 성장하면 절대적 빈곤율은 하락한다. ② 저개발국은 절대적 빈곤뿐만 아니라 상대적 빈곤도 문제가 된다. ③ A가 절대적

빈곤, B는 상대적 빈곤이다. ④ 평균 소득과 중위 소득 중 어느 것을 이용할 때가 상대적 빈곤선이 더 커진다고 할 수 없다.

496

A는 절대적 빈곤, B는 상대적 빈곤이다. 절대적 빈곤을 판단하는 기준, 즉 절대적 빈곤선은 국가마다 다를 수 있다.

바로잡기 ① 절대적 빈곤은 경제 성장을 통해 해결할 수 있다. ③ 후진국에서는 절대적 빈곤과 상대적 빈곤 모두 문제가 된다. ④ 우리나라에서 상대적 빈곤은 중위 소득의 50% 미만인 상태를 의미한다. ⑤ 절대적 빈곤과 상대적 빈곤 모두 상대적 박탈감을 유발할 수 있다.

497

(가)는 절대적 빈곤 가구, (나)는 상대적 빈곤 가구이다. ㄱ. 상대적 빈곤율이 절대적 빈곤율보다 높다는 것은 최저 생계비가 중위 소득의 50%보다 작다는 의미, 즉 중위 소득이 최저 생계비의 2배 이상임을 의미한다. ㄷ. 전체 가구 수는 변화가 없는 상태에서 절대적 빈곤 가구의 비율은 감소하였고, 상대적 빈곤 가구의 비율은 증가하였다. 즉 절대적 빈곤 가구 수는 감소하였고, 상대적 빈곤 가구 수는 증가하였다.

바로잡기 ㄴ. t + 1년의 상대적 빈곤 가구의 비율이 t년보다 높다고 해서 t년의 상대적 빈곤 가구가 t + 1년에도 상대적 빈곤 가구인 것은 아니다. ㄹ. 전체 가구 수를 100가구라고 가정하면 절대적 빈곤 가구는 10가구에서 7가구로 감소하였고, 상대적 빈곤 가구는 7가구에서 10가구로 증가하였다. 즉 절대적 빈곤 가구의 변동률은 30%이지만 상대적 빈곤 가구의 변동률은 30%보다 크다.

498

ㄷ. 최저 생계비와 중위 소득의 50%가 같은 2019년에는 절대적 빈곤 가구와 상대적 빈곤 가구가 일치한다. ㄹ. 최저 생계비가 중위 소득의 50%보다 큰 2020년에는 상대적 빈곤 가구는 모두 절대적 빈곤 가구이다.

바로잡기 ㄱ. 제시된 자료로는 알 수 없다. ㄴ. 2018년에는 최저 생계비가 중위 소득의 50%보다 작다. 따라서 2018년에는 절대적 빈곤 가구 수보다 상대적 빈곤 가구 수가 더 많다.

499

2019년에는 절대적 빈곤 가구 수보다 상대적 빈곤 가구 수가 더 많다. 즉 최저 생계비보다 중위 소득의 50%가 더 크다.

바로잡기 ① 2017년에는 절대적 빈곤 가구 수보다 상대적 빈곤 가구 수가 더 적다. 즉 상대적 빈곤 가구는 모두 절대적 빈곤 가구이다. ② 최저 생계비와 중위 소득의 50%가 같으면 절대적 빈곤 가구 수와 상대적 빈곤 가구 수가 같다. ④ 상대적 빈곤 가구 수가 절대적 빈곤 가구 수의 1.5배라고 해서 상대적 빈곤선이 절대적 빈곤선의 1.5배인 것은 아니다. ⑤ 제시된 자료로는 알 수 없다.

500

t년에 도시의 절대적 빈곤율은 상대적 빈곤율보다 낮고, 농촌의 절대적 빈곤율은 상대적 빈곤율보다 높다. 즉 도시의 중위 소득의 50%는 최저 생계비보다 높고, 농촌의 중위 소득의 50%는 최저 생계비보다 낮다.

바로잡기 ① 제시된 자료로는 알 수 없다. ② 농촌의 상대적 빈곤율이 하락하였지만 이것이 농촌의 중위 소득 하락을 의미하지는 않는다. 중위 소득이 증가하더라도 상대적 빈곤율은 하락할 수 있다. ③ 도시의 상대적 빈곤율이 변화가

없지만 이것이 도시의 중위 소득이 변하지 않았음을 의미하지는 않는다. 중위 소득이 증가하거나 감소하더라도 상대적 빈곤율은 변하지 않을 수 있다. ⑤ t + 10년의 중위 소득은 도시보다 농촌이 더 낮다.

501

A는 절대적 빈곤, B는 상대적 빈곤이다. ② 상대적 빈곤을 판단하는 소득 수준은 전체 소득 분포상에서 상대적 위치에 따라 결정되므로 특정 사회의 생활 수준이 전반적으로 높아질수록 상향 조정된다.

바로잡기 ① 절대적 빈곤, 상대적 빈곤은 모두 객관적인 기준에 의해 평가된다. ③ 절대적 빈곤은 일반적으로 최저 생계비를 기준으로 파악한다. 상대적 빈곤은 중위 소득의 50%를 기준으로 그에 미달하면 상대적 빈곤으로 본다. ④ 절대적 빈곤율과 상대적 빈곤율을 모두 합하면 그 나라 전체의 빈곤율이 된다고 볼 수 없다. 절대적 빈곤 가구가 상대적 빈곤 가구에 들어갈 수도 있고, 상대적 빈곤 가구가 절대적 빈곤 가구에 들어갈 수도 있기 때문이다. ⑤ 절대적 빈곤과 상대적 빈곤 모두 실제 소득 규모를 파악하여 규정된다. 따라서 해당 질문은 (가)에 들어갈 수 없다.

502

제시된 자료는 사회적 소수자의 성립 요건을 나타낸다.

503

사회적 소수자로 성립하기 위해서는 스스로 차별받는 집단의 구성원이라는 집단의식 또는 소속 의식이 있어야 한다.

채점 기준	수준
집합적 정체성의 의미를 정확하게 서술한 경우	상
집합적 정체성의 의미를 미흡하게 서술한 경우	중

504

객관적으로 정해진 최소한의 생활 수준을 유지하는 데 필요한 자원이 부족한 상태를 절대적 빈곤, 사회 구성원 대다수가 누리는 생활 수준을 영위하지 못하는 상태를 상대적 빈곤이라고 한다.

505

우리나라는 절대적 빈곤을 소득이 최저 생계비에 미치지 못하는 상태, 상대적 빈곤을 가구 소득이 전체 가구의 소득 서열 중 가운데에 위치한 가구의 소득, 즉 중위 소득의 50% 미만인 상태로 정의한다.

506 ④	507 ⑤	508 ⑤	509 ⑤	510 ⑤
511 ①	512 ④	513 ②		

506 사회적 소수자 이해하기

1등급 자료 분석 사회적 소수자의 특징

• 국가를 잃고 전 세계에 흩어져 살던 유대인은 많은 탄압을 받았다. 하지만 이스라엘이라는 국가가 세워지고 각 사회에서 부와 명예, 권력을 쌓은 유대인이 많아지면서 지금은 매우 큰 영향력을 발휘하는 집단이 되었다.
<u>유대인은 국가를 잃고 전 세계에 흩어져 살며 탄압을 받았던 시기가 있었지만 지금은 사회적 권한을 발휘하는 집단이 되었다.</u>

• 구한말 미국의 사탕수수 농장으로 끌려간 이민 1세대 조선인은 노예와 같은 삶을 살았다. 하지만 현재의 이민 3세대 중에는 지역의 유력 인사나 정치가 등도 있어 그 사회의 주류 집단이 되었다.
<u>구한말 미국에 끌려갔던 이민 1세대 조선인은 노예와 같은 삶을 살았으나, 현재의 이민 3세대 중에는 그 사회의 주류 집단이 된 사람들도 있다.</u>

→ 두 사례 모두 과거에는 사회적 소수자였지만 지금은 사회적 소수자가 아니라는 것을 보여 주고 있다.

④ 유대인이나 한국의 이민 세대가 과거에는 사회적 소수자였지만 지금은 그렇지 않다는 점을 통해 사회적 소수자는 상대적으로 규정되는 개념임을 알 수 있다.

바로잡기 ① 사회적 소수자는 차별받는 집단이지만 제시된 사례를 종합하여 내린 결론으로는 적절하지 않다. ② 사회적 소수자는 지배 집단에 의해 규정된다는 특징이 있지만 제시된 사례에는 이와 같은 특징이 드러나지 않는다. ③ 사회적 소수자 집단과 주류 집단은 경계가 뚜렷하다. 즉 사회적 소수자는 식별 가능성이 있다. ⑤ 일반적으로 사회적 소수자는 사회적 희소가치의 분배에서 배제되는 경우가 많으나 제시된 사례에서는 사회적 소수자를 사회적 희소가치의 소유 정도로 구분하였는지 여부가 나타나 있지 않다.

507 사회적 소수자 이해하기

1등급 자료 분석 사회적 소수자의 성립 요건

사회적 소수자는 '신체적·문화적 특징으로 사회의 주류 집단 구성원
<u>식별 가능성, 사회적 차별</u>
에게 차별받으며, 스스로도 차별받는 집단에 속해 있다는 의식을 가
<u>집합적 정체성</u>
진 사람들'이라고 정의할 수 있다. 이처럼 사회적 소수자는 한 사회 내에서 발휘하는 영향력 등을 고려하여 정의한다. 이러한 이유로 누
<u>권력의 열세</u>
구나 사회적 소수자가 되는 것은 아니다. 하지만 누구나 사회적 소수자가 될 수 있다. 한국인이 한국에서는 사회적 소수자라고 보기 어렵지만 외국에서 이민자로 차별받는다면 사회적 소수자가 될 수
<u>사회적 소수로 규정되는 것은 상대적임을 알 수 있다.</u>
도 있기 때문이다. 우리 사회에서 장애인이나 외국인 노동자는 사회적 소수자가 될 수 있지만 어린이는 사회적 소수자라고 하기 어렵
<u>어린이는 스스로 차별받는 집단의 구성원이라는 인식, 즉 집합적 정체성을 가지고 있지 않다.</u>
다. 사회적 소수자의 개념 정의를 보면 그 이유를 알 수 있다.

사회적 소수자의 성립 요건으로 식별 가능성, 권력의 열세, 사회적 차별, 집합적 정체성 등이 있다. ① 사회적 소수자는 '한 사회 내에서 발휘하는 영향력'을 고려하여 정의된다고 하였다. 따라서 정치, 경제 등 사회적 차원에서 열세에 있다고 볼 수 있다. ② 사회적 소수자는 특정 집단 구성원으로 규정되어 차별받는 사람으로서, 소수자 집단의 성원이라는 이유만으로 차별받는다. ③ 개념 정의를 보면 '집단에 속해 있다는 의식'이 조건이다. 따라서 스스로 차별받는 집단의 구성원이라는 집단의식이 존재한다. ④ 사회적 소수자는 신체적으로나 문화적으로 다른 집단과 구별되는 차이, 즉 식별성이 존재한다.

바로잡기 ⑤ 수적으로 열세인 것은 사회적 소수자의 성립 요건에 해당하지 않는다.

508 사회적 소수자 이해하기

1등급 자료 분석 사회적 소수자 문제의 해결 방안

• 우리 사회에서 살고 있는 결혼 이민자와 외국인 노동자 등을 지원하기 위한 다양한 정책이 시행되고 있다. 하지만 여전히 우리와 다
<u>사회적 소수자를 지원하는 정책이나 제도가 마련되었다.</u>
른 사람들이라는 사회적 인식이 남아 있어 그들은 실질적으로 사
<u>편견이 남아 있는 등 사회적 인식이 개선되지 않았다.</u>
회생활에서 어려움을 겪고 있다.

• 과거에 비해 성차별을 막기 위한 다양한 제도가 마련되어 성차별
<u>양성평등 정착을 위한 법과 제도가 마련되었다.</u>
이 여러 부문에서 많이 해소되었다. 그렇지만 여전히 성차별적 인식이 남아 있어 여성에게 취업 및 승진 기회를 제한하는 등 여성에
<u>성에 관한 고정 관념 등이 남아 사회적 인식이 개선되지 않았다.</u>
관한 차별이 완전히 해소되지 않고 있다.

결혼 이민자, 외국인 노동자, 여성을 차별하지 않도록 제도적으로 정비하였으나 사회적 인식이 개선되지 않아 여전히 문제가 발생하고 있다. 이를 통해 사회적 소수자 차별을 해소하기 위해서는 제도 개선뿐만 아니라 의식 개혁도 함께 이루어져야 함을 알 수 있다.

바로잡기 ① 사회적 소수자는 시대와 사회에 따라 다르게 규정될 수 있지만 제시된 내용과 관련이 없다. ② 역차별의 문제점을 지적하는 것이 아니다. ③ 사회적 소수자 차별은 특정 집단에 불합리한 대우를 함으로써 나타난다. ④ 사회적 소수자 차별을 해소하기 위해 사회 통합을 강조하면 자칫 문화의 획일화나 갈등이 발생할 수도 있다.

509 성 불평등 현상 이해하기

1등급 자료 분석 맞벌이 가구의 아내 소득과 소득 기여도

〈소득 계층별 맞벌이 가구의 아내 소득과 소득 기여도〉

소득 계층	1	2	3	4	5	6	7	8	9	10
아내 소득 (만 원)	26	34	37	48	52	55	56	65	86	157
소득 기여도 (%)	30.8	30.0	26.9	30.5	29.3	26.6	16.5	27.0	31.5	39.0

* 소득 기여도 = $\dfrac{\text{아내 소득}}{\text{남편 소득}} \times 100$ └ 소득 계층과 맞벌이 가구 아내의 소득 기여도 간에 일정한 상관관계가 나타나지 않는다.

** 소득 계층은 가구의 소득을 기준으로 하며 숫자가 클수록 고소득층임

└ 소득 기여도를 볼 때 아내 소득과 남편 소득 간에 격차가 있음을 알 수 있다.

⑤ 최하층 맞벌이 아내의 소득이 26만 원이고 소득 기여도가 30.8% 이므로 남편의 소득은 약 84만 4천 원이다. 따라서 가구 소득이 110 만 4천 원이므로 아내의 소득은 가구 소득의 약 23.6%이다.

바로잡기 ① 아내의 소득 기여도가 가장 낮은 소득 계층은 7이다. 따라서 소득 계층이 낮을수록 아내의 소득 기여도가 낮다고 일반화할 수 없다. ② 맞벌이하는 아내의 소득 기여도는 최상층이 39.0%로 가장 크다. ③ 아내 소득을 기준으로 해도 소득 계층은 변하지 않는다. ④ 소득 계층 10, 9, 1, 4, 2, 5, 8, 3, 6, 7의 순으로 소득 기여도가 낮다.

510 임금 격차 분석하기

1등급 자료 분석 임금 격차

2000년 남성 정규직 근로자의 평균 임금을 100만 원이라고 가정하면 여성 정규직 근로자의 평균 임금은 40만 원으로 임금 격차는 60이다.

구분	2000년	2005년	2010년	2015년
정규직 근로자	⑥⓪	40	35	30
비정규직 근로자	40	38	34	30

* 남녀 근로자 간 평균 임금 격차(%)

$$= \frac{(남자\ 근로자\ 평균\ 임금 - 여자\ 근로자\ 평균\ 임금)}{남자\ 근로자\ 평균\ 임금} \times 100$$

모든 연도의 남성 정규직 근로자 평균 임금을 100만 원이라고 가정하고 여성 정규직 근로자의 평균 임금을 정리하면 다음과 같다.

구분	2000년	2005년	2010년	2015년
여성 정규직 근로자의 평균 임금	40만 원	60만 원	65만 원	70만 원

⑤ 2005년 이후 남녀 임금 격차가 정규직 40%, 비정규직 38%에서 2015년에는 모두 30%로 줄었다. 남녀 임금 격차가 50% 미만이면 여성 근로자의 평균 임금은 남성 근로자 평균 임금의 50%를 넘는다.

바로잡기 ① 2000년에 여성 정규직 근로자의 평균 임금은 40만 원이고 전체 평균 임금(남성 근로자와 여성 근로자의 임금의 합)은 140만 원이므로 여성 정규직 근로자의 평균 임금은 전체 평균 임금의 28.6%이다. ② 2000년, 2010년 남성 비정규직 근로자의 평균 임금을 100만 원이라고 가정하면 여성 비정규직 근로자의 평균 임금은 2000년에 60만 원, 2010년에 66만 원이다. 따라서 2000년에 비해 2010년에는 10% 증가하였다. ③ 2015년 남녀 간 평균 임금 격차는 정규직 근로자와 비정규직 근로자 모두 같지만, 정규직 남성 근로자의 임금과 비정규직 남성 근로자의 임금이 다를 것이므로 남녀 간 임금 차이 액수는 정규직 근로자와 비정규직 근로자 모두 다르다. ④ 2005년 대비 2010년에 정규직 남녀 임금 격차가 줄어들었으므로 여성 평균 임금의 상승률이 남성 평균 임금 상승률보다 크다.

511 성비 불균형 분석하기

1등급 자료 분석 성비 불균형

표는 A~D국의 민간 기업 임원과 고위 공무원 중 여성 비(比)를 나타낸다. 성비 불균형은 0에서 100까지의 값을 가지며, 그 값이 클수록 성비 불균형 정도가 큼을 의미한다.

〈민간 기업 임원 및 고위 공무원 중 여성 비〉

구분	민간 기업 임원	성비 불균형	고위 공무원	성비 불균형
A국	1.0	0	1.0	0
B국	0.5	33	0.3	54
C국	0.5	33	0.4	43
D국	1.5	20	2.0	33

* 여성 비 = 여성 수/남성 수

** 성비 불균형(%) = $\frac{(남성\ 수 - 여성\ 수)}{(남성\ 수 + 여성\ 수)} \times 100$

A~D국의 민간 기업 남성 임원과 남성 고위 공무원 수를 각각 100명이라고 가정하면 다음과 같은 표를 만들 수 있다.

구분	민간 기업 임원				고위 공무원			
	여성비	남성	여성	성비 불균형	여성비	남성	여성	성비 불균형
A국	1.0	100명	100명	0	1.0	100명	100명	0
B국	0.5	100명	50명	33 [(50/150) ×100]	0.3	100명	30명	54 [(70/130) ×100]
C국	0.5	100명	50명	33 [(50/150) ×100]	0.4	100명	40명	43 [(60/140) ×100]
D국	1.5	100명	150명	20 [(50/250) ×100]	2.0	100명	200명	33 [(100/300) ×100]

ㄱ. A국은 민간 기업과 공무원 조직 모두에서 성비 불균형이 0이므로 양성평등이 이루어져 있다. ㄴ. B국에서 민간 기업 성비 불균형은 33%, 고위 공무원의 성비 불균형은 54%로 공무원 조직에서 성비 불균형이 크다.

바로잡기 ㄷ. C국에서 고위 공무원 중 여성이 차지하는 비율은 약 28%[(40/140)×100]이다. ㄹ. D국의 성비 불균형은 민간 기업은 20%, 공무원 조직은 33%로 공무원 조직에서 남성의 승진 진입 장벽이 크다.

512 빈곤의 유형 파악하기

1등급 자료 분석 절대적 빈곤, 상대적 빈곤

갑국에서는 소득이 최저 생계비에 미치지 못하는 가구를 ㉠ 절대적
절대적 빈곤 가구 > 상대적 빈곤 가구 → 최저 생계비가 150달러보다 크다.
빈곤 가구, 중위 소득의 50%에 미치지 못하는 가구를 ㉡ 상대적 빈곤 가구로 규정한다. 2020년에 갑국에서 가구 소득을 조사한 결과 절대적 빈곤 가구에는 해당하지만 상대적 빈곤 가구에는 해당하지 않는 가구가 전체 가구 중 20%, 절대적 빈곤 가구 중 50%로 나타났다. 2020년 갑국의 중위 소득은 300달러이다.
150달러 미만 가구가 상대적 빈곤 가구

④ 2020년 갑국에서 절대적 빈곤 가구에는 해당하지만 상대적 빈곤 가구에는 해당하지 않는 가구가 전체 가구 중 20%, 절대적 빈곤 가구 중 50%로 나타났으므로 절대적 빈곤과 상대적 빈곤 모두에 해당

하는 가구는 전체 가구의 20%이다. 따라서 갑국에서 절대적 빈곤 가구의 비율은 전체 가구의 40%이다.

바로잡기 ① 빈부 격차가 큰 사회라도 절대적 빈곤이 늘어날 수 있다. ② 상대적 빈곤은 개인의 주관으로 인식하는 것이 아니라 중위 소득이라는 객관화된 기준에 의해 파악한다. ③ 절대적 빈곤 가구가 상대적 빈곤 가구보다 많으므로 2020년 갑국의 최저 생계비는 150달러보다 크다. ⑤ 2020년 갑국에서 150달러 미만인 가구는 상대적 빈곤 가구이다. 2020년 갑국의 최저 생계비는 150달러를 초과하지만 200달러 이상인지는 알 수 없다. 따라서 200달러 소득인 가구가 절대적 빈곤 가구인지는 알 수 없다.

513 빈곤의 유형 파악하기

1등급 자료 분석 절대적 빈곤, 상대적 빈곤

질문	유형	
	A	B
절대적 빈곤인지 묻고 있다.		
인간이 최소한의 생활을 유지하는 데 필요한 소득이나 자원이 결핍된 상태인가?	아니요 상대적 빈곤	예 절대적 빈곤
소득 수준이 높은 국가에서는 나타나지 않는가? 소득 수준이 높은 국가에서도 절대적 빈곤과 상대적 빈곤은 나타난다.	㉠ 아니요	㉡ 아니요
(가)	예	아니요
상대적 빈곤에 해당하는 질문이 들어가야 한다.		

A는 상대적 빈곤, B는 절대적 빈곤이다. ㄱ. 상대적 빈곤은 해당 국가의 소득 분포를 고려한 중위 소득을 기준으로 파악한다. ㄹ. 상대적 빈곤, 절대적 빈곤 모두 상대적 박탈감을 유발할 수 있다.

바로잡기 ㄴ. 상대적 빈곤과 절대적 빈곤 모두 객관화된 지표로 측정한다. ㄷ. 상대적 빈곤과 절대적 빈곤 모두 소득 수준이 높은 국가에서도 나타날 수 있으므로 ㉠, ㉡은 모두 '아니요'이다.

---

12 사회 복지와 복지 제도

분석 기출 문제

111~115쪽

[핵심 개념 문제]

514 ×	**515** ○	**516** ㄴ	**517** ㄱ	**518** ㄷ	**519** ㉠, ㉢
520 ㉠	**521** ㉡	**522** ㉠, ㉣	**523** 복지병	**524** 생산적 복지	

525 ⑤	**526** ⑤	**527** ③	**528** ⑤	**529** ③	**530** ③	**531** ③
532 ③	**533** ②	**534** ②	**535** ②	**536** ②	**537** ②	**538** ③
539 ④	**540** ①					

1등급을 향한 서답형 문제

541 국민연금 제도 **542** **예시답안** 강제 가입을 원칙으로 한다.

543 A : 공공 부조, B : 사회 보험 **544** **예시답안** 강제 가입을 원칙으로 한다. 수급자가 비용 일부를 부담한다. 상호 부조의 원리가 적용된다. 사전 예방적 성격이 강하다.

525

대공황과 제2차 세계 대전을 겪으면서 폐허가 된 영국에서는 1942년 사회 재건을 목적으로 베버리지 보고서가 작성되었다. 이 보고서는 국민의 생활을 불안하게 하는 5대 사회악으로 궁핍, 질병, 무지, 불결, 나태를 제시하고 이러한 사회악을 제거하려면 국가의 적극적인 역할이 요구된다는 점을 강조하였다. 빈곤, 질병, 실업 등으로 국민이 사회생활에 심각한 어려움을 겪지 않도록 국가가 사회 복지 제도를 마련해야 한다고 본 것이다.

526

초기 자본주의의 사회 복지는 사후 처방적 성격이 강하였고 현대 복지 사회의 사회 복지는 사전 예방적 성격이 강하다.

527

제시된 자료에서 설명하고 있는 개념은 복지 국가이다. 복지 국가는 자유방임주의적 자본주의의 폐해, 즉 대공황에 따른 실업 증가, 부익부 빈익빈 현상 심화 등을 해결하기 위해 등장하였다.

바로잡기 ㄱ. 복지 국가가 복지병에 따른 생산성과 효율성의 저하를 가져왔다. ㄹ. 석유 파동에 따른 경기 침체로 정부의 복지 재정 부담이 증가하자 복지 혜택을 줄이는 신자유주의가 등장하였다.

528

제시문은 사회 복지가 시장 경제의 한계로 가족이나 경제 제도와 같은 다른 제도가 제 기능을 다하지 못할 때 이를 임시로 보완하는 기능을 한다고 보고 있다.

529

(가)는 공공 부조, (나)는 사회 보험, (다)는 사회 서비스이다. ㄴ. 사회 보험은 강제 가입을 원칙으로 한다. ㄷ. 소득 재분배 효과는 공공 부조가 가장 크다.

바로잡기 ㄱ. 공공 부조는 수급자가 비용을 부담하지 않는다. ㄹ. 공공 부조와 사회 보험은 금전적 지원, 사회 서비스는 비금전적 지원이 원칙이다.

530

제시된 법률에 규정된 사회 보장 제도는 국민 기초 생활 보장 제도이다. ㄴ. 국민 기초 생활 보장 제도는 수급자가 비용을 부담하지 않는 공공 부조이다. ㄷ. 제9조 제5항의 내용을 통해 생산적 복지 이념이 반영되어 있음을 알 수 있다.

(바로잡기) ㄱ. 국민 기초 생활 보장 제도는 공공 부조이다. ㄹ. 공공 부조는 사후 처방적 성격을 지닌다.

531

건강 보험은 사회 보험, 의료 급여는 공공 부조이다. 따라서 (가)에는 사회 보험과 공공 부조의 공통점, (나)에는 공공 부조와 구별되는 사회 보험의 특징이 들어가야 한다.

(바로잡기) ㄷ. 일정 소득 기준을 충족하는 국민만을 대상으로 하는 제도는 의료 급여이다.

532

(가)는 사회 서비스, (나)는 사회 보험, (다)는 공공 부조이다. ③ 사회 보험은 미래의 위험에 대비하는 것으로 사전 예방적 성격, 공공 부조는 사후 처방적 성격이 강하다.

(바로잡기) ① 사회 보험 대상자가 사회 서비스를 이용할 수 있다. ② 공공 부조에 관한 설명이다. ④, ⑤ 사회 보험에 관한 설명이다.

533

금전적 지원을 원칙으로 하는 사회 보장 제도는 공공 부조와 사회 보험이다. 공공 부조가 사회 보험보다 소득 재분배 효과가 더 크다. 따라서 A는 공공 부조, B는 사회 보험이다.

(바로잡기) ㄴ. 일정한 소득 기준을 충족하는 국민만을 대상으로 하는 사회 보장 제도는 공공 부조이다. 사회 보험은 모든 국민을 대상으로 한다. ㄷ. 공공 부조는 사후 처방적, 사회 보험은 사전 예방적 성격이 강하다.

534

금전적 지원을 원칙으로 하는 사회 보장 제도는 사회 보험과 공공 부조이다. 수급자의 부담을 원칙으로 하는 제도는 사회 보험이다. 따라서 A는 사회 보험, B는 공공 부조이다.

(바로잡기) ㄴ. 사전 예방적 성격은 강한 것은 사회 보험이다. ㄹ. 사회 보험, 공공 부조 모두 소득 재분배 효과가 발생한다.

535

A는 사회 보험, B는 공공 부조이다. ㄱ. 사회 보험, 공공 부조 모두 소득 재분배 효과가 있다. ㄹ. 사회 보험은 공공 부조와 달리 가입자가 비용을 부담하며 수혜 정도가 아닌 가입자의 능력에 따라 비용을 부담한다.

(바로잡기) ㄴ. 대상자 선정 과정에서 소득이 고려되는 것은 공공 부조이다. ㄷ. 사회 보험, 공공 부조 모두 금전적 지원을 원칙으로 한다.

536

A는 사회 서비스, B는 공공 부조, C는 사회 보험이다. ① 사회 서비스는 공공 부조, 사회 보험과 달리 공공 부문만이 아니라 민간 부문도 참여할 수 있다. ③ 공공 부조는 저소득 계층에 금전적 지원을 하므로 사회 서비스나 사회 보험보다 소득 재분배 효과가 크다. ④ 사

회 보험은 강제 가입의 원칙이 적용된다. ⑤ 사회 서비스에는 가사·간병 방문 지원, 공공 부조에는 65세 이상 저소득 노인에게 제공되는 기초 연금 제도, 사회 보험에는 노령이나 장애 등에 대비해 연금을 지급하는 국민연금 제도가 해당한다.

(바로잡기) ② 공공 부조는 일정 소득 기준을 충족해야 수급 대상이 된다.

537

A는 공공 부조, B는 사회 서비스, C는 사회 보험이다. ㄱ. 공공 부조의 복지 비용은 복지 제공자인 국가나 지방 자치 단체가 전액 부담한다. ㄹ. 기초 연금 제도는 공공 부조, 국민 건강 보험 제도는 사회 보험에 해당한다.

(바로잡기) ㄴ. 일정 소득 기준을 충족해야 수급 대상이 되는 제도는 공공 부조이다. 사회 보험은 모든 국민을 대상으로 한다. ㄷ. 사회 보험과 달리 사회 서비스는 비금전적 지원을 원칙으로 한다.

538

ㄴ. 사회적 연대와 경제적 효율성을 추구하는 '제3의 길'에 부합하는 정책이 생산적 복지이다. ㄷ. 복지 국가를 지향하는 '제1의 길'에서 정부 간섭을 최소화하는 '제2의 길'로 이행하면서 복지가 축소되었다.

(바로잡기) ㄱ. 국가에 의한 복지병을 야기한 것은 '제1의 길'이다. '제2의 길'은 복지병 해결을 목적으로 하였다. ㄹ. 경제적 효율성을 가장 강조하는 것은 '제2의 길'이다.

539

제시된 자료는 근로 장려금 제도이다. 근로 장려금 제도는 근로 장려금 지원을 통해 저소득 가구의 근로 의욕을 높이고 실질 소득을 높이기 위한 근로 연계형 소득 지원 제도이다.

540

(가)는 복지병을 해결하기 위해 등장한 생산적 복지이다. 생산적 복지는 사회적 약자 보호와 경제적 효율성을 동시에 추구한다.

(바로잡기) ㄷ. 생산적 복지는 '요람에서 무덤까지'의 복지로 인해 발생한 복지병을 해결하기 위해 등장하였다. ㄹ. 생산적 복지는 복지와 효율성 모두를 추구한다. 즉 사회적 연대도 중시한다.

541

국민의 노령, 장애 또는 사망에 대하여 연금 급여를 실시함으로써 국민의 생활 안정과 복지 증진에 이바지하는 것을 목적으로 하는 제도는 국민연금 제도이다.

542

제6조에는 국민연금의 가입 대상을 규정하고 있다. 강제 가입을 원칙으로 하는 국민연금 제도의 특징이 나타나 있다.

채점 기준	수준
강제 가입을 포함하여 국민연금의 특징을 서술한 경우	상
국민연금의 특징을 미흡하게 서술한 경우	중

543

국가나 지방 자치 단체가 비용 전액을 부담하는 사회 보장 제도는 공공 부조이다. 금전적 지원을 원칙으로 하는 사회 보장 제도는 공공

부조와 사회 보험이다. 따라서 A는 공공 부조, B는 사회 보험이다.

544

(가)에는 공공 부조와 비교되는 사회 보험만의 특징이 들어가야 한다.

채점 기준	수준
공공 부조와 비교되는 사회 보험의 특징을 두 가지 서술한 경우	상
공공 부조와 비교되는 사회 보험의 특징을 한 가지만 서술한 경우	중

적중1등급문제

116~117쪽

| 545 ③ | 546 ② | 547 ⑤ | 548 ② | 549 ④ |
| 550 ⑤ | 551 ① | 552 ⑤ | | |

545 사회 보장 제도 이해하기

1등급 자료 분석 사회 보험, 공공 부조

비용을 부담하는 사람과 혜택을 받는 사람이 일치하므로 사회 보험에 해당한다. | 비용을 부담하는 사람과 혜택을 받는 사람이 일치하지 않으므로 공공 부조에 해당한다.

(가)는 비용을 부담하는 사람과 혜택을 받는 사람이 일치하는 사회 보험, (나)는 비용을 부담하는 사람과 혜택을 받는 사람이 일치하지 않는 공공 부조를 나타낸다. ③ 공공 부조는 조세로 마련된 재원을 활용하여 공공 부조의 대상자에게 무상으로 지원하므로 사회 보험보다 소득 재분배 효과가 크다.

바로잡기 ① 빈곤층의 자활을 지원하는 성격이 강한 것은 공공 부조이다. ② 공공 부조는 국가와 지방 자치 단체가 비용을 전액 부담하는 것을 원칙으로 한다. ④ 사전 예방적 성격이 강한 것은 사회 보험이다. 공공 부조는 사후 처방적 성격이 강하다. ⑤ 사회 보험은 수익자 부담의 원칙이 적용되고 공공 부조는 수익자 부담 원칙이 적용되지 않는다.

546 사회 보장 제도 파악하기

1등급 자료 분석 사회 보험, 공공 부조

(가)에는 사회 보험과 공공 부조의 공통 특징에 해당하는 질문이 들어가야 한다.

구분	사회 보험	공공 부조
(가)	예	예
(나)	예	아니요
(다)	아니요	예
(라)	아니요	아니요

(나)에는 사회 보험만의 특징에 해당하는 질문이 들어가야 한다.

(라)에는 사회 보험과 공공 부조 모두의 특징에 해당하지 않는 질문이 들어가야 한다.

(다)에는 공공 부조만의 특징에 해당하는 질문이 들어가야 한다.

ㄱ. 사회 보험, 공공 부조는 모두 소득 재분배 효과가 있다. 단, 공공 부조가 사회 보험보다 소득 재분배 효과가 더 크다. ㄷ. 공공 부조는 국가나 지방 자치 단체가 비용을 전담하지만 사회 보험은 가입자와 기업도 공동 부담한다.

바로잡기 ㄴ. 사회 보험, 공공 부조 모두 금전적 지원을 원칙으로 하므로 해당 질문은 (가)에 들어갈 수 있다. ㄹ. 공공 부조는 수급자에게 복지병을 유발할 가능성이 있지만 사회 보험은 그 가능성이 낮다. 따라서 해당 질문은 (다)에 들어갈 수 있다.

547 사회 보장 제도의 유형 파악하기

1등급 자료 분석 사회 보험, 공공 부조

유형	관련 법 조항
(가)	이 법은 고령이나 노인성 질병 등의 사유로 일상생활을 혼자서 수행하기 어려운 노인 등에게 제공하는 신체 활동 또는 가사 활동 지원 등의 장기 요양 급여에 관한 사항을 규정하여 …… 국민의 삶의 질을 향상하도록 함을 목적으로 한다. 노인 장기 요양 보험법 → 사회 보험
(나)	이 법은 노인에게 기초 연금을 지급하여 안정적인 소득 기반을 제공함으로써 노인의 생활 안정을 지원하고 복지 증진을 목적으로 한다. 기초 연금법 → 공공 부조

(가)는 노인 장기 요양 보험법, (나)는 기초 연금법과 관련 있다. 노인 장기 요양 보험은 사회 보험, 기초 연금법은 공공 부조에 해당한다. 따라서 (가)는 사회 보험, (나)는 공공 부조이다. ⑤ 사회 보험은 미래의 위험을 미리 대비하기 위한 사전 예방적 성격을 띠지만, 공공 부조는 이미 사회적 위험에 처해 있는 사람을 구제하기 위한 사후 처방적 성격을 띤다.

바로잡기 ① 사회 보험은 보편적 복지 이념, 공공 부조는 선별적 복지 이념에 충실하다. ② 상호 부조의 성격이 강한 것은 사회 보험이다. ③ 사회 보험, 공공 부조 모두 금전적 지원을 원칙으로 한다. ④ 사회 보험, 공공 부조 모두 소득 재분배 효과가 발생한다. 다만 공공 부조가 사회 보험보다 소득 재분배 효과가 더 크다.

548 사회 보장 제도의 유형 파악하기

금전적 지원을 원칙으로 하는 것은 사회 보험, 공공 부조이다.

민간 부문이 복지 제공에 참여할 수 있는 것은 사회 서비스이다.

ㄱ. 금전적 지원을 원칙으로 하는 것은 사회 보험과 공공 부조이고, 사회 서비스는 비금전적 지원을 원칙으로 한다. 따라서 해당 질문은 (가)에 들어갈 수 있다. ㄷ. 선별적 복지 원칙은 특정한 대상만을 선별하여 복지 혜택을 주는 것을 말한다. 선별적 복지 원칙이 적용되는 것은 공공 부조이므로 해당 질문은 (나)에 들어갈 수 있다.

바로잡기 ㄴ. 상호 부조의 원리가 적용되는 것은 사회 보험이다. 기초 연금은 공공 부조에 해당하므로 해당 질문은 (나)에 들어갈 수 없다. ㄹ. 강제 가입의 원칙이 적용되는 제도는 사회 보험이고, 민간 부문도 복지 제공에 참여하는 제도는 사회 서비스이다. 따라서 A는 사회 보험, B는 공공 부조, C는 사회 서비스이다. 공공 부조를 적용받는 사람도 사회 서비스를 적용받을 수 있다.

549 사회 보장 제도의 수급자 분석하기

〈○○시의 지역별 수급자 비율〉 (단위 : %)

(가), (나) 지역의 인구 비율이 동일하다.　(가) 지역이 (나) 지역의 인구의 2배이다.

구분	t년		t+10년	
	국민연금	기초 연금	국민연금	기초 연금
(가) 지역	20	10	30	20
(나) 지역	24	10	33	26
○○시 전체	22	10	31	22

전체 평균이 (가), (나) 지역의 가운데에 있다.　전체 평균이 (가) 지역에 치우쳐 있다.

* ○○시는 (가) 지역과 (나) 지역으로만 이루어져 있으며, t년과 t+10년 ○○시의 총 인구는 동일함

t년에 (가), (나) 지역의 수급자 평균 비율은 ○○시 전체의 평균 비율과 같다. 즉, t년에 (가) 지역과 (나) 지역의 인구가 같다. t+10년에 ○○시 전체의 평균 비율이 (가) 지역 수급자 비율에 1:2로 치우쳐 있다. 이를 통해 t+10년에 (가) 지역 인구가 (나) 지역 인구의 2배임을 알 수 있다. t년과 t+10년의 ○○시 총인구를 300명이라고 가정하고 지역별 수급자 수를 정리하면 다음과 같다.

구분	t년 ((가) 지역 150명, (나) 지역 150명)		t+10년 ((가) 지역 200명, (나) 지역 100명)	
	국민연금	기초 연금	국민연금	기초 연금
(가) 지역	30명	15명	60명	40명
(나) 지역	36명	15명	33명	26명
○○시 전체	66명	30명	93명	66명

④ 강제 가입의 원칙이 적용되는 제도는 사회 보험인 국민연금이다. 국민연금의 (나) 지역 수급자 수 대비 (가) 지역 수급자 수는 t년이 30/36, t+10년이 60/33으로 t년으로 t+10년보다 적다.

바로잡기 ① (가) 지역의 t년 국민연금 수급자 수는 30명, (나) 지역의 t+10년 기초 연금 수급자 수는 26명이다. ② 상호 부조의 원리가 적용되는 제도는 국민연금이다. 국민연금 수급자 수는 t년의 경우 (가) 지역은 30명, (나) 지역은 36명이다. ③ 선별적 성격이 강한 제도는 공공 부조인 기초 연금이다. 기초 연금의 수급자 수는 (가) 지역은 15명에서 40명으로 2배 이상 증가하였다. (나) 지역은 15명에서 26명으로 2배가 되지 않는다. ⑤ 사후 처방적 성격이 강한 제도는 공공 부조인 기초 연금이다. 기초 연금 수급자 수는 t+10년에 (가) 지역 40명, (나) 지역 26명으로서 2배가 되지 않는다.

550 생산적 복지 이해하기

제3조　① 이 법에 따른 급여는 수급자가 자신의 생활의 유지·향상을 위하여 그의 소득, 재산, 근로 능력 등을 활용하여 최대한 노력

급여의 기본 원칙은 수급자의 노력을 전제로 하고 있다.

하는 것을 전제로 이를 보충·발전시키는 것을 기본 원칙으로 한다.

제30조　② 근로 능력이 있는 수급자가 제9조 제5항의 조건을 이행

근로 능력이 있는 수급자에게 자활에 필요한 사업에 참가할 것

하지 아니하는 경우 조건을 이행할 때까지 제7조 제2항에도 불구하고 근로 능력이 있는 수급자 본인의 생계 급여의 전부 또는 일부를 지급하지 아니할 수 있다.

근로 능력이 있는 수급자가 조건 이행을 제대로 하지 않으면 생계 급여의 전부나 일부를 지급하지 않을 수 있다고 규정하고 있다.

제시된 내용은 복지비를 생활 무능력자에게 무상으로 지급하는 것이 아니라 그들이 생산에 참여할 의사가 있거나 생산 활동에 참여할 때 지급하는 것을 보여 준다. 이를 생산적 복지라고 하는데, 이는 무상 급여를 통해 근로 의욕이 감퇴되고 경제적 생산성이 떨어지는 것을 막기 위해 대안으로 제시된 복지 제도이다.

551 사회 보장 제도 수급자 비율 분석하기

〈자료 1〉 사회 보장 제도

(가) 사회 서비스	출산 가정에 건강 관리사를 파견하여 산모의 산후 회복과 신생아의 양육을 지원 출산 돌봄 서비스
(나) 공공 부조	65세 이상의 노인 중 가구의 소득 인정액이 일정 기준 이하인 자를 선정하여 매달 일정액의 연금을 지급 기초 연금
(다) 사회 보험	일정 연령 이상이 되어 소득 활동에 종사하지 못할 경우 생활 안정을 위하여 매월 일정액의 연금을 지급 국민연금

〈자료 2〉 A 지역 전체 인구 중 (가)~(다) 제도 수급자 비율 (단위 : %)

구분	2015년 100명		2020년 200명	
(가) 사회 서비스	3	3명	2	4명
(나) 공공 부조	5	5명	7	14명
(다) 사회 보험	9	9명	5	10명

* 2015년 대비 2020년 A지역 전체 인구는 2배 증가하였음

2015년 인구를 100명이라고 가정하면 2020년 전체 인구는 200명이다.

(가)는 출산 돌봄 서비스로서 사회 서비스, (나)는 기초 연금으로서 공
공 부조, (다)는 국민연금으로서 사회 보험이다. 2015년 A 지역 전
체 인구를 100명이라고 가정하면 2020년에는 200명이다. ㄱ. 금전
적 지원을 원칙으로 하는 제도는 사회 보험, 공공 부조이다. (나)와 (다)
를 합친 것이므로 2015년의 수급자는 14명, 2020년에는 24명이다.
따라서 수급자 수는 증가하였다. ㄴ. 수급자가 비용을 부담하지 않는
제도는 공공 부조인 기초 연금이다. 기초 연금의 수급자는 2015년에
는 5명, 2020년에는 14명으로 증가하였다.

바로잡기 ㄷ. 최저 생활 보장을 목적으로 하는 제도는 공공 부조로 2015년 수
급자는 5명이다. 사전 예방적 성격의 제도는 사회 보험으로서 2020년 수급자
는 10명이다. ㄹ. 상호 부조의 원리가 적용되는 제도는 사회 보험으로 2020년
수급자는 10명이다. 민간 부문도 운영의 주체가 될 수 있는 제도는 사회 서비스
로 2020년 수급자는 4명이다. 따라서 3배가 되지 않는다.

552 복지 제도 이해하기

1등급 자료 분석 복지 제도 시행에 따른 효과

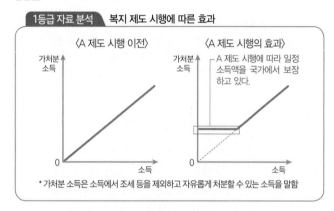

① 일정 소득액을 기준으로 그 미만인 사람에게만 복지 혜택이 돌아
가므로 선별적 복지의 성격을 띠고 있다. ② 소득이 거의 없는 사람
들에게 소득을 보장해 주는 것이므로 절대적 빈곤 문제 해결에 기여
할 수 있다. ③ A 제도는 일정 소득액 미만인 사람들에게만 지원을
해 주는 제도이므로 일정 소득액 이상인 사람들은 제도와 무관하다.
④ 일정 소득액을 최저 소득액으로 잡고 그것을 국가에서 보장해 주
는 제도이다.

바로잡기 ⑤ 소득이 낮은 사람, 즉 0에 가까운 사람일수록 국가에서 받는 혜
택이 더 크다.

단원 마무리 문제
118~123쪽

10 사회 불평등 현상과 사회 계층의 이해

553 ⑤ 554 ③ 555 ⑤ 556 ① 557 ⑤ 558 ② 559 ②
560 ④ 561 ③ 562 구조적 이동 563 예시답안 구조적 이동은 혁
명, 전쟁, 산업 구조의 변화 등 급격한 사회 변동으로 기존의 사회 구조가 변화
하여 생기는 계층적 위치의 변화이다.

11 다양한 사회 불평등 현상

564 ② 565 ① 566 ① 567 ③ 568 ① 569 사회적 소수자
570 예시답안 사회적 소수자란 신체적 또는 문화적 특징 때문에 사회의 다른
구성원으로부터 차별받으며 스스로 차별받는 집단에 속해 있다고 인식하는 사
람들을 의미한다. 이들은 주류 집단보다 권력, 재산 등의 사회적 자원을 획득하
는 데 불리한 위치에 있다.

12 사회 복지와 복지 제도

571 ② 572 ② 573 ③ 574 ⑤ 575 ④ 576 ⑤ 577 ③
578 예시답안 근로 장려 세제, 근로 장려 세제는 일할수록 소득이 늘어나도록
하여 단순한 소득 지원 효과 외에도 근로 의욕을 높이고 스스로 빈곤에서 탈출
하도록 돕기 때문에 복지와 노동을 연계하는 생산적 복지에 해당한다.

553

ㄷ. 개인적인 능력과 노력으로 하층에서 상층으로 상승하기도 하고
능력이나 노력이 미흡하면 하강하기도 한다. ㄹ. 사회 불평등은 사회
구성원 간 경쟁을 유도하여 사회적 효율성을 높이기도 하지만 갈등
이나 상대적 박탈감을 유발하여 사회 통합을 저해하기도 한다.

바로잡기 ㄱ. 사회 불평등 현상은 사회적 희소가치와 그에 대한 접근 기회가
신분, 성, 인종, 개인의 능력이나 업적 등 일정 기준에 따라 차등적으로 분배
되기 때문에 나타난다. ㄴ. 사회 불평등은 각 방면에서 다양한 차이를 초래하여
사회 구성원 간 생활 양식을 이질화시킨다.

554

갑, 을은 같은 해에 태어났지만 부자와 빈곤자라는 경제적 불평등 상
태에서 출발했기 때문에 향후 삶의 양식이 달랐다. 경제적 불평등은
한 측면의 불평등에 그치지 않고 교육, 건강, 직업 등 여러 영역에 영
향을 끼치고 있음을 알 수 있다.

555

제시문은 사회 불평등을 기능론의 관점에서 보고 있다. 기능론은 기
능적 중요도에 따라 보상이 이루어질 때 개인의 성취동기를 자극하
여 필요한 사람을 적절한 자리에 배치할 수 있다고 본다.

556

제시문은 사회 불평등을 갈등론의 관점에서 보고 있다. 갈등론은 자
녀의 성공 가능성이 자녀 개인의 능력이나 노력보다는 부모의 경제·
사회적 지위와 같은 귀속적 요인에 의해 좌우된다고 본다.

557

계급론과 다원적 불평등론 모두 경제적 요인이 사회 불평등을 구성
한다고 보고 있으므로 틀린 설명을 한 사람은 병이다. 갑과 을은 옳

은 진술을 했으므로 A는 다원적 불평등론, B는 계급론이다. 따라서 (가)에는 옳은 진술이 들어가야 한다. ⑤ 지위 불일치 현상을 설명하기에 용이한 것은 다원적 불평등론이다.

558
지위 불일치 현상을 설명하기에 적절한 것은 다원적 불평등론이다. 갑은 이 카드를 버리고 게임의 승자가 되었으므로 (가)는 계급론의 내용이 적힌 카드이어야 한다. ㄱ. 계급론은 계급 간 갈등이 사회 변혁의 원동력이라고 본다. ㄷ. 계급론은 동일한 경제적 위치에 속한 구성원 간 연대 의식을 강조한다.

바로잡기 ㄴ, ㄹ. 다원적 불평등론에 관한 진술이다.

559
ㄱ. (가) 다이아몬드형 계층 구조는 중층이 가장 많아 상층과 하층의 갈등을 완화해 주기 때문에 안정성이 높다. ㄷ. (다) 모래시계형 계층 구조는 중층이 가장 적기 때문에 사회적 갈등이 형성될 수 있다. 따라서 사회 통합의 필요성이 크다.

바로잡기 ㄴ. (나) 피라미드형 계층 구조는 전통적인 신분 사회에서 주로 나타난다. 정보 사회에서 일반인이 정보에 접근하기 쉬울 때 나타나는 것은 타원형 계층 구조이다. ㄹ. 사회 보장 제도가 확충되면 하층이 상층이나 중층으로 이동하여 다이아몬드형 계층 구조로 변화할 수 있다. 모래시계형 계층 구조는 정보 격차, 사회 양극화 등으로 중층의 비율이 낮아질 때 나타난다.

560
갑국의 부모 세대 계층 구조는 피라미드형이므로 A는 하층, B는 상층, C는 중층이다. 제시된 자료를 토대로 세대 간 계층 이동을 정리하면 다음과 같다.

(단위 : %)

구분		부모 세대			계
		상층(B)	중층(C)	하층(A)	
자녀 세대	상층(B)	3	3	6	12
	중층(C)	2	21	32	55
	하층(A)	5	6	22	33
계		10	30	60	100

④ 부모 세대 계층 대비 계층 불일치 비율은 상층 70%[(7/10)×100], 중층 30%[(9/30)×100], 하층 63.3%[(38/60)×100]로 상층이 가장 크다.

바로잡기 ① 자녀 세대의 계층 구조는 다이아몬드형이다. ② 계층 세습 비율은 46%, 세대 간 이동 비율은 54%이다. ③ 세대 간 상승 이동은 41%, 하강 이동은 13%이다. ⑤ 갑국 인구를 전체 100명이라고 가정하면 상층 부모를 둔 중층 자녀는 2명, 중층 부모를 둔 상층 자녀는 3명이다.

561
B는 상층 이동이 이루어지지 않으므로 상층, C는 하강 이동이 이루어지지 않으므로 하층이다. 따라서 A는 중층이다. 갑국의 인구를 100명이라고 가정하면 을국과 병국의 인구는 각각 200명씩이다. 제시된 자료를 토대로 갑국~병국의 계층별 비율과 인구수를 정리하면 다음과 같다.

구분	갑국(100명)	을국(200명)	병국(200명)
상층(B)	30%(30명)	25%(50명)	10%(20명)
중층(A)	20%(20명)	50%(100명)	40%(80명)
하층(C)	50%(50명)	25%(50명)	50%(100명)

③ 을국은 중층이 가장 많은 다이아몬드형 계층 구조이므로 안정적이다. 갑국은 중층이 가장 적은 모래시계형 계층 구조로 을국보다 안정적이지 않다.

바로잡기 ① 상층 인구는 을국이 가장 많다. ② 갑국과 을국의 하층 인구는 50명으로 같다. ④ 계층 양극화 정도는 중층 비율이 가장 적은 갑국이 병국보다 더 심하다. ⑤ 제시된 자료로는 알 수 없다.

562
전쟁이라는 급격한 사회 변동으로 가난한 계층에서 상승 이동한 경우이다.

563
구조적 이동은 혁명, 전쟁, 산업 구조의 변화 등 급격한 사회 변동으로 기존의 사회 구조가 변화하여 생기는 계층적 위치의 변화이다.

채점 기준	수준
사회 변동을 포함하여 구조적 이동의 의미를 서술한 경우	상
구조적 이동의 의미를 미흡하게 서술한 경우	중

564
여성 고용률은 큰 변화가 없고 집안에서 여성의 가사 노동 시간는 여전히 남성보다 많다. 여성의 경제 활동 참가율을 높이는 방안과 성별의 차이가 차별로 이어지지 않도록 서로 존중하는 자세가 필요하다.

565
2015년 남성 근로자의 평균 임금을 100만 원이라고 가정하고 남녀 근로자의 평균 임금을 정리하면 다음과 같다.

(단위 : 만 원)

구분	2015년	2016년	2017년	2018년	2019년
남성 근로자 평균 임금	100	110	121	133.1	146.41
여성 근로자 평균 임금	60	66	75.02	87.85	102.49

ㄱ. 여성 근로자 평균 임금은 2015년 60만 원, 2016년 66만 원으로 2015년에 비해 증가하였다. ㄴ. 남성 근로자 임금 대비 여성 근로자 임금 비율은 2016년에 비해 증가했으므로 여성 근로자의 임금 증가율은 남성 근로자의 임금 증가율인 10%보다 더 증가했음을 알 수 있다.

바로잡기 ㄷ. 남성 근로자 평균 임금은 매년 10% 증가했지만 여성 근로자 평균 임금은 이보다 더 높게 증가했으므로 남녀 근로자 임금 격차는 2017년에 비해 2018년에는 줄어들었다. ㄹ. 2019년 여성 근로자 평균 임금은 약 102만 원, 남성 근로자 평균 임금은 약 146만 원이다. 전체 근로자 평균 임금은 248만 원이므로 여성 근로자 평균 임금은 전체 근로자 평균 임금의 약 41%이다.

566

갑국의 전체 가구를 100가구라고 가정하면 을국의 전체 가구는 200가구이다. 이를 토대로 갑국, 을국의 빈곤 가구를 정리하면 다음과 같다.

구분	갑국	을국
절대적 빈곤 가구	20가구	20가구
상대적 빈곤 가구	10가구	40가구

① 갑국, 을국 모두 절대적 빈곤 가구의 수는 20가구로 같다. **바로잡기** ② 갑국에서 전체 가구 중 상대적 빈곤 가구의 비율은 10%이다. ③ 을국은 상대적 빈곤 가구가 절대적 빈곤 가구보다 많으므로 모든 절대적 빈곤 가구는 상대적 빈곤 가구에 해당한다. ④ 전체 가구 중 소득이 최저 생계비 이상인 가구의 비율은 절대적 빈곤 가구가 아닌 경우이다. 전체 가구 중 절대적 빈곤 가구가 아닌 비율은 갑국이 80%, 을국이 90%이다. ⑤ 갑국은 절대적 빈곤 가구에만 해당하는 가구가 10가구이다. 을국에서는 상대적 빈곤 가구가 더 많으므로 절대적 빈곤 가구에만 해당하는 가구는 없다.

567

30~40대에서 여성의 경제 활동 참가율이 남성에 비해 크게 떨어져 있다. 이는 임신, 출산, 육아 등으로 여성의 경력 단절 현상이 있음을 보여 준다.

568

○○지역의 전체 가구를 1,000가구, 남자 가구주와 여자 가구주의 수를 각각 500가구로 가정하고 2019년, 2020년의 빈곤 가구 및 비빈곤 가구를 정리하면 다음과 같다.

(단위 : 가구)

구분		2019년	2020년
남자	빈곤 가구	200	150
	비빈곤 가구	300	350
	빈곤 탈출 가구		80
	빈곤 진입 가구		30
여자	빈곤 가구	100	160
	비빈곤 가구	400	340
	빈곤 탈출 가구		20
	빈곤 진입 가구		80

① 2020년 빈곤 가구는 남자 150가구, 여자 160가구로 전체 310가구이다. 따라서 빈곤층 가구 비율은 30%를 넘는다. **바로잡기** ② 2020년 남자 가구주의 경우 빈곤 가구는 50가구 줄어들었다. ③ 2020년에 빈곤 탈출 가구는 100가구, 빈곤 진입 가구는 110가구로 빈곤 진입 가구가 빈곤 탈출 가구보다 많다. ④ 2020년 여자 가구주의 경우 비빈곤 가구는 400가구에서 340가구로 줄어들었다. ⑤ 2020년에 남자 빈곤 가구는 150가구, 여자 빈곤 가구는 160가구로 여자 가구주가 많다.

569

A는 사회적 소수자이다. 사회적 소수자란 신체적 또는 문화적 특징으로 사회의 주류 집단으로부터 차별받으며 자신도 차별받는 집단에 속해 있다는 의식을 가진 사람들이다.

570

사회적 소수자는 식별 가능성, 권력의 열세, 사회적 차별, 집합적 정체성과 같은 성립 요건을 지닌다.

채점 기준	수준
사회적 소수자의 성립 요건 네 가지를 모두 포함하여 사회적 소수자의 의미를 서술한 경우	상
사회적 소수자의 성립 요건 네 가지 중 세 가지만 포함하여 사회적 소수자의 의미를 서술한 경우	중
사회적 소수자의 의미를 미흡하게 서술한 경우	하

571

베버리지 보고서는 빈곤에 관한 사회적 책임을 인정하면서 개인적 차원이 아닌 사회적 차원에서 복지 문제에 접근하고 있다. 즉 복지 국가를 지향하고 있다. **바로잡기** ㄴ. 복지를 자선적 활동이 아닌 국가의 의무로 보고 있다. ㄷ. 복지의 대상을 빈곤층에 한정하지 않고 모든 국민으로 보고 있다.

572

A는 공공 부조, B는 사회 보험, C는 사회 서비스이다. ② 사회 보험은 미래의 위험을 예방하기 위한 사전 예방적 성격이 강하다. **바로잡기** ① 공공 부조, 사회 보험 모두 소득 재분배 효과가 발생한다. 다만 사회 보험보다 공공 부조의 소득 재분배 효과가 더 크다. ③ 공공 부조, 사회 보험 모두 금전적 지원을 원칙으로 하므로 ㉠에 관한 A, B의 응답은 모두 '아니요'이다. ④ 강제 가입을 원칙으로 하는 것은 사회 보험이다. 따라서 ㉡에 관한 A, C의 응답은 모두 '아니요'이다. ⑤ 수익자 부담 원칙이 적용되는 것은 사회 보험이므로 해당 질문은 (가)에 들어갈 수 없다.

573

(가)는 사회 서비스인 노인 돌봄 서비스, (나)는 사회 보험인 국민연금, (다)는 공공 부조인 기초 연금이다. ③ 공공 부조는 선별적 복지 이념을 바탕으로 한다. **바로잡기** ① 강제 가입의 원칙이 적용되는 것은 사회 보험이다. ② 민간 부문도 복지 제공에 참여할 수 있는 것은 사회 서비스이다. ④ 사회 서비스는 비금전적 지원을 원칙으로 한다. ⑤ 공공 부조, 사회 보험, 사회 서비스 모두 소득 재분배 효과가 발생한다.

574

민간 부문도 복지 제공에 참여할 수 있는 것은 사회 서비스이므로 C는 노인 돌봄 서비스이다. 국가와 지방 자치 단체의 재정으로만 비용을 충당하는 것은 공공 부조이므로 A는 기초 연금이다. 따라서 B는 사회 보험에 해당하는 국민연금이다. ⑤ 수급자가 비용을 부담하지 않는 것은 기초 연금이다. ○○지역의 65세 이상 인구는 20% 증가했지만 기초 연금의 수급자 비율이 줄어들었으므로 기초 연금 수급자 증가율은 20%가 되지 않는다. **바로잡기** ① 기초 연금은 공공 부조에 해당하므로 사후 처방적 성격이 강한 제도이다. ② 국민연금, 노인 돌봄 서비스 모두 소득 재분배 효과가 있다. ③ 상호 부조의 원리에 기초한 제도는 국민연금이다. 국민연금 수급자 비율은 늘어났고, 2015년에 비해 2020년에는 ○○지역의 65세 이상 인구가 20% 증가했으므로 국민연금의 수급자 수는 늘어났다. ④ 비금전적 지원을 원칙으로 하는 제도는 노인 돌봄 서비스이다. 2015년 대비 2020년에 노인 돌봄 서비스 수급자 비율은 변함이 없지만 전체 노인 인구가 증가했으므로 노인 돌봄 서비스 수급자 수는 증가하였다.

575

A는 사회 보험, B는 공공 부조, C는 사회 서비스이다. ④ 사회 서비스는 비금전적 지원을 원칙으로 한다.

바로잡기 ① 소득 재분배 효과는 모든 사회 보장 제도의 특징이다. ② 상호 부조의 원리를 구현하는 것은 사회 보험이다. ③ 가입자의 비용 부담 능력에 따라 부담금을 정하는 것은 사회 보험이다. ⑤ (가)에는 사회 보험의 특징에 해당하는 질문이 들어가야 한다. 민간 기관도 운영 주체가 되는 것은 사회 서비스이므로 해당 질문은 (가)에 들어갈 수 없다.

576

수급자가 비용을 부담하는 것은 사회 보험이므로 A는 사회 보험, B는 공공 부조이다. (가) 지역에서는 A와 B 모두 남성과 여성의 수급자 평균이 전체 평균과 동일하므로 남성과 여성의 인구가 같다. (나) 지역에서는 A와 B 모두 전체 평균이 남성 수급자에 근접해 있으며 그 상대적 비는 2:1이므로 남성 인구가 여성 인구의 2배이다. (가), (나) 지역의 인구가 동일하므로 (가), (나) 지역의 인구를 각각 300명으로 가정하면 (가) 지역 남성 인구는 150명, (가) 지역 여성 인구는 150명이고 (나) 지역 남성 인구는 200명, (나) 지역 여성 인구는 100명이다. 이를 토대로 수급자 수를 정리하면 다음과 같다.

구분	(가) 지역 (남성 150명, 여성 150명)		(나) 지역 (남성 200명, 여성 100명)	
	A(사회 보험)	B(공공 부조)	A(사회 보험)	B(공공 부조)
남성	30명	15명	40명	20명
여성	33명	15명	23명	13명
전체	63명	30명	63명	33명

⑤ 상호 부조의 원리가 적용되는 제도는 사회 보험이다. 사회 보험의 (가) 지역 여성 수급자 수는 33명, (나) 지역 남성 수급자 수는 40명으로 (나) 지역 남성 수급자 수가 많다.

바로잡기 ① 공공 부조가 사회 보험보다 소득 재분배 효과가 크다. ② 강제 가입 원칙이 적용되는 것은 사회 보험이다. ③ 사전 예방적 성격이 강한 제도는 사회 보험이다. 사회 보험의 남성 수급자 수는 (가) 지역이 30명, (나) 지역이 40이다. ④ 선별적 복지 이념을 토대로 하는 제도는 공공 부조이다. 공공 부조의 (가) 지역의 수급자 수는 30명, (나) 지역은 33명이다.

577

(가)는 국민 기초 생활 보장 제도로서 공공 부조, (나)는 국민연금으로서 사회 보험, (다)는 국민 건강 보험으로서 사회 보험이다. A 지역 인구를 100명이라고 가정하면 B 지역은 150명, C 지역은 100명이다. 이를 토대로 (가)~(다)의 수급자 수를 정리하면 다음과 같다.

구분	A 지역	B 지역	C 지역
(가) 공공 부조	6명	9명	6명
(나) 사회 보험	8명	6명	8명
(다) 사회 보험	7명	12명	10명

③ 금전적 지원을 원칙으로 하는 제도는 사회 보험과 공공 부조로 (가)~(다) 모두 해당한다. C 지역의 수급자 비율은 24%, A 지역의 수급자 비율은 21%로 C 지역이 높다.

바로잡기 ① 상호 부조의 원리가 적용되는 제도는 사회 보험으로 (나), (다)이다. A 지역 15명, B 지역 18명으로 B 지역 수급자 수가 많다. ② 선별적 복지의 성격이 강한 제도는 공공 부조로 (가)이다. (가)의 수급자 수는 A 지역 6명, B 지역 9명이다. ④ 강제 가입의 원칙이 적용되는 제도는 사회 보험으로 (나), (다)이다. 수급자 수는 B 지역 18명, C 지역도 18명으로 같다. ⑤ 사전 예방적 성격이 강한 제도는 사회 보험으로 (나), (다)이다. 사후 처방적 성격이 강한 제도는 공공 부조로 (가)이다. (나)와 (다)에 대한 (가)의 수급자 수의 비는 A 지역이 6/15, B 지역이 9/18로 B 지역이 높다.

578

근로 장려 세제는 일할수록 소득이 늘어나도록 하여 단순한 소득 지원 효과 외에도 근로 의욕을 높이고 스스로 빈곤에서 탈출하도록 돕기 때문에 복지와 노동을 연계하는 생산적 복지에 해당한다.

채점 기준	수준
근로 의욕 고취, 복지와 노동 연계 등을 포함하여 논리적으로 서술한 경우	상
근로 의욕 고취, 복지와 노동 연계 등을 미흡하게 서술한 경우	중

Ⅴ 현대의 사회 변동

13 사회 변동과 사회 운동

분석 기출문제

125~129쪽

[핵심 개념 문제]

579 ×	580 ×	581 ○	582 ㉠	583 ㉠	584 ㉡	585 ㉡
586 ㉡	587 ㉠, ㉢		588 사회 운동		589 사회 변동	

590 ③	591 ⑤	592 ②	593 ⑤	594 ②	595 ②	596 ⑤
597 ②	598 ③	599 ④	600 ③	601 ①	602 ④	603 ①
604 ④	605 ②					

[1등급을 향한 서답형 문제]

606 진화론　　**607** 예시답안 서구 사회가 진보된 사회임을 전제로 바라본다. 사회 변동이 항상 발전을 의미하지 않는다.

608 (가) : 개혁적 사회 운동, (나) : 복고적(반동적) 사회 운동

609 예시답안 사회 구조적 모순이나 갈등을 드러내고 이에 관한 해결 방법을 제시하여 사회 변동을 유발하는 원동력이 된다.

590

제시문은 사회 계약설이라는 사회·문화적 요소에 의해 프랑스 혁명이라는 사회 변동이 발생하였음을 설명하고 있다. 프랑스 혁명에 따른 변화는 사회 구조적 변화에 의한 사회 변동에 해당한다.

바로잡기 ㄱ. 프랑스 혁명은 정치적 측면의 근대화를 촉진하였다. ㄹ. 가치관 및 이념 변화에 따른 사회 변동이다.

591

제시된 관점은 진화론에 해당한다. 진화론은 사회 변동이 발전이라는 일정한 방향으로 이루어진다고 본다.

바로잡기 ② 갈등론에 관한 설명이다. ③ 기능론에 관한 설명이다. ④ 순환론에 관한 설명이다.

592

제시문은 진화론의 관점에서 사회 변동을 바라보고 있다. 진화론은 농경 사회에서 산업 사회로의 발전 과정을 설명하기 용이하다. 그러나 서구 제국주의의 정당화에 악용되기도 하며 모든 사회가 서구화라는 같은 방향으로 발전한다고 본다는 점에서 한계를 가지고 있다.

바로잡기 ㄴ, ㄹ. 순환론에 관한 설명이다.

593

갑의 관점은 진화론, 을의 관점은 순환론에 해당한다. 진화론은 발전과 진보를 사회 변동으로 바라본다. 그러나 모든 사회 변동이 항상 발전의 방향으로 진행되지는 않았다는 점에서 한계가 있다.

바로잡기 ① 갈등론에 관한 설명이다. ② 진화론은 서구 사회를 발전된 사회로 전제한다. ③ 진화론은 제국주의를 정당화하는 수단이 되기도 한다. ④ 진화론은 사회 변동이 일정한 방향을 가지고 발전한다고 본다.

594

(가)는 생물의 진화처럼 사회도 진화한다고 보는 진화론의 관점이다. (나)는 인류 문명이 흥망성쇠를 반복한다는 순환론의 관점이다.

바로잡기 ㄴ. 다양한 경로의 사회 변동 양상을 설명하기 어려운 것은 진화론이다. 인류 문명이 흥망성쇠를 반복한다고 보는 순환론은 단선적인 진화론에 비해 다양한 사회 변동 양상을 설명하기에 용이하다. ㄹ. 서구 사회가 밟아 온 변동의 과정이 최선의 것이라고 보는 것은 진화론이다.

595

(가), (나)는 순환론에 해당한다. 순환론은 운명론적 시각에서 사회 변동을 바라보며 장기적 사회 변동을 설명하기 용이하다.

바로잡기 ㄴ. 서구 사회의 지배를 정당화하는 수단이 되는 관점은 진화론이다. ㄹ. 갈등적 요인을 부각하여 사회 변동을 설명하는 관점은 갈등론이다.

596

균형 상태를 찾아가는 과정을 사회 변동으로 인식하는 관점은 기능론이다. 기능론은 사회의 조화와 균형을 중시하지만 갈등에 따른 급격한 사회 변동을 설명하기 어렵다는 한계를 가지고 있다.

바로잡기 ㄱ. 제시문은 기능론의 관점에서 사회 변동을 이해한다. ㄴ. 갈등론에 관한 설명이다.

597

제시문은 가족 내 불평등을 갈등론의 관점에서 바라보고 있다.

바로잡기 ㄴ, ㄹ. 기능론에 부합하는 진술이다.

598

갑은 기능론, 을은 갈등론의 관점에서 사회 변동을 바라보고 있다. 기능론은 갈등론과 달리 사회 안정을 중시한다.

바로잡기 ① 사회 구조에 내재한 갈등을 주목하는 관점은 갈등론이다. ② 사회 구조의 질서와 안정성을 중시하는 관점은 기능론이다. ④ 기능론은 급격한 사회 변동을 설명하지 못한다는 한계가 있다. ⑤ 사회가 일정한 방향으로 변해 간다고 보는 관점은 진화론이다.

599

갑의 관점은 기능론, 을의 관점은 갈등론에 해당한다. ㄴ. 기능론은 현재 질서의 유지를 중시한다는 점에서 보수적이다. ㄹ. 갈등론은 기능론과 달리 갈등으로 인한 급격한 사회 변동의 설명에 용이하다.

바로잡기 ㄱ. 사회 변동의 방향에 따라 구분되는 것은 진화론, 순환론이다. ㄷ. 운명론적 시각에서 사회 변동을 바라보는 이론은 순환론이다.

600

항공사에 항의하는 승객과 달리 시민 단체 회원의 행동처럼 자신의 신념과 가치를 실현하기 위하여 다수의 사람이 명확한 목표를 가지고 조직적으로 움직이는 집단행동을 사회 운동이라고 한다.

바로잡기 ③ 사회 운동은 기존의 사회 질서에 저항하는 방식으로만 이루어지는 것은 아니다. 기존의 사회 질서를 유지하면서도 제도 개선이나 의식 개혁을 통하여 조금씩 변혁을 시도하는 방식으로 이루어지는 경우가 많다.

601

(가) 흑인 민권 운동은 흑인 차별에 저항하여 나타난 사회 운동이다.

(나) 6월 민주 항쟁은 독재 정치에 저항하여 나타난 사회 운동이다. 이는 기존 사회 체제에 저항하여 일어난 시민 불복종 운동의 성격을 가진다.

바로잡기 ① 시민 불복종 운동은 잘못된 법이나 부정의한 정책에 저항하는 것이므로 현재의 법이나 제도를 위반하는 방식으로 이루어진다. 다만, 그 위반 행위에 따르는 처벌을 감수하는 것이다.

602

제시문은 산업 사회의 사회 운동과 정보 사회의 사회 운동을 나타내고 있다. ㄱ. 시민의 다양한 요구가 표출되는 것은 정보 사회의 사회 운동이다. ㄴ. 정보 사회에서는 정보 통신 기술의 발달로 국제적인 교류가 용이하다. 이로 인해 정보 사회의 사회 운동에서 국제적인 연대 운동이 활발하게 나타난다. ㄷ. 권위주의적 정부에 대항하였던 시민운동은 가치관의 대립 속에서 상대방을 배척하는 형태로 나타나기 쉽다.

바로잡기 ㄹ. 사회 운동은 명확한 목표를 가지고 조직적으로 움직이는 집단 행동이 나타난다.

603

제시된 국제기구는 공통적으로 시민의 자발적 참여를 전제로 하며 인류의 보편적 가치인 인권, 환경 보호 등을 실현하기 위해 지속적·조직적으로 노력한다.

바로잡기 ㄷ. 인간과 자연의 공존을 추구한다. ㄹ. 현재 세대뿐만 아니라 미래 세대가 편리하게 살아갈 수 있도록 지속 가능한 사회를 추구한다.

604

(가)는 여성 참정권 확대 운동, (나)는 노동자 중심의 선거권 확대 운동인 차티스트 운동이다. (가), (나)는 참정권 실현을 위한 운동으로, 체제 자체를 변화시키려는 급진적인 사회 운동이라기보다는 기존 체제 자체는 크게 변화시키지 않는 상태에서 여성과 노동자가 정치에 참여할 수 있는 권리를 주장한 제한적 목표를 추구하는 개혁적 사회 운동이다.

605

제시된 사례는 신사회 운동에 해당한다. 신사회 운동이란 환경, 평화, 여성, 반핵 등 인류의 보편적 가치를 중시하는 영역으로서 시민들 스스로 높은 도덕성을 갖출 것을 요구한다. 신사회 운동은 한 사회 내에서뿐만 아니라 국제적인 연대를 통해 세계적인 범위까지 그 활동 범위를 넓혀 가고 있다. 또한 시민이 직접 사회 문제 해결에 참여함으로써 대의 민주주의의 한계를 보완하는 기능도 수행하고 있다.

바로잡기 ② 신사회 운동은 시민이 사회 문제 해결에 참여함으로써 대의 민주주의의 한계를 보완하고자 한다. 시민의 과도한 정치 참여를 규제하는 것은 아니다.

606

진화론은 사회가 일정한 방향을 가지고 발전한다고 본다.

607

진화론은 서구 중심적이고 사회 변동이 항상 발전이 아닐 수 있다는 점에서 비판을 받고 있다.

채점 기준	수준
진화론의 문제점을 두 가지 서술한 경우	상
진화론의 문제점을 한 가지만 서술한 경우	중

608

(가)에서 갑은 기존의 사회 체제를 근본적으로 변화시키려고 시도하지는 않는다. 선물 가게를 운영하면서 착한 소비 운동을 전개하는 방식이므로 소비자 주권이라는 한정된 목표를 달성하려는 것이다. 따라서 개혁적 사회 운동에 해당한다. (나)에서 러다이트 운동은 산업 혁명에 저항한 노동자들의 운동으로서 과거의 사회로 되돌아가려는 사회 운동이다.

609

사회 전체를 위한 목표를 추구하는 사회 운동은 사회 문제를 해결하고 사회 발전에 기여할 수 있다.

채점 기준	수준
사회 운동의 의의를 정확하게 서술한 경우	상
사회 운동의 의의를 미흡하게 서술한 경우	중

적중 1등급 문제

130~131쪽

610 ①	611 ④	612 ⑤	613 ①	614 ⑤
615 ②	616 ②	617 ④		

610 사회 변동의 요인 이해하기

1등급 자료 분석 기술 발달, 가치관과 이념의 변화

(가) 증기 기관의 발명으로 대량 생산이 가능해졌고 산업 혁명이 촉진되었다. 또한 정보 통신 기술이 발전하면서 정보 사회로 변화하였다.
└ 기술 발달에 따른 사회 변동이 나타나 있다.

(나) 계몽사상은 시민 혁명이 일어나는 데 영향을 끼쳐 근대 사회로 나아가게 하였고, 프로테스탄트 윤리는 자본주의가 형성되고 발전하는 데 영향을 주었다.
└ 가치관과 이념의 변화에 따른 사회 변동이 나타나 있다.

(가)는 증기 기관 발명, 정보 통신 기술 발전과 같은 기술 발달에 따라 산업 구조가 변화한 모습을 보여 준다. (나)는 계몽사상, 프로테스탄트 윤리와 같은 가치관과 이념의 변화에 따라 사회 변동이 나타났음을 보여 준다.

바로잡기 ㄷ. (가)는 물질적인 변화, (나)는 비물질적인 변화가 사회 변동의 요인이 되었다. ㄹ. 사회 변동은 어느 한 요인에 의해서 변동하는 것이 아니라 다양한 요인이 복합적으로 작용하여 나타난다. 사회 변동의 요인으로 기술 발전, 가치관과 이념의 변화, 집단 간 갈등, 정부 요인, 자연환경적 요인 등을 들 수 있다.

611 사회 변동을 설명하는 이론 이해하기

1등급 자료 분석 진화론

갑은 자본주의는 아래의 경로를 통해 발전하며 모든 개발 도상국은 이러한 단계를 거쳐야 경제 성장을 이룰 수 있다고 보았다.

전통 사회	• 고대 및 중세의 농업 사회 • 현재의 미개발국
도약 준비기	전통 사회를 벗어나 지속적인 성장을 준비하는 과도기
도약기	• 산업 혁명 시기 • 생산의 비약적인 발전
성숙기	현대적 기술의 성과를 수용하여 더 높은 발전을 이루는 시기
고도 대중 소비	대량 생산, 대량 소비가 이루어짐

└ 일정한 방향성을 가지고 변동 과정을 거쳐야 자본주의가 발전하고 개발 도상국은 경제 성장을 이룰 수 있다고 보고 있다.

갑의 주장은 진화론과 관련이 있다. ① 진화론은 사회는 단순하고 미분화된 상태에서 복잡하고 분화된 상태를 향하여 변화한다고 설명하므로 사회 변동이 곧 진보와 발전이라고 본다. ② 진화론은 서구 사회가 진보된 사회임을 전제로 한다. 따라서 개발 도상국이 발전하기 위해서는 서구 사회의 발달 과정을 따라야 한다고 주장하기 때문에 서구 중심적이라는 비판을 받는다. ③ 진화론은 사회가 일정한 방향성을 가지고 진화한다고 본다. 따라서 다양한 경로의 사회 변동 양상이나 사회의 퇴보 또는 멸망을 설명하기 어렵다. ⑤ 진화론은 사회의 각 단계가 이전 단계보다 복잡하고 분화된 것이라고 본다.

바로잡기 ④ 과거의 반복되는 역사를 설명하고 해석하는 데 유용한 이론은 순환론이다.

612 사회 변동 방향을 기준으로 사회 변동 이론 파악하기

1등급 자료 분석 진화론, 순환론

(가) 사회 변동은 테트리스 게임과 유사하다. 한 단계가 끝나면 더욱 난도가 높은 새로운 단계가 시작되듯이 모든 사회도 일정한 방향으로 단계적으로 진보 또는 발전해 간다. 즉, 현재 사회는 과거
└ 사회는 정해진 경로에 따라 발전이 이루어진다고 보는 것은 진화론이다.
사회보다 더욱 복잡하고 분화한 더 발전되고 더 나은 사회이다.

(나) 엘리트에는 여우형과 사자형 두 가지 유형이 있다. 여우형 엘리트는 약삭빠르고 혁신적이며 수완이 풍부하고 적응력이 뛰어나다. 반면 사자형 엘리트는 새로운 조직을 만들기보다는 이미 존재하는 집단에 머물러 있으면서 이를 유지하려는 경향이 강하다. 사회는 이 두 가지 유형의 엘리트 간의 투쟁을 통해 주기적으로 변동한다.
└ 사회가 일정한 양상을 반복하면서 변동한다고 보는 것은 순환론이다.

(가)는 진화론, (나)는 순환론에 해당한다. ⑤ 순환론은 과거 문명에 관한 사후 분석에 치중하여 앞으로의 사회 변동 방향을 예측하여 대응하는 데는 적합하지 않다는 비판을 받는다.

바로잡기 ①, ④ 순환론에 관한 설명이다. ②, ③ 진화론에 관한 설명이다.

613 사회 변동을 설명하는 이론 파악하기

1등급 자료 분석 진화론, 순환론

구분	A	B
운명론적 시각으로 사회 변동을 바라보는가?	㉠	㉡
(가)	㉢	㉣

└ 사회 변동 방향을 기준으로 사회 변동을 설명하는 이론 중 순환론에 해당한다. 순환론은 모든 문명이 생성과 쇠퇴를 반복한다는 운명론적 시각에 해당하므로 인간 행위의 역동성과 자율성을 과소평가한다는 비판을 받는다.

운명론적 시각으로 사회 변동을 바라보는 것은 순환론이다. ㄱ. ㉠이 '예'이면 A는 순환론, B는 진화론이다. 진화론은 사회 변동을 사회 발전과 동일한 의미로 파악한다. ㄴ. ㉠이 '아니요'이면 A는 진화론, B는 순환론이다. 사회 변동에 대응하는 인간의 노력을 과소평가하는 것은 순환론이다. 따라서 해당 질문이 (가)에 들어가면 ㉢은 '아니요'이다.

바로잡기 ㄷ. ㉡이 '예'이면 A는 진화론, B는 순환론이다. 서구 제국주의 역사를 정당화하는 수단으로 이용될 수 있는 것은 진화론이다. 따라서 해당 질문이 (가)에 들어가면 ㉣은 '아니요'이다. ㄹ. 모든 사회는 동일한 방향으로 변동한다고 보는 것은 진화론이므로 ㉢, ㉣ 중 하나만 '예'이다.

614 사회 운동 파악하기

1등급 자료 분석 개혁적 사회 운동

• 1955년 미국에서 한 흑인 여성이 백인 승객에게 자리를 양보하는 법(인종 분리법)을 위반했다는 이유로 체포되었다. 흑인들은 이에 반발하여 ㉠ 버스 승차 거부 운동을 벌였다. 이듬해 인종 분리법이
   인종 차별을 반대하는 사회 운동
위헌이라는 판결이 났고 흑인의 버스 승차 거부도 끝이 났다.

• 우리나라 결혼 문화는 허례허식이 많다. 이에 ○○신문은 호화 혼수 생략, 100명 이내의 하객 초대 등과 같은 행동 지침을 통해 신랑과 신부가 주인공이 되는 ㉡ 작은 결혼식 캠페인을 벌여 큰 호응을 얻었다.
   사회적 관습을 개선하려는 사회 운동

⑤ 버스 승차 거부 운동은 인종 차별 철폐라는 목표를 위해 버스 승차 거부라는 체계적 활동 계획을 시행하였다. 작은 결혼식 캠페인은 건전한 결혼 문화 조성이라는 목표를 위해 호화 혼수 생략, 100명 이내의 하객 초대 등의 구체적인 활동 계획을 마련하여 시행하였다.

바로잡기 ① 버스 승차 거부 운동은 사회적 약자인 흑인들에 대한 인종 차별을 반대하는 시민 운동으로서 뚜렷한 목표와 그 목표를 달성하기 위한 구체적인 활동 방법을 가지고 있다. ② 작은 결혼식 캠페인은 호화 결혼 문화를 개선하려는 시민 운동이다. 경제적 약자의 권리 보장 요구와 관련이 없다. ③ 버스 승차 거부 운동은 인종 차별을 내용으로 하는 법의 폐지를 촉구하는 것이므로 기존 사회 질서를 타파하려는 다수의 행동이다. ④ 작은 결혼식 캠페인은 잘못된 사회적 관습을 개선하는 것이 목적이다. 사회의 근본적 모순을 드러내 권력 구조를 변화하려는 운동이 아니다.

615 사회 변동을 설명하는 이론 이해하기

기능론, 갈등론, 진화론, 순환론

〈사회 변동에 관한 구조적 관점〉 〈사회 변동의 방향에 관한 관점〉

사회 변동에 관한 구조적 관점은 기능론과 갈등론이므로, A, B는 각각 기능론, 갈등론 중 하나이다. 따라서 (가), (나)에는 각각 기능론, 갈등론 중 하나의 특징에 관한 질문이 들어가야 한다.

사회 변동의 방향에 관한 관점은 진화론과 순환론이므로, C, D는 각각 진화론, 순환론 중 하나이다. 따라서 (다), (라)에는 각각 진화론, 순환론 중 하나의 특징에 관한 질문이 들어가야 한다.

ㄱ. (가)에 '급진적 사회 변동을 설명하는 데 한계가 있는가?'가 들어가면 A는 기능론, B는 갈등론이다. 기능론은 사회가 균형을 이루며 통합된다고 전제한다. ㄷ. (다)에 '사회는 소멸할 운명을 지니고 있는가?'가 들어가면 C는 순환론, D는 진화론이다. 순환론은 사회가 흥망성쇠를 반복한다고 보므로 사회 변동 방향을 예측하여 대응하는 데 적합하지 않다는 비판을 받는다.

바로잡기 ㄴ. (나)에 '사회 변동을 긍정적으로 바라보는가?'가 들어가면 A는 기능론, B는 갈등론이다. (가)에는 기능론의 특징에 관한 질문이 들어가야 한다. 기능론은 사회 구성 요소 간 상호 의존성을 설명하기가 용이하다. 따라서 '사회 구성 요소 간 상호 의존성을 설명하는 데 한계가 있는가?'는 (가)에 들어갈 수 없다. ㄹ. (라)에 '사회도 생물처럼 단순한 형태에서 복잡한 형태로 진화하는가?'가 들어가면 C는 순환론, D는 진화론이다. (다)에는 순환론의 특징에 관한 질문이 들어가야 한다. '서구 제국주의를 정당화하는 이론적 근거로 작용할 수 있는가?'는 진화론의 특징이므로 (다)에 들어갈 수 없다.

616 사회 운동의 의미와 특징 이해하기

사회 운동의 의미, 특징

• 주장 1 : 사회 운동은 뚜렷한 목표와 그 목표를 달성하기 위한 구체적인 활동 방법을 가지고 있어야 한다.

　　　　예 ✓　　　아니요 □ ·········· ㉠

　사회 운동의 특징이다.

• 주장 2 : 사회 운동의 성공을 위해 정부 주도의 기구와 제도 마련이 필수적이다.

　　　　예 ✓　　　아니요 □ ·········· ㉡

　사회 운동의 성공을 위해 정부 주도의 기구와 제도를 마련하는 것이 필수적인 것은 아니다.

• 주장 3 : 사회 운동 초기부터 큰 사회적 영향력을 지니고 사회 전반적으로 호응을 얻어야만 사회 변동의 요인으로 작용할 수 있다.

　　　　예 □　　　아니요 ✓ ·········· ㉢

　사회 운동의 초기부터 사회적 영향력과 호응이 필요한 것은 아니다.

• 주장 4 : 사회 운동은 목표와 활동 방식을 정당화하는 이념을 지니고 있어야 한다.

　　　　예 □　　　아니요 ✓ ·········· ㉣

　사회 운동이 갖추어야 할 요건이다.

사회 운동은 구체적인 사회 문제를 해결하거나 사회 체제를 근본적으로 변혁하기 위해 대중이 자발적으로 하는 집단적·지속적 행위를 말한다. 노동 운동, 환경 운동, 소비자 운동, 인권 운동 등을 사회 운동의 예로 들 수 있다. 사회 운동은 뚜렷한 목표와 그 목표를 달성하기 위한 구체적인 활동 방법을 가지고 있어야 한다. 사회 운동 초기에 큰 영향력이 없더라도 지속적인 노력으로 사회 전반적인 호응을 얻을 수도 있다.

바로잡기 사회 운동의 성공을 위해 정부 주도의 기구, 제도 마련이 필수적이지는 않다. 사회 운동은 목표와 활동 방식을 정당화하는 이념을 지니고 있어야 한다.

617 사회 운동의 특징 파악하기

사회 운동의 요건

(가) 입양한 아이를 수차례 때려 숨지게 한 양모가 재판을 받기 위해 법정에 출석하자 흥분한 시민이 몰려가 눈뭉치를 던지는 등 소동이 있었다.
　일시적이고 충동적인 행동이므로 사회 운동이 아니다.

(나) 시민 단체는 입양 아동 사망 사건과 관련하여 입양 제도의 문제점을 보완해 줄 것을 요구하는 입법 청원 활동을 지속적으로 전개하기로 하였다.
　뚜렷한 목표를 가지고 지속적, 체계적으로 활동하므로 사회 운동에 해당한다.

(가)는 흥분한 시민에 의한 일시적이고 충동적인 행동이므로 사회 운동으로 볼 수 없다. (나)는 뚜렷한 목적과 구체적인 행동 계획을 실천하는 것이므로 사회 운동이다. ④ 시민 단체의 입법 청원 활동은 입양 제도의 문제점 보완을 통해 입양 아동의 인권을 보호하겠다는 목표와 이를 정당화하는 이념을 가지고 있다.

바로잡기 ① (가)는 목표를 달성하기 위한 구체적인 계획을 가지고 있지 않다. ② (나)에서 시민 단체는 사회 전체의 이익이나 공익을 위해 활동하는 단체이다. 시민 단체를 사회적 약자라고 보기는 어렵다. ③ (가), (나) 모두 다수의 사람이 자발적으로 참여하고 있다. ⑤ (가)는 법정 주변에서 일시적이고 충동적으로 일어난 상황이다. 반면 (나)는 체계적인 조직을 갖추고 구성원 간 역할 분담을 하여 지속적으로 활동함을 전제로 한다.

분석 기출 문제

133~137쪽

[핵심 개념 문제]

618 세계화　　**619** 다국적 기업　　**620** ㉠　　**621** ㉠　　**622** ㉡　　**623** ㉣

624 ㉡　　**625** ㉢　　**626** ㉠　　**627** ○　　**628** ×　　**629** ×

630 ③　　**631** ⑤　　**632** ④　　**633** ⑤　　**634** ③　　**635** ②　　**636** ③

637 ④　　**638** ③　　**639** ③　　**640** ④　　**641** ①　　**642** ⑤　　**643** ③

644 ④　　**645** ④

1등급을 향한 서답형 문제

646 예시답안 새로운 정보 기술에 접근할 수 있는 기회가 차등적으로 제공되고 있다. 이러한 현상을 정보 격차라고 한다.

647 예시답안 사회적 소외 계층 중 장애인의 정보 격차가 가장 심하다. 따라서 장애인이 정보화 기기를 쉽게 활용할 수 있도록 보조 기구를 적극적으로 개발해야 한다.

648 예시답안 저출산 현상, 원인 : 자녀 양육비 부담 증가 등으로 출산율이 하락하고 있다. 대책 : 육아에 관한 제도적 지원을 강화한다.

649 예시답안 노인 대상 복지 수요 증대로 재정 부담을 초래할 수 있다. 노인 부양 책임을 둘러싼 세대 간 갈등이 심화될 수 있다.

630

미국발 금융 위기의 영향으로 우리나라 경기가 악화할 것이라는 내용을 통해 경제적 측면에서 국가 간 상호 의존성이 심화되고 있음을 알 수 있다.

631

갑은 세계화 시대에 우리 민족의 문화적 정체성을 지켜야 한다고 주장하고 있고, 을은 다른 민족과의 관계 속에서 새로운 시민 의식을 정립해야 한다고 주장하고 있다.

바로잡기 ㄱ. 갑은 우리 민족의 이익을 최우선으로 해야 한다고 주장한다. 이는 자국의 이익을 강조하는 것으로 인류의 보편적 가치에 기초한 세계 공동체 의식을 추구하는 견해와 배치된다. ㄴ. 여러 민족이 지닌 객관적 요소를 바탕으로 민족 정체성을 이해하면 세계화 시대에 새로운 형태의 시민 의식이 필요함을 강조하게 된다. 이는 갑의 관점에 부합하지 않는다.

632

세계화의 영향에 관해 갑국 시민은 긍정적인 측면을 기대하고 을국 시민은 부정적인 측면을 예상하고 있다. 이는 소비자인 갑국 시민과 생산자인 을국 시민의 입장이 다르기 때문이다. 즉 세계화 과정에서 모든 구성원이 혜택을 보는 것이 아니라 피해를 볼 수도 있음을 알 수 있다. 또한 경쟁력을 갖춘 집단과 그렇지 못한 집단, 또는 국가 간의 빈부 격차가 심화될 수도 있다.

633

일부 전문가들은 한류의 영향으로 자국의 전통문화 정체성이 약화될 수 있음을 우려하고 있다. 즉 세계화 과정에서 문화적 다양성이 약화되고 획일화될 수 있음을 경계하고 있다.

634

정보 사회에서 정보는 일상생활의 필수적인 자원으로 여겨지고 자동적인 정보의 교환과 처리를 기반으로 사회가 운영될 수 있다.

바로잡기 정보의 양이 많아지고 일상생활 속에서 다양한 정보가 만들어져 전송·활용될 경우 이러한 정보에 관한 통제와 조작은 어려워지게 된다. 정보화에 따라 가상 공간에서 인간관계를 맺을 수 있어 인간관계의 범위와 다양성의 정도가 확대될 수 있다.

635

(가)는 산업 사회, (나)는 정보 사회이다. 정보 사회가 되면 탈관료제 조직이 확산하며 재택근무가 가능해져 업무의 편리성이 증대된다.

바로잡기 ㄴ. 정보 사회에서는 다품종 소량 생산이 생산 구조로 정착된다. ㄹ. 정보 사회에서는 정보 통신 기술의 발전으로 직접 민주 정치 구현 가능성이 커진다.

636

소득 계층에 따라 정보 접근성에 차이가 나타나고 있으며 이러한 현상을 정보 격차라고 한다.

바로잡기 ③ 상층, 중층, 하층의 인구 규모가 제시되어 있지 않아 계층별 스마트폰 보유 대수를 비교할 수 없다.

637

정보 사회가 되면서 누리 소통망(SNS) 등을 통해 다양한 정보가 빠르게 퍼져 나가고 있음을 알 수 있다. 즉 언론 중심의 정보 유통에서 벗어나 다양한 유통 경로에서 다양한 정보 생산자가 정보를 만들어 내고 있음을 알 수 있다.

638

갑국은 현재 65세 이상 인구 비율이 증가하고 있다. 이러한 고령화 현상으로 노년 부양비는 증가하게 되며, 노인 부양 부담이 가중될 수 있다. 고령화 현상은 전체 인구에서 65세 이상 인구 비율의 증가를 의미하는 것으로, 저출산이 지속될 경우 고령화 현상은 가속화될 것이다.

바로잡기 ③ 저출산에도 불구하고 평균 수명 증가에 따른 고령화로 인구 규모의 감소 여부는 단정 지을 수 없다.

639

우리나라는 유소년층 인구 비율과 청장년층 인구 비율은 낮아지고 노년층 인구 비율은 높아질 것으로 추정된다. ㄴ. 노령화 지수는 유소년층 인구에 대한 노년층 인구의 비율이다. 유소년층 인구 비율은 낮아지는 데 반해 노년층 인구 비율은 높아지고 있으므로 노령화 지수는 높아지게 될 것이다. ㄷ. 유소년층 인구 비율이 낮아지고 있기 때문에 출산 장려 정책이 필요할 것이다.

바로잡기 ㄱ. 청장년층 인구의 비중이 낮아지므로 총부양비는 증가할 것이다. ㄹ. 노인 복지 지출 증가로 정부의 재정 건전성이 악화될 수 있다.

640

ㄴ. 갑국은 65세 이상 노인 인구 비율이 21%, 노년 부양비가 30이므로 청장년 인구 비율은 70%이다. 을국은 노인 인구 비율이 25%, 노년 부양비가 50이므로 청장년 인구 비율은 50%이다. 따라서 유소년

인구 비율은 갑국이 9%, 을국이 25%로 갑국이 을국보다 낮다. ㄹ. 노년 부양비는 을국이 갑국에 비해 크게 나타난다. 노년 부양비가 클수록 생산 가능 인구의 노인 부양 부담이 크다고 할 수 있다.

바로잡기 ㄱ. 인구 규모가 제시되어 있지 않아 비교할 수 없다. ㄷ. 제시된 자료로는 추론할 수 없다.

641

갑국에서는 65세 이상 인구의 비율이 지속해서 높아지고 있다. 합계 출산율 하락으로 15세 미만 인구의 비율이 줄어들 것이라고 유추할 수 있으며, 이를 통해 노년 부양비는 더욱 높아질 것이라고 추론할 수 있다. 이와 같은 저출산·고령화 현상이 지속될 경우 노인 복지 문제 등으로 인하여 세대 갈등이 나타날 수 있다.

바로잡기 ㄷ. 합계 출산율이 하락하고 65세 이상 인구 비율이 증가함에 따라 생산 가능 인구(15~64세)의 비율이 감소할 것이라고 예상할 수 있으나, 2030년까지 총인구가 증가세이기 때문에 생산 가능 인구가 지속해서 감소할 것이라고 보기 어렵다. ㄹ. 저출산과 고령화로 노인 복지에 관한 재정 부담이 증가할 것이다.

642

생산 가능 인구의 규모가 줄어든 것, 노인 대상 복지 관련 정부의 지출이나 노인 대상 의료비가 늘어난 것, 노인 부양 책임의 주체에 관한 인식이 변화한 것은 저출산·고령화의 영향으로 나타날 수 있다.

바로잡기 무. 지역별 청장년층 인구 이동과 저출산·고령화는 관련이 없다.

643

다문화적 변화를 바라보는 A 관점은 다문화주의 입장이다. 외래 소수 문화의 정체성을 인정하지 않는다는 을의 답변은 갑, 병의 입장과 다르다. ㄴ. 주류 문화와 비주류 문화의 조화로운 공존을 인정하는 입장에 해당한다. ㄷ. 다양한 문화의 공존을 지향하기 때문에 서로의 차이를 인정하고 주류 문화와 비주류 문화의 정체성을 유지해야 한다는 입장이다.

바로잡기 ㄱ. 비주류 문화가 주류 문화를 흡수·통합해야 한다는 입장은 동화주의이다. 동화주의는 단일하고 동질적인 문화로 구성된 사회가 안정적으로 발전할 수 있다고 보고, 기본적으로 비주류 문화를 주류 문화에 편입하려고 한다. ㄹ. 비주류 문화가 주류 문화의 우월성을 인정하도록 강제되는 것은 아니다.

644

세계 윤리 선언문에 따르면 서로 다른 문화에 개방적인 태도를 가지고 이해해야 하며, 다양한 문화를 지닌 이들과 연대해야 한다. ㄴ. 소수 집단 구성원의 기본적인 인권을 존중해 주어야 다른 문화를 지닌 이들과 연대할 수 있다. ㄹ. 관용과 배려의 자세로 다른 문화를 이해해야 타인의 문화를 올바르게 이해할 수 있다.

바로잡기 ㄱ. 우리의 관점에서 그들 문화의 가치를 평가할 경우 그들 문화를 올바르게 이해할 수 없다. ㄷ. 문화의 다양성을 인정하고 동화가 아닌 다른 문화와 공존의 자세를 가져야 한다.

645

ㄴ. 샐러드 볼 이론은 여러 문화의 평등한 인정을 강조한다. ㄹ. 우리나라의 다문화 정책은 용광로 이론에서 샐러드 볼 이론으로 변화하고 있다.

바로잡기 ㄱ. 용광로 이론은 기존 주류 문화에 새로운 문화가 흡수되어야 한다고 주장한다. ㄷ. 문화적 다양성을 중시하는 것은 샐러드 볼 이론이다.

646

통계에 따르면 초고속 인터넷을 사용하는 비율이 계층에 따라 차등적으로 나타나고 있다. 정보 접근 기회가 차등적으로 나타난다는 점에서 정보 격차에 해당한다.

채점 기준	수준
정보 격차라는 개념을 포함하여 통계에서 도출할 수 있는 문제점을 서술한 경우	상
통계에서 도출할 수 있는 문제점만 서술하거나 정보 격차라는 개념만 쓴 경우	중

647

갑국은 여러 사회적 소외 계층 중 장애인의 정보 격차가 가장 심하다. 따라서 장애인에 관한 집중적인 지원이 필요하다.

채점 기준	수준
갑국의 특징을 서술하고 해결 방안을 제시한 경우	상
특징을 서술하지 못하거나 해결 방안을 미흡하게 서술한 경우	중

648

갑국에서는 합계 출산율이 지속해서 하락하고 있다.

채점 기준	수준
저출산 현상을 쓰고 원인과 대책을 모두 서술한 경우	상
저출산 현상을 쓰고 원인과 대책 중 한 가지만 서술한 경우	중

649

재정 부담 증가, 세대 갈등 심화 등의 문제가 발생할 수 있다.

채점 기준	수준
고령화에 따른 문제를 두 가지 서술한 경우	상
고령화에 따른 문제를 한 가지만 서술한 경우	중

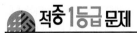

650 ①	651 ③	652 ③	653 ③	654 ①
655 ④	656 ⑤	657 ①		

650 세계화의 영향 이해하기

1등급 자료 분석   세계화의 긍정적 영향, 부정적 영향

> 갑 : 세계화가 진행될수록 경제에 관한 국가 개입이 줄어들어 민주
> 화에 기여할 수 있습니다. 또한 세계화는 시장 경제를 바탕으로
> 기업과 국가의 경제 발전에 도움을 주어 사람들의 삶을 더욱 윤
> 택하게 할 것입니다.
> <u>세계화는 민주화에 기여하고 경제 발전에 도움을 주어 사람들이 풍요로운 삶을</u>
> <u>누릴 수 있게 한다고 보므로 세계화의 긍정적 영향을 강조한다.</u>
> 을 : 세계화로 전 세계에 확산된 신자유주의는 국가 간 격차를 심화
> 시키고 투자를 감소시키며 성장을 저해하였습니다. 또한 노동
> 자의 권리 침해, 국가의 복지 제도 축소 등으로 사회적 약자의
> 삶은 더욱 어려워졌습니다.
> <u>세계화로 국가 간 격차가 심화되고 사회적 약자의 삶이 어려워졌다고 보고 있으</u>
> <u>므로 세계화의 부정적 영향을 강조한다.</u>

갑은 세계화가 민주화와 경제 발전에 기여할 수 있다고 보므로 세계
화의 긍정적 영향을 강조하고 있다. 을은 세계화가 국가 간 격차 심
화, 사회적 약자의 삶 곤란 등을 초래한다고 보므로 세계화의 부정적
영향을 강조하고 있다. ① 세계화를 긍정적으로 바라보는 관점에서
는 세계화로 시민의 복지가 증진될 것이라고 본다.

바로잡기 ② 세계화에 따른 성과가 불균등하게 분배된다고 보는 것은 세계화
를 부정적으로 보는 관점이다. ③ 세계화가 인류의 보편적 가치를 확산한다고
보는 것은 세계화를 긍정적으로 보는 관점이다. ④ 세계화가 경제적 효율성 증
진에 기여한다고 보는 것은 세계화를 긍정적으로 보는 관점이다. ⑤ 세계화로
인한 시장 확대가 민주주의를 확산한다고 보는 것은 세계화를 긍정적으로 보
는 관점이다.

651 세계화의 영향 이해하기

1등급 자료 분석   세계화의 부정적 영향

> <u>선진국이 주장하는 자유 경쟁이나 국제적 표준은 선진국을 위해 만</u>
> <u>들어진 것이다.</u> 선진국은 과거에 자국 산업을 보호하기 위한 보호
> <u>세계화는 선진국에 유리하다고 보고 있다.</u>
> 무역을 통해 경제 성장을 이루었다. 이제 자국 산업의 경쟁력이 확
> 보되자 다른 나라에 자신의 기준을 강요하고 있다. 선진국은 약소국
> 이 발전할 수 있는 기회를 걷어차 버리는 일을 계속해 왔다. 이른바
> '<u>사다리 걷어차기</u>'는 지금도 계속되고 있다.
> <u>경쟁력이 확보된 선진국에 유리하게 세계화가 진행되고 있다고 보므로 세계화에 관한</u>
> <u>부정적 관점이 나타나 있다.</u>

자유 경쟁이나 국제적 표준이 선진국을 위해 만들어졌다는 점이나
'사다리 걷어차기' 등을 통해 세계화를 부정적으로 보는 관점에 해당
함을 알 수 있다. ㄴ. 세계화로 국가 간, 집단 간 경쟁이 가중되어 국
가 간 빈부 격차가 심화될 것이라고 우려하는 것은 세계화를 부정적
으로 보는 관점과 일맥상통한다. ㄷ. 세계화로 상품 시장과 자본 시
장에서 독점이 발생할 것이라고 우려하는 것은 세계화를 부정적으로
보는 관점과 관련 있다.

바로잡기 ㄱ, ㄹ. 자유 무역 확대를 통해 경제적 효율성을 달성할 수 있다고
보는 것은 세계화를 긍정적으로 보는 관점이다.

652 정보 사회의 특징 분석하기

1등급 자료 분석   산업 사회, 정보 사회

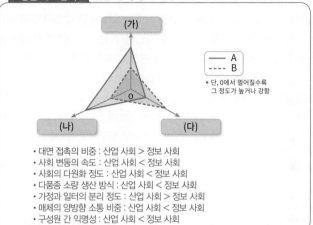

- 대면 접촉의 비중 : 산업 사회 > 정보 사회
- 사회 변동의 속도 : 산업 사회 < 정보 사회
- 사회의 다원화 정도 : 산업 사회 < 정보 사회
- 다품종 소량 생산 방식 : 산업 사회 < 정보 사회
- 가정과 일터의 분리 정도 : 산업 사회 > 정보 사회
- 매체의 양방향 소통 비중 : 산업 사회 < 정보 사회
- 구성원 간 익명성 : 산업 사회 < 정보 사회

ㄷ. (나)가 '가정과 일터의 결합 정도'이면 A는 정보 사회, B는 산업 사
회이다. 정보 사회에서는 재택근무나 유연 근무와 같은 근무 방식이
일반화되면서 가정과 일터의 결합 정도가 산업 사회보다 높다. 서비
스업 종사자 비율도 정보 사회가 산업 사회보다 높다. ㄹ. (가)가 '매
체의 양방향 소통 비중'이면 A는 정보 사회, B는 산업 사회이다. (나)
에는 정보 사회의 특징인 '구성원 간 익명성 정도'가 들어갈 수 있다.

바로잡기 ㄱ. A가 산업 사회이면 B는 정보 사회이다. 대면 접촉의 비중은 산
업 사회가 정보 사회보다 높으므로 (다)에는 '대면 접촉의 비중'이 들어갈 수 없
다. ㄴ. (가)가 '사회 변동의 속도'이면 A는 정보 사회, B는 산업 사회이다. 사회
변동의 속도는 정보 사회가 산업 사회보다 빠르다. 다품종 소량 생산 방식의
비중은 정보 사회가 산업 사회보다 높다.

653 정보 사회의 문제점 파악하기

1등급 자료 분석   정보 사회의 문제점

> 갑은 백화점에 아내의 생일 선물을 사러 갔다가 깜짝 놀랐다.
> "○○○ 고객님이요? 잠깐 기다려보세요." 직원은 금세 아내가 선
> 호하는 옷, 신발, 모자 색깔 등을 알려주었다. 갑은 "나보다 백화점
> 이 아내를 더 많이 알고 있다는 생각이 들었다."라고 말하였다. 백
> 화점에서 과거 갑의 아내가 구매한 내역을 차곡차곡 쌓아두고 있었
> 기 때문이다.
> <u>개인 정보에 해당하는 고객의 구매 내역을 자료화하여 관리하고 있었다.</u>

③ 백화점에서는 고객의 구매 내역을 자료화하여 관리하고 있었으
며, 이 자료를 기반으로 고객의 욕구를 파악하고 향후 소비할 품목을
예측할 수 있었다. 정보 사회에서 개인 정보가 잘못 활용되면 사생활
침해 등의 피해가 예상되므로 개인 정보의 수집과 활용 절차에 관한
관리를 엄격히 할 필요가 있다.

654 정보 사회의 문제점 파악하기

정보 격차, 사이버 범죄

(가) 갑은 열차표를 사려고 역에 나갔다가 다시 돌아왔다. 감염병 확산을 막기 위해 인터넷 구입으로만 판매 방식이 바뀐 것을 몰랐기 때문이다. 평소에는 딸이 인터넷과 관련된 일을 처리해 주었는데 마침 회사에 가고 없었다. 갑은 디지털 문맹이다 보니 이런 문제가 생기면 걱정부터 앞선다. 정보 격차

(나) 을은 학원에서 인기 있는 강사인데 최근 인터넷에 자신을 험담하는 이야기가 돌아다닌다는 소문을 들었다. 확인해 보니 누군가가 을의 사생활을 엄청나게 부풀려서 악성 댓글을 올리고 있었다. 을은 경찰에 수사를 의뢰하였다. 사이버 범죄

① (가)에서 갑은 인터넷을 제대로 활용하지 못하는 정보 취약 계층이다. 정보 사회에서는 갑처럼 정보 취약 계층과 정보 활용 계층 간 정보 격차가 커서 이 격차를 해소하기 위한 환경을 마련해야 한다.

바로잡기 ② 제시된 자료와는 관련이 없다. ③ (나)에서 을이 정보 수집·분석 능력이 부족해서 피해를 입은 것이 아니다. ④ 제시된 자료와는 관련이 없다. ⑤ (가)에는 익명성과 관련된 내용이 없다. (나)에는 을에 관한 거짓 정보 유포가 제시되어 있다.

655 인터넷 이용자 관련 정보 이해하기

인터넷 이용자의 관련 정보

〈A 고등학교 연도별 인터넷 중독자〉 (단위 : %)

구분	2016년	2017년	2018년	2019년	2020년
전체	9.2	9.1	8.8	8.5	8.0
남학생	14.0	14.4	14.3	12.8	12.4
여학생	7.0	6.5	6.3	6.4	5.8

* 인터넷 중독자 비율 : 인터넷 이용자 중 인터넷에 중독된 사람들이 차지하는 비율
** 인터넷 이용자에 관한 전수 조사를 하였고, 전체는 남학생과 여학생으로만 구성됨
정보화에 따라 인터넷 중독과 같은 문제점이 나타나고 있다.

ㄱ. 조사된 모든 해에서 남학생 인터넷 중독자 비율과 여학생 인터넷 중독자 비율의 평균보다 전체 인터넷 중독자의 비율이 작으므로 인터넷 이용자 수는 남학생이 여학생보다 적음을 알 수 있다. ㄴ. 인터넷을 이용하는 남학생 수와 여학생의 수가 같다면 2020년 전체 인터넷 중독자의 비율은 9.1%가 되어야 한다. 그런데 전체 인터넷 중독자 비율(8.0%)은 여학생 중독자 비율에 치중되어 있으므로 인터넷 이용자는 여학생이 남학생보다 많다. 전체 인터넷 중독자 비율과 여학생 인터넷 중독자 비율의 격차는 2.2%p, 남학생 인터넷 중독자 비율의 격차는 4.4%p이다. 즉, 전체 중독자 비율과 남학생 및 여학생의 중독자 비율의 격차를 통해 인터넷 이용자 수는 여학생이 남학생의 2배임을 알 수 있다. ㄹ. 남학생 비율은 2016~2017년까지 늘어났다가 2018년 이후에는 줄어들었다. 여학생 비율은 증감을 반복하고 있다.

바로잡기 ㄷ. 제시된 자료를 통해 2018년, 2019년 각각의 남학생 인터넷 중독자 비율은 알 수 있으나 해당 연도의 전체 인구가 제시되어 있지 않으므로 남학생 인터넷 중독자 수의 증가 여부는 알 수 없다.

656 고령화 현상 파악하기

고령화 현상

구분	t년	t+30년	t+60년
총인구 중 0~14세 인구 비율(%)	20	15	10
노령화 지수(%)	50	100	200
총인구(만 명)	1,000	1,500	2,000

총인구가 제시되었으므로 0~14세 인구를 파악할 수 있고, 0~14세 인구를 바탕으로 65세 이상 인구를 파악할 수 있다.
* 노령화 지수=(65세 이상 인구/0~14세 인구)×100
** 전체 인구 중 65세 이상 인구 비율이 7% 이상인 사회를 고령화 사회, 14% 이상인 사회를 고령 사회, 20% 이상인 사회를 초고령 사회라고 함

제시된 자료를 토대로 연령별 인구를 정리하면 다음과 같다. (단위 : 만 명)

구분	t년	t+30년	t+60년
0~14세 인구	200	225	200
15~64세 인구	700	1,050	1,400
65세 이상 인구	100	225	400
총인구	1,000	1,500	2,000

⑤ t+30년 대비 t+60년에 15~64세 인구 증가율은 $33.3\%[(350/1,050)\times100]$, 65세 이상 인구의 증가율은 $77.8\%[(175/225)\times100]$로 65세 이상 인구 증가율이 더 크다.

바로잡기 ① 0~14세 인구는 늘어났다가 감소하였다. ② t년은 65세 이상 인구가 총인구의 10%이므로 고령화 사회, t+30년은 15%이므로 고령 사회에 해당한다. ③ 65세 이상 인구는 t년에 100만 명, t+60년에 400만 명으로 4배 증가하였다. ④ 65세 이상 인구 1명당 15~64세 인구는 t년이 7명(700/100), t+60년이 3.5명(1,400/400)이다. 따라서 t년이 t+60년보다 많다.

657 다문화 사회를 바라보는 관점 이해하기

샐러드 볼 이론, 국수 사발 이론

갑 : 샐러드에는 다양한 채소, 과일, 소스가 어우러져 있습니다. 다문화 사회에서도 샐러드처럼 각자의 색깔을 가지고 있으면서도 조화로운 맛을 만들어 낼 수 있어야 합니다.
다양한 채소가 한 그릇 안에서 그 자체로 요리가 되는 것처럼 다양한 문화가 고유의 특성을 유지하면서 공존하는 사회를 만들어야 한다는 샐러드 볼 이론이다.

을 : 국수는 국수와 국물이 주를 이루고 고명이 곁들여져 맛이 더해지는 음식입니다. 다문화 사회에서도 국수와 고명이 갖는 의미를 잘 이해해야 할 것입니다.
국수로 비유되는 주류 문화가 주를 이루면서도 고명으로 비유되는 외래문화를 통해 다양성을 확보할 수 있어야 한다는 국수 사발 이론이다.

② 샐러드 볼 이론은 이주민의 문화적 정체성이 유지될 수 있도록 해야 한다고 본다. ③ 국수 사발 이론은 주류 문화를 강조하면서 외래문화를 국수의 고명처럼 다양성을 보여 주는 요소로 이해해야 한다고 본다. ④ 샐러드 볼 이론, 국수 사발 이론 모두 이주민 문화를 인정해야 한다고 본다. ⑤ 다양한 이주민 문화를 기존 문화에 흡수시켜야 한다는 것은 용광로 이론이다. 용광로 이론은 외래문화의 개성을 인정하지 않아 갑, 을의 관점과 차이가 있다.

바로잡기 ① 갑은 다양한 문화가 조화롭게 어우러져야 함을 강조하고 있으며 주류 문화와 소수 문화를 구별하지 않고 있다.

분석 기출 문제

141~145쪽

[핵심 개념 문제]

658 ◯ **659** × **660** ◯ **661** ⓛ **662** ㄱ **663** ㄷ **664** ⓛ
665 ⓛ **666** ㄱ **667** 지속 가능한 사회 **668** 세계 시민 의식

669 ② **670** ⑤ **671** ② **672** ① **673** ⑤ **674** ② **675** ②
676 ④ **677** ③ **678** ③ **679** ④ **680** ⑤ **681** ③ **682** ④
683 ④ **684** ①

1등급을 향한 서답형 문제

685 (가) : 전쟁, (나) : 테러 **686** 예시답안 각종 갈등과 분쟁 당사자들이 상호 존중과 협력을 바탕으로 평화적인 방법으로 문제를 해결하기 위해 노력해야 한다.

687 지속 가능한 사회 **688** 예시답안 무분별하고 과도한 개발로 기상 이변, 생태계 파괴, 자원 고갈 등 다양한 문제가 발생하고, 전쟁과 테러가 끊이지 않고 일어나면서 인류의 생존을 위협하고 있다. 이로 인해 인류가 앞으로도 지구에서의 삶을 이어갈 수 있도록 노력해야 한다는 각성에서 등장하였다.

669

A는 지구 온난화, B는 사막화이다. ㄱ. 지구 온난화의 원인은 대기 중 온실가스의 증가이다. ㄷ. 사막화는 지나친 방목으로 인한 목초지의 감소, 경작지 확대 등으로 가속화될 수 있다.

바로잡기 ㄴ. 열대 우림의 파괴로 홍수가 발생하면 토양이 유실되고 다른 생물의 서식 환경이 위협받을 수 있다. ㄹ. 물질적 풍요를 위해 재생 불가능한 에너지 자원을 대량으로 소비하게 되면 자원 고갈로 인해 다양한 문제가 발생할 수 있다. 에너지의 과잉 소비가 사막화의 직접적인 원인이라고 보기 어렵다.

670

지구 온난화, 사막화는 환경 문제에 해당한다.

바로잡기 ⑤ 지속 가능한 개발은 현재 세대뿐만 아니라 미래 세대도 안정적이고 풍요로운 삶을 누릴 수 있도록 환경을 보전하면서 개발하는 것이다. 따라서 지속 가능한 개발이 이루어지면 환경 문제가 줄어들 것이다.

671

제시된 자료는 물 부족 현상이 얼마나 심각한지를 보여 주고 있다. 이러한 문제는 어느 한 국가만의 노력으로 해결할 수 없다. 모든 국가가 협력하여 풀어 나가야 한다.

바로잡기 ② 물 부족 문제는 세계가 협력해야 한다. 이 과정에서 국제기구가 개입할 수도 있지만 국제기구가 개입한다고 해서 반드시 해결되는 것은 아니다.

672

제시문에서 지구 생태 용량이 초과한다는 것은 자원 고갈 문제를 의미한다.

바로잡기 ① 석유, 석탄, 천연가스와 같은 화석 연료는 지구 온난화의 주요 원인인 이산화 탄소를 배출하기 때문에 이를 대체할 친환경적인 자원 개발에 노력해야 한다.

673

친환경적 상품의 관세율을 인하하기로 했다는 내용이다. ㄷ. 관세율을 인하하면 친환경적 상품의 유통이 활발하게 이루어지게 되고 그 상품을 사용하면 환경 문제를 상당 부분 완화할 수 있다. 시장 원리를 통해 환경 문제를 해결하는 방식이므로 앞으로 이러한 조치가 늘어날 것이다. ㄹ. 관세율을 인하하면 해당 상품의 수출이 촉진되므로 친환경 기술을 보유한 기업의 경쟁력은 높아질 것이다.

674

제시된 사례는 테러에 관한 내용이다. 테러는 특정 목적을 달성하기 위해 살인, 납치 등 다양한 방법의 폭력을 행사하는 행위이다.

바로잡기 ② 테러는 경제적 이해관계뿐만 아니라 종교·민족·인종적 갈등 등 다양하고 복합적인 요인에 의해 발생하는 경우가 많다.

675

테러와 전쟁은 일반적으로 다양한 이해관계의 대립으로 발생하며, 인명 피해를 초래할 수 있다는 점에서 국제기구의 적극적인 개입과 관심이 필요하다.

바로잡기 ② 전쟁이나 테러의 해결을 위해서는 자문화 중심주의적 태도보다는 상호 존중과 협력의 태도가 요구된다.

676

영국과 북아일랜드 간의 갈등은 분쟁 당사자가 갈등의 원인을 파악하여 여러 차례 협상을 통해 평화적으로 해결한 경우이다. 이를 통해 갈등과 분쟁의 당사자들이 상호 존중과 협력을 바탕으로 평화적인 방법으로 문제를 해결하기 위해 노력할 때 인류는 평화롭게 공존할 수 있음을 알 수 있다.

677

지속 가능한 사회란 현세대는 물론 미래 세대의 삶의 질이 함께 보장되는 사회를 말한다.

바로잡기 ③ 지속 가능한 사회는 현재 세대가 희생하는 것이 아니라 현재 세대와 미래 세대가 함께 안정적이고 풍요로운 삶을 이어나가는 것이다.

678

A는 지속 가능한 사회이다. 지속 가능한 사회는 현재 세대뿐 아니라 미래 세대도 안정적이고 풍요로운 삶을 이어나갈 수 있도록 경제 성장, 사회 안정과 통합, 환경 보전 등이 조화를 이루는 사회를 말한다. ③ 공정 무역 제품을 구매하는 윤리적 소비는 지속 가능한 사회를 위한 개인적 노력으로 볼 수 있다.

바로잡기 ①, ②, ⑤ 제시된 자료와는 관련이 없다. ④ 지속 가능한 사회를 위한 정부 차원의 노력이다.

679

제시문은 지속 가능한 사회를 이루는 데 필요한 실천 방안이다. 환경 보호라는 전 지구적 수준의 문제에 능동적으로 대응하며 지속 가능한 사회를 이끌어 가기 위해서는 시민 각자가 세계 시민으로서의 노력을 기울일 필요가 있다.

680

지속 가능한 발전을 위해 환경적, 사회적, 경제적 측면의 노력이 계속되어야 한다. ㄷ, ㄹ. 자가용 이용 확대, 친환경 상품 개발 등은 모두 환경 문제를 줄여 지속 가능한 사회가 되도록 한다.

681

아무것도 사지 않는 날은 건전한 소비를 촉구하는 시민운동이다. 소비 자제를 통해 환경 보호를 실천함으로써 미래 세대에 깨끗한 환경을 물려주자는 취지이다.

682

(가)는 세계 시민으로서의 자세를 강조하고, (나)는 인류 보편의 가치관과 민족 정체성의 공존을 강조하고 있다.

〔바로잡기〕 ㄹ. 인류의 보편적 가치와 민족 정체성을 모두 중시하는 입장에서는 인류 보편적 가치와 민족적 가치가 모순적 관계라고 볼 수 없다.

683

제시문은 인간의 지적 능력과 이성을 공통으로 보고 모든 사람이 하나의 국가에 소속되어 있는 것과 같다고 주장하고 있다. 모든 사람이 자신을 세계 시민의 구성원으로 인식하고 서로 협력하며 살아가야 한다는 입장에 부합한다.

684

제시문에는 세계 시민의 자세와 자신이 속한 지역에 관한 이해를 동시에 가지고 전 지구적 수준의 문제에 협력해야 한다는 내용이 담겨 있다.

〔바로잡기〕 ㄷ. 민족 정체성과 인류의 보편적 가치를 모두 중시해야 한다는 입장이다. ㄹ. 단일한 세계 문화를 형성하여 모든 나라에 강요하는 것은 세계 시민의 자세에 부합하지 않는다.

685

(가)는 국가 간에 발생하며 군사력을 사용하여 상대국을 공격하는 방식이므로 전쟁이다. (나)는 특정 목적을 위해 다양한 방법으로 폭력을 행사하는 것이므로 테러이다.

686

전쟁과 테러는 상호 존중과 협력을 바탕으로 평화적인 방법으로 문제를 해결해야 한다. 또한 인류의 보편적 가치를 지향할 수 있는 합리적 의식도 필요하다.

채점 기준	수준
상호 존중과 협력을 통해 평화적으로 해결해야 한다는 내용을 포함하여 서술한 경우	상
전쟁과 테러의 해결 방안을 미흡하게 서술한 경우	중

687

지속 가능한 사회란 미래 세대가 자신들의 필요를 충족하기 위해 갖추어야 할 여건을 저해하지 않으면서, 현재 세대가 필요로 하는 다양한 욕구를 충족하는 사회이다.

688

인류가 앞으로도 지구에서의 삶을 이어갈 수 있도록 노력해야 한다는 각성에서 출발한 것이 지속 가능한 사회의 개념이다.

채점 기준	수준
환경 문제, 자원 문제, 전쟁과 테러 등으로 인류의 생존이 위협을 받는 점 등을 포함하여 등장 배경을 서술한 경우	상
단편적인 예만 제시하여 서술한 경우	중

적중 1등급 문제

146~147쪽

689 ①	690 ④	691 ①	692 ④	693 ①
694 ③	695 ②	696 ②		

689 전 지구적 수준의 문제 파악하기

〔1등급 자료 분석〕 전 지구적 수준의 문제의 특징

오늘날 정치, 경제, 사회, 문화 등 전 영역에서 진행되고 있는 세계화는 지구촌이라고 부를 정도로 전 세계를 하나의 공동체로 변모시키고 있다. 이에 따라 국경의 의미는 약해지고 국가 간 상호 의존성은 심화하면서 전 세계에서 동시다발적으로 발생하거나 특정 지역에만 국한되지 않고 주변 국가와 전 세계에 영향을 미치는 각종 ⊙ 사회 문제가 증가하고 있다.
└ 환경, 자원, 전쟁과 테러 등 전 지구적 수준의 문제는 특정 지역뿐만 아니라 주변 다른 지역과 전 세계에 영향을 준다.

전 지구적 수준의 문제는 다른 국가나 전 지구적 차원에까지 영향을 미치며 현재뿐만 아니라 다음 세대에도 영향을 미친다.

〔바로잡기〕 ㄷ. 물가 안정과 경제 성장 사이의 재정 정책 문제는 그 국가에만 한정된 문제이다. ㄹ. 특정 영토의 소유권을 둘러싼 국가 간 갈등 문제는 해당 국가 간의 문제이다.

690 지구 온난화에 따른 변화 이해하기

〔1등급 자료 분석〕 지구 온난화의 영향

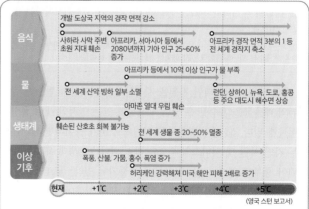

제시된 그림은 기온 상승이 음식, 물, 생태계, 이상 기후 등에 어떤 영향을 미치는지를 보여 주고 있다. 이와 같은 현상을 막기 위해 지구 온난화를 억제하는 노력을 기울여야 한다.

지구 온난화로 경작 면적 감소, 물 부족, 해수면 상승, 생태계 파괴, 이상 기후 등 다양한 문제점이 나타날 수 있다.

바로잡기 ④ 산업 폐기물이 선진국에서 저개발국으로 이동하는 것을 억제하는 것은 지구 온난화에 따른 대책과 직접적인 관련이 없다.

691 전 지구적 수준의 문제 해결 방안 이해하기

1등급 자료 분석 지구 온난화

인간의 다양한 활동으로 지구 온난화 현상이 가속화되었다. 이에 인간의 각종 활동에서 발생하는 이산화 탄소를 줄이려는 노력이 전 지구적으로 진행되고 있다. 탄소 발자국과 같은 지표는 이러한 활동에
인간의 활동에 따라 지구 온난화 현상이 심해지고 있으므로 인간 활동에서 발생하는 이산화 탄소를 줄여 지구 온난화의 가속화를 막고자 한다.
도움이 될 수 있다. 탄소 발자국은 인간의 활동뿐만 아니라 제품을 생산하고 소비하며 폐기하는 전 과정에서 직간접적으로 발생하는 이산화 탄소의 총량을 말한다. 이러한 지표를 바탕으로 탄소 발자국을 낮출 수 있는 방법을 실천해야 한다.
탄소 발자국을 통해 발생하는 이산화 탄소의 양을 알 수 있으므로 이산화 탄소를 줄일 수 있는 방안을 생활에서 실천하자는 것이다.

제시문은 지구 온난화를 해결하기 위해 탄소 발자국을 줄일 수 있는 방안을 마련해야 한다고 주장하고 있다. 신·재생 에너지 사용 확대, 친환경 인증 제품의 생산과 판매 증가, 친환경 공정의 실현, 대중교통 이용 증가 등을 통해 탄소 발자국을 줄일 수 있다.

바로잡기 ① 제품 생산 시설의 해외 이전은 탄소 발자국 감소를 위한 적절한 방안으로 보기 어렵다.

692 환경 관련 지표 이해하기

1등급 자료 분석 생태 발자국과 생태 용량

생태 발자국 지수란 사람들의 먹을거리, 교통 이용, 주거 환경, 소비 활동 등 네 가지 일상생활을 충족하기 위해 소요되는 자원과 폐기물을 처리하는 데 필요한 토지 면적을 말한다. 생태 발자국 지수가 높을수록 자연에 나쁜 영향을 미치는 생활 습관을 갖고 있다고 할 수 있다. 2016년 한 시민 단체의 조사에 따르면, 지구가 감당할 수 있는 생태 발자국 지수는 1인당 18,000m2인데 우리나라 사람들의 평균 생태 발자국 지수는 57,000m2로 나타났다. 이것은 세계 모든 사람이 우리나라 사람들처럼 산다면 지구가 3개 필요하다는 것을 의미한다.
생태 발자국은 인간이 사는 동안 자연에 남긴 영향을 토지의 면적으로 환산한 것으로, 수치가 클수록 지구에 해롭다. 생태 용량은 생태계의 수용 능력을 말한다.

① 생태 자원이 남용되면 자원을 재생산하거나 이산화 탄소와 같은 인류의 배출물을 흡수할 수 있는 생산성이 있는 면적인 생태 용량이 줄어들게 된다. ② 생태 발자국은 자원의 소비가 늘어나면 커지는데 이는 자연 자원 및 서비스의 수요와 관련 있다. ③ 생태 용량은 자연 자원이 풍부한 열대 우림 지역 등에 편중되어 있다. ⑤ 1인당 생태 용량은 생태 용량을 인구로 나눈 것이다. 생태 용량이 증가하더라도 인구가 더 빠르게 증가하면 1인당 생태 용량은 감소한다.

바로잡기 ④ 우리나라는 자연 자원의 소비가 큰 데 비해 자원 재생산에 충분한 면적을 가지고 있지 않다. 따라서 생태 적자 상황에 있을 것이다.

693 전 지구적 수준의 문제의 해결 방안 파악하기

1등급 자료 분석 환경 문제의 해결 방안

• 사막화는 강수량 부족이나 삼림 남벌, 목축지의 과잉 개발 등으로 초원과 삼림이 황폐해지고 점차 사막으로 변해 가는 현상이다. 아프리카 사하라 사막 주변의 사헬 지대, 중국 북서부 등지에서 심각하게 나타나고 있으며 그 범위가 점차 확대되고 있다.
환경 문제는 주변의 다른 나라에도 영향을 준다.

• 무분별한 벌목과 불법 방화 등으로 아마존 밀림처럼 세계의 허파와 같은 역할을 하는 큰 숲이 파괴된다. 이러한 열대 우림 파괴는 온실가스를 증가시키고 홍수가 발생하면 토양 유실로 이어져 다양한 생물 종의 서식을 위협한다. 이러한 위협은 우리 자손에게까지 영향을 끼친다.
환경 문제는 현재 세대뿐만 아니라 다음 세대의 생존과도 연관된 문제이다.

환경 문제는 특정 지역에 국한되지 않고 전 세계 여러 나라에 영향을 끼치며, 현재 세대뿐만 아니라 미래 세대에게도 위협을 주는 문제이다. 환경 문제를 해결하기 위해서는 자연을 우리의 목적을 달성하기 위한 수단으로서가 아닌 더불어 살아가는 존재로 재인식할 필요가 있다. 이와 함께 환경 문제 개선을 위한 개인적·사회적 관심과 실천, 환경 문제에 관한 국제 사회의 유기적이고 전폭적인 협력이 요구된다.

694 전 지구적 수준의 문제 파악하기

1등급 자료 분석 전쟁, 테러

(가) 전쟁	(나) 테러

전쟁이란 서로 대립하는 국가 또는 이에 준하는 집단 간에 군사력을 비롯한 각종 수단을 써서 상대의 의지를 강제하는 행위이다.	테러란 개인 혹은 특정 조직이 자신들의 목적을 위해 무차별적으로 상대에게 위해를 가하는 행위이다.

ㄴ. 시대가 발달할수록 정치적·종교적 요인 등으로 인한 갈등이 많아지므로 테러의 위협은 더욱 늘어나고 있다. ㄷ. 전쟁은 군사력을 바탕으로 하므로 많은 인원과 물자, 비용 등이 필요하다. 따라서 힘이 약한 세력은 전쟁보다 테러에 의존하는 경향이 있다.

바로잡기 ㄱ. 전쟁, 테러는 특정 지역에 국한되지 않고 어디서든 발생할 수 있다. ㄹ. 전쟁, 테러 모두 해당 국가 간의 문제로 방관해서는 안 된다. 다른 국가에도 파급 효과가 크기 때문에 국제법이나 국제기구를 통해 평화적으로 해결 방안을 모색해야 한다.

695 지속 가능한 사회 실현하기

A는 지속 가능한 사회이다. 지속 가능한 사회란 미래 세대가 자신들의 필요를 충족시키기 위해 갖추어야 할 여건을 저해하지 않으면서 현재 세대가 필요로 하는 다양한 욕구를 충족시키는 사회이다.

바로잡기 ㄴ. 전자 제품의 부속품에는 수은이나 납 등 인체에 해로운 물질이 포함되고 환경을 오염시키는 일이 많다. ㄹ. 자전거는 배기가스를 배출하지 않지만 승용차는 배기가스를 배출하여 환경을 오염시키므로 가까운 거리는 자전거를 이용하여 이동한다.

696 지속 가능한 발전의 실행 계획 이해하기

지속 가능한 발전의 실행 계획

(가) 기후 변화 완화를 위한 방안 마련하기

(나) 재생 에너지 공급을 위한 지원 확대하기

(다) 식수 및 위생 시설을 이용하지 못하는 인구 줄이기

(라) 여성의 의사 결정 참여를 확대 장려하며, 여성 차별과 여성에 관한 폭력 근절하기

(마) 특정 사업이 주변 환경에 어떤 영향을 미치는가를 조사하는 환경 영향 평가 제도 확대하기

지속 가능한 발전의 이행을 위해 사회적, 환경적, 경제적으로 다양한 방안이 마련되어야 한다.

① 기후 변화를 완화하기 위해 각국 정부는 기후 변화에 관한 국제 협약을 충실히 이행할 필요가 있다. ③ 식수 및 위생 시설을 이용하지 못하는 인구를 줄이기 위해 저개발국의 상하수도 시설 개선을 지원할 수 있다. ④ 여성의 의사 결정 참여를 확대하기 위해서는 여성의 사회·경제적 지위를 높일 필요가 있다. 여성의 교육 기회 확대와 경제 활동 지원은 여성의 지위 향상에 도움이 된다. ⑤ 댐 건설과 같은 대형 토목 사업을 할 때는 환경 영향 평가를 실시하여 주변 환경에 어떤 영향을 주는지를 예측, 분석하여 환경 영향을 줄일 수 있는 방법을 강구해야 한다.

바로잡기 ② 저개발국의 개발을 위해 화석 연료를 사용하는 발전소 건설을 지원할 경우 온실가스 배출이 늘어날 수 있다. 이는 '재생 에너지 공급을 위한 지원 확대하기'라는 계획에 어긋난다.

단원 마무리 문제

148~151쪽

13 사회 변동과 사회 운동

697 ⑤   698 ③   699 ④   700 ④   701 ①

702 갑 : 기능론, 을 : 갈등론   703 예시답안 갑 : 기능론은 혁명과 같은 급진적 사회 변화를 설명하기 어렵다. 을 : 갈등론은 지나치게 갈등 요인만을 부각하여 사회 속에 존재하는 협력과 안정을 경시한다.

14 현대 사회의 변화와 대응 방안

704 ③   705 ④   706 ②   707 ②   708 ③

709 세계화   710 예시답안 긍정적 영향 : 세계 각국의 문화가 활발하게 교류하면서 여러 나라의 다양한 문화를 접할 수 있다. 이를 통해 더욱 창의적이고 새로운 문화를 창출할 수 있다. 부정적 영향 : 강대국 중심의 일방적인 문화 전파로 지역의 고유문화가 훼손된다. 문화의 획일화를 초래할 수 있다.

15 전 지구적 수준의 문제와 지속 가능한 사회

711 ④   712 ③   713 ①

714 A : 지속 가능한 사회, B : 세계 시민   715 예시답안 세계 시민은 특정 국가의 국민으로서만이 아니라 인류 공동체의 일원으로서 세계 공동체 의식을 가지고 지구촌 문제 해결을 위해 협력하는 사람을 말한다.

697

사회는 생성과 몰락의 과정을 반복한다고 보는 것은 순환론이다. 따라서 A는 진화론, B는 순환론이다. ⑤ 진화론은 사회 변동은 성장과 발전뿐이라고 주장하고, 순환론은 성장과 발전 이외에 쇠퇴도 있다고 주장한다. 따라서 진화론, 순환론 모두 사회 변동 과정에서 성장 단계가 있음을 인정한다.

바로잡기 ① 진화론은 사회 변동과 진보를 같은 의미로 본다. ② 서구 중심적인 사고라는 비판을 받는 것은 진화론이다. ③ 진화론은 모든 사회가 발전한다고 보므로 모든 사회에 일반화할 수 있는 변동 양상이 있다고 본다. ④ 진화론은 각 사회가 동일한 방향으로 발전한다고 보므로 해당 질문은 (가)에 들어갈 수 없다.

698

(가)는 기능론, (나)는 갈등론이다. ㄴ. 점진적인 사회 변동 과정을 설명하는 데 유용한 것은 기능론이다. ㄷ. 권력관계나 계급 관계 등을 중점적으로 살펴보는 것은 갈등론이다.

바로잡기 ㄱ. 운명론적 시각으로 사회 변동을 바라보는 것은 순환론이다. ㄹ. 제국주의 역사를 정당화할 우려가 있다는 비판을 받는 것은 진화론이다.

699

(가)는 진화론, (나)는 기능론, (다)는 순환론이다.

바로잡기 ④ 진화론, 순환론은 사회 변동 방향을 기준으로 사회 변동을 설명하고, 기능론, 갈등론은 사회 구조적인 측면에서 사회 변동을 설명한다.

700

ㄴ. ○○시민 단체가 원격 진료를 본격화하자는 운동은 의료 서비스 확대라는 사회 변동을 목적으로 하는 행동이다. ㄹ. (가)에서는 고객 개인별로 회비 반환을 요구하므로 지속적인 상호 작용이 나타나지 않는다. 그러나 (나)에서는 구성원 간 지속적인 상호 작용이 이루어진다.

바로잡기 ㄱ. (가)는 일부 고객의 체계적이지 않고 일시적인 행동이다. ㄷ. (가)에서는 단순히 회비 반환을 요구하는 수준이지만 (나)에서는 원격 진료를 위해 서명 운동, 입법 청원, 공청회 개최 등 구체적인 활동 방법과 조직이 움직이고 있다.

701

흑인 민권 운동은 인종 차별을 반대하는 목적의 사회 운동, 반전 평화 운동은 전쟁을 반대하고 지구촌의 평화를 추구하는 목적의 사회 운동이다. 사회 운동은 일반적으로 뚜렷한 목표와 그 목표를 달성하기 위한 구체적인 활동 방법을 가지고 있다. 또한 그 목표와 활동 방식을 정당화하는 이념을 지니고 있으며 어느 정도 체계적인 조직을 가지고 있다.

바로잡기 ① 흑인 민권 운동, 반전 평화 운동은 모두 사회의 어떤 문제를 개선하고자 하는 것이 목적이다. 급격한 사회 변화에 대항하고자 하는 사회 운동은 아니다.

702

호주제 폐지에 관해 갑은 사회적인 합의를 통해 사회가 균형을 찾는 과정이라고 보고 있으므로 기능론의 관점에 해당한다. 을은 억압받던 여성이 투쟁을 통해 얻어 낸 결과라고 보고 있으므로 갈등론의 관점에 해당한다.

703

기능론은 혁명과 같은 급진적 사회 변화를 설명하기 어렵고, 갈등론은 지나치게 갈등 요인만을 부각하여 사회 속에 존재하는 협력과 안정을 경시한다.

채점 기준	수준
기능론, 갈등론의 한계를 모두 서술한 경우	상
기능론, 갈등론의 한계 중 한 가지만 서술한 경우	중

704

일상생활에서 정보 소외 계층은 정보 활용 계층에 비해 어려움을 겪고 있다. 이를 통해 정보 격차와 정보 불평등이 이 수업의 주제임을 알 수 있다.

705

범람하는 정보의 홍수 속에서 자신에게 필요한 정보를 찾고 이를 비판적으로 분석할 수 있는 능력을 갖추어야 한다.

706

② 정보 사회에서는 많은 사람이 정보를 공유하기 때문에 어느 한 사람에 의해 의사 결정이 이루어지는 경우가 드물다. 즉, 의사 결정의 분권화 정도가 높다.

바로잡기 ① 가정과 일터의 통합 정도는 정보 사회가 산업 사회보다 높다. ③ 상품 거래의 공간적 제약 정도는 산업 사회가 정보 사회보다 높으므로 (가)는 산업 사회, (나)는 정보 사회이다. 전자 상거래의 비중은 산업 사회보다 정보 사회가 크다. ④ 사회 조직의 관료제화 정도는 산업 사회가 정보 사회보다 높으므로 (가)는 산업 사회, (나)는 정보 사회이다. 소품종 대량 생산 정도는 산업 사회가 정보 사회보다 높다. ⑤ B에 '구성원 간 익명성 정도'가 들어가면 (가)는 산업 사회, (나)는 정보 사회이다. 사회 변동의 속도는 정보 사회가 산업 사회보다 빠르다.

707

제시된 자료를 토대로 연령별 구성비를 정리하면 다음과 같다.

(단위 : %)

구분	t년	t+10년	t+20년
0~14세 인구	30	30	40
15~64세 인구	60	50	40
65세 이상 인구	10	20	20

② 갑국의 총인구 중 65세 이상 인구는 t년 10%, t+10년 20%, t+20년 20%이므로 t+10년부터 초고령 사회가 되었다.

바로잡기 ① 노년 부양비는 t년 16.7%, t+10년 40%, t+20년 50%로 ⓒ의 값이 가장 크다. ③ 65세 이상 인구 비율은 t년에 비해 t+20년에 2배 증가하였다. ④ 총인구가 제시되어 있지 않아 비교할 수 없다. ⑤ t+20년에는 15~64세 인구 1명당 65세 이상 인구 0.5명을 부양해야 한다.

708

A시는 지역의 다양한 문화가 대등한 자격으로 대우받고 기존 문화와 서로 조화와 공존을 모색하기 위한 방향으로 다문화 정책을 시행하고 있다.

709

다양한 측면에서 국가 간 교류가 확대되면서 국경을 넘어 전 세계가 마치 하나의 공동체처럼 상호 의존적으로 통합되어 가고 있는데, 이를 세계화라고 한다.

710

세계 각국의 문화가 활발하게 교류하면서 여러 나라의 다양한 문화를 접할 수 있고 이를 통해 더욱 창의적이고 새로운 문화를 창출할 수 있다. 그러나 강대국 중심의 일방적인 문화 전파로 지역의 고유문화가 훼손되고 문화의 획일화를 초래할 수 있다.

채점 기준	수준
세계화의 긍정적, 부정적 영향을 문화적 측면에서 모두 서술한 경우	상
세계화의 긍정적, 부정적 영향 중 한 가지만 문화 측면에서 서술한 경우	중

711

A사, B사 모두 기업의 경쟁력 확보를 위해 친환경 시스템을 도입하여 환경 보호에 앞장서고 있다. 환경 보호는 자연 보호를 위해서뿐만 아니라 기업의 생존을 위해서도 필수적이다.

712

환경 문제, 테러 문제와 같은 사회 문제는 어느 한 국가만의 문제가 아니다. 특정 지역에만 국한되지 않고 주변 국가와 전 세계에 영향을 미치는 전 지구적 수준의 문제이다.

713

자원 고갈 문제를 해결하기 위해서는 인류가 자원을 끊임없이 사용해야 하는 성장 위주의 정책과 환경 문제를 심화시키는 소비 위주의 문화를 개선해야 한다. 또한 화석 에너지 자원을 대체할 수 있는 새로운 청정에너지 자원을 개발해야 한다.

714

지속 가능한 사회란 현세대는 물론 미래 세대의 삶의 질이 함께 보장되는 사회를 말한다. 세계 시민 의식이란 더불어 사는 지구촌을 만들기 위해 공동체 의식을 바탕으로 다양한 지구촌 문제에 관심을 가지고 그 문제를 해결하기 위해서 적극적으로 행동하는 것이다.

715

세계 시민은 특정 국가의 국민으로서만이 아니라 인류 공동체의 일원으로서 세계 공동체 의식을 가지고 지구촌 문제 해결을 위해 협력하는 사람을 말한다.

채점 기준	수준
특정 국가의 국민, 공동체 의식을 포함하여 세계 시민의 의미를 서술한 경우	상
특정 국가의 국민, 공동체 의식을 포함하였지만 세계 시민의 의미를 미흡하게 서술한 경우	중
특정 국가의 국민, 공동체 의식을 포함하지 않고 세계 시민의 의미를 서술한 경우	하

www.mirae-n.com

학습하다가 이해되지 않는 부분이나 정오표 등의 궁금한 사항이 있나요?
미래엔 홈페이지에서 해결해 드립니다.

교재 내용 문의
나의 교재 문의 | 수학 과외쌤 | 자주하는 질문 | 기타 문의

교재 정답 및 정오표
정답과 해설 | 정오표

교재 학습 자료
MP3

학습하다가 이해되지 않는 부분이나 정오표 등의 궁금한 사항이 있나요?
미래엔 홈페이지에서 해결해 드립니다.

교재 내용 문의
나의 교재 문의 | 수학 과외쌤 | 자주하는 질문 | 기타 문의

교재 정답 및 정오표
정답과 해설 | 정오표

실전서

수능 기출서

미래엔 교과서 연계

개념부터 유형까지 공략하는 개념서

NEW
올리드 로 완벽한
Λllead
실력 충전!

● 개념 학습과 시험 대비를 한 권에!
● 교과서보다 더 알차고 체계적인 설명!
● 최신 기출 및 신경향 문제로 높은 적중률!

필수 개념과 유형으로
내신을 효과적으로 공략한다!

사회 통합사회, 한국사, 한국지리, 사회·문화, 생활과 윤리, 윤리와 사상

과학 통합과학, 물리학Ⅰ, 화학Ⅰ, 생명과학Ⅰ, 지구과학Ⅰ